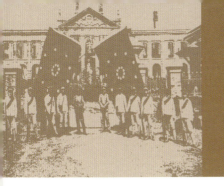

金冲及文丛

辛亥革命的前前后后（增订版）

金冲及 著

生活·讀書·新知 三联书店

Copyright © 2021 by SDX Joint Publishing Company.
All Rights Reserved.

本作品版权由生活・读书・新知三联书店所有。
未经许可，不得翻印。

图书在版编目（CIP）数据

辛亥革命的前前后后 / 金冲及著. —增订本. —北京：
生活・读书・新知三联书店，2021.8（2025.1 重印）
（金冲及文丛）
ISBN 978 – 7 – 108 – 07169 – 9

Ⅰ. ①辛⋯　Ⅱ. ①金⋯　Ⅲ. ①辛亥革命 – 历史事件
Ⅳ. ① K257.905

中国版本图书馆 CIP 数据核字（2021）第 109874 号

责任编辑	唐明星　胡群英
装帧设计	刘　洋
责任校对	张　睿
责任印制	卢　岳
出版发行	生活・讀書・新知 三联书店
	（北京市东城区美术馆东街 22 号 100010）
网　　址	www.sdxjpc.com
经　　销	新华书店
印　　刷	河北松源印刷有限公司
版　　次	2021 年 8 月北京第 1 版
	2025 年 1 月北京第 4 次印刷
开　　本	635 毫米 × 965 毫米　1/16　印张 41
字　　数	506 千字
印　　数	14,001 – 17,000 册
定　　价	98.00 元

（印装查询：01064002715；邮购查询：01084010542）

目 录

第一部分　辛亥革命的前前后后

一、祖国在危急中　5

二、"洋人的朝廷"　12

三、新的社会力量在成长　19

四、孙中山革命活动的开始　30

五、戊戌维新运动带来的思想解放　37

六、留日学生趋向革命的转折　46

七、苏报案　51

八、革命力量的集结　56

九、中国同盟会的成立　63

十、早期三民主义学说的提出　69

十一、要不要革命的一场大论战　76

十二、同盟会领导的武装起义　85

十三、光复会、岳王会的革命活动　94

十四、清王朝覆亡前的大混乱　104

十五、立宪派发动的请愿速开国会运动　112

十六、广州新军起义和"三二九"起义　　123

十七、四川保路运动　　133

十八、文学社、共进会在湖北新军中的活动　　145

十九、武昌首义　　155

二十、各省的四起响应　　162

二十一、南京临时政府　　170

二十二、袁世凯夺取胜利果实　　178

二十三、辛亥革命的胜利和失败　　188

二十四、建设梦想的破灭　　194

二十五、初期新文化运动　　203

二十六、世界范围大变动对中国的影响　　209

二十七、新时期的开端　　214

第二部分　辛亥革命研究

一、云南护国运动的真正发动者是谁？　　221

二、论孙中山革命思想的形成和兴中会的成立　　256

三、武昌起义告诉了我们什么？　　270

四、"军国民教育会"史实考辨　　286

五、《清议报》的两重性　　290

六、从辛亥革命到五四运动　　322

七、辛亥革命的历史评价　　347

八、试论孙中山晚年的道路　　356

九、同盟会与光复会关系考实　　386

十、同盟会领导的武装起义　　416

十一、从兴中会到同盟会　　434

十二、护国运动中的几种政治力量　　442

十三、孙中山的世界眼光　　465

十四、救亡唤起启蒙　480

十五、中国近代的革命和改革　488

十六、民初同盟会人的几种社会政治方案　496

十七、武昌起义后各省独立的鸟瞰　522

十八、武昌首义二题　541

十九、甲午战争和中华民族的觉醒　549

二十、孙中山民生主义思想的阶段性　556

二十一、义和团运动百年祭　581

二十二、辛亥革命和中国近代民族主义　584

二十三、清朝统治集团的最后十年　603

二十四、辛亥革命的历史地位　639

后　记　649

第一部分
辛亥革命的前前后后

当打开20世纪中国历史的第一页时,中国人面对的是一幅令人惊心动魄的悲惨图景:帝国主义列强的军队正耀武扬威地占领着中国的首都北京,统治中国的是年代久远地重压在人民头上的封建专制政府。中国人民生活在苦难深渊里,并且在世界上处于被轻视、被奴役的地位,时刻面临着灭亡的威胁。这种悲惨的命运,是每一个中华民族的优秀儿女所无法忍受的。为了拯救祖国,为了建立一个独立、富强、民主、社会进步的新中国,一代又一代的中国人在常人难以想象的艰苦环境中坚持探索,进行了无数次可歌可泣的斗争。

中华民族在20世纪初写下的最早的光辉篇章是1911年的辛亥革命。这样一场有着比较完备的近代民族民主政治纲领并席卷全国的革命运动,在中国过去历史上还不曾有过。它充分显示出中华民族是一个有智慧、有骨气、蕴藏着巨大潜力的民族,决不会甘心屈服于外来的压力。当许多人认定这个古老的民族已经濒临灭亡的时候,它却出人意料地掀起了一场巨大的革命风暴,为民族的重新振兴开拓了道路。

辛亥革命是成功的还是失败的?应该说,这两方面同时存在。这场革命不仅推翻了清朝政府,结束了统治中国已几千年的君主专制制度,使旧有的反动统治秩序再也无法稳定下来,而且使民族觉醒和民主精神在全国普遍地高涨起来。这就把历史大大地向前推进了一步,成为走向新中国的历史进程中不可缺少的重要阶梯。这不是取得了巨大的成功吗？可是，这次革命没有从根本上改变帝国主义和封建势力对中国的统治，中国近代社会的基本矛盾一个也没有得到解决，革命的果实又落到大地主大买办的政治代表袁世凯手里，中国依然是一个贫穷、落后、分裂、混乱的国家。辛亥革命一度在人们心里燃烧起的热烈期望很快就破灭了，留下的仍是一片令人难熬的黑暗。从这个意义上讲，这场革命不又是失败了吗？但一次革命的价值不能单从它的短期效果来衡量。如果从长远的历史眼光看，它对中华民族解放运动产生的深远影响是无法磨灭的。

　　辛亥革命是我们的前辈一百一十年前在中国这块国土上以血的代价进行的一次伟大实践。那些在黑暗年代里为祖国独立、富强和进步而斗争的先驱者的业绩，是不应该被忘却的。他们的成功和失败都给我们留下了珍贵的精神财富，能够帮助我们更具体地了解中国近代的国情，了解中国近代的历史道路是怎样走过来的，值得我们为之深思。它对增强我们民族的自尊、自信和凝聚力量，万众一心地为实现中华民族的新的腾飞而努力，将永远是一种巨大的鼓舞力量。

一、祖国在危急中

中华民族在近代遭受的苦难太深重了。这是中国近代社会生活中最突出的事实。

一百八十年前,英国军舰的猛烈炮火轰开中国的大门,使中国社会的发展脱开了原有的轨道。从这时候起,中国开始丧失一个独立国家所拥有的完整主权,走上半殖民地的悲惨道路。中国人在自己的国土上,到处可以看见那些傲慢的、把中国人视为劣等民族、趾高气扬地支配一切的洋人老爷,看到那些用步枪、刺刀以至机枪、大炮任意杀戮中国百姓的外国军队,看到那些在工厂、矿山中冷酷地榨尽中国劳苦大众最后一滴血汗的外国资本家。中国的命运不能掌握在自己手里而听人摆布。亡国灭种的阴影,沉重地笼罩在不止一代的中国人的心头。戊戌维新运动的志士谭嗣同曾满怀悲愤地写下这样的诗句:"世间无物抵春愁,合向苍冥一哭休。四万万人齐下泪,天涯何处是神州?"[1]这一切,不能不深深地刺痛每一个对祖国怀有深厚感情的中国人的心,驱使他们苦心焦虑地去寻求拯救祖国的道路。中国人民在民族压迫下的痛苦以及争取民族独立的愿望,是当时最重要的事实。辛亥革命,正是在这种历史背景下以挽救中华民族的危亡为出发点的。

要谈辛亥革命的历史,不能不从1894年至1895年的中日甲午战争说起。以孙中山为首的革命民主派的活动是在这次战争期间开

---

[1] 谭嗣同:《有感一章》,《谭嗣同全集》,第488页。

始的。这次战争是中国近代历史发展进程中的一个重大转折点。如果拿战争以前同战争以后比较一下，不难看到，中国的内外局势都发生了巨大变化。

甲午战争前半个世纪，中国人是在完全缺乏精神准备的状况下，不自觉地被卷入近代历史时期的。鸦片战争的炮声，丧权辱国的《南京条约》的签订，使人们感到震惊，突然发现在中国以外还存在一个如此陌生的外部世界，但他们一时并不能立刻认清周围发生的到底是怎么一回事。魏源在当时是能够睁开眼睛重新看待世界的思想家，他在《海国图志》中详尽地介绍了当时所能了解的外国的各方面情况，产生了巨大影响，但认真说来，这种了解仍是很表面的。《海国图志》叙中写道："昔准噶尔跳踉于康熙、雍正之两朝，而电扫于乾隆之中叶。"在他看来，鸦片战争可能只是当年准噶尔事件的重演，只要实行了"以夷制夷""以夷款夷""师夷长技以制夷"这几条，中国并不难重新回到"一喜四海春、一怒四海秋"那样的盛世。

十多年后，又发生了英法联军进攻中国的战争。这次战争延续了四年之久。联军攻占中国的首都北京，纵火焚毁了中国皇家园林的精华——圆明园，清朝朝廷被迫逃亡到承德，最后签订了《北京条约》，这给中国人的刺激自然很大。但战争结束后不久，声势浩大的太平天国革命运动被血腥地镇压下去，清朝的统治秩序又暂时稳定了二十年。这使许多封建士大夫兴高采烈，在心理上仿佛已获得足够的补偿。标榜"自强""求富"的洋务运动的着着进行，近代工业的开始兴办，新式陆海军的训练，等等，使人一度产生一种虚幻的安全感。"同治中兴"的赞颂，便是在这种历史条件下被高唱入云的。直到甲午战争前夜，进步思想家郑观应觉得需要向社会发出"危言"了，仍不敢公然指出中国已处在"衰世"这个事实，而把他的书称为《盛世危言》，以免招来太多的不满和攻击。梁启超说过："自甲午以前，吾国民不自知国之危也。不知国危，则方且岸然自大，偃然高卧，故于时无所谓保全之说。"[1]许多人对严重的民族危机确实还处于相当麻木的状态。

中日甲午战争的失败给中国人带来的刺激太大了。洋务运动中人们曾寄予很大期望的新式海陆军，在战争中那样快地溃败了。虚幻的安全感突然消失。战后签订的《马关条约》中，中国的一个省——台湾被割弃，重庆、沙市、苏州、杭州等地被开放为商埠，日本人被允许在中国所有通商口岸自由开设工厂，还要向他们支付二万万三千万两白银的巨额赔款。[2]吴玉章回忆说："我还记得甲午战败的消息传到我家乡的时候，我和我的二哥（吴玉锟）曾经痛哭不止。""这真是空前未有的亡国条约；它使全中国都为之震动。从前我国还只是被西方大国打败过，现在竟被东方的小国打败了，而且失败得那样惨，条约又订得那样苛，这是多么大的耻辱啊！"[3]这自然更使中国人感到难堪和坐卧不安。这一年，著名启蒙思想家严复在《直报》上接连发表四篇震动一时的政论文章。第一篇《论世变之亟》中，劈头写道："呜呼！观今日之世变，盖自秦以来未有若斯之亟也。"[4]最后一篇《救亡决论》，第一次响亮地喊出了"救亡"的口号。他在给吴汝纶的一封信中写道："大抵东方变局不出数年之中。""尝中夜起而大哭。嗟乎！谁其知之。"[5]许多人在惨痛的事实前猛醒过来，觉得放在面前的问题已不是一般地谈论什么"自强""求富"，而需要直截了当地起来"救亡"。如果周围局势不突然发生如此令人心悸的剧变，人们的思想要在短期内产生这样深刻的变动是无法想象的。

---

［1］哀时客：《尊皇论》，《清议报》第9册，1899年3月22日。
［2］其中三千万两是作为赎回辽东半岛的偿金。
［3］吴玉章：《从甲午战争前后到辛亥革命前后的回忆》，《辛亥革命》，第34页。
［4］严复：《论世变之亟》，《严复集》第1册，第1页。
［5］严复：《与吴汝纶书》，《严复集》第3册，第521页。

"救亡",成为一切爱国者心目中最响亮、最有吸引力的中心口号。这是中国近代民族觉醒历程中一个有着里程碑意义的巨大变化。

甲午战败给中国的打击已经够沉重了。过了两年多,德国强行租借胶州湾,又成为列强争先恐后地在中国攫取势力范围的新起点。1898年初,康有为在上书光绪皇帝时,大声疾呼地痛陈局势的严重性和紧迫性:"日本议院日日会议,万国报馆议论沸腾,咸以瓜分中国为言。若箭在弦,省括即发,海内惊惶,乱民蠢动。""瓜分豆剖,渐露机牙,恐惧回惶,不知死所。""譬犹地雷四伏,药线交通,一处火燃,四面皆应,胶警乃其借端,德国固其嚆矢耳。"[1]戊戌维新运动便是在这种背景下迅速走向高潮的。

帝国主义的疯狂侵略,不能不激起中国人民越来越强烈的愤怒。戊戌维新运动,表现出上层爱国知识分子中出现的新的民族觉醒。震惊世界的义和团运动,更表明直接承受帝国主义侵略重压的下层劳动人民,决不甘心默默忍受外来的侵略和奴役。他们不顾一切地拿起武器,进行了英勇的反抗。为了镇压这种反抗,全世界主要的帝国主义国家联合起来,组成八国联军,共同向半殖民地的中国发动军事进攻。这在世界历史上还没有先例。

1900年8月14日,八国联军攻陷北京,清朝政府逃往西安。马叙伦在《我在六十岁以前》中回忆到:他在杭州听到这个消息后,觉得天好像塌了下来似的,立刻放声大哭。这以后,帝国主义列强的军队武装占领北京达一年之久。他们在北京颁布戒严令,由各国分区管制,强迫居民悬挂他们的国旗,任意进行屠杀和洗劫。在天津,他们建立所谓"临时政府",并且不时地派遣军队到直隶北部地区进行"讨伐"。1901年9月签订的《辛丑条约》,规定中国支付赔款达四亿五千万两白银,拆毁大沽炮台,在使馆区和从北京到山海

---

[1] 康有为:《上清帝第五书》,《戊戌变法》资料丛刊第2册,第189页。

关的沿铁路重要地区由外国派兵驻守，清政府并承担了镇压"与诸国仇敌"的爱国活动的责任。在这个时期，沙皇俄国的军队一直占领着并准备进一步吞并整个东北。这一切，使中国人民感到极度的屈辱和痛苦，大大促进了中华民族的民族觉醒。

《辛丑条约》签订后，列强开始陆续撤兵，民族矛盾从某些方面看起来有了一些缓和。但如果深入一层来观察，就会看到，民族危机其实是向着更深刻的方向发展了。

如果说1901年以前，列强虽然在中国划分了势力范围，攫取了各种投资的特权，但一时还来不及直接从事大规模的投资活动，那么到1901年以后，它们便以空前的规模来实现这种投资的特权，消化、巩固和扩大前一时期获得的侵略成果。这是帝国主义对华侵略步骤上的一个严重进展。

这种投资的集中点，是建筑铁路和开矿，它是在中国丧失独立主权的情况下进行的。京汉铁路、粤汉铁路、津浦铁路、陇海铁路、正太铁路、沪宁铁路、滇越铁路等陆续开筑。列强通过借款或强行承筑等方式，实际上控制了这些铁路。它们不但获得一定年限内对某些铁路事业的管理权，获得优厚的借款手续费、利息和红利，并且使铁路通过的区域成为它们的势力范围。开掘矿藏，不仅提供给外国企业家以优厚的超额利润，并且也提供给它们可靠的原料来源。中国的铁矿生产，当时全部在帝国主义国家的控制下开采。煤矿生产，据1906年统计，外资占百分之三十九点八，中外合资占百分之四十，两者合计占百分之七十九点八。

许多人强烈地感到：外国人一旦完全控制了我国的铁路和矿山，那就是握住了我们的命脉，就要吸干我们的血髓，这在某种意义上比明火执仗的侵略更为危险，更能置中国于死地。在20世纪初出版的《江苏》《浙江潮》等杂志中，到处可以读到这一类沉痛的词句："呜呼，铁路之于人国，犹筋脉之于人身也。是故一县失其权则一县死,一省失其权则一省死,况全国南北(粤汉铁道)、东西(蜀汉铁道)交通之大关键乎?"[1]"经济上之竞争,其祸乃更毒于政治上。何以故?譬之是犹人也,朝割其一手,夕割其一足,其人必痛,而其警醒也易,而其反抗之力大,而其人犹可以复生也。若举全身之精血而吸之,其犹茫然皇然莫知所由,未几乃病瘵以死矣,此言其术也。若夫于政治上,则未有经济之权既占,而政治上之权乃犹能以人者也。盖其资本所在之地,即其政治能力所到之地,征之于近代,历历有明征也。"[2]

在这段时间,列强对华的商品输入也急剧增加。从1901年到1905年的短短五年间,中国进口商品总额陡增一倍以上。长沙、秦皇岛、鼓浪屿、腾越等地相继辟为商埠。许多内地城市,也开来了外国轮船,出现了许多俨然以主子姿态君临到中国国土上来的"洋人",激起人们的愤怒和不安。

列强们还在中国继续展开激烈的争夺战。争夺的焦点是中国的东北。沙俄的军队在八国联军进攻中国的战争中占领了东北的主要城市和交通线。战后却迟迟不肯撤兵。1902年10月,沙俄陆军大臣库罗巴特金呈沙皇的有关满洲问题的备忘录中明白提出:要"把北满归并俄国"[3]。这使许多爱国者更感到寝食难安,把它看作帝国主义列强就要动手瓜分中国的信号。亡国灭种的惨祸,仿佛时刻都可能降临到中国人的头上。

陈天华在《警世钟》中假托别人的口说道:"你但问俄国占东三省的事真不真,不要问瓜分的事真不真。俄国占东三省的事倘若不虚,这瓜分的事一定是实了。你看德国占了胶州海口,俄国、英国、法国,也就照德国的样儿,各占了一个海口。于今俄国占了东

---

[1]《南方之三大铁道》,《江苏》第7期,《记事》,第147页。
[2]飞生:《俄罗斯之东亚新政策》,《浙江潮》第1期,《大势》,第1页。
[3]《红档杂志有关中国交涉史料选译》,第298页。

三省，请问中国有几块与东三省一样宽的地方？将来分的时候，恐怕还不够分哩！于今还来问真问假，真正不知时务了。"[1]这段话，确实反映出当时无数爱国者为祖国命运而忧心如焚的急迫心情。

紧接着，日本和沙俄又为争夺远东霸权而爆发了战争。这场战争延续达一年半以上。它在中国东北的国土上进行，给东北人民带来了深重的灾难。1910年，日本正式吞并同中国一水相隔的邻邦朝鲜，又给了中国人强烈的刺激。

"救亡"，成了摆在一切有爱国心的中国人面前压倒一切的中心问题。如果连国家都灭亡了，其他问题说得再好听，也将化为泡影。这不是哪一个人作出的主观选择，而是整个客观局势发展的结果。中国的先进分子日日夜夜苦思焦虑，甚至不惜为此付出一切代价，都是围绕这个中心问题而寻求答案。离开这一点，就不可能对辛亥革命有正确的理解。

---

[1] 陈天华：《警世钟》，《辛亥革命》资料丛刊第2册，第117页。

二、"洋人的朝廷"

在这样极端深重的民族危机面前，谁能够领导人民抵抗外来的侵略，把祖国从危难中拯救出来，谁就能够得到人民的信任和支持；否则，就会被人民所抛弃。这时，统治着中国的清朝政府处在一种怎样的状态呢？人们所期望的是有一个能够保卫国家和民族利益的政府。而清朝政府却恰恰相反，宁肯大量出卖国家权益，以换取帝国主义列强的支持，镇压人民的反抗，维护它在国内早已摇摇欲坠的反动统治。

这个王朝，虽然早已日趋衰败，但外表上仿佛仍是个威严显赫的庞然大物，使人望而生畏。中日甲午战争的失败，给清朝政府的打击不仅是沉重的，并且是多方面的。从政治上说，这次战争充分撕开了清政府反动腐朽的真面目。三十年来一直被大吹大擂地说成可以"自强"和"求富"的洋务运动，在事实面前彻底破产。从军事上说，长期以来被清朝政府倚为柱石的淮军和北洋海军，尽管一部分将士作了英勇的抗战，但由于清朝政府的腐朽统治和错误指挥，在战争中仍然一败涂地，溃不成军，使清朝政府在转眼间失掉了用来维持自己统治的主要镇压力量，形成一时无法填补的实力真空。从财政上说，甲午战前清政府虽早已财用日竭，但在百计搜罗后还可勉强应付，使收支勉强维持平衡；战后赔款二万万三千万两银子，其中第一年就要支付八千万两，相当于当时清政府全年岁入总额，这下子，财政平衡立时遭到根本破坏，陷入一片混乱，再也无法收拾。日本割据台湾，最初还要割取辽东半岛，清政府连"祖宗发祥之地"也无法得到保障，国家的首都门户洞开，继续生存遭到直接的威胁。它在人民中的威信也就扫地以尽。

对外的投降，并且屈辱到如此地步，内部腐败的充分暴露，使这个一向把自己装扮成"神圣不可侵犯"的清王朝顿时在人们心目中丧尽了尊严。军事和财政力量的极端空虚也使它的统治无法继续保持稳定。可以这样说：甲午战后的清政府不过是在苟延残喘中勉强再维持了十多年。

接着发生的八国联军之役后，清政府同外国侵略者的关系又发生了新的变化：完全投降帝国主义，成为它们统治中国的驯服工具。这以前，清朝政府虽早已屈从于帝国主义的压力，并同它们一步步加紧勾结，但毕竟还不甘心完全丧失自己的独立地位，因而在人民群众反抗外国侵略者斗争的推动下，在各种条件的凑合下，即便表现得十分被动和动摇，还曾参加过反对英法联军的战争、中法战争、中日战争和反对八国联军的战争。到《辛丑条约》签订后，这样的抵抗也不再能看到了。

1901年2月，当列强提出和议大纲时，流亡在西安的清朝政府立刻发出一道煌煌上谕，宣布政府今后的对外方针是"量中华之物力，结与国之欢心"，并且厚颜无耻地宣称："今兹议约，不侵我主权，不割我土地，念列邦之见谅，疾愚暴之无知。事后追思，惭愤交集。"1902年1月，清朝政府从西安回到北京。从开封到正定这段路，坐的是火车。进宫那天，"当西太后乘舆经过使馆人员站立的阳台时，她在轿中欠起身来，以非常和蔼的态度向他们回礼"。当1月28日各国使节受接待时，"召见从头到尾是在格外多礼、格外庄严和给予外国代表以前所未有的更大敬意的情形下进行的；这件事之所以特别值得注意，乃是因为这是西太后第一次在召见中公开露面"，而不是在帘幕后面。2月1日，她接待外国使节夫人，"在问候这些夫人的时候，表示出极大的同情，并且一边和她们说话，一边流泪"[1]。这些看起来都是些戏剧性的枝节小事,却很具有象征性,微妙地显示出清朝政府同帝国主义列强之间政治关系上的变化。

这以后,清朝政府在各方面更加坚决地执行对外投降的政策。它一再传谕保护外人权益,竭力镇压人民爱国运动,聘请外国人担任财政、军事等顾问,连地方大吏的任命也需要看外国人的脸色行事。各级地方官更加兢兢业业地一意媚外,竭力维护外人在华的特殊权益。"内而宫廷,外而疆吏,下至微员末秩,皆莫不以敬礼外人为宗旨。"[2]

既然清朝政府把自己同帝国主义侵略者紧紧地拴在一起,毫不奇怪,人民大众也就自然地把反抗外国侵略者同反对清朝统治者紧紧地联结在一起了。陈天华在《猛回头》中直截了当地写道:"列位,你道现在的朝廷,仍是满洲的吗?多久是洋人的了!列位若还不信,请看近来朝廷所做的事,那一件不是奉洋人的号令?""朝廷固然是不可违拒,难道说这洋人的朝廷也不该违拒么?"[3]"洋人的朝廷"这个带根本性的问题被陈天华一语点破后,立刻不胫而走,在爱国人民中产生了巨大的影响。

不仅如此,20世纪初年,清朝政府对人民经济上的榨取也进一步加重了。造成这种状况的直接原因有两个:首先是对外支付巨额的赔款。《辛丑条约》规定:中国向各国赔款白银四万万五千万两,本息相加,每年需支付赔款二千余万两。这样巨额的赔款几乎是当时的中国人难以偿清的。清朝的财政从甲午战败后本已陷于不可收拾的地步,这时就受到更加重大的打击,只得采取向外大举借债这种饮鸩止渴的办法来勉强维持下去,在政治上也就更加俯仰随人。各地还要支付几千万两的地方赔款。这些都要转嫁到广大人民头上。其次是

---

[1] [美]马士:《中华帝国对外关系史》第3卷,上海:上海三联书店1957年版,第388页。
[2]《论中外有不能相安之势》,《新民丛报》第20号,第110页。
[3] 陈天华:《猛回头》,《陈天华集》,长沙:湖南人民出版社1982年版,第36页。

清政府在国内加紧扩军,除袁世凯练成的北洋六镇(镇相当于师)外,还计划在每个省编练新军一镇,作为维持他们统治的武装力量。军费的开支大大增加,又必须向人民进行更残酷的搜刮。

在长期的封建社会里,由于社会生产力发展的迟滞,政府的财政收支一向难以有过快的增长。直到甲午战前,清政府的年财政收支大体上都稳定在八千万两左右。但到1903年,岁入已达一万万四百九十二万两;到1908年,岁入达二万万三千四百八十余万两。[1]而到1910年,清政府试编的下一年度财政预算中,国家岁入为二亿九千六百九十六万两,岁出达三亿三千八百六十五万两。十几年间,国家的财政收支竟激增至四倍之多。这在人们生活中是从来不曾经历过的。所谓岁入的逐年猛增,自然不是生产发展的结果,而来自竭泽而渔的掠夺和搜刮。在清朝的最后几年里,田赋、厘金、盐课等旧税一次又一次地追加,种种巧立名目的新税更是层出不穷,各级官吏还要从中中饱,任意诛求,造成民不聊生、民怨沸腾,使人民到了再也无法忍受下去的地步。连素来温和的《东方杂志》在一篇文章中也写道:"饥黎盈野,贼盗满山。所谓四海困穷,天禄永终者,讵非今日吾人杂触杂受之显象耶?若犹委心任远,不急起而补救,泄泄沓沓,冀幸免于朝夕,则其势之不可五稔[2],固又不俟智者而后知也。"[3]

但是极端腐朽昏聩的清朝政府又怎么可能"急起而补救"呢?它标榜实行新政,采取的奖励设厂和废科举、兴学堂等措施,虽然多少也起过一点积极作用,却始终拒绝实行任何根本的变革。人民的失望、不满和愤怒越来越强烈。越来越多的人最后得出一个结论:不推翻这个腐败的卖国政府,中国是一点希望也没有了。这是现实

---

[1] 明水:《日人论中国整理财政策》,《国风报》第1年第33期,第38—43页。

[2] 就是说其势将不能维持五年。

[3] 胜因:《实业救国之悬谈》,《东方杂志》第7年第6期,第192页。

迫使他们得出的结论。

到辛亥革命前夕，人们对清政府的这种不满和愤怒已发展到不加掩饰地表露出来的地步。1911年5月12日和16日，长沙关税务司伟克非给总税务司安格联的两封信中忧心忡忡地写道："毫无疑问，大多数老百姓是希望换个政府的。不能说他们是革命党，但是他们对于推翻清朝的尝试是衷心赞成的。""中国的前途似乎非常黯淡。我看在不久的将来，一场革命是免不了的。现在已经公开鼓吹革命，并且获得普遍的同情，而政府并没有采取任何预防措施，却尽在瞎胡闹。"[1]

有一种相当流行的看法，认为辛亥革命所以兴起，它的真正内容和动力是反满。这只是皮相之见。满汉矛盾是不是存在？是的。这在清朝入关时一度是国内的主要矛盾。直到清末，民族之间的不平等依然存在。但是，由于清朝统治者已经使自己逐步成为包括汉族地主阶级在内的国内各族封建统治势力的总代表，也由于封建社会内在矛盾的激化，满汉矛盾早已退居次要的地位。单从满汉矛盾本身，根本无法解释它在20世纪初怎么会突然激化到如此程度，以至会引起一场席卷全国的革命运动。

事实上，在当时的中国，如何把祖国从帝国主义列强的侵略压迫的危急形势下拯救出来，走上独立富强的道路，这才是先进分子们共同关注的焦点。其他任何问题都不能不服从这个前提。我们可以拿章太炎的思想变化过程作为例子来剖析一下。

章太炎是从小就深受汉族传统民族思想影响的。但他是否就此投身于反清革命？没有。恰恰相反，直到甲午战后，他参加维新变法运动时，政治上仍没有超越改良派的藩篱。在他看来，在当前这样严重的民族危急面前，发生革命是危险的："内乱不已，外寇间

---

[1]《帝国主义与中国海关》第13篇，北京：中华书局1964年版，第87、88页。

之","苟有揭杆斩木者,是自战斗吾黄种,而使白种为之尸也"。他把温和的改革称为"革政",并得出结论:"今之亟务,曰:以革政挽革命。"[1]

戊戌变法失败后,他的这种态度仍然没有改变。他在1899年写的《客帝篇》中继续主张:有帝国主义在旁,如果汉族人民起来反对满族统治者,结果只会是两败俱伤,共归于尽:"荤牛之斗,玄熊哅怒以格其间,则二牛皆脔也。""逐加于满人,而割地于白人,以是为神州大哅。"

决定章太炎转变的,是八国联军的进攻和占领北京。这下使他看清:清朝政府已经完全屈从于帝国主义,不可能再依靠它来图强御侮,因而写下了《客帝匡谬》:"满洲弗逐,欲士之爱国,民之敌忾,不可得也。浸微浸削,亦终为欧美之陪隶已矣。"并且勇敢地作了自我批评:"余自戊己违难,与尊清者游,而作《客帝》,饰苟且之心,弃本崇教,其违于形势远矣。"[2]

事实说明:正是帝国主义侵略的加深和清朝政府卖国面目的暴露,而不是别的,才最后驱使章太炎走上革命的道路。决定他的行动的,是为救国而反满,并不是为复汉而反满。

事实也说明:辛亥革命时期反满思想的高涨,根本的原因不在汉族传统民族思想的重新抬头,而是当时的严重民族危机。这个卖国政府在许多汉族人看来又恰好是一个"异族"的政府,他们就自然地进行这样的推论:清朝政府之所以不顾全国人民的反对,一意孤行地推行卖国投降的政策,根本原因就在它是"异族"的政府,从而毫不关心汉族人民的命运,毫不吝惜地大量出卖中国的主权。也就是他们常常举出的一句话:"宁赠外人,毋予家奴。"这种看法

---

[1] 章炳麟:《论学会有大益于黄人亟宜保护》,《时务报》第19册。
[2] 章炳麟:《客帝匡谬》,《訄书》前录,上海:古典文学出版社1985年版,第4、5页。

自然谈不上对事物的本质作出科学的分析，但在当时却使许多人深信不疑，于是新仇旧恨一齐涌上心头，使"反满"的口号占有越来越突出的地位。

这种反满宣传有它重大的缺陷：带有浓厚的狭隘民族主义色彩；同时，由于过分强调满汉矛盾，反而容易使人放松去正面地反对帝国主义和整个封建势力这两个主要的敌人。可是，细心地剖析一下，仍然可以发现这种宣传所包含的合理的内核：它要求人们首先集中力量进行反清革命，推倒这个卖国政府在中国的统治。这在当时的中国，确是抓住了救亡的中心环节。反满浪潮的高涨，从根本上说，其实只是中国近代民族觉醒和救亡运动高涨的一种具体表现形式罢了。

三、新的社会力量在成长

但是，中国要奋起，单靠有一股宁死不屈的反抗精神和勇气是远远不够的。时代已经变了，中国几千年封建社会内部旧有的那些社会力量已不能给中国指明新的出路，把祖国从危难中拯救出来。

地主阶级改革派，在鸦片战争以及以后的一些年代中，曾经在反抗外来侵略者、唤起人们开始睁开眼睛研究周围的世界等方面起过重要的积极作用，但随着时代的前进，特别是中国社会内部封建势力同人民大众之间矛盾的日趋激化，他们就越来越难成为推动历史前进的重要力量，逐渐在中国历史舞台上销声匿迹了。太平天国是中国旧式农民战争所发展到的最高峰，在近代历史上写下了光辉的一页，"但是农民究竟是分散的小生产者，他们不可能制定明确的革命纲领，并用这个纲领来团结所有的革命群众；他们不可能长期地维持革命的纪律，以便集中自己的力量战胜强大的敌人；他们缺乏用科学的方法总结革命经验，并用这些经验来指导革命实践的能力"[1]。太平天国虽然比较过去的一切农民战争有着更完整的进步的纲领制度，并且前后坚持了十四年，势力扩展到十七省，末了仍悲惨地失败了。义和团运动的主要群众是农民、城市贫民和游民，也有一些爱国的中小地主参加。他们的斗争沉重地打击并制止了帝国主义列强准备瓜分中国的企图，但也存在严重的弱点，包括存在不少愚昧和落后的东西，最后在帝国主义列强的联合武装进攻和清朝

---

[1]《人民日报》社论：《纪念太平天国革命百周年》，《人民日报》1951年1月11日。

政府的叛卖下失败了。

到辛亥革命前夜，全国到处发生风起云涌的下层劳动群众的自发反抗斗争，会党在这些斗争中起了重要的作用，其中规模最大的是1903年至1905年的广西游勇和破产农民的大起义。下层群众这些自发的反抗斗争，教育并鼓舞了当时的革命民主派，动摇了清朝政府的统治基础。他们中的一些骨干分子，以后直接接受了革命民主派的领导，或给予他们有力的帮助，成为他们发动历次武装起义的重要依靠力量。离开下层群众对反动统治者的要求和斗争，当时的革命民主派很难做出什么事来，也不可能成功地发动任何一次武装起义。自然，下层群众的自发斗争需要有新的社会力量来领导，才能开创出新的历史局面来。当时，无产阶级还处在幼年时期，只能充当资产阶级和小资产阶级的追随者，没有成长为独立的政治力量。在这种历史条件下，暂时还只能由软弱的资产阶级的政治代表来承担这个历史使命。

历史需要有一种新的社会力量在中国政治舞台上扮演主角，而随着中国传统社会结构的日趋解体，这种新的社会力量——中国民族资产阶级正在成长起来。尽管他们力量还太微弱，并不能完全胜任所应该担负的任务，但毕竟为中国近代历史提供了新的内容。

中国近代工业的兴起，走的不是一条资本主义发展的正常道路。它的主体，不是从原有的工场手工业的基础上直接发展起来的，从某种程度上说是外国资本主义入侵的产物。鸦片战争后，由于外国资本主义入侵的刺激和封建经济结构的开始破坏，从19世纪70年代起，在中国东南沿海的通商口岸，一些原来的买办、商人、官僚、地主开始向新式工业投资。这时，外国资本在中国兴办的工矿企业还很少，本来对中国民族资本的发展来说是一个很好的机会，但由于新式工业受到封建政府和封建官僚的控制和垄断，由于民族工业本身力量微弱，它的发展依然很慢，这个机会被丧失了。直到甲午战争失败以后，中国民族资本主义工业的发展才接连掀起三次高潮，使局面发生很大变化。

他们在甲午战后之所以会向新式工业进行较大规模的投资，是受到当时民族危机激化，特别是外国资本对华从事投资活动的刺激，但直接诱因仍然是看到这样做可以获得优厚的利润。外国资本主义廉价商品的倾销，封建自然经济的逐步解体和农民的破产，为资本主义近代工业的发展提供了市场和劳动力方面的重要条件。如杨宗濂等1896年在江苏无锡开办业勤纱厂，虽然日夜开工，仍无法完全满足常州、苏州两府市场对该厂的需要，股息在百分之二十五以上。荣宗敬、荣德生兄弟在庚子战后也是看到吃、穿两种货物在市场上销售状况最好，才投资兴办规模巨大的茂新面粉厂的。要是无利可图，任何力量也无法使他们把资金转移到近代工业中来。

中国民族工业发展的第一次高潮，是在中日甲午战后不久。这次高潮的特点是：

第一，发展速度远远超过过去。如果拿1895年至1900年间设立的商办厂矿的数字和资本总额同以往二十多年相比：这五年间有一百一十家，资本总额近一千七百万元；而以往二十多年内却不到八十家，资本总额只有七百三十万元。第二，厂矿的规模比过去大多了。山东烟台由华侨资本家张振勋开设的张裕酿酒公司，创办资金为一百万元。江苏南通由中过状元从而能得到官府支持的张謇等开设的大生纱厂，创办资金也达七十万元。第三，甲午战前中国近代工业的资本总额中，官办或官督商办的企业一直占着主要地位；而甲午战后的五年间，商办厂矿的资本总额已超过官办或官督商办企业，取得了主要地位。第四，这时开设的商办工厂中，居首要地位的是缫丝厂，几乎占了这个时期设厂总数的一半，大部分又集中在广东顺德和上海；其次，是棉纺织业和面粉业；再次，是小型机器厂和榨油厂；其他方面是个别的。

中国民族工业发展的第二次高潮，是20世纪初，特别是1903年以后。它的特点是：

第一，发展的规模超过了第一次高潮。1901年为十六家，1902年为二十一家，1903年为八家，1904年为三十一家，1905年达到四十三家。资金在一百万元以上的企业，在这五年间有茂新面粉公司、既济水电厂、内地自来水公司三家。第二，投资的范围更广了。除原有的缫丝业、棉纺织业等继续有很大发展外，烟草、肥皂、电灯、玻璃、锅炉、铅笔、化妆品等行业也都有民族资本投资的工厂出现。第三，出现了一批同时投资于几个行业或拥有较雄厚资金的上层资产阶级。如张謇除原有的大生纱厂外，这几年又陆续投资于大兴面粉厂、翰墨林印刷厂、广生榨油厂、开成铅笔厂、大隆油皂厂、资生铁工厂、耀徐玻璃有限公司等。荣宗敬、荣德生兄弟在这几年内投资开设了茂新面粉一厂、茂新面粉二厂、振新面粉公司等。

中国民族工业发展的第三次高潮，是在1905年至1911年，其中的高峰是1905年至1908年这几年。这次高潮的特点是：

第一，新设厂矿达二百八十八家，资本为七千四百八十七万四千元，七年内的投资总额同以往三十多年的投资总和相等。第二，在各工业部门中，这段时间内投资额占第一位的是棉纱业，五百五十一万七千元；第二位是造纸业，五百二十三万九千元；第三位是面粉业，四百八十一万元。这以前，民族资本在工业部门中投资额最高的缫丝业，主要是为出口原料做初步加工的；这时遥遥领先的几个部门，主要都是面向国内市场的。第三，从地区分布来看，资本主义近代工业发展最迅速的地区是上海、武汉和广州。虽然中国的近代工业还不多，但它们在这几个城市中是比较集中的，能够形成为一种力量。这是这个时期革命活动和立宪运动在江浙、两湖和广东表现得特别活跃的重要原因。第四，由于当时帝国主义列强在华的争夺是以铁路修筑权为重点，又由于铁路投资能获得优厚的利润，于是，在国内掀起了一股筹设商办铁路公司、集股自修铁路的热潮。到1911年，单以四川川汉铁路公司、广东粤路公司、浙江铁路公司三家公司的实收股额来说已达四千零八十三万元，超过了纺织工业四十年间投资额的总和。这可以帮助我们理解：为什么辛亥革命前夜保路运动会在全国范围内发展到如此巨大的规模，为什么四川保路运动能发展成1911年全国大起义的直接导火线。

这种一浪高于一浪的接连三次的对资本主义近代工业的投资高潮，不仅壮大了民族工商业者的力量，而且使中国的社会结构（特别是在沿海沿江的一些通商城市）发生引人注目的变化，加速了近代化的进程。

随着民族工商业者力量的壮大，他们的组织程度也逐步加强。1902年，上海总商会成立。1905年，江苏、江宁、广州、福州、河南、成都等商务总会成立。1906年起，各地商会的数目迅速增加。很多重要城镇在商务分会下更设有商务分所、商务集议所等名目。此外，还成立了一些专业性的商会。不过，在这些工商业者中，商业资产阶级的比重大大超过工业资产阶级，他们的活动又往往同外国资本主义企业向中国市场倾销商品和收购原料有关。这是当时中国民族工商业一个不可忽视的特点。

那些新兴的民族工业资产阶级，力量虽很小，却是新生产力的代表，体现着中国社会发展的一种新的方向，并且由于受到帝国主义列强和清朝政府的压迫，有着爱国和民主的思想。反映民族资产阶级利益的《中外日报》在1907年曾写道："前数年，论时务谋政策者，不曰转弱为强，即曰易危为安。今则无暇为此门面语，直当曰：救死而已矣，救亡而已矣。"[1]连张謇1906年致书张之洞时，也

---

[1]《论列强瓜分中国之势已成》，《中外日报》1907年7月28日。

曾讲过十分激烈的气话："尝以为过捐卡而不思叛其上者非人情，见人之酷于捐卡而非人之叛其上者非人理。"[1]这些说明他们在一定程度有着反对帝国主义和本国封建势力的要求，有着变革现状的要求。中国的近代工业同其他一些国家相比，是比较集中的，主要设立在上海等重要通商城市，这也增强了其影响和发言权。

可是，中国民族资本主义近代工业也有严重的弱点：在全国社会经济结构中所占比重毕竟十分微薄，因而相当软弱，还不能说是一支生气勃勃、充满活力、敢于为自身利益英勇奋战的社会力量。民族资产阶级的上层，大多是从地主阶级转化而来，并且同时还保有不少封建田产，同官府往往也有相当关系，因而有着浓厚的封建性，基本上采取维护清朝政府统治的态度，害怕革命的发生。一般的中小工商业者由于力量微弱，又常有身家性命和财产保障等重重顾虑。所以，他们中的多数人很长时间内在政治态度上倾向于立宪派，不敢以强硬的特别是暴力的手段来充当自身利益的维护者，争取在中国自由发展资本主义的权利。于是，领导中国民族民主革命这一本来应当由他们自己承担的历史责任，却更多地由刚刚形成的受过近代教育的知识分子群挑起来了。这种看来颇为奇突的现象，却是当时中国的具体国情所决定的。

中国近代知识分子的形成是很迟的。直到甲午战前，尽管中国已在半殖民地半封建社会的道路上蹒跚地行进了半个多世纪，但知识分子的状况却没有相应地很快发生变化，一般还是那种旧式的封建士大夫。他们日夜孜孜攻读的还是那些古老的"圣贤之书"，以为这才是"大道"之所在，也是他们的进身之阶。稍微离开它一步，就要被看作"离经叛道""非圣无法"的莫大罪孽。对绝大多数的士大夫来说，除了这些东西以外，确实也不知道还有别的什么可以称

---

[1] 张謇：《张季子九录》，《实业录》第4卷。

作学问。梁启超回忆他早年的情景说:"日治帖括,虽心不慊之,然不知天地间于帖括外更有所谓学也,辄埋头钻研。"以后到广州入学海堂肄业,"堂为嘉庆间前总督阮元所立以训诂词章课粤人者也。至是乃决舍帖括以从事于此,不知天地间于训诂词章之外更有所谓学也"[1]。梁启超是这样,后来思想相当激进的几个人物在甲午战争前夕也是这样。谭嗣同承认,他三十以前所学的都是"旧学",三十以后所学的都是"新学"。那个"三十"之年,就是指甲午战争那一年。再如章太炎,甲午战前还是埋头在杭州诂经精舍的故纸堆里,并没有过问多少时事。谭嗣同、章太炎尚且如此,其他知识分子的状况更可想而知。

甲午战争以后,特别是到了20世纪初年,情况发生了很大的变化。在严重民族危机的刺激下,也由于中国社会变化产生的需要,一个新的近代知识分子群体开始形成。它的形成过程,要说有什么特点的话,就是向国外大批地派遣留学生在先,在国内广泛地开办新式学堂在后。

派遣出国留学的事,虽从19世纪70年代已经开始,但在1900年前为数很少,影响更小。拿20世纪初中国留学生人数最多的日本来说,甲午战前还没有一个来自中国的留学生。1896年,也就是甲午战后第一年,清政府才派出第一批留日学生十三人,在使馆学习,准备培养为翻译人才。1898年,日本为了拉拢中国,请清政府派遣学生到日本学堂学习,总理衙门奏准照办。但到1899年,"是时,我国留东学生全数不满百人"[2]。1901年后,留日学生开始激增。到1906年,达到八千多人。留学欧美的学生人数也迅速增加。"留美学生总数,据留美学生会小史,宣统元年约

---

[1] 梁启超:《三十自述》,《饮冰室文集类编》上,第2页。
[2] 冯自由:《革命逸史》初集,《东京高等大同学校》,上海:商务印书馆1945年版,第107页。

八百余人云。"[1]

　　开办新式学堂的事,开始得还比较早。戊戌变法时京师大学堂的成立更引人注目。但在国内广泛地开办新式学堂,却是"废科举,设学堂"以后的事情。1905年9月2日,清政府下令自明年起停办一切科举考试。不久,又命各省学政专管学堂事务。本来那些旧式士大夫,"多借科举为进身之阶。他们都是应科考而学习,考八股则学八股,考策论则学策论。自废科举设学堂之后,他们进身的道路由科举转到学堂,在学堂中所学的课程则是西学重于中学,科学重于经史"[2]。在当时的留日学生中,速成生占百分之六十,其中分师范和法政两种。"光绪三十年(1904年)以后各省学校之教职员最大多数均系留日师范生。"[3]这些留日师范生回国后到各省新式学堂任教,又把他们在国外接受的教育和影响,带回来教育国内新式学堂中的学生。到1909年,全国中学堂已有四百六十所,中学生四万零四百六十八人;小学已达五万一千六百七十八所,小学生达到一百五十二万二千七百四十六人。这些中、小学堂遍及全国各省,在一些边远地区的县城里也有,甚至女学生也可以入学了。这自然已是一股不容忽视的新兴的社会力量。

　　这些留学生和国内新式学堂的学生,在当时看来是一些"新派"的人。他们和旧式士大夫相比,有许多不同的特点:

　　第一,他们不再像旧式士大夫那样,盲目地以"天朝大国"自居,把"天下"和"中国"看作同义词,而有了比较多的世界知识,了解一点万国大势、列强对外的侵略扩张以及中国在世界上所处的地位,从而对当时严重的民族危机有着更深切的体会,爱国思想更加强烈。李达在回忆他自己1905年进入新式学堂读书时的情景说:

---

[1] 陈翊林:《最近三十年中国教育史》,上海:太平洋书店1930年版,第162页。
[2] 高一涵:《辛亥革命前后安徽青年学生思想转变的概况》,《辛亥革命回忆录》第4集,第431页。
[3] 舒新城:《近代中国留学史》,第53页。

"十五岁的时候,我考入一所享受公费待遇的中学,并开始接触一些新的知识,逐渐知道一些国家大事。如从看地图中,知道过去常常谈论的'洋鬼子'国家就是英、美、德、法、意、日、俄、奥等国,他们都是侵略中国的;中国的贫穷落后是由于政治的黑暗,清廷的媚外。""开始有了一点爱国观念,知道爱国了。"[1]

第二,他们或多或少地接受了一些资产阶级的政治学说和文化思想,开始形成一种新的理想、新的衡量是非的尺度。当时,放在中国人面前的主要问题是要实现民族独立和民主。在许多接受了近代教育的新式知识分子看来,美国的独立和法国的革命仿佛是最出色地解决了这两个问题。于是,法国和美国就代替戊戌变法时的俄国和日本,成为不少人心目中追求的榜样。留日归国的爱国少年邹容在他脍炙人口的名著《革命军》中热情洋溢地写道:"吾幸夫吾同胞之得与今世界列强遇也;吾幸夫吾同胞之得闻文明之政体,文明之革命也;吾幸夫吾同胞之得卢梭《民约论》、孟德斯鸠《万法精理》、弥勒约翰《自由之理》、《法国革命史》、《美国独立檄文》等书译而读之也。是非吾同胞之大幸也夫!是非吾同胞之大幸也夫!"[2]这种热情无疑是真诚的,但他们把事情未免设想得太简单了,似乎只要把从西方书本上读到的那些新观念、新方案搬到中国来,中国土地上的百病都会霍然而愈,令人困扰的种种问题也将迎刃而解。这自然是一种根本无法实现的幻想。但在当时,这种强烈的信念确实有力地鼓舞并激励着他们中许多人为实现这些新的理想而奋斗!

第三,他们作为一种新兴的社会力量,对前途满怀着信心,对自己有着一种强烈的责任感。许多人以伏尔泰、孟德斯鸠、卢梭、罗伯斯庇尔,甚至华盛顿、拿破仑自诩。不少留学生更认为:"祖国

---

[1] 李达:《沿着革命的道路前进》,《中国青年》1961年第13、14期。

[2] 邹容:《革命军》,《邹容文集》,重庆地方史资料组1982年8月编印出版,第40页。

之前途，其安危悉系乎留学生，夫人而知之矣。是留学界者，对乎外为全体国民之代表，对乎内为全体国民之师资，责任之重，无有过于是者。"[1]他们比较年轻，没有那么多家室或财产的牵累，因而在接受一种理想并意识到自己的责任后，能够奋不顾身地为之奋斗。这又成为推动他们在政治上发挥更大作用的重要力量。

此外，他们中大多数人的社会地位比较低，许多人的家庭正在破产没落，自己也遭受着失业和找不到出路的威胁。这些人大多有些个人抱负。现实生活中的一切，容易激起他们的愤慨和不满，容易引起他们反抗的情绪。正是这样，他们中许多人在形势发展和革命宣传的推动下，逐渐觉醒起来，积极投身到反帝爱国的革命运动中去。

当然，他们也有不少弱点：爱国和革命的热情很高，但理论和实践经验的准备还很不够，对中国复杂国情的了解更是肤浅；往往只重个人的力量，轻视集体的行动和群众的作用，占中国人口绝大多数的下层劳动群众通常更在他们的视野之外；不少人尚空谈，而短于行动；更重要的是，由于缺乏足够强大的新社会力量作为依靠，在政治上常常表现出软弱和摇摆。

辛亥革命时期资产阶级革命派的重要活动分子，大多是从这些受过西方近代教育的新式知识分子中产生出来的。他们从事革命活动的目的是为了把祖国从危难中拯救出来。许多人主观上真诚地认为自己是代表全体国民的利益的，但他们心目中大体上以美国独立和法国大革命作为榜样，并没有超越资产阶级民主革命所要求的范围。他们的奋斗目标和主张如果实行起来，只能为资本主义在中国的自由发展开辟道路。从这个意义上说，他们客观上正代表着中国新兴的资产阶级的利益（这在当时是有重大进步意义的），把他们称

---

[1] 云窝：《教育通讯》，《江苏》第4期，《教育》，第36页。

为中国的资产阶级革命派是适当的。

中国传统的社会结构正在日趋解体,曾经统治了这个社会几千年的地主豪绅阶级已经腐败和衰落,原有的社会现状已经无法保持下去,可是替代它的新兴的社会力量还远不成熟。这一切,不能不给20世纪初年在中国发生的这场资产阶级民主革命带来许多西方国家资产阶级革命所没有的特征和弱点。

四、孙中山革命活动的开始

"中国反帝反封建的资产阶级民主革命,正规地说起来,是从孙中山先生开始的。"[1]

孙中山革命活动的开始,标志着一种新的社会力量走上了中国的政治舞台。他出身于一个由农民小生产者向资产阶级转化的家庭。在十二岁以后,又在国外和香港受过十多年比较系统的近代教育。中国劳苦农民的家庭背景同西方的近代教育,在他身上自然地统一起来。像这样的知识分子,在过去中国社会中还不曾有过。这一切,使他有条件成为一种新的社会力量的主要政治代表。

孙中山,名文,字德明,号日新,以后改号逸仙。参加革命后,曾在日本化名为中山樵,后来就被人们称为孙中山。他是广东省香山县(今中山市)翠亨村人。那里位于珠江三角洲南端,离澳门只有三十七公里,和香港隔水相对,同海外的交通比较便利,但本地背山濒海,土质硗瘠,农民生活贫困,因此不少人背井离乡,到海外劳动谋生。孙中山的祖父孙敬贤,是一个没有土地的佃耕农。父亲孙达成从十六岁起,到澳门一间鞋店当了三年学徒,以后就在那里当鞋匠,三十二岁才返回翠亨,因为自己没有土地,只能充当佃农。孙中山的两个叔叔,因在家乡难于谋生,只能离乡外出充当苦力,一个死在上海附近的洋面上,一个死在美国加利福尼亚州产金的地方。

---

[1]《青年运动的方向》,《毛泽东选集》第2卷,北京:人民出版社1991年版,第563页。

孙中山1866年11月12日出生在这个贫苦农民的家里。他从六岁起，就跟姐姐上山打柴，去园地拾猪菜。再大一些，就下田插秧、除草、挑水、放牛，从事各种劳动。十岁起到村里的私塾读书，放学后仍要到田里劳动。"孙中山很穷，到十五岁才有鞋子穿。他住在多山的地区，在那里，小孩子赤足行路是件很苦的事。在他和他的兄弟没有成人以前，他的家住在一间茅屋里，几乎仅仅不致挨饿。他幼年……没有米饭吃，因为米饭太贵了。他的主要食物是白薯。"[1]那时，在他的家乡还有一些散落民间的太平军老战士，常对他们谈当年太平天国的故事，并且用做"洪秀全第二"来勉励孙中山。这些给童年的孙中山留下很深的印象。

如果孙中山只是沿着这条路走下去，他确实最多也只能成为"洪秀全第二"。但时代已经不同了。尽管孙中山的出生距洪秀全死去只有两年，他们又都是广东人，两人的家乡相距只有一百多公里，但就在洪秀全死后这些年里，中国近代工业已开始出现，在海外华侨中也有了一批华侨资产阶级，其中包括孙中山的大哥孙眉。

孙眉少年时也是在家乡帮助地主做长工谋生的。因为生活越来越困难，在1871年应夏威夷政府的招募，出国赴檀香山做华工。后来逐渐发展成为一个华侨资本家，开办了牧场、商店，兼营酿酒、伐木等业。1878年5月，也就是孙中山十二岁那年，孙眉派人把他母亲和孙中山接到檀香山居住，孙眉寄回的侨汇也逐渐成为孙家经济的主要来源。这样，孙中山家庭的经济状况便发生了根本的变化。

孙中山到檀香山后，先在孙眉所开的商店里做店员。第二年起，进入英国基督教监理会所办的意奥兰尼学校读了三年书，并且在校寄宿，以第二名毕业。以后又进奥阿厚书院（高级中学）学习。孙中山原来所受的封建教育不多，檀香山五年的国外生活和所受的近

---

[1] 宋庆龄：《为新中国奋斗》，第5页。

代教育，使他的思想发生很大变化，开始朦胧地出现一种新的社会理想：要以西方国家为榜样来"改良祖国，拯救同胞"。这时，夏威夷又正处在政治经济各方面激荡转变的时刻，当地人正在激烈地反对美国准备吞并这个群岛和本地土王的专制统治。夏威夷的这种环境，对孙中山民族和民主思想的形成也埋下了某些种子。

1883年，十七岁的孙中山重返祖国。当重新接触到清朝封建政府统治下的旧中国时，他自然格外敏锐地感到这个政府的腐败贪婪和中国人民所受的残酷压迫和剥削，越加深切地感到这一切是无法忍受的。但他回故乡后，向周围亲友宣传的还是地方自治的思想，零碎地从事过一些教育、防盗、街灯、卫生等改良乡政的社会活动。他在家乡只生活了三四个月。有一次为了宣传破除迷信，折断了乡中关帝庙神像的手指。这件事一发生，他在家乡便无法立足，只得前往香港。第二年春天，进入英国当局所办的中央书院读书。这时发生的中法战争，又给了他很大的刺激。1886年，他从中央书院毕业后决定学医，回到广州进入美国基督教长老会所办博济医院附设的南华医学堂读书。在同学中，有一个好友郑士良，是三合会会员。这是孙中山日后同会党合作的最初机缘。

1887年10月，香港西医书院创办。孙中山又转到那里读了五年书，毕业考试的十二门课程中有十门获得优等，以第一名毕业。在西医书院读书时，孙中山常同陈少白、尤列、杨鹤龄等放言高论，无所忌讳，被称为"清廷之四大寇"。孙中山自己说，这是他的"革命言论之时代"。当然，谈论革命与从事革命，二者之间还有一个相当大的距离。当一个人还没有在实践中投身于革命时，无论他的革命言论的调子唱得怎么高，终究还不能认为他已是一个坚定的革命者了。孙中山从西医书院毕业后，先后在澳门、广州行医。1893年冬，他曾和陆皓东、郑士良等八人集会于广州南园抗风轩，提议创设兴中会，以"驱除鞑虏，恢复中华"为宗旨，但没有真正组织起来。

另一方面，他思想上仍有一些摇摆，总还想尝试一下，推动清朝政府实行自上而下的改革，看看这条路是不是还有可能走得通。正是在这种矛盾的心情下，发生了孙中山北上天津向李鸿章上书的事情。

孙中山在这次上书里，向李鸿章提出了一个在中国解除对民间工商业发展的束缚、全面实现国家工业化和农业机械化、根本改革教育制度和选拔人才制度的理想蓝图。用他自己的话来说，就是要做到："人能尽其才，地能尽其利，物能尽其用，货能畅其流。"他认为："此四事者，富强之大经，治国之大本也。"但是，李鸿章的态度却极为冷淡。那时，中日战争正在进行，李鸿章正在芦台督师。得到他的上书，只是随便地说了一句："打仗完了以后再见吧！"孙中山"听了这句话，知道没有办法，闷闷不乐的回到上海"，"所有希望完全成泡影。所以到了这个时候，孙先生的志向益发坚决，在檀香山就积极筹备兴中会，找人入会，一定要反抗满洲政府"。[1]

一个人的思想发展，往往需要经历迂回曲折的道路。特别是一种新的社会政治思想的产生，要冲破社会上各种传统思想的束缚，更不可能一开始就走上一条笔直平坦的大路。当反动统治势力还貌似强大的时候，一个知识分子要下决心抛弃自己取得的那点社会地位，冒着杀头破家的危险，领头起来革命，哪里是一件轻而易举的事情？它不仅需要有一个严肃的思考和摸索的过程，而且当他最后下定决心前，内心常常充满矛盾，甚至会出现一些曲折和反复，这倒是很自然的事情。孙中山的青年时代，正是经历了这样一个过程。我们没有理由责备他为什么在决心革命前还会有那些摇摆，倒是应该对他那么早就决心投身革命并且从此不再回头而感到钦佩。

孙中山建立的第一个革命组织是兴中会。1894年11月24日，经过孙中山的积极活动和他哥哥孙眉的帮助，兴中会在檀香山正式

---

[1] 陈少白：《兴中会革命史要》，《辛亥革命》资料丛刊第1册，第28、29页。

成立。它的宗旨是"振兴中华，维持国体"。"振兴中华"这个振奋人心而且影响深远的口号，就是在这时第一次提出来的。檀香山兴中会的章程是孙中山起草的。他大声疾呼地指出当前严重的民族危机说："方今强邻环列，虎视鹰瞵，久垂涎于中华五金之富，物产之饶。蚕食鲸吞，已效尤于接踵；瓜分豆剖，实堪虑于目前。有心人不禁大声疾呼，亟拯斯民于水火，切扶大厦之将倾。"[1]据说，入会的秘密誓词中还明确地提出"驱除鞑虏，恢复中华，创立合众政府"的革命目标。这个说法是否可靠，目前还难以证实。

华侨资产阶级当时已遍布东南亚和它附近一带。他们有着强大的经济实力，可是，由于祖国的衰败而在海外备遭歧视，甚至不能得到起码的保护。因此，他们有爱国心，关心祖国的命运，对"振兴中华"有着强烈的要求。中国资产阶级革命民主派的组织首先在檀香山成立，并不是偶然的。

檀香山兴中会毕竟是革命派最早的组织。无论它的章程，或是它的组织成员，都明显地带有早期的不成熟的特征。据冯自由《革命逸史》记载，这批早期的兴中会会员共一百二十六人。其中，华侨资产阶级有八十人，内商人七十四人、农场主四人、畜牧场主一人、银行家一人。[2]檀香山兴中会的正、副主席分别是永和泰商号司理刘祥和卑涉银行华人经理何宽。这些会员大多不是坚定的革命者。檀香山的兴中会章程，虽然痛陈当前严重的民族危机，但当分析造成这种局势的原因时，却写得十分温和，只把问题归结为"庸奴误国"，仿佛皇上还是好的，一切只是由于"内外隔绝，上下之情罔通，国体抑损而不知，子民受制而无告"。[3]这是当时一般华侨资产阶级所能接受得了的。同时，章程中也没有提出革命的主张，"以

---

[1] 孙中山：《檀香山兴中会章程》，《孙中山全集》第1卷，北京：中华书局1981年版，第15页。

[2] 冯自由：《革命逸史》第3集，第8—17页。

[3] 孙中山：《檀香山兴中会章程》，《孙中山全集》第1卷，第19页。

免会员有所戒惧，盖其时华侨尚不脱故乡庐墓思想，惴惴于满清所派公使领事之借词构陷也"[1]。以后，孙中山一离开檀香山，檀香山兴中会的活动几乎立刻瓦解。这些说明：檀香山兴中会虽然是孙中山建立的最早的革命组织，但由于它的成员的状况，这时并没有真正成为中国革命民主派的战斗核心。

1895年1月，孙中山从檀香山来到香港。他找到陈少白、郑士良、陆皓东等，并同杨衢云等原来在香港成立的辅仁文社联合，于2月21日在香港成立兴中会总会。由于它的成员几乎都是思想比较激进的反清分子，香港兴中会章程中的政治主张比檀香山兴中会章程要激烈得多，并作了原则性的修改。其中最重要的，是对清朝政府进行猛烈的抨击，指出当时国内"政治不修，纲维败坏，朝廷则鬻爵卖官，公行贿赂，官府则剥民刮地，暴过虎狼，盗贼横行，饥馑交集，哀鸿遍野，民不聊生，呜呼惨哉"[2]，而把檀香山兴中会章程中那些比较温和的词句都删去了。这标志着以孙中山为首的革命派建立起了第一个能够采取革命实际行动的战斗核心。

香港兴中会总会成立的第二个月，孙中山就和杨衢云等在香港集会，筹备发动广州起义。这年秋天，筹备工作大致就绪，决定联络会党、游勇和绿林，在10月26日（农历重阳节）突然发难。孙中山从他的革命事业一开始，并没有经过比较长时期的革命宣传酝酿和组织准备，很快就把武装起义提到最重要的议事日程上来。这是他所领导的革命事业的一个重要特点，也是一个重要优点。

为什么会表现出这样的特点来呢？原因需要从当时的历史背景和中国的社会特点来寻找。第一，当时中国面对的社会矛盾特别尖锐。国家民族的生死存亡悬于一线。这种万分严重的局势，使当时

---

[1] 冯自由：《华侨革命开国史》，上海：商务印书馆1947年版，第26页。
[2] 孙中山：《香港兴中会章程》，《孙中山全集》第1卷，第21页。

的革命者产生一种特别急迫的心情，要求"亟拯斯民于水火，切扶大厦之将倾"，来不及进行从容的准备，而急于采取行动。以后，陈天华在《警世钟》中所说"要革命的，这时可以革了，过了这时没有命了！"，反映的也是这种心情。第二，中国是一个半殖民地半封建国家，在内部没有丝毫的民主权利。清朝政府拒绝一切根本性改革，使任何温和的办法都不可能得到结果。孙中山自己上书李鸿章的失败，就是一个实际的证据。这样就迫使他们不能有别的选择，只剩下拿起武器这一条路可走。第三，中国是一个富有人民革命传统的国家。有这样的传统和没有这样的传统是大不一样的。这样的传统，特别是时间相隔不远而为孙中山熟知的太平天国革命，对他有着深刻的影响和鼓舞作用。孙中山在筹备广州起义时，因为有人担心实力不够，便举出太平天国革命时期刘丽川小刀会用少数兵力夺占上海的例子来激励大家。第四，这时正值甲午战争时期，"清廷之腐败尽露，人心愤激"，也使革命者感到时机有利，决心一举。

广州起义并没有发动起来，因为内部步调不一致，贻误了时机，又有人告密，清政府采取了行动，起义的计划被破坏了。孙中山等被迫流亡国外。陆皓东和其他三人在被捕后遭到杀害。陆皓东亲笔写下的供词中说："今事虽不成，此心甚慰，但我可杀，而继我而起者不可尽杀。""吾言尽矣，请速行刑。"他们是中国革命民主派中第一批流血牺牲的烈士。他们热爱祖国、宁死不屈的精神，是值得后人永远纪念的。

广州起义虽然失败了，但它是一个起点。这以后，孙中山的革命活动逐渐被人注意。特别到了20世纪初年，当人们对祖国命运的焦虑和对清政府的愤怒越来越强烈时，孙中山在十来年前领导广州起义这种先驱者的榜样便博得越来越多爱国者的敬重。

孙中山开始在人们心目中成为"革命党"的象征。这对以后革命运动的发展起了相当深远的影响。

五、戊戌维新运动带来的思想解放

广州起义刚失败的时候，孙中山的革命活动暂时处在极端困难的境地。他们一年来辛苦积累起来的那点革命力量已经丧失殆尽。革命的前途像是十分黯淡，仿佛望不到多少光明。可是，从客观形势来看，导致孙中山走上革命道路的严重民族危机，不但没有缓和下来，相反依然在不断激化。这就预示着以爱国救亡为出发点的革命运动必将继续猛进。这种前进的道路并不是笔直的，而是波浪起伏地向前推进的。

我们还是需要先来考察一下国内的社会政治状况。那时国内的民族资本主义近代工业只是刚刚露头。知识分子中的绝大多数人还是那种旧式的士大夫。他们受了几千年来封建传统思想的浸润，"君臣之义已定，天泽之分难越"这一类观念在头脑里根深蒂固。他们目睹祖国面对沦亡的严重危险，满腔悲愤地要求"救亡"。可是，一时还突不破"忠君"这个精神枷锁的束缚，把"忠君爱国"看作一回事。康有为那些声泪俱下、处处不忘"列祖列宗及我皇上深仁厚泽涵濡煦育数百年之恩"的话，最容易打动他们的心。光绪皇帝支持变法的态度，更使他们感到欢欣鼓舞，产生了巨大的幻想。而革命在他们看来，却是"反叛""大逆不道"的事情，是万万干不得的。孙中山又是一个在国外受西方教育的知识分子，对他们相当陌生。吴稚晖说过："我起初瞧不起孙文，就因为他不是科第中人，不是经生文人,并且疑心他不识字。"[1]

因此,当时国内知识界中爱国救亡运动的主流是康有为发动的戊戌维新运动,而不是孙中山所领导的革命运动,这是并不奇怪的。

戊戌维新运动是一次伟大的爱国救亡运动,又是一次伟大的民主启蒙运动。这次运动在提高民族觉醒和民主意识方面产生的那种震撼人心的力量,是中国人以前从来没有经历过的。

戊戌维新运动帮助了广大知识分子认识万国大势,看清中国面临的严重民族危机,激发爱国热忱。当时,许多人从甲午战败和帝国主义加紧侵略的具体事实中,痛切感受到"敌无日不可以来,国无日不可以亡",但由于长期处于闭塞状态,对世界整个形势究竟是怎么一回事,事变到底会怎么发展,还是茫然无所知的。著名经学家皮锡瑞的儿子写了一首《醒世歌》,里面有这样几句:"若把地球来参详,中国并不在中央,地球本来是浑圆物,谁是中央谁四旁?"这些今天看来是普通常识的话,那时便引起湖南名士叶德辉的极大愤怒,竟振振有词地驳斥道:"五色黄属土,土居中央,西人辨中人为黄种,是天地开辟之初,隐与中人以中位。西人笑中国自大,何不以此理晓之?"[2]这件像是笑话的事实说明:世界知识的缺乏,还是相当普遍的现象。维新派在这时,通过报纸和学会,竭力宣传他们当时所知道的那一点万国大势,痛陈亡国的危险。《时务报》"译欧美报纸,载瓜分之说,以激励人心,海内为之震动"[3]。"天津报馆刊布瓜分中国图说,远近震恐。"[4]湖南的南学会每七天举行讲演会一次,演说中外大势、政治原理,产生很大的影响。梁启超描写戊戌变法期间湖南的情形说:"以爱国相砥砺、以救亡为己任"者"遍

---

[1] 李剑农:《最近三十年中国政治史》,太平洋书店1934年版,第30页。
[2] 李剑农:《最近三十年中国政治史》,第52页。
[3] 罗振玉:《贞松老人遗稿》,《戊戌变法》资料丛刊第4册,第249页。
[4] 胡思敬:《戊戌履霜录》第1卷,《戊戌变法》资料丛刊第1册,第359页。

地皆是"。这种情景以前不曾有过。

这个运动又在很广泛的程度上传播了西方近代文化,也就是所谓新学。他们把提倡新学的主张同群众的救亡要求直接联结在一起,因而给当时许多人日夜焦虑不安的问题以一个看来比较实际的答案。仿佛只要照着它去做,中国就可以从危难中摆脱出来,走上独立富强的道路。严复尖锐地指出中学和西学的根本对立:"中国最重三纲,而西人首明平等;中国亲亲,而西人尚贤;中国以孝治天下,而西人以公治天下;中国尊主,而西人隆民;中国贵一道而同风,而西人喜党居而州处;中国多忌讳,而西人众讥评。其于财用也,中国重节流,而西人重开源;中国追淳朴,而西人求欢虞。其接物也,中国美谦屈,而西人务发舒;中国尚节文,而西人乐简易。其于为学也,中国夸多识,而西人尊新知。其于祸灾也,中国委天数,而西人恃人力。"[1]像这样把中学和西学多方面地进行强烈对比,肯定后者,否定前者,这在中国思想界还从来没有过,严复可说是第一人。他的结论是:"盖欲救中国之亡,则虽尧、舜、周、孔生今,舍班孟坚所谓通知外国事者,其道莫由。""欲通知外国事,自不容不以西学为要图,此理不明,丧心而已。救亡之道在此,自强之谋亦在此。"[2]这里虽不免有过分激切之词,在当时不能不是石破天惊之论。

为了救亡,他们十分重视发挥国民自身的力量,并且把它看作治国的根本。用严复的话说,就是要做到"鼓民力""开民智""新民德"。他们猛烈地抨击封建专制主义。梁启超在湖南时务学堂给学生写的批语中说:"自秦以后君权日尊,而臣之自视,以为我实君之奴隶。""至于今日,士气所以委靡不振,国势所以日衰,罔不由是。

---

[1] 严复:《论世变之亟》,《严复集》第1册,第3页。
[2] 严复:《救亡决论》,《严复集》第1册,第46、50页。

此实千古最大关键矣。"谭嗣同在《仁学》中更发出了"冲决君主之网罗""冲决伦常之网罗"的呼喊。尽管他们常常声明民权并不等于民主，只是要求将原来的绝对君权稍稍开放，"参用民权"而已，但这样的呼喊仍起了巨大的民主启蒙作用。

他们还突出地宣传了"变"的观念。本来，在中国几千年的封建社会里，"天不变，道亦不变"的观念长期禁锢人们的头脑，使他们的思想陷于僵化。戊戌维新运动中那些思想家反复告诉大家：世界万物都在不停息的变动和进化中。生活在这个大时代的人，必须下定决心实行变革。严复翻译并写下大量按语的《天演论》这本小册子，风靡一时，强烈地震动人心，在这方面产生的影响是最深远的。梁启超的《变法通议》中也有一段很有名的话："变者，天下之公理也。大地既通，万国蒸蒸，日趋于上。大势相迫，非可阏制。变亦变，不变亦变。变而变者，变之权操诸己，可以保国，可以保种，可以保教。不变而变者，变之权让诸人，束缚之，驰骤之，呜呼，则非吾之所敢言矣。"[1]总之，在万国大势正在日新月异地变化的时刻，根据"物竞天择，适者生存"的原理，中国的旧的一套非从根本上改变不可了，这种观念在戊戌维新运动中开始深入人心。

值得注意的是，他们在进行启蒙教育时特别强调群体的意义。康有为强调"以群为体，以变为用，斯二义立，虽治千万年之天下可矣"。梁启超反对那种"人人皆知有己而不知有天下"的"独术"，而盛赞泰西"群术之善"。严复更强调"群治"的重要性。他在《天演论》按语中写道："天演之事，将使能群者存，不群者灭；善群者存，不善群者灭。"

这并不奇怪。个体和群体本来是事物的两个侧面，相互依存又相互制约，难以截然分开。应当着重强调哪一方面，这要看具体社

---

[1] 梁启超：《变法通议》，《饮冰室文集类编》上，第8页。

会条件和当时需要着重解决的问题来确定。一般地说,对一个面临生死存亡关头的民族来说,民族的群体往往把个体间相一致的共同利益联结在一起,摆到领先的地位。对中国来说,长期占支配地位的封建主义生产方式一向以分散的个体的小生产为基础。这种社会条件带来的"一盘散沙"似的涣散状态,也是造成中国在世界列强面前显得那样脆弱和缺乏竞争力量的重要祸根。近代中国人吃这方面的亏,实在吃够了。如果整个民族间没有一股强大的凝聚力量,要战胜它所面对的强大对手,在世界列强面前站立起来是不可能的。一个民族如果没有这点精神,各个成员如果只顾自己,只顾眼前,这个民族将是可悲的、没有前途的。维新派的思想家们在反对封建专制主义的同时,提倡国民之间"合群"的重要性,可以说有它的合理性,在一定程度上反映了近代中国的实际国情。

戊戌维新运动也有严重的弱点:他们的要求是软弱的,有很大的妥协性,并且希望依靠没有实际权力的光绪皇帝来实现,这自然是幻想。在中国当时的历史条件下,他们所能依靠的社会基础实在太薄弱了,他们自己身上又还带着浓重的封建气息。当封建顽固势力一下反扑过来时,他们推动的戊戌变法很快就失败了,谭嗣同等六君子遇难,康有为、梁启超等逃亡海外。但作为一个思想运动,它对中国近代历史发展作出的巨大功绩是不可磨灭的。许多知识分子经过这次运动的洗礼,思想上跨前了一大步。通过戊戌变法的失败和以后的事实,不少人又从自己的政治经验中取得教训,进一步抛弃对改良道路的幻想而走向革命。戊戌维新运动,从某种意义说,为中国资产阶级革命派的进一步形成起了阶梯的作用。这却不是康有为、梁启超等始料之所及了。

康有为、梁启超逃亡海外后,1898年12月23日,由梁启超主持,在日本横滨创办了《清议报》。《清议报》是以"尊皇"为宗旨的。它提出的种种主张和议论,都紧紧围绕着这一中心,主张中国只能实行君主立宪，只能进行温和的改良，激烈地反对革命，认为中国国民的程度不够，如果发生革命的话，不但不能救亡，反而会促使中国灭亡。这些言论是错误而有害的。

但《清议报》的宣传也有它的积极方面。梁启超等到日本后，能够大量阅读当时日本翻译和出版的各种新学书报，这使他们对万国大势和西方社会政治学说有了更多的了解，给他们的思想和宣传中增添了不少新的内容。这些新的内容主要是：第一，他们提出"务使吾国民知我国在世界上之位置，知东西列强待我国之政策"的主张，使人们对当前民族危机的严重局势有了更深刻的认识。第二，他们明确地提出了"国民"这个概念，并且把它同"奴隶"的概念作种种比较，鲜明地对立起来。这个宣传对当时的思想界产生了巨大而深远的影响，以至到五四以前在《新青年》中还可以清楚地看出这种把"国民"同"奴隶"对立起来比较的影响。第三，他们继续鼓舞人们前进的信心。梁启超的《少年中国说》《呵旁观者文》等在青年中引起的反响特别巨大。《清议报》的这种两重性，在梁启超以后创办的《新民丛报》和他在这个刊物上发表的著名文章《新民说》中同样清楚地表现出来。这些刊物流入原来十分闭塞的中国内地，起了不少积极作用。

正当戊戌维新运动在国内掀起巨大波澜的时候，孙中山在海外的活动却陷于十分艰苦的境地。孙中山后来说："由乙未初败以至于庚子，此五年之间，实为革命进行最艰难困苦之时代也。盖予既遭失败，则国内之根据、个人之事业、活动之地位与夫十余年来所建立之革命基础，皆完全消灭，而海外之鼓吹，又毫无效果。"[1]

孙中山本人在广州起义失败后，只在日本稍作停留，就经檀香山、美国本土而到英国。抵英国后不久，被清朝公使馆诱骗羁囚

---

[1] 孙中山：《建国方略》，《孙中山全集》第6卷，北京：中华书局1985年版，第233页。

十三天，准备秘密押送回国内，经他老师康德黎等百方营救，方始获释。因为这件事，他作为中国革命党领袖的名声却远扬海外，引起全世界的注意，成为一个国际知名的革命家。

这以后，他在英国留居了一年，认真考察英国社会实际情况，广泛阅读西方社会政治学说，思想上发生很大变化。他说："两年之中，所见所闻，殊多心得。始知徒致国家富强、民权发达如欧洲列强者，犹未能登斯民于极乐之乡也；是以欧洲志士，犹有社会革命之运动也。予欲为一劳永逸之计，乃采取民生主义，以与民族、民权问题同时解决。此三民主义之主张所由完成也。"[1]但孙中山到英国时，正值恩格斯去世不久、欧洲工人运动内部思想比较混乱的时候，因此他虽接触到不少自称为社会主义的学说，内容是十分混乱的，其中给他影响最深的是美国的亨利·乔治的《进步与贫困》一书，使他在这方面的思想中一开始就带有不少社会改良主义的色彩，实行起来仍只能为资本主义的发展开辟道路。

1897年秋，孙中山离开英国，经过加拿大，重新来到日本，但处境仍很冷落。康有为、梁启超逃亡日本后，孙中山认为彼此的宗旨都出于爱国，处境又都是亡命客，很希望同他们合作，并吸引他们一起从事革命。但康有为"以帝王师自命，意气甚盛，视中山一派为叛徒，隐存羞与为伍之见"[2]，不愿同孙中山相见。梁启超同孙中山倒是有不少往还，孙中山还介绍他到檀香山去活动，结果兴中会在檀香山的会员大多转到了康、梁的保皇会方面去了。原来说好要和陈少白共同起草"两党合作章程"的徐勤（康有为的学生）也"不愿把章程起草，屡屡催他，总是推诿。合作之说，只好作罢"[3]。两派的合作所以无法实现，原因显然并不在革命派方面，而是由于康、

---

[1] 孙中山：《建国方略》，《孙中山全集》第6卷，第232页。
[2] 冯自由：《中华民国开国前革命史》上篇，第305页。
[3] 陈少白：《兴中会革命史要》，《辛亥革命》资料丛刊第1册，第64页。

梁等只愿意在保存现政权的前提下进行某些改良，决不能同意采取革命的行动。两派的分道扬镳，是难以避免的。由于康、梁等主张实行君主立宪，反对革命，人们通常把他们简称为立宪派。

上层士大夫中的维新变法运动失败了，下层劳动群众中反抗外国侵略者的斗争紧接着就上升到高潮，并且采取更为激烈的形式，那便是义和团运动。这次运动震动了全国，最后在八国联军和清廷的联合剿杀下失败了。在国内局势发生如此剧烈动荡的过程中，孙中山和康、梁两派都准备利用这个时机，积极开展活动。

康、梁一派策划的重要活动，是唐才常主持的自立军事件。他们想乘清政府慌乱地从北京逃往西安的机会，在两湖地区联络会党和其他各种力量，以武力实行勤王。用他们自己的话来说，"其意盖以武汉之间，多豪杰有志之士，思欲晓以大义，藉其声援，率之以直走襄樊，上达山陕，迎我皇上迁都南部，立中兴之基，竟维新的业，与各国重订和约，共致太平，犹向日之宗旨也"[1]。为了吸引更多的人参加，唐才常等最初没有把自己的真实意图和盘托出，而是提了不少含含糊糊的口号，并曾同孙中山等取得一些联系。参加这次活动的人中，也有一批人已有初步的革命意识，但政治上比较幼稚，是把自立军看作一次革命性的行动因而参加进来的，如毕永年、傅慈祥、戢元丞等。自立军原定1900年8月9日在两湖、安徽等地同时发动，但因康、梁的汇款至时拖延不到，以致无法发动，而风声早已外露。唐才常原来还曾希望得到号称开明的湖广总督张之洞的支持，但张之洞却在英国领事的帮助下，于8月21日夜下令包围汉口英租界自立会机关。唐才常等被捕杀。他在自书的亲供中说："湖南丁酉拔贡唐才常谋保皇上复权，机事不密，请死而已。"[2]许多

---

[1] 后死人：《义士唐才常传》，《清议报》第58册，《来稿杂文》，第14页。
[2] 后死人：《义士唐才常传》，《清议报》第58册，《来稿杂文》，第14页。

参加过自立会活动的知识分子,从清政府这次残酷镇压中,进一步丢弃了对它的幻想,同保皇力量分手,走上革命的道路。

孙中山等在这个时期策划的主要活动是惠州起义。这次起义由孙中山的密友、在当地会党中有重大影响的郑士良指挥。郑士良在惠州三洲田山寨,招集了会党群众六百人,枪械三百。10月8日,他们在三洲田起义后,屡败清军,沿海岸线向福建进发。21日,抵达三多祝时,队伍已扩充到二万多人,准备直指厦门,迎接总部从台湾运来的给养援助。这以前,日本殖民台湾时的第四任总督儿玉源太郎曾在口头上表示当兴中会起事后可以给予援助,实际目的是想乘机插手以实现他们对福建的控制。孙中山本人也赶到台湾守候,准备策应。但日本政府不同意儿玉的这个计划,儿玉临时变卦,下令严禁武器出口,也不准孙中山从台湾进入内地。孙中山只得派人向郑士良传令:"政情忽变,外援难期,即至厦门,亦无所得。军中之事,请司令自决进止。"[1]这次起义便这样失败了。

但这次起义在国内引起的反响已同前次的广州起义不同。孙中山说:"经此次失败后,回顾中国之人心,已觉与前有别矣。当初次失败也,举国舆论莫不目予辈为乱臣贼子,大逆不道,咒诅谩骂之声,不绝于耳;吾人足迹所到,凡认识者,几视为毒蛇猛兽,而莫敢与吾人交游也。惟庚子失败之后,则鲜闻一般人之恶声相加,而有识之士且多为吾人扼腕叹惜,恨其事之不成矣。前后相较,差若天渊。"[2]中国局势的发展,确已绽现出转变的契机。

---

[1] 陈春生:《庚子惠州起义记》,《建国月刊》第5卷第3期。
[2] 孙中山:《建国方略》,《孙中山全集》第6卷,第235页。

六、留日学生趋向革命的转折

为什么进入 20 世纪后,中国的革命形势会开始呈现出新的生机?这一方面由于八国联军的进攻和《辛丑条约》的签订,使国势更加危急,清政府的威信扫地以尽,人民的生计江河日下,整个局面已岌岌不可终日,人们要求变革现状的愿望愈趋强烈;另一方面也由于新的社会力量在这时迅速地成长起来,逐渐形成一种能够对中国政治局势产生影响的实体。

许多政治现象的出现,常常不能离开对当时社会结构变动的考察来加以说明。孙中山革命活动的开始,标志着一种新的社会力量——受过比较完整的西方教育的近代知识分子随着近代民族工业的发展已走上中国的政治舞台。但他的革命活动最初在国内应者寥寥,相当程度上又由于这种新的社会力量在中国仍太微弱。这种状况在 20 世纪最初几年间有了显著的变化,特别值得注意的是留日学生的人数迅猛增加。前面说过,直到 1899 年,中国的留日学生还不满百人。1900 年,已超过一百人。1902 年是留日学生人数大幅度增加的一年,达到五六百人。不少著名的革命活动家,如黄兴、邹容、陶成章、廖仲恺、何香凝、杨毓麟(笃生)、周树人(即鲁迅)等,都是在这一年到达日本的。1903 年,留日学生又增加到一千三百多人。1904 年,为二千四百人。1905 年,更达到八千多人。这些新来的留学生充满着爱国救亡的热情。到国外后,除求学外,迫切地渴求学习新知识,并想把学到的新知识介绍到国内来。鲁迅回忆道:"凡留学生一到日本,急于寻求的大抵是新知识。除学习日文、准备进专门的学校之外,就赴会馆、跑书店、往集会、听讲演。"[1]无论对民族危机的认识,或是对西方文化的了解,都比过去大大前进了一步。这就为以后更多的爱国知识分子走上革命道路,为全国性革命组织的形成,准备了重要条件。

这种革命化的趋向在20世纪初很快就表现出来了。1900年冬,郑贯一、冯自由等创办《开智录》,得到孙中山的资助。它不仅指出"今日之世界,是帝国主义最盛而自由败灭之时代也",说明中国已成为帝国主义争夺的焦点,并且开始提出"排满"的口号。1901年5月10日,留日学生中第一个有着比较鲜明的革命色彩的刊物《国民报》在东京创刊。它的主要编撰者有秦力山、戢元丞、沈翔云、张继、冯自由等。出版时,孙中山曾捐助印刷费一千元。《国民报》尖锐地指出,列强看到用猛力来压制别国常常会激起暴烈的抗拒,于是在中国就改而利用清朝政府作为他们可以任意"擒之纵之威之胁之,为所欲为"的工具,这样便能"不劳兵而有人国"。所以,决不能"恃今日之政府官吏以图存",只有依靠国民自己的力量,才能"图存"。[2]《国民报》第4期上,还发表了章太炎的《正仇满论》,旗帜鲜明地指出:所以要推翻清朝政府,不仅因为它是满族统治的政府,更因为不推翻它,中国就有被列强灭亡的危险,"革命固不得不行"。这篇文章还正面地批驳了梁启超在《清议报》上的保皇言论,这是革命派第一篇公开批判改良派的文字。1902年4月,章太炎、秦力山、冯自由等在东京发起举行轰动一时的"支那亡国二百四十二周年纪念会"。同年冬,留日学生中的一些激进分子建立了自己的团体——青年会。会章明白揭示:"以民族主义为宗旨,以破坏主义为目的。"[3]最早的会员有秦毓鎏、叶澜、冯自由、张继等,

---

[1] 鲁迅:《因太炎先生而想起的二三事》,《且介亭杂文末编》,第76页。

[2] 《国民报》第1期,《时论》,《二十世纪之中国》。

[3] 冯自由:《革命逸史》初集,第181页。

值得注意的是其中还有陈独秀,他那时用的名字是陈由己。

1903年春天,留日学生中各种宣传新思想的学生刊物纷纷出版,包括《湖北学生界》《浙江潮》《直说》《江苏》等,大多是由各省同乡会创办的。这些刊物的内容,主要是宣传严重的民族危机,介绍西方近代的哲学、政治、经济、军事、法律、教育、历史等学说,并从各方面探讨西方国家所以富强、中国所以落后和遭受侵略的原因,探讨救亡图存的具体方案。他们鼓吹发扬民族主义,建立民族的国家,认为民族是由国民组成的,民族的强弱取决于国民的民族自觉心和竞争力,因此,必须发展教育,学习并传播新思想和新知识,这是当前的首要任务。他们还提倡以省为单位实行地方自治。这些刊物的出版和传播,使当时的思想界出现一派生动活泼的新局面。但也可以看到,在1903年的上半年,这些刊物在政治上还是比较温和的,并不带有革命的色彩。这在相当程度上反映出那时刚从国内来到日本的留学生中多数人的政治态度。

在留日学生中,猛烈的转折点是这年春夏之交爆发的拒俄事件。

当八国联军进攻中国期间,沙皇俄国由十七万七千人组成的大军分六路大举入侵我国的东北,强行占领了东北的主要城市和交通线。《辛丑条约》签订后,他们仍迟迟不肯撤兵。沙俄企图独吞中国东北的计划,同列强特别是日本的侵略利益之间发生了尖锐的矛盾。4月28日,东京各报详细报道了沙俄对东北的七项无理要求,《时事新闻》并出版号外,内有北京特电,报道俄国代理驻华公使的谈话,里面说:"从来俄国对满洲政策,欲取而未取,致有生杀之嫌,故各国生出种种之障碍。今宁断然取之,归入俄国之版图。"[1]这个消息在留日学生中引起强烈的震动。在他们看来,日夜忧虑的瓜分惨祸真要到来了,中华民族的生死存亡已处在决定性的关头。于是,

---

[1]《湖北学生界》第4期,《留学纪录》,《学生军缘起》,第120、121页。

一场具有极广泛群众性的爱国拒俄运动，在留日学生中迅猛发动起来了。

拒俄事件是留日学生走向革命化的转折点，但它最初也并不带有革命的色彩。当沙俄提出七项无理要求的消息传出后，留日学生中的各省同乡会纷纷开会研究对策。留日学生中的激进分子秦毓鎏、叶澜、钮永建等联名发起，在4月29日下午召开留学生大会，到会的有五百多人。会议主席汤槱提议，由留日学生签名组织义勇队，投入北洋大臣、直隶总督袁世凯麾下，自愿开往前线，抵抗沙俄侵略。他说："留学生遇重大问题，充类至尽，不过打个电报，发封空信，议论一大篇，谁肯担半点血海干系。还说是待我学成归国，再议办法。咄！待你学成归国时，中国已亡了几十年。支吾瞒混，待骗谁来？"当有人指责这种做法是轻举妄动、孤注一掷时，他厉声回答道："死生一发之际，尤想层层周到，难道还要预备衣衾棺椁么？"[1]到会的群情激昂，许多人痛哭流涕，连头也抬不起来。事情就这样决定了。接着，各省同乡会纷纷开会，对组织义勇队一事都表示赞成。会上气氛异常悲壮，连十四岁的孩子、家中的独子和一些女学生都抢着签名，举座涕不可仰。到30日，签名愿意参加军队的有一百三十多人，签名愿在本部办事的有五十多人。学生军成立后，天天操练。后来因清方干涉，改名为军国民教育会，继续操练，并决定派特派员二人回国联络。

拒俄学生军原来对清政府仍寄有很大幻想，提出的要求是隶属在袁世凯麾下从事抗俄，但清朝政府却悍然加以镇压。6月5日，上海出版的《苏报》揭露驻日公使蔡钧致两江总督端方电："东京留学生结义勇队，计有二百余人，名为拒俄，实则革命。现已奔赴内地，务饬各州县严密查拿。"又载清政府密谕："地方督抚于各学生

---

[1]《浙江潮》第4期，《留学生纪事》，《拒俄事件》，第131、132页。

回国者，遇有行动诡秘、访闻有革命本心者，即可随时获到，就地正法。"[1]接着，上海《同文沪报》等又传出消息说：由日本归国的特派员二人在天津被清朝官吏杀害。

这件事对留日学生的刺激是很大的。一大批原来并没有"革命本心"的留日学生，在清政府倒行逆施的驱迫下，丢弃了对它的幻想，走上革命的道路。7月份出版的《江苏》上有一篇文章的看法是很有代表性的。它写道："夫有拒俄之诚而即蒙革命之名，吾知自今以往世人之欲效忠于满洲者惧矣。然使昌言革命而徐图拒俄之计，吾转不知彼满洲者于我将奈之何？"它最后得出结论："呜呼！革命其可免乎？"[2]清朝政府以自己的实际行动，充当了一名出色的反面教员，给一切有爱国心的中国人上了极好的一课。

拒俄事件后，整个留日学生中的政治空气同以前判然不同。留日学生各种刊物中原来那种温和色彩改变了，而是公然地鼓吹反满，公然地提倡建立民主共和国，公然地鼓吹流血革命。如何进行反清革命，成为留日言论界的中心话题。这以后不久，军国民教育会的一部分会员秘密组织暗杀团，参加的人有黄兴、龚宝铨、杨毓麟等。稍后，黄兴回到湖南，龚宝铨回到上海，分别成为国内两个最重要的革命组织——华兴会和光复会的发起人。

---

[1]《密谕严拿留学生》，《苏报》癸卯五月初十。
[2] 季子：《革命其可免乎》，《江苏》第4期，《社说》，第10页。

七、苏报案

正当留日学生中的拒俄运动进入高潮的时候,革命思潮在国内正迅速高涨起来。这个高涨的起点,是刚从日本归国的不满十八岁的少年留学生邹容所写的《革命军》一书在上海出版。革命思潮在国内的高涨首先从中国最大的近代工业城市上海开始,自然也不是偶然的。

《革命军》这部著作,在中国近代思想发展史上占着十分突出的地位。一打开这本书,劈头就可以读到邹容热情洋溢的对革命的赞颂:"有起死回生、还魂返魄、出十八层地狱、升三十三天堂、郁郁勃勃、莽莽苍苍、至尊极高、独一无二、伟大绝伦之一目的,曰革命。巍巍哉,革命也。皇皇哉,革命也。吾于是沿万里长城,登昆仑,游扬子江上下,溯黄河,竖独立之旗,撞自由之钟,呼天吁地,破颡裂喉,以鸣于我同胞前曰:呜呼!我中国今日不可不革命。"[1]像这样鲜明地高举革命的旗帜,痛快淋漓、毫不吞吞吐吐而又比较系统地宣传资产阶级民主革命主张的著作,《革命军》是第一部。

由于这本书充满着炽烈的革命热情,笔调又通俗明快,在当时确实起着振聋发聩的作用,使人耳目为之一新。鲁迅回忆说:"倘说影响,则别的千言万语,大概都抵不过浅近直截的革命军马前卒邹容所做的《革命军》。"[2]吴玉章也回忆说:"至一九〇三年夏,邹容

---

[1] 邹容:《革命军》,《邹容文集》,第38页。
[2] 《鲁迅全集》第1卷,北京:人民文学出版社1957年版,第318页。

的《革命军》出版，革命的旗帜就更为鲜明了。邹容以无比的热情歌颂了革命，他那犀利沉痛的文章，一时脍炙人口，起了很大的鼓动作用。"[1]

邹容在这本书里还系统地宣传了民主共和国的思想。他从国民的天赋权利这一观念出发来提出问题，并且提出在中国建立民主共和国的具体方案。他在全书最后响亮地高呼："中华共和国万岁！中华共和国四万万同胞的自由万岁！"像这样旗帜鲜明地宣传资产阶级民主共和国的理想和具体主张，邹容也是第一人。

如果说，邹容的《革命军》是从正面阐述了革命的正义性和必要性，那么，接着章太炎发表的《驳康有为论革命书》则是从同立宪派论战来论述革命的意义。本来，革命派同立宪派在要求爱国救亡和民主启蒙方面有不少共同点，但从中国当时的实际情况来看，不推翻卖国、专制而又极端腐败的清朝政府，救亡图存也好，民主政治也好，都是无法实现的。立宪派正是在这个根本问题上，散布了不少错误言论，反对革命，阻挠人们起来推翻清朝政府。这些言论不少正同社会上长期流传的传统观念相合拍，因而有着不可忽视的影响。不清除这种影响，革命高潮的到来是不可能的。

章太炎是经学大师俞樾的弟子，具有深邃的国学修养，在当时国内为数众多的刚由旧式士大夫演变过来的知识分子群中享有很高的声望。他的言论，比一般留学生的言论更能对国内这部分知识分子产生影响。章太炎本人又是才从改良派营垒中分化出来，回戈一击，也更能打中对方的要害。

当时，立宪派企图用革命将招致流血牺牲来吓唬人们不要参加革命。章太炎却从世界各国的近代历史来论证，在专制政体下，人民要取得政治上的权利，流血牺牲是必不可少的代价。立宪派以人

---

[1] 吴玉章：《从甲午战争前后到辛亥革命前后的回忆》，《辛亥革命》，第58页。

民智力道德低下、不配革命为借口来反对革命。章太炎用李自成等史实来论证：正是革命实践，才是提高人民觉悟的最有效的途径。改良派以革命会引起社会紊乱为借口来反对革命。章太炎指出，革命不只是破坏，同时也是建设："公理之未明，即以革命明之。旧俗之俱在，即以革命去之。革命非天雄大黄之猛剂，而实补泻兼备之良药矣。"立宪派将光绪皇帝说成尧舜以来未有的"圣明之主"，要人们把一切希望寄托在他的身上。章太炎则竭力揭破这种神话，直斥光绪的名字。一声"载湉小丑"，震动远近。顽固派为之暴跳如雷，中间派为之目瞪口呆，而革命派却为之扬眉吐气。它在当时所起的那种震动人心的作用，是后世人难以完全体会的。

《革命军》是秘密出版的小册子，《驳康有为论革命书》传布的范围也有限。1903年5月，上海租界内出版的《苏报》从原来大多刊登社会新闻的无聊小报转变为革命派的公开宣传阵地，使革命宣传的影响大大扩展了。6月上半月，《苏报》连续刊载文章公开向读者介绍邹容的《革命军》，发表论说《论中国当道者皆革命党》，还连载章太炎、柳亚子、蔡冶民、邹容合写的《驳革命驳议》，言辞激烈，一切在所不顾。上海新闻界原来的沉寂空气顿时为之一扫。

《苏报》如此大张旗鼓地进行革命宣传，引起清朝政府的极大震动。江苏巡抚恩寿饬上海道袁树勋向各国驻沪领事发出照会，又向上海的帝国主义租界当局——工部局交涉，要求查封《苏报》，逮捕章太炎、邹容等。6月30日，章太炎在爱国学社被捕。7月1日，邹容到租界巡捕房自动投案。7日，《苏报》被封。清朝政府原来要求引渡章、邹两人到南京，以便置之死地。但因各方面的强烈反对，拖延到第二年5月21日，由租界会审公廨判决章太炎监禁三年，邹容监禁两年。可是，邹容在监禁期满前两个多月，竟"因病"死于狱中。章太炎到1906年方才出狱。

苏报案发生在上海，对内地所起的打开风气的作用，自然是海外的日本和香港等地难以比拟的。清政府本来想借苏报案将当时国内方兴未艾的革命思潮扑灭下去。结果却适得其反，更使革命思潮成为万众瞩目的焦点，促进了它的传播。日本出版的《江苏》第4期上有一篇时评生动地描写道："前日之《苏报》与《革命军》，议论虽激，然而阅此报与此书者几何人也？一般之国民固未尝知其所号呼者为何事，其鼓吹者为何事。今日《苏报》之被禁，章、邹之被锢，其势固已激荡于天下。然'《苏报》何以被禁，章、邹何以被锢'之一问题，出诸于一般国民者必多，则必应之曰：为逐满故。何为而逐满？则又必应之曰：为汉族受满族之荼毒已不胜其苦，满族实汉族之世仇故。以此而互相问答，互相传说，一传十，十传百，百传千万。于是，排满之一主义，遂深入于四万万国民之脑髓中。"[1]

这年冬，参加拒俄运动后归国的湖南籍留学生陈天华，又写了《警世钟》和《猛回头》这两部震撼人心的宣传爱国救亡的小册子。在《警世钟》一开头，陈天华就以令人惊心动魄的语言写道："嗳呀！嗳呀！来了！来了！甚么来了？洋人来了！洋人来了！不好了！不好了！大家都不好了！老的，少的，男的，女的，贵的，贱的，富的，贫的，做官的，读书的，做买卖的，做手艺的，各项人等，从今以后，都是那洋人畜圈里的牛羊，锅子里的鱼肉，由他要杀就杀，要煮就煮，不能走动半分。唉！这是我们大家的死日到了！"[2]他以异常愤怒的心情，列举大量的事实，向读者揭示出当时民族危机的极端严重性，说明局势已不容许人们再有丝毫的犹豫和迟疑。

陈天华把清朝政府直截了当地称为"洋人的朝廷"，号召人们万众一心地奋起，准备以最激烈的手段起来救亡，并且写道："满人若是帮助洋人杀我们，便先把满人杀尽。那些贼官若是帮助洋人杀我

---

[1]《咄！满汉两种族大争讼》，《江苏》第4期，《纪事》，《本省时评》，第119、120页。

[2] 陈天华：《警世钟》，《陈天华集》，第60页。

们，便先把贼官杀尽。'手执钢刀九十九，杀尽仇人方罢手！'我所最亲爱的同胞，向前去，杀！向前去，杀！向前去，杀！杀！杀！杀我累世的国仇，杀我新来的大敌，杀我媚外的汉奸。杀！杀！杀！"[1]

《警世钟》和《猛回头》出版后，成为革命派极为重要的宣传品。陈天华那炽热的爱国感情和浅显通俗的文笔，使这两本小册子能产生强烈的感染和鼓舞力量。许多革命分子将它们秘密翻印了成千上万册，令之广为流传。曹亚伯记载道："《警世钟》《猛回头》等，输入湖南、湖北之各学堂各军营中，而新化学界革命之思潮，几不可遏止矣。"[2]毛泽东少年时代在湖南家乡也曾受过陈天华的小册子的影响。

---

[1] 陈天华：《警世钟》，《陈天华集》，第71页。
[2] 曹亚伯：《武昌革命真史·前编》，《自叙》，第2页。

八、革命力量的集结

1903年春夏之交的拒俄事件和苏报案是一个重要的转折点。这以后，留日学生中的多数迅速地倾向革命，内地的革命思潮也迅速兴起。许多接受了革命思想、要求采取行动的激进分子，便自动结合起来，组成革命团体。1904年突出的历史特点是：各种革命团体像雨后春笋一般，在内地开始建立起来。这些革命团体中最重要的有：湖南的华兴会，湖北的科学补习所，江浙的光复会，安徽的岳王会。

在这些革命团体里，出现较早、影响最大的，当推成立于湖南的华兴会。它的主要发起者和领导者是黄兴。黄兴原名轸，字廑午，湖南善化（今属长沙）人，1874年生，比孙中山小八岁。他的早期经历和孙中山不很相同：出身于一个当时的所谓书香门第，受过较多的传统教育，十九岁中秀才，二十四岁到武昌进入著名的两湖书院求学。这种经历，在国内知识分子群中是比较有代表性的。"他是一个爱国的血性男儿，平居沉默寡言，治学行事，脚踏实地，对待同志，披肝沥胆"[1]，因而能得到周围人的尊敬和爱戴。1902年初，他由湖广总督张之洞派遣到日本留学，进入东京弘文学院速成师范学习。这时，他和多数留日学生一样，相信要使国家富强，最重要的是要人人具有国民的资格，以自立于生存竞争之世，而这需要从教育着手。1903年的拒俄事件给了他极为强烈的刺激。他

---

[1] 周震鳞：《关于黄兴、华兴会和辛亥革命后的孙黄关系》，《辛亥革命回忆录》第1集，北京：中华书局1961年版，第330页。

"得是耗，焦急万状，咯血斗余。章、宋诸君召医士为之诊治，旬日始瘳，先生尝慨然曰：中国大局，破坏已达极点。今而后惟有实行革命，始可救危亡于万一耳"[1]。从这时起，他就积极地参加拒俄义勇队、军国民教育会等活动，还参加了军国民教育会一部分会员秘密组成的暗杀团，以运动员的名义，回湖南从事反清革命活动的策划。

回湖南后，他到那时刚刚归国的留日学生胡元倓创办的湖南第一所私立的新式学堂——明德学堂教书，并且广泛地同教育界爱国人士交往，还大量翻印《革命军》《警世钟》《猛回头》等书向军学各界散发。这年11月，黄兴三十岁生日。朋友们借祝寿之名，准备了两桌酒菜，到的有黄兴、陈天华、张继、宋教仁、刘揆一、胡瑛、秦毓鎏、章行严、周震鳞等二十余人，商定成立华兴会，从事反清革命活动。对外采用办矿名义，取名华兴公司，并提出口号："同心扑满，当面算清。"1904年2月15日，即癸卯除夕，华兴会正式成立，推黄兴为会长，宋教仁、刘揆一为副会长。对革命的方法，华兴会一开始就提出要发动武装起义。具体主张是：首先从条件比较成熟的本省做起，积极准备发难，不能消极地依赖或等待别人；同时，又要尽可能和外省取得联络，避免孤军作战。

华兴会的成员，大体上是留日学生和国内新式学堂出身的知识分子。为了采取行动，他们还成立了一个同仇会，作为外围团体，专为联络哥老会、策动会党起义的机构。当时，醴陵、湘潭、浏阳一带的哥老会首领马福益，是这一地区会党中独一无二的正龙头大爷，在湘赣边界拥有雄厚的势力。黄兴派人同他联络后，因为洪门中原有"反清复明"的遗训，双方谈得很投机。随后，黄兴、刘揆一就亲自赶去湘潭，同马福益会面，"相见于茶园铺矿山上一岩

---

[1]《黄克强先生荣哀录》，第25、26页。

洞中，柴火熊熊，三人席地促坐，各倾肝胆，共谋光复"，约定11月16日西太后七十寿辰全省官吏在皇殿行礼时，预埋炸药，乘机起义，并推黄兴为主帅，刘揆一和马福益为正副总指挥。黄兴在会谈后十分兴奋，"归途诗中，有'结义凭杯酒，驱胡等割鸡'之句，以纪其事"[1]。

但是，会党中人流品复杂，不能严守机密，往往在街谈巷议中泄露风声。起义计划事先被清方获悉。清政府大肆搜捕。黄兴、刘揆一、张继等先逃到上海，以后转往日本。马福益先避居湘西，后来在路过湘乡时被捕杀害。华兴会的起义计划就完全失败了。

湖北的科学补习所的最初发动者是张难先和胡瑛。他们都是在当时知识分子大批投入新军的情况下，到湖北的新军第八镇工程营充当士兵的。他们在士兵中也散发《革命军》《黄帝魂》《孙逸仙》《警世钟》《猛回头》等小册子，积极联络同志。1904年5月、6月间，他们和同营士兵八人以及表同情的学界人士吕大森、曹亚伯等四人发起组织革命机关。7月3日，科学补习所正式成立，吕大森任社长，胡瑛为总干事，武昌文普通学堂学生宋教仁任文书。胡、宋原来都参加过华兴会的发起活动。黄兴来湖北时，也把华兴会起义计划告诉他们，约定由湖南发难、湖北响应。华兴会起义计划被破坏后，清政府从华兴会机关查到的文件中得知湖北的科学补习所同这事有牵连，对它进行搜捕。宋教仁等也只得逃亡日本。

科学补习所是湖北最早的重要革命团体。它虽然失败了，但对以后湖北的革命运动有着深远的影响：不仅播下了革命的种子，并且留下了重要的革命经验。有人曾把这种革命经验归纳为三点："第一，提倡知识分子投军，为以后运动新军革命打下了基础。第二，联合湘鄂两省，易使革命运动迅速展开，武昌长沙交通便利，武昌

---

[1] 刘揆一：《黄兴传记》，《辛亥革命》资料丛刊第4册，第277、278页。

又为两省文化中心；科学补习所首与湘省联合，为两省以后开辟了联合的道路。第三，会党不受约束，容易坏事，湖南华兴会失败，给予革命党人以极大的警惕，以后湖北革命得到教训。"[1]这些经验很为湖北革命分子所重视，成为以后湖北地区革命活动和其他地区不同的一些显著特色。

光复会的成立，主要的推动力量是留日的浙江籍学生。1903年10月、11月间，在东京的一批浙江籍留学生多次密商组织秘密的革命团体。先后参加商议或有联系的有王嘉祎、陶成章、魏兰、龚宝铨、周树人等。并决定陶成章、魏兰到浙江，龚宝铨到上海从事活动。这是筹组光复会的酝酿阶段。

陶成章和魏兰在1904年初回国。先到上海，同曾任翰林院编修而这时思想已倾向革命的原中国教育会会长、爱国学社总理蔡元培取得联系。随后，到浙东奔走，同各地会党联络。同年10月，陶成章回到上海。本来，军国民教育会暗杀团团员龚宝铨已在这年到达上海，在上海组织暗杀团，但人数极少，力量单薄。陶、龚两人商议后，主张扩大组织成一个革命团体，推声望很高的蔡元培为首领，以资号召。这个提议得到了蔡元培的同意。于是，光复会便于这年10月在上海正式成立。12月，光复会成立东京分部，推王嘉祎负责，入会的有蒋尊簋、许寿裳、鲁迅等。1905年1月，徐锡麟到上海见到蔡元培后也加入了光复会。他加入光复会，对光复会会务的发展影响很大。蔡元培声望虽然高，会员们也都敬重他的为人，但他更多地是一个书生，所以会务最初发展不大。徐锡麟入会后，逐渐成为光复会实际上的领袖，光复会的活动重心也逐渐移往浙江绍兴。

光复会这个组织也有自己的特点。它有着比较浓重的汉族传统

---

[1] 李春萱：《辛亥首义纪事本末》，《辛亥首义回忆录》第2辑，武汉：湖北人民出版社1957年版，第110页。

民族思想的色彩。后来成为光复会会长的章太炎对"光复"两字曾作过解释:"改制同族,谓之革命;驱逐异族,谓之光复。"[1]取名"光复",可见他们的着眼点更多地在"驱逐异族"。它的组织比较严密,会员彼此并不相知。鲁迅参加光复会后,对同他一起留学日本的弟弟周作人也没有透露过。他们联络会党的工作是做得比较深入的。浙江地区会党遍地,山堂林立,互不相统,没有湘赣边界地区的马福益那样众望所归的首领,这更决定了他们不能不奔走各地,进行许多深入细致的工作。陶成章在这方面做出了突出的贡献。

岳王会成立的时间稍晚一点,大约是在 1905 年 2 月。那时,曾赴日本考察教育的李光炯在安徽芜湖创办安徽公学。在该校任教的陈独秀、柏文蔚等和学生中的激进分子常藩侯(恒芳)等就在这时成立了岳王会。它所以取名岳王会,其用意"盖岳武穆抵抗辽金,至死不变,吾人须继其志,尽力排满"。"会员入会用江湖上宣誓方式,绝对秘密。"[2]这年 10 月,柏文蔚去南京新军第九镇担任第三十三标第二营(管带为赵声)前队队官(相当于连长)。岳王会成立南京分部,由柏任分部长。冬天,常藩侯到安庆尚志学堂任训导主任,以后又投身新军的炮兵弁目训练所为学员。岳王会成立安庆分部,由常任分部长。岳王会总会仍设在芜湖,由陈独秀任总会长。

此外,在内地自发地成立的革命小团体还有不少,如上海的爱国协会,湖北的武库、群学会,福建的文明社、汉族独立会,江西的易知社,南京的强国会,四川的公强会、公德社,陕西的励学斋等。他们人数虽不多,作用也不可小视。同盟会成立后,国内各省的分会有不少就是在这些革命小团体的基础上建立起来的。

综观这个时期国内建立起来的这些革命团体,可以注意到这样

---

[1] 章太炎:《革命军·序》,《党史史料丛刊》创刊号,第 47 页。
[2] 柏文蔚:《五十年经历》,《近代史资料》1979 年第 3 期,第 8 页。

几个特点：第一，在这些革命团体中力量和影响最大的，是两湖地区的华兴会、科学补习所，江浙地区的光复会。连同原有的以广东地区为基地的兴中会，它们所在的两湖、江浙、广东这三个地区，正是国内资本主义近代工业实力最雄厚也是近代新式学堂最发达的地区。国内的革命力量首先在这三个地区集结起来，自然同这里社会结构的变动和新兴社会力量的发展直接有关。第二，这些革命团体的成员，主要都是留日归国学生和当地新式学堂的师生。为了采取革命行动，他们也注意联络其他社会力量。兴中会、华兴会、光复会最初都着重做联络会党的工作，而科学补习所、岳王会一开始都注意投身到刚建立不久的新军中去工作。同盟会成立后，大体上仍循着这个格局前进。第三，这些团体从成立时起，大多就有着鲜明的革命要求，但却缺乏比较明确而完整的民族民主革命纲领。华兴会并没有成文的革命纲领，只是从它的主要成员的政治言论来看，着重宣传的是"满汉畛域及改革国体政体之理由"。科学补习所，"维会员则以心记之宗旨'革命排满'四字为主"[1]。第四，这些团体都有着明显的地区性。华兴会常把自己称为"湖南团体"。光复会的会员大抵都是浙江籍人，如蔡元培、陶成章、徐锡麟、龚宝铨、鲁迅、许寿裳以及后来参加的章太炎、秋瑾等都是，而尤以浙江绍兴人为多。兴中会也绝大多数是广东人。据冯自由《兴中会会员人名事迹考》一文所列，兴中会会员二百八十六人中，二百七十一人为广东人，占百分之九十五。一些两湖籍的留学生甚至把它看作广东人的团体，他们自然是不乐意参加这样一个"广东人的团体"的。

以上这些，说明了两方面的事实：一方面，当时的国内情况，不仅革命思想已得到广泛的传播，而且在许多地方，特别是那些经济文化比较发达的区域已出现目标大体一致的革命团体，这说明成

---

[1] 张难先：《湖北革命知之录》，上海：商务印书馆1945年版，第55页。

立全国性的统一的革命组织已有了相当条件；另一方面，又可以看到当时那些革命团体还存在严重的弱点，特别是缺乏明确而完整的革命纲领和有着浓重的地区性，这自然同掀起全国性的革命高潮、推翻清朝政府、建立民主共和国的任务难以适应，因而又说明成立全国性的统一的革命组织已是刻不容缓的当务之急了。

九、中国同盟会的成立

一个全国性革命运动高潮的出现，通常都经历了从分散到集中的过程。客观形势的发展，需要把各地分散的革命力量联合起来，建立一个全国性的统一的革命组织，使大家的目标和行动进一步一致起来，将革命运动更有力地推向前进。这个问题已成为当时一切问题中最迫切需要解决的中心问题。

联合，已成为革命形势发展到这个阶段的必然趋势。联合才能产生更巨大的能量，而联合不能不有一个把各种分散的力量凝聚在一起的核心。在这方面，孙中山有着其他人难以企及的几个优越条件：第一，他在十年前就首倡反清的民族民主革命，并因策划发动广州起义而遭到清政府的通缉。那时，国内还没有什么人懂得革命为何物。所以，当越来越多的人逐渐觉醒起来，也认识到革命的必要时，孙中山在他们心目中便享有极高的威望。第二，当时人们普遍地渴望了解并学习西方。但不要说留居国内的人，就是那些到日本没几年的留学生，对世界的了解依然是相当肤浅的。而孙中山久居海外，已经环游全球数圈，对世界各国的实际情况和近代种种社会政治学说的了解，都比一般人要深刻得多。这也能博得许多人的景仰。第三，就孙中山个人来说，他有世界眼光，对革命的目标和方略有经过深思熟虑的透辟的见解，有富于鼓动力的雄辩的口才，又豁达大度，待人诚恳，有着很能吸引人的个人魅力。因此，他就自然地成为众望所归的共同领袖，成为足以团结各方面革命力量的中心人物。

1905年7月19日，孙中山从美国经英国、比利时、法国、德国、新加坡等地后来到日本东京。几天后，就同正逃亡日本的黄兴、宋教仁、陈天华等相见。他在谈话中，有一段话很能打动宋教仁等的心："中国现在不必忧各国之瓜分，但忧自己之内讧。此一省欲起事，彼一省亦欲起事，不相联络，各自号召，终必成秦末二十余国之事、元末朱陈张明之乱，此时各国乘而干涉之，则中国必亡无疑矣。故现今之主义，总以互相联络为要。"[1]第二天，黄兴、宋教仁、陈天华、刘揆一等共同商议华兴会会员是否参加同盟会的问题。会上虽没有作出结论，只以"个人自由"一言了结，事实上华兴会在东京的会员除极少数人外，都决定参加同盟会。除了华兴会这个留日学生中最重要的革命团体外，还有为数众多的过去并没有参加过什么组织的留日学生这时也决定参加。这样，中国同盟会成立的道路就铺平了。

7月30日，同盟会在东京霞关内田良平家里召开筹备会。到会的有孙中山、黄兴、陈天华、宋教仁、朱执信、冯自由、张继、居正、蒋尊簋、马君武、古应芬、田桐、程家柽、胡毅生、曹亚伯、康宝忠、宫崎寅藏、内田良平等七十人。孙中山、黄兴等先后演说。接着，讨论组织问题，决定定名为中国同盟会。"时有主张为对满同盟会者，总理以革命宗旨不专在对满，其最终目的尤在废除专制，创造共和，众始无异议。次提议以'驱除鞑虏，恢复中华，创立民国，平均地权'十六字为会纲。时颇有置疑于'平均地权'一语者，经总理详加解释，遂无异议通过。"[2]讨论结束后，经黄兴提议，到会的人当场填写誓约，举右手宣誓。

8月13日，留日学生在东京富士见楼召开欢迎孙中山的大会。

---

[1] 宋教仁：《我的历史》第二，第27页。

[2] 邹鲁：《中国国民党史稿》第1册，第47页。

九、中国同盟会的成立　65

这是孙中山到日本后第一次在盛大的留学生集会上露面，也是同盟会正式成立前夜由它的领袖向群众宣布政见的重要政治活动。到会的有一千三百多人，室内室外到处挤得水泄不通，站在街头仰望楼上的还有几百人，真是留日学生中的空前盛会。

孙中山到来时，"着鲜白之衣，数人导之拾级而上。满场拍掌迎之。立在后者，为前者所蔽，跂足以望，拥挤更甚，然皆肃静无哗"。"无何，孙君以蔼然可亲之色，飒爽不群之姿，从人丛中出现于演台上，拍掌声又起。"[1]

孙中山的讲演充分满足了人们对他的殷切期待。那时在留日学生中，抱有盲目排外的顽固思想的人是极少的，但半殖民地国家的悲惨处境却使不少人存在着浓重的民族自卑感，以为中国事事不如人，就是革命也难望取得成功。孙中山在讲演中丝毫没有这种半殖民地国家常见的民族自卑心理，而充满民族自豪感地说道："中国之文明，已著于五千年前，此为西人所不及，但中间倾于保守，故让西人独步。然近十年思想之变迁，有异常之速度。以此速度推之，十年、二十年之后不难举西人之文明而尽有之，即或胜之焉，亦非不可能之事也。"他指出，中国要迅速发展，有许多有利条件。"中国土地、人口为各国所不及，吾侪生在中国，实为幸福。各国贤豪，欲得如中国之舞台者利用之而不可得。吾侪既据此大舞台，而反谓无所藉手，蹉跎岁月，寸功不展，使此绝好山河仍为异族所据，至今无有能光复之，而建一大共和国以表白于世界者，岂非可羞之极者乎？"他热烈地号召人们下定决心，迎头赶上，并在最后说："语曰：'取法于上，仅得其中。'择其中而取法之，是岂智者所为耶？鄙人愿诸君于是等谬想淘汰洁尽，从最上之改革着手，则同胞幸甚，

---

[1] 过庭：《纪东京留学生欢迎孙君逸仙事》，《民报》第1号，第70页。

中国幸甚。"[1]

8月20日下午,中国同盟会借东京灵南坂的阪本金弥住所开成立大会,到会的约一百人。黄兴宣读章程,经讨论修改后通过。接着,举孙中山为总理,举司法部职员八人(邓家彦为总长),议员二十人(汪兆铭为议长)。再由孙中山指任执行部职员八人(黄兴为庶务)。同盟会本部的机构分执行部、评议部、司法部,这是模仿西方国家行政、立法、司法"三权分立"的制度。"惟当时以秘密结社,最忌手续繁复,稽延时日,司法、评议二部尤难实行。"因此,"司法、评议两部未尝独立行使职权","开会时总理在部,则总理主席,总理离部,庶务主席"。[2]三权分立这种制度,连当时醉心学习西方的同盟会在试了一下后,也没有真正付诸实行。

中国同盟会的成立是中国近代史上的一件大事。从此,革命派以新的阵营和新的姿态登上中国的历史舞台。它有这样一些特点:

第一,它在中国人民面前提出了一个比较完备的资产阶级民族民主革命纲领,为众多的革命分子所接受,成为他们公认的奋斗目标。在这以前,许多人对必须用革命的手段推翻清朝政府这一点是比较一致的。但对推翻了清朝政府后应该建立一个怎样的国家,却有很不相同的理解,有些人甚至没有认真地思考过。同盟会提出的"驱除鞑虏,恢复中华,创立民国,平均地权"十六个字,中心点是要推翻清朝政府,建立民主共和国。由于这十六字列在同盟会的誓词中,入会的人必须填写誓词并进行宣誓,它便确立为每个同盟会会员的共识,并且随着同盟会誓词在全国暗中流行,成为广大革命分子中无可争议的公认目标。这是中国近代思想界中一个绝大的变化。正因为这样,辛亥革命的结果才可能不仅推翻了清朝政府的统

---

[1] 孙中山:《在东京中国留学生欢迎大会的演说》,《孙中山全集》第1卷,第282、283页。
[2] 田桐:《同盟会成立记》,《革命文献》第2辑,第4、5页。

治，并且一举结束了统治中国几千年的君主专制制度，建立起民主共和国。

第二，它使革命派有了一个全国性的统一组织，尽管这个组织后来还发生分化，在国内也有其他革命团体的出现，但它们一般都接受了同盟会的影响，并和同盟会协同作战。武昌起义后，各省响应，尽管情况相当复杂，却没有出现"秦末二十余国之事"和"元末朱陈张明之乱"那类的相互火并或各行其是，而能在南方很快地建立起一个统一的临时政府，以同北方的清朝政府相抗衡。从这里，也可以看到中国同盟会这个全国性革命组织的建立所产生的深远影响。

第三，同盟会在组织成分上同兴中会相比，也有很大的变化。兴中会的社会基础比较窄，除孙中山、杨衢云、陈少白、郑士良等少数人外，青年知识分子参加的很少，而以华侨商人和国内的会党分子为多，而且绝大多数是广东人。同盟会就不同：主要生活在国内的人士所占的比重大大增加，青年学生的人数也大大增加。前一点，使它同国内社会的联系加强了；后一点，又增加了它的革命民主派的色彩。参加同盟会筹备会的人至少来自十个省。这年年底前参加同盟会的四百五十二人中，通常所称中国本部十八省中除甘肃外都有人参加，尤以湖南、广东、湖北三省为多（湖南八十七人、广东七十七人、湖北六十七人）。这就突破了原来那种地域性的限制，成为一个全国性的政党。1905年和1906年入会的会员中有年龄可查的三百零一人中，二十至二十九岁的二百二十三人，也就是说三分之二以上是二十多岁的青年人。[1]他们血气方刚，对未来充满信心，背上的牵累和包袱又比较少，从而给这个组织带来了生气勃勃、奋发进取的新气象。

---

[1]《中国同盟会成立初期（乙巳、丙午两年）之会员名册》，《革命文献》第2辑，第18—77页。

第四，它使人数日益众多的革命派有了一个公认的领袖，那就是孙中山。在当时中国的具体历史条件下，有没有这样一个众望所归的领袖，对能不能把原来处在分散状态，甚至各不相下的革命力量凝聚在一起，能不能建立起一个全国性的革命政党，有着十分重要的意义。

当时留日学生中的革命分子大多又个个自负，互不相让，要把他们的意见和行动统一起来是不容易的，而孙中山却能博得他们中大多数人的信任和服从。这里还要讲到黄兴所起的作用。黄兴有两个条件是孙中山所不及的：第一，前面已说过，他长期生活在国内，受过比较多的传统教育，还中过秀才，以后又到日本留学。这种经历和教养，同当时绝大多数留日学生是相似的，从而同他们保持着更直接的联系。在这些众多的留日学生看来，黄兴是他们中间的一个。他们对孙中山是十分尊敬，而同黄兴则更亲近。第二，黄兴是湖南人，又曾在湖北求学，同两湖学生的关系十分密切。当时的留日学生特别是革命分子中，两湖籍的学生人数最多，而孙中山过去同他们的联系却十分薄弱。因此，在孙中山回到日本前，黄兴是留日学生的革命分子中最有威望的人物。可是，黄兴一向"诚恳谦和，与同志一见如故"，在同孙中山相见后，"他便尊国父（指孙中山）如师，常对国父执弟子礼甚恭，言必称'先生'，出入必随'先生'，以是孙黄合作，而粤、湘之同志翕如"。[1]

中国同盟会的成立，标志着整个革命形势的进一步成熟，从此进入一个新的阶段。

---

[1] 邓家彦：《同盟会成立到南京政府》，抄件，转引自李云汉《黄克强先生年谱》，第88页。

十、早期三民主义学说的提出

一个政治团体要在全国范围内形成广泛的影响，对人们产生强大的吸引力量，最根本的条件，是要能顺应时代的潮流，对当时人们最关切的问题，旗帜鲜明地提出可以引导人们前进的正确主张。

中国同盟会筹备会上通过的"驱逐鞑虏，恢复中华，创立民国，平均地权"十六字纲领，已经大体上包括了孙中山早期三民主义思想的基本内容。同盟会成立大会上，黄兴提议：刚创刊不久的《二十世纪之支那》杂志社同人大多已参加同盟会，愿将这个杂志作为同盟会的机关报。这个提议得到了大家的同意。但隔了一个星期，日本政府忽然指责该刊第二号的一篇文章"妨害安宁秩序，禁止颁布发卖"。《二十世纪之支那》被迫停刊。这年11月26日，同盟会创办《民报》作为自己的机关报，最初的编辑人兼发行人是张继，实际主持编辑工作的是胡汉民，主要撰稿人有胡汉民、汪兆铭、朱执信、陈天华、宋教仁、马君武、汪东等。它的编辑部事实上成为同盟会本部对外的公开机关。孙中山在为《民报》所写的发刊词中，第一次正式提出了"民族""民权""民生"三大主义。

他在《民报发刊词》中这样写道："余维欧美之进化，凡以三大主义：曰民族，曰民权，曰民生。""是三大主义皆基于民，递嬗变易，而欧美之人种胥冶化焉。"他结合中国的情况分析道："今者中国以千年专制之毒不解，异种残之，外邦逼之，民族主义、民权主义殆不可以须臾缓。而民生主义，欧美所虑积重难返者，中国独受病未深，而去之易。""吾国治民生主义者，发达最先，睹其祸害于未萌，诚可举政治革命、社会革命毕其功于一役。还视欧美，彼且瞠乎后也。"[1]

这是孙中山明确地提出他的三民主义学说的第一次。中国近代民族民主革命的基本任务，是要实现民族独立、政治上的民主制度和经济上的民主制度。孙中山提出"民族""民权""民生"三大主义，可以说提纲挈领地抓住了中国近代社会中所面对的这三个根本问题。

民族主义的抬头，是20世纪初中国思想界的重要变动。

中国的传统思想虽然常爱谈"夷夏之辨"，但更多地是从文化的不同来讲的，同近代民族主义有很大区别。由于中国同世界其他地区长期处在几乎隔绝的状态中，本身又一直是个大一统的帝国，所以在传统观念中常把"中国"和"天下"看作同义词。梁启超在《爱国论》中说：西方人常认为中国人缺乏爱国思想，其实"吾国数千年来，常处于独立之势。吾民之称禹域也，谓之为天下，而不谓之为国。既无国矣，何爱之可云？"。"甲午以前，吾国之士夫，忧国难、说国事者，几绝焉。自中东一役，我师败绩，割地偿款，创巨痛深。于是慷慨忧国之士渐起，谋保国之策者，所在多有。非今优于昔也，昔者不自知其为国，今见败于他国，乃始自知其为国也。"他认为在当今列国之间竞争如此激烈的年代，必须提倡国家思想，发扬爱国精神。这就大大突破了传统思想的框架，具有巨大的启蒙意义。但大概由于存在满汉矛盾的缘故，对清政府采取维护态度的他通常小心翼翼地只谈国家，很少谈民族，更不把两者联系起来。

到革命派出，便把爱国主义同民族主义紧紧地联结在一起。

革命派所以把民族主义放在突出的地位，固然受到19世纪德意志、意大利和20世纪初亚非民族运动的影响，但从根本上说，仍是当时客观存在的民族矛盾的产物。孙中山在《香港兴中会章程》中

---

[1] 孙中山：《民报发刊词》，《孙中山全集》第1卷，第288、289页。

明确地写道:"本会之设,专为联络中外有志华人,讲求富强之学,以振兴中华、维持国体起见。盖中国今日政治日非,纲维日坏,强邻轻侮百姓,其原皆由众心不一,只图目前之私,不顾长久大局,不思中国一旦为人分裂,则子子孙孙世为奴隶,身家性命且不保乎!急莫急于此,私莫私于此,而举国愦愦,无人语之,无人挽之,此祸岂能幸免?倘不及早维持,乘时发奋,则数千年声名文物之邦,累世代冠裳礼义之族,从此沦亡,由兹泯灭,是谁之咎?识时贤者,能无责乎?"[1]从这里可以看得很清楚:孙中山的革命活动首先是由帝国主义的侵略所刺激出来的,是以避免列强瓜分为出发点的。随着民族运动的日趋高涨,民族主义思想的产生和发展是不可避免的。

同盟会成立后,革命派对民族主义思想更从理论上作了系统的阐述。在《民报》第一号上,紧接着孙中山所写的发刊词,便是当时曾脍炙人口的《民族的国民》这篇文章。它强调:"民族者,同气类之继续的人类团体也。""凡民族必被同一之感,蒙具同一之知觉,既相亲比以谋生活矣。其生活之最大者,为政治上之生活。故富于政治能力之民族,莫不守形造民族的国家之主义。此之主义,名民族主义。"[2]这种主张"民族的国家"的言论,同江统《徙戎论》中所说的"非我族类,其心必异",表面上虽有若干相似之处,其实已不是后者的继续,而是一种全新的近代观念。

在中国当时面对的诸种矛盾中,民族矛盾无疑居于首要地位,这也是三民主义把民族主义放在第一位的原因所在。

中国近代的民族矛盾包括两个方面:一个是帝国主义同中华民族之间的矛盾,一个是中国国内的民族矛盾(尤其是当时的满族统治者同占中国人口百分之九十以上的汉族人民之间的矛盾)。这两者

---

[1] 孙中山:《香港兴中会章程》,《孙中山全集》第1卷,第22页。
[2] 精卫:《民族的国民》,《民报》第1号,第1、3页。

比较起来，前者是主要的，后者是次要的。可是，在同盟会誓词中的"驱逐鞑虏，恢复中华"，突出的却是后者，而不是前者。这是什么缘故呢？

答案可能需要从两方面来寻找。第一，20 世纪以来，特别是《辛丑条约》签订后，清朝政府已完全成为帝国主义列强统治中国的工具。帝国主义从中国攫取的种种特殊权益，大多是由清政府通过签订条约或协定等形式给予的，并且由清政府公开保护。这自然使人产生一种印象：中国今天所以会落到听任列强随意宰割的地步，是这个卖国政府一手造成的，因而也容易把仇恨首先集中到这个卖国政府身上。第二，当时革命派和他们所依靠的社会力量还是很薄弱的，因而缺乏正面反对帝国主义的勇气，主观上总期望能走一条更便捷的道路，以为只要推倒了清朝政府，中国便可以走上独立富强的道路，也就可以摆脱外国列强的侵略和奴役。

孙中山在那次留日学生为他举行的欢迎大会上有一段话："西人知我不能利用此土地也，乃始狡焉思逞。中国见情事日迫，不胜危惧。然苟我发奋自雄，西人将见好于我不暇，遑敢图我。不思自立，惟以惧人为事，岂计之得者耶？"[1]这段话把上面所说的这两层意思大体上都透露出来了。

要求中国人在民族竞争中"发愤自雄"，把基点放在"自立"上，这是对的。主张首先倾注全力推翻那个卖国的清朝政府，这也是对的。这种民族主义思想，既然以使中国摆脱列强的侵略和奴役为出发点，实质上具有反对外国帝国主义的性质。但没有或不敢正面地明确地提出反对帝国主义的纲领，这终究是它的一个严重弱点。孙中山晚年思想的一个重大发展，便是鲜明地毫不含糊地高举起反对帝国主义的旗帜。只要比较一下，不难看到他后来在这个问题上取

---

[1] 孙中山：《在东京中国留学生欢迎大会的演说》，《孙中山全集》第 1 卷，第 283 页。

得的巨大进步。

民权主义同民主主义的意思是大体相同的。孙中山在提倡民权主义时,突出地宣传了民主共和国的主张,把它看作最好的政体,并且认为是世界进化不可避免的历史潮流。

同盟会誓词中着重提出了"创立民国"的要求。第二年秋冬间,孙中山、黄兴、章太炎等共同起草的《中国同盟会革命方略》中更规定了它的具体内容:"建立民国。今者由平民革命以建国民政府,凡为国民皆平等以有参政权。大总统由国民公举。议会以国民公举之议员构成之。制定中华民国宪法,人人共守。敢有帝制自为者,天下共击之。"[1]

以孙中山为首的革命派,在中国历史上破天荒第一次提出了推翻君主专制制度、建立民主共和国的政治主张。孙中山在几次讲演中宣传这种主张的进步性和合理性。他说:"中国数千年来,都是君主专制政体。这种政体,不是平等自由的国民所堪受的。"[2]"且世界立宪,亦必以流血得之,方能称为真立宪。同一流血,何不为直截了当之共和,而为此不完不备之立宪乎?"[3]尽管许多革命党人如黄兴等,在宣传民主思想时常把它同传统思想中孟子所说的"民为贵"等联系起来,其实这也已是一种全新的近代观念。

民主共和国制度在中国有没有可能建立起来?孙中山满怀信心地作出肯定的答复。他不但批判了那种顽固地认为"中国不能共和"的论调,指出"是反夫进化之公理也,是不知文明之真相也",并且更着重地反驳了立宪派所宣传的必须经过君主立宪才能进入民主立宪的主张。他说:"又有谓各国皆由野蛮而专制,由专制而君主立宪,由君主立宪而始共和,次序井然,断难躐等;中国今日亦只

---

[1]《中国同盟会革命方略》,《孙中山全集》第1卷,第297页。

[2] 孙中山:《在东京〈民报〉创刊周年庆祝大会的演说》,《孙中山全集》第1卷,第325页。

[3] 孙中山:《在东京中国留学生欢迎大会的演说》,《孙中山全集》第1卷,第283页。

可为君主立宪，不能躐等而为共和。此说亦谬，于修铁路可以知之矣。铁路之汽车，初极粗恶，继渐改良。中国而修铁路也，将用其最初粗恶之汽车乎，抑用其最近改良之汽车乎？于此取譬，是非较然矣。"[1]这些话，不仅有着宏伟的气魄，而且也是很有见地的。

自然，孙中山当时提出的民权主义的具体主张，大体上还是照搬西方国家民主共和制度的模式，不尽适合中国的实际情况，而且没有看到在当时的国民内部由于政治经济地位的不同，包含着一些根本利益上存在冲突的阶级，一小部分人可以在"民主共和国"的名义下对多数人实行压迫。孙中山在晚年提出："近世各国所谓民权制度，往往为资产阶级所专有，适成为压迫平民之工具。若国民党之民权主义，则为一般平民所共有，非少数人所得而私也。"[2]可以看到：他在这个问题上的认识也是不断发展的。即便如此，在20世纪初年，他提出建立民主共和国的主张来反对君主专制制度，并把它同实现民族独立的目标紧紧联结在一起，仍是从原有基础上向前迈出了一大步，是有着巨大的进步意义的。

再说民生主义。

孙中山对这个问题在他整个学说中的地位是看得很重要的。他在《民报发刊词》中特别强调地说道："近时志士舌敝唇枯，惟企强中国以比欧美。然而欧美强矣，其民实困，观大同盟罢工与无政府党、社会党之日炽，社会革命其将不远。吾国纵能媲迹于欧美，犹不能免于第二次之革命，而况追逐于人已然之末轨者之终无成耶？"[3]

孙中山有时甚至把他的民生主义称为社会主义。他早在1903年12月17日给一个朋友的信中就这样说过："所询社会主义，乃弟所极思不能须臾忘者。弟所主张在于平均地权，此为吾国今日可以切

---

[1] 孙中山：《在东京中国留学生欢迎大会的演说》，《孙中山全集》第1卷，第283页。

[2] 《中国国民党第一次全国代表大会宣言》，《孙中山全集》第9卷，北京：中华书局1986年版，第120页。

[3] 孙中山：《民报发刊词》，《孙中山全集》第1卷，第288、289页。

实施行之事。""欧美今日之不平均,他时必有大冲突,以趋剂于平均,可断言也。然则今日吾国言改革,何故不为贫富不均计,而留此一重罪业,以待他日更衍惨境乎?此固仁者所不忍出也。故弟欲于革命时一齐做起,吾誓词中已列此为四大事之一。"[1]

其实,他的"平均地权"的主张,重点是放在城市的土地问题上。具体地说,就是"核定天下地价,其现有的地价仍归原主,所有革命后社会改良进步之增加则归于国家,为国民所共享"。这样一个主观上想防止资本主义祸害的纲领,如果实行起来,实际上只是尽可能减少或取消地主从资本家所得利润中分取的一部分,其结果只能是最大限度地发展资本主义。

可是,从孙中山的主观上来看,由于他亲眼看到西方社会的残酷现实,热烈地同情劳苦大众的悲惨境遇和当时已在西方广泛流传的社会主义思想,他确是力图使中国在走上工业化道路的时候,能够避免资本主义的祸害,实现一个没有剥削和贫困的美好的社会。这是一种主观的社会主义思想。它说明中国的先进分子在许多人正醉心于向西方学习的时候,便已经敏锐地看到西方社会并不是完美无缺的极乐世界,看到了它所存在的阴暗面,力求加以避免,不想把西方文明的模式原封不动地照搬到中国来。在当时的中国,能够有这样清醒的认识,实在是很不容易的。

孙中山的早期三民主义学说在当时的中国是一种最进步的思想体系。尽管它存在许多弱点,但"民族""民权""民生"这三大问题的提出,帮助人们从千头万绪的复杂的社会现象中抓住了要点,给了当时的革命派以一种强有力的思想武器。在中国近代思想发展的整个历史过程中,它也起着承先启后的作用,是一个不可缺少的重要环节。

---

[1] 孙中山:《致某友人函》,《孙中山全集》第1卷,第228页。

十一、要不要革命的一场大论战

随着中国同盟会的成立和革命浪潮的迅猛高涨，革命派同立宪派的矛盾冲突便发展到近于水火不相容的地步。冲突的焦点在于：中国是不是应当举行一次革命，中国的出路究竟是什么。这场大论战是不可避免的。

有这样一种看法：立宪派和革命派既然都代表资产阶级的利益，因而在本质上或目标上是相同的，只是采取的方法有所不同。国外有些学者甚至认为：导致辛亥革命的胜利，立宪派起着主导作用，它所起的作用大于革命派所起的作用。

这就涉及一个根本性的问题：在当时的历史条件下，革命派坚持以革命的手段，以武装起义的手段来推翻清朝政府，有没有必要？这是不是多此一举，或者是可有可无的？讨论这类历史上的重大是非问题，决不能离开客观形势的全局和当时把历史推向前进的关键何在等前提来考察。

前面说过，当我们把目光重新投向20世纪初年时，那时的中国正处在极端深重的民族危机中。山河破碎，国势危亟，中华民族的生死存亡已处在千钧一发的关头。而当时统治着中国的清朝政府，不仅是国内封建势力的总头目，而且已成为外国帝国主义统治中国的代理人。这个反动政府的卖国和腐败，已经表演得淋漓尽致。人们实在忍无可忍，再也无法对它有任何希望了。

对这样一个反动政府究竟抱什么态度？是不惜抛头颅洒热血去推翻它，还是维护它，只乞求它作一些局部的改革？这是尖锐的、摆在每个爱国者面前、谁也回避不了的问题。

为了回答这个问题,许多爱国者当年曾熬过多少不眠之夜,经历了多么痛苦的思想斗争,才毅然决然作出自己的抉择。黄兴在1902年和许多留学生一起到日本,寻求救国的真理。当时,在留学生的房间里,对革命还是立宪的问题展开了激烈的争辩。黄兴在辩论中气极了,把手里的茶壶也摔了,表示他已经坚决地选择了革命的道路。革命派认为:在这个政府的统治下,任何根本性的改革都是不可能实现的。不推翻这卖国政府,中国是一点希望也没有了,这是现实迫使他们得出的结论。

当然,要实现这个目标,只有少数人的决心是远远不够的,一定要唤起多数人也认定这样做是必要的,和他们共同奋斗,至少对他们抱同情的态度。这就需要扫清人们对清朝政府还存在的种种幻想,特别是必须驳倒立宪派在爱国的、主张改革的口号下竭力阻挠革命的种种谬论。不扫清这些障碍,不在更大范围内使人们承认革命的必要性、正义性,承认中国必须以民主共和制度来代替君主专制制度,那么,革命的到来是不可能的,中国近代的历史要跨前一大步也是不可能的。

正是在这种情况下,立宪派却喋喋不休地要人们去向这个反动政府磕头请愿,希望它作一点局部的改革,并且一再站出来阻拦人们走向革命,威胁说:革命会造成内乱,造成瓜分,是万万干不得的。梁启超给康有为的一封密信写道:"革党现在东京占极大势力,万余学生从之者过半。""东京各省人皆有。彼播种于此间,而蔓延于内地,真腹心之大患,万不能轻视之也。近顷江西、湖南、山东、直隶到处乱机蜂起,皆彼党所为。今者我党与政府死战,犹是第二义;与革党死战,乃是第一义。有彼则无我,有我则无彼。"[1]他们

---

[1] 梁启超:《与夫子大人书》,《梁任公先生年谱长编初稿》第4册,第356—361页。

的主张在当时会激起无数爱国者对他们那样强烈的愤慨和反对,是毫不奇怪的。这当然不是什么局部性的枝节问题,或只是什么方法之争,而是鲜明地对立着的两条道路。事实证明:革命派的方向是对的,立宪派的方向错了。

这场大论战的爆发是不可避免的。它在20世纪初年已经开始,到1906年的《民报》和《新民丛报》的论战便达到高潮。

这次大论战的全面展开,是梁启超主动挑起来的。1906年初,他在《新民丛报》上先后发表《开明专制论》和《申论种族革命与政治革命之得失》两篇长文章。然后,又把这两篇文章合印成一本小册子,题名为《中国存亡之大问题》,对革命派的言论展开全面的攻击。他的主要论点是:中国国民程度太低,没有自治的能力,还不具备共和国民的资格,因此一切只能有"秩序"地进行。如果发生革命,就会破坏秩序,导致内乱。其最后结局,如果在过去的中国或其他国家发生,仍会导致专制;而在今天的中国,必然会招致列强的瓜分,中国就将灭亡。他说:"吾以为今后之中国,不容有三年以上之战乱。有之则国必亡矣。"[1]梁启超特别痛恨《民报》提出的"土地国有"说。他以十分激烈的言辞写道:《民报》这种主张,是"利用此以博一般下等社会之同情,冀赌徒、光棍、大盗、乞丐、流氓、狱囚之悉为我用,惧赤眉、黄巾之不滋蔓而复从而煽之,其必无成而徒荼毒一方,固无论也"[2]。

在对《民报》进行这样一番攻击以后,梁启超正面提出的主张是什么?他的主张甚至比过去更后退了。他认为:在国民程度这样低的情况下,不但共和立宪谈不上,就连君主立宪一时也没有条件立刻实行,"吾之言立宪,则以立宪为究竟目的,而此目的之达,期

---

[1] 饮冰:《开明专制论》,《新民丛报》第75号,第25页。
[2] 饮冰:《开明专制论》,《新民丛报》第75号,第45页。

诸十年、二十年以后"。目前只能先实行开明专制，然后"由开明专制以移于立宪"。这才是"拾级而生，又不至助长此冲突"。着手的方法，在梁启超看来只能是请愿立宪，把它称作"真可谓唯一正当之手段，唯一正当之武器也"。他还规定，向政府请愿立宪，"其提出之条件须为彼所能行，若为彼所必不行，则是宣战而非要求"。[1]这种单方面的乞求，自然不可能收到寸效。如果埋葬革命，那就无异于埋葬中国的前途。

尽管革命思潮已在迅速高涨，但立宪派人这些淆乱是非的言论依然是不能忽视的。他们不仅由于在戊戌维新运动中的重要贡献而在人们中有着巨大影响，许多人最初是受康有为、梁启超的影响而接受新思想的；而且由于梁启超等在《清议报》《新民丛报》上用浅显畅达、笔端常带感情的文字写下大量宣传爱国思想和介绍西方社会政治学说的文章，在海外留学生和国内许多人中享有很高的声誉。康有为因为自称"帝师"并宣传他带有光绪皇帝的"衣带诏"，在海外华侨中也取得不少人的景仰和信任。梁启超在那两篇文章中还以挑战的口吻，咄咄逼人地写道："夫吾之此论，虽至今日而大畅厥旨，然前此固已略言之，屡见于《新民丛报》中。论者宜未必熟视无睹，而竟不一及，何也？""以上所驳，吾欲求著者之答辩，若不能答辩，则请取消前说可也。"[2]这当然更迫使《民报》不能不立刻作出回答。

1906年4月28日，《民报》作为"第三号号外"单独印行了一份《〈民报〉与〈新民丛报〉辩驳之纲领》，提出双方在十二个问题上的对立。接着，从第四号起便连续发表文章，全面展开同《新民丛报》的论辩。为了还击梁启超的责难，《民报》着重在四个问题

---

[1] 饮冰：《申论种族革命与政治革命之得失》，《新民丛报》第76号，第60、17、61、63页。

[2] 饮冰：《申论种族革命与政治革命之得失》，《新民丛报》第76号，第27、37页。

上进行了反驳。

第一个问题：中国的国民是否还不具备共和国民的资格？《民报》针锋相对地回答："我国民必能有民权立宪之能力。"他们认为：共和立宪制度植根于国民固有的自由、平等、博爱等天性。怎样来浚发国民固有的天性，使民族主义、国民主义迅速普及于国民的心理？他们提出两个办法：教育和革命。这里说的教育，主要指思想政治教育而言。他们更强调革命的实行对浚发国民这种固有天性将起决定性的作用。

他们也看到：出专制而行民权，中间需要有一个过程。孙中山苦心设计了一个分为"军法之治""约法之治""宪法之治"三阶段的方案。《中国同盟会革命方略》中扼要地写道："此三期，第一期为军政府督率国民扫除旧污之时代；第二期为军政府授地方自治权于人民，而自总揽国事之时代；第三期为军政府解除权柄，宪法上国家机关分掌国事之时代。俾我国民循序以进，养成自由平等之资格，中华民国之根本胥于是乎在焉。"[1] 按孙中山的设计，从第一期开始到进入第三期，以九年为限。过去人们在研究孙中山政治思想时，常把他的这种三阶段说单纯看成他思想中的消极因素而加以批判。自然，孙中山这方面的认识并不是没有弱点，他曾把推翻君主专制制度后的人民比作"初生之婴儿"，把革命党比为"产此婴儿之母也"，这种比喻确实并不恰当。但他认为推翻君主专制政体后，需要经过一个过渡阶段：先用军事力量铲除诸种旧势力，帮助人民逐步提高自治能力，再进入宪法时期，而不是一步到位；并且深信经过这个步骤后，国民是完全会有能力治理自己的国家的，用以驳斥梁启超认为中国国民并不具有共和国民资格的论调。这里，应该说也包含着某些合理的内容，值得我们认真研究的。

---

[1]《中国同盟会革命方略》，《孙中山全集》第1卷，第298页。

第二个问题：能不能按照梁启超的设计，以请愿立宪来实现改革的目的？《民报》的回答是：不能。他们列举事实，揭露清朝政府已经是一个极端反动腐败的政府，处处同国民站在敌对的地位，不可能再指望它进行任何根本的改革。如果国民没有实力，只是一味向清政府苦苦哀求，实际上无异与虎谋皮，什么效果也不可能得到。因此，国民要政府顺应自己的要求，必定得有足以制服政府的实力才有可能。"制之之术，舍革命军固无他也。"没有这种实力，一切都是空谈。有了这种实力，自然应当乘此一举倾覆这个政府，实行民权立宪的新制度，何必还要向它"请愿"？这种批驳，是相当有力的。

第三个问题：在目前情况下实行革命，是否会导致内乱和瓜分？《民报》也作出否定的答复。

革命是不是会导致内乱？《民报》宣称，革命事业是以建设为目的，破坏只是它的手段。他们进一步列举事实分析道：中国历史上革命后发生的内乱，主要由于各派势力在推倒旧王朝后争夺帝位而造成的。今后中国革命的目的是要建立共和国家，而不在帝制自为，那么，在颠覆政府后，革命家之间必不致自相争夺，内乱也就不会发生。《民报》的这种解释，未免有些失之天真。他们又指出，《新民丛报》在论证"革命必生内乱"时用"杀人流血之祸不可以不怵"来进行恐吓，其实是由"贪生恶死"的卑劣观念支配的。他们尖锐地驳斥道："为国而死，不爱其生，此国民之天职也。胡乃以流血杀人相怵？""更进一步以言：革命不免于杀人流血固矣，然不革命则杀人流血之祸可以免乎？革命之时，杀人流血于双方之争斗见之。若夫不革命之杀人流血，则一方鼓刀而屠，一方瞉觫而就死耳。为国而死，则吝惜之；为野蛮异族政府所蹂躏而死，则忍受之：何死之不择也。"[1]这些驳斥是痛快淋漓的。

那么，革命是不是会导致瓜分呢？《民报》的答复就有些软弱无力了。资产阶级革命派的革命活动尽管是以爱国救亡为出发点的，可是，由于他们本身力量软弱，并不敢正面地提出反对帝国主义的主张，而且在内心深处确实也抱有对帝国主义干涉的恐惧。所以，他们在答复时主要强调的是两点。第一，他们认为，"瓜分之原因，由于中国之不能自立也。中国之不能自立何以为瓜分之原因？以中国不能自立则世界之和平不可保也"。只要中国能够自立，就可以保证各国在中国的均势不致被某一国打破，这是对列强有利的，从而可以使瓜分之祸得以消除。第二，他们宣称：革命的目的是排满而不是排外。只要在革命进行过程中严格地遵守国际法，从事于"秩序之革命"，而"毫不参以排外之性质"，[2]也就没有自取干涉的理由。这些说法，是幼稚可笑的。

第四个问题：在实行政治革命的同时，有没有必要实行社会革命？《民报》的回答是肯定的。这方面最重要的文章是朱执信的《论社会革命当与政治革命并行》。他提出了两个很重要的论点。第一，社会革命的原因在于社会经济组织的不完全。如果只归结于社会的贫富悬隔，还只是看到现象，不是探本求源之论。他强调："今日一般社会革命原因中最普通而可以之代表一切者，则放任竞争、绝对承认私有财产权之制度也。今日之社会主义，盖由是制度而兴者也，因其制度之敝而后为之改革之计划者也。"虽然他对私有财产制只是要加以限制，但这种认识比起只看到贫富悬隔的现象来，显然要深刻得多。第二，他认为："社会革命之主体为细民，其客体为豪右。"他所说的"主体"是指革命的动力，"客体"是指革命的对象。他又

---

[1] 精卫：《驳革命可以生内乱说》，《民报》第9号，第46页。
[2] 精卫：《驳革命可以召瓜分说》，《民报》第6号，第18页。

说:"细民""豪右"是用来译英文 Proleterians 和 Bourgeis,这在日文中通常分别译为劳动阶级和资本家。也就是说,他认为劳动阶级是革命的动力,资本家是革命的对象。但在实行方法上,他仍是相当温和的,希望"必以至秩序至合理之方法,使富之集积休止。集积既休止矣,则其既已集积者不能一聚不散,散则近乎均矣。此社会革命之真谊也"。"故就终局而论,则社会革命固欲富者有益无损也。"[1]因此,尽管他在文章中对马克思的"科学的社会主义"学说表示同情,认为"学者大率无致绝对非难",但他本人的观点依然属于小资产阶级急进民主主义者。这在当时的《民报》作者群中,可以说代表了比较急进的一翼。

《民报》和《新民丛报》之间的这场论战,把广大爱国者心里隐藏着的一系列根本性问题——要不要革命?要不要推翻清朝政府?要不要以民主共和政体代替君主专制政体?等等——一下子挑明了。它不容许人们再有任何含糊和躲闪,得要严正地表明自己的态度。通过《民报》和《新民丛报》之间激烈的反复的争辩,革命派越来越占了上风,立宪派阻挠革命的种种言论被驳得理屈词穷。从此,革命的观念进一步深入人心,革命运动以前所未有的规模更广阔地开展起来。虽然革命党人在论战中不是没有缺点,但总的说来,没有这样一场大论战,就不会有辛亥革命的到来。

我们可以看一看几个当时亲历其境的人的描述。胡汉民写道:《民报》创刊后,"革命排满,非仇杀报复之事,乃民族根本解决之事,宗旨严正,而根据历史事实,以证其所主张者,至为翔确。《民报》既刊行一年,革命思想充满学界,且输灌于内地"[2]。当时正在日本留学的吴玉章回忆道:"当《民报》和《新民丛报》笔战方酣的

---

[1] 县解:《论社会革命当与政治革命并行》,《民报》第5号,第43—66页。
[2] 《胡汉民自传》,《革命文献》第3辑,第16、20页。

时候，在日本的留学生几乎都卷入了这场论战。记得一九〇六年的冬天，一群四川留日学生在宿舍里展开了争论。绝大多数的人都赞成革命。"[1]当时还在内地求学的高一涵则回忆说："我在先总喜欢读梁启超主办的《新民丛报》和《中国魂》之类的刊物的。看到《民报》后，才认识到国家不强是'政府恶劣'，而不是'国民恶劣'，应该建立共和，不应该维持专制，种族革命与政治革命必须同时进行，种族革命绝不会妨害政治革命。由此可见，《民报》对宣传革命思想，是有显著成绩的。"[2]这些描述，大体上是符合当时实际情况的。

---

[1] 吴玉章：《从甲午战争到辛亥革命的回忆》，《吴玉章回忆录》，北京：中国青年出版社1978年版，第41页。
[2] 高一涵：《辛亥革命前后安徽青年学生思想转变的概况》，《辛亥革命回忆录》第4集，第434页。

十二、同盟会领导的武装起义

前面说过,在革命活动一开始就把武装斗争提到最重要的位置上,这是中国资产阶级革命派的一个重要特点。兴中会是这样,华兴会是这样,同盟会也是这样。同盟会一成立,它的主要领导人孙中山、黄兴宁可把革命组织的发展、宣传阵地的建立等重要事情委托给胡汉民、宋教仁、张继、刘揆一等人去做,自己却在同年10月、11月间先后南下,投入武装起义的策划和奔走。

在同盟会存在的整个过程中,他们直接发动的武装起义几乎没有停止过。主要的有:萍(乡)浏(阳)醴(陵)起义、潮州黄冈起义、惠州七女湖起义、钦廉防城起义、镇南关起义、钦廉上思起义、河口起义、广州新军起义、广州"三二九"起义等。除萍浏醴起义带有较大的自发性以外,其余各次都是在孙中山或黄兴直接领导下进行的。

对这一连串武装起义,同盟会领导人是经过苦心筹划的。其中最费斟酌的是两个问题:起义发动的地点和起义依靠的力量。

第一个问题:起义发动的地点。

如何选择并确定武装起义的发动地点?这是一直盘旋在同盟会领导人头脑中的重要问题。早在1897年至1898年间,孙中山就曾同宫崎寅藏等讨论过这个问题。他认为全中国已如一座"枯木之山",只要有"一星之火",就可以使革命烈火燃烧起来。怎样选择引火点,孙中山提出三条原则:第一,要能迅速集合起一支革命力量;第二,要便于运送军械和人员;第三,发动后要能很快进取。他说:"盖起点之地，不拘形势，总求急于聚人，利于接济，快于进取而已矣。"这三点又不是并列的，"盖万端仍以聚人为第一着"。在他看来，广东是具备这三个条件的理想发难点。[1]

同盟会成立后，它已是一个全国性的革命团体，两湖籍的人数大大超过了广东籍。发动起义的地点又被重新提了出来。宫崎寅藏回忆说：孙中山和黄兴第一次见面就发生激烈的争论。"黄主张从长江一带开始干，孙则主张从广东开始干。"[2]最后，他们商定，仍以两广作为发难的地点，并准备先取广西作为前进的基地。

为什么这样考虑？第一，广西从1902年起曾发生遍及全省、持续三四年的以游勇为主力的群众性武装起义。一部分起义队伍，包括南宁地区的起义首领王和顺等，退入越南境内，常向两广边界地区清军袭击，并同当地会党有着密切的联系。其他地区还没有这样一支现成的重要冲击力量。第二，那时，郭人漳任桂林巡防营统领，蔡锷为随营学堂总办。两人都表示同情革命，黄兴同他们素有交谊。此外，留日学生中的激进分子钮永建、秦毓鎏也在广西龙州军界任职。在同盟会看来，一旦起义发动，在清政权营垒内部的响应力量也数广西最为雄厚。第三，两广地处边疆，毗邻的越南有不少华侨同情革命。从越南向两广运送武器和人员比较方便。因此，这个由孙中山提出的主张，最后也得到了黄兴的同意和支持。他们在同盟会成立后，随即分赴越南和广西，直接策划军事行动。

这以后不久，湖南、江西边境的萍浏醴起义突然爆发。直接策划这次起义的蔡绍南、魏宗铨两人原来都不是同盟会会员，起义前夜到上海时才加入了同盟会。起义主力是马福益余部洪江会的龚春台等。同盟会本部在事前对这次起义一无所知。起义失败后，清方

---

[1] 孙中山：《与宫崎寅藏等笔谈》，《孙中山全集》第1卷，第183、184页。

[2] 《宫崎寅藏谈孙中山》，《广东文史资料》第25辑，第316页。

又在长江中下游各省大肆搜捕，同盟会在这一带的力量受到沉重打击，一时无力采取重大行动。这更促使他们把注意力全部倾注到华南去。

1907年5月到9月，广东钦、廉、潮、惠四府的起义，在同盟会原有一个相互"约同"的统一的计划。这年年初，许雪秋准备在潮州先行发动，电告孙中山。"旋得中山先生复电，谓起事时期须与惠州、钦廉约同，以便牵掣清军，万勿孟浪从事，致伤元气。"[1]而在这几处中，重点是钦廉地区的起义，潮、惠两府的起义则是策应之师。

为什么三路起义中的重点放在钦廉地区？这是因为：第一，钦廉地处粤桂边界（当时属广东，现改归广西）。从这里发动，目标是向广西南宁推进。这本是他们预定的方针。第二，中越边境大多是崇山峻岭，而钦廉地区却毗连边境东端的通道。"防城所属东兴埠，为中国、安南交界之边境，越桥即为安南之芒街"[2]，便于运送军械和人员。第三，已由黄兴介绍而秘密加入同盟会的郭人漳、赵声两人所部清军，这年4月恰好奉两广总督之命移驻钦廉地区。第四，钦廉一带这时正发生大规模的群众性抗捐斗争。刘思裕领导的抗糖捐斗争，参加人数达到数千，并和同盟会建立了联系。有了这样几个条件，同盟会认为选择这里发难是比较有把握的。

但客观事态的发展有时并不同人们的预期相符。由于内部联络不周，刘思裕领导的抗糖捐斗争却误被郭人漳部镇压下去。潮州黄冈的会党因偶然原因提前起义，很快被击散。邓子瑜在惠州七女湖发动后，才知道黄冈起义已经失败，孤立无援，无法坚持下去。钦廉防城之役也因郭人漳临事怯懦动摇，按兵不动，原定目标没有得到实

---

[1]《丁未潮州黄冈二役别记》，《革命之倡导与发展》，中国同盟会三，第77页。
[2] 邓慕韩：《书丁未防城革命军事》，《建国月刊》第3卷第3期，第68页。

现。原以为盘算得很周到的整个部署,人们最后看到的却只是零零落落、此起彼伏的几次分散的起义活动,并没有取得多大的成果。

孙中山、黄兴没有因失败而灰心。这年 12 月到第二年 5 月,同盟会在粤、桂、滇边境又先后发动了镇南关起义、钦廉上思起义和河口起义。这三次起义,可以说是钦、廉、潮、惠起义的直接继续。它们的战略意图,它们所依靠的力量,都是承袭前次而来。同盟会没有改变或放弃原有的战略打算,那次积聚起来或经过联络的武装力量的主力大体上还保持着。这就使孙中山、黄兴决心在经过一番休整后,再作一次尝试。

为什么选择这三处作为再次起义的突破口?当时,同盟会的指挥机关和补给基地都设在越南。中越边境全长一千三百多公里,崇山峻岭,路径丛杂,只有从河内有铁路分别通往云南河口和广西镇南关(今友谊关),从海防有轮船可通往钦廉地区对岸的芒街。这三个交通最为便捷的边境要地,自然成为革命党人再次发难的冲击目标。这三次起义行动的规模和产生的影响大大超过上次钦、廉、潮、惠的起义,但由于清朝的优势兵力和起义所依靠的力量自身的弱点,最后仍都失败了。

这样,同盟会在华南领导的武装起义仿佛已走到山穷水尽的地步。但是出人意料的是,另一个机会似乎又来到了:从 1907 年起,原来沉寂已久的广州地区的革命活动逐步复苏,特别是赵声、倪映典、朱执信、姚雨平等在清朝军队内部的秘密工作取得了显著的进展。因此,随后又发生了 1910 年的广州新军起义和 1911 年的"三二九"起义。对这两次起义,准备在后面论述,这里先不多说。

在同盟会成立后的最初几年间,在华南发动武装起义的客观条件确实要比长江流域好得多。同盟会当时把武装起义的重点放在粤、桂、滇边境是正确的。它的主要缺点是:在确定以华南为重点后,对其他地区照顾不够。特别在萍浏醴起义失败后,江苏、湖北、湖南的革命党机关遭到很大破坏。在一段时间内，这些地区的革命活动发展滞缓，处于缺乏领导的自流状态。这一点，同盟会本部是有责任的。1907年8月共进会的建立，就是因为一部分从长江流域各省来到东京，并同这些地区的会党素有密切关系的同盟会会员，对孙中山"组织南路同盟为大本营，而于本部从不过问，殊不谓然"[1]。这种不满，是有一定理由的。

第二个问题：起义依靠的力量。

同盟会发动武装起义的主要依靠力量是会党和新军。当然还有其他力量，如钦廉防城起义时参加抗捐斗争的群众、河口起义时的变兵、广州"三二九"起义时参加"选锋"的留日学生等，但主要的是前面那两种。

在对待会党和新军的态度上，同盟会领导人前后也有一个演变的过程：从更多地依靠会党逐渐转到更多地依靠新军。大体说来，这个转折点是发生在1908年的夏秋之交。

我们先追溯一下：在兴中会时期，孙中山领导的武装起义（包括广州起义和惠州起义）几乎全靠会党。这是当时的历史条件所决定的。孙中山曾经写道："内地之人，其闻革命排满之言而不以为怪者，只有会党中人耳。"[2]

中国近代的会党主要由游民组成。他们较多地集中在城镇和水陆码头所在。由于离乡背井，身处异地，各方面都缺乏保障，所以无论政治上或经济上都需要结成一种互助性的团体，以便在遭遇困难时能有所依靠。用他们流行的话说："在家靠父母，出门靠朋友。"这便是会党产生的主要社会根源。在近代中国，农村破产和城镇经济的凋零，使游民的人数大大增加，从而使会党能起比前此大得多

---

[1] 谭人凤：《石叟牌词叙录》，《近代史资料》1956年第3期，第39页。
[2] 孙中山：《建国方略》，《孙中山选集》上卷，第172页。

的作用。

这种团体有许多优点。第一，会党一般处在社会底层，遭到社会轻视，往往又缺乏固定的职业，生活很不安定。因而对社会现实有着强烈的不满，富有反抗性。第二，会党是一支有组织的力量，成员间又讲究"江湖义气"。只要取得会党的首领的支持，很容易一呼而起。第三，由于会党成员大多原来是破产农民，同农村有着联系。比起那些不脱离土地的农民来，他们闯过江湖，见过比较多的世面。平时他们不大为老实的农民所看得起。但当农民被压迫得无法生存下去，不能不起来拼命时，常常会推他们出来领头。因此，在反清的武装起义中，会党常常可以起巨大的冲击作用，是一支不可缺少的力量。在19世纪末和20世纪初，当先进的工人阶级政党没有出现以前，他们的这种积极作用表现得更为突出。

但是，会党的弱点实在也是很严重的。第一，一般缺乏真正的革命觉悟，难以从事持久的斗争。初起时，固然容易一呼而集，甚至造成轰轰烈烈的浩大声势。在清方张皇失措的情况下，也可以取得局部的一时的优势。但时间稍长，内部各种矛盾就大量暴露出来。一受挫折，更容易一哄而散。第二，缺乏严格的纪律。名义上即便接受革命党人的领导，行动上仍然各行其是，不肯服从统一的调度，"难以军法约束"。各部之间往往发生不睦，甚至自相火并。在准备武装起义时，通常也很难保守机密。第三，成分复杂，三教九流都有。会党首领不少是当地的地主、把头。成员中，平时开设赌台、为非作歹、招摇撞骗的都有。有些人甚至打家劫舍，杀人越货，和当地群众发生对立。这些弱点，在各次起义中都暴露得很明显。而对会党来说，这些弱点是很难完全克服的。

1906年12月发生的萍浏醴起义是以会党为主体的，并且带有很大的自发性。会党的优点和弱点在这次起义中表现得更为充分。这次起义的高峰是洪江会首领龚春台带领两万会众攻打浏阳。他利用当时的灾情鼓动会众,说是打下浏阳县城(今浏阳市)后,没收富户钱粮,大家就有饭吃。所以,队伍中有不少挑着箩筐的穷苦人民一起行进。多数会众对这次起义的意义并没有多少认识,以为一切都将很顺利。洪江会领袖们在秘密发展会众时虽然表现得很能干,对作战却缺乏必要的训练,也没有组织起一个有效率的指挥机构来。这支庞大的队伍在几天的行进中,不能按时进餐,有些还得不到房屋休息,行动又缺乏计划,受尽饥饿、寒冷、疲惫的折磨,人心逐渐涣散。浏阳清军在击退姜守旦部洪福会的进攻后,转移到城南,散伏在近旁竹山上,用步枪迎击洪江会众。洪江会众使用的大体上还是刀矛等旧式武器,军心又不稳。在清军的步枪射击下,坚持不久,队伍就出现混乱,逐渐失去控制而大批逃散。"自辰至午,连死并逃,已去十之九八。"[1]龚春台也只得离队逃亡。事前有联系的其他几支会党队伍,有的打起了"中华大帝国"的旗号,有的根本没有行动起来,先后都遭到清军的镇压。这个事件清楚地表明:会党确实是一支重要的革命冲击力量,但单靠它是不能取得胜利的。

同盟会领导人的认识要高明一点。黄兴在萍浏醴起义前夕就说过:"革命军发难,以军队与会党同时并举为上策,否则亦必会党发难,军队急为响应之,以会党缺少饷械,且少军队训练,难于持久故也。"[2]从钦、廉、潮、惠起义一直到河口起义,同盟会领导人都是力图由会党发难,以军队响应的。

这些起义为什么仍然不能取得成功?很重要的原因是他们对会党和军队都没有在下层群众中进行过深入的政治动员和组织工作。

对会党,他们主要是两条办法:一是联络一部分会党的上层分子,得到他们的效力,从而号召其他会众参加行动;二是供给饷械,

---

[1]《邹永成回忆录》,《近代史资料》1956年第3期,第91页。
[2] 刘揆一:《黄兴传记》,《辛亥革命》资料丛刊,第4册,第285页。

作为运动他们的资本。单凭这两条，自然很靠不住。发动是可以发动起来的，但到饷械不继时，整个局面立刻会发生逆转，队伍随时会发生不听号令的现象。指挥河口起义的胡汉民给孙中山的报告中说："占领河口五六日，而后以出大队。队出三日，又以粮缺而复返。"后来，黄兴从钦廉转入河口军中负责指挥，很快也陷入窘境，不仅变兵不听指挥，连已加入同盟会的会党领袖黄明堂等也不听调度。胡汉民在上述报告中说："克兄（指黄兴）之上河口也迟，黄八（指黄明堂）既据有械药而不听调度，克兄乃为客矣。"[1]在这样狼狈的处境下，黄兴还力图振作，亲率一军前往奔袭蒙自。但"未及一里，各兵群向天开枪一排，齐声呼疲倦不已。克强再三抚慰无效。更行半里，则兵多鸟兽散，不得已折回河口"[2]。当清方以优势兵力扑来时，起义军很容易就溃散了。

至于对清方的军队，同盟会开始注意打进去从事策反，这是对的。但他们最初运动的还是旧式的巡防营而不是刚刚建立起来的新军，联络的对象也局限于少数军官，在士兵中没有散播多少革命影响。而一些清方军官如郭人漳等，常常容易怯懦动摇，反复无常，看看局势不那么有利，便借词推托，甚至翻脸相向，使原来设想得很如意的计划整个流产。

河口起义失败后，在同盟会总结这几次起义失败的教训时，会党的问题被突出地提出来了。胡汉民的持论最为偏激。他认为，会党是乌合之众，不足为恃，而且会党的首领又很难驾驭，主张今后"当注全力于正式军队"。孙中山的认识比较全面一些，虽然同意加强对正式军队的工作，但认为不能把会党完全撇开。他说："会党性质我固知之，其战斗自不如正式军队；然军队中人辄患持重，故不

---

[1] 胡汉民：《报告河口之役上总理书》，《革命之倡导与发展》，中国同盟会三，第401页。
[2] 冯自由：《革命逸史》第5集，第161页。

能不以会党发难。诸役虽无成,然影响已不细。今后军队必能继起。吾人对于革命之一切失败,皆一切成功之种子也。"[1]

河口起义失败后不到半年,熊成基领导的安庆新军起义爆发了。熊成基不是同盟会会员,这次起义失败得也很快。但它却发出了一个重要的信号:新军革命的开始。这以后,同盟会也把它从事武装起义准备工作的重点转到新军方面来了。

同盟会领导的这几次武装起义虽然都失败了,但它产生的影响是不容忽视的。一次又一次起义的消息在国内迅速传开,引起众多人们的关注。革命,已经不只是言论的鼓吹,而且进入了实际的行动。实际行动造成的影响是单纯的言论鼓吹所不能比拟的。它在许多人心中燃起了新的希望,对那些对清朝政府已完全失望而开始同情革命的人起着巨大的鼓舞作用,吸引越来越多的人走上革命的道路。前面提到孙中山曾说:"诸役虽无成,然影响已不细。""吾人对于革命之一切失败,皆一切成功之种子也。"这些话,是符合实际情况的。

---

[1]《胡汉民自传》,《革命文献》第3辑,第29页。

十三、光复会、岳王会的革命活动

在辛亥革命运动整个过程中，以孙中山为领袖的中国同盟会起着主导的作用。但并不是说，它是唯一的革命力量。孙中山以外，革命党人中还有许多重要人物。中国同盟会以外，也还有不少其他革命团体起了不可忽视的作用。这说明辛亥革命是全国性危机的产物，是人心之所向，不是少数人所能发动或制造的。其中，特别需要谈到对长江下游的浙江、安徽、江苏三省革命活动做出重要贡献的光复会和岳王会。（对武昌首义中起了巨大作用的文学社和共进会，在后面再说。）

有一种说法，认为中国同盟会是由兴中会、华兴会、光复会联合而成的。这种说法其实并不准确。当中国同盟会在日本东京成立时，华兴会因为策划长沙起义失败，它的主要成员黄兴、宋教仁、刘揆一、陈天华等逃亡日本，经过孙中山的积极联络，绝大多数人参加了同盟会，并担负起同盟会中的许多重要职务，华兴会的组织已不再存在。光复会的情况却不同，它的主要成员都在内地，没有逃亡海外。同盟会在东京成立时，它的主要领袖蔡元培、徐锡麟、陶成章都没有与闻其事。参加同盟会成立大会的七十多人中，光复会会员只有蒋尊簋一人，他同光复会的关系也并不密切。这年10月，光复会会长蔡元培在上海秘密参加同盟会，并担任同盟会上海分会会长。但这只是他个人的行动，并没有带领光复会会员一起去参加同盟会。而且那时光复会的实际活动中心已转到徐锡麟在浙江绍兴创办的大通学堂，"光复会本部之事权亦已由上海而移于绍兴焉"[1]。同盟会虽然成立了，"然是时浙江内地多不知有同盟会事，仍其旧名为光复会"[2]。岳王会的情况也有类似之处，它的南京分部长柏文蔚后来带领在南京的会员参加同盟会，但总会长陈独秀没有参加同盟会，安庆分部也仍独立开展活动。那时，国内革命力量还很小，可以活动的余地实在太大，几个组织尽可以平行地各自开展工作。

但这里也有一个复杂的问题。同盟会的组织是很松散的。参加同盟会，从组织手续上说，最重要的就是在承认它的宗旨后填写一份入会的盟书。谁只要这样做了，就算是同盟会的会员了。对填写盟书这件事，同盟会看得很重要。它的仪式也很隆重，宣誓人要当天发誓，有的地方还要歃血为誓，示无反悔。宣誓时，要有主誓人和介绍人。但在填写盟书入会后，就很少再受组织的约束。如果不是担任同盟会的职员或者自己积极参加同盟会的活动，一般就没有固定的组织生活，也不受什么组织纪律的限制。许多人所谓同盟会的会员，其实只是指他们历史上曾履行手续，参加过同盟会，而不是指他们以后一直还和同盟会的组织保持着联系。留学生中，虽然成立各省分会，但分会本身缺乏经常的活动，主要是负责本省籍留学生入会的主盟事务。在内地，随着留日学生的陆续回国，同盟会组织发展得很快。它最初几乎集中在中国的南半部。到1906年底，长江流域和它以南的十二个省中，除贵州外都建立了同盟会分会，在北方只有直隶（今河北）的保定、山东的烟台、东北的辽东三个地方发展了一些同盟会会员，山西也有一些同盟会会员从日本回去活动。这些内地的同盟会分会，处在秘密状态，组织更为散漫。各个同盟会会员，在实际活动中通常只是本着自己的认识和彼此间的

---

[1] 冯自由：《革命逸史》第5集，第63页。
[2] 陶成章：《浙案纪略》，《陶成章集》，第335页。

历史关系，共谋进行某一活动，或者各行其是，自由行动。甚至连同盟会本部一些重要人物的政治行动和进退出处，也往往由本人随心所欲去做，或出于朋友情商，并不受组织的多少约束。参加了同盟会的人也可以随意加入其他组织。这在当时是一件很普通的事情，就像一个人可以既参加这个社团又参加别的社团那样。柳亚子说他自己1906年到上海，"就在这个时候，加入了中国同盟会。同时，复以蔡子民先生的介绍，加入了光复会，算是双料的革命党了"[1]。"子民"是蔡元培的号。有趣的是：蔡元培这时已是同盟会会员了，接着又担任同盟会上海分会的会长，可是他还继续在那里把一个同盟会会员发展为光复会会员。秋瑾也是先加入同盟会，后来又由徐锡麟介绍加入光复的。这些同盟会会员在参加其他组织时，并不需要经过同盟会组织的批准。他们在这些组织中的活动，也不代表同盟会，甚至和同盟会的组织没有多少关系。因此，在有些地方同盟会的活动和光复会等组织的活动难以区分得十分清楚。

在光复会方面，这时的实际灵魂是徐锡麟和陶成章。他们都是浙江绍兴人。徐锡麟出身于一个富有的商人家庭。"徐家田产，值十五万。城内所开天生绸缎庄、泰生烛铺，为绍郡有名大号。"[2]他中过秀才，留学过日本，革命意志坚决，对待会员又亲如手足，在光复会内部的威望日增。他1905年9月在绍兴开办的大通学堂成为光复会活动的中心，浙东许多会党头目也到大通学堂体操专修科学习兵操，使大通学堂的影响日益扩大。陶成章有许多长处，对联络会党更做了许多艰苦的工作，但他心胸褊狭，性格急躁，在团结人方面存在着缺点，后来因为一些误会同徐锡麟也闹翻了。1907年1月，陶成章在东京加入同盟会。以后很长一段时间内，他实际上已

---

[1] 柳亚子：《虎丘雅集前后的南社》，《越风》第8期，第3页。
[2] 《皖变始末记》，《辛亥革命浙江史料选辑》，第443页。

脱离光复会的活动。

徐锡麟在主持了一个时期大通学堂的工作后,又产生一个念头,想捐资进入官场,掌握兵权,来实行革命。他靠表伯、前山西巡抚俞廉三的关系,以道员分发安徽。那时的安徽巡抚是满人恩铭,过去曾在山西任知府,受到俞的提掖,结为师生,因而对徐锡麟另眼看待,先任他为陆军小学堂会办,后改任安徽巡警学堂会办兼安徽巡警处会办。徐锡麟常向巡警学堂学生讲解国内外形势、国家民族的危机和前途等问题,主要想凭借他的巡警学堂会办的身份,准备突然发动,夺取安徽。

1907年7月6日,巡警学堂甲班学生举行毕业典礼,恩铭来校主持典礼,徐锡麟就乘机发难。当学生在操场集合后,恩铭来到操场礼堂。徐锡麟突然上前向恩铭行举手礼,说:"回大帅,今日有革命党起事。"恩铭愕然,说:"徐会办从何得此信?"话还没有说完,徐锡麟的助手陈伯平就上前掷了一个炸弹,没有爆炸。徐见状立即从靴筒内取出手枪,两手各持一支,对准恩铭射击。陈伯平和徐的另一助手马宗汉也连开数枪。恩铭中枪后被抬回抚署,随即死去。枪击恩铭后,"清吏既鸟兽散,锡麟即拔刀出临礼堂,拍案大呼曰:'抚台已被刺,我们去捉奸细,快从我革命。'诸生愕然,不知所为。锡麟率伯平、宗汉二人,左执刀,右持枪,横目视学生,大呼立正,向右转,开步走。各学生从锡麟出校,欲先至抚署,闻已有备,乃折回,至军械所。锡麟领前,宗汉居中,伯平殿后。其在锡麟后之学生,均弃枪逸去,从入军械所者三十余人"[1]。他们入据军械所后,因库房钥匙被出逃的军械所人员带走,无法打开。这时,清军已将军械所重重包围。陈伯平中弹而死。徐锡麟和马宗汉被捕。第二天,徐锡麟被杀害,并被剜心以祭恩铭。

---

[1] 陶成章:《浙案纪略》,《陶成章集》,第355、356页。

徐锡麟领导的这次起义是有严重弱点的。他过分注重个人力量，过分依赖那种突然一击的暗杀活动，以为"只要打死了他（恩铭），此外文武不怕不降顺了。我直下南京，可以势如破竹"。起义那天，随同进攻军械所的巡警学堂学生，许多人根本没有来得及弄清这是怎么一回事，所以中途大多自行逃散。这次起义几同儿戏。

但是，这次起义造成的震动还是很大的。由于被刺杀的是安徽巡抚恩铭这样的封疆大吏、一省最高军政长官，而革命党首领又是有着道员身份并担任巡警会办要职的徐锡麟，这就使清朝政府吓得目瞪口呆，感到革命党人神秘莫测，几乎是无处不在，防不胜防，从而更陷于张皇失措的地步。海内同情或赞成革命的人则从这个事件中受到巨大的鼓舞。

安庆事件一发生，清政府立刻到处搜捕革命党人。其中，直接受到牵连而在全国造成巨大影响的，是当时主持大通学堂的秋瑾被杀。

秋瑾是辛亥革命时期最杰出的女革命家。她的父亲做过湖南郴州直隶州知州。秋瑾从小爱读书，有侠气。但她嫁的一个富绅儿子却充满着"无信义、无情谊、嫖赌、虚言、损人利己、凌侮亲戚、夜郎自大、铜臭纨袴之恶习丑态"[1]，婚后生活的不幸，自然给她带来极大的痛苦。1904年夏，秋瑾只身到日本留学。那时革命思潮已在留日学生中高涨，像她这样的女留学生还很少，秋瑾到处参加留日学生的集会，演说革命救国和男女平权等问题。她在诗歌中满怀悲愤地写道："危局如斯敢惜身？愿将生命作牺牲。可怜大好神明胄，忍把江山付别人？事机一失应难再，时乎时乎不我待！休教他人锁键牢，从此沉沦汉世界。"[2] 她在另一首诗中还写道："浊

---

[1] 秋瑾：《致秋誉章书》，《秋瑾集》，第36页。
[2] 秋瑾：《赠蒋鹿珊先生言志且为他日成功之鸿爪也》，《秋瑾集》，第78页。

酒不销忧国泪，救时应仗出群才。拼将十万头颅血，须把乾坤力挽回。"[1]1905年秋，她先后加入了同盟会和光复会，并被推为同盟会浙江主盟人。

回国后，她于1907年1月在上海创办《中国女报》。创刊号上，她用白话文写了一篇《敬告姊妹们》，着重指出：妇女由于依赖别人生活，就只能过囚徒和牛马般的生活，失去独立和自由，永世沉沦在十八层地狱中。怎么办？她认为，一切在于自己要有志气，求得自主。第2期上，她又写了一首《勉女权歌》，歌词中说："旧习最堪羞，女子竟同牛马偶。曙光新放文明候，独立占头筹。愿奴隶根除，智识学问历练就。责任上肩头，国民女杰期无负。"[2]20世纪初年在中国能公开鼓吹这样的思想是不容易的。秋瑾在中国的妇女解放运动中确实起了先驱的作用。

绍兴大通学堂在徐锡麟离开后无人主持，处于涣散状态。1907年2月，秋瑾应学堂诸办事人的邀请，以董事的名义，到绍兴主持校事。到校后，她派人同浙东一带会党取得联系，秘密编制了光复军制，起草了发动起义时使用的檄文、告示等。她还在浙江各地发展不少同盟会会员和光复会会员。

徐锡麟安庆起义失败后，事情立刻牵连到他所创办的大通学堂和秋瑾。浙江巡抚张曾敭派兵两队到绍兴府查办。秋瑾虽早已听到风声，但拒绝别人要她躲离绍兴的劝告。她说："我怕死就不会出来革命，革命要流血才会成功。如满奴能将我绑赴断头台，革命成功至少可以提前五年。牺牲我一人，可以减少后来千百人的牺牲，不是我革命失败，而是我革命成功。我决不离开绍兴，愿与男女两校共存亡。你回去同我们妇女同志说，要求男女平权，首先要做到男

---

[1] 秋瑾：《黄海舟中日人索句并见日俄战争地图》，《秋瑾集》，第77页。
[2] 秋瑾：《勉女权歌》，《秋瑾集》，第113页。

女平等的义务。我不入地狱,谁入地狱。"[1]

7月13日下午,清军包围了大通学堂,秋瑾被捕。审讯时,秋瑾对革命党人的活动一字未吐。绍兴绅士章思寿(介眉)等同绍兴知府贵福商议,虽无口供,仍定罪处斩。15日,秋瑾被杀害于绍兴轩亭口。

秋瑾的死,在全国范围内造成巨大影响。特别是,因为她是中国第一个为民族民主革命流血的女革命家,更博得人们广泛的同情。留日学生的刊物上,发表了不少纪念她的诗歌、传奇和评论。她的英烈的榜样,激励着许多人走向革命。

徐锡麟、秋瑾先后遇害后,光复会受到致命的打击。吕公望回忆说:"由于徐锡麟、秋瑾等革命的失败而身死,浙江的光复会也就无形解体。"[2]

以后,章太炎、陶成章在1910年重建光复会,严格说来,并不是恢复原有的光复会组织,而是由于他们对孙中山不满而另立山头。只是为了便于号召,才继续沿用光复会那块旧招牌罢了。重建的光复会的成员和原来的光复会有很大不同。其中,虽然有一部分光复会的旧人,如陶成章、龚宝铨,也有一些过去没有参加光复会但同它关系密切的,如魏兰,但更多的是南洋一带的原同盟会会员,他们本来和光复会素无瓜葛,只是由于对孙中山不满而参加到这个反孙的行动中来。他们中的核心人物李燮和是湖南人,原来是华兴会会员(一说他从湖南到上海时一度加入过光复会),以后加入了同盟会。陈方度、柳聘农等也先后参加过华兴会和同盟会。另一个在新加坡参加光复会的许雪秋是广东人,原来同兴中会关系密切,后来参加同盟会,因为对孙中山不满,也参加了光复会。而国内许多原

---

[1] 王璧华:《秋瑾成仁经过》,《近代史资料》1957年第2期,第98页。

[2] 吕公望:《辛亥革命浙江光复纪实》,《近代史资料》1959年第1期,第109页。

来的光复会会员却没有同这个重建的光复会发生关系，连原光复会会长蔡元培也没有同这个组织发生任何关系。显然，它并不是原来那个光复会的恢复和继续，而是同盟会中分裂出来的一种新的政治组合。

这种新的政治组合的共同基础，是出于各种不同原因而对孙中山有不满，其中很多是误会或意气之争，但也有比较深刻的根源。在同盟会内部，对"反满"的看法是一致的，但在其他问题上的分歧就比较多。章太炎、陶成章两人虽都是同盟会的重要成员，并且先后主持过《民报》的编辑工作，同孙中山的政治主张却不完全一致。他们两人受中国传统思想的影响都比较深，在"反满"问题上表现得比较激烈，但对共和国制度并不十分热心。他们对农民的土地问题比较关心，主张平分土地。他们又都看重教育问题，对群众性的武装斗争不很重视。思想上的种种不一致，最后自然也容易导致组织上的分裂。可是，他们和同盟会的分裂是仓促从事的，政治上的准备并不充分。因此，在分裂后没有独立提出比较完整的政纲来。

尽管如此，在反对满族贵族统治的清朝政府这个根本问题上，重建后的光复会和同盟会依然是一致的。它们之间属于革命队伍内部的矛盾，并没有根本利害上的冲突。所以，当以后几次革命运动出现高涨时，双方又能携手合作。

岳王会是创立在安徽的革命组织。他们"秘密结合，采取烧香宣誓方式，效法岳飞精忠报国的精神，对外不发表文字，也没有什么政治纲领，完全是个策划军事行动的组织。联络对象是安徽武备练军学生、新军中下级军官和警察学堂的学生等。如1908年南洋秋操（一名太湖秋操），以熊成基为首在安庆发难，当时新军中死难的张劲夫、范传甲和薛哲，1910年广州新军之役死难的倪映典（原名秉章），黄花岗七十二烈士中的宋玉琳，都是当年'岳王会'的主要军事骨干"[1]。

安庆当时是安徽的省会。1905年,安徽开始筹办新军。原来武备学堂的练军停办,改组为新军第二标第三营,俗称"老三营"。岳王会安庆分部成立后,分部长由常藩侯(恒芳)担任,"又成立了一个外围组织叫维新会,老三营的人大概都参加了"。这年秋天,为了培养新军骨干,安徽成立了五个弁目训练所,常藩侯投入炮兵弁目所充当学员,毕业后派充骑兵营弁目。徐锡麟发动安庆起义前,同当地新军虽有过一些往来,但没有同岳王会建立联系。徐的起义计划,岳王会事先并无所闻。但事后清政府大肆搜捕,常藩侯却受到牵连,不得不离开安庆。他说:"自我离开了安庆以后,岳王会也关了门,只是维新会还活动。"[2]

维新会的主要成员,还是原来岳王会的人。他们密商从事起义的准备工作,推新军第六十一标第三营管带冷遹为总指挥,第六十二标第二营管带薛哲为副总指挥。后因风声有所泄露,冷遹被捕,革命党人又改推炮队队官(相当于连长)熊成基代为总指挥。

1908年秋,南洋各镇新军开往安徽太湖准备进行秋操。忽然传来西太后、光绪皇帝先后死去的消息。11月19日下午,革命党人举行会议,决定当晚由安庆城外新军发难,先取火药库,然后攻城,并由薛哲率新军一营在城内接应。熊成基根据会议决定,颁布了作战密令。

熊成基对这次起义的成功抱有很大希望,对失败也有所准备。他认为,即使失败了,革命党人的鲜血也不会白流,它对唤醒后起者的继续奋斗会产生巨大的影响:"我之宗旨,事成则已,否则牺牲其身,社会上亦不无小影响也。况各国革命之历史,皆流血多次,

---

[1] 朱蕴山:《辛亥前后安徽的几个杰出人物》,《辛亥革命回忆录》第8集,北京:中国文史出版社1981年版,第116、117页。

[2] 常恒芳:《记安庆岳王会》,《辛亥革命回忆录》第4集,第439、440、441页。

而后成功。""譬如草木，不得雨露，必不能发达。我们之自由树，不得多血灌溉之，又焉能期茂盛？"[1]

当晚，安庆城外的新军马队、炮营等首先发难，占领子弹库。安徽巡抚朱家宝严令紧闭城门，并调巡防营据险防守。原定在城内策应的薛哲临阵畏缩，不敢发动。起义军屡次猛扑省城，都被击退。停泊在长江江面的清方军舰又发炮轰击。起义军内部出现动摇，逐渐溃散。熊成基被迫离队，后在东北被清方捕获后杀害。

安徽新军起义虽然失败了，但在辛亥革命时期革命党人领导的武装斗争发展进程中占着重要的地位。它标志着一个新的阶段的到来，那就是新军革命的开始。这次起义震动了全国。它使人们打开了眼界，看到原来清王朝用来镇压革命的新军，经过革命的宣传和组织工作以后，可以转化为革命派用来反对清朝政府的力量。具有这种信心的人越来越多了。这是认识上的一个重大飞跃。

---

[1]《熊成基供词》，《扬州文史资料》第6辑，第204页。

十四、清王朝覆亡前的大混乱

全国性革命高潮的到来，不仅需要被统治的人民大众的愤怒达到极点，无法再照旧生活下去，还需要统治集团内部陷入极度的混乱，无法再照旧统治下去。

1908年和1909年相交的两个月内，清朝最高统治集团内部接连发生了两件震动内外的重大变动：一件是光绪皇帝和西太后在11月14日和15日两天内相继死去，另一件是袁世凯被放逐。这两件事，使清朝的最高统治集团陷入一片混乱，从而使整个政局变得更加动荡不定。

光绪皇帝的死不明不白，可能是西太后下的毒手。由于他并没有实际权力，他的死除了对以康有为为首的保皇会是个沉重打击外，对当时的政治没有产生直接的影响，但在清朝统治已摇摇欲坠的情况下，皇帝的死终究起了进一步动摇人心的作用。当天，清廷宣布：由光绪的弟弟醇亲王载沣的快满三岁的儿子溥仪为嗣皇帝，由载沣以摄政王监国。

第二天，西太后也死了。西太后的死，影响就大得多。尽管西太后早已老耄，死前十多天在颐和园度过她的七十四岁生日。但四十多年来清朝政府至高无上的大权一直由她独揽。在清朝的最高统治集团中，她毕竟是富有反动统治经验和权术、比较能驾驭内部各派势力的人物。她一死，在清朝内部就没有一个人能填补这个空白，代替她原有的作用。这就使本已日趋绝境的清朝政府更失去控制局势的能力。

12月2日，溥仪即位，宣布明年为宣统元年。第二年1月9日，发布上谕说："袁世凯现患足疾，步履维艰，难胜职任。袁世凯着即开缺，回籍养疴，以示体恤之至意。"[1]这个举动使中外都为之愕然。

为什么清朝政府在处境日益孤立、统治日益不稳的情况下，却把它原来倚为柱石的重臣袁世凯放逐回籍呢？根本原因在于：一切反动统治者总是要尽力把一切权力牢牢地集中到自己手里。越当他们统治地位不稳，越当他们处于日益孤立的境况下，他们就更加惴惴不安，对周围一切人更不放心，唯恐权力有什么分散，更要把它紧紧地攥在手里。正是在这种病态心理的支配下，统治集团内部原来存在的满族王室和汉族地主阶级统治集团之间的矛盾异常迅速地发展起来。袁世凯长时期担任北洋大臣、直隶总督，一手练成当时最精锐的武装力量北洋六镇，又得到帝国主义列强的重视和支持，权势炙手可热，实力迅速膨胀，使清朝政府感到有如猛虎鼾睡于卧榻之旁，生怕有朝一日会取而代之，难以放下心来。西太后死后，摄政王载沣等更感到对他难以驾驭。他们最初是想把袁世凯杀掉的，但又有顾忌，怕引起外国列强和袁世凯旧部的强烈反响，只得以"回籍养疴"为名，将他放归家乡河南。

袁世凯的被放逐，对清末政局的影响是巨大的。清朝皇室的本来打算，是借此来实行集权，巩固自己的统治，结果却适得其反。

第一，它使脆弱而孤立的清朝最高统治集团更加分崩离析，遭到更大的削弱。隆裕太后、摄政王载沣的统治经验和能力，本来远远不能同西太后相比。袁世凯被罢斥后，满朝大臣中又没有一个人能替代他的作用。袁的旧部遍布各方面，素来是"只知有袁宫保，不知有大清朝"，这时自然增强不满。而清皇室因害怕袁的势力重新抬头，又进一步加以裁抑："如雷震春、倪嗣冲、段芝贵等已先后参

---

[1]《宣统政记》卷四，第24页。

革,曹锟要求保一头品顶戴而退休,张彪、何宗莲等亦正设法撤换,段祺瑞亦调充江北提督。"[1]这就使他们更加离心离德,使清朝政府的统治基础变得更加不稳和脆弱。

第二,尽管清政府因惧怕帝国主义列强的反对而不敢把袁世凯杀掉,并且继续保留同袁世凯深相结纳的庆亲王奕劻所担任的首席军机大臣要职,但帝国主义列强对袁世凯的被放逐仍感不满。当辛亥革命爆发后,帝国主义列强见到清朝政府再也维持不下去了,便采取"换马"的办法,宁可抛弃清政府而支持袁世凯。这种重要的政策变化,在此时已可隐约地看到端倪。

第三,清朝皇室罢黜袁世凯,最重要的一条是要把兵权拿过来。溥仪说:"我父亲并非是个完全没有主意的人。他的主意便是为了维持皇族的统治,首先把兵权抓过来。这是他那次出使德国从德国皇室学到的一条:军队一定要放在皇室手里,皇族子弟要当军官。他做得更彻底,不但抓到皇室手里,而且还必须抓在自己家里。在我即位后不多天,他就派自己的兄弟载涛做专司训练禁卫军大臣,建立皇家军队。袁世凯开缺后,他代替皇帝为大元帅,统率全国军队,派兄弟载洵为筹办海军大臣,另一个兄弟载涛管军咨府(等于参谋总部的机构),后来我这两个叔叔就成了正式的海军部大臣和军咨府大臣。"[2]

皇族这些年轻亲贵尽管担任了重要军职,但他们都是纨绔子弟,根本不懂得军事,实际倚仗的是禁卫军协统良弼。良弼是日本士官学校第二期毕业生。当时清朝正命各省编练新军,良弼力主重用日本士官学校毕业生。他的意图原想在军官中结成一股便于他掌握的新的力量,来替代并排挤袁世凯的势力。但这些士官学校学生中不

---

[1] 蒋作宾:《蒋作宾回忆录》,第30页。
[2] 溥仪:《我的前半生》,北京:群众出版社1964年版,第26页。

少人在留日时期受到过革命思想的影响，有些还秘密加入了同盟会。回国后被派入新军，并且很快得到提升，有些还充当了标统、协统以至统制等高级军职。这在客观上对武昌起义后各省新军得以纷纷响应创造了有利的条件。

总之，西太后之死和袁世凯的被放逐，在清末政局演变中是一个重要的转折。这以后，最高统治集团中已没有一个比较强有力的主持人，内部分崩离析，一片混乱。

中国的社会经济，到辛亥革命前夕的1910年，也陷入大混乱中。即便从国家财政预算这种远不可靠的官方统计来看，对人民的搜刮也比甲午战前激增三倍以上，但仍无法支撑。在绝望中，他们除大量举借外债外，最重要的措施是两条。第一，横征暴敛，竭泽而渔地把种种苛捐杂税硬往下压。进入20世纪后，省一级被赋以征课附加之权，其后果必然是旧税愈来愈重。而州县官过去只有催征田赋的任务，绝无兴办新税的权柄，现在州县可以自行决定征收某种新捐。各级官吏和地方士绅还要从中中饱，任意诛求，使人民负担的加重到了无法忍受的程度。第二，滥铸铜元和滥发纸钞，用恶性通货膨胀的办法对人民进行惨无人道的剥夺。其中，滥铸铜元促使物价飞涨，是清末财政危机的一个突出表现。铸造铜元，始于1902年冬。最初，人们觉得使用方便，都愿意用它。清政府乘此大量铸造，每枚铜元中的含铜量越来越低，结果铜元所值不断下跌。1904年末，每一银元换铜元八十八枚。到1910年，竟跌到一百七十五至一百八十枚。由此受害最大的是下层劳动人民，因为他们收入低微，持有的一般多是铜元。铜元价值暴跌，就使他们更加无法生存下去。

随着恶性通货膨胀和政府财政信用破产，这一年，以上海源丰润银号的倒闭为发端，在城市中也出现了一股席卷全国的银号、钱庄倒闭风。这在中国是前所未见的，造成的震动也极为巨大。中国民族工商业的资本一般微薄，有的甚至没有多少实际资本，专靠向钱庄、银号借款以资周转，这时自然陷于窘境，处处是一片惶惶不可终日的景象。

身居海外的梁启超也敏锐地觉察到这种状况。他在《国风报》上写道："中国亡征万千，而其病已中于膏肓，且其祸已迫于眉睫者，则国计民生之困穷是已。""就个人一方面论之，万事皆可忍受，而独至饥寒迫于肌肤，死期在旦夕，则无复可忍受。所谓铤而走险，急何能择，虽有良善，未有不穷而思滥者也。呜呼，今日中国之现象当之矣。"他又写道："若夫通都大邑，十年前号称殷富之区者，今则满目萧条。而商号之破产，日有所闻；金融紧迫，无地不然。自上而下，皆有僬然不可终日之势。盖晚元晚明之现象，一一皆具见于今日。愁惨之气，充满国中。呜呼，凡百险状，盖未有过此者矣。"[1]

"愁惨之气，充满国中。"在整个社会经济一步步接近于根本崩溃的情况下，全国的劳动人民和民族工商业者以至其他社会阶层中的大多数人都到了难以为生、民怨沸腾的地步。不注意这一点，很难了解第二年辛亥革命爆发后为什么几乎没有多少人对清政府抱有同情和支持的态度。其中，直接承受着最大压力的广大下层群众生活更痛苦不堪，已挣扎在生死线上。1910年，日本东亚同文会报告中写道："湖北一省出现数万饥民，官府穷于应付；而江苏北部、安徽、湖南、山西、陕西诸省，亦复哀鸿遍野，嗷嗷待哺，到处流浪。"[2]在城市中，满目萧条，景象也十分凄凉。

正是在这种情况下，城乡下层群众的自发反抗斗争愈益高涨起来。这种自发反抗斗争，在1910年达到辛亥革命前夕的最高峰，据

---

[1] 沧江：《论中国国民生计之危机》，《国风报》第1年第11期，第5、6页。
[2] 《支那调查报告书》，第1卷第6号，转引自菊池贵晴《清末经济恐慌与辛亥革命之联系》，《国外中国近代史研究》第2辑，第104页。

不完全统计已达二百六十六次。其中最突出的内容,一个是抗捐斗争,一个是抢米风潮。前者以农村的贫苦农民为主体,如山东莱阳的抗捐斗争。后者以城市贫民为主体,如湖南长沙的抢米风潮。这两次事件都是震动全国的。

大规模的抢米风潮,在1905年前还很少看到,从1906年起逐步发展,到1910年达到了高峰。这一年的抢米风潮,有两个显著的特点。第一,几乎全部发生在长江中下游的湖北、湖南、安徽、江西、江苏五省。这同这一年夏秋之际长江中下游降雨量大,江水猛涨,冲毁堤岸,造成许多地方粮食颗粒无收,饿殍死亡相继,有直接的关系。第二,各地发生大规模抢米风潮的直接导因,是粮价的猛涨,使为数众多的下层人民普遍感到难以生活下去。在这种情况下,一些富商巨贾囤积居奇,或同外国商人相勾结,大量运粮出境,激起群众更大的愤怒。

拿长沙抢米风潮来说,湖南本是产米之乡,但1909年和1910年连续两年降雨量大,冲毁堤岸,造成洪水泛滥,全省粮食收成不及七分,灾民达十多万。省内的主要产粮区是濒临洞庭湖的华容、南州(今南县)一带,这里灾情最为严重。于是粮价飞涨。"湘省从来米价每石恒二三千文上下,光绪三十二年水灾,亦不过四千余文。今尚未播种,价已七千以外,实为百数十年所未见。"[1]加上当时整个物价本在不断飞涨,外国商人这时又到湖南大量购米,使情况变得更加严重。3月27日,长沙米价突然上涨到七十文一升,民心普遍惶惶不安。又隔了十五天,到4月11日,长沙米价涨到每升八十文。有个贫苦妇人拿了八十文去买一升米,因夹杂有已不通行的制钱数文,米店挑剔不收。她行乞凑满了这个数字,傍晚再去,米价又上涨了五文,仍无法购米,在悲愤之下,跳入老龙潭自杀。她的

---

[1]《王先谦等十余人致岑春煊公函》,《近代史资料》1955年第4期,第46页。

丈夫赶来，悲痛万分，又带了两个孩子投塘自尽。这个消息迅速传开，民心更加愤激。第二天又发生类似事件。饥民聚集在米店前责问时，清政府却出动军警镇压，打死贫民十四人，打伤四十多人。于是，民众的愤怒再也无法抑制，自发地聚集起来，用火油焚毁湖南巡抚衙门，接着又捣毁或焚毁许多外国洋行和外商轮船公司，造成极大震动。

抗捐抗税斗争比起抢米风潮来，由来更久，延续的时间更长，次数更多，波及的面也更广，几乎遍及全国各地。当时许多苛捐杂税是在推行新政的名义下陆续新增的。不少还是由地方官吏以至当地劣绅自行征收的。他们巧立名目，任意侵吞，账目也多不清，激起的反抗也就格外猛烈。

拿莱阳民变来说，由于铜元贬值，民众负担不断加重，本来积怨已久。当地劣绅又借口地方自治所需经费，恣意勒索，甚至超过原有税额，使老百姓无法生存下去。官府却一味袒护劣绅，相互勾结，对民众采取高压手段，甚至加以"抗官"的罪名滥施杀戮，使乡民有冤无处申诉，被逼走上绝路，只得聚众反抗。当时《国风报》上说："悉索敝赋，民不聊生，绅民相仇，积怨发愤，而乱事以起。官不恤民，袒助劣绅，苛敛不遂，淫刑以逼，而乱事以成。不知民嵒之可畏，但务劫之以兵，声其聚众抗官之罪，肆其草菅禽狝之威，劫掠淫暴，甚于盗贼，民知乱亦死，不乱亦死也，则铤而走险，于是祸势蔓延，遂至不可收拾。"[1]这里说的"民知乱亦死，不乱亦死也，则铤而走险"，确是道出了实情。乡民相聚自保，最多时达到十五万余人。清政府却调重兵前来镇压，发炮猛轰，乡民死伤者达一千三百多人。莱阳人民的抗捐抗税斗争，就这样被埋葬在血海之中。

---

[1] 长舆：《论莱阳民变事》，《国风报》第1年第18期，第36页。

这些自发性的斗争都有很大的弱点。参加斗争的城市贫民也好，乡民也好，平时十分分散，更缺乏共同的目标，只是被生活逼上了绝路，再加上受尽冤屈而无处申诉，在忍无可忍的情况下来了个大爆发。但这是难于持久的。当反动政府动用军队进行极端残忍的镇压，又采取一些软化甚至分化的手段后，斗争终于被平息下去了。

可是，这些斗争深刻地反映了清王朝这时已陷于全面的、难以克服的危机中。客观的社会矛盾实在太尖锐了，反抗斗争的火种几乎无处不在。总是一波未平，一波又起。这就在全国范围内形成了"山雨欲来风满楼"的异常动荡的局势。它不仅为全国大起义准备了广泛的群众基础，而且使众多的人都预感到清朝的统治已经摇摇欲坠，不能维持多久了，也就是所谓"土崩之势，今已见端"。要是没有这种全局性的深刻的社会危机，第二年发生的辛亥革命要一举推倒清朝的统治是办不到的。

十五、立宪派发动的请愿速开国会运动

在这样普遍的大混乱中,立宪派也做出自己最后的努力,先后掀起三次声势浩大的请愿速开国会运动。

立宪派代表的主要是国内刚由或正由地主阶级转化而来的那部分资产阶级。他们一般是当地士绅,往往本身就拥有大量封建地产,并同封建官府有着密切的血缘关系,是地主和资产阶级一身而二任的,两者之间的分野还不是那样清楚,也可以把他们称为地主资产阶级。这是中国半殖民地半封建社会形成初期的一种特殊现象。

这种经济和社会地位上的两重性,决定了他们思想上的两重性。他们是资产阶级的一翼,并且同帝国主义和封建势力存在这样那样的矛盾。他们看到民族危机的日益加深,深深感到自己的身家性命、财产都受着岌岌不能保的严重威胁,要求国家自强以救亡。他们也不满意清政府对民族工商业的压迫,特别是各种苛捐杂税的盘剥勒索,对官府也有不小的怨气。当他们觉得自己已有一些力量时,就要求在政治上取得更多的发言权来保障自身的利益。因此,他们宣传过爱国救亡,揭露过清朝政府的一些腐败政治,鼓吹过国民的责任和应该享有的权利,还介绍过西方的社会政治学说。这些是他们的积极方面。特别是,当时革命派着重进行的是革命必要性的宣传和组织武装起义的实际行动,对其他方面的宣传教育常常顾不上。同时,他们在内地不能公开活动,而立宪派一般是可以公开活动的,使许多人比较容易接触到他们的宣传。至于那些封建势力比较强固而革命派力量还没有达到的地方,立宪派在启蒙方面所起的积极作用就更多一些。这些,应该公平地给予肯定的评价。

但他们又有消极的方面,在革命大风大浪面前,竭力地反对革命,维护封建主义的许多东西。尽管他们在有些问题上对清朝政府有强烈的不满,但从根本上说仍尽力维护清朝政府的统治,在革命危机已经成熟的条件下,千方百计地阻挠革命的发生,害怕"秩序一破,不可回复"。这不仅表现了一般的资产阶级的软弱性,而且表现了他们自身所具有的浓重的封建性。这是中国具体国情下的产物。这个消极的方面,在当时的历史进程中起了不好的作用。

请愿速开国会的问题,在1907年就提出来。当时,《民报》和《新民丛报》论战的高潮刚刚告一段落,双方工作的重点都转向实际行动:革命派到南方发动武装起义,立宪派在国内已成立由郑孝胥、张謇、汤寿潜分任正副会长的预备立宪公会,梁启超也在日本和杨度、蒋智由、徐佛苏等筹办政闻社。杨度向梁启超建议:"夫政党之事万端,其中条理非可尽人而喻,必有一简单之事物以号召之,使人一听而知,则其心反易于动摇,而可与言结党共谋。以弟思之,所谓简单之事,莫开国会若也。"[1]后来,杨度没有参加政闻社,另行组织宪政公会,推熊范舆为会长。这年10月5日,熊范舆等最早联名向清政府呈请速开国会。他们明确地要求:"于一二年内即行开设民选议院","庶列强知中国之不可以侮,人民知国家之尚有可图,外无相逼而来之忧,内无铤而走险之患"。[2]这里说得很明白,他们所以要求速开国会有着双重的目的:对外是防止列强"相逼而来之忧",对内是防止革命党人"铤而走险之患"。前者是积极的,后者是消极的。

这年10月17日,政闻社正式成立。梁启超在当天举行的报告

---

[1] 杨度:《致卓如我兄足下书》,《梁任公先生年谱长编初稿》第4册,第389页。
[2] 《湖南即用知县熊范舆等请速设民选议院呈》,《清末筹备立宪档案史料》下册,北京:中华书局1979年版,第616页。

会上演说道：对国民来说，"其责任维何？亦曰：务建设一由人民选举代议制之国会，以为政治上巩固永续之监督机关而已"。至于革命，那是绝对干不得的："苟革命屡行，则其国常陷于无政治之地位，视恶政治之害，抑更甚焉。"[1]也就是说，革命的发生比"恶政治"更为可怕。第二年初，政闻社本部从东京迁往上海，目的也是要在国内推动起一个要求速开国会的运动。7月2日，政闻社致电宪政编查馆说："开设国会一事，天下观瞻所系，即中国存亡所关。非宣布最近年限，无以消弭祸乱，维系人心。""近闻有主张七年、十年者，灰爱国者之心，长揭竿者之气。需将贼事，时不我留。乞速宣布年限，期以三年，召集国会。"[2]同月，预备立宪公会也两次致电宪政编查馆王大臣，要求"决开国会，以二年为限"[3]。

但正在这时，一个无情的打击突然降临到他们头上。8月13日，清廷下旨查禁政闻社。这以后两个星期，清廷又颁布《钦定宪法大纲》和议院未开前逐年应行筹备事宜，其中包括在中央设置资政院，在各省成立咨议局。1909年这一年，国内立宪派的活动重点转向各省咨议局的选举和成立上去。他们准备通过这样做，先在各省把自己的力量集结起来，取得立足点，再走向全国性的联合。请开国会运动便暂时低沉下去。

清政府所以决定在各省设立咨议局，是迫于形势，感到如果完全不让人们有说话的机会，硬用"壅障"的办法，是堵不住的，反而容易激成变端，但他们设了许多限制。《各省咨议局章程》的"总纲"中规定："咨议局钦遵谕旨为各省采取舆论之地，以指陈通省利病，筹计地方治安为宗旨。"[4]这就是说：第一，咨议局只是提供一

---

[1] 宪民：《政治上之监督机关》，《政论》第2号，第7、12页。
[2] 《社报》，《政论》第5号，第1、2页。
[3] 《上宪政编查馆王大臣电》，《预备立宪公会会报》第10期，《本会纪事》，第16页。
[4] 《宪政编查馆等奏拟订各省咨议局并议员选举章程折》，《清末筹备立宪档案史料》下册，第669页。

些供各省官府"采取"的"舆论",也就是说,只能说说空话,并没有半点实权。第二,议论的范围又限制在本省的一些地方性问题上,不许涉及国家大事。选举人和被选举人,所重的只是财产和功名两端,并且特别规定把各学堂学生排除在外。咨议局筹办工作也由各省官府包办。

1909年10月14日,全国二十一个省的咨议局同日开幕。值得注意的是,立宪派的势力在各省咨议局中占有很大比重。议长中有江苏的张謇、湖南的谭延闿、四川的蒲殿俊、山西的梁善济、奉天的吴景濂等,副议长中有湖北的汤化龙、福建的刘崇佑、四川的罗纶等。他们以咨议局为讲坛,提出种种具体主张。他们取得议长、副议长、常设议员等职位后,更便于咨议局作为合法的基地,积极地开展立宪派的政治活动。这样,立宪派作为国内一种重要政治势力的地位便大体确立了。

对咨议局在清末政治中所起的作用,亲身经历过这个过程的吴玉章有过一段评论:"第一,它具有提高民主主义觉悟的作用。""第二,咨议局也起了一种消磨资产阶级的革命性和加强它的妥协性的作用。""因为咨议局是辛亥革命前资产阶级立宪派在国内所占有的巩固地盘,它使得革命派在革命爆发以后完全处于劣势。立宪派成了主人,革命派成了客人,而主人是同封建势力紧密联系在一起的。由此,我们可以对咨议局的作用作这样一种评价,即:它在革命以前,一方面削弱了革命的力量;一方面因为要求政治改革,揭露了清朝政府的腐朽无能,反而促进了革命运动的发展。在革命以后,它虽然竭力表示是共和制度的拥护者,但是因为它和旧势力在一起形成了对抗革命派的联盟,在实际上阻碍了革命运动的发展。"[1]

各省咨议局成立后,立宪派立刻把它作为据点,进一步联合起

---

[1] 吴玉章:《论辛亥革命》,《中国近代史论文集》下册,第727、728页。

来。这时，清王朝大崩坏的征兆已经越来越明显地呈露出来，抱着孤臣孽子之心的立宪派忧心如焚。他们还想"补天"，焦灼地期待清政府能在进行一定变革的基础上打开一个新的局面，找到新的出路，以避免国家的灭亡或革命的发生。于是，便发动了全国规模的请愿速开国会运动。

第一次请愿国会运动是张謇带头发起的。他在江苏咨议局第一次开会期间，以议长身份发起成立咨议局联合会，并邀请各省咨议局选派代表在年会闭幕后齐集上海，共同商讨促请速开国会的事情。会上通过了这个决议。张謇有着状元的身份，又创办了大生纱厂等许多重要企业，在国内立宪派中享有很高的声望。经过联络，有十六个省的代表五十多人到达上海，只有五个省因路远未及参加。1909年11月27日，代表会在预备立宪公会事务所开会，决定组成代表团进京向都察院呈递请愿书，请愿书上签名的以各省咨议局议员为限。"请愿大旨，在速开国会，于二年内召集之。"[1]第三天，推定进京代表三十三人，名称定为咨议局请愿联合会。代表临行时，张謇送别并致辞道：我士大夫"深明乎匹夫有责之言，而鉴于亡国无形之祸，秩然秉礼，输诚而请，得请则国家之福，设不得请而至于三至于四至于无尽，诚不已，则请亦不已，未见朝廷之必忍负我人民也"[2]。

1910年1月中旬，各省代表三十三人，先后到达北京。梁启超派徐佛苏到北京同代表们取得联络，他自己也同请愿代表孙洪伊、汤化龙、林长民等直接通信。这样，梁启超便和国内的立宪派重要分子开始了政治上的合作。16日，请愿代表由孙洪伊领衔到都察院呈递请愿书。它的大意是说：按照朝廷宣布的预备立宪的步骤，召

---

[1]《请愿速开国会各省代表在上海会议记事》，《东方杂志》第6年第13期，第447、448页。

[2] 张謇：《送十六省议员诣阙上书序》，《国风报》第1年第2期，第122页。

开国会当在九年之后,而九年后的危局不知又当如何,因此,要求"期以一年之内召集国会"。他们还遍谒军机大臣和近支王公,痛陈利害。但清廷对召开国会心有疑惧,而且觉得九年的期限已见于煌煌上谕,不宜因代表请愿就加以缩短。在这种心理下,他们颁布上谕,一面称赞请愿书"具见爱国悃忱,朝廷深为嘉悦",一面又表示九年后一定召集议院,实际上拒绝了他们提前召开国会的请求。

立宪派对这次请愿不能达到目的是有精神准备的。代表们在通告咨议局时就说过:"兹事体大,断非一呈所能得效。"[1]清廷对他们表示的温和态度,也使他们继续抱有幻想。2月6日,在京请愿代表共同决议:准备举行第二次请愿。

5月初,各省国会请愿同志会分会先后成立,请愿代表陆续赴京。这次请愿代表的社会面比上次更为广泛,不仅有各省的咨议局,而且有商会、教育会、政治团体、华侨等。6月初,入京请愿代表已达一百五十多人,号称代表三十万人。16日,请愿代表八十多人前往都察院递上请愿书十份。请愿代表上载沣书中说:"今日时势,主少国疑,民穷财尽,外患鸱张,饥馑四告,革命党又前仆后继,如燎方扬。民愤隔阂而不通,政治敷衍而不实,弭乱救亡之策非开国会果有他术乎?"[2]

6月27日,清廷颁布上谕,不仅寸步未让,态度比上次也不客气得多了。它申斥请愿代表们:"谓议院一开,即足致全功而臻郅治,古今中外亦无此理。"宣布:"定以仍俟九年筹备完全,再行降旨定期召集议院。"并且断然警告道:"宣谕甚明,毋得再行渎请。"[3]

这道上谕对请愿速开国会的人士来说,无异兜头一盆冷水。许

---

[1]《记国会请愿代表进行之状况》,《东方杂志》第7年第2期,《中国时事汇录》,第27页。
[2]《国会请愿代表上摄政王书》,《时报》宣统二年六月十五日。
[3]《东方杂志》第7年第6期,《谕旨》,第79页。

多人极为愤慨，并纷纷着手扩大请愿组织，广泛征集签名，准备再举。梁启超在《国风报》上发表一篇长文说："使政治现象一如今日，则全国之兵变与全国之民变必起于此一二年之间。此绝非革命党煽动之力所能致也，政府迫之使然也。""吾敢断言曰：中国而欲有国会者，惟开设于宣统四、五年以前为能有之，过此以往，吾中国永无开设国会之时矣。"他又说："国民即好虚名，亦何争此区区数年之岁月？而国民所以哀号迫切再三吁诉者，徒以现今之政治组织循而不改，不及三年，国必大乱，以至于亡。而宣统八年召集国会，为将来历史上所必无之事也。"[1] 这些言论和行动，预示着行将到来的第三次请愿，无论在规模上和激烈程度上都将远远超过以前的两次。

第三次请愿本来预定在1911年3月进行，后来却提前将近半年，在1910年10月上旬就举行了。为什么这样？主要原因是全国危机的形势越来越严重了。从民族危机看，这一年给人们刺激最大的是日本正式吞灭了中国的邻邦朝鲜，使许多人更强烈地感到亡国惨祸已迫在眉睫，深有切肤之痛。从国内状况看，这时已骚乱日起，处在一种惶惶不可终日的境地中。孙洪伊等第三次请愿时上资政院书中说：清政府既已拒绝第二次请愿，本来"何敢更犯威严，自干罪戾"，为什么仍"哓哓焉不能已于言"呢？原因只有一个："以国家危急存亡，实迫眉睫。今日事势，已迥异数月以前。更阅岁时，安知所届？"他们大声疾呼地说："举国臣民，顾影汲汲，朝不保夕，非赖皇上威德，亦复何所怙恃，此所以不敢避斧钺之诛，沥心泣血而思上诉者也。"[2]

第三次请愿的规模和声势确实比前两次都大得多。事前，在各

---

[1] 沧江：《论政府阻挠国会之非》，《国风报》第1年第17期，第16、17页。
[2] 《国会请愿代表孙洪伊等上资政院书》，《国风报》第1年第26期，第87、88页。

地先掀起具有一定群众规模的要求速开国会活动。这次发动签名，原定征集二千五百万人，虽然没有见到最后的确切统计，但签名人数远远超过前两次是无疑的。张謇还发起各省咨议局议长联合进京请愿，使请愿声势更盛。这个计划没有完全实现，连张謇自己也没有进京，但还是有一批议长去了。8月、9月间，各省咨议局联合会在北京开会，推举新任湖北咨议局议长的汤化龙为会长，四川咨议局议长蒲殿俊为副会长，后又推孙洪伊为干事长。有些代表还提议不开国会就不纳税，情绪比前两次更为激昂。

10月7日，国会请愿代表团孙洪伊等二十多人持请愿书赴监国摄政王府呈递。临行时东北旅京学生赵振清、牛广生在送行时各拔刀割肉一块，在致代表书上擦拭，使这次行动更带有悲壮的色彩。但各代表到达摄政王府时，遇到的仍是冷冰冰的接待，最后只是由肃亲王善耆出来代为接受，答应转交。

10月22日，资政院第七次会议讨论陈请速开国会议案。会场上出现了前所未有的热烈场面。最后通过专折具奏：要求"明降谕旨，提前设立上下议院，以维危局而安群情"[1]。尽管这个资政院也毫无实权可言，但它毕竟算是一个得到朝廷认可的全国性的民意机关。第三次请愿运动得到它的支持，自然更显得声势浩大。

三天后，以东三省总督锡良为首的十八省督抚联名致电军机处，请求代奏，称："时局危险，已远过于德宗（光绪皇帝）在位之日，缓无可缓，待无可待。此即阁、会剋期成立，上下合力，犹恐后时，奈何以区区数年期限争持不决乎？""伏恳圣明独断，亲简大臣，立即组织内阁，特颁明诏，定以明年开设国会。""宗社幸甚，民生幸甚。"[2]这件事自然非同小可，在中国封建王朝的历史上是前所未有

---

[1] 问天：《宣统二年十月中国大事记》，《东方杂志》第7年第11期，《中国大事记》，第151页。

[2] 问天：《宣统二年十月中国大事记》，《东方杂志》第7年第11期，《中国大事记》，第153、154页。

的。他们所以会这样做，是因为他们身处地方，比朝廷更实际地感受到全国危机的严重性。

清廷拖到11月3日召开御前会议。他们反复权衡利弊得失，觉得在这种情况下要是再不提前召开国会，就将陷于更加孤立的境地，对自己的统治是不利的，但他们筹划中的皇族内阁尚未建立，他们盘算中的一些重要措施尚未实行，又害怕在此以前，一旦国会成立，七嘴八舌，会受到许多牵制。此外，他们还有一重顾虑，生怕答应得太爽快，会造成一个大权旁落的印象，仿佛朝廷不能做主了，因此，还要表示出："此次缩短年限，虽由于臣民之公请，仍出自朝廷之独断。"[1]最后决定：将召开国会的期限缩短三年，改在宣统五年（1913年）开设。第二天，清廷正式就此颁发上谕。

这道上谕颁发后，立宪派内部立刻发生分化。一部分人认为，请愿已算取得一定结果，可以就此收场。值得注意的是：以张謇为议长、最早发起第一次国会请愿的江苏咨议局这时也采取这种态度。11月7日，江苏、浙江两省咨议局致电资政院，祝贺国会提前召开。但大多数人是不满意的。河南、湖北、福建、江西、直隶（今河北）、陕西等省咨议局致电国会请愿代表团，要求继续努力，力争速开国会。直隶、山西、陕西三省国会请愿同志会也致电代表团，力争国会期限再行缩短。

第三次请愿失败后，立宪派再也没有能发动起第四次全国性的请愿活动。只是有些地区依然群情激昂，奋起再请，而以东北三省和天津为最激烈。东北三省所以表现得特别激烈，同这年日本正式并吞同它一水相隔的邻邦朝鲜直接有关，而天津则是受到东北三省请愿代表活动的影响。12月下旬，东北三省代表十余人又赴京递呈，要求速开国会。这下清政府就不客气了，由民政部、步军统领衙门

---

[1]《阁会之风丝雨片》，《民主报》1910年11月15日。

将他们强行押送回籍，不准在京逗留。天津学界请愿代表温世霖创议联合全国学界罢学。直隶总督陈夔龙立即令巡警道拿办。清政府更采取断然手段，将温世霖发配新疆，交地方官严加管束。至此，立宪派发动的请愿速开国会运动再也继续不下去了，只得宣告结束。

这三次请愿速开国会运动都发生在辛亥革命前夜的1910年。这时候，清朝政府的内外危机都在猛烈地激化，它的统治地位已到了摇摇欲坠的地步。多少年来的事实充分证明，对这个极端反动而腐败的政府已不能再有任何期望了。期待它的恩赐，指望由它来实行任何根本性的改革，都无异梦呓。只有坚决揭穿它的面目，破除人们对它的幻想，不惜作出重大牺牲，用革命的手段把它推倒，才能使历史向前推进。从当时中国的全局来看，这是挽救民族危亡的中心环节，并且已经有条件实现了。革命派正是这样做的。

请愿速开国会运动是在维护清朝统治的前提下进行的。它把君主立宪宣扬成当时救国的唯一良策。仿佛只要国会一开，奇迹就会出现在眼前，一切都会好起来的。并且一再告诫：不许有任何越轨的举动。这是一条劳而无功的歧途。革命派在驳斥立宪派的这种主张时，提出过两个问题：第一，清朝政府有没有可能真像立宪派所期望的那样立即召开国会？第二，即便立即召开国会，中国的问题是不是从此可以得到解决？他们指出，这些都是绝不可能的。这两个问题都是立宪派无法回答的。请愿速开国会运动还明确地把抵制革命作为自己的重要目标之一。他们说："我国上下隔阂，朝廷与人民俨成两家，是以起革命之说，生满汉之界。趁此咨议局、资政院及各省人民之请愿，若蒙朝廷俞允，可以联上下为一心，谋政治上一致之行动。一切界说，全行消除。此种精神，可以永久不敝，即可以为万年有道之长基。"[1]他们希望用君主立宪的政治方案，用提

---

[1]《国会反对者投降》，《民立报》1910年10月31日。

早召开国会的办法,来巩固清朝的统治,以消除革命的爆发,可是,因腐败到极点而变得异常愚蠢的清朝政府连立宪派的这些忠告也听不进去,硬是加以拒绝,把许多原来抱着孤臣孽子之心还想帮助它把统治维持下去的人从自己身边推开去,结果使原本已极端孤立的清朝政府处于更加孤立的境地,加速了革命的爆发。这同立宪派人原来的主观愿望是截然相反的。

自然,历史的现象总是复杂的。不能说请愿国会运动一点积极的方面也没有。当然,国内还有不少数量的人虽然有爱国心,但对清朝政府仍有幻想,对革命主张一时还难以接受。他们在这次运动中表达了他们强烈的救国愿望,这种愿望是真诚的。运动中对严重的民族危机和清政府腐朽无能所作的某些揭露,对这部分人起了一定的启蒙作用。它所形成的具有一定规模的群众运动,把相当一批原来对政治持消极态度的人卷入到实际的爱国政治行动中来,也是有积极意义的。至于因这个运动的失败,使许多人在痛苦的事实中受到教训,对清政府从失望转向绝望,终于认清请愿早开国会以救中国这条路是走不通的,逐步走上同情或参加革命的道路,这同这个运动本身的是非评价是两回事了。

十六、广州新军起义和"三二九"起义

在这个大动荡的年代里,同盟会仍然集中力量从事反清武装起义的发动。这时,他们的活动重点更多地放在新军方面,并且以广州为主要目标。

革命派把发动武装起义的重点转到新军方面,是一个进步。这固然同河口起义后他们总结了主要依靠会党起义难以成事的教训有关,也同客观历史条件的变化无法分开。20世纪初,清政府为了维护它的统治,积极编练新军。这些新军有着新式的武器装备,并经过比较严格的军事训练,和原有的巡防营等旧式军队有明显的不同,战斗力也强大得多。1903年,清政府设立练兵处,各省设督练公所。1905年,统一新军编制,计划在全国共编练新军三十六镇(相当于师)。新军的高级军官不少由归国的日本士官学校毕业生充当,中下级军官很多是各省陆军学堂毕业生,他们中一部分人在学校中先后秘密参加了同盟会。新军士兵的文化程度比较高,有不少失业知识分子投入军营。拿广州来说,"新军目兵通通由征兵而来,文化程度相当高,爱国思想很浓厚,如果先进行宣传教育,鼓动他们的热情,运动进行自易"[1]。这些都便于革命派在新军中开展革命活动,使新军逐步革命化。

新军起义以1908年11月的安庆起义为发端,但那次起义的条

---

[1] 莫昌藩、钟德贻、罗宗堂:《一九一〇年广东新军革命纪实》,《近代史资料》1955年第4期,第86页。

件不很成熟，这以后沉寂了一年多。同盟会所领导的第一次新军起义是1910年2月的广州起义。广东新军始建于1903年，后来组成一个混成协（相当于混成旅）。1907年春天，赵声到了广东，先后担任陆军小学监督、新军第二标（相当于团）标统等。他是同盟会中杰出的军事人才，在广东新军中也有很高的威望。赵声后来遭到清方的疑忌，被迫离开广州，到香港参加同盟会南方支部的工作。孙中山并且指定："广东军事计划，一听赵先生主持。"[1]这以后，经他安排到广州新军中担任排长的倪映典继续负责当地新军中的革命工作。

倪映典有一个突出的优点：注意直接在士兵中进行革命的宣传鼓动。"那时各标营每天晚饭后，高级官长已驾马车回城里家中去了。驻营的目兵，只剩下队、排的官长率领到营外去散步。'讲古仔'最为目兵们欢迎。倪映典便借这个机会来宣传革命。"[2]"讲古仔"就是讲故事。他讲的故事，从岳飞、韩世忠，到扬州十日、嘉定三屠，再到洪秀全都有。每星期讲一两次，听的人越来越多，收到了巨大的反清宣传效果。与此同时，他在新军中秘密发展同盟会会员。到1909年冬，"士兵加盟入同盟会者三千余人"。同盟会南方支部对这次起义抱有很大希望，也做了比较周到的准备。当时担任南方支部支部长的胡汉民回忆说："时广东全省军队万余，惟新军有训练，器械精良，得新军则他军无难制驭。余与伯先（即赵声）、克强（即黄兴）尚虞其不足，复使姚雨平、张醁村等运动巡防营之在省会附近者，又使（朱）执信、（胡）毅生联络番禺、南海、顺德之民军为响应。"[3]

---

[1] 莫纪彭：《同盟会南方支部之干部及庚戌新军起义之回顾》，《革命之倡导与发展》，中国同盟会四，第29页。

[2] 莫昌藩、钟德贻、罗宗堂：《一九一〇年广东新军革命纪实》，《近代史资料》1955年第4期，第86页。

[3] 《胡汉民自传》，《革命文献》第3辑，第32页。

但倪映典在新军中的工作也有一个严重的弱点：没有形成一个比较健全的指挥机构，更没有建立起比较严密的标、营、队、排各级组织。2月间，他到香港向南方支部报告工作。新军中的同盟会会员群龙无首，成了一盘散沙，没有人能控制整个局势。正是在这种情况下，意外地发生了新军第二标士兵同警察因小事而发生冲突的事件，风潮在自发的状态下迅速扩大，广州市内的空气陡然紧张起来。清方抢先处在严密戒备中，暗地里将第二标各营的枪械拆卸、子弹收捡，送往城内。当倪映典从香港赶回广州时，局势已很难控制：士兵的革命情绪十分高涨，起义已如箭在弦上，欲罢不能；新军第二标因枪械被缴，无法行动，其他部队存留的子弹也极少，内部也相当涣散；清方水师提督李准却以所部精锐扼守新军驻地通往省城的要隘。倪映典看到局面已十分不利而又势成骑虎，只得率新军第一标和炮二营、工程营、辎重营等三千人起义，向省城开进。由于部队只有子弹七千粒，平均每人只有两粒多，以致在战斗中很快弹尽援绝，无法坚持下去。原已参加同盟会的巡防营管带李景廉又临阵背叛，诱杀倪映典，使起义军突然失去统帅，进一步陷入混乱，迅速溃散。

有了安庆新军起义，又有了广州新军起义，影响就更大了。姚雨平说："在新军起义前，一般人认为，在科学昌明的时代，船坚炮利，非有充分的武力，不足以谈革命；革命党人只凭赤手空拳，充其量只凭民军、会党、绿林的一点力量，是无能为力的。新军起义后，观感为之一新，大大增加了革命的信心，加速了革命形势的发展。"[1]

广东新军起义失败后，同盟会南方支部由于原来抱的希望很大，这时几乎沉浸在一片悲观失望之中。但孙中山并不灰心。同年11

---

[1] 姚雨平：《追忆庚戌新军起义和辛亥三月二十九日之役》，《辛亥革命回忆录》第3集，北京：中华书局1963年版，第290页。

月，他到槟榔屿同黄兴、赵声、胡汉民等举行会议，商议卷土重来的行动计划。他鼓励大家："一败何足馁，吾曩之失败，几乎举世所弃，比之今日，其困难实百倍。"[1]并且指出："国内革命风潮已盛，华侨之思想已开，吾辈有计划、有勇气，则事无不成。"[2]孙中山的信心和勇气，有力地感染并鼓舞了大家。

这次起义的重心选择在哪里？黄兴同赵声多次商议后，主张仍在广州。主要着眼点是：广州新军中还有相当多的力量保存下来。他写信给孙中山说："弟与伯先意，以为广东必可由省城下手，且必能由军队下手。此次新军之败，解散者虽有一标及炮（二营）、工、辎四营之多，然二标及三标之一营皆未变动。现虽有议移高州之说，恐一时尚不能实行。而巡防队兵卒之表同情于此反正者甚众。""故图广东之事，不必于边远，而可于省会。边远虽起易败（以我不能交通而彼得交通故），省会一得必成，事大相悬，不可不择（此次新军之败乃在例外）。""省城一得，兵卒械足，无事不可为。"[3]这个主张得到了孙中山的同意。他在给人的信中说："大多数领导人皆主张一开始即攻取广州，而极不愿意采取其他行动。我亦认为此城自始即为我们进攻的主要目标，而且先攻此城比之后来攻取将远为容易。"[4]其他地区的响应问题，他们也注意到了。黄兴在那封信里提到了东北、浙江、湖北、湖南、云南等地，对湖北新军尤为注意，并写信给正在武汉的居正说："现钦廉虽失败，而广州大有可为，不久发动，望兄在武汉主持，结合新军，速起响应。"[5]他还派谭人凤到两湖，给了居正活动经费六百元，给孙武活动经费二百元。

---

[1] 孙中山：《建国方略》，《孙中山选集》，第206页。
[2] 《胡汉民自传》，《革命文献》第3辑，第36页。
[3] 黄兴：《复孙中山书》，《黄兴集》，北京：中华书局1982年版，第17、18页。
[4] 孙中山：《致咸马里函》，《孙中山全集》，第481页。
[5] 黄兴：《致居正书》，《黄兴集》，第34页。

1911年1月18日，黄兴抵达香港，受孙中山的委托主持这次起义的筹备工作。月底，成立了作为起义领导机构的统筹部，以黄兴为部长、赵声为副部长。起义计划也有严密的部署。黄兴在一个报告中曾有扼要的叙述："发动计策，原以军界为主要，从前运动在新军，此次调度处之设，则兼及巡防营、警察。但警察无战斗力，巡防营自正月举办清乡，驻省不常，故仍倚新军为主。新军有枪无弹，所有仅备操时数响之用。则必先有死士数百发难于城内，破坏满清在省之重要行政机关，占领其军械库，开城门以延新军入，然后可为完全占领省会之计。"[1] 可见他们的起义计划中，主要依靠力量还是广州新军。

和以前几次起义不同的是：考虑到以往历次起义中，临时联络的军队、会党等常常不能听从指挥，所以这次又精选了一批能由起义领导机关直接掌握的骨干队伍，称为"选锋"。人数最初定为五百人，后来增加到八百人，其中包括不少留日学生，尤以闽籍、川籍的为多。起义前夕，这些选锋绝大多数已到香港、广州。他们的任务是在城内首先发难，打乱清朝的指挥系统，占领军械库，打开城门，以引入驻在城外的新军，一举占领广州，并不是如有些人以为的只想单靠一百多人的小队伍用突然袭击的冒险行动来取得成功。

为了保证选锋需用的枪械子弹，他们从日本、越南、中国香港等处购买后先集中在香港，然后分别藏在头发包、米包、外国颜料罐头、嫁娶礼物等中，大量地秘密运入广州。在广州城内设立的供储存枪械子弹等用的秘密机关，据邹鲁《广州三月二十九革命史》一书的不完全记载，不下三十八处。这些准备工作，做得也是比较周密的。

4月8日（农历三月初十），各项准备接近就绪。在黄兴主持下，召开统筹部会议，决定十路进攻的计划。确定由赵声为总司令，黄

---

[1] 黄兴：《与胡汉民致谭德栋等书》，《黄兴集》，第45页。

兴为副,这是因为赵声曾任新军标统,有着更丰富的军事学识和指挥经验。由于吸取了上一年广州新军起义时临时无人在现场指挥的教训,而赵声在广州认识的人很多,不便过早露面,于是决定由黄兴在 23 日先进入广州。

黄兴到达广州后,将起义时间确定为 4 月 27 日(农历三月二十九日)。他一到,广州起义机关中的空气顿时紧张起来。大家都明白,起义就在这几天了,心情十分兴奋。但就在这时,整个环境却突然出人意料地恶化了。

4 月 24 日起,像晴天霹雳一样,从新军驻地突然传来消息:清方下令将新军的枪机全部缴去。新军是这次起义中的主要力量,军中本来有枪少弹,现在连枪机也没有了,枪支便成了废铁。同时,天字码头等处连续驶来的长头蓝布篷船中,载着陆续调来省城的陆路提督秦炳直所部清军。传来的消息越来越坏。很明显,这次起义的打算已被清方侦悉,敌人已做了严密的布置和戒备。

这时,起义领导机关陷于进退两难的困境。起义的一切准备,本已如箭在弦上,难以罢手。现在,敌人显然有备,已经张开罗网,等候革命党人投入。原定的计划一下子全被打乱了。不少人认为:如果冒昧发动,无异自投罗网,已难取得预期的胜利。而这一切,又都来得那样突然。

当时坐镇城中、肩负指挥重任的黄兴处境极为狼狈,而局势还在继续恶化。"其后,城中站岗警察亦俱佩戴武装而大索城内住户。'党人已遍布城中'等等流言,几于尽人皆知。一两日来之风云,转瞬剧变。凄惨气象,已重罩四城。到此确认吾党中必有侦探,已将事情告清吏矣。改期之说,已在一般同志考虑中。"[1]接着,始平书院、三眼井等储存手枪、炸药等的重要据点相继遭到清方军警的袭

---

[1] 陈春生:《广州三月二十九日发难决定之经过》,《革命之倡导与发展》,中国同盟会四,第 144 页。

击和破坏。"有一次老喻（培伦）搬炸药入屋，李应生之弟闻警察自相语云：此物想又是那东西。"陈炯明、胡毅生、朱执信和赵声的代表宋玉琳等都主张缓期再举。正是在这种情况下黄兴被迫在4月26日晨决定改期再举，"令各部即速解散，以免搜捕之祸"[1]。随即致电香港总部："省城疫发，儿女勿回家。"暗示速即停止将在香港集合待命的大批党人继续派来广州。当天，城中数十个秘密机关陆续收束，已经到达广州的选锋也开始分批撤回香港。

但是，黄兴的内心是异常矛盾、异常痛苦的。为了准备这次起义，动员人这样多，牵扯面这样广，大量军械弹药都已运入城内。所谓改期，其实无异取消。原先的一切努力，至此全部付诸东流。特别是，在黄兴看来，以往起义的多次失败已使革命党人在海外募款的信用日益不佳。这次起义前后用款达十多万元。如果一无成效就自行解散，以后还有何面目去面对那些资助革命的海外华侨？"人将疑其诳骗，是绝后来筹款之路也。"[2]

因此，黄兴决心拼个人的一死，来酬答一切。当改期的决定一作，他就对人说："我既入五羊城（即广州），不能再出去。""余人可迈步出五羊城，惟我克强一人必死于此矣。"但是，抱有这种想法的不只是黄兴一人。福建籍留日学生林文（时爽）虽明知事机败露，难望有成，但看到黄兴的决心后，也表示："大举不成，尽可做一场大暗杀。克强既决志，吾人拢在一起同拼命耳。"喻培伦（云纪）表示："非干不可，彼一人亦干。"参加选锋的人中，不少人远历重洋，潜返内地，本来抱着必死的决心，不作生还的打算，这时也极力赞成。加上又传来消息：清方调来广州的巡防营中，也潜有革命党人，准备响应。于是，当天晚间，黄兴决心率领留剩在广州的一部分选

---

[1] 黄兴：《致海外同志书》，《黄兴集》，第41页。
[2] 邹鲁：《广州三月二十九日革命史》，第121页。

锋孤注一掷，仍按原计划进攻两广总督衙门，并分兵一部分准备攻占大北门，接应城外的新军入城。这时，"诸同志热度可沸，认定此处为大暗杀，非复为军事布置，人数多寡不必计算，临时能拾回多少便算一回事耳"[1]。

这是在情况发生陡然变化、原来的全盘计划突遭破坏、几乎明知将遭失败的背景下做出的以一死报国人的悲壮的决定，不能简单地斥之为少数人的军事冒险行动。

4月27日（农历三月二十九日）下午5时30分，黄兴率队从小东门出发，直攻两广总督衙门。但情况比预计的还要坏：最后决定起义时计划的四路进攻中，陈炯明、胡毅生、姚雨平三路都没有动，只剩下黄兴率领的一百多人孤军奋战；他们扑入两广总督衙门，对方早有准备，等待着他们的只是一座早有准备、撤退一空的房屋；出衙署后，开来的巡防营又不曾起而响应，却向起义军发枪射击，前去招呼的林文即被击毙。黄兴原来把最大的希望寄托在城外的新军身上，万万没有想到新军中的革命党人根本没有接到何时起义的通知。他们中一些人回忆道："至发难围攻督署时，吾等军中同志犹未知之。及知之，而北门城墙上八旗兵已满布枪炮口，且瞄准向吾军营房矣。吾军中平时不发弹药，此时望穿秋水，又不见接济到来，以是各同志只得袖手旁观，相对疾首而已。"[2]不少人听到起义发动的消息后，只能"相率登高探望火势，略大为之色喜，略减为之不悦，如此数次，火竟低灭，各皆丧气，而回至平地"[3]。"双方失了联络：选锋同志在城内望燕塘，新军同志在燕塘望城内。"[4]这是何等

---

[1] 陈春生：《广州三月二十九日发难决定之经过》，《革命之倡导与发展》，中国同盟会四，第146、147页。

[2] 何振：《广州新军之动态》，《革命之倡导与发展》，中国同盟会四，第218页。

[3] 马锦春：《三月二十九日之役与广州新军》，《革命之倡导与发展》，中国同盟会四，第209页。

[4] 莫纪彭：《何振事略》，《革命之倡导与发展》，中国同盟会四，第562页。

可悲的状况！其他原先联络的民军等也因宣布改期后已经遣散，没有来得及再集合起来。

结果，就成了一百多个选锋在城里左冲右突，孤军奋斗。许多人表现得十分勇敢，但人数毕竟太少，队伍被打散了。黄兴右手两个手指被击断，在激战中同大队相失。其他人"三五分离，彻夜巷战，或饮弹，或被擒，存者遂寥寥无几"[1]。

这次起义失败时被捕的党人，已知的有三十一人，包括林觉民、喻培伦、宋玉琳、陈可钧等。林觉民是福建籍留日学生。他在赴广州参加起义时，就给妻子陈意映写下绝笔书："意映卿卿如晤：吾今以此书与汝永别矣。吾作此书时尚是世中一人。汝看此书时，吾已成为阴间一鬼。吾作此书，泪珠和笔墨齐下，不能竟书而欲搁笔，又恐汝不察吾衷，谓吾忍舍汝而死，谓吾不知汝之不欲吾死也，故遂忍悲为汝言之。吾至爱汝。即此爱汝一念，使吾勇于就死也。吾自遇汝以来，常愿天下有情人都成眷属，然遍地腥云，满街狼犬，称心快意，几家能够？""吾诚愿与汝相守以死，第以今日事势观之，天灾可以死，盗贼可以死，瓜分之日可以死，奸官污吏虐民可以死。吾辈处今日之中国，国中无地无时不可以死。""今日吾与汝幸双健，天下人不当死而死与不愿离而离者不可数计，钟情如我辈者能忍之乎！此吾所以敢率性就死而不顾汝也。"这些用血和泪写成的文字中所表达的爱国热忱、高尚情操、革命决心，直到几十年后，依然能那样强烈地扣动每个读者的心弦。在这次起义中，先后牺牲的共八十多人。其中七十二人被收葬在广州黄花岗，这就是著名的"黄花岗七十二烈士"。

这次起义虽然失败了，但烈士的鲜血不是白流的。他们所表现的崇高思想和英雄事迹迅速传遍全国。他们中不少人是留日学生，

---

[1] 谭人凤：《石叟牌词叙录》，《近代史资料》1965年第3期，第47页。

为了拯救祖国,不惜牺牲自己的一切,从容赴难,更对人们起了巨大的激励作用。"一时风声所播,全国震动。虽夙不赞成革命者,得知林时爽、方声洞、喻培伦等七十二人死义之事,与海防诸同志据米店为守、以数人抗巡防营千余人,相持至二日夜之久,卒能脱险而出之事,无不奔走相告,眉飞色舞。"[1]清朝这个反动政府,在全国人民心目中越来越成为憎恨的对象,已经非推倒它不可了。"时日曷丧,予及汝皆亡",成为人们的普遍心理。这就大大推进了本已日趋成熟的全国性的革命危机。就在这次起义的下一个月,湖北两个重要团体文学社和共进会着手实行联合,积极准备武装起义。同月,四川保路运动开始。不到半年,武昌起义就爆发了。

---

[1] 曾杰:《黄花岗之役到同盟会中部总会成立期间湖南党人的革命活动》,见杨世骥《辛亥革命前后湖南史事》,第175页。

十七、四川保路运动

广州"三二九"起义失败后,国内的政治局势表面上似乎显得有些沉寂,同盟会有些领导人甚至因这次失败而意气消沉。但这只是暴风雨到来前的短暂的沉寂。中国社会内部的各种矛盾已经积累到一触即发的地步,只要有一个引发,大雪崩很快就会开始。四川保路运动,便成为这场大革命到来的导火线。

前面说过,20世纪初年帝国主义列强对华争夺投资的集中点在铁路和矿业,许多爱国者认为他们这样做就是要控制中国的命脉,吸干我们的血髓。在中国民族工业发展的第三次高潮中,在国内掀起了一股筹设商办铁路公司、集股自修铁路的热潮。从1903年开始,八年间兴设的商办铁路公司达十六家。商办矿业也逐渐发展起来。在这样的背景下,收回路矿运动在20世纪初年就逐步发展起来。到1907年前后,出现过一次全国性的高潮。在争路方面,最重要的是江浙铁路风潮。在争矿方面,最重要的是山西收回福公司霸占的矿权的斗争。这场收回路矿运动是以反对帝国主义侵略为内容、具有相当群众规模的爱国运动。参加这个运动的社会阶层是比较广泛的。运动虽没有完全达到预期的效果,但也取得了一定程度的胜利。它大大激发了人们的爱国热情,使人们逐渐认识到:要救国,不能一味依赖政府,还要靠国民自己起来抵抗。这可以说是四川保路运动的前奏。

四川保路运动是1911年5月爆发的。一个经历了这次事变的人写道:"辛亥革命之起由于川变,川变由铁路收归国有。"[1] 这个描写是符合实际的。这年 5 月 9 日,离广州"三二九"起义只有十二天,清朝政府悍然宣布全国铁路干线的国有政策。这个政策一宣布,四川和两湖地区的保路运动随之而起,整个局面就开始无法收拾了。

事情看起来有些奇怪:清政府明明处在众叛亲离、内外交困的危殆境地,而宣布铁路国有政策必将引起人民的强烈反对又是尽人皆知的事实,为什么它要甘冒天下之大不韪,偏偏在此时此刻作出这种会导致严重后果的愚蠢决定呢? 其实,这不难理解。此时的清朝政府已经无法掌握自己的命运了。在它面对的全面危机中,严重的财政恐慌更已成为它无法摆脱的突出难题。对内恣意搜刮,在民穷财尽的状况下所得仍然有限,剩下的一条路便是继续举借外债,哪怕是饮鸩止渴也好。但借债必须有抵押品作为担保。当时帝国主义列强对中国最有兴趣的是什么呢? 那就是铁路,因为铁路投资数额之大不是一般工矿企业所能比拟的,随铁路投资而来的还有巨大的政治利益。因此,各国对铁路借款的争夺特别激烈,其中最重要的便是英、法、德、美四国银行团的粤汉、川汉铁路大借款。

这笔铁路大借款酝酿和商谈的时间其实已经很久,从 1908 年便开始了。只是因为它牵涉各国在华权益十分重大、列强之间的争夺一时没有达成协议,才一再拖下来的。帝国主义列强对半殖民地国家历来的傲慢态度,使他们根本不把中国人民的反对会导致什么后果放在心上。他们之间一旦达成协议,就逼迫清朝政府迅速同他们签订借款合同。由于粤汉、川汉铁路原来都已允归商办,要签订这笔巨额的借款合同,先决条件是得将铁路收归国有。这样,清朝政府就只得不顾一切地蛮干了。

1911 年 5 月 8 日,清廷授庆亲王奕劻为内阁总理大臣。内阁成

---

[1] 杨开甲:《川路风潮之演变》,《武昌首义》,第 195 页。

员十三人中满人共有九人,皇族又占五人,一时被称为"皇族内阁"。第二天,就宣布铁路收归国有。所谓"国有",其实只是便于转手使它成为帝国主义列强的所有品。这道上谕一出来,就把清朝政府历年来在铁路问题上对全国商民作过的一切承诺顿时撕得粉碎。这种赤裸裸的强盗式的掠夺,就像用一根火柴去点燃遍布四处的干柴,立刻就燃烧起熊熊的燎原烈火。

粤汉、川汉铁路直接涉及的有湖北、湖南、四川、广东四省。广东境内的铁路较短,因此,两湖和四川的反应更为强烈。后来,四川保路运动的规模和激烈程度又大大超过两湖地区,这有几个原因。第一,当时各省铁路公司的集股中,四川的实收股额占第一位,是湖南的两倍半、湖北的近八倍。清政府将铁路收归国有后,又要将各省铁路公司已收的股金强行夺去。这在经济上给四川人民的打击远比其他任何一省更大。第二,从铁路股金的来源看,川汉铁路主要是靠"租股",也就是在该年实收的租米中抽取百分之三,而且是强制性的。此外,如盐商、茶商等则由盐茶道劝导"认购",其实也是摊派性的。因此,全省各界社会阶层几乎都同铁路有经济上的联系。"七千万人皆在股东之数,此种觖望之举,万心齐决,必至不可收拾,非少数人所能解譬。"[1]这就使四川保路运动有着特别广泛的群众基础。第三,在宣布铁路收归国有后,最初坚持原商办铁路公司已收的股本一律不再发还,不久对广东允许发还,对湖南允许酌还,四川和湖北却不允发还,而湖北所收铁路股金额只及四川的八分之一,这就使四川民众更加感到不公和愤懑。还要看到一点:四川哥老会俗称"袍哥",声势素盛,遍布全省各县。经过熊克武等多年努力,同盟会和哥老会不少首领间早已建立联系。保路运动兴起后,会党分子大批参加保路同志会。同志军起义时,它的成员大

---

[1] 秦枬:《蜀辛》,《四川辛亥革命史料》上册,第369页。

多是会党分子，使清朝地方当局深感棘手。

四川保路运动有一个发展过程，大体上分为四个阶段。

第一阶段：从清政府宣布铁路国有到保路同志会成立，也就是5月9日至6月17日。

这时，他们的态度比较温和，并没有像湖南、湖北那样激烈。许多人原来因铁路修建中有不少困难不易克服，公司内部的管理又十分混乱，所以对川路前途抱悲观态度。5月11日，川汉铁路公司主席董事彭芬同咨议局议长蒲殿俊、副议长罗纶商议后，决定约集在成都的股东召开临时会议。"到会的人不多，咨议局的常驻议员全体出席，情绪尚不过激，对收归国有问题初未极端反对，只要求政府把商办公司历年的用款和上海的倒帐，开工的费用一律承认，偿还六成现金，搭用四成股票，并把宜昌所存现金七百余万两和公司陆续收存的股款，统由此次召开的特别股东会自行议决办理。"[1]几天后，川路重要股东邓孝可在《蜀报》上发表《川路今后处分议》，主张同意铁路国有，凡已用去的款项由政府发给债票，没有用去的款项由商民移为四川建设费用。很明显，只要清政府不做得太过分太决绝，他们已准备退让了。

但是，事情完全出乎他们的意料。6月1日，邮传部尚书盛宣怀、督办粤汉、川汉铁路大臣端方突然致电护理四川总督王人文，断然宣布：须将公司所有股票，不分民股、商股，不分已用、未用，一律更换为国家铁路股票。也就是说："不但公司已用和上海倒折的款项政府概不承认，并要把公司现存未用的现款一千余万由政府提用，换发一种债票。"[2]这种公然的抢劫行为，驱使事情不能不走向决裂。

16日，川汉铁路公司召开紧急会议。到会的人很多，发言之热

---

[1] 石体元：《忆成都保路运动》，《辛亥革命回忆录》第3集，第45页。

[2] 周善培：《辛亥四川争路亲历记》，第9页。

烈为前此所未有。大家一致认为，公司和各法团几次申请都被置若罔闻，看来以往那种和平的文字争辩已不能生效，必须采取扩大的急进的手段来进行斗争。他们决定立刻成立全省的保路同志会。会议一散，他们连夜缮发通知，布置会议，分头联络，准备在第二天宣布全省保路同志会成立。四川保路运动进入了一个新的阶段。

第二阶段：从保路同志会成立到成都罢市，也就是6月17日至8月24日，中间有两个多月。

保路同志会的简章规定："以拒借洋款，废约保路，力图进行为宗旨。"[1]它的成立大会是6月17日在川汉铁路公司召开的，到会的在五千人上下。会上的情绪激昂是前所未有的。参加会议的四川劝业道周善培回忆说："会议进行中，忽然有个人站起来流着眼泪说：'铁路完了，四川也亡了！'说完了，就大哭起来。会众也就一齐大声号哭起来。有一面拍桌子，一面踢脚的，吼得屋瓦都要震动了。照料会场的八个警察也丢了警棍，伏在桌子旁边一同号哭起来。哭了三十分钟以上。"[2]会议结束后，参加会议的人集体到总督衙门请愿，要求护理四川总督王人文代奏，请政府收回成命。

尽管如此，他们当时的态度其实仍是相当温和的，所反对的只是邮传部尚书盛宣怀一人，要求的只是请朝廷收回成命，并且提出"文明保路"的口号。他们派出一批讲演员，分赴各地演说，在《讲演要旨》中规定："一，坚守破约保路之主旨，不必涉及其他问题。一，联合各界同心一致，务为秩序之进行。一，不得以激诡之词，耸人暴动。一，学商各界仍须照常勤务，不可以此罢市罢课。一，确认此为内政，不得以此牵涉外人，生出他项变端。"[3]

---

[1] 三余书社主人：《四川血》，《辛亥革命》资料丛刊，第4册，第403页。

[2] 周善培：《辛亥四川争路亲历记》，第10页。

[3] 《讲演部公约，附〈讲演要旨〉》，《四川保路同志会报告》第3号，《四川辛亥革命史料》(上)，第197页。

接着，省内各州县保路同志会纷纷成立，四川人民的保路热情日见高涨。《四川保路同志会报告》中报道说："蜀人振臂一呼，集者数万。近州县成立协会者已纷纷报到。会中万众，血男指不胜屈，有先死誓众者，有破指示决者，有以五日走千一百里赴会者，有以六十老翁而愿捐其身于会者，有官者弃官，有产者捐产，有客籍入会而请勿存畛域之分者。"[1]

四川全省的群情已经如此激昂，已到了一触即发的地步，火上添油的事却接二连三而来。一件事是清政府在7月21日传旨申斥对保路运动持同情态度的护理四川总督王人文，31日又传旨新任署理四川总督赵尔丰兼程赴任，制止保路运动。赵尔丰素有"赵屠户"之称。王去赵来，增强了人们对清政府的愤慨。另一件事是盛宣怀、端方收买了川汉铁路公司驻宜昌总理李稷勋，由李同意将存放在宜昌的川汉铁路未用租股现金转交清政府使用。川汉铁路总公司致电宜昌董事局，请立即提运路款回川，李稷勋一概置之不理。双方形成剑拔弩张的对峙局面。

正是在这种紧张局面下，川汉铁路总公司决定8月5日召开股东特别大会。这个大会按章拥有决定有关川路大事的权力，又有来自全省各厅州县的股东分会代表参加，自然引起万众瞩目。到会代表四百八十多人，选举做过翰林的颜楷为川汉铁路特别股东会会长，南充代表张澜为副会长。就在大会开幕那一天，李稷勋转来端方进行恫吓的"佳电"。7日下午，会长将来电向大会宣布。"众不受吓，顿时会场声如沸鼎，一片认请拿办声、认死声、哭声、喊声喧沸至极。会长数次静众，声浪稍平。重庆代理人朱君叔痴登台逐层举其电文之蛮野诬人，每数语众辄狂叫以应之。"[2]这个朱叔痴就是同盟会会

---

[1]《本会爱国热之一束》，《四川保路同志会报告》第7号，《四川辛亥革命史料》(上)，第296、297页。

[2]《股东特别大会志略二》，《四川保路同志会报告》第31号，《四川辛亥革命史料》(上)，第324页。

员朱之洪。10日的大会上，全体议决将李稷勋照章辞退。19日，清廷却颁发谕旨：李仍留办路工。这一来，就把事情逼到非闹翻不可的地步了。很多人"都说政府要硬抢铁路了，要打四川了，大家快要死了，还做什么生意！立刻决议罢市，并决心非争回铁路决不开市"[1]。

24日，股东特别大会临时会议和保路同志会的大会先后召开，会上有拍桌大哭的，有推翻几席的，"此时各街已有关闭铺面。会众心急，立催散会。众散未毕，各街关闭市门已过半矣"[2]。当天，全市的店铺全部关门，学校也宣布罢课。成都全市的大罢市、大罢课实现了。

第三阶段：从成都罢市到"七一五"血案，也就是8月24日到9月7日。

这次罢市十分齐心。罢市后，"成都本是一个肩摩踵接、繁荣热闹的大都市，至此立刻变成静悄悄冷清清的现象。百业停闭，交易全无。悦来戏园、可园的锣鼓声，各茶馆的清唱声，鼓楼街估衣铺的叫卖声，各饭店的喊堂声，一概没有了"。"多数专靠劳力吃饭的或者专靠卖货物吃饭的工商业者，一旦生产与买卖全停顿了，生活马上就成问题，但他们也毫不顾虑及此，而争先表示同情争路。"[3]

随着罢市的实现，成都人民还采取了一种特殊的斗争手段，那就是到处供起"圣位牌"。各街居民都用纸写了德宗景皇帝神位，供以香火，两旁写着"庶政公诸舆论，川路仍归商办"。保路同志会领导人这样做，本意是要表明他们并不是背叛朝廷。他们供的是光绪皇帝的神位，两旁写的又是摘自光绪皇帝过去谕旨中的话，官府不便干预和镇压。官员们经过时，还得下轿或下马步行，搞得狼狈

---

[1] 周善培：《辛亥四川争路亲历记》，第23页。
[2] 三余书社主人：《四川血》，《辛亥革命》资料丛刊，第4册，第412页。
[3] 石体元：《忆成都保路运动》，《辛亥革命回忆录》第3集，第57页。

不堪。

接着，罢市浪潮迅速波及全省。9月1日，川汉铁路总公司股东会又议决："自本日起，即实行不纳正粮，不纳捐输，已解者不上兑，未解者不必解。"[1]这对清政府造成了更大的威胁。

新任的署理四川总督赵尔丰，在四川人民万众一心的抗争面前一筹莫展。他生怕强行弹压会激起更强烈的反抗，甚至一发不可收拾。但在清朝统治集团内部的相互倾轧下，9月1日清廷谕旨派端方入川查办，4日又对赵尔丰传旨申斥。这下，赵尔丰在内外夹攻中被逼得毫无回旋余地，剩下的只有不顾一切地铤而走险。

9月7日，赵尔丰托词北京来电有好消息需要磋商，邀请保路同志会、咨议局、铁路总公司负责人罗纶、蒲殿俊、颜楷、张澜、彭芬、邓孝可等到督署商议办法。罗纶等一到督署就被逮捕。消息传出，全城震动。那时的传闻讲得更为厉害，说是罗纶已被枪杀，其他人也被镣禁。民众听了这些传言，更为义愤填膺。

于是，民众纷纷聚集到督署门口，要求释放蒲、罗等，共有一千多人。他们都是自发行动的，没有什么组织，一堆一堆地挤入辕门。当晚在督署内目睹惨案发生的周善培说："这时候，群众已冲进了仪门，赵督叫人大声嚷着说：'快举代表，不许冲进牌坊。'（牌坊在大堂与仪门之间，俗称圣谕牌坊）群众不听，人人左手抱一个黄纸写的德宗景皇帝的牌位，右手拿一根香（我没有看见有人手里拿着刀子棍子的），又冲进牌坊。赵督又叫人嚷着说：'不许再冲一步，再冲一步，就要开枪了。'群众仍不听，冲到大堂檐下。赵督又叫人说：'快退下去，再冲上来，就开枪了。'群众还要向大堂冲上来。赵督说：'挡不住了，没有法了。'就命令开枪。开了一排枪，

---

[1] 秦枬：《蜀辛》，《四川辛亥革命史料》（上），第371页。

群众立刻跑出去。"[1] 死难者有姓名可查的二十六人,受伤的人数就更难统计了。

四川人民的愤怒本已日趋白热化。像这样的大血案一发生,人们的愤怒再也无法抑制,革命党人又乘此鼓动。于是,四川保路运动立刻转入武装起义的阶段。

第四阶段,9月7日以后,也就是武装斗争阶段。

在四川保路运动的前三个阶段中,立宪派人起了主导作用;而在它的第四阶段,革命党人起了主导作用。中国同盟会成立后,对四川革命活动的开展一直十分重视。熊克武等曾奔走各地,联络会党和军队,发动过五次武装起义。1909年,留日学生中的同盟会员龙鸣剑回到四川,在成都创办法政专科学堂,并被举为省咨议局议员。"他们曾经联络川西南哥老会领袖秦载赓、张达三、张捷先、罗子舟、胡朗和等人参加同盟会,积极进行革命的准备。"[2] 在重庆,同盟会在学界有很大力量,主要负责人有重庆府中学堂监督杨庶堪和学监张培爵,重庆教育会会长朱之洪等。

四川保路运动兴起后,革命党人对保护铁路权益的问题十分关心,但对立宪派人把运动限制在向清政府请愿的"文明保路"的范围内深为不满。川汉铁路公司股东特别大会上,朱之洪的发言是比较激烈的。他回重庆后,杨庶堪指出:"此非根本革命,无以拯救人民。保路云云,要皆枝叶耳。"[3] 成都党人也四处联络,暗中从事准备。这样,同盟会的活动重点就转到联络会党准备武装起义上来。

8月4日,也就是川汉铁路公司股东特别大会开幕的前一天,由龙鸣剑和秦载赓等事先商定,以秦的名义用鸡毛文书通知各地,召集各路哥老会领袖在该日到资中罗泉井举行"攒堂大会"。会议在深

---

[1] 周善培:《辛亥四川争路亲历记》,第34页。
[2] 唐宗尧、胡恭先:《资州罗泉井会议与组织同志军》,《辛亥革命回忆录》第3集,第142页。
[3] 向楚:《重庆蜀军政府成立亲历记》,《辛亥革命回忆录》第3集,第76页。

夜举行，放哨直到一二十里以外，当夜决定组织同志军。"会上并推定秦载赓、侯宝斋主持川东川南的起义工作；川西北则由张达三、侯国治等号召进行。会后得知省垣大兵集中，不易得手，于是复决议在七月（农历）间各地同时或前后参差几天起义，以分散清军力量。"[1]

成都"七一五"血案发生后，龙鸣剑和同盟会会员朱国琛、曹笃等立刻抓紧时机到城南农事试验场裁成木板数百片，上写"赵尔丰先捕蒲、罗诸公，后剿四川各地，同志速起自救"[2]二十一字，"然后将木板涂以桐油，包上油纸，投入河中。这就是人们所乐道的'水电报'。这些'水电报'顺着四通八达的河流漂去，下游的人便知道了成都发难的消息，纷纷揭竿而起"[3]。而清军巡防营出城，肆行枪杀，蹂躏不堪，更迫使城外数十里各处纷纷起来自卫。

"七一五"血案发生的第二天起，各县同志军开始包围成都。这些同志军是从哪里集结起来的？是来自成都附近各县。大体上形成了三个中心，都和同志军有关：第一，成都城南的华阳（治今成都市）秦载赓等部。这是最早起来的一支同志军，9月8日早晨就开抵成都东门外。第二，成都西南的新津侯宝斋等部，在9月8日挺进成都南郊，和清军激战于红牌楼。第三，成都西北的郫县张达三等部也随着开抵成都西门外。此外，成都东北广汉的侯桔园（留日学生，同盟会会员）、绵竹的侯国治（哥老会首领，曾参加罗泉井会议）等起义后，切断了成都经剑阁、广元同陕西相联结的交通线，从而形成了对成都的四面包围。9月25日，从日本归国的同盟会会员吴永珊（玉章）和王天杰在荣县宣布独立，建立第一个县级的革命政权，成为成都东南民军的中心，这件事比武昌起义还早半个月。

---

[1] 唐宗尧、胡恭先：《资州罗泉井会议与组织同志军》，《辛亥革命回忆录》第3集，第143、144页。

[2] 熊克武等：《蜀党史稿》，《辛亥革命史丛刊》第2辑，第169页。

[3] 吴玉章：《从甲午战争到辛亥革命的回忆》，《吴玉章回忆录》，第66、67页。

当同志军起义在川西各地风起云涌时,赵尔丰在成都所能调遣的主要兵力是四川新军。但新军大多同情于保路运动,无心对同志军作战,除守卫成都和争夺新津外,没有多少表现。赵尔丰信赖的傅华封部边军精锐,又先后被同志军困在荥经、雅安,始终未能回师成都。赵尔丰手里实在没有什么能用来扭转或打开局面的实力,只能困守成都,一筹莫展。但同志军也有弱点:尽管人数众多,声势浩大,可是武器和训练都差,内部成分复杂,指挥又不统一,初期的起义地区仍局限于成都附近的川西地区,没有能波及全川。因此,在武昌起义前,双方大体上是一个相持的局面,谁也吃不了谁。

值得注意的是:在同志军蜂起时,我们再也看不到立宪派人在运动前头起什么号召和组织作用。当然,蒲、罗等人的被捕不能说没有一点影响,但根本问题还得从立宪派人的两重性来剖析。立宪派人有爱国心,有在四川发展民族工商业的愿望,铁路路权直接牵涉他们的利益。他们又有较高的社会地位,有咨议局和铁路股东会这些合法阵地,在财力物力上有种种便利条件,可以公开出来号召和组织。这决定了他们在运动前期能居于主导地位,起了重要的积极作用。但他们的要求并不超过"文明保路"的限度。成都血案发生后,运动一下子被推到远远突破他们设想的框架之外,这就使他们吓得目瞪口呆,不知所措,仿佛顿时间就变得销声匿迹了。革命党人所处的地位和条件恰好与此相反,他们社会地位较低,没有立宪派人那些有利条件,在运动初期还不能起主导作用。但他们的态度一直比立宪派人坚决和激进,并且早就在会党中积极联络,准备在条件成熟时发动武装起义。成都血案的发生,宣告"文明保路"的破产。他们便不失时机地立刻挺身而出,发动同志军起义,代替了立宪派人在保路运动中所居的主导地位。没有他们的努力和准备,成都血案发生的第二天同志军就能包围成都,并迅速发展到如此规模，是难以想象的。

四川保路运动的发生，可以说是全国性危机的产物，人们对清政府的愤慨已经到了极点，整个局势已是一触即发。有人在9月16日给盛宣怀的私信中说："盖近年人心思乱，多因他政所召，不过借路发端。彼乱民志固不在争路，而争路诸人当奋争时，初亦不料乌合之众遂至于不可收拾也。"[1]离开这个大背景，单就四川保路运动本身来考察，很难说清楚它为什么会这样发展并会产生如此巨大的影响。而这个运动反过来又对全国的革命形势起了巨大的推动作用。在20世纪初年的中国，最能强烈地扣动人们心弦的是中华民族的生死存亡问题。保护铁路权益，是全国人民瞩目的异常敏感的问题。清政府偏要在这个问题上一味倒行逆施，把人们逼到别无他路可走的绝境。四川是西南政治、经济、文化的中心。四川保路运动发展到大规模武装起义的地步，对全国的震动是巨大的。它成了一个突破口，使国内本已十分紧张的政治空气陡然更加紧张起来，直接成为武昌起义的导火线。

---

[1]《陈毅致盛宣怀函》，《辛亥革命前后：盛宣怀档案资料选辑之一》，上海：上海人民出版社1979年版，第153页。

十八、文学社、共进会在湖北新军中的活动

当时,革命危机可以说已在全国范围内日趋成熟,为什么不是别处而恰恰是湖北能成为首义之区呢?为什么同盟会在广东经营多年的武装起义一直不能成功,而武昌起义却能一举取得胜利呢?

从湖北的客观条件来看,武汉素有"九省通衢"之称,交通便捷,是资本主义工商业和近代新式教育比较发达的地区。人们无论对时局的了解,对新思想的接受,都能得风气之先。湖北的新军有第八镇和第二十一混成协,由于原湖广总督张之洞对它的重视,在南方各省新军中是最精锐的一支。新军是以西法操练的,"招募新军士兵标准,要以能识字为原则,文理粗通者更好"[1]。恰好在这时,"科举已停,一般知识分子不能不另谋出路。家庭环境好的出国留学(日本最多),其次就地投考学校,没有钱的就投入新军当兵。新军招收读书识字的人已经成为一种风气"[2]。在第二十一混成协马队当兵的同盟会会员陈孝芬说:"我是一九〇五年在黄陂应募入伍的。那次募兵结果,九十六人中就有十二个廪生,二十四个秀才。马队第十一标是这样,陆军第八镇和陆军第二十一混成协所属步、马、炮、工、辎五种部队,都有不少的读书分子入伍。"[3]这些新军的文化程度比较高,家庭比较贫穷,军队中的生活又很痛苦,容易接受革命思想

---

[1] 温楚珩:《辛亥革命实践记》,《辛亥首义回忆录》第1辑,武汉:湖北人民出版社1957年版,第49页。

[2] 《座谈辛亥首义》,《辛亥首义回忆录》第1辑,第3页。

[3] 陈孝芬:《辛亥武昌首义回忆》,《辛亥首义回忆录》第1辑,第68页。

的影响。此外,在首义前夕,由于长江中游连年水灾和铁路收归国有的刺激,湖北社会本已处在极度的动荡不稳之中。如果没有这些客观条件,少数革命党人的工作做得再好,也难以一举取得如此巨大的成功。

但单举出这些,还不能把问题说清楚。人们可以反问:武汉的资本主义工商业固然很发达,上海不是更发达吗?湖北有一镇和一混成协的新军,江苏单以苏南地区来说,也有一镇和一混成协的新军。湖北的社会局势固然极为动荡,四川的危机更为尖锐。为什么湖北能够成为首义成功的地区?这里除各地力量对比的不同外,极为重要的是,在主观方面,湖北革命党人多年来在新军中默默无闻、不求速效的工作做得比较切实而深入。

他们的活动中最成功的有两点:第一,进行长期艰苦的革命宣传和组织工作,掌握军队,积蓄力量,做好起义前的准备;第二,当革命条件成熟时,不失时机地坚决发动起义,夺取政权。

要组织一次胜利的革命起义,必须在事前认真地积蓄力量,做好各种准备,掌握武装,特别是要尽可能地瓦解反动势力掌握的军队。这就需要进行长期艰苦的革命宣传和组织工作。

湖北革命党人的活动在 20 世纪初年便开始了,最初出现的是一些革命小团体,如武库、科学补习所、群学社、日知会等。这些组织虽然屡遭破坏,革命志士们仍前仆后继,奋进不已。以后又先后成立军队同盟会、群治学社、振武学社等二十多个革命组织。到武昌起义前夜,逐渐会合成文学社和共进会两大革命团体。

湖北的革命党人比较重视总结经验教训,使他们的工作逐步走向深入。1900 年的自立军事件中有不少革命分子参加。有些人从中总结了三条教训:"即一,不能专靠会党作主力;二,组织要严密,决不能取便一时,以容纳异党;三,绝对从士兵学生痛下功夫,而不与文武官吏为缘。"[1]在科学补习所时期,虽然一部分革命党人已投身到新军士兵中去做工作,但更多地仍想通过短期运动的办法使会党为他们效力。他们在准备响应华兴会长沙起义时,主要依靠的还是鄂西会党而不是新军,革命的宣传工作和组织工作做得也不深入。日知会时期,革命宣传工作有所进步,但较多地采用集会讲演等方式,分散深入的宣传工作做得比较少,宣传对象也侧重于军官和学生,而这些人在政治上往往容易摇摆,再加上日知会的一般会员并没有严密的组织,一旦形势不利,许多人就销声匿迹,不敢有所作为。到文学社、共进会时期,就把自己的主要精力投入到下级士兵中去,同时也不放弃会党和学生中的工作。他们在实践中的不断进步是很明显的。

文学社和共进会的革命目标是一致的,又都在新军中发展革命力量,但彼此间也有一些区别。文学社承军队同盟会、群治学社、振武学社而来。它的领导成员绝大多数是下层知识分子出身的新军士兵。他们长时期埋头在新军士兵中活动,最初以陆军第二十一混成协的第四十一标为基地,逐步扩展到湖北新军各部,这种活动几乎没有中断过。经费主要依靠社员每月缴纳薪饷的十分之一来维持。它的主要活动分子有蒋翊武、刘复基、詹大悲、王宪章、张廷辅、胡玉珍、章裕昆、彭楚藩等。共进会本部成立于日本东京。它在湖北的领导成员大多是归国的留日学生。他们最初在学堂、会党和新军中都发展力量,重点是想依靠会党发动起义,后来从挫折中接受教训,才把重点转移到新军方面来。由于他们和同盟会本部有较多的联系,经济力量也较文学社充裕,所以1911年春天以后在新军中发展得十分迅猛,而以工程第八营和炮队第八标中实力最强。(武昌首义时,文学社社员所在的各部队大多被调出武昌,工程八营和炮

---

[1] 张难先:《湖北革命知之录》,第21页。

八标却比较完整地留在武昌,因而共进会在起义后成立的军政府内占有更重要的地位。)它的重要活动分子有孙武、刘公、邓玉麟、张振武、杨玉如、杨时杰、熊秉坤、蔡汉卿等。还有的人既参加了文学社,又参加了共进会,如蔡济民等。

文学社也好,共进会也好,在新军中的工作都做得很深入,并且有不少创造性。

在宣传工作方面,它们不仅利用讲演、散布革命书刊等办法传播革命思想,并且还同士兵们个别接近,利用各种时机由浅入深地逐步进行革命宣传。文学社社员万鸿阶回忆,当他投入军队后,文学社的同志就告诉他:"如果有同营的人问你:'学生为什么来当兵?'你就回答说:'执干戈以卫社稷,是我们青年应尽的责任。'并可举朝鲜、印度亡国的惨痛来和中国的现状作对比,这就是我们第一步的宣传工作。"到第二年,又告诉他:"你以后对同营的人,要换一个方式宣传。就是说:'清朝政府腐朽到了顶点,专于媚外,压迫人民,我们要使国富民强,非要先打倒清朝不可。'不过像这种话只能乘机向个别兵士鼓动。如有志同道合的,就把他拉拢来,经过一二同志审查后,再叫他填志愿书。"[1]像这样比较深入而长期的宣传工作,在过去中国的革命历史中是很少见的。1909年以后,它们又开始运用报纸作为宣传工具,群治学社时有《商务报》,文学社有詹大悲、何海鸣主办的《大江报》,这些报纸揭发军队中的"不公平事件",鼓吹革命,把公开的革命鼓动同秘密的革命宣传工作结合起来,取得了较好的效果。共进会在把工作重点转向新军后,在1911年四五月间从黄兴托谭人凤带给的八百元中取出一百元,由曾在湖北新军充当正目(相当于班长)的邓玉麟在武昌黄土坡开设一家同兴酒楼,作为联络新军士兵的据点。黄土坡位于工程

---

[1] 万鸿阶:《辛亥革命酝酿时期的回忆》,《辛亥首义回忆录》第1辑,第7、8页。

八营和炮八标的驻地之间,是许多士兵入城必经的小街。"创设酒馆于此,专以食军人,效法梁山朱贵酒店,为结合新军计也。""店开不一月,而食指大进,酒酣耳热之后,邓君微示其意,咸慷慨激昂。"[1]它对共进会在新军中的发展起了重大作用。"凡各协、标、营之入党者将姓名登于帐簿,以钱数记其年龄;各营什、伍长则记为一元,以便识别。"[2]到5月间,共进会在湖北新军中的会员已达一千五六百人。

在组织工作方面,它们一开始往往用桃园结义、换兰谱、拉拢帮会等方式联络士兵,然后逐渐灌输革命思想,个别吸收入会。士兵的成分很多是贫苦农民、小手工业者、城市失业贫民,这种方式对他们是很适合的。入会时,手续比较严格,需要填写志愿书,有两个同志介绍,个别进行,严格保密,并嘱对家族、父、母、妻、子不得泄露一言。更值得注意的是:入会后组织比较严密,在标、营、队等各级设立代表或总代表,逐级接受上级代表的命令,并向下级传达,文学社社员还要按月缴纳社费。这种组织显然比同盟会要严密得多,固定得多。为什么它们能够做到这一点?第一,这些组织(特别是文学社)的重要成员许多是社会地位比较低下、经济状况比较贫穷的知识分子。他们不是那样自大或只尚空谈,而能够吃苦,埋头苦干,比较能够接受组织纪律的约束。第二,它们的主要活动是在军队中,成员大多是新军中的士兵和下级军官。军队是有严密组织和严格纪律的。长期的军事生活和军队环境,对这些革命团体自然会产生显著的影响,而和那些新式学堂里的教师、学生不同。此外,文学社、共进会组织的大发展是在1911年春天以后,准备武装起义已提到行动日程上来,客观形势也要求它们保持严密的组织。尽管如此,湖北革命党人在这方面

---

[1] 居正:《辛亥札记》,《辛亥革命在湖北史料选辑》,武汉:湖北人民出版社1981年版,第114页。
[2] 邓玉麟:《邓玉麟革命小史》,《武昌起义档案史料选编》,第221页。

表现出来的创造性和组织才能是值得重视的。

由于革命党人进行了这样深入的工作,一个一个地夺取了阵地,到武昌起义前夜,文学社和共进会的会员就达到五千多人,占当时湖北新军总数的三分之一以上,加上同情者已处于优势的地位。军队中同革命为敌的不过一千多人。这支反动当局用来镇压人民的武装力量,终于悄悄地变成一支准备推翻反动统治的革命力量。当然,由于客观和主观方面的种种原因,士兵群众中本来有着不同程度的潜在革命要求。但如果没有革命党人这样艰苦长期的工作,如果不是采取了这些切合实际的比较好的做法,也不可能出现湖北新军普遍革命化的重大结果。那么,即便客观革命形势已趋成熟,也会因为没有足以发难并在发难后能够坚持下去的主观力量而坐失良机。湖北革命党人在这方面确实立下了伟大的功勋。

做好革命的准备工作是重要的,但它毕竟还只是准备,更重要的是,是要在革命时机成熟时,能坚决果断地行动起来,武装夺取政权,取得实际的革命成果。

武昌起义前夜的国内形势,一度曾使不少人感到迷惘。从表面上看,清朝政府似乎仍然是一个很可以吓人的庞然大物,有帝国主义列强的支持,有严密的遍及各地的统治网络,有几百年来在许多人中养成的一种盲目敬畏的心理,而革命力量似乎还是很微弱的。特别是广州"三二九"起义失败后,不少革命党人灰心丧气,连黄兴也认为:"同盟会无事可为矣,以后再不问党事,惟当尽个人天职,报死者于地下耳。"[1]香港统筹部还发了一个文告给武汉和各地革命党人,大意说"这次广州失败,元气大伤,我们要培养元气,等待五年之后才得大举,同志要干的只可采取个人行动"云云。[2]

---

[1] 谭人凤:《石叟牌词》,《谭人凤集》,长沙:湖南人民出版社 1985 年版,第 37 页。
[2] 《邹永成回忆录》,《近代史资料》1956 年第 3 期。

但是，整个局势只是如暴风雨前夕呈现的暂时沉寂，事情还有另外一面：民众对清政府的愤怒已不可遏制，广州"三二九"起义中七十二烈士的壮烈事迹又给了各地要求革命的人以极大的鼓舞，纷纷加紧行动的步伐。谭人凤写道："是役也，死者七十二人，无一怯懦士。事虽未成，而其激扬慷慨之义声，惊天动地之壮举，固已碎裂官僚之胆，震醒国民之魂。武汉闻风兴起，督抚纷纷逃遁，非即因此振其气，而夺其魄耶？"[1]接着，四川保路运动发展到由同志军围攻成都的武装起义，湖北新军一部分被抽调入川镇压，武汉三镇一夕数惊。这种"山雨欲来风满楼"的情景，预示着革命暴风雨的即将来临。

湖北的革命党人虽还不能科学地分析当时的形势，但他们也朦胧地感到民众痛恨清朝政府的程度正在加深，湖北新军迅速革命化的实际进程又大大增强了他们的信心。许多人抱着万死不辞的坚定意志："原不计生死利害，但尽心力而行之，虽肝胆涂地，亦甘之如饴也。"[2]这多少弥补了他们对客观形势分析能力的某些不足，从而能在革命条件成熟时不失时机地发动起义。

为了实行湖北新军起义，一个必须解决的前提是文学社和共进会的联合。这两个团体都在新军中发展成员，有些甚至是交叉的，彼此间难免会发生一些摩擦和冲突，任其发展下去对革命是不利的，因此双方都有联合的要求。照理说，它们的革命目标是一致的，又都在新军中工作并积极准备发动武装起义，联合似乎是很容易实现的。但是，由于它们过去的历史情况和领导成员组成的不同，相互存在一些隔阂，这种隔阂不是一下便能消除的。共进会的负责人刘公曾问杨玉如："文学社内容，我很茫然，看他们的简章，颇缺乏革

---

[1] 谭人凤：《石叟牌词》，《谭人凤集》，第368页。
[2] 熊秉坤：《辛亥首义工程营发难概述》，《辛亥首义回忆录》，第1辑，第46页。

命性，你的观察怎样？"杨玉如在回答中说明文学社同样"以推翻满清、建立民国为宗旨"，同共进会是平行的而不是对立的，并说："文学社纯是军人组织"，"不过军人脑筋简单，他们住在营伍内，只争取营内的忠实同志入社，不欢迎外间穿长衫的人，恐易破坏，这与共进会有海内外学生参加主持的不同"。[1]而文学社的负责人蒋翊武也对人说过："合作固好，但是他们出了洋的人是不好惹的，我们一定会上他们的当。"[2]所以，从5月、6月间开始酝酿，中间经过一些曲折和反复，也经过比较充分的协商和酝酿，到9月14日，双方终于正式达成联合的协议，取消原来的各自组织和负责人名义，实行统一行动。

当这两个团体商议合作的过程中，7月31日，中国同盟会中部总会在上海成立，推谭人凤、陈其美、宋教仁等为负责人。当时，同盟会内部确有分歧，中部总会的成立事前没有取得本部的正式同意，但它在《宣言》中明确说明"奉东京本部为主体"，和同盟会领袖黄兴等保持着密切联系，并取得黄兴赞同。它的成立和开展的活动，对革命党人在长江流域的武装起义准备工作又是一个推动。

文学社和共进会实行联合后，立刻派代表赴上海，请同盟会领导人黄兴、宋教仁、谭人凤来武汉主持起义活动。但他们三人一时都不能前来，而形势的发展已难以等待。9月24日，双方又集会，共推蒋翊武为军事总指挥，专管军事；孙武为军政部长，专管军事行政；刘公为总理，专管民政。"关于全体重大事件，由三人集合大家共同商决处理。"参加这次会议的李作栋后来说："这样划分，职权极不明确，究竟谁指挥谁，也未加以规定。不过当时只有这样划分，才能使三人的矛盾暂时得到统一；事实上三人从此形成了各不

---

[1] 杨玉如：《辛亥革命先著记》，北京：科学出版社1958年版，第37页。
[2] 陈孝芬：《辛亥武昌首义回忆》，《辛亥首义回忆录》第1辑，第71页。

相下的恶劣局面。所以武昌首义成功以后,三人明争暗斗,矛盾逐渐发展,才被立宪党人钻了空子,为黎元洪造了机会。"[1]

第二天,他们立即召开各部队代表大会。文学社和共进会的重要分子几乎都参加了,大约一百人。会上,除通过军政府的重要组织成员外,还讨论了军事行动计划。刘复基根据武汉三镇地形和敌我双方力量配置,提出总动员计划的方案,经大家讨论后通过。它的主要内容是:工程营首先发难,占领楚望台军械所;炮兵第八标从中和门入城,攻击总督衙门;对其他部队也规定了明确的行动目标和路线。这次会议开了四个小时,各代表都兴奋地接受了命令。这件事十分重要。以后,起义军事总指挥部突然被破坏,各部队间消息隔绝,但仍能协调配合地动作起来,大体上实现了预定的目标和步骤,显然同事先已宣布这样一个计划有直接关系。

原定的起义日期是10月6日,也就是阴历的中秋节。但正在召开各部队代表大会的那天,驻在南湖的炮队几名士兵和军官因一件小事发生冲突,引起清方的惊恐和严密戒备。起义日期只得改在10月9日晚上。那天中午,孙武在汉口俄租界宝善里机关部装配炸药时不慎燃烧起来。孙武烧成重伤,被送入医院。俄国警察闻火警赶来,在室内搜得大批革命文件、炸药等,还捕获刘公的弟弟刘同。蒋翊武得到消息后,感到情况紧急,立即在下午5时发出命令:在当晚12时举义;各军听到南湖炮声后,按规定目标发动进攻。命令中规定的各部队行动目标和刘复基在9月25日宣布的计划大体相同。可是,不幸的事情继续发生:负责通知炮队的邓玉麟没有将命令及时送到,南湖炮队在午夜12时没有发炮为号,其他各部队无法行动起来;刘同被捕后,又将小朝街军事总指挥部地点供出,清方军警突然拥入搜捕,蒋翊武虽然逃脱而避走外地,刘复基、彭楚藩

---

[1] 李春萱:《辛亥首义纪事本末》,《辛亥首义回忆录》第2辑,第27页。

等却被捕了。这样,武昌的起义活动顿时失去了总的指挥枢纽。

　　清方在捕获刘复基等后,连夜审讯。彭楚藩、刘复基、杨宏胜三人都表现得十分英勇,坦然自承是"革命党",并且痛斥审讯的清吏道:"好!只管杀,我只怕你们也有一日呢!"到 10 日清晨,三人相继被害。他们不仅在法庭上表现了革命党人的凛然正气,更重要的是,始终没有透露出一点起义的具体行动计划,而这是刘同所不知道的。因此,清朝的湖广总督瑞澂只知道继续捕杀他们已知道的几个革命党人,而对新军起义的整个计划却茫然无知,并未设备。这对当晚武昌起义得以顺利发动并取得成功,起着重要的掩护作用。

　　10 日那一天,武昌城内城外的空气异常紧张。三烈士英勇就义的消息不胫而走。清方军警继续进行搜捕。社会上还传闻革命党人名册已被搜去,将要按名捕拿,使新军内的革命党人处于人人自危的状态。如果再不坚决行动,无异坐而待毙。这天中午,工程第八营代表熊秉坤前往第二十九标、三十标等进行联络。其他各标、营的革命党人都跃跃欲试,纷纷秘密从事准备。

　　这样,尽管革命党人在总机关被破坏后处于群龙无首的状态中,城内城外的交通也已断绝,但当晚举行起义的时机已完全成熟了。

十九、武昌首义

武昌起义是以士兵为主体的湖北新军的起义。平日被人轻视或忽视的小人物——新军士兵们，在历史的关键时刻却挺身而出，演出了这样一场改变历史面貌的威武雄壮的活剧。这是许多人原来没有预计到的。

担当发难任务的是工程第八营（比他们稍早行动的还有城外的第二十一营辎重队，但没有产生多大影响）。工程第八营有几个其他部队难以相比的重要条件：第一，楚望台的军械所是由工程第八营左队防守的。新军要行动，如果没有足够的弹药接济，手中的枪支就无异废铁，难以取得成功。过去在这方面有过惨痛的教训。当时，清方已对新军严加防范，"各军队除旗籍兵丁外，所有枪弹悉予没收库存"[1]。清方控制的军队在城内还有一定实力。如果不首先拿下楚望台军械所，取得弹药补充，起义军就无力发动进攻，这是决定当夜起义成败的关键。第二，工程第八营驻在武昌城内，不像广州等地新军驻在城外，要夺门而入需要经过艰苦的战斗。他们又有着单独的营房，行动时不受其他部队的牵制。工程营驻地紫阳桥距离武昌城南的中和门很近。起义后，可以很快控制中和门，开门迎接驻在南湖的炮八标等入城。炮兵需要靠步兵掩护，才能行动自如。如果工程第八营不先发动，炮八标能否顺利入城炮击督署，是很难说的。第三，工程第八营在湖北新军中成立最早，训练最久，战斗力

---

[1] 逸民：《辛壬闻见录》，《辛亥武昌首义史料辑录》，第21页。

较强，当时又全营留在武昌。革命党人在工程第八营活动的历史也比较长，科学补习所的活动就是从这里开始的。这时，营内革命党人已有二百多人，占全部人员的十分之四，还有许多同情革命的人。所以，他们在起义后能以比较完整的建制投入军事行动，成为起义军的重要主力。

起义的时间定在晚间。这也比较有利，因为工程第八营兵力有限，如果在白昼起义，清方比较镇静，自己的弱点容易暴露；而在晚间发难，黑暗中枪声骤然四起，敌人不辨虚实，仿佛草木皆兵，张皇失措，容易使起义一举取得成功。

到那天晚间，准备发难的紧张气氛已经笼罩营内。后队二排长陶启胜听到风声，去该排三棚巡查，看到党人金兆龙正在手擦步枪，便厉声道："汝辈造反耶？"上前扭住金兆龙。其他士兵就发枪向他射击。代理工程第八营管带的督队官阮荣发和右队队官黄坤荣闻声赶来阻挡，被士兵击毙。营内人声嘈杂，官长纷纷逃避。熊秉坤率一部分士兵出营。楚望台离工程营驻地只有一千多米，声息相通。这时，左队的马荣、罗炳顺等送来信息：楚望台党人听到工程营驻地的枪声后立刻起来响应，军械库已经得手。于是，局面急转直下。

熊秉坤率领一部分起义士兵进驻楚望台后，就在 8 时 20 分以总代表兼大队长的名义发布命令，规定起义部队称湖北革命军，以湖广总督督署为最大作战目标。但这时一个新的问题却产生了：军营中秩序渐趋混乱，指挥难以统一，使熊秉坤极感为难。这种状况的出现并不偶然。中国的军队本来靠封建式的森严的等级制来维系。这种旧的指挥体制一旦解体，又无法立刻建立起可以替代它的新的体制，于是，出身小生产者的士兵中的无政府状态立刻泛滥起来。熊秉坤后来回忆说："盖军中生活，士兵以官长为依附。此时既无官长，士兵不免放纵，秩序渐见凌乱，较之发难时之指挥如意，已截然不同，盖士兵临时加入者居大多数也。士兵在防地上条陈大发议论，如清方窥破此中消息，派兵袭击，其危殆可胜言哉！"[1]熊在军中本来是个正目，也就是班长。"中国久处专制压迫下，社会封建思想固甚深厚，军队尤为典型。熊秉坤虽为一营总代表，而其地位阶级与众无殊，其势指挥不能如意。"[2]发难时，一呼而起，可以造成巨大的声势。到要正式指挥作战，许多人就不那么愿意听从了。

正好这时，巡哨的士兵在楚望台西南城墙附近搜出工程第八营左队队官吴兆麟。队官相当于后来的连长。士兵们立刻喜形于色，要推他为总指挥。熊秉坤找各队代表商议，多数人不赞成，因为吴兆麟并不是革命党人，但局势紧急而又别无良法。为了发挥全军的攻击精神，只得随从士兵的意愿，举吴兆麟为革命军临时总指挥，熊秉坤处在参赞和监视的地位。吴兆麟早年参加过日知会的活动，同进步人士素有交往。他参加起义军，不仅使军中一时有了重心，把秩序稳定了下来，并且以他的军事学识使起义军的指挥水平有了显著提高。这在当时是有好处的。但他毕竟是个旧军官，对旧势力的妥协性大。由他担任起义军总指挥，并逐步得到党人的信任，就为后来黎元洪得以逐步攫取湖北军政大权创造了重要的条件。

这时，城内新军响应的队伍陆续来到楚望台，接受临时总指挥的指挥，最早的是第三十标，然后是测绘学堂、第二十九标等。起义军还夺取中和门，迎接炮八标入城。炮八标的发动，对武昌首义的成功具有关键性的意义。这是因为：第一，炮兵素称"军中之胆"。炮八标拥有山炮多门，火力猛烈，声威夺人。熊秉坤回忆说："我革命军自炮兵进城之后，不独士气为之一振，即武昌完全独立亦由此隆隆之炮声有以促成之也。"[3]第二，炮八标当时全标留驻武昌，共

---

[1]　熊秉坤：《辛亥首义工程营发难概述》，《辛亥首义回忆录》第1辑，第38页。
[2]　胡祖舜：《六十谈往》，《辛亥革命在湖北史料选辑》，第75页。
[3]　熊秉坤：《辛亥首义工程营发难概述》，《辛亥首义回忆录》第1辑，第41页。

有士兵八百人，人数在当时各部中居第一。起义后，队官张文鼎、尚安邦、蔡德懋等相继参加，因而能保持原有建制，整队入城，成为当时起义各部中人数最多、建制完整、火力最强大的一支，改变了武昌城内敌我双方的力量对比。

起义军进攻的主要目标是湖广总督衙门。"因为参加革命的同志都知道，若不攻克督署都要杀头的，所以革命党人那时候只想要胜利"[1]，并且一定要在天明前把总督衙门打下来。他们最初以工程营为主力，分两路向督署进攻。但督署正面是一条狭窄的巷道，守军以机枪扫射，起义军进攻兵力难以展开，火力也不足，所以屡攻不克。炮八标入城后，立刻分据城门和蛇山等阵地，向督署发炮轰击。蔡济民等又洽商乾记衣庄，将所存衣被用煤油浇灌后加以燃烧，顿时火光冲天，督署目标明显，使炮队易于瞄准，威力大增，督署被排炮轰成一片废墟。湖广总署瑞澂逃往停泊江面的楚豫号军舰，第八镇统制张彪率辎重营残部渡江退守。经过一夜激战，起义军完全控制了局势。第二天，"武昌已别成一世界。满城兵士皆袖缠白巾，威风抖擞"[2]。

武昌起义的第二天，同武昌隔江相对的汉阳和汉口随即光复。这里的驻军是新军第四十二标的第一营和第二营。文学社在这个标内有很大的力量，并建有文学社阳夏支部。他们一行动，汉阳和汉口便很顺利地光复了。汉阳有储存着大量军械和弹药、对局势举足轻重的汉阳兵工厂。汉口是繁华的商业城市。它们的相继光复，进一步扩大了武昌首义的成果。汉口还成立了军政分府，由刚出狱的文学社重要成员詹大悲任主任。

革命的根本问题是政权问题。如果单有武装起义的胜利而没有

---

[1] 朱峙山藏札·鲁祖轸的信，《湖北文史资料》第4辑，第171页。
[2] 胡石庵：《湖北革命闻见记》，《辛亥革命在湖北史料选辑》，第15页。

建立起牢牢掌握在革命党人手中的革命政权，革命胜利了也是不巩固的。湖北的革命党人当时并没有这样的认识。在准备起义过程中，湖北革命党的主要负责人是蒋翊武和孙武，蒋在9日晚因小朝街机关遭破坏而逃亡在外，孙因炸药燃烧受伤住院，起义队伍中一时群龙无首，而且他们两人的威望和能力也不足以在起义胜利后领袖群伦。熊秉坤在领导工程营发难后，到楚望台已觉得难以指挥全军，只得临时推出一个同情革命的队官吴兆麟来当临时总指挥。等到武昌全城底定、湖北军政府准备成立、需要推举都督时，吴兆麟显然也不足以号召了。那时，革命党人在认识上是比较幼稚的，所要推翻的只是那个清朝政府，只要把它推翻，凡是表示赞成民国的汉人似乎都是一家人了。于是，在他们看来，"旧日官僚、政客、进士、举人都富有经验学问，而自觉能力薄弱，资望不够，盲目赞同。参加咨议局会议桌上之官僚，其声价反比多年革命老同志为高"[1]。由于建立的是军政府，他们认为："中国人心理重视偶像，军人尤其重视军阶地位，倘不以一有名望的人出来号召，则不易成功。"[2]正是利用革命党人心理上的这种弱点，当第二天上午革命党人到咨议局商议建立军政机构时，一些咨议局议员和旧军官就提出推举新军第二十一混成协协统（相当于旅长）黎元洪来当都督，并且得到多数人的同意。

　　黎元洪在新军高级军官中被人们认为是比较开明的，对湖北保路运动曾表示同情，平时对士兵也比较宽厚，因而博得不少新军士兵的好感，但他原来是坚决反对革命的。工程营发难后，曾派人到第二十一混成协联络。派去联络的人员被捕，后被黎元洪亲手杀害。直到炮八标入城后，向该协轰击，内部士兵也准备发动，黎元洪才

---

[1] 温楚珩：《辛亥革命实践记》，《辛亥首义回忆录》第1辑，第61页。
[2] 杨玉如：《辛亥革命先著记》，第72页。

慌忙逃避到黄土坡的该协参谋刘文吉家中。但他派回家中搬运积蓄的伙夫被起义军截获，起义军就把他从刘家搜出，以后送到咨议局。尽管如此，黎元洪仍不愿出任都督。当时在场的李翊东有一段生动的回忆："是时，黎面色惨白，张皇失措，众即言举黎任都督，用都督黎名衔出示安民，要黎承认。黎畏缩舌颤曰：'莫害我，莫害我。'翊东见黎坚不肯认，手持长枪示之曰：'你做满清这大的官，应该杀的。我们今天不杀你，反举你做都督，你还不干。你这生成的奴性，还想戴满清的红顶子，我把你杀了，再来举人。'黎益瑟缩不语，在场者均色变，群起阻止。哄声言曰：'不要放枪。'翊东乃又曰：'不管他承认不承认，把告示用都督黎的名衔张贴出去就是了。'于是将告示贴出。置黎于楼上一室内，以执戈者守之。此乃当年之真相，回忆及之，犹如昨日。"[1]布告上的"黎"字还是李翊东代他签上的。可是布告贴出后，产生的影响不小。一些人看后惊异地说："想不到黎协统也是革命党。"[2]这在当时也起了一些安定人心的作用。

其他各种机构的人选，大多也是在会议上临时推定，"一以学识名望为选任之标准。盖当日用人行政，元洪尚少主张，亦无实权。在当日同志，但期事功之必成，初无名利之企图。大率重要职任多出于会议之选举或推选之，实具民主之雏形。惟须经都督与重要人员之推荐，或同志之介绍，尚无任何畛域之见。故当时不属于革命党籍，或自外志愿来投而居高位者，不一其人"[3]。这样做，好处是能够团结各方面的力量，壮大革命的声势。问题是：革命党人并没有能力保证自己在新政权中一直处于主导地位，更没有能力教育和改造那些原来属于旧营垒的人以及避免那些心怀异志的旧势力混入新政权内。革命党人还采取许多措施来提高黎元洪的声望和地位。

---

[1] 李翊东：《书吴醒汉〈武昌起义三日记后〉》，《辛亥革命武昌首义史料辑录》，第81、82页。

[2] 胡赞：《辛亥史话》，《辛亥首义回忆录》第1辑，第211页。

[3] 胡祖舜：《六十谈往》，《辛亥革命在湖北史料选辑》，第81页。

随着革命形势在全国的迅速发展，黎元洪的态度也有了变化，对充当湖北军政府都督越来越起劲儿了。后来，他利用扩军的机会，大量起用旧军官，逐步排挤革命党人，又挑拨和扩大革命党人的内部矛盾，用共进会打击文学社，用孙武逐走蒋翊武，刺杀张廷辅，又利用共进会内部的黄申芗逐走孙武，把湖北军政府的权力逐步集中到他自己手里，武昌起义在湖北取得的成果终于被断送掉了。这是十分惨痛的教训。但那是稍后一些时间的事情。

武昌起义成功的消息迅速传遍各地，震动了全国。人们在事前并没有足够的精神准备，因而格外感到兴奋。10月13日，上海的《民立报》上发表于右任所写的短论说："秋风起兮马肥，兵刃接兮血飞，蜀鹃啼血兮鬼哭神愁，黄鹤楼头兮忽竖革命旗！""呜呼，蜀江潮接汉江潮，波浪弥天矣。吾昨日登吴淞江口而俯视长流滚滚者皆血水也。此三日间，天地为之变色矣。噫！革命党者，万恶政府下之产儿，故有倒行逆施之政府，欲求天下不乱而不得。"[1]次日，该报的第一页上又刊出"黎元洪小照"和"黎元洪小史"。武昌顿时成为全国万众瞩目的革命中心。

新的一页已经揭开，全国大起义的风暴终于随之迅猛掀起了。

---

[1] 骚心：《长江上游之血水》，《民立报》1911年10月13日。

二十、各省的四起响应

武昌起义同以往的革命党人发动的历次起义不同,不仅迅速在一个重要省会取得胜利,而且随即得到各省的四起响应。这便使更多人立刻看清:武昌起义不是一个局部性的事件,而是遍及整个中国的全面危机的产物,从而大大鼓舞并提高了人们对革命取得胜利的信心。

武昌起义是在10月10日发生的,就在这个月余下的日子里先后宣告独立的就有湖南、陕西、江西、山西、云南五省。这些省的相继独立,竟是连续发生在九天内的事情,简直使人目不暇接。这些省区分布在华中、华北、西北、西南,尽管各有特点,却有着相同的地方:第一,都是以新军为主力,以迅雷不及掩耳之势突然发动,迅速控制局势。就以湖南、陕西这两处会党力量很大的省份来说:湖南是由新军第四十九标在10月22日清晨首先发难,会同新军其他部队迅速开入并占领省城,宣布湖南独立的。革命党人联络的浏阳会党在起义过程中没有起多少作用,只是在湖南宣布独立之后才闻风大批涌入长沙。湖南立宪派人士也说:"湘之反正,全在兵与下级军官之力。"[1]陕西西安起义的主要力量也是一批在新军中充当中下级军官的同盟会会员。他们中的主要人物是新军混成协第一标第三营督队官(相当于营副)钱鼎和炮兵营排长张钫,后来又得到混成协参军官兼代第二标第一营管带张凤翙的支持。西安起义就

---

[1] 子虚子:《湘事记》,《湖南反正追记》,长沙:湖南人民出版社1981年版,第75页。

是由他们策划发动,并以新军攻占军装局为起点的。但由于陕西的社会经济比较落后,陕西革命党人的工作也没有湖北那样深入,新军中旧式帮会的潜势力极大,"全协士兵中老行伍出身的,多数都参加帮会"[1]。其中,协部司号长张云山在哥老会中很有号召力量,万炳南在新军和巡防营的哥老会中地位最高,他们在起义前同钱鼎等都有联系。起义胜利后,旧军队的建制瓦解,军中的哥老会头目们就各自利用帮会的关系自立山头,还自行扩编军队,实力大大膨胀。但他们并不是起义的主动力量。第二,这些省起义的发展进程都异常顺利。革命党人的准备一般并不充分,事先掌握的有组织的力量(除云南外)相当小。但只要少数坚定的革命分子能够勇敢地站出来登高一呼,许多人便自然地站到他们的旗帜下来。在清政府方面,却没有多少人坚决地出来抵抗,一般是听到起义的枪声就纷纷逃匿,作鸟兽散,即便组织起一些短促的抵抗,也人心动摇,难以持久,没有几个人肯为倾覆中的清朝政府卖命。湖南巡抚余诚格当新军开到抚署时,看到抚署卫队向革命军投诚,就从抚署后墙挖了一个洞逃出,乘轮船避往上海。江西巡抚冯汝骙当南昌新军起义后,听到满城枪声,得知卫队也已起义,便从后门逃走。这既说明了革命形势的成熟,也说明清朝的地方政府已经腐烂到何等地步!第三,这些省在起义成功后,都站住了脚跟。陕西独立后,受到清军来自东、西两方面的重兵夹击,虽然形势多次危急,仍然坚持了下来。

在10月间宣布独立的六个省中,湖北、湖南、江西三省连成一块,山西、陕西两省也连成一块。如果加上同志军声势日盛的四川,七个省便彼此连接,在南方凝聚成一股巨大的力量。湖北首义不再是孤立的。其他各省闻风后也正跃跃欲试。清政府已处在风雨飘摇之中。接着,革命的浪潮就向华东和华南迅猛扩展了。

---

[1] 张钫:《风雨漫漫四十年》,北京:中国文史出版社1986年版,第4页。

继武昌起义之后给予清政府第二次决定性打击的,是以上海为中心的东南各省在 11 月上旬相继独立。东南地区,特别是江浙两省,是中国社会经济最发达、社会财富最集中的地方,也是国际观瞻所系的重要场所。在这些省的独立中,新军仍然是极为重要的力量。"在辛亥革命时期,浙江省的革命中心力量在新军,这是人人皆知的。"[1] 浙江新军中级军官中的革命党人也比较多,如第八十一标代标统朱瑞、第八十二标第二营管带顾乃斌等,他们有的是同盟会会员,有的是光复会会员,也有先后参加了这两个组织的。浙江的光复,主要是依靠他们的力量。福建新军暂编陆军第十镇和其他省有所不同,大体上是左宗棠旧部湘军改编而成的。第二十协统领(相当于旅长)许崇智是同盟会会员。这个镇的统制孙道仁(相当于师长)在起义前夕也参加了同盟会。福建独立是新军起义、光复福州后实现的。

但东南地区也出现一些新的特点。上海是中国民族工商业最发达的地区,工业、商业、金融业、交通运输业、对外贸易等在全国都居于先进地位。民族工商业者中有些人已秘密地参加中国同盟会,如上海信成银行经理、上海银行公会创办人之一的沈缦云和上海粮食业巨商、大隆杂粮号店主叶惠钧在 1909 年和 1911 年春先后参加了同盟会。他们两人是全国商团联合会副会长,在 10 月 29 日介绍同盟会中部总部负责人陈其美(英士)同该会会长李钟珏(平书)相见。上海没有驻防的新军,而全国商团联合会却掌握着一支原来用于维持地方治安的武装力量,那就是商团。11 月 3 日,陈其美率领一支由会党分子组成的敢死队和部分商团进攻全国主要兵工厂之一的江南制造局。陈其美只身闯入制造局,企图劝说守军放下武器,结果被扣。第二天凌晨,上海商团总司令李英石(李钟珏的族侄)率领商团一千余人,偕同敢死队和李燮和所部的部分光复军再次进

---

[1] 葛敬恩:《辛亥革命在浙江》,《辛亥革命回忆录》第 4 集,第 91 页。

攻，攻克制造局，救出陈其美。这是上海光复中具有关键意义的一仗。民族工商业者在起义过程中直接发挥这样大的作用，在其他地区还不曾有过。这当然同上海民族工商业者自身力量的强大有关。

江苏的独立，先由上海革命党人到那时的江苏省会苏州，向新军第二十三协策动。11月5日拂晓，新军入城，"一律臂缠白布，排队诣抚署谒（江苏巡抚程）德全，推为都督"[1]。程德全事实上已无法控制局势，只得表示同意。"苏州光复时，没有丝毫变动，仅用竹竿挑去了抚衙大堂屋上的几片檐瓦，以示革命必须破坏云。"[2]这是清朝的封疆大吏在武昌首义后第一个宣布独立并担任都督的，是一种新的动向，表明清朝统治集团的分崩离析已到了何等地步。

江苏省咨议局议长张謇是国内立宪派的领袖人物。当革命初起的时候，尽管他对清政府早已深感失望，但最初仍希望清廷能用"实行宪政"的办法，使革命风潮平息下去。他还劝说过两江总督张人骏出兵协助镇压武昌的起义。但客观形势的发展使他很快看清：革命浪潮已是任何力量也阻挡不住的了。如果坚持反对，势必导致对抗的加剧，危及整个社会秩序的维持。只有对革命采取支持的态度，才能使他们自己在革命阵营中构成温和的一翼，继续发挥影响力，使整个社会秩序不致发生更大的动荡。因此，他的政治态度立刻改变，并发出告江苏父老书说："今上下相薄，势已决裂，介其间者，更无置喙之地，抚膺扼腕，莫可如何。""不揣庸劣，刻日与二三同志，星驰赴省。军旅之事未学，自有任其责者；至于保卫治安，维持秩序，鄙人不敢辞。"[3]原立宪派人转而表示支持革命，这对扩大革命阵营的力量和影响、进一步孤立清朝政府，是有积极意义的。可是，由于他们的着眼点是使整个社会秩序不发生更大的动荡，由于他们同各种旧社会

---

[1] 张国淦：《辛亥革命史料》，第228页。
[2] 钱伟卿：《谈程德全二三事》，《辛亥革命江苏地区史料》，南京：江苏人民出版社1961年版，第125页。
[3] 张謇：《拟赴省垣宣告江苏父老书》，《张謇存稿》，上海：上海人民出版社1987年版，第19、20页。

势力之间有着千丝万缕的联系，又由于他们一向有着较高的社会地位和声望，所以他们转到革命阵营方面来以后，就大大增强了使革命中途走向妥协的力量。这一点，在不久以后就清楚地表现出来。

和东南各省相继独立的同时，起义浪潮又迅速席卷西南、华南各省，包括贵州、广西、广东、四川。这些省的独立几乎没有遇到激烈的抵抗。随着全国大多数省份的先后独立，声势夺人，清方官吏已失去反抗的意志，这是这些省能更顺利地取得成功的重要原因。广东是华南的中心，四川是西南的中心，都是清朝统治势力比较强大的地方，但他们都已失却斗志。"自鄂事发生后，粤垣官吏异常戒严，民间谣言尤夥，无日不喧传党人将于某日举事。"[1]粤绅、在籍翰林、清乡总办江孔殷在省内各大团体会上主张："不如利用官府改良独立，当求完全，不可糜烂。"[2]广东水师提督李准手握重兵，在广东处于举足轻重的地位，是镇压广州新军起义和"三二九"起义的主要人物。在局势急剧演变面前，他感到："民心思汉，大势所趋，非人力所能维持。"[3]加上个人的一些原因，李准派人到香港和同盟会南方支部胡汉民等取得联系，做好反正准备，并打电话给两广总督张鸣岐，请他"好自为计"。张鸣岐认识到大势已去，便逃往沙面英国租界，当晚转往香港。李准随即欢迎胡汉民来到广州，就任广东都督。这样的事在其他地方还不曾有过，自然同国内整个局势已经发展到这个地步有关，在更早些时候是不会出现的。四川同志军最初起义时，主要集中在成都周围的川西地区。武昌起义消息传入后，川北、川东、川南相继建立军政府。影响更大的是同盟会人张培爵等在一部分起义新军开入重庆后宣布成立蜀军政府。这样，

---

[1]《光复前之广州乱》，《民立报》1911年11月13日。

[2] 大汉热心人辑：《广东独立记》，《广东辛亥革命史料》，广州：广东省新华书店1962年版，第126页。

[3] 李准：《光复广东始末记》，《辛亥革命》资料丛刊第7册，上海：上海人民出版社1957年版，第245页。

赵尔丰在成都已完全孤立。11月27日，赵尔丰发布《宣示四川地方自治文》说："以四川全省事务暂交四川咨议局议长蒲殿俊，设法自治，先求救急定乱之方，徐图良善共和政治，尔丰部署军旅就绪，即行遵旨出关。"[1]显然，这只是在不得已情况下的缓兵之计。同天，大汉四川独立军政府在成都成立，蒲殿俊任都督，新军统制朱庆澜任副都督。几天后，成都巡防营士兵发生兵变。曾任陆军小学堂监督的同盟会会员尹昌衡率一部分新军平定了兵变，又在分化赵尔丰卫队后将赵捕杀，被推为都督。

四川独立后，长江流域及其以南各省已全部光复，处在清朝控制下的只剩下南京一座孤城。驻守南京的两江总督张人骏比较庸碌，城内的主要兵力是江南提督张勋所部江防营。张勋思想顽固，极端忠于清朝，是个凶残能战的悍将。11月8日，新军暂编第九镇在城外秣陵关起义，因弹药不济而失败。11日，江苏、浙江、上海革命党人组织江浙联军进攻南京，推第九镇统制徐绍桢为总司令。23日，各路军队冒雨向战地进发。经过十天激战，终于在12月2日攻克南京。正当南京血战时，清军在攻占汉口后又进陷汉阳，武昌局势危急。南京光复，在当时是震动全国的一件大事，大大增强了人们对革命取得胜利的信心。"从此，宁汉长江流域连成一线，不但巩固了武汉的局势，而且加强了革命力量。因此，江浙联军光复南京一役，在辛亥革命史上来说，实具有重大的意义。"[2]这样，南北对峙的格局终于完成。在南京光复后不到一个月，南京临时政府便在这里成立了。

此外，山东曾一度宣告独立，推山东巡抚孙宝琦为都督，但十一天后又取消了独立；直隶、河南、甘肃等省虽没有独立，革命党人也在那里酝酿或组织过起义；新疆伊犁的新军在第二年1月起

---

[1] 赵尔丰：《宣示四川自治文》，《四川保路运动史料》，北京：科学出版社1959年版，第509页。
[2] 徐森、谌秉直：《第九镇秣陵起义和江浙联军光复南京亲历记》，《辛亥革命回忆录》第4集，第246页。

义,成立了临时都督府。在各省独立过程中,满族、蒙古族、藏族、壮族、彝族、维吾尔族等少数民族人民都有参加起义活动的。

在这场短时间内席卷全国的革命风暴发展过程中,可以清楚地看到:旧政权已完全腐烂并极端孤立,丧尽了民心,也失去了最后一点统治能力。在武昌起义后,绝大多数省份中,不管发起冲击的力量是大是小,都能导致统治机构的迅速解体。可是新的代替它的社会力量却远没有成熟。各省的独立,更多地表现为政权的更迭,并没有出现一场更深刻的社会大变动,特别是缺乏一场农村的大变动。革命的深度是十分有限的。

新军在各省独立中起着特殊的先锋作用。除上海、广州、南京、成都等少数地方外,几乎都是新军一旦行动起来,便很快取得了成功。这不仅因为新军掌握着新式武器,受过严格的军事训练,在清末大多数省份中是主要的军事力量,有可能一举摧毁清朝的统治机构,而且当时有如一盘散沙的社会中,他们是组织得最好的力量,有着严格的建制和纪律,能够步调一致地采取有力的行动,这是当时其他社会力量无法做到的。但新军也有严重弱点:士兵同社会的联系不密切,对地方的复杂情况缺少了解,新军中的革命骨干分子一般在社会上没有多少声望,更没有管理地方的经验,很难在这方面提出多少具体而切实的主张并得到各方面的支持。他们在革命发动时,能够勇往直前地扮演英雄的角色。但在推倒旧政权后,他们的身影便悄悄地消失在人群中。至于那些参加革命的中高级军官,有较高的社会地位、文化水平和社会经验,但不少人在取得政权后就逐渐向旧社会势力合流,甚至向新军阀蜕化,如阎锡山、唐继尧等便是。因此,这些新军中的革命党人尽管最初能成为推倒旧政权的最重要的冲击力量,却不能成为推动革命走向深入、实行深刻的社会改革的重要动力。

会党主要由游民组成,有着明显的两重性,这在前面已经说过。

在各省独立过程中，不少会党分子卷入革命浪潮中来，壮大了革命声势，这种积极作用应该充分肯定。但没有一个省能单靠会党的力量取得革命的成功。在掌握一定权力后，他们的消极方面甚至表现得比过去更加突出：有些人仗势横行，为非作歹，激起社会的强烈不满；有些还争权夺利，互相火并，如陕西的万炳南、进入安庆的浔军黄焕章等。这使许多革命党人对会党问题感到困惑或棘手。城市中民族工商业者的力量是软弱的，同封建势力以至帝国主义势力有着千丝万缕的联系。他们对腐败而专横的清政府普遍不满，但除了上海的商团以外都没有能成为革命的主动力量。当各省光复时，他们一般对革命抱着同情态度，在维持市面、从财力物资上资助起义军以及维持地方治安等方面做了一些工作。可是，他们更害怕社会陷入严重动荡，不希望整个社会秩序发生根本的变动，因而随即又成为推动革命党人同旧社会势力实行妥协的重要力量。至于一些暂时混入革命阵营的旧士绅们在这方面的消极作用就更不消多说了。

在城市中还有一批青年学生、学堂教员和记者等新式知识分子群。他们一般比较年轻，政治上比较敏感，力量也比较集中。他们在起义前到处奔走呼号，进行革命的宣传鼓动，包括投身到新军中去工作，对各省起义起了积极的推进作用。但他们本身并没有足够的实力，光靠他们本身是难以采取有力的行动的。他们又缺乏足够的社会经验，并且没有什么强大的社会力量可资依靠，因此，当各省独立实现后，便往往不知所措，难以继续推进深入的改革。

总之，当时的革命党人在要求推翻清朝政府、建立民主共和国这一点上，态度是坚决的，工作是有成效的。但一旦这些得到实现，他们便失去了继续前进的明确目标，又害怕引起帝国主义列强的干涉，并对旧社会势力存在许多幻想，十分容易妥协。这种状况预示着这场轰轰烈烈的全国规模的革命运动虽然取得了巨大的胜利，最后仍不能进行到底，而是半途而废。

二十一、南京临时政府

随着各省的相继独立，在南方建立一个统一政府的问题便自然地提到最重要的议事日程上来。

由于这些省是依靠各自的力量取得独立的，彼此间互不统属，也互不相上下，要建立一个统一政府时首先遇到的便是以哪里为中心的问题。湖北都督黎元洪首先在11月7日发出通电，提出"义军四应，大局略定，惟未建设政府，各国不能承认交战团体"，征求各省意见。两天后，又要求各省派代表到武汉来举行会议，组织临时中央政府。江浙是全国经济文化最发达的地区，又是同盟会在国内活动的中心所在，不甘示弱。经江浙和上海发起，江苏、浙江、湖南、福建等七处代表在11月15日到上海集会，成立各省都督府代表联合会。双方唱成了对台戏。湖北方面以武昌是首义之区来力争，上海方面最后作了让步。11月30日，各省代表在汉口英租界举行第一次会议，议决临时政府成立前由湖北军政府代行中央军政府职权。接着，又通过《中华民国临时政府组织大纲》。但因汉口、汉阳已相继沦入清军之手，武昌危急，而江浙联军在12月2日光复了南京，局势发生了变化，这样，代表会议又移往南京举行。

在谁来担任临时中央政府首脑的问题上也出现了风波。12月4日，当代表会议还在汉口举行时，陈其美、宋教仁等担心湖北军政府代行中央军政府职权对同盟会不利，便推动留在上海的一些代表举行会议，并由江苏、浙江、上海都督代表出席会议，选出黄兴为假定大元帅、黎元洪为副元帅。这又引起了一场轩然大波。黎元洪通电要求取消这项决议，在汉口的代表认为这次选举不足法定人数，黄兴自己也坚辞不就。12日，各省代表从武汉、上海齐集南京。17日，改举黎元洪为大元帅，黄兴为副元帅而代行大元帅职权。在不到半个月内，两个人的位置对换了一下，自然造成十分尴尬的局面。这时，已传来孙中山即将从海外归来的消息，黄兴就推辞不去南京组织政府。

孙中山的归国，使这个难题得到了顺利的解决。当武昌首义爆发时，孙中山正在美国。虽然他长期被迫流亡国外，无法直接领导国内革命运动的发展，但他作为中国革命领袖的地位是人们所公认的，没有任何人能同他抗衡。他在12月25日从海外坐轮船回到上海。外间传闻他这次带来巨款。当记者询问时，孙中山回答说："予不名一钱也，所带回者，革命之精神耳。"[1]29日，各省代表会议在南京选举总统，十七省各投一票，孙中山得到十六票，黄兴得一票。参加选举会的居正回忆道："可见当日会场多数代表之心理，虽多不属同盟会会员，而尊重同盟会之系统，并承认辛亥革命完全为同盟会主动，则昭然若揭矣。"[2]除了"完全"两字说得太过分外，大体上是符合实际的。这样，孙中山便当选为中华民国第一任临时大总统。

1912年1月1日，孙中山在南京就任临时大总统。他在就职典礼上的誓词说："倾覆满清专制政府，巩固中华民国，图谋民生幸福，此国民之公意，文实遵之，以忠于国，为众服务。至专制政府既倒，国内无变乱，民国卓立于世界，为列邦公认，斯时文当解临时大总统之职。谨以此誓于国民。"[3]

中央临时政府很快就组成了。1月3日，代表会议又选出黎元洪

---

[1] 孙中山：《建国方略》，《孙中山全集》第6卷，第246页。
[2] 居正：《辛亥札记》，《辛亥革命在湖北史料选辑》，第172页。
[3] 孙中山：《临时大总统誓词》，《孙中山全集》第2卷，北京：中华书局1982年版，第1页。

为副总统。各部总长如下：陆军，黄兴；海军，黄钟瑛；外交，王宠惠；内务，程德全；财政，陈锦涛；司法，伍廷芳；教育，蔡元培；实业，张謇；交通，汤寿潜。他们中包括了不少旧官僚和原立宪派人。但各部实权在次长手中，而各次长除海军部外都是同盟会会员。总统府秘书长为胡汉民，参谋总长由黄兴兼。议和全权大使仍由伍廷芳担任。在总统府秘书处工作过的吴玉章回忆道："这个临时政府，既有立宪党人，也有官僚军阀，但革命党人还是占着主要的地位。它是一个以资产阶级为主体的政权。因此，它极力想在中国实现资产阶级的民主政治。但是，由于中国的资产阶级的软弱性，资产阶级民主政治在中国是没有实现的条件的。"[1]

按照西方国家"三权分立"的原则，临时政府立刻着手组织临时参议院作为立法机构，由每个省的都督府各选派参议员三人组成。1月28日，临时参议院正式成立，到会的参议员有三十人，未到而由各省代表暂行代理的有十二人。同盟会会员在他们中间占了四分之三以上。

南京临时政府成立后，采取了一系列革新措施，其中包括：改用阳历，以临时大总统就职的日子作为民国建元的开始；限期剪去辫发；劝禁妇女缠足；禁止在审理民刑事件时使用肉刑；禁止买卖人口和贩卖"猪仔"，改变"贱民"的身份；严禁鸦片；废止"大人、老爷"等称呼，官厅人员以官职相称，民间相呼为"先生"或"君"；废止跪拜，改行鞠躬礼；提倡廉洁奉公等。这些措施虽未必能贯彻到底，但对移风易俗仍起着重要的作用，使人们耳目为之一新。

临时政府还提倡振兴实业，保护私产，对民族资本主义的发展起了推进作用；实行教育改革，将学堂改称学校，规定各级学校的暂行课程，废止小学的读经课，对报纸实行言论开放政策，这些也

---

[1] 吴玉章：《甲午战争到辛亥革命的回忆》，《吴玉章回忆录》，第90页。

都是有积极意义的。

孙中山担任临时大总统后,作风十分平民化。"总统府设在前清两江总督衙门,即太平天国天王府。"[1]曾经以"洪秀全第二"自居的孙中山在担任国家元首、入居"天王府"后,却没有像洪秀全那样摆出"天王"的威仪来。他生活简朴,待人和蔼,和秘书长胡汉民同住一室,白天黑夜都投身工作中,唐绍仪到南京在总统府住了两天后对胡汉民说:"大总统亦无特别之浴厕,固是异闻;而孙先生以二十年海外之习惯而能堪,尤可异也。"[2]有一次,孙中山独自走出总统府,到街上买茶叶,回来后警卫人员才发觉。扬州有个八十多岁的老盐商专程赶到南京来瞻仰大总统的风采,一见面就跪下,要行三跪九叩首的大礼。孙中山连忙把他拉起,请他坐下,对他说:"总统在职一天,就是国民的公仆,是为全国人民服务的。"老人问:"总统若是离职后呢?"孙中山说:"总统离职以后,又回到人民的队伍里去,和老百姓一样。"最后,他派车把老人送回旅馆,老人高兴地对警卫人员说:"今天我总算见到民主了。"[3]这确实带来了一种新的气象。

临时政府时期最重要的立法活动,是3月11日公布的《中华民国临时约法》。这个约法在前一日经参议院通过后,由临时大总统公布,在宪法制定并施行以前有着同宪法相等的效力。

《中华民国临时约法》的"总纲"规定:"中华民国由中华人民组织之。""中华民国之主权属于国民全体。""中华民国领土为二十二行省、内外蒙古、西藏、青海。""中华民国以参议院、临时大总统、国务员、法院行使其统治权。"

"人民"一章中规定:"中华民国人民,一律平等。""人民得享

---

[1] 袁希洛:《我在辛亥革命时的一些经历和见闻》,《辛亥革命回忆录》第6集,第338页。

[2] 《胡汉民自传》,《革命文献》第3辑,第66页。

[3] 郭汉章:《南京临时大总统府三月见闻录》,《辛亥革命回忆录》第6集,第294页。

有左列各项之自由权：一、人民之身体，非依法律，不得逮捕、拘禁、审问、处罚。二、人民之家宅，非依法律，不得侵入或搜索。三、人民有保有财产及营业之自由。四、人民有言论、著作、刊行及集会、结社之自由。五、人民有书信秘密之自由。六、人民有居住迁徙之自由。七、人民有信教之自由。"这一章中还对人民的权利和义务作了具体的规定。

"参议院"一章中规定："中华民国之立法权，以参议院行之。""参议院以国会成立之日解散，其职权由国会行之。"

"临时大总统、副总统"和"国务员"两章中规定："临时大总统、副总统由参议院选举之，以总员四分之三以上出席，得票满投票总数三分之二以上者为当选。""临时大总统，代表临时政府，总揽政务，公布法律。""临时大总统，为执行法律，或基于法律之委任，得发布命令，并得使发布之。""临时大总统受参议院弹劾后，由最高法院全院审判官互选九人，组织特别法庭审判之。""国务总理及各部总长，均称为国务员。""国务员辅佐临时大总统负其责任。""国务员受参议院弹劾后，临时大总统应免其职，但得交参议院复议一次。"

"法院"一章中规定："法院以临时大总统及司法总长分别任命之法官组织之。法院之编制，及法官之资格，以法律定之。""法院依法律审判民事诉讼及刑事诉讼。""法官独立审判，不受上级官厅之干涉。"[1]

孙中山对这个约法其实并不满意。他甚至说过："在南京所谓民国约法，其中只有'中华民国之主权属于国民全体'一条是兄弟主张的，其余都不是兄弟的意思，兄弟不负这个责任。"[2]他为什么要

---

[1]《中华民国临时约法》，《中华民国史档案资料汇编》第2辑，第106—110页。
[2] 孙中山：《在广东省教育会的演说》，《孙中山全集》第5卷，北京：中华书局1985年版，第497页。

这样说呢？只要把他在1906年起草的《革命方略》同《临时约法》比较一下，就可以看到两者间的明显区别。《革命方略》中规定：各地起义后，第一件事是建立军政府，实行"军法之治"，把"专制余毒涤除净尽"；再经过"约法之治"，"注意国民建设能力之养成"；然后才能进入"宪法之治"。孙中山以后说：不经过这个过程，也就是说不先用"军法"的手段把"专制余毒涤除净尽"，即使挂起民国的招牌，搬来西方国家"民治"的那一套，也只能是"假民治之名行专制之实"，甚至"并民治之名而去之"，这是"事有必至，理有固然者"。[1]应该说，孙中山这个看法是有相当见地的。

当然，尽管这个《临时约法》有着种种弱点和局限性，但总的说来，它在当时还是比较好的，是带有革命性、民主性的。

南京临时政府成立后，它的实际处境相当困难。

它面对的最严重的困难是财政的极端匮乏。本来，海关关税在偿还外债后的余额（称为"关余"）是清末财政收入中的一项大宗。但当时海关处在外籍税务司管理下。他们拒绝把南方各省的"关余"解交南京临时政府。各地应向中央临时政府上缴的那部分田赋等项收入，又被独立各省的军政府截留。盐税是南方的重要财政收入，南京临时政府的实业总长张謇兼任着两淮盐政总理，却要求"通电已光复各省，查明各该省所收盐税已经指抵洋债者共有若干，并饬千万不可擅行挪用，以免引起外交困难问题"[2]。临时经费也好，北伐军费也好，都必须支付，政府却拿不出钱来。

处在这种困境下，临时政府曾想举借内债，如发行中华民国军需公债等，但应者寥寥，无济于事。孙中山想对外借款，所得也不多。他被逼得走投无路，只得硬着头皮准备将当时由起义军控制的

---

[1] 孙中山：《中国革命史》，《孙中山全集》第7卷，北京：中华书局1985年版，第67页。
[2] 《临时政府公报》第12号，《辛亥革命资料》，第92页。

汉冶萍公司改为中日合办,以此作为条件,向日本借款五百万日元,购买武器与军火,以解燃眉之急。但消息传出后,舆论哗然,只得废约。黄兴的儿子黄一欧描述当年这种困窘情况道:"先君(指黄兴)担任陆军部长、参谋总长兼大本营兵站总督,发军饷、买军火都要钱,经常奔走于南京、上海间,累得吐了血。想通过张謇设法向上海借几十万元应急,他一拖就是几个月,急得先君走投无路。"[1]胡汉民也回忆道:"以南京之军队,纷无纪律,不能举军政时代一切之任务也。军队既不堪战斗,而乏饷且虑哗溃。于是克强(黄兴)益窘,则为书致精卫与余谓:'和议若不成,自度不能下动员令,惟有剖腹以谢天下。'"[2]

军队的状况也十分令人担忧。看起来,临时政府控制的兵力人数着实不少,但据当时担任总统府军事秘书的李书城回忆:"当时南方除少数从正规军扩编的军队尚有作战能力外,大部分新编入伍的士兵多是城乡失业民众,尚未受过军事训练。各部队形式上虽具备军、师、旅、团、营、连、排的编制,实系乌合之众。从汉口、汉阳失败的经验看来,想依仗这种军队去冲锋陷阵,一直打到北京,是靠不住的。"如果临时政府拿不出必要的军饷,这部分"乌合之众"随时可能哗变,对人民生命财产和社会治安构成巨大威胁。就是那些比较有战斗力的军队,统率者也往往人各一心,能听命行动的很少。李书城说:"攻克南京有功的浙军司令朱瑞系保定军校学生,与段祺瑞有师生关系,这时已向段密通消息,表示拥袁上台。黎元洪当汉阳失守后,因情势危急,曾一度退出武昌城外。袁世凯抓住机会,通过汉口英领事提出双方停战,黎始悄悄回城。因此,黎认为袁世凯对他有意维护,对袁感激不尽。其他各省都督如谭延闿、程

---

[1] 黄一欧:《辛亥革命杂忆》,《湖南文史资料选辑》第10期,第24页。
[2] 《胡汉民自传》,《革命文献》第3辑,第61页。

德全、庄蕴宽、汤寿潜、陆荣廷、孙道仁等,各省统兵大将如沈秉堃、王芝祥等,本系清廷大官僚和地方大绅士,在他们看来,拥戴气味相投的袁世凯自然比拥戴那些素不相识的革命党人要好一些。当时如和议破裂,要他们听革命党人的命令向袁世凯作战,他们很可能是反戈相向的。"[1]

更严重的问题是:革命政党内部已陷入各自为政、分崩离析的状态。吴玉章说:"同盟会自广州起义失败以后,即已趋于涣散,而至武昌起义以后,几乎陷于瓦解状态。章太炎说'革命军起,革命党消',这两句话虽是极端错误的,但用来形容当时的情况,倒很合乎事实。"[2]他们对革命胜利的迅速到来,没有足够的思想准备。仿佛轻易得来的成功冲昏了许多人的头脑。新得的权益,更使不少人感到心满意足,急于结束这场革命,以尽快品尝到手的果实。革命的精神废弛了,妥协的声浪压倒一切。内部的争权夺利开始了,党内团结成为孙中山最感棘手的问题。孙中山虽然身居大总统的高位,却难以在实际上左右全局。他后来回顾道:"不图革命初成,党人即起异议,谓予所主张者理想太高,不适中国之用;众口铄金,一时风靡,同志之士亦悉惑焉。是以予为民国总统时之主张,反不若为革命领袖时之有效而见之施行矣。"[3]

刚刚建立起来、表面上似乎声势夺人的南京临时政府,内部竟是这样地矛盾重重而又难以解决。无怪章太炎要嘲笑道:"政府号令不出百里,孙公日骑马上清凉山耳。"[4]他们很快地走向妥协,并不是偶然的。

---

[1] 李书城:《辛亥前后黄克强先生的革命活动》,《辛亥革命回忆录》第1集,第200、201页。
[2] 吴玉章:《从甲午战争到辛亥革命的回忆》,《吴玉章回忆录》,第89页。
[3] 孙中山:《建国方略》,《孙中山全集》第6卷,第158页。
[4] 章炳麟:《太炎先生自定年谱》,《近代史资料》1957年第1期,第125页。

二十二、袁世凯夺取胜利果实

中国近代历史上以往几次全国规模的革命活动，如太平天国革命和义和团运动，都是在西方列强的直接或间接干预下被镇压下去的。为什么当辛亥革命在全国范围内迅速展开的时候，帝国主义列强没有像以往那样采取强硬的手段来出面干预呢？最重要的原因是：这时离第一次世界大战的爆发只有两年多时间了。面对着一场即将来临的生死攸关的大决斗，列强都全力以赴地从事紧张的准备，腾不出多少力量在欧洲以外的地区采取重大行动，只求能保住他们既得的根本利益就够了。同时，他们也看到：中国社会各阶层中对清政府的憎恶已达到极点，这股革命的狂澜决不是轻易能扑灭下去的。日本驻俄大使向沙俄总理大臣谈道："革命党实力究竟如何，虽尚不得确知，但全国各地对于满清朝廷已经普遍心怀不满，则是无可怀疑之事实；而清国既无健全的军队，财政又很困难，政府军队若不能迅速平定变乱，则革命运动或将弥漫至全国各地亦未可知。""鉴于清国现政府之极端腐败与混乱，据本使所见，寄希望于满清朝廷这一派获得最后胜利，实属危险之极。"[1]英国驻华公使朱尔典致电英国外交大臣也说："革命运动似乎正在扩展。看来，好像只有经过一场旷日持久的战斗之后，才能重新建立满族人的权力，而对于这场战斗，清政府是没有什么准备的。"[2]在这种情况下，如

---

[1]《本野驻俄公使与俄国总理大臣关于清国时局问题之谈话纪要》，《日本外交文书选译——关于辛亥革命》，第105、106页。

[2]《朱尔典爵士致格雷爵士电》，《英国蓝皮书有关辛亥革命资料选辑》上册，第9页。

果西方列强出面干涉,会使自己同正在迅速发展的革命势力形成对立而无法控制局势,使自己的在华权益受到损害,这是他们感到十分担心的问题。而从革命军方面来说,独立各省由于害怕外国列强的干涉,几乎无一例外地声明保护外国在华人员生命财产的安全,对外国企业和侨民没有干扰,这更使列强政府在处理这个问题时不能不采取审慎的态度。

当然,西方列强各国所处的地位和在华利益并不完全相同。日本和沙俄,特别是日本军国主义者,一度跃跃欲试,考虑过直接出兵的问题。但当时在华既得利益最大的是英国。在它看来,如果日本或日俄两国单方面采取行动,势必打破列强在华的原有均势,对英国不利,因而持反对态度。日本那时还是个新兴的帝国主义国家,羽翼尚未丰满,经济和军事力量都有限,难以撇开其他国家(特别是英国)而单独采取重大行动。

在这种错综复杂的情况下,帝国主义列强的基本对策是:先在清政府和独立各省之间标榜"中立",既不给革命势力方面以支持,也不答应给清政府以财政援助,实际上是采取暂时观望的态度,静待时局的发展。当他们越来越清楚地看到清朝政府已无法继续维持下去而革命势力又存在种种弱点的时候,他们就确定采取"换马"的政策,也就是支持袁世凯出来代替清朝政府充当他们在中国的代理人,而以清朝的退位来换取南方的妥协和让步。

从中国国内的局势来看,清政府在西太后去世后已失去维持统治的重心,不再有一个能够主持大计的人。监国摄政王载沣"遇事优柔寡断","素性懦弱,没有独作主张的能力","若仰仗他来主持国政,应付事变,则决难胜任"。"隆裕太后之为人,其优柔寡断更甚于载沣,遇着极为难之事,只有向人痛哭。"[1]作为内阁总理大臣

---

[1] 载涛:《载沣与袁世凯的矛盾》,《辛亥革命回忆录》第6集,第323、325、326页。

的庆亲王奕劻年老昏庸，贪婪无能，只知搜刮钱财，一向遭到人们的强烈不满。掌握兵权的军咨大臣载涛和毓朗，陆军部尚书荫昌等，都是些缺少实际办事经验的纨绔子弟。因此，当武昌首义消息传到北京时，清政府内部立刻一片混乱，没有一个人能负责作出决断。最后决定派荫昌督师，率领陆军两镇前往剿办。但荫昌根本没有指挥作战的经验和能力，而且他要带领的部队都是袁世凯一手训练出来的，并不听从他的指挥。清廷在不得已的情况下，只有任命袁世凯为湖广总督，但这个职位远不能满足袁世凯的野心和欲望，因而他借口"旧患足疾，迄今尚未大愈"而拖延不出。这以后，革命形势发展得很快，湖北前线的清军却一直停滞不前，没有多大进展。清廷慌了手脚，只得在10月27日将荫昌调回，授袁世凯为钦差大臣，节制湖北军务大权。这下，袁世凯的"旧患足疾"顿时霍然痊愈，在30日赴湖北孝感督师。11月1日，他所指挥的冯国璋部第一军攻入汉口。同一天，庆亲王奕劻辞去内阁总理大臣职务，袁世凯受旨接替。

为什么袁世凯当时能居于如此举足轻重的地位？第一，国内最精锐的军事力量北洋六镇是他一手训练出来的。各镇军官都是他提拔起来的旧部，一向"只知有袁宫保，不知有大清朝"。尽管袁世凯被罢黜家居，他的潜势力丝毫不减。第二，袁世凯多年担任北洋大臣、直隶总督，调京后又任外交部尚书，长期掌管清朝的对外交涉事务，同帝国主义列强建立起密切关系。他的对外态度和精明干练又深得帝国主义列强的器重，被看作"强有力"的人物。武昌首义后，使馆区内便发出一片"非袁不能收拾"的呼声，并通过各种渠道向清政府施加影响。第三，袁世凯同立宪派人也有许多关系。他在直隶总督任内推行"新政"，在一些人中博得"开明"的声誉，也得到立宪派人的好感。他同国内立宪派领袖张謇的关系尤为密切。各省纷纷独立后，张謇在南方取得重要地位，但仍同袁保持各种联系，为他出谋划策。

袁世凯被任命为内阁总理大臣后,在11月13日到达北京。两天后,英国外交大臣格雷致电驻华公使朱尔典:"我们对袁世凯怀有很友好的感情和敬意。我们希望看到,作为革命的一个结果,有一个强有力的政府,能够与各国公正交往,并维持内部秩序和有利条件,使在中国建立起来的贸易获得进展。这样一个政府将得到我们能够提供的一切外交上的支持。"[1]可见,英国政府准备全力支持袁世凯,并期待由他组成一个"强有力的政府"的方针已经确定了。

袁世凯要建立起这样一个政府并不容易,需要清朝政府和南方革命阵营两者都对他作出重大让步。他的办法,有如胡绳所分析的那样:"简单说来,就是一方面不让清朝立刻垮台,一方面又防止革命势力立刻取得全胜。他用革命来恐吓清朝:如果清朝不让位给我,那么我袁某也无法收拾这局面;又用清朝来恐吓革命:如果革命不向我袁世凯妥协,那么我就要支持清朝和你打到底。"[2]

这以前,他主要是借革命形势的迅猛发展来压清朝政府把权力交给他。在他就任内阁总理后就进一步对南方施加压力。他的手段还是一打一拉,以打促拉。当然这种拉是要把南方拉到他所需要的轨道上去。11月27日,清军攻占汉阳,武昌危急。冯国璋打算乘胜渡江攻取武昌,袁世凯亲自用长途电话加以制止。12月1日,武昌受到清军炮击,黎元洪仓皇地离开武昌到城东的卓刀泉暂避。同天,英国驻汉口总事葛福接到北京公使团提出的主张停战三天的电报,派万国商会会长、英人盘尔根当晚将电报送到武昌,由湖北军政府军务部长孙武和参谋总长吴兆麟商议决定在自2日晨8时起停战三天的公文上加盖都督大印,停战就实现了。这个停战一再延期,事

---

[1]《格雷爵士致朱尔典电》,《英国蓝皮书有关辛亥革命资料选辑》上册,第58页。
[2] 胡绳:《帝国主义与中国政治》,第120页。

实上武汉前线的战争从此停止了下来。停战开始的那一天，在汉口英租界开会的各省代表决议：如果袁世凯"反正"，就公举他为临时大总统。

由于先后攻陷汉口和汉阳，袁世凯在北方的身价更高了，大权事实上已落到他的手中。12月6日，清廷准监国摄政王载沣退位，以后用人行政都由内阁总理大臣、各国务大臣担承责任。既然南方已表示只要能使清室退位就可举袁世凯为总统，袁便以更积极的姿态推动南北和议。7日，清廷授袁世凯为全权大臣，由袁委托唐绍仪为全权大臣总代表，赴南方讨论大局。9日，南方十一省军政府公推伍廷芳为议和代表。18日，南北代表在上海第一次开议。20日，英、日、德、美、俄、法六国总领事一起分别往访伍、唐两代表，交送备忘录，表示奉本国政府训令，以为中国如果继续战争，不但有危本国，而且有危于外人的利益和安宁。这是对和议公然施加压力。27日，唐绍仪致电袁称：东南各省民情主张共和已成一往莫遏之势，要求代奏请召集临时国会，以君主民主付之公议。据徐世昌说："唐电到后，袁约余计议，认为国体共和，已是大势所趋，但对于宫廷及顽强亲贵，不能开口。若照唐电召开国民大会，可由大会提出，便可公开讨论，亦缓脉急受之一法。"[1]接着，袁就找庆亲王奕劻密议，由奕劻在隆裕太后召集的近支王公会议上提出这个主张。第二天，清廷发出谕旨，宣布准备召集临时国会，将君主立宪与共和立宪何者为宜的问题"付之公决"。

一幕幕紧锣密鼓地演出，一切似乎正按照着袁世凯预定的构想实现着。

可是，12月29日，南方十七省代表会议选出孙中山为临时大总统，这却是袁世凯原来所没有料到的。他怀疑南方没有诚意，担

---

[1] 张国淦：《辛亥革命史料》，上海：龙门联合书局1958年版，第294页。

心孙中山就任后不会再将临时大总统的职位让出，他的全部打算就会落空。于是，突然在30日表示唐绍仪议定各条逾越权限，不能承认，并示意唐绍仪提出辞职，随即复电照准。事实上，南北议和事宜暗中仍由唐、伍继续磋商，这种做法无非只是为了对南方施加压力。

在南京临时政府内部，妥协的主张早已占了上风。孙中山在归国前曾表示过：如果袁世凯能够逼迫清朝退位，当推袁为民国总统；归国后，由于了解了更多实际情况，也听取了一些比较激进的革命党人的意见，对袁世凯的态度有了改变，不愿轻易妥协。但他的主张并不能得到多数人的同意，受到很大压力。这种压力首先来自革命派自身的一些重要人物。同黄兴关系十分密切的李书城回忆说："在议和期间，同盟会内部在让位给袁世凯的问题上是大有分歧的。孙先生和一部分同志，认为袁世凯是一个巨奸大憨，把建立民国的大任付托给他是靠不住的；我们革命党人应该有勇气、有决心率领南方起义将士继续战斗，趁此全国人心倾向革命的时候，必然胜利可期，此时多费些气力扫除障碍，在新的基础上建立新的国家，将是事半功倍的。而黄先生和另一部分同志的看法则不同。他们说，袁世凯是一个奸黠狡诈、敢作敢为的人，如能满足其欲望，他对清室是无所顾惜的；否则，他也可以像曾国藩替清室出力把太平天国搞垮一样来搞垮革命。只要他肯推翻清室，把尚未光复的半壁河山奉还汉族，我们给他一个民选的总统，任期不过数年，可使战争早停，人民早过太平日子，岂不甚好。如果不然，他会是我们的敌人，如不能战胜他，我们不仅得不到整个中国，连现在光复的土地还会失去也未可知。"[1]孙中山所信任的胡汉民和汪精卫也都力主妥协，对孙中山施加了不少影响。胡汉民在《自传》中写道："先生（指孙

---

[1] 李书城：《辛亥前后黄克强先生的革命活动》，《辛亥革命回忆录》第1集，第200页。

中山）始终不愿妥协，而内外负重要责任之同志，则悉倾于和议，大抵分为三派之说。其持中国固有之宗法伦理思想者，则曰：'名不必自我成，功不必自我立，其次亦功成而不居。'其持欧西无政府主义者，则曰：'权力为天下之罪恶，为政权而延长战争，更无可以自恕。'（当南北争持至烈时，李石曾以长电驳诘南京政府，一若只须清帝退位，吾人即万事不宜深问者。）其仅识日本倒幕维新而不觉修正改良派社会主义之毒者，则曰：'武装革命之时期已过，当注全力以争国会与宪法，即为巩固共和、实现民治之正轨。'余集诸人意见，以陈于先生。先生于时，亦不能不委曲以从众议。"[1]革命派的许多重要人物对政权问题的极端轻视、政治上的软弱和无知，在这些言论中表现得淋漓尽致。他们以后为此付出了惨痛的血的代价。原立宪派人如张謇等，对政权问题却一点也没有忽视。他们急迫地希望袁世凯这个"强者"能够在清室退位后迅速地掌握政权，使社会秩序不致发生更大的动荡。因而，一面同袁世凯暗通消息，为他出谋划策；一面又向南京临时政府施加种种压力，迫使他们迅速向袁世凯妥协交权。妥协，已成为南方难以逆转的主潮。

但袁世凯仍不放心，需要有南方的一个正式保证。他的幕友密电南京通告孙中山和江苏都督，大意说："若南方能举袁氏为全国大总统，则彼此当息干戈，永归于好，而袁氏亦必尽力迫胁清室退位，誓守共和，为民国谋幸福，但如南方不允所请，则彼等当为袁氏效死力，决不迁就，以示衅由我启，战彼无罪云云。"[2]1月15日，孙中山致电南方议和代表伍廷芳，正式表明态度：如清帝实行退位，宣布共和，则临时政府决不食言，文即可正式宣布解职，以功以能，首推袁氏。[3]

---

[1]《胡汉民自传》，《革命文献》第3辑，第60、61页。

[2] 白蕉：《袁世凯与中华民国》，上海：人文月刊社1936年版，第19页。

[3] 孙中山：《复伍廷芳电》，《孙中山全集》第2卷，第23页。

孙中山正式表明态度，袁世凯对南方这一头放下心来，就把主要力量放到压迫清朝退位上去。尽管如此，他表面上仍然口口声声表示要忠于清室，常对人说："余深荷国恩，虽时势至此，岂忍负孤儿寡妇乎？"[1]既然北方的一切军政大权都已集中在袁世凯一人手中，为什么他不直接取清室而代之，还要作出上述种种姿态呢？最了解袁世凯的徐世昌对人说过：袁世凯"此时权势无与抗衡者，其左右亲昵即有以利用机会取清室而代之私议。而项城（袁世凯）不出此者：一、袁氏世受国恩，他本人不肯从孤儿寡妇手中取得，为天下后世所诟病；二、旧臣尚多（如张人骏、赵尔巽、李经羲、升允等），亦具有相当势力；三、北洋旧部握有实权者（如姜桂题、冯国璋等）尚未灌输此等脑筋；四、北洋军力未能达到长江以南，即令自为，不过北方半壁，内部或仍有问题，而南方尚须用兵；五、南方民气发展程度尚看不透。所以最初他在表面上维持清室，其次始讨论君主、民主，又其次乃偏重民主，最后清帝退位而自为大总统"[2]。

他逼迫清室退位也是一步一步地进行的。1月16日，也就是孙中山正式表明准备退让的第二天，他以内阁合词密奏的方式恫吓隆裕太后，表示如果对南继续用兵，无论兵力或是军饷都难以应付，大局危逼已极，而南方坚持共和，别无可议，"民主如尧舜禅让，乃察民心之所归，迥非历代亡国之可比"，"且民军亦不欲以改民主，减皇室之尊荣"，希望隆裕太后"俯鉴大势，以顺民心"。20日，唐绍仪和伍廷芳秘议清室退位后的优待条件，包括"尊号仍存不废"等电达袁世凯，用来诱饵清室。但清廷仍犹豫不决，接连开了四次御前会议都没有结果。到26日，袁世凯就使出杀手锏来，由前线主

---

[1] 白蕉：《袁世凯与中华民国》，第11、12页。
[2] 张国淦：《孙中山与袁世凯的斗争》，《近代史资料》1955年第4期，第124页。

要将领段祺瑞、张勋等四十二人联名通电，请清室退位。段祺瑞的亲信曾毓隽后来说："辛亥革命，前敌各将领电请退位，系中央授意。"[1]他所说的"中央"，自然是指袁世凯。这个通电对清室无异晴天霹雳，使它受到极大震动，难以支持下去。恰好同一天，革命党人彭家珍用炸弹炸死军咨府军咨使良弼。良弼是反对清室退位最力并掌握一定兵权的宗社党领袖。他一死，那些亲贵王公便吓得噤若寒蝉，再也不敢公开表示反对。2月13日，清室终于被迫发布谕旨，宣告退位。统治中国达二百六十八年的清王朝，至此宣告灭亡。

清室宣告退位的同一天，孙中山履行自己的诺言，向参议院请辞临时大总统职，并推荐袁世凯接替。15日，参议院选举袁世凯为第二任临时大总统。但孙中山对袁世凯仍不放心，因此在辞职文中提出三个条件，作为对他的限制："一、临时政府设于南京，为各省代表所议定，不能更改；一、辞职后，俟参议院举定新总统亲到南京受任之时，大总统及国务各员乃行辞职；一、临时政府约法为参议院所制定，新总统必须遵守颁布之一切法制章程。"[2]这三条中，除要袁世凯遵守《临时约法》外，就是要袁世凯离开北京，到南京就任临时大总统，因为北京是各种旧社会势力的中心，而南京当时是革命势力比较强大的地方，便于对袁世凯进行制约，这当然是袁世凯所不愿意的。

但袁表面上却不动声色，甚至满口答应极愿南行，实际上以种种借口进行抵制。2月27日，南京政府派遣的专使蔡元培、宋教仁、汪精卫等到达北京，欢迎袁世凯南下就职。袁世凯一面欢迎专使，一面指使北洋第三镇在北京实行兵变，大肆焚掠。然后，他就声称需要维持北方秩序，一时断难南行。蔡元培等一再商议后，拟定了

---

[1] 张国淦：《辛亥革命史料》，第307页。
[2] 孙中山：《咨参议院辞临时大总统职文》，《孙中山全集》第2卷，第84页。

三条办法："一，取消袁南行之要求，二，确定临时政府之地点为北京，三，袁在北京行就职式。"[1]这三条办法得到南京参议院的同意。袁世凯拒绝南下的目的又达到了。3月10日，袁世凯在北京宣布就任临时大总统。4月1日，孙中山宣布解除临时大总统的职务。

就这样，民国虽然成立，清室虽然退位，革命果实却落到帝国主义列强所中意的北洋军阀袁世凯的手里。

---

[1] 张国淦：《孙中山与袁世凯的斗争》，《近代史资料》1955年第4期，第141页。

二十三、辛亥革命的胜利和失败

亲身参加过辛亥革命的林伯渠,在半世纪前曾经很有感慨地说:"对于许多未经过帝王之治的青年,辛亥革命的政治意义是常被过低估计的,这并不足怪,因为他们没看到推翻几千年因袭下来的专制政体是多么不易的一件事。"[1]林伯渠是中国同盟会成立初期就入会的老会员。他这段语重心长的话,说得十分中肯。

辛亥革命的爆发,是有深刻的社会历史根源的。20世纪初,在帝国主义列强的侵略下,中国已处在存亡危急之秋。卖国的腐败到极点的清朝封建统治者,却顽固地拒绝任何社会和政治的根本改革。受尽压迫和凌辱的中国人民已无法照旧生活下去。只有经过一次革命,改变旧的社会和政治制度,中国才能避免沦为殖民地的命运。因此,这次革命的爆发是不可避免的。

辛亥革命的历史功绩可以举出很多条。其中突出的一条,就是推翻了统治中国几千年的君主专制制度。这在当时确实是一件了不得的大事。我们不能把从君主专制到建立共和国,只看作无足轻重的政体形式上的变化,甚至只看作换汤不换药的招牌的更换。

中国在君主专制政体统治下经历过几千年的漫长岁月。这是一个沉重得可怕的因袭重担。多少年来,至高无上的君权一直是封建主义的集中象征。人们从幼年时起,头脑中就不断被灌输"三纲五常"这一套封建伦理观念,把它看成万古不变的天经地义。"国不可

---

[1] 林伯渠:《荏苒三十年》,延安《解放日报》,1941年10月10日。

一日无君。""天地君亲师"的牌位到处供奉着。君主成了代表天意、站在封建等级制度顶巅的最高代表。每个人在这种制度面前,必须诚惶诚恐地遵守"名分",不容许有丝毫逾越。这就是所谓"父子君臣,天下之定理,无所逃于天地之间"[1]。谁要是敢有一点怀疑,轻则叫作"离经叛道""非圣无法",重则成了"乱臣贼子,人人得而诛之"。《红楼梦》里的王熙凤有一句名言:"舍得一身剐,敢把皇帝拉下马。"可见在那个时候,谁要是想把"皇帝拉下马",就得要有"舍得一身剐"的勇气,一般人是连想都不敢想的。

到了近代,民族矛盾和阶级矛盾的急遽激化,使中国社会处于剧烈的动荡和变化中。人民群众的反抗斗争前仆后继。但是,直到以孙中山为代表的资产阶级革命派登上历史舞台前,还没有一个人提出过推翻君主专制制度的主张来。轰轰烈烈的太平天国革命是中国旧式农民革命的最高峰。洪秀全做了天王,其实还是皇帝。义和团运动的口号更只是"扶清灭洋"。资产阶级改良派鼓吹爱国救亡,介绍了不少西方的社会学说和政治制度到中国来,起了巨大的启蒙作用。可是,他们把忠君和爱国看作一回事。而那时世界上的主要资本主义国家,除法、美两国外,英国、日本、德国、意大利、奥匈帝国、沙俄等等无一不保留着君主制度。所以,康有为提出以俄国彼得大帝和日本明治天皇的改革作为中国学习的榜样,在许多人看来是很有理由的。

孙中山正是在这样的历史条件下,破天荒第一次在中国历史上提出了推翻君主专制制度、建立民主共和国的主张。中国同盟会明确地把"创立民国"作为自己的奋斗目标之一。它在第二年冬颁布的《革命方略》更是响亮地宣告:"今者由平民革命以建国民政府,凡为国民皆平等以有参政权。大总统由国民公举。议会以国民公举

---

[1]《河南程氏遗书》第5卷。

之议员构成之。制定中华民国宪法,人人共守。敢有帝制自为者,天下共击之。"[1]这在当时确实是石破天惊之论!比一比,从"乱臣贼子,人人得而诛之"到"敢有帝制自为者,天下共击之",这是何等巨大的根本性的变化!

他们坚韧不拔地通过报刊鼓吹,秘密宣传,使这种观念越来越深入人心。到辛亥革命爆发时,推倒君主专制制度,建立民主共和国,已成为大势所趋、人心所向。任何力量都已无法把它再扭转过来了。

辛亥革命果真把"皇帝拉下马"了,把统治中国几千年的君主专制制度推倒了。这一下,真是"把天捅了一个大窟窿"。它带来的直接后果,至少有两条。

第一,使中国反动统治者在政治上乱了阵脚。中国封建社会本来有个头,那就是皇帝。皇帝是大权独揽的绝对权威,是反动统治秩序赖以保持稳定的重心所在。辛亥革命突然把这个头砍掉了,整个反动统治就乱了套了。在这以后,新的统治人物像走马灯似的一个接着一个登场,却始终建立不起一个统一的稳定的统治秩序来。不用说人民革命的浪潮一浪接着一浪,就是反动阵营内部也无法再保持统一。这自然有很多原因,而辛亥革命在这里所起的巨大作用是无法抹杀的,清朝政府这时又已成为帝国主义列强统治中国的驯顺工具,推倒它,又是对帝国主义列强的一次沉重打击。因此,这次革命就为日后中国人民革命的胜利发展开辟了道路。

第二,使中国人民在思想上得到了一次大解放。皇帝,该算是至高无上、神圣不可侵犯的了。如今都可以被打倒,那么还有什么陈腐的东西不可以怀疑、不可以打破?五四运动前不久,陈独秀在《新青年》的文章中说道:"其实君主也是一种偶像,他本身并没有

---

[1]《中国同盟会革命方略》,《孙中山全集》第2卷,第297页。

什么神圣出奇的作用，全靠众人迷信他，尊崇他，才能够号令全国，称做元首。一旦亡了国，像此时清朝皇帝溥仪、俄罗斯皇帝尼古拉斯二世，比寻常人还要可怜。这等亡国的君主，好像一座泥塑木雕的偶像抛在粪缸里，看他到底有什么神奇出众的地方呢！但是这等偶像，未经破坏以前，却很有些作怪。请看中外史书，这等偶像害人的事还算少么！事到如今，这等不但骗人而且害人的偶像，已被我们看穿，还不应该破坏么？"他在文章最后大声疾呼地说："破坏！破坏偶像！破坏虚伪的偶像！吾人信仰，当以真实的合理的为标准。宗教上、政治上、道德上，自古相传的虚荣，欺人不合理的信仰，都算是偶像，都应该破坏！此等虚伪的偶像倘不破坏，宇宙间实在的真理和吾人心坎儿里彻底的信仰永远不能合一！"[1]辛亥革命在中国人民中还造成民主精神的普遍高涨。思想的闸门一经打开，这股思想解放的洪流就奔腾向前，不可阻挡了。尽管辛亥革命后，一时看来政治形势还十分险恶，但人们又大胆地寻求新的救中国的出路了，不久便迎来了五四运动，开始了中国历史的新纪元。从这个意义上可以说，没有辛亥革命，就没有五四运动。

帝国主义和封建势力在中国的统治，实在是太根深蒂固了！推翻它，消灭它，决不是一两次革命运动的冲击所能完成的。辛亥革命诚然没有能从根本上解决这个问题，但它在当时的历史条件下，把统治中国几千年的君主专制制度一举推倒了，为此后的革命打开了通道。这种不朽的业绩，难道不值得我们给予热情的赞颂吗？一切曾经为中国革命事业披荆斩棘、抛头颅、洒热血的先行者，是不应该为后人所忘却的。

领导这场革命的先行者们确实也有严重的弱点。

他们充满着对祖国的热爱，有着革命的决心，却提不出一个彻

---

[1] 陈独秀：《偶像破坏论》，《陈独秀文章选编》（上），第276、277、278页。

底的明确的反帝反封建的革命纲领来。他们中许多人并不认识帝国主义的真面目，甚至天真地认为他们是以西方国家为榜样的，幻想能得到西方国家的援助，并且总是害怕革命的猛烈发展会招致帝国主义列强的干涉，所以在革命起来后小心翼翼地避免触动帝国主义列强在中国的既得利益。这样，辛亥革命几乎完全没有直接触动帝国主义在中国的统治地位。他们对封建主义的认识也是十分肤浅的。许多人由于家庭和所受教育的缘故，同封建制度有着难分难解的联系。他们中大多数人把清朝统治者看成唯一的敌人，不但看不到封建制度的基础是地主阶级的土地所有制，而且还把一切赞成或被迫同意推翻清朝统治者的汉族地主官僚看作同盟者，不惜向他们作出种种重大让步。因此，一旦清朝的统治被推倒，建立了民国，许多人便以为革命的目标已经达到，失去了继续前进的明确方向，妥协逐渐上升为主流，导致革命的半途而废。

辛亥革命在一定程度上依靠并发动了群众，自下而上地采取革命行动，这是它取得成功的重要原因；可是，未能依靠并发动群众的严重不足，尤其是同广大下层劳动群众的脱离，又是导致它不能把革命进行到底的重要原因。帝国主义和封建势力是一个强大的敌人。要推倒他们在中国的统治，离开广大民众的充分发动是难以做到的。然而，恰恰是占中国人口绝大多数的广大工农群众几乎完全被排除在当时革命党人的视野以外。在革命过程中并没有出现一场农村的社会大变动，自然也不可能吸引广大农民对革命的积极参与，这同法国大革命时的状况显然不同。而没有广大工农群众的积极参与，革命党人在帝国主义和封建势力面前只能深深感到自己缺乏实力而处于孤立无援的地位，不能不走向妥协。

还需要注意到，领导这场革命的中国同盟会是一个十分松懈的组织，它的成员十分复杂。当革命刚开始取得胜利时，革命阵营内部便呈现出一派分崩离析的混乱景象。有如前面所说，武昌起义的成功和民国的迅速成立，使他们喜出望外。原来的穷措大和流亡客转眼间成了国会议员或"民国伟人"。这使许多人感到心满意足，急于结束这场革命，并开始争权夺利。没有一个坚强有力的革命政党的领导，也难以使革命进行到底。

为什么资产阶级共和国制度在西方许多国家行得通，拿到中国来就行不通了呢？根本原因就在于：中国民族资产阶级的力量太微弱了，并且同帝国主义和封建势力有着难以割断的联系，而同广大工农群众严重脱离。在中国这样一个幅员辽阔、人口众多的国家里，这一点力量更难以起左右全局并推动根本改革的作用，其存在上面所说的种种弱点并中途妥协是难以避免的。

辛亥革命并没有能解决中国近代社会的根本矛盾，使中国从此走上独立、民主和富强的道路，实现人们原先对它的期望。正如董必武所说：革命的结果，虽然推倒了君主专制制度，建立了民国，但"根本没有打碎封建军阀和官僚的国家机器。近代中国的半殖民地半封建的经济基础，更是原封未动。中国的反对帝国主义反对封建主义的革命任务并没有完成。就这个意义说，辛亥革命是失败了"[1]。

中国近代的民族民主革命是由一代又一代的革命者，经过一个多世纪前仆后继的顽强努力，才取得胜利。辛亥革命虽然没有能完成这个历史任务，但它在近代中国人民革命斗争的长期历史中是一个不可缺少的重要环节，占着重要的地位，这是无可怀疑的。

---

[1] 董必武在辛亥革命五十周年纪念大会上的讲话，《人民日报》1961年10月10日。

二十四、建设梦想的破灭

清朝政府的推倒,民国的成立,这一切都来得那么快。许多人对眼前出现的种种复杂现象无法立刻作出正确的判断,对它行将带来的无数新问题既没有足够的精神准备,更缺乏应付的经验。胜利给了人们巨大的鼓舞,也造成一种错觉,似乎随后的政治和经济建设也将在短期内同样顺利地实现,尽管清朝推翻后,政权很快又落到旧社会势力的总代表袁世凯手里,但矛盾暂时还处于潜在状态,甚至示人以假象。袁世凯在取得政权后,还需要一些时间来重新集结力量,稳定被革命强烈震撼过的旧秩序,因此在表面上仍口口声声要"矢忠共和",表示要尊重议会的"神圣权利"。大多数革命党人一时都沉浸在胜利的狂欢中,以为中国已跨入一个新的时期,建设新中国的理想即将次第实现。

这种普遍的乐观和幻想,使人们倾向于强调维持现状,以为需要思考的只是在民主共和制度的新格局下如何建设这个国家,对旧社会势力的斗争已不那么重要,甚至因害怕引起破裂而进一步趋向妥协。在一般国民中,妥协的心理更为普遍。这时,同盟会内部对未来的发展作出种种设计,提出种种不同的社会政治方案,主要是两种倾向:一种强调兴办实业,以孙中山为代表;一种强调政党政治,以宋教仁为代表。两者间有许多息息相通的地方,并不是根本对立的,但着重点显然有所不同。

孙中山是富有远大眼光的政治家。无论什么时候,他总是能够从统筹全局的观点出发,提纲挈领地提出主张。但是,广州起义失败后他被迫在海外度过了长达十六年的流亡生活,对中国的复杂国情和社会现状难免有些隔阂。因而,他当时提出的问题和实施方案,更多的是从怎样建设一个近代国家的原理出发,不全切合中国的实情,这是不足为怪的。

他在宣布解除临时大总统职务的当天,发表了一篇讲演:"今日满清退位、中华民国成立,民族、民权两主义俱达到,唯有民生主义尚未着手,今后吾人所当致力的即在此事。"他这时讲的"民生主义"是什么呢?用他的话说:"一面图国家富强,一面当防资本家垄断之流弊。"在他心目中,这是同一事物中相互联系的两个侧面。他认为,中国当务之急是振兴实业,"能开发其生产力则富,不能开发其生产力则贫。从前为清政府所制,欲开发而不能。今日共和告成,措施自由,产业勃兴,盖可预卜"。但在振兴实业时一定要防止资本家的垄断。"此防弊之政策,无外社会主义,本会政纲中,所以采用国家社会主义政策,亦即此事。""国家一切大实业,如铁道、电气、水道等事务皆归国有,不使一私人独享其利。"[1]

为了在落后的中国发展近代工业,孙中山把兴修四通八达的铁路看作必需的重要前提。他在两次同《民立报》的记者谈话时说:"现拟专办铁路事业,欲以十年期其大成。"[2]"苟无铁道,转运无术,而工商皆废,复何实业之可图。故交通为实业之母,铁道又为交通之母。国家之贫富,可以铁道之多寡定之。地方之苦乐,可以铁道之远近计之。"[3]他一再宣传要在十年内建设二十万里铁路。他1912年9月间北上会见袁世凯,最重要的目的也是为了取得袁对他从事铁路建设的支持。老奸巨猾的袁世凯便在口头上对他表示支持,并任命他为全国铁路总办。

---

[1] 孙中山:《在南京同盟会会员饯别会的演说》,《孙中山全集》第2卷,第318—324页。
[2] 《孙中山先生一席话》,《民立报》1912年6月23日。
[3] 《孙中山先生谈话》,《民立报》1912年6月26日。

值得注意的是,他在这次北上途中给宋教仁写了一封信,里面说:"民国大局,此时无论何人执政,皆不能大有设施。盖内力日竭,外患日逼,断非一日所能解决。若只从政治方面下药,必至日弄日纷,每况愈下而已。必先从根本下手,发展物力,使民生充裕,国势不摇,而政治乃能活动。弟刻欲舍政事,而专心致志于铁路之建筑,于十年之中,筑二十万里之线,纵横于五大部之间。"[1]这可以说是理解孙中山这个时期思想和行动的一把钥匙。孙中山自然知道政治的重要性。但他此时认为:现实的政治状况有如一团乱麻,一时谁都难以措手足。如果从这里着手,只会越弄越乱。倒不如暂时把政治问题放一放,先集中力量发展实业,等到"民生充裕,国势不摇"了,回过头来再解决政治问题也许好办得多。他认为这才是"从根本下手"的办法。

宋教仁在同盟会的重要活动分子中,书本知识要比其他人多,实际经验却少一些。他对欧美国家的政治、法律、财政等制度相当熟悉,翻译过不少这方面的书籍。他特别注意西方国家的民主的组织形式和议事程序,以为只要把这一套搬到中国来,就是抓住了事情的根本,中国的面貌就会发生大的变化。"宋教仁的主张最坚决的,就是责任内阁制。他认为要建设进步的国家,必须有健全的政府,有权而后尽其能,有能而后尽其责,是之谓'权责能'三位一体的责任内阁。这样的内阁,必须有强大的政党,又有人才,又在国会中取得大多数的议席,才可以建立起来,巩固起来。"[2]他这种"政党内阁"的主张是建立在"议会政治"的基础上的。对西方国家那套政治和法律制度的模式,他不但熟悉,并且几乎全部接受下来。他深信:只要组成强大有力的政党,同其他政党竞争,通过选举赢

---

[1] 孙中山:《致宋教仁函》,《孙中山全集》第2卷,第404页。
[2] 蔡寄鸥:《鄂州血史》,上海:龙门联合书局1958年版,第208页。

得胜利，夺取议会中的多数席位，就可以按照法律程序，组织责任内阁，实现他们的全部政治主张。因此，他全力以赴地奔走的是在他看来最重要的两件大事：一件是组织一个实力强大的政党，一件是争取在国会选举中取得多数议席。

宋教仁在接替汪精卫担任同盟会总务部主任干事后，不顾蔡元培等的反对，立刻积极地同统一共和党、国民共进会、国民公党、共和实进会联络，合并成立国民党。8月25日，国民党举行成立大会，孙中山被推为理事长，宋教仁担任代理理事长。由于孙中山几乎不问党事，宋教仁在党内实际上已处于总揽一切的地位。胡汉民对宋教仁这一做法一直十分不满，批评道："他以为我们那时不要再秘密地做革命工作，只要到国会中去做那政治活动者就是。他为扩充国会中的势力起见，要将当时五个政党合并为一个国民党，兄弟对于他这种主张很反对，因为这样一来，把本党的革命性消蚀大半了。""而宋先生那时不独忽略了这一个要点，而且想以选举运动、议会运动替代了革命运动，那如何行呢？""宋遁初先生的那种主张，同志只要钻进国会去做议员，不必在党里革命，不啻为本党民元以后因政客嚣张而失败的一部分写照。"[1]

国民党这个大党一成立，宋教仁马上把工作重点转到国会竞选活动上，力图通过选举在国会取得多数席位。他奔走湘、鄂、苏、沪等地，为国民党竞选。1913年2月，他在一次讲演中说："世界上的民主国家，政治的权威是集中于国会的。在国会里头，占得大多数议席的党，才是有政治权威的党，所以我们此时要致力于选举运动。选举之竞争，是公开的、光明正大的，用不着避甚么嫌疑，讲甚么客气的。我们要在国会里头，获得过半数以上的议席。进而在

---

[1] 胡汉民：《从国民党党史上所得的教训》，《革命理论与革命工作》，上海：上海民智书局1932年版，第1234、1236页。

朝，就可以组成一个党的责任内阁；退而在野，也可以严密的监督政府，使它有所惮而不敢妄为。应该为的，也使它有所惮而不敢不为。那么，我们的主义和政纲，就可以求其贯彻了。"[1]接着，他在一篇文章里又充满自信地说：只要有"强有力之政党内阁主持于上，决定国是"，又将中央行政与地方行政的分划有条理地加以确定，"不五年间，当有可观，十年以后，则国基确定，富强可期，东亚天地，永保和平，世界全体亦受利不浅矣"[2]。重读宋教仁这些豪言壮语，真觉得实在是些过于天真的书生之见。

宋教仁对革命是忠贞的，争取实现民主政治的愿望也是真诚的。但他对中国的实际国情太缺乏了解了。在想象中似乎相当完美的政治设计，一进入实际社会生活，换得的常不是设计者预期的效果，甚至适得其反。当他兴奋地写下五年后如何、十年后如何这些话时，谁能想到，离他的惨死只剩十天了。在袁世凯所代表的旧社会势力不但没有被触动，而且还掌握着一切实际权力的时候，单靠搬用西方民主政治的某些组织形式和议事程序，以为就可以解决中国的问题，那不是太可笑了吗？

事实上，说起来那么动听的东西，甚至在西方国家也许取得过一些成效的政治制度，如果不顾中国国情，硬搬到当时中国社会这块土壤上实行起来，却会全然变样：普选徒具形式；多党制成了拉帮结派，党同伐异；议会里大多是一批政客在那里吵吵嚷嚷；国民党在国会竞选中果然取得了多数，但对国民的实际利益却一无所补。袁世凯所代表的旧势力一旦猛扑过来，连那点形式上的东西也被抛到九霄云外。种瓜得豆，这真是创业者始料之所不及的。

民国初年同盟会人的种种社会政治方案虽有不同，共同的认识是：中国革命已经成功了，需要开始建设，包括政治和经济建设。在

---

[1] 蔡寄鸥：《鄂州血史》，第 225 页。
[2] 宋教仁：《中央行政与地方行政分划之大政见》，《宋渔父》前编，《政见》，第 21 页。

革命和建设的关系上,如果革命真的成功了,重点自然需要转移到建设方面来。问题在于:革命是否真已成功,建设是否已可全面开始。革命所要求的应该包括整个社会结构和社会秩序的根本性变化。辛亥革命无疑是一场革命。它给中国政治体制以至社会意识形态带来的变化是巨大的,对社会经济的发展也起了促进的作用。但这场革命是不彻底的,中国的社会结构并没有因此发生多大变化,中国旧社会势力的根基几乎原封不动地保存了下来。这又决定了政治体制上的变化虽然搞得很热闹,中国的问题并没有得到根本的解决。

袁世凯是中国旧社会势力的总代表。他的社会政治经验远比那些年轻而天真的革命党人丰富得多。他看清一个事实:经过辛亥革命这场大风暴冲刷后,中国的旧社会秩序已被冲乱了,原来集结在清朝政府周围的旧社会势力已被一下打散了,把他们重新在自己周围集结起来需要一个过程;对革命派的全面反扑,也必须在军事上、政治上、财政上、外交上作好种种准备,这些都需要时间。袁世凯深深懂得:什么时候需要克制,甚至换出一副面容来同革命派周旋;什么时候可以突然翻脸,冷不防地断然下手。宋教仁看得比什么都重要的组织强大政党和夺取议会中多数席位这两件大事,袁世凯却并不在乎。一旦他准备好了,立刻毫不留情地动手:派人暗杀宋教仁,下令罢免国民党在南方的三都督(江西都督李烈钧、安徽都督柏文蔚、广东都督胡汉民),并且公然以嘲弄和恫吓的口吻说:"现在看透孙、黄,除捣乱外无本领。左又是捣乱,右又是捣乱。我受四万万人民付托之重,不能以四万万人之财产生命听人捣乱!自信政治军事经验、外交信用不下于人。若彼等能力能代我,我亦未尝不愿,然今日诚未敢多让。彼等若敢另行组织政府,我即敢举兵征伐之。"[1]

---

[1] 白蕉:《袁世凯与中华民国》,第49、50页。

宋教仁的被刺，对毫无思想准备的国民党人来说，无异晴天霹雳。他们在袁世凯的突然袭击下，立刻陷入极度的混乱之中。孙中山在血的事实面前，抛弃了一度产生过的对袁世凯的幻想，匆匆地中断对日本的访问，赶回上海，召开军事会议，力主讨袁。但黄兴等却反对，主张"稍缓用兵"，说："民国元气未复，仍不如以法律解决之为愈。证据确凿，俟国民大会发表后，可组织特别法庭缺席裁判，何患效力不复生？"[1]蔡元培、汪精卫等也奔走南北，力求在妥协的条件下和平解决。至于各省都督和国会议员，由于对既得利益的恋栈，响应孙中山主张的更是寥若晨星。从辛亥革命到这时，时间刚过去一年。但是，地位和金钱对许多革命党人来说，是强有力的腐蚀剂。他们失去了原先的革命意志，为了保持新得的地位，不惜作出一切妥协。孙中山的战斗口号，不仅不能召唤他们参加到战斗的行列中来，反而唤来了一片"孙大炮"的讥刺声。

阶级，此刻也暂时抛弃了自己的政党。软弱的中国资产阶级在辛亥革命后曾经有过天真的幻想，以为这是他们发展实业的大好机会。他们生怕对袁世凯的反抗会破坏这个大好机会，因而对孙中山领导的反抗斗争普遍持反对态度。领导着商团、在上海光复时起过重大作用的李平书，这时也反对陈其美在上海发动"二次革命"。当时有人在报纸上透露他们这种心情："商界何以反对南方兵事？盖兵事一起，商人之损失无限。此不独中国之商人然也，即外国商人亦甚望贸易之国处于平静之地位，安居乐业，勿复惊扰。且商业凋零，则人民均受其影响，故彼等之反对亦有不得已之苦衷也。"[2]软弱的中国资产阶级不能产生自己的"狄克推多"，就把希望转向大地主大买办的政治代表袁世凯，祈求在他的庇护下，得以平静地发展自己

---

[1] 谭人凤:《石叟牌词》,《谭人凤集》,第413页。
[2]《癸丑战事汇录》,《时评》,第15页。

经营的实业。这种希望最后注定是要落空的。

广大下层工农群众，本来就很少处在资产阶级革命党人的视野之内。在国民党人担任都督的南方各省，他们也不能得到多少实际利益。因此，在他们眼中，国民党与袁世凯之间的冲突，大概只是彼此间的争权夺利，同他们并不相干，自然不可能再有多少热情起来给国民党以有力的支持。

一年多前曾经鼓动起全国规模的革命大风暴的革命党人，曾几何时，已处于分崩离析和十分孤立的境地，环顾四周，找不到多少支持和援救的力量。

于是，在袁世凯的几路进军和对南方军人的暗中收买下，南方各省一度进行的独立和抵抗很快就失败了。这个失败，严格地讲，除江西和南京外并没有发生什么激烈的战斗，而是在国民党内部自行瓦解中崩溃下去的。江苏、安徽、江西、广东的失败，首先都由于内部的叛变，广东第二师师长苏慎初、混成旅旅长张我权用武力逐走了都督陈炯明，安徽第一师师长胡万泰也强行胁迫都督柏文蔚下台。湖南和福建两省原来态度就不坚决，抱着首鼠两端的观望心理，等到前述几省失败后，就自己取消了独立。湖南都督谭延闿在取消独立的通电中说："湖南宣布独立，水到渠成，延闿不任其咎；湖南取消独立，瓜熟蒂落，延闿不居其功。"[1]国民党的议员们，不再妄想凭着"议会中的多数"来约束袁世凯的行动了，只是一心恋栈自己的地位。他们竭力向袁世凯献媚，甚至由国民党代理理事长吴景濂出面，宣布削除黄兴等人的党籍，表示自己同这个事件无关。但是，等南方的军事行动一结束，袁世凯对他们就不再讲什么客气，先将议员们包围在会场内，强迫他们投票选举袁世凯为中华民国正式大总统，接着便下令解散国民党，收缴国民党籍议员的证书。由

---

[1]《邹永成回忆录》，《近代史资料》1956年第3期，第126、127页。

于国民党籍议员在国会中占着多数,这一来,国会就不足开会的法定人数,名存实亡了。不久,袁世凯又正式下令解散国会,废止《临时约法》,由总统独揽大权。资产阶级的议会政治,在半殖民地半封建的旧中国,只能落得这样的下场。

"无量金钱无量血,可怜购得假共和。"这教训实在太惨痛了!资产阶级共和国方案的试验和破产,也许可以看作20世纪初年这场革命留给中国人的一笔重要精神遗产。

二十五、初期新文化运动

辛亥革命失败后的头几年,那是一段青黄不接、令人特别难熬的日子。革命正处在暂时的退潮中。周围留下的似乎是一片黑暗。旧的路已经走不通了,需要寻求新的出路。可是,新的出路在哪里?一时又没有立刻找到答案。在那些日子里,很多人陷于消沉、悲观以至绝望的境地。有的人对现状充满了愤慨,牢骚满腹,使酒骂座,结果却仍然一筹莫展。有的人退入书斋,终日在故纸堆里爬梳,聊以排遣自己的烦闷。有的人竟削发为僧,遁迹山林。"辛亥革命给长期黑暗无际的中国带来了一线光明,当时人们是多么的欢欣鼓舞呵!但是,转瞬之间,袁世凯窃去国柄,把中国重新投入黑暗的深渊,人们的痛苦和失望真是达于极点,因此有的便走上了自杀的道路。"[1]

但是,严峻的现实却不容许人们长期沉浸在消极、苦闷和彷徨中。这以后的短时间内,日本强迫中国接受"二十一条",袁世凯称帝,张勋复辟,思想界卷起一股提倡尊孔读经的逆流,这些活剧一幕紧接着一幕地在中国现实舞台上演出。正如毛泽东所描述的:"国家的情况一天一天坏,环境迫使人们活不下去。怀疑产生了,增长了,发展了。"真正有志气的爱国者不会停止自己的脚步。他们在遍布荆棘的崎岖道路上毫不气馁,重新开始了新的探索。

这是中国思想界大转变的契机。但新的道路并不是一步就能踏

---

[1] 吴玉章:《从甲午战争到辛亥革命的回忆》,《吴玉章回忆录》,第101页。

上的。他们在总结辛亥革命失败的教训时，最初把注意力集中在思想文化领域内，认为共和制度之所以不能真正实现和巩固，根本原因就在于缺少一场对封建主义旧思想、旧文化、旧礼教的彻底批判，大多数国民的思想仍被专制和愚昧牢牢地束缚着，缺乏民主和科学的觉悟。这便是初期新文化运动的由来。

辛亥革命时担任过安徽都督府秘书长的陈独秀在1915年9月创办了《青年杂志》，不久改名为《新青年》。他在《新青年》上写道："我们中国多数国民口里虽然是不反对共和，脑子里实在装满了帝制时代的旧思想。欧美社会国家的文明制度，连影儿也没有。""这腐旧思想布满国中，所以我们要诚心巩固共和国体，非将这班反对共和的伦理文学等旧思想，完全洗刷得干干净净不可。否则不但共和政治不能进行，就是这块共和招牌，也是挂不住的。"[1]他认为，造成中国人民愚昧的根源是封建道德，而封建道德就是奴隶道德。"吾人果欲于政治上采用共和立宪制，复欲于伦理上保守纲常阶级制，以收新旧调和之效，自家冲撞，此绝对不可能之事。"他把伦理的觉悟看作"吾人最后之觉悟"，为了做到这一点，"一切政府的压迫，社会的攻击笑骂，就是断头流血，都不推辞"。[2]他这种无所畏惧、勇猛直前的精神是十分可敬的。

初期新文化运动的发展，大体上经历过三个阶段。第一阶段，在《青年杂志》发刊的头半年，他们的宣传还比较平和，着重在两个方面。一方面，宣扬个人独立自主的人格和权利，声称"等一人也，各有自主之权，绝无奴隶他人之权利，亦绝无以奴自处之义务"，"解放云者，脱离夫奴隶之羁绊，以完其自主自由之人格之谓也"[3]，从而反对封建礼教所鼓吹的"忠孝节义"这些"奴隶之道

---

[1] 陈独秀：《旧思想与国体问题》，《新青年》第3卷第3号。
[2] 陈独秀：《吾人最后之觉悟》，《青年杂志》第1卷第6号。
[3] 陈独秀：《敬告青年》，《青年杂志》第1卷第1号。

德"。另一方面，宣称"奋斗乃人生之职"，"世界一战场，人生一恶斗，一息尚存，决无逃遁苟安之余地"[1]，鼓舞人们进取奋斗，反对消极悲观和苟且自了的思想。第二阶段，从1916年2月发表易白沙的《孔子平议》起，《新青年》等刊物上接连地刊载一系列更富有战斗性的论文（如李大钊的《孔子与宪法》，陈独秀的《驳康有为致总统总理书》《宪法与孔教》《孔子之道与现代生活》等），集中火力，对以孔子为代表的封建礼教特别是三纲五常等学说，发动了猛烈的抨击。第三阶段，1917年，从喊出"文学革命"的口号，提倡白话文开始，《新青年》批判的面更广了："破坏孔教，破坏礼法，破坏国粹，破坏贞节，破坏旧伦理（忠、孝、节），破坏旧艺术（中国戏），破坏旧宗教（鬼神），破坏旧文学，破坏旧政治。"[2]钱玄同甚至主张："欲废孔学，不可不先废汉文。"[3]

他们响亮地喊出了"民主"和"科学"的口号，向根深蒂固的封建文化发动猛烈的进攻。陈独秀在《新青年罪案之答辩书》中写道："追本溯源，本志同人本来无罪，只因为拥护那德谟克拉西（Democracy）和赛因斯（Science）这两位先生，才犯下这几条滔天大罪。要拥护那德先生，便不得不反对孔教、礼法、贞节、旧伦理、旧政治；要拥护那赛先生，便不得不反对旧艺术、旧宗教；要拥护德先生又要拥护赛先生，便不得不反对国粹和旧文学。""民主"和"科学"（也就是德先生和赛先生）的提出，不是偶然的。它的对立物，就是专制和愚昧。这正是中国几千年封建野蛮统治遗留的恶果。

这一次对封建主义旧思想、旧文化、旧礼教的批判，其尖锐彻底的程度、所向无前的声势，是中国历史上前所未有的。陈独秀一开始就鲜明地指出："吾人果欲于政治上采用共和立宪制，复欲于

---

[1] 陈独秀：《抵抗力》，《青年杂志》第1卷第2号。
[2] 陈独秀：《新青年罪案之答辩书》，《新青年》第6卷第1号。
[3] 钱玄同：《中国今后之文字问题》，《新青年》第4卷第1号。

伦理上保守纲常阶级制，以收新旧调和之效，自家冲撞，此绝对不可能之事。"[1]吴虞写道：儒家提倡的那种"尊卑贵贱不平等之义"，"其流毒诚不减于洪水猛兽"，并且指名痛斥孔子"盗丘之遗祸及万世"。[2]过去，孔孟学说的卫道士们动辄指斥别人是"洪水猛兽"，现在反过来把这顶帽子扣到他们自己头上去，这在当时的确是石破天惊之论。鲁迅在《新青年》上发表的小说《狂人日记》更写下了这样一段名言："我翻开历史一查，这历史没有年代，歪歪斜斜的每页上都写着'仁义道德'几个字。我横竖睡不着，仔细看了半夜，才从字缝里看出字来，满本都写着两个字是'吃人'。"它不仅是新文化运动中真正以白话文从事小说创作的第一篇，就其对旧社会、旧文化鞭挞的精辟深刻来说，在当时也是无与伦比的。

在《新青年》的有力推动和影响下，各地拥护新文化运动的刊物像雨后春笋般纷纷出版。妇女解放、婚姻自由、家庭革命等口号的提出，使这场运动触及的社会面远比辛亥革命时更为广泛。

这次对封建主义旧文化的大讨伐，威力猛烈，势如破竹，起了巨大的思想解放作用。它清扫了地基，为人们以后接受马克思主义作了重要的准备。以《新青年》为代表的初期新文化运动对中国近代历史发展的重大贡献，是不可磨灭的。

但初期的新文化运动仍然是在资产阶级民主主义的旗帜下进行的，可以说是辛亥革命在思想领域内的继续和深入。陈独秀在《新青年》上曾明白声言："愚固迷信共和，以为政治之极则。政治之有共和，学术之有科学，乃近代文明之两大鸿宝也。"[3]他们猛烈地抨击旧思想、旧文化、旧礼教，正是因为在他们看来，只有这样做才能巩固共和制度。他们对西方资本主义世界常常不是采取分析的态

---

[1] 陈独秀：《吾人最后之觉悟》，《青年杂志》第1卷第6号。
[2] 吴虞：《家族主义为专制主义之根据论》，《新青年》第2卷第6号。
[3] 陈独秀：《时局杂感》，《新青年》第3卷第4号。

度，而是不加批判地拜倒。《新青年》上有的文章写道："既在二十世纪建立民国，便该把法国美国做榜样。""适用现在世界的一切科学、哲学、文学、政治、道德，就是西洋人发明的。我们该虚心去学他，才是正办。"第一次世界大战结束后的巴黎和会，被他们看作"公理战胜强权"的象征。直到1917年初，有的读者来信要求《新青年》介绍一些社会主义的新思想，陈独秀还在刊物上这样回答："社会主义，理想甚高，学派亦甚复杂。惟是说之兴，中国似可缓于欧洲，因产业未兴，兼并未行也。"[1]尽管初期新文化运动在反对封建主义的专制和愚昧上是勇敢的，但它本身并没有给中国人民指出新的方向。

他们用来反对封建主义旧文化、旧礼教的思想武器，主要是资产阶级的以个人为中心的"独立人格"和"平等人权"的学说。这种状况，在它的早期更为明显。他们把个人的权利看得高于一切，写道："社会集多数小己而成者也。小己为社会之一员，社会为小己所群集。故不谋一己之利益，即无由致社会之发达。""国家为达小己之蕲向而设。""为利小己而创造国家，则有之矣。为利国家而创造小己，未之闻也。"[2]他们所以激烈地反对奴隶道德，着眼点也在它妨碍了个人的独立和自由。陈独秀写道："人间百行，皆以我为中心，此而丧失，他何足言？奴隶道德者，即丧失此中心，一切操行，悉非义由己起，附属他人以为功过者也。自负为一九一六年之男女青年，其各奋斗以脱离此附属品之地位，以恢复独立自主之人格！"[3]自然，在当时的历史条件下，这些小资产阶级急进民主派一时还不可能有别的思想武器，只能以这种"独立人格"和"平等人权"的学说来反对封建的传统意识，反对专制和愚昧，他们在这个

---

[1]《通信》，《新青年》第2卷第5号。
[2] 高一涵：《共和国家与青年之自觉》，《青年杂志》第1卷第2号。
[3] 陈独秀：《一九一六年》，《青年杂志》第1卷第5号。

历史的转折时期仍然起过巨大的进步作用。但是，他们的着眼点终究还只是个人的利益，而不是人民的整体利益；他们所追求的也只是个人的解放，而不是全体劳动人民的解放。从中国的实际情况来看，当时统治着中国的帝国主义和封建势力是强大的，决不是任何个人奋斗所能推倒的；而离开国家的独立和人民的解放，事实上也不会有什么个人解放可言。所以，从根本上说，初期新文化运动仍不能给灾难深重的中国人民指明真正的出路。

初期新文化运动主要是从文化思想领域内着眼的，把它看作"最后之觉悟"，以为这样便可以使中国的问题得到根本的解决。文化有时固然有它的超前性，可以对政治和经济起有力的反作用，可是它终究是社会的政治和经济的反映。当时中国的现状是那样腐败和黑暗。如果不从根本上对这个社会进行改造，单从文化思想或政治组织形式下手，怎么能真正解决问题呢？人们不能不继续向前探索。

于是，"改造社会""建设新社会"的呼声越来越高，逐渐响彻全国。改造社会的问题在思想界被提到如此突出的地位，成为先进青年集中关注的焦点，在中国近代思想史上还是第一次。这是人们对问题向更深层的挖掘，是当时先进青年中产生的新的觉悟，是中国人在认识上的一次飞跃。

二十六、世界范围大变动对中国的影响

中国的现社会必须改造，这在先进青年中已逐渐成为共识。但是，这个社会应该改造成什么样子，多数人最初却并不清楚。

正在这个时刻，世界范围内发生的大变动强烈地吸引了中国先进分子的注意：从1914年开始的第一次世界大战延续达四年之久，给欧洲人民带来了浩劫。这场空前残酷的战争，把资本主义世界固有的内在矛盾，以比以往任何时候都更加尖锐的形式清楚地暴露出来。劫后的欧洲留下的是满目疮痍，是令人震惊的巨大灾难和混乱，一时仿佛看不到多少光明的前景。这下轮到西方国家许多人也陷入深重的失落感了。

欧战结束后的下一个月，梁启超等动身去西欧游历了一年。他们看到了什么？看到的是普遍的沮丧、彷徨和"世纪末"的失魂落魄情绪。一个美国记者对他说："西方文明已经破产了。"梁启超归国后在《欧游心影录》中描述他在欧洲目睹的这幅凄惨景象："全社会人心都陷入怀疑、沉闷、畏惧之中，好像失了罗针的海船遇着风遇着雾，不知前途怎生是好。"他从中得到一个强烈的印象："社会革命，恐怕是二十世纪史唯一的特色，没有一国能免，不过争早晚罢了。"[1]梁启超素来以政治态度温和而富于敏感著称。他的这些言论自然会在国内引起不小的反响。

鼎鼎大名的英国哲学家罗素这时到中国来，到处演讲。他说：

---

[1] 梁启超：《欧游心影录》，《梁启超选集》，第719、723页。

"诸君皆知道我相信社会主义的。我以为产业如何发达，若非以社会主义行之，必定有不平之事发生，此阶级压制他阶级，苦者益苦，富者益富，弊害丛生。所以必须生产品、器具、土地、利益，皆归之公有，再分配于个人，不为私人所揽有，方为公道。西方社会主义是产业制度的结果，自然而然产生嬗化而来。"尽管罗素并不是一个真正的社会主义者，尽管他同时又鼓吹"中国若想社会主义实现，不得不提倡资本主义"[1]，但连他都如此赞扬社会主义，终究也引起更多人对社会主义的注意，使他们感到社会主义比起资本主义来是一种更新、更先进的制度。

至于有机会亲自到欧洲去看看的中国先进青年，受到的刺激自然更为强烈。

长时期来，中国的先进分子一直钦羡西方国家的富强，把西方国家看作中国仿效的榜样。他们密切注视着西方世界的动向，狂热地学习和研究西方的种种新学说和新思潮。西方世界发生的任何社会变动和思想变动，时时都会牵动他们的心弦。

本来，早在19世纪末和20世纪初，当西方资本主义还处在比较稳定时期时，中国先进分子中已有一部分人开始敏锐地觉察到它的阴暗面，并对西方正在广泛传播的社会主义思想表示同情。孙中山便是较早地表示过这种同情的一人。1903年，日本人村井知至的《社会主义》一书在上海同时有两种译本出版，福井准造《近世社会主义》的中译本也在上海出版。同年9月，幸德秋水《社会主义神髓》的第一个中译本由《浙江潮》编辑所印行。同盟会成立后，朱执信在《民报》第二号上发表了一篇《德意志社会革命家小传》，比较详细地介绍马克思的生平和《共产党宣言》的要点。他把马克思译为马尔克，这样写道："马尔克以为资本家者掠夺者也，

---

[1] 罗素：《社会主义》，《时事新报》副刊《学灯》，1921年2月21日。

其行盗贼也,其所得者一出于朘削劳动者以自肥尔。""凡财皆从劳动而出。故真为生产者,劳动之阶级也。然则享有世间财产之权利者,非劳动者而谁乎?"1907年由刘师培等在日本创办的《天义》上,第十五卷《学理》栏内刊载了民鸣译的恩格斯的《共产党宣言英文版序言》,第十六、十七、十八、十九四卷合刊(春季增刊)上刊登了《共产党宣言》第一章《资产者与无产者》的译文。1912年10月,孙中山在上海作了连续三天的《社会主义之派别及方法》的讲演,但这个问题那时并没有引起更多人的注意。

现在,欧洲资本主义国家的社会矛盾以如此尖锐的形式爆发出来,西方国家的缺陷已暴露得如此明显,连许多西方思想家对之的信心也发生动摇。这不能不使更多的醉心学习西方的中国人感到震惊。西方的社会制度在他们心目中顿时失却原来那种耀眼的光彩。他们自然地得出结论:难道我们还要步着人家的后尘,沿着这条旧路再走一遍吗?为什么不能改弦易辙,采纳世界上更新的学说,创立一种更加合理的社会?何孟雄的一段话,反映了不少中国先进青年的这种认识:"欧洲资本主义的前途,工人及中产阶级的沦到不幸的地步,我们中国在产业萌芽的机会,当然要对于欧洲资本主义造出来的罪恶务宜具一种戒心,有旁的较好的法子当然采取好的法子。未见得资本主义是必经的阶段,即是资本主义发展了,将来革命是免不掉的。难道劳动阶级铸定必需受资本主义的痛苦吗?"[1]

正当人们在思考这些问题时,列宁领导的俄国十月社会主义革命爆发了。长期以来,沙皇俄国一直是侵略中国的急先锋。在这个近邻大国发生的巨大革命变动,自然不能不引起中国人的格外关切。人们需要了解在那里到底发生了什么事情。许多报纸杂志上连篇累牍地刊载报道俄国革命的消息和评论。北京的《晨报》上连续刊登

---

[1] 何孟雄:《发展中国的实业究竟要采用甚么方法》,《何孟雄文集》,第62页。

《劳农政府治下的俄国——实行社会共产主义之俄国真相》的长篇文章，从劳农政府的教育方针、土地国有、行政组织、男女平权、银行国有、国债废弃以及布尔什维克主义等方面作了比较详细的介绍。充满报刊上的这些文章和消息，尽管中间也有不少失实的记载和错误的评论，但毕竟帮助了许多中国人大体了解了俄国发生的事实真相。同时，在第一次世界大战期间，中国的民族工业有了重要的发展，工人的队伍迅速壮大，作为重要社会问题的劳动问题越来越受到人们的注意。工人运动的初步兴起，也使原来被忽视的下层劳动人民的力量受到人们的重视。这就使原来正在黑暗中摸索的中国先进分子开始看到新的希望和新的依靠力量。

为什么十月革命这时能对中国先进青年产生强大的吸引力？原因不是别的，就在于它正好给他们苦苦思索着的问题指出了一条新的出路。在这以前中国人虽然已多少接触到一点马克思主义学说，但那时对马克思主义的一些介绍并不准确，受到它影响的范围也十分有限。许多人不过把它看作欧洲无数新思潮中的一种偶然涉及，并没有给以认真的对待。现在，社会主义在苏俄不仅从书本上的学说变为活生生的现实，并且在历经种种饥馑、内战、外国干涉的严重磨难后，依然站稳了脚跟，工人和农民破天荒第一次成了社会的主人。一边是尽管还在艰苦创业却充满蓬勃生机的苏俄，一边是混乱颓败的西欧，两者之间形成鲜明的对照。这自然产生巨大的吸引力，使苦闷中的中国先进分子倏然转到俄国十月革命道路这方面来。

李大钊在1918年10月发表的《庶民的胜利》《布尔什维主义的胜利》两文，是中国人接受十月革命道路的最早反映。他在文中指出，第一次世界大战的结果，"是社会主义的胜利，是布尔什维主义的胜利，是赤旗的胜利，是世界劳工阶级的胜利，是二十世纪新潮流的胜利"[1]。他响亮地宣告："试看将来的环球，必是赤旗的世界。"[2]1919年5月5日，马克思诞生101年纪念日的时候，李大钊主持下的《晨报副刊》开辟了《马克思研究》专栏，连续刊载《共产党宣言》、《政治经济学序言》的摘译和《雇用劳动与资本》的译文。这些表明，中国第一批具有初步共产主义思想的知识分子出现了，新文化运动中新的因素产生了，马克思主义在中国的传播开始了。

其他有着不同经历、处于不同地位而先后转到这条道路上来的先进分子越来越多。同盟会最早会员之一的吴玉章回忆道："处在十月革命和五四运动的伟大时代，我的思想上不能不发生非常激烈的变化。当时我的感觉是：革命有希望，中国不会亡，要改变过去革命的办法。虽然，这时候我对中国革命还不可能立即得出一个系统的完整的新见解，但是通过十月革命和五四运动的教育，必须依靠下层人民，必须走俄国人的道路，这种思想在我头脑中日益强烈，日益明确了。"[3]这里所说的思想经历，不只是属于他一个人的。

社会主义不是由任何人心血来潮地凭空臆想出来的，而是资本主义社会固有的内在矛盾的产物。李达在1919年6月说："法兰西革命，虽是推倒皇帝的专制，打破贵族的阶级，灭除寺院僧侣的特权，但所有成功只算政治革命的成功。""结果弄到贫者愈贫（这是劳动者），富者愈富（这是资本家），贫富相差愈远。这就是十九世纪政治革命后的文明现状。社会上受了这不平等的刺激，自然会生出近世的社会主义来了。"[4]同样地，社会主义思想在中国的传播，也不是任何人的主观意志所能任意左右的，而是时代潮流发展的结果，是历史地自然地产生的。

---

[1] 李大钊：《庶民的胜利》，《新青年》第5卷第5号。
[2] 李大钊：《布尔什维主义的胜利》，《新青年》第5卷第5号。
[3] 吴玉章：《回忆五四前后我的思想转变》，《吴玉章回忆录》，第112页。
[4] 李达：《社会主义的目的》，《李达文集》第1卷，第4页。

二十七、新时期的开端

五四运动是伟大的历史转折点。

在历史上常常可以看到这样的现象：一场急风暴雨式的群众斗争的冲刷，可以使大群大群的人短时间内在思想上发生剧烈而巨大的变动。这种千百万人的思想大变动，往往在平时多少年都难以达到，也不是通常几个刊物或几次讲话的影响所能比拟的。

1919年5月4日开始的爱国运动，便是这样一场急风暴雨式的群众斗争。这次运动以山东问题为导火线，发展成为一次规模空前的群众性的反日爱国运动。本来，中国是第一次世界大战中的参战国，是战胜国之一。巴黎和会召开时，人们都期待着能把战败国德国原先在山东攫取的权益归还中国。美国总统威尔逊又把这次和会称作"公理战胜强权"的体现，使人产生许多希望。可是，事情却出乎人们的意料，和会不但没有支持中国人民这种合理要求，而且把德国攫去的权益转交给日本。这不能不极大地激怒了中国人民。李大钊在5月18日写道："这回欧战完了，我们可曾作梦，说什么人道、平和得到了胜利，以后的世界或者不是强盗世界了，或者有点人的世界的彩色了，谁知道这些名辞，都是强盗政府的假招牌。我们且看巴黎和会所决议的事，那一件有一丝一毫的人道、正义、平和、光明的影子！那一件不是拿着弱小民族的自由、权利，作几个大强盗国家的牺牲！"[1]

---

[1] 李大钊：《秘密外交与强盗世界》，《每周评论》第22号。

在辛亥革命到五四运动前这段时间内，中国人民中尽管也发生过多次反对帝国主义和封建军阀的政治行动；可是它们或者是单纯的军事行动，或者是只有较少人参加的爱国活动。五四运动就大不相同了。它所牵动的社会面是如此之广。在严重民族危机的强烈刺激下，许多人都忧愤填膺。他们聚在一起便畅谈国家面对的危局。长期郁积着的愤怒像火山一样来了次大爆发。青年学生在运动中起了先锋作用。许多地方的工人、店员以至一部分民族资产阶级也积极行动起来，罢工罢市，反抗日本帝国主义的侵略。各地的学生纷纷组织联合会，其他群众团体也相继成立，在检查并抵制日货活动中表现得十分活跃。原来处于被统治状态下的各种社会力量直接行动起来，干预政治并且带有如此广泛的群众性，这在中国还是第一次。吴玉章曾描述他自身的感受："从前我们搞革命虽然也看到过一些群众运动的场面，但是从来没有见到过这种席卷全国的雄壮浩大的声势。在群众运动的冲激震荡下，整个中国从沉睡中复苏了，开始焕发出青春的活力。"[1]这种情景是何等动人！

这场以挽救祖国危亡为目标的伟大群众斗争，带来了千百万人思想的大解放，起了巨大的启蒙作用。在斗争的高潮中，人们处于异常激动和兴奋的状态。一系列尖锐的问题摆到人们面前，迫使他们严肃地寻求答案。当运动从奔腾澎湃的大潮中逐渐平伏下来时，一些先进分子却转向更深层次的探索，并且同一些志同道合的伙伴聚集在一起，结成新的研究社会主义的团体。马克思主义终于成为它的主流。

这年9月，在先进青年中享有巨大声誉的《新青年》第6卷第5号出了《马克思主义专号》。这期专号中所收的文章是相当驳杂的，但里面李大钊的《我的马克思主义观》是一篇很有价值的文章，比

---

[1] 吴玉章：《回忆五四前后我的思想转变》，《吴玉章回忆录》，第111页。

较系统地介绍了马克思主义三个组成部分的基本原理。《国民》杂志、《晨报副刊》和《民国日报》副刊《觉悟》上也发表了一些介绍马克思主义的文章。

接着，北京和上海形成两个宣传马克思主义的中心。在北京，北京大学是它的基地。那时，马克思和恩格斯的著作还不曾有一部完整的中文译本，列宁的文章还没有一篇被译成中文。1920年初，在李大钊主持下，北京大学一批学生组织了一个马克思学说的研究会。这个研究会最初没有公开。"开始是利用从北大图书馆借来的一部分马克思、恩格斯和列宁的著作以及与此有关的一些书籍，分别阅读。不懂外文的同志，则请通晓外文者帮助他们。再过一个时期，又筹集了一些资金，买了一批书籍。学习的人渐渐多了，于是就在一九二一年十一月十七日的《北京大学日刊》上公开宣布，成立北京大学马克思学说研究会。"[1]列名为这个会发起人的邓中夏、高君宇、黄日葵、罗章龙、刘仁静等都是五四运动时期的积极分子。在上海，除陈独秀从北京被逐后已来到这里外，在翻译和写文章宣传马克思方面做得较多的是李达、陈望道、李汉俊，他们都是从日本回国的留学生。他们通过日文读到了马克思、恩格斯的著作。陈望道"在日本留学归国时，带回一些马克思主义的书籍"[2]。他所翻译的《共产党宣言》是1920年4月列为社会主义研究小丛书的第一种，由上海社会主义研究会正式出版。这是马克思主义基本著作在我国出版的第一个中文全译本。1920年5月，上海成立了马克思主义研究会，参加的除陈独秀、李达、陈望道、李汉俊外，还有施存统、邵力子、沈玄庐等。

民主和科学，这是五四运动前夜的初期新文化运动中早已提出

---

[1] 朱务善：《回忆北大马克思学说研究会》，《一大前后》（二），第119、120页。

[2] 邵力子：《党成立前后的一些情况》，《一大前后》（二），第61页。

的响亮口号。它们在中国近代思想发展旅程中产生了巨大的进步作用。接受了马克思主义的先进分子并不是离开了这面大旗，正是在这面大旗下继续奋进，而且赋予它们以新的更加完整的内容。

先进分子们反复地思考：怎样才是真正的民主，怎样才是真正的科学？中国民众的大多数是工人和农民，如果不到他们中间去，不充分考虑他们的利益和关心的问题，而把他们置于自己的视野之外，只停留在少数学者和知识青年的狭小圈子里活动，那么，不管议论如何激烈，甚至也可以争得某些成果，仍然只是一部分人甚至是少数人的民主，谈不上真正广泛的人民民主。科学，最根本的是要符合实际，符合事物发展的客观规律，也就是要实事求是。既不应当为陈腐的、过时的、僵化的旧教条所束缚，也不是单凭善良的愿望或学院式的推理就能解决，必须深深地扎根在中国社会的土壤中，脚踏实地地找到促进中国社会进步的切实办法，这自然比坐而论道要艰苦得多。民主和科学的对立物是专制和愚昧。在旧中国，帝国主义和封建势力的统治是中国社会生产力发展和社会进步的最大障碍，是专制和愚昧的最深刻的根源。如果不找到切实的办法扫除那些阻碍历史前进的反动的社会势力，改造社会，在此基础上逐步使现代化大生产替代以小生产为基础的旧社会结构，而单在上层建筑领域内使力气或说些激烈的空话，科学和民主的问题是不能真正得到解决的。可以说，经过五四运动，人们对科学和民主的认识，比起以前来是更加深刻、更加切合实际了。这些人是初期新文化运动的民主和科学精神的继承者和发扬者。

尽管当五四运动刚刚爆发时，相信马克思主义的人还很少，卷入这场运动的人的思想状况相当复杂，但五四运动毕竟是中国近代思想大变动中的一个具有决定意义的转折点。这以前，初期新文化运动的发展，民主和科学口号的提出，马克思主义的最初传播，等等，只能说是它的酝酿和前奏。从五四运动这个时刻起，才开始真正有千百万群众的大发动。人们不仅对祖国的命运充满忧虑，积极地关心和参与国事，并且勇敢地向未来探索。他们的思考和摸索一刻也没有停息，一年内出版的刊物达四百种。第二年在全国便有了数目可观的接受了马克思主义的先进青年，并且由五四运动的主将陈独秀等发起成立中国共产党。这是一个前后相续而难以分割的完整的运动过程。在这个意义上，把五四运动称为中国民主革命新时期的开端是合理的，也是符合实际的。

中国近代历史发展的步伐真是太迅速了。从辛亥革命到五四运动，相隔只有短短的七年多。可是，中国的先进分子在这短短的时间里，已经历了一段失望、怀疑、探索和学习的漫长旅程，在这个旅程的尽头终于找到了马克思主义，并且怀着极大的热情欢迎它、接受它。这不是轻易得出的结论，而是付出了何等巨大的代价才取得的。

一百多年来，中国的先进分子为了把祖国和人民从苦难中拯救出来，如饥似渴地追求救国的真理，经历过千辛万苦，遭受过多少次严重的挫折，但他们从不灰心，更不屈服，以常人难以置信的毅力和忘我精神，前仆后继地顽强奋斗。他们在实践中进行了多少次反复比较，努力把马克思的普遍真理同中国实际相结合，才取得中国民族民主革命的胜利，并随着建立了社会主义的新中国。在今天，中国革命先驱者，包括辛亥革命时期的志士仁人们所做的一切，是永远值得我们深情缅怀的。他们在近代中国这块国土上，在漫长的探索奋斗过程中留下的丰富的精神遗产，更是值得我们认真研究和吸取的。

第二部分
辛亥革命研究

一、云南护国运动的真正发动者是谁？*

——兼论护国运动的社会背景与性质

1915年反对袁世凯恢复帝制的护国运动是中国近代史上的重要事件。

护国运动表明：辛亥革命以后，帝国主义、封建主义与中国人民大众的矛盾日趋尖锐，民主主义思潮在广大人民群众中业已高涨，帝国主义、封建主义在中国的统治秩序变得更加脆弱、更加不稳定了。

正是在人民反对力量的冲击下，袁世凯恢复帝制的愚蠢企图不能不归于失败。

（一）

在近代史的著作、论文中，至今还没有对护国运动进行过比较详细、系统的叙述和分析。不少书籍对护国运动的性质还作了错误的表述。这种情况，相当程度上是由于护国运动史实的淆乱没有得到应有的辨正所引起的。

1915年云南护国运动的真正发动者是谁？这个问题，我们曾经看到过三种不同的答案。

第一种，认为护国运动是由蔡锷、梁启超策划发动的。这种意见最为普遍。第二种，认为护国运动是由唐继尧策划发动的。这种

---

* 原载《复旦学报》1956年第2期。

意见以云南地方人士中与唐继尧有关者主张最力，如庾恩旸《再造共和唐会泽大事记》、白之瀚《云南护国简史》等。第三种，认为护国运动是由孙中山领导的中华革命党策划发动的。这种意见以国民党的党史著作中主张最多，如邹鲁《中国国民党史稿》、陆丹林《革命史话》等。

这三种说法和客观的历史事实，都不尽相符。

我们先来看第一种主张——护国运动是由蔡锷、梁启超策划发动的。

最早提出这种说法的，正是梁启超自己。他在1916年护国运动结束后不久，就在大陆报上发表了《国体战争躬历谈》一文。文中说："当筹安会发生之次日，蔡君（锷）即访余于天津，共商大计。……又招戴君戡来京面商。……戴君以去年（笔者按：1915年）10月到京，乃与蔡君定策于吾天津之寓庐。后此种种军事计划，皆彼时数次会谈之结果也。时决议云南于袁氏下令称帝后即独立。贵州则越一月后响应。广西则越两月后响应。然后以云贵之力下四川，以广西之力下广东。约三四个月后，可以会师湖北，底定中原。此余与蔡戴两君在津之成算也。其后因有事故障碍，虽不能尽如前策，然大端则如所预定也。议既定，蔡戴两君先后南下。"[1]

这种说法，后人多所沿袭。甚至连宋云彬、李赓序所编《高级中学课本：中国近代史》中，也转引了这种说法。课本第137页至138页写道："前云南都督蔡锷是梁启超的学生，在北京做将军府将军。筹安会成立的第二天，他到天津看梁启超，有所计划。后来秘密离开北京，于1915年12月到达云南，把他的反袁计划告诉了云南的将领，取得了他们的同意，并和他们联合发出通电，要求袁世凯取消帝制、惩办祸首。袁世凯置之不理，云南就于25日宣布独

---

[1] 梁启超：《盾鼻集》，北京：中华书局，第144页。

立。"[1]只要和上面一段文字比较一下，可以看出，高级中学课本的这一段话就是根据梁启超的说法写成的。

好，我们就拿当时的事实来对证一下吧。

根据上面的说法：蔡锷和梁启超是在1915年10月定策于天津梁寓的；这个计划是在1915年12月蔡锷到云南（笔者按：蔡锷是12月2日方才离开北京的），将计划告诉了云南将领后，才取得云南将领同意的。此外，梁启超原文还有一段话，说护国军的前队是12月23日（即蔡到滇后第四天）方始出发的。

但事实是：该年8月，筹安会消息传入云南，云南中下级军官激愤异常，即已密议起义。9月，云南团长以上人员秘密会议已一致决议反对帝制，"整理武装，准备作战"。10月初，第二次秘密会议，决定起义时机。议定后，即派赵伸等往广西、四川、湖南、南洋等地联系。[2]唐继尧并于10月间通过他在上海的代表李伯英致书孙中山先生，称："枭雄窃柄，大盗移国，会设筹安，欲行帝制，举国靡靡，谁敢抗颜。继尧自入同盟会以来，受我公革命之训导，义不苟同，秣马厉兵，待机报国。云南全省人民亦复义愤填膺，誓不与此贼共视息。……窃盼我公登高一呼，俾群山之皆应；执言仗义，重九鼎以何殊。一切机宜，祈予随时指示，得有遵循。"[3]凡此种种，都在蔡、梁等"定策"天津之前，或与之同时。11月初，云南开第三次秘密会议，推罗佩金拟定作战方略。12月9日，邓泰中、杨蓁两支队开始向川边出动。凡此种种，又都在蔡锷抵达云南，将蔡、梁的计划告诉云南将领之前。

事实是清楚的：蔡锷只是事前与云南将领有所联系，自己也有

---

[1] 宋云彬、李赓序编：《高级中学课本：中国近代史》，北京：人民教育出版社，第137—138页。

[2] 庾恩旸：《再造共和唐会泽大事记》，云南图书馆，第30—31页；白之瀚：《云南护国简史》，新云南丛书社，第3页。

[3] 白之瀚：《云南护国简史》，第61页。

所打算；云南起义前赶到云南，参加了起义，并担任护国军第一军总司令（该军总司令本拟由罗佩金担任）率军入川。不能说起义是由蔡锷所策划发动的。

再引用一些云南起义当时在场人物或有关人物的记载来对证：

李根源（军务院副都参谋）《护国军始末谈》："蔡以12月20日抵云南，至则众志已定，遂于25日宣布独立。云南之独立，纯粹为自动的。盖罗佩金、黄毓成、李曰垓、赵复祥、邓泰中、杨蓁、吕志伊、李临阳、赵伸诸君，皆主持最力者，而唐公继尧实综其成。外间有传说云南独立出于被动者，殊与当日之事实不合。"[1]

叶夏声（中华革命党当时在港代表）《国父民初革命纪略》："蔡抵昆明为12月19日，相见之际尚云：真使吾喜出望外，公等早已定计，而对我们仍优礼有加，殊深感激。"[2]

李曰垓（护国军第一军秘书长）《云南护国军入川之战史》："罗佩金、黄毓成、赵又新、邓泰中、杨蓁、吕志伊及某等屡次密议进行计划，决后乃由黄毓成、邓泰中、杨蓁三君谒商唐督军，一夕密谈，大计已定……蔡锷亦于12月20日偕戴戡、殷承瓛入滇齐集会商出兵计划。"[3]

庾恩旸（云南都督府军务厅厅长）《再造共和唐会泽大事记》："议定后……旋又闻蔡君松坡（锷）在京住宅被搜，随即接京电，蔡君已与同志数人，连袂赴日本，乃派邓君和乡（泰中）前往香港、上海，探其踪迹，要约来滇。"[4]

潜广（当时驻滇记者）《云南共和军纪实》："泊筹安会兴，知袁氏决心谋叛。于是滇省军人自将军以至中下军官，共集黄毓成家

---

[1] 李印泉、李梓畅君：《关于护国军之谈话》，《北京中华新报》1917年版，第6页。
[2] 叶夏声：《国父民初革命纪略》，孙总理侍卫同志社，第94页。
[3] 李印泉、李梓畅君：《关于护国军之谈话》，第18页。
[4] 庾恩旸：《再造共和唐会泽大事记》，第35页。

中，密议数次，皆一致决心讨袁。居中主持，尤以罗佩金、黄毓成、邓泰中、杨蓁、赵复祥、刘云峰诸人为最力。绅学界中，则有李曰垓、吕志伊、李临阳、赵伸、谢树琼等互相策应。……滇省举师讨袁，本俟袁氏登极之日，与之同时发表，为其大典之庆祝。不料五国警告后，袁氏对内则亟定君臣之名义，对外则极力交涉，运动列强承认。滇人深恐登极举行之日，即利权丧尽之时，将坠国家于万劫不复之地。于是变更计划，决定提前发表。先将军队往川黔边界进发。适得港电，蔡锷、戴戡、殷承瓛亦即日赴滇，神气益形壮旺，因延期数日以待之。及蔡戴殷三君抵省，翌日遂对袁氏下哀的美敦书矣。"[1]

以上所有记载中都从来没有说到过云南起义如何在蔡锷计划、策动下发动，只是说到起义计划已定之后，蔡锷等亦由京入滇，声势益壮云云。事实真相，实可大白。

此外，叶夏声在《国父民初革命纪略》中还写道："经界局总裁蔡锷将军，初奔日本，志在出亡。旋抵香江，已闻滇变。李根源因而劝驾，张木欣慨赠盘川。此皆国民党总绾港澳党务之叶夏声亲预其间，共参密勿，知之最详。"[2]可作参考。

这里需要说明：应该承认蔡锷在北京时与云南起义的准备是有一定的联系的，对改变唐继尧的态度是有相当作用的。在到达云南后，由于他过去长期在云南工作，辛亥革命时期，又担任过云南都督，在云南的影响很大，因此起了很大的号召作用；率军入川后，又与袁家军作了英勇的战斗。辨明云南起义不是在蔡锷策划发动下发生的，并不等于可以将蔡锷在护国运动中的作用功绩一笔抹杀。

梁启超与云南起义的关系则更少。云南起义后，云南都督府及

---

[1]《共和军纪事》，《军情纪事》，第61页。
[2] 叶夏声：《国父民初革命纪略》，第91—92页。

护国军重要人员中，进步党员只有财政厅厅长籍忠寅、政务厅厅长陈廷策、左参赞戴戡三人。戴戡是后来才去的，情况与蔡锷相近。籍忠寅等"初亦甚不欲动"[1]，并没有重要的影响，后来又被梁启超调往江苏，担任梁与冯国璋之间联系的代表[2]。梁启超本人从来没有到过云南。军务院成立时，梁因对滇唐的控制力薄弱，密派代表黄群入滇，建议以抚军长一职畀之梁所掌握的广西都督陆荣廷，后来因唐反对而没有实现，但是梁启超和云南的关系不深，从此也可看出。[3]

为什么一般人常将云南起义的发动看成是蔡锷、梁启超的功绩？

最深刻的原因是："英雄造时势"的唯心史观几千年来深入人心。护国运动这样一个席卷全国的革命浪潮掀起后，当时一般人就不相信这样一个运动竟会由一些不知名的小人物发动起来，总想找出几个知名的英雄，把他们看作这个运动的真正发动者。蔡锷是民国初年的云南都督，他到云南后又起了很大的号召作用，再加上"小凤仙"那么一段脍炙人口的传奇性故事，于是大家就认为云南起义一定是他到云南后才发动起来的。部分的新史学家也受了这种思想的影响，因讹传讹不敢打破传统看法的束缚，使这种不正确的叙述直到今天还保持了下来。

此外，还有两个因素，也要加以估计：

一、护国运动刚结束时，梁启超就在大陆报上发表了《国体战争躬历谈》一文，将护国运动的发动说成了蔡锷和他的功劳。这自然只是梁启超为扩大自己的政治本钱自吹自擂的政治宣传。但不少人认为梁启超是当时军务院两广都司令部都参谋，云南起义后不少文告又为其手笔，作为当事人的"第一手史料"当属可信，从而误

---

[1] 李剑农：《最近三十年中国政治史》，太平洋书店，第348页。
[2] 梁启超：《盾鼻集》，第55、57、58页。
[3] 白之瀚：《护国运动简史》，第34页。

信了这种说法。

二、云南起义后,袁世凯发了一个电报,说"唐(继尧)任(可澄)非出本心,全由蔡锷胁制主使"。这自然也只是袁世凯为分化护国军内部,继续争取唐继尧的一种政治伎俩。但不少人又将这个电报当作了"第一手史料",误信了这种说法。

对第一种说法的意见,大致如此。

第二种说法,将唐继尧看成护国运动的发动者,也是不恰当的。

不错,唐继尧在早年参加过同盟会,也参加过辛亥革命时期推翻清朝政府的云南起义。但是唐为人长于权术。辛亥革命云南独立时,他在云南的地位原在蔡锷、罗佩金、李根源、殷承瓛、谢汝翼诸人之后,"若无所表见"[1]。不久,他奉蔡锷命,提师北伐,协助贵州君主立宪派分子镇压了贵州的革命党人,从而得任贵州都督。蔡锷被调入京时,"衔汝翼等异己,举继尧为都督,假中央政府命临之。……继尧为都督,袭锷成规,复去诸不附己者,众协然无异议"[2]。同时,他也忠实地执行了袁世凯的政策,屠杀云南的革命党人。1913年12月,唐派连长李春龙率兵二十余人暗杀辛亥革命时期首先在滇西发难、宣布独立的革命党人张文光。中华革命党云南支部总务徐天禄(李根源的妻弟)在云南从事革命活动,"唐继尧承袁意旨捕君,君数世凯继尧罪,骂不绝口,遂于甲寅(1914年)重九夜被难,断身首手足为六"[3]。1915年初,黔军团长王文华派参谋长李雁宾谒唐继尧,谋共讨袁。唐借口推托"滇逼强邻,黔则汤芗铭扼驻于湘。此时惟有勤自蒐练,不可轻露,先取覆灭"[4],按兵不动。直到筹安会发生,滇军军官愤慨异常,屡次向唐进言,唐仍"表示

---

[1] 邓之诚:《护国军纪实》,五石斋精印本,第2页。
[2] 邓之诚:《护国军纪实》,第3页。
[3] 李根源:《雪生年录》,《曲石丛书》,卷2,第9—10页。
[4] 白之瀚:《云南护国简史》,第30页。

赞成，惟顾及云南一省之力，贫瘠之区，且只一师一旅兵力，而抗袁全国之师，众寡悬殊，实有以卵投石之虑"。"一意稳静，荏苒数月，莫得要领。"罗佩金等甚至商议如唐不赞助将杀唐以举事。直到最后，他一面迫于内部军官的反对，如不起义，唐本身在滇的统治地位亦将无法继续；另一面，唐不是袁世凯的嫡系，袁对他亦有疑忌，准备将他撤换，四川都督当时已更换为袁世凯的亲信陈宧，率领北洋军三混成旅入川，对唐更是直接的威胁，唐与袁之间也存在着尖锐的矛盾。这样，唐继尧方始被迫表明态度，参加讨袁起义；同时，立刻将讨袁的领导权紧紧抓到自己手中。他的态度纯然是被动的、投机的，自然不是护国运动的真正发动者。

这里，附带说一句，唐继尧在滇军内部反对袁世凯称帝的声浪日高时起，所采取的是观望、敷衍、两面投机的手法。一方面"一意稳静"、按兵不动，另一方面也向他的部下"虚与委蛇"采取了一些不关痛痒的步骤。前面所引唐在1915年10月致孙中山先生书，和唐在当时所采取的一些其他措施，都不能脱离他的当时整个的态度，孤立起来加以考察，也不能把这些作为唐对反帝制运动始终是积极的、主动的，唐是护国运动的真正发动者等说法的证据。

最后，我们再来考察一下认为孙中山和他的中华革命党是云南起义的真正发动者的说法。

孙中山自1913年所谓"二次革命"失败后，逃亡日本。这时，国民党已经完全涣散，内部成员也很复杂，已经不能成为一个可以用来发动和组织革命的领导力量。孙中山想总结过去失败的教训，重新组织一个革命政党，发动革命，就在1914年7月发起组织中华革命党。但是，这时候，孙中山还不能正确地认识过去革命中的教训。新建的中华革命党不仅仍然没有提出明确的反帝反封建的政治纲领，并且比同盟会时期更加脱离群众，成为一个和人民大众很少联系、仅仅不断在个别地区组织武装暴动的小组织。许多国民党人对反袁已经失去信心,没有参加中华革命党。连国民党的第二领袖黄兴也认为"袁世凯方得势,进步党又拥之以为重,国人被其虐未甚,鲜所自觉。吾党新败,宜遵养时晦,徐图进取"[1],和李烈钧、李根源、熊克武、钮永建、冷遹、林虎、程潜、但懋辛、陈炯明、方声涛、谷钟秀、张耀曾、徐傅霖等百数十人另外组织欧事研究会,不参加中华革命党。[2]中华革命党直接领导的武装起义大多集中在山东、江苏、广东、福建等沿海各省。中华革命党代表吕志伊虽然参与了起义前军官的密议,但是并没有取得领导的地位,不久又被遣往南洋联络,离开了云南。说中华革命党是云南起义的策动者,自然也是夸大了的。熟知护国运动内幕的日本人吉野作造在他的《支那革命小史》中也这样写道:"第三革命(笔者按:指护国运动)之计划,孙逸仙并其一派,殆无任何关系。"[3]

就来看一下孙中山先生自己对这个问题的说法吧!他在《中国革命史》一文中对同盟会、国民党、中华革命党所组织的历次起义,叙述都很详细,但在第五节"讨袁之役"中写道:"及乎国会解散,约法毁弃,则反形已具。帝制自为之心事,跃然如见矣。余乃组织中华革命党……自二年至五年之间,与袁世凯奋斗不绝。及乎洪宪宣布,僭窃已成,蔡锷之师,崛起云南,西南响应,而袁世凯穷途末路,众叛亲离,卒郁郁以死。民国之名词,乃得绝而复苏。"[4]"蔡锷之师"一语,自然是沿袭了当时流行的说法。但是如果云南的护国运动是由中华革命党所策动的,那么孙中山在他的记载中一定会大书一笔,决不会用"蔡锷之师"四字轻轻带过。遍翻《中山全集》,对中华革命党策动云南起义一事,不但没有任何当时的文电函牍保

---

[1]《护国军纪事》卷5,后编,第1页。
[2] 李根源:《雪生年录》卷2,第10页。
[3] 吉野作造:《支那革命小史》,万朵书房,第153页。
[4]《总理全集》,民智书局第1集下册,第926页。

留下来，甚且连事后的记载、谈话和讲演中也从来未提到。邹鲁自己在《中国国民党史稿》1929年民智书局版"洪宪之役"一节中也完全没有提到这一点（直到1947年上海修订版中方始增加上述说法）。云南护国运动不是由孙中山的中华革命党所发动，实在是很明显的了。

邹鲁、陆丹林等一定要把云南护国运动的发动说成国民党的功劳。第一，他们夸大了吕志伊在起义中的作用，这一点在前面已经说过了。第二，他们的重要证据是：云南发动起义的新军军官，大部分隶籍同盟会和国民党。但是他们难道忘了同盟会这时早不存在，国民党这时也业已涣散，而这些军官却一个也没有参加中华革命党！为了证明国民党是革命的"正统"者，硬把一切革命的起义的首功都算到国民党的账上去。这种说法实在是站不住脚的。

（二）

这样，显然可以看出，将护国运动的发动仅仅归功于蔡锷、梁启超、唐继尧、孙中山等，是不恰当的。护国运动的发动，首先有着它内部的条件，那就是辛亥革命时期受过革命民主主义思想熏陶、参加过推翻清朝政府建立民国的云南新军军官。

在叙述这个问题前，我们先来看一看云南都督府和护国军将领的名单和他们的省籍、当时最后曾隶党籍表：

云南都督	唐继尧	云　南	同盟会
左参赞	戴　戡	贵　州	进步党（后转任统兵官）
右参赞	任可澄	贵　州	无党籍
政务厅厅长	陈廷策	贵　州	进步党
财政厅厅长	籍忠寅	山　东	进步党
参谋厅厅长	张子贞	云　南	国民党

一、云南护国运动的真正发动者是谁？　231

续表

军务厅厅长	庾恩旸	云　南	国民党
秘书厅厅长	由云龙	云　南	国民党
第一军总司令	蔡　锷	湖　南	国民党
总参谋长	罗佩金	云　南	同盟会
第一梯团长	刘云峰	江　苏	国民党
第一支队长	邓泰中	云　南	同盟会
第二支队长	杨　蓁	云　南	国民党
第二梯团长	赵复祥	云　南	国民党
第三支队长	董鸿勋	云　南	国民党
第四支队长	何海清	湖　南	无党籍
第三梯团长	顾品珍	云　南	国民党
第五支队长	禄国藩	云　南	同盟会
第六支队长	朱　德	四　川	国民党（现中国共产党）
第四梯团长	戴　戡	贵　州	进步党（后改右翼总司令）
第七支队长	熊其勋	贵　州	无党籍
第八支队长	王文华	贵　州	国民党
第二军总司令	李烈钧	江　西	同盟会
第一梯团长	张开儒	云　南	同盟会
第一支队长	钱开申	云　南	未　详
第二支队长	盛荣超	湖　南	未　详
第二梯团长	方声涛	福　建	同盟会
第三支队长	黄永社	未　详	同盟会
第四支队长	马为麟	山　西	未　详
第三梯团长	何国钧	云　南	同盟会
第五支队长	林开武	未　详	未　详
第六支队长	王锡吉	未　详	未　详
兼第三军总司令	唐继尧	云　南	同盟会
第一梯团长	赵钟奇	云　南	同盟会
第一支队长	华封歌	云　南	未　详
第二支队长	李植生	云　南	同盟会

续表

第二梯团长	韩凤楼	河 南	未 详
第三支队长	吴传声	贵 州	同盟会
第四支队长	彭文治	云 南	未 详
第三梯团长	黄毓成	云 南	同盟会（后改挺进军司令）
第五支队长	杨 杰	云 南	国民党（后改第一纵队司令）
第六支队长	叶成林	云 南	未 详（后改第二纵队司令）
第四梯团长	刘祖武	云 南	同盟会
第七支队长	杨体震	云 南	未 详
第八支队长	李友勋	云 南	未 详
第五梯团长	庾恩旸	云 南	同盟会
第九支队长	唐继禹	云 南	国民党
第十支队长	赵世铭	云 南	未 详
第六梯团长	叶 荃	云 南	同盟会
第十一支队长	马 骢	云 南	未 详
第十二支队长	邓 埙	云 南	无党籍[1]

（注）一梯团约合一旅，一支队约合一团。

从这个表中，有两点是值得注意的。一、整个名单中，他们的曾隶党籍可查的有三十四人，其中曾隶籍同盟会、国民党者就有三十人。这些人大部分都在辛亥革命时期参加过推翻清朝政府创造民国的武装起义，接受过革命民主主义思想的熏陶。因此，在袁世凯恢复帝制的消息传来后，他们的反应就特别强烈，情绪就特别激昂。二、整个名单中，绝大部分都是云南本省人士，其他也都是与云南有长期深厚关系的人（如蔡锷、李烈钧、方声涛、韩凤楼等），因此与本省群众的关系较为密切，发动起义后比较能得到本省群众的支持。

1915年8月，筹安会发起后，消息传入云南。云南军官愤慨异

---

[1] 白之瀚：《云南护国简史》，第7—9页。

常。罗佩金、黄毓成、赵复祥、邓泰中、杨蓁等首先秘密商议，决定四项办法：一、唐继尧如果反对帝制，仍推他为领袖；二、唐如中立，就以礼遣送出境；三、唐如附和帝制就杀掉他；四、如果实行后面二项，拥罗佩金为领袖。[1]恰值方声涛从海外归国，潜入云南，住黄毓成家，告以各地反袁活动情况，各军官意志更坚决，"议定后，始由黄邓杨三人代表全体同志请于唐，谓唐等终不从时，则将杀唐以举大事"[2]。

唐继尧当时采取的是两面投机的态度。一方面，慑于袁世凯的威力，"恐滇黔力弱非敌"[3]，迟疑久不决，不敢发动起义还参加了劝进，捕杀在滇的中华革命党人。另一方面，他也"虑及内变"，同时如前所述，他与袁世凯也存在着矛盾，不敢和不愿坚决地支持袁世凯称帝，因此始终以"虚与委蛇""一意稳静"的态度出之，"荏苒数月，莫得要领"。[4]

此时，袁世凯又派侍从武官何国华入滇，伺察动静，逐日密电报告。"第二师长沈汪度一夕暴卒。汪度曾于酒酣盛言帝制非宜者也，其他指摘帝制者皆不自安。"[5]事机危急，无法拖延。9月11日，唐继尧召开团长以上秘密会议，举行无记名投票，结果全体一致反对帝制，决议整理武装，准备作战。10月7日，再开第二次秘密会议，"决定起义之时机：（一）中部各省中有一省可望响应时，（二）黔桂川三省中有一省可望响应时，（三）海外华侨或民党接济饷糈时，（四）如以上三次时机均归无效，则本省为争国民廉耻计，亦孤注一

---

[1] 邹鲁：《中国国民党史稿》，1947年上海增订版，第三篇乙第四章，转引自荣孟源主编《中国近代史资料选辑》，生活·读书·新知三联书店1954年版，第714页，参考吉野作造《支那革命小史》第152页及李印泉、李梓畅君《关于护国军之谈话》第17—18页。

[2] 吉野作造：《第三革命后之支那》，转引自李剑农《最近三十年中国政治》，第348页。

[3] 邓之诚：《护国军纪实》，第4页。

[4] 蔡锷：《松坡军中遗墨》，转引自李剑农《最近三十年中国政治史》，第347页。

[5] 邓之诚：《护国军纪实》，第4页。

掷，宣告独立"[1]。议定后就派赵伸、吴擎天等往广西，李植生等往四川，杨秀灵等往湖南，吕志伊等往南洋，进行联系。11月3日召开第三次秘密会议，推罗佩金拟定作战方略。12月9日邓泰中、杨蓁两支队开始向川边出动。12月17日欧事研究会重要分子李烈钧、熊克武、程潜、但懋辛、李明扬等抵滇。19日蔡锷、戴戡、殷承瓛等抵滇。21日、22日唐继尧召集第四、五次会议，蔡、李等都出席，商议起义大计和内外一切布置。23日以唐继尧与巡按使任可澄名义，致电袁世凯，重申"拥护共和"的誓言，并请将杨度等十三人明正典刑，限二十四小时答复，否则武力解决。25日云南正式独立，组织护国军，通电讨袁。

云南宣告独立后，人民群众情绪极为高昂。昆明人民自动书贴"拥护共和万岁"标语，遍悬国旗。十日内，退伍兵纷纷投到者不下五六千人。"其未编入出征军者，有泣求数次而不得者。"[2]"新兵报名亦门限踏穿，各校学生之应征者甚多，经各该局查明，一律拒却，谕令回校专心修业，故各学生皆以不得受征为憾。"[3]

云南护国军起义的情况大抵如此。

云南起义后，贵州、广西、广东、浙江、湖南、陕西、四川各省相继独立。袁世凯在1916年3月22日撤销帝制，6月6日焦灼死去。

在这些相继独立的省份中，大多数省份（贵州、广西、浙江、陕西）发动的基本力量也是辛亥革命时期受过革命民主主义思想熏陶的新军军官。

贵州在护国运动发生前，没有将军，只有护军使，由刘显世担任。刘显世在清朝末年本是君主立宪派人，民国成立后亦一贯依附

---

[1] 庾恩旸：《再造共和唐会泽大事记》，第30—31页。
[2]《共和军纪事》，《军情纪事》，第71页。
[3]《共和军纪事》，《军情纪事》，第54页。

袁世凯势力以自存。但是贵州的军权实际上掌握在刘的外甥黔军团长王文华手中。王文华曾隶籍国民党，倾向革命。1915年2月，日本提出"二十一条"要求后，王就派参谋长李雁宾到云南，要求唐继尧共同讨袁。秋间，王又命李雁宾再度入滇，探询唐意，"且谓万一差池，愿以所部属滇一同行动"[1]。云南起义的第四、五次秘密会议与起义前的歃血宣誓，李都参与。[2]云南宣布独立后，刘"显世方别与世凯通消息，得滇电多置不答"[3]，并"曾请于滇，绕道北伐"[4]。王文华和黔军其他两个团长熊其勋、吴传声激烈反对，主张独立。熊并致函刘显世谓："现在形势，非独立不可。吾已计不反顾。将来无论成否，功罪均在公云云。一面并将己子二人，改姓寄养，以示必死。"[5]不久，滇军先遣纵队徐进等入黔。25日，蔡锷率军行抵贵阳。贵州绅士因北兵将入境也集会主张独立。刘显世方于1916年1月27日宣布独立。

广西将军陆荣廷护国运动初起时，态度亦甚暧昧。一面陆与袁本有矛盾，袁对陆亦甚不信任，派广西巡按使王祖同对陆秘密监视，陆子裕勋又被袁害死于汉口。故陆原来就和梁启超、李根源等暗通消息，但另一面陆又害怕袁世凯的威力，广西兵力也较薄弱（当时云南有军21400人，贵州有军12100人，广东袁家军有38800人，广西军队则仅4000人）[6]，因而仍参与劝进，并随同龙觐光向云南出兵，实际上是采取观望态度。3月15日，广西军官逼迫镇守使陈炳焜、谭浩明、莫荣新向陆荣廷提出哀的美敦书，要求宣布广西独立。（陈等书文中有"帝制议起，中外哗然，凡有血气，靡不愤痛。我省

---

[1] 白之瀚：《云南护国简史》，第14页。
[2] 庾恩旸：《再造共和唐会泽大事记》，第36—38页。
[3] 邓之诚：《护国军纪实》，第6页。
[4] 文公直：《最近三十年中国军事史》，太平洋书店，第37页。
[5] 李印泉、李梓畅君《关于护国军之谈话》，第20页。
[6] 《共和军纪事》，《军情纪事》，第43—44页。

军心民气日益激昂。大势所趋，独力难挽。炳焜等迫得电致堂处"[1]等语，可见广西独立的主动力量亦属中下级军官。）陆荣廷得书后，当日就宣布广西独立。

浙江的独立"盖半出于一部分军官之自动，半由于民意之促成，绝未尝取同意于当时执政者"[2]。浙省高级军官如旅长童葆暄、警察厅厅长夏超、嘉湖镇守使吕公望等大多为辛亥革命时期发动武装起义推翻清朝政府的同盟会员、光复会员。帝制运动发生时，他们就愤激不平。广东独立后，童、夏等连日开军事会议，要求浙江将军朱瑞独立。朱不得已，一面声称中立，一面准备杀童、夏等。童等乃于4月11日进攻督署，朱瑞逃亡。12日，浙江正式宣布独立。[3]

陕西的独立首先由陕北发难。云南起义后，陕西退伍兵士等相继起事。陕北各州县纷纷响应。陕西将军陆建章命陕南镇守使陈树藩率部前往讨伐。"殊陈部多辛亥革命时有功者，其兵士亦极倾向共和，暗与民党联络一致，往往迫陈宣布独立。"[4]5月9日，陈被公举为陕西护国军总司令，宣布独立，旋即占领西安，逐走陆建章。

广东、湖南、四川的独立，情况虽与上不同。但省内民军的到处起义，护国军又着着进逼，龙济光、汤芗铭和陈宦在本省的统治无法继续维持下去，也是迫使他们宣布独立的一个重要原因。

（三）

为了更深刻地认识护国运动发生和迅速发展的原因，我们还必须进一步考察两个问题。（一）袁世凯称帝前，他的统治是建筑在

---

[1]《护国军纪事》卷3,《对内文告》，第10页。
[2] 文公直:《最近三十年中国军事史》，第46—47页。
[3] 文公直:《最近三十年中国军事史》，第47—48页。
[4] 文公直:《最近三十年中国军事史》，第51页。

怎样的一种基础之上的？在他统治之下，中国社会内部的各种矛盾、社会各阶层对这种统治的憎恨和不满比清朝末年、辛亥革命时期得到了缓和，还是继续向前发展了？（二）袁世凯的称帝，在中国人民中引起了怎样的反应？为什么这一个事件会并且能够立刻引起全国人民如此猛烈的反对，卒至导致护国运动的发生和袁世凯的失败？

现在先来看第一个问题：

1911年的辛亥革命推翻了清朝的统治，结束了中国两千多年来的封建君主专制制度，在中国人民中散播了民主共和国思想的种子。但是，由于没有一个彻底的反帝反封建的纲领，没有发动和组织可以依靠的人民大众的力量，这次革命终于失败了，革命的果实落到袁世凯的手中。

袁世凯的统治，依然是大地主大买办阶级在中国的统治。

在这个统治下，中国人民没有得到任何一点经济上和政治上的解放；人民群众（包括资产阶级在内）对袁世凯统治的不满和憎恨日益加深；清朝末年导致革命爆发的各种社会矛盾一个也没有得到解决，相反却继续激化着。

现在，从下列三个方面来考察一下当时中国社会内部各种矛盾的发展情况。

一、帝国主义与中华民族的矛盾。

19世纪末叶和20世纪初叶，帝国主义在欧美日本各工业先进国家建立了统治。"垄断制占统治的现代资本主义底特征是资本输出。"（列宁）中国这样一个地大物博、人口众多的国家，在帝国主义国家看来，正是它们大量倾入剩余资本以提高利润的好投资场所。袁世凯上台后，为了表明自己愿意充任帝国主义在华忠实的代理人，匆忙地发表宣言——"凡从前缔结之条约，均当切实遵守"[1]，并欢迎帝国主义国家在华大量投资。于是，帝国主义在华资本输入的总额迅速地增长了。

首先，是与政治支配结合在一起的大量财政借款。自 1912 年至 1914 年秋，袁政府对外借款"不三年间共加增 12.45 亿元，几占前清数十年来积欠金额三分之二以上"[2]。（其中最重要的是 1913 年 4 月五国银行团的善后大借款，共借 2500 万镑，以中国盐务收入为保，规定外人稽核盐务，用外人审计用途，这是外国侵略者得直接干涉中国财政的开始。此外，日本的汉冶萍借款和美国的导淮借款造成中国的权益的损失也很大。）"财政——仰给于借款"[3]，"中央政府之生存，全持外债以维持"[4]。袁世凯政府随着对帝国主义国家财政上依赖的加深，也日益加深对帝国主义国家政治上的依赖。

其次，是大量的铁路投资。帝国主义对中国铁路权益的掠夺，曾有过三次高潮。其中攫取路权最多的是第二次——1911 年至 1914 年袁世凯统治期内。在这期间，帝国主义国家共取得路权 18000 公里[5]，其中包括陇海、吉会、同成、对大、浦信、沪杭甬、南浔、钦渝、南京、沙兴、宁湘、滇缅等路（大多支付部分借款，但部分并未筑成）。铁路借款不仅为帝国主义国家提供优厚的超额利润，也是它们在中国划分势力范围的重要内容和分割中国的重要标志。

航运事业方面，1913 年中国外洋航运和国内航运的吨位中，外国船占 78.7%，中国船连同机帆在内，只占 21.3%。[6]

再次，是工矿企业中的投资。根据 1914 年的统计：煤，在帝国

---

[1]《袁大总统书牍汇编》卷首，上海：上海广益书局 1936 年续版，第 4 页。

[2]《甲寅杂志》1 卷 8 号，《欧洲战争与各国财政经济上所受影响（皓白）》。

[3]《甲寅杂志》1 卷 1 号，《列强与经济借款》。

[4]《中国经济年鉴》，财政。

[5] 吴承明：《帝国主义在旧中国的投资》，北京：人民出版社 1955 年版，第 37 页。

[6] 吴承明：《帝国主义在旧中国的投资》，第 98 页。

主义控制下的开采量占全国机械采煤量的89.6%；生铁，在帝国主义控制下的产量占全国总产量的100%；纺织业，外厂所有纱锭占全国纱锭总数的40%，外厂所有布机占全国布机总数的50.1%。[1]中国工业的命脉全部处在外国帝国主义者的支配或控制之下。

需要指出的是，尽管如此，但就整个说来，帝国主义在中国投资的分布还是以商业掠夺性的投资为主。1914年外国在华企业资本中，金融、贸易、运输三项合计就占总数的49%，制造业、矿业两项合计却只占16.9%，因此这种投资对中国的生产事业的破坏性也就特别大。[2]

帝国主义的在华投资，垄断了中国的经济命脉，直接从中国人民身上榨取大量超额利润，使中国的民族工商业窒息得气都透不过来。此外，袁政府为了支付巨额外债与赔款（1913年度国家预算支出项中，外债支付竟达2.99亿元，占整个预算总支出的46%以上）[3]，加捐加税，增发通货，这些也都是帝国主义国家对中国人民经济上的掠夺和榨取。

1914年第一次世界大战爆发后，日本乘欧洲帝国主义列强卷入大战旋涡之中无暇东顾之际，更加迅速地扩展它在中国的势力。8月23日，日本向德国宣战。接着日本军队立即在山东半岛登陆，将德国在山东的势力完全取而代之。1915年1月18日，日本公使日置益向袁世凯提出企图独吞中国的"二十一条"要求，并称"总统如接受此种要求……日本政府从此对袁政府亦能遇事相助"[4]。5月9日，袁世凯除保留最末一部分外，承认了其他全部要求。严重的民族危机，在中国人民中引起了强烈的反应。全国各地都展开了以"抵制

---

[1] 严中平：《中国近代经济史统计资料选辑》，北京：科学出版社1955年版，第124、127、134页。
[2] 魏子初：《帝国主义在华投资》，北京：生活·读书·新知三联书店1951年版，第10页。
[3] 《甲寅杂志》1卷4号，《欧洲战争与中国财政（运甓）》。
[4] 王芸生：《六十年中国与日本》，大公报社，卷7。

日货""反对亡国的二十一条"为口号的爱国运动，爱国人士慷慨激昂，奔走呼号，大大促进了人民群众的觉醒。

二、封建主义与农民大众的矛盾。

辛亥革命时期，革命政党并没有深入地发动农民群众开展土地斗争。辛亥革命失败了，袁世凯政府完全支持着封建大地主阶级的利益。地方基层政权也完全掌握在豪绅、地主、官僚、恶霸的手中。"州县之官，十九为前清声名狼藉之污吏。"[1]在袁政府刺刀的保护下，地主阶级更加气焰高涨，为所欲为，加紧对农民的盘剥与掠夺，封建的剥削率更加提高了。

封建剥削率提高的两个显著标志是：

第一，土地兼并过程的加剧，土地集中的加速进行，大量原来的自耕农破产沦为佃户：

	江苏昆山			江苏南通			安徽宿县		
	自耕农	半自耕农	佃农	自耕农	半自耕农	佃农	自耕农	半自耕农	佃农
1905	26.0	16.6	57.4	20.2	22.9	56.9	59.5	22.6	17.9
1914	11.7	16.6	71.7	15.8	22.7	61.5	42.5	30.6	26.9[2]

第二，地租剥削率的提高。再以苏皖地区为例（以1905年为100。在1914年的指数）：

	江苏昆山	江苏南通	江苏奉贤	安徽来安	安徽宿县
钱租指数	—	207	145	150	81
谷租指数	157	155	—	—	—
分租指数	—	155	—	—	158[3]

封建主义的残酷剥削和袁世凯的一意搜括，严重地破坏了农业生

---

[1]《甲寅杂志》1卷7号，《言之者无罪（伍子余）》。

[2]《中国劳动年鉴》，第447页。

[3]《中国经济年鉴》，租佃制度72。

产力。1915年全国范围内爆发了规模巨大的灾荒。广东、广西、云南、江西、河南、湖南、湖北、安徽、奉天（今辽宁）、吉林、黑龙江各省发生了水灾；四川发生旱灾，"几于无县不荒、贫民采食草根树皮充饥，被灾之重，为数十年所未有"；直隶、河南一带发生蝗灾；江苏、浙江一带又遇风灾。天灾人祸交煎交迫，农民生活痛苦不堪。[1]

三、袁世凯政府与全国人民的矛盾。

袁世凯在建立了自己的统治后，也立即开始对中国人民进行敲骨吸髓的剥削与榨取。极端严重的财政危机（这个危机，首先是由于巨额的外债支出和军费支出所引起的，也就是说是由袁政府本身性质所决定的。1913年度财政预算支出中，外债支付占总支出的40%以上，军费支出占34%；财政赤字达3.83亿元，超过了当时岁入的总额）[2]，使袁政府更加疯狂地对人民进行榨取和掠夺。

袁政府对人民进行掠夺和榨取的主要手段是：加捐加税和滥发通货。

田赋收入1913年至1916年间增加几达2000万元[3]，自1915年起袁政府又命增收地租附加税，到1916年财政预算中，此项收入竟达780余万元[4]。其他捐税的增加，仍以1916年与1913年比较，印花税增加8倍，烟酒税增加3倍，统捐统税增加60倍[5]，各种新税亦巧立名目，层见叠出。以1914年8月为例，一月之中，拟办的新税有13种。[6]1914年4月7日的《生活日报》讽刺这种情况说，"甚至财政学上所有之税目俱抄袭而实行之"[7]。

---

[1]《东方杂志》13卷，6、8、9、10号《中国大事记》。
[2]《甲寅杂志》1卷4号；《东方杂志》13卷5号；《甲寅杂志》1卷4号。
[3]《中国年鉴》第1回，第445、457页。
[4]《中国年鉴》第1回，第507页。
[5]《中国经济年鉴》，财政D416。
[6]《时事新报》1914年8月23日。
[7]《生活日报》1914年4月7日。

通货膨胀的情况亦极严重。1914年公布的不完全数字（只包括二十一省），仅各省地方银行发行的纸币已达162910557元。[1]广东纸币发行额达3000万元，一元的实际币值低至三角几分，省城以外各县市场很多拒用纸币。湖南发行纸币3600多万元，超过准备金41倍，省府规定纸币不能作纳税之用，并用武力抑制人民兑现数额，或竟停止支付，纸币信用完全破产。[2]

高额捐税和通货膨胀的直接后果是物价高涨。根据湖南一地的记载：1915年的物价与光绪十余年间相较，米一升由十余文涨至八九十文，棉布一尺由二十文涨至四五十文，煤一斤自三百文左右涨至五六百文，食盐一斤自五十余文涨至一百余文，"百物昂贵，民无所资以为生"[3]。

袁世凯主义在政治上就是反革命独裁主义。

他在窃取了辛亥革命的果实后，就逐步将国家的全部权力集中到他一个人手中。1914年，辛亥革命留下的最后一点残余痕迹——《临时约法》被废弃，由袁御用的约法会议公布了所谓《中华民国约法》。修改后的约法，规定大总统"总揽统治权"，将总统的权力扩大得和专制皇帝一样。同年宣布的《大总统选举法》，又使大总统不仅可以终身连任，并且还可以用推荐的办法，将职位传之子孙。无怪连当时法文的《北京日报》也这样公开评论："自事实言之，袁总统现时之权力，已广漠无比，炙手可热，为中国历来天子所未能望其项背。"[4]广大人民没有丝毫参与政权的权利。

1914年3月2日袁政府又公布了《治安警察条例》[5]，12月4日

---

[1]《中国年鉴》第1回，第752页。

[2]《东方杂志》13卷5号，《中国物价腾贵问题（海期）》。

[3]《东方杂志》13卷5号。

[4]《生活日报》1914年4月15日。

[5]《东方杂志》10卷10号。

公布了《出版法》[1]，1915年4月3日公布了《报纸条例》[2]。这些法令，将人民的言论、出版、集会、结社、身体、信仰等一切基本自由剥夺得干干净净。

如前所述，袁政府下一切直接控制人民的地方基层政权完全掌握在豪绅、地主、官僚、恶霸的手中。"一般县知事都有都督府执法科的兼衔，欲杀则杀，欲枪毙则枪毙"[3]。1914年4月初，又正式颁布《县知事兼理司法事务暂行条例》与《县知事审理诉讼暂行章程》，司法的独立完全取消，百姓的生杀大权任意操之他们手中，一点也得不到法律的保障。

为了保护这个反革命专政，为了镇压人民群众因不堪忍受这种黑暗野蛮的压迫榨取而掀起的反抗运动，袁世凯统治的一个重要特点就是建立了遍布全国的特务统治。

袁政府在中央设立了警察总署，在华北各省都设有探访稽查局，在南方各省责成各地镇守使组织清乡警队，戒备非常。袁的暗探特务缇骑四出，密布各地。此辈暗探大多是地痞无赖之徒，在各地任意鱼肉人民，敲诈勒索，挟嫌倾陷，栽赃诬害，为所欲为。河南："侦探之欲得功发财也，莫不可以任意捏造乱党……其所以如是者，以每获一人赏银五十两"，"甚至审计分处某科员以遗失一车纹布袍之故，将城内之衣裤褴褛形似小窃者八十余人，一律枪毙"，"计一年中所杀之人约在二万二千有余。孤儿寡妇泣血吞声。清平世界忽变一惨无天日之黑暗地狱"。[4]北京："现北京稽查极严。缇骑四出。消息灵通。故各饭店茶居皆贴出诸君小心勿谈国事两联语。惧城门

---

[1]《东方杂志》12卷1号。
[2]《生活日报》1911年4月4日。
[3]《生活日报》1914年4月9日。
[4]《生活日报》1914年5月19日。

失火殃及池鱼也。至于出版物之不能言论自由，更无俟论"，[1]袁世凯势力所及的地区成为一个黑暗恐怖的地狱世界。

此外，在文化教育方面：袁世凯亦大力提倡"读经尊孔"，宣扬封建道德。安徽都督倪嗣冲的呈文中将袁世凯这种做法的心事一语道破，他说："十岁至十五岁嗜欲未盛，性灵初开。教之善则善，习于恶则恶。听自由平等之演说印入脑筋，故虽杀身破家，趋之若鹜；闻事亲敬长之正论深入心理，亦必守死善道，甘之如饴"，"果能改良以读经为本，以余力习有用之科学，即戡乱之上策，治病之良方也"[2]。

以上三方面矛盾（帝国主义与中华民族的矛盾、封建主义与农民大众的矛盾、袁世凯政府与全国人民的矛盾）的发展和激化，最终交织成袁世凯统治下中国社会经济的一幅悲惨的图画：社会生产力萎缩不前，人民生活日益贫困和痛苦。

工业生产在袁世凯的统治下，处在停滞的情况下。全国各种工业拥有的职工总数，根据日人的记载：1912年为661784人，1913年为630890人，1914年为624521人，1915年为619729人，呈现了惊人的倒退。[3]

拿民族工业中首屈一指的纺织业来看：这几年内亦"初无若何之进展"[4]。上海是中国棉纺织业最集中的城市，华裔纱厂1912年有7厂，167596纱锭；1913年减为6厂，141920纱锭；1914年也只有7厂，160900纱锭。[5]查一查严中平同志所编的中国纱厂沿革表，1912—1914年，除了英人在上海开设了杨树浦纱厂外，华商开

---

[1]《甲寅杂志》1卷7号，《言之者无罪（伍子余）》。
[2]《生活日报》1914年6月3日。
[3] 马场明男：《支那政治经济年表》，庆应书房，第144页。
[4]《中国棉纺统计史料》，棉纺资料，第73页。
[5]《中国近代经济史资料选辑》，第162页。

设的纱厂竟连一个也没有。[1]这种情况直到第一次世界大战爆发后，由于欧洲帝国主义国家忙于战争暂时放松了对中国的侵略才发生了变化。

商业的情况也是一样。听一听当时商人们的呼声吧："十里一卡，二十里一局，剥削留难，无所不至"，"厘捐愈重，商业愈减，金融愈滞，是直使我商人无生活之希望，而置诸死地矣"。[2]

农业生产力萎缩的情况更为严重。随着袁世凯军阀政府和地主阶级对农民更残酷的压榨，农民大量破产，游民日益增加，荒地不断增多。只要看一看下面的两个数字就足够了：全国农户的总数在1914年为59402315户，1915年就减为46776256户；全国荒地面积在1914年为191272014亩，1915年就增为229463464亩。[3]

人民的生活痛苦不堪，广大的工人农民、劳动群众更是陷入水深火热之中。当时的《东方杂志》中已经可以看到这样的描写："国事日非。百吏尸位于朝，万民废业于下。士不安其校，贾不安其市，工不安其肆，农不安其田。加以苛税繁兴，盗贼毛起，生计废绝，十室九空。行旅所经，考询所至，上之惟口议腹非，下之惟狐鸣篝火，内之惟妇号儿啼，外之惟陇叹路哭而已。"[4]

随着社会内部矛盾的尖锐化，阶级矛盾也日趋尖锐。

农民大众在痛苦的生活熬煎下掀起了不断的斗争。

规模最大一次，是1913年的白朗起义。起义群众编了个歌谣在人民中传唱："老白狼（白朗别名），白狼老，抢富济贫，替天行道，人人都说白狼好，两年以来，贫富都匀了。"[5]参加起义队伍的有两

---

[1] 严中平：《中国棉纺织史稿》，北京：科学出版社1955年版，第351—352页。
[2] 《生活日报》1914年5月17日。
[3] 《中国年鉴》第1回，第1134、1137页。
[4] 《东方杂志》13卷1号，《我（民质）》。
[5] 陶菊隐：《六君子传》，北京：中华书局1946年版，第78页。

万多人，纵横河南、安徽、陕西、甘肃、四川、湖北等六省，"所向无敌，袁军之追剿者疲于奔命，竟无寸效，惟以骚扰商民为事"[1]。直到1914年8月，这支起义军方告失败。

各地农民小股暴动更多。1915年，贵州、奉天、热河、江西、云南、吉林各省均有规模较大的民变发生。士兵大多出身破产农民，在军队中又受着长官的剥削压迫，也常发生兵变。

工人阶级当时还处在自在阶级的状态中，但也开始展开了为改善自身经济情况而作的斗争。

1913年1月，北京邮政工人为反对送信次数增多进行罢工；同年5月，汉阳兵工厂工人为反对以跌价的纸币发给工资而罢工；1914年10月，上海招商局、太古、怡和三个轮船公司中的宁波籍海员为要求增加工资宣布总同盟罢工；同年12月，上海人力车夫因反对车厂增收车租而同盟罢工；1915年3月，湖北大王岩煤矿矿工因公司加长工作时间要求增加工资而罢工。[2]

小资产阶级充满了正义的愤怒。他们一面看到严重的民族危机，起而呼号奔走。袁政府接受"二十一条"的消息传出后，广东学生召开国耻大会；天津绅学商界人士联合召开国耻大会，"会员痛哭陈词，情极愤激……当时断指血书者七人，断指誓仇者五人"[3]；浙省留日学生全体退学表示抗议。另一面，他们又猛烈抨击袁政府的黑暗、野蛮与腐败。连章士钊主办的《甲寅杂志》上也已有"政府欤？盗府欤？"和"时日曷丧"的呼声出现。

资产阶级和商人要求有稳定的国内市场，因此最初一般都倾向于维持现状和保守主义，但是由于受着袁政府的赋税重担和帝国主

---

[1]《袁世凯全传》，文艺编译社，第92—93页。
[2]《学习杂志》4卷11期，《中国共产党成立前中国工人阶级发展的情况》；《神州杂志》1卷1期，《汉阳兵工厂罢工记》；《东方杂志》12卷4期，《中国大事记》。
[3]《新闻报》1915年5月30日。

义经济势力的排挤，不满现状的情绪亦逐渐滋长。

各省纷纷发生商人反对苛捐杂税的同盟罢市。以 1915 年为例：4 月，山东济宁两千余家商店反对官府强迫购用印花全体罢市；5 月，江苏江都商民反对落地税罢市，安徽芜湖商民因常关提高税率罢市[1]，广东七十二行商集会反对印花苛税；6 月江苏吴县（今苏州市吴中区）肉店因县署实行屠宰税全体罢市[2]；9 月，云南大理商民反对灯捐罢市，江苏吴县绍酒业不服征税同盟罢市[3]。各省又纷纷发生抵制日货的行动。"二十一条"消息传出后，各地商会致电袁政府激烈反对。太原商会电文中有"苟政府不待人民与知，将损害主权及国威诸条件遽行承诺，商民誓不承认"等语。[4]

《字林西报》载某西人南京通信中说："商人厌于满清失德，当辛亥之变，力助革党，其结果遂推翻满廷。及癸丑之役，商民望治心殷，援助袁氏，故不数月而事变全定。总言之，则商界者，乃忍耐爱治之民也。然以商民忍耐力之富，今犹不克忍而诋排袁世凯之压制者随地而然，则袁之不得民心，从可想矣。"[5]这里对资产阶级和商人作用的估计自然是夸大的，但确实也反映出中下层资产阶级几年来对袁世凯政府态度的变化。

毛主席说："如问中国革命高潮是否快要来到，只有详细地去察看，引起革命高潮的各种矛盾是否真正向前发展了，才能决定。"[6]察看一下 1911 年至 1915 年的整个历史发展过程，可以看出，帝国主义、封建主义和中国人民大众的矛盾更加加深了，由此形成的革命危机更加深广了。了解了这一点，才能更深刻地了解为什么护国

---

[1]《东方杂志》12 卷 6 期，《中国大事记》。
[2]《新闻报》1915 年 6 月 5 日。
[3]《亚细亚日报》1915 年 7 月 10 日。
[4]《中日交涉纪事本末》，第 58 页。
[5]《护国军纪事》卷 3，《外论》，第 516 页。
[6]《毛泽东选集》第 1 卷，第 1060 页。

运动能够在这样短的时期内,迅速地形成一个全国性的反袁高潮,迫使袁世凯不得不撤销帝制,忧灼死去。

现在,我们再来看第二个问题——袁世凯称帝在中国人民中引起的强烈反应。

历史上一切反动统治者,从来都是迷信自己的实力地位,看不到人民群众的力量,看不到历史发展的客观规律的。

袁世凯也不例外。1913年国民党在南方的主要军事力量被消灭后,他就认为"天下莫予毒"了,认为"意外之乱,果或猝起","政府自信无论何时均有完全对付之力",于是就一心一意地准备将黄袍加到自己身上,"使帝制再见于中国"。[1]

帝制运动就这样着着开展。1915年12月12日袁世凯正式称帝。

《人民日报》1955年3月12日社论中说:"民主精神的高涨是辛亥革命的直接的结果。由于经历了这种高涨,人们在思想上获得了解放。在辛亥革命以后,封建帝制的一切余孽……他们的任何恢复帝制的愚蠢企图都不能不遭受到彻底的失败。帝国主义和封建主义对于中国的进步的阻碍尽管是严重的,但是在辛亥革命以后,这种阻碍之被克服是必然了的。"[2]

袁世凯帝制运动消息传出后,在人民群众中特别是青年学生和华侨中立刻引起了强烈的反应。在青年学生方面:上海学生"大都醉心民权……自筹安会发现后,……连日诣报馆探听消息者,不知凡几。某君欧洲留学生也……极力主张保持共和,并谓杨度等为背叛民国"[3]。武汉学生"国家之观念亦富,对于此次变更国体,则纯持反对态度,意谓……以革命先烈牺牲无数金钱生命所争得之民主国,曾不数年仍复为君主……则中国纵不亡于大总统之身,亦必亡

---

[1] 白蕉:《袁世凯与中华民国》,第298页。

[2] 《人民日报》1955年3月12日。

[3] 南华居士:《国体问题》首卷,直隶书局,第64页。

于大总统之子孙。孙杨诸人之肉其足食乎"[1]？留日学生通电："袁氏无端图谋帝制……千钧一发，转危为安，惟吾国民履行主权者资格，迫袁负咎退位。"[2]华侨方面：美国波士顿中华公所全体华侨通电"请反对君主，实行民主"。泗水全体华侨通电要求"严办杨度等，解散筹安会，以弭大患，而维国本"。[3]其他各界反对亦烈，如"自北京有筹安会出现，上海人士顿引起极大之注意，讨论者纷纷不绝，然大抵诋责之论为多。……上海各团体，逐日开会讨论此事，但多出以秘密会中人，无不昌言反对"[4]。军队中特别是各省新军中下级军官，闻得帝制消息时，亦多"愤慨异常"。

连日本帝国主义当时也清楚地看到了这一点。在日政府劝告袁世凯中止帝制运动时就说："中国组织帝制，虽外观似全国无大反对，然根据日政府所得之报告……反对暗潮之烈，远出人臆料之外，不靖之情，刻方蔓延全国。……若总统骤立帝制，则国人反对之气态，将立即促起变乱。"[5]英国的《伦敦记事报》当时说："袁氏帝制自为，即能徼幸于一时，然反动之力无有不作，且其为力之杂，或足使全局因而糜烂……其原因所在，则无非以帝政之谋，为优秀之国民所一致反对耳。"[6]连封建老官僚岑春煊也看到了这一点。他在致陆荣廷书中说，"袁氏辛亥之成功，实因南北一致愿假以位。癸丑之成功则由赣宁操之稍急，国内人心尚未尽去。今则急进者不必论，即稳健者亦切齿刺骨"[7]，并由此得出"袁世凯必败"的结论。

人民群众对袁政府的痛恨和反对是造成袁世凯称帝失败的决定

---

[1]南华居士：《国体问题》首卷，第103页。
[2]黄毅：《袁氏盗国记》下篇，上海：国民书社1916年版，第25页。
[3]黄毅：《袁氏盗国记》下篇，第24页。
[4]南华居士：《国体问题》首卷，第119页。
[5]白蕉：《袁世凯与中华民国》，第293页。
[6]《护国军纪事》卷3，《外论》，第1页。
[7]《护国军纪事》卷3，《对内文告》，第18—19页。

性原因。

在人民群众高涨的反袁浪潮面前，帝国主义列强也不能不重新考虑它们对袁世凯称帝的态度。

袁世凯虽然是各帝国主义在华的总工具，但他依靠的主要后台是英帝国主义。当时欧战正酣，英国实在无力给予袁世凯以任何有力的援助，希望袁世凯暂缓称帝，以免引起国内革命的爆发。英日俄三国公使联合向袁政府提出的劝告中，就清楚地说明了他们的这种心情："恢复帝制一举，默察中国现状，恐有危机之事件发生。当此欧战正亟之时，国于东亚者，务宜慎重处事。若因处置不善而召起祸乱，则非独中国之不幸，凡与中国有密切关系之各邦均将受其影响。愿袁总统顾念大局保持现状，将改变国体计划从缓实行。"[1]以后，当云南起义后，英人所办京津《泰晤士报》的社论《袁世凯之前途危险》一文中也充分流露出英帝国主义这种"爱莫能助"的心情来："无论胜败如何，袁世凯之威望必落。今日者，正吾人渴望中国元首得保其威望之日也，而事竟如此，吾人对于袁氏不识取劝进之时机，以自保威望，能勿致其惋惜？……虽常人对于袁氏未尝不望其保有威权而以成中国现在之最大政治家，但因奉袁为帝以致再生内乱，能勿觉其为值太大而于国家无所裨益耶？"[2]这里，话说得很明白，英帝国主义是希望袁世凯能"保有威权"的，但是在"欧战正亟"无力东顾之时，如继续支持"袁为帝以致再生内乱"，那么他们也只好宁愿牺牲袁世凯另外换一个适当的工具，以求得在东方维持安定秩序了。

日本帝国主义对袁世凯的态度，在日本对支联合会、国民外交同盟会的文件《对支问题解决的意见》中说得也很明白。"支那多数

---

[1]《东方杂志》。
[2]《护国军纪事》卷2,《外论》，第10—11页。

人民对于袁政府攻击猬集,国论沸腾。假令有日本之声援,袁政府之位置却陷于困难,仍不能免其崩坏。且袁总统本一喜用权数术谋之政治家。即一时买日本之欢心,出亲日之态度。必于欧洲大战终结之日,又背我而就列国。证彼以往之历史,殆无疑义。今我日本不视支那民众之趋势而拥护袁总统,共图对支问题之解决,非策之得也。"[1]这里,它们的意思是两点:第一,中国人民反对袁世凯的力量是强大的,即使日本政府支持袁世凯,"仍不能免其崩坏",因此支持袁世凯是不得策的;第二,袁世凯历来是亲英的(日人所著《支那革命外史》一书中曾直指袁为"英公使之买办"),目前即令亲日,亦只是一时的姿态。日本冒了危险支持袁世凯政府,也许到最后,袁世凯仍旧会"背我而就列国",这样就更不得策了。因此,对日本说来,最好的办法,是乘此将袁世凯打下台去,另外扶起一个能更忠实地投靠日本的新工具来(以后它找到的是段祺瑞),这样,既能避过中国人民的反袁浪潮,而其结果可以对日本更为有利。

帝制运动在人民中遭到普遍的反对,帝国主义列强不能给予袁世凯以有力的支持,这两个因素早就预决了袁世凯称帝的必然归于失败。

(四)

根据以上的分析,可以得出几点结论。

(一)袁世凯的统治,是大地主大买办阶级在中国的统治。在这个统治下,中国社会的各种矛盾不仅不可能得到解决,相反却继续激化着。人民对袁世凯统治的憎恨日益加深。革命的危机在中国社会内部不断地酝酿着、发展着。袁世凯的统治正是建筑在一座喷薄

---

[1]《东方杂志》12卷6期,《对支问题解决的意见》。

欲发的人民革命的火山巅上。

袁世凯的帝制自为，彻底撕开了他在辛亥革命时期欺骗人民并赖以取得政权的假面具，暴露了他自己真正的面目。历史的车轮是向前进的，人民的巨流是向前进的。经历过辛亥革命的洗礼并在思想上获得解放的中国人民决不容许封建君主专制制度在中国的重新出现。人民群众几年来对袁世凯反动统治的全部憎恨在护国运动的旗帜下集中起来，形成了汹涌澎湃、不可抗拒的反对力量。

当时，欧洲帝国主义列强被卷入第一次世界大战的旋涡之中，没有力量给予它们在中国的忠实奴仆——袁世凯以任何有力的援助；日本帝国主义在人民反袁的巨大浪潮面前，不敢也不愿给予还不是它最称心的工具袁世凯以有力的支持。

在人民力量的冲击下，袁世凯恢复帝制的愚蠢企图不能不被打得粉碎。

（二）云南护国运动的真正发动者，是受着革命民主主义思想熏陶的新军军官。

这些新军军官能够成为护国运动的首先发难者，不是偶然的。毛泽东同志在《战争和战略问题》一文中写道："在中国，主要的斗争形式是战争，而主要的组织形式是军队"，"经验告诉我们，中国的问题离开武装就不能解决"。[1]袁世凯统治下的情况，也正是如此。人民没有真正的议会可以利用，没有组织合法斗争的任何权利。国民党直接领导的军事力量已在"二次革命"中被粉碎了。中华革命党和广大群众失去了联系，只进行一些少数人的武装暴动，不能取得重要的成效。各地的农民起义处在自发的状态中，没有先进阶级政党的领导，尽管此起彼伏绵延不绝，都不能长期地坚持下去，更不能汇合成为一支反袁的革命主流。无产阶级还没有作为一个独立

---

[1]《毛泽东选集》第2卷，第507、509页。

的政治力量走上中国的政治舞台。环顾全国，能够起来首揭义帜用武装斗争的形式来反对袁世凯称帝的军事力量，只有西南各省受过革命民主主义思想熏陶而还没有被袁世凯消灭的新军。

而云南能成为各省中首先发难的地点，也是有原因的：

1. 云南军队上级将校大多是日本士官学校出身，中下级军官大多是云南讲武堂出身。他们绝大部分参加过辛亥革命时期推翻清朝的武装起义，多数并曾隶籍同盟会、国民党。袁世凯建立了自己的统治以后，特别在1913年北洋军占领江苏、安徽、江西等省消灭了国民党在南方的主要军事力量以后，一步步着手铲除异己，剪灭辛亥革命时期各省的革命力量。但是云南因地处边远，袁世凯的势力一时还来不及深入。除了在袁政府的命令下，蔡锷被调入京，一部分高级军官罗佩金、黄毓成、顾品珍等被黜外，新军内部的辛亥革命时期的革命火种基本上还是被原封不动地保存了下来。这是护国运动能在云南首先发动的主要原因。

2. 云南是西南边界重镇，从清朝末年开始就驻扎重兵。在护国运动发动前夜，云南共有军队二师与一混成旅，共21400人。编练纯采西式。山炮、机关枪、野炮无一不备。各队步枪都是一式，并无参差不齐之弊。弹药亦丰，每挺机关枪配有子弹4500发。云南本省复有弹药厂，每日加工可制出子弹约2万发。云南的军事力量实为西南各省之冠，有足够的实力支持它首先发难，与袁家军对抗。[1]

3. 云南四境多山。西、南两面同法属越南和英属缅甸接壤。护国运动起后，袁世凯请假道越南攻滇，为法国拒绝，故后方无军事威胁。作为首先发难的根据地，这点虽然是次要的，但确实也是一个有利条件。

---

[1]《共和军纪事》,《军情纪事》, 第43、57页。

这个运动在展开后，得到了工人、农民、知识分子和城市小资产阶级的热烈同情和支持，资产阶级在不少地区公开表示了赞助，一些投机的政客、军阀也加入了起义的行列。这样就汇合成为一个巨大的反袁联合战线，推翻了袁世凯的皇朝。

（三）但是，护国运动终究还只是一个自发性的斗争。无产阶级政党固然还没有出现，资产阶级革命政党——中华革命党也没有将斗争领导起来。护国运动仍然蹈着辛亥革命的覆辙，没有明确的反帝反封建的政治纲领（包括发动起义的新军军官在内，他们所知道的只是要推翻袁世凯的帝制，恢复中华民国），也没有充分发动和组织可以依靠的人民大众的力量。当唐继尧、陆荣廷、岑春煊、梁启超等军阀政客纷纷以反对袁世凯帝制的面目出现时，起义的真正发难者——天真的新军军官们，就认为他们有着较大的"政治号召力"，将斗争的领导权拱手让给他们。到袁世凯死去、帝制撤销以后，群众更失去了继续斗争的共同目标；唐、陆、梁、岑等这些军阀政客在日帝国主义的拉拢下，迅速地和北洋政府取得了妥协，结束了护国运动。

护国运动后，中央政权还是把持在以段祺瑞为首的北洋军阀手中，斗争的发难地区——西南各省也变成少数地方军阀的地盘。中国仍然处在帝国主义与封建军阀统治的黑暗局面下。护国运动对中国政治、经济、社会的基本问题，依然一个也没有加以解决。

但是，历史是永远不停留的，历史是不断地向前进的。辛亥革命、护国运动和以后的护法运动的失败，证明了旧民主主义革命的破产，证明了资产阶级民主共和国的纲领和资产阶级革命政党领导下的革命并不能将中国从半殖民地半封建社会的绝境中挽救出来。于是，先进的中国人重新经历了失望、彷徨、探索和追求新的救国理想的道路。但是，在这时候，随着第一次世界大战期间民族的进一步发展，中国无产阶级的队伍壮大起来了，中国的工人运动日益蓬勃地发展起来了。护国运动结束的下一年，俄国发生了伟大的十月社会主义革命。"十月革命一声炮响，给我们送来了马克思列宁主义。"[1]中国先进的知识分子开始接受马克思列宁主义，重新考虑国家的命运和问题。护国运动结束后的第三年，在新的民族危机面前，具有初步共产主义思想的知识分子、革命的小资产阶级知识分子和资产阶级知识分子联合在一起，掀起了五四运动。接着，广大的工人和农民参加了这个运动。从此，中国的革命就进入无产阶级领导的新民主主义革命时期。中国的历史展开了完全崭新的一页。

---

[1]《论人民民主专政》，《毛泽东选集》第4卷。

二、论孙中山革命思想的形成和兴中会的成立[*]

毛泽东同志在《青年运动的方向》一文中曾经指出:"中国反帝反封建的资产阶级民主革命,正规地说起来,是从孙中山先生开始的。"[1]

孙中山革命思想的形成和兴中会的成立,标志着一种新的时代思潮、一种新的政治力量走上了中国的历史舞台。因此,对这个问题进行认真的探索,应该说是一件很有意义的事情。

(一)关于孙中山革命思想的酝酿和形成的道路

孙中山革命思想的形成的道路,学术界曾经有着两种截然相反的见解。一种认为孙中山在"中日甲午战争前,他基本上是一个改良主义"者,直到甲午战争失败后才"从改良主义到革命主义"[2];另一种认为孙中山从小或从中法战争以后就一直是一个坚决的革命者,甚至连他的上书李鸿章也被解释成是为了借此北上"窥清廷之虚实"。后一种说法,在解放前十分流行,而前一种说法,在解放后十分普遍。事实上,这两种说法都并不完全符合历史的客观实际。陈锡祺在他的《同盟会成立前的孙中山》一书中提出了这样的看法:"孙中山在甲午战争以前,不仅已初步具有了反清的革命思想,而且

---

[*] 原载《历史研究》1960年第5期。
[1]《青年运动的方向》,《毛泽东选集》第2卷,第527页。
[2] 石峻、任继愈、朱伯昆:《中国近代思想史讲授提纲》。

在实践方面，已在集结同志，联络会党防营，积极准备起义，这就使他和同时的改良主义者有了根本的不同。但此时孙中山的思想无可否认地还存在着严重的改良主义成分，反清革命的决心，还不是很坚实的。"这个说法，我们认为是比较恰当的。但是，陈锡祺先生对孙中山当时为什么既"已初步具有了反清的革命思想"，又还"存在着严重的改良主义成分"缺乏进一步的分析和阐明；同时，对孙中山当时革命实践强调得多了一点，甚至也肯定孙中山上书李鸿章的目的是为了"窥清廷之虚实"。现在我们也就这个问题，说一说自己的看法。

孙中山初期思想的发展，大体上有过三个阶段。

第一阶段，1866年至1879年。这是他的童年时代。

在童年时代，孙中山家里十分贫困。他的父亲孙达成是一个雇农，并且曾经到澳门当过裁缝，来补助家庭生活费用之不足。他的两个叔叔由于在家乡无法生活下去，到美国加利福尼亚州去做采金的苦力。"后来一个死在附近海上的洋面上，一个死在加州产金的地方。"[1]他的哥哥孙眉，在他五岁的时候，也随了亲戚到檀香山去做工。孙中山自己在十四岁前就在这样的家庭里一面读书，一面劳动。宋庆龄曾经生动地描写过他早年的生活状况："孙中山很穷，到十五岁才有鞋穿。他住在多山的地区。在那里，小孩子赤足行路是件很苦的事。在他和他的兄弟没有成人以前，他的家住在一间茅屋里，几乎仅仅不致挨饿。他幼年……没有米饭吃，因为米饭太贵了。他主要的食物是白薯。"[2]这种环境，使他对劳动人民的痛苦有着深刻的了解和同情，这对他后来革命思想的形成和发展有着十分重要的影响。

---

[1]《足本中山全书》附集，《传记》。

[2] 宋庆龄：《为新中国奋斗》。

在孙中山出生前两年，伟大的太平天国农民革命在国内封建势力和外国资本主义的联合进攻下失败了，但是它所散播下的革命火种却没有完全扑灭，尤其在太平天国革命的摇篮——两广地区。许多参加过太平天国革命运动的战士散落民间，到处讲述着太平天国英雄们的斗争事迹。孙中山"在塾时，教师为洪、杨中人，尝从容讲演当年历史。有太平天国失败后仅存一老军者，亦尝至塾中伴谈，所言尤多感慨。学童以得此观听为乐。而先生见闻之后，英气溢于眉间，有时原原本本，抵掌而谈，使后来者咸得闻知。老军见其热忱种族观念，志愿非常，益加亲昵。一遇无事，则与先生详述当年战争，及洪秀全之为人。兴之所至，辄以洪秀全第二勉先生。先生得此徽号，视为无上之荣，亦慨然以洪秀全自居。同学闻而贺之者，大有人焉"[1]。太平天国革命运动领导者们的英雄形象和他们的伟大理想，对幼年出身于贫苦农民家庭的孙中山自然有很大的吸引力，给他留下了深刻的印象。以后孙中山在香港雅丽氏医学校时就"常常谈起洪秀全，称他为反清第一英雄，很可惜他没有成功"[2]。他1895年冬在日本时喜欢讲说故事，"而他所谓故事，即洪秀全如何起兵广西，定都南京，李秀成如何六解天京围，如何打败英人戈登等"[3]。

但是孙中山当时还处在童年时代。农民的贫困生活，太平天国的革命故事，虽然给了他一定的刺激，也为他以后的革命思想埋下了某些种子，但是整个说来，还很难说他这时已经具有一种明确的政治思想，同样也很难说这时他已经立志革命。

第二阶段，1879年至1885年，也就是从去檀香山求学到中法战争发生。这是他接受了资产阶级教育，开始要求按照资本主义的样

---

[1] 胡去非：《总理事略》。
[2] 陈少白：《兴中会革命史要》。
[3] 冯自由：《革命逸史》初集。

式来改造中国社会的时期。

1879年,孙中山的哥哥孙眉(他在到檀香山后经营垦牧,逐渐发展成为一个华侨资本家)接他和他的母亲到檀香山去居住。孙中山在家里因为家境贫困,又要参加劳动,因此受到私塾中的封建教育本来就不多。到檀香山后,在当了一个时期学徒后,他就到英国教会所办的学校中读书,系统地接受了资本主义的教育。这种资本主义的教育,对孙中山思想的发展有着十分重要的作用。他后来回忆说:"忆吾幼年,从学村塾,仅识之无。不数年得至檀香山,就傅西学,见其教法之善,远胜吾乡。故每课暇,辄与同国同学数人互谈衷曲。而改良祖国、拯救同胞之愿,于是乎生。当时所怀,一若必使我人皆免苦难,皆享福乐而后快者。"那么,如何来"拯救同胞","皆免苦难,皆享福乐"呢?照他当时的理解,答案正如毛泽东同志所说的:"要救国,只有维新,要维新,只有学外国。那时的外国只有西方资本主义国家是进步的。它们成功地建设了资产阶级的现代国家。"[1]因此,以西方资本主义国家为榜样来"改良祖国",就成为孙中山的朦胧的理想。

1882年,孙中山从檀香山回国。三年的国外生活和所受的资本主义教育,使他在重新接触到清朝封建政府统治下的中国时,更加敏锐地感到这个政权的腐败贪婪和中国人民所受的重重压迫和剥削,愈加深切地觉得这种情形是不可以忍受的。当他在轮船抵达中国海口,接连地遇到海关、厘捐局、"查禁私运鸦片"的官员、"查禁私运火油"的官员一遍遍的无理搜查和勒索时,他就起来反抗,拒绝他们进行搜查,以致船只被扣留。直到第二天,船主纳贿后才得开行。孙中山就利用这个机会向乘客演说中国政治改造的必要。他

---

[1]《论人民民主专政》,《毛泽东选集》第4卷,第1359页。

说:"中国在这些腐败万恶的官吏掌握中,你们还坐视不救么?"[1]回到香山(今中山市)后,他还继续地进行着这种宣传,他向农民们说:"你们的衙门给你们干什么事呢?……他们拿了你们的钱,你们没有受着出钱的好处。一个政府应该替人民管理种种事情,正像家长应该注意到家中各人一样。……这天子的朝廷这样的腐败,你们不要和他的官员有所交涉。……你们知道,道路桥梁由你们自己建造,学校由你们自己维持,比让满清人来替你们建造,替你们维持,费用要省得多哩!你们每村应该利用这些市场,那么每个村庄与别个村庄的交接可以得到益处。……你们为什么不觉醒起来!记忆着,人们只有靠着结合的力量,才能够改善他们的地位呢。"[2]

这时候,孙中山已经是一个在资产阶级教育下成长起来的近代知识分子。他所抱的理想,纯然是西方资产阶级早年反抗封建主义束缚时的那种理想。他已不同于洪秀全等那一批农民革命的英雄,也不同于康有为等那一批希望走改良主义道路的旧式士大夫。这正显示他是一种新兴的社会力量的代表者。但是,也要看到:孙中山当时直接提出的,还只是一种资产阶级的地方自治的思想,这种思想在封建社会里自然是有着叛逆性的,可是并没有带着鲜明的革命性。这也说明:这种新兴的社会力量当时在政治上还是远不成熟的。

第三阶段,1885年至1894年,这是孙中山革命思想逐步形成的时期。

中法战争爆发时,孙中山正在香港皇仁学院读书。当时,中国人民的民族意识正在日益高涨。广东人民的反教会斗争与香港地区、新加坡等的中国工人群众为反对法国侵略者所举行的罢工运动,都给了孙中山以刺激。而当中国军队在谅山(今属越南)获得大胜时,

---

[1]《足本中山全书》附集,《传记》。

[2]《足本中山全书》附集,《传记》。

李鸿章却在天津签订了卖国条约，这更充分暴露了清朝政府的卖国和腐败。孙中山这时正在不受清政府控制下的香港，对某些事件的真相看得更加分明，这样就给了他极大的刺激。孙中山自己后来回忆道："予自乙酉中法战败之年，始决覆清廷创建民国之志。由是以学堂为鼓吹之地，借医术为入世之媒。"[1]当时，他进入了广州博济医学校学习。入校后就结识了三合会会员郑士良等，天天高谈革命。1887年，孙中山又转入香港雅丽氏医学校学习。"数年之间，每于学课余暇，皆致力于革命之鼓吹，常往来于香港、澳门之间，大放厥词，无所忌讳。时闻而附合者，在香港只陈少白、尤少纨、杨鹤龄三人，而上海归客则陆皓东而已。"[2]孙、陈、尤、杨四人并自称为"清廷之四大寇"。这时候，应该说孙中山的革命思想已经初步形成，但是，当时他们所从事的还只是谈论革命，而并没有实际地从事革命。而谈论革命与从事革命两者之间还是有距离的。当一个人还没有在实践中投身于革命，他们的革命言论的调子无论唱得怎样高，终究还不能认定他已经是一个坚定的革命者了。陈少白就指出过："实则纵谈之四大寇，固非尽从事于真正之革命也。而乙未年广州之役，杨与尤皆不与焉。"[3]孙中山自己也承认，这个时期还只是他的"革命言论之时代"[4]。我们如果不认识到这一点，那么我们对1895年孙中山为什么会上书李鸿章就会感到不可理解。

正当孙中山在那里高谈革命时，当时所谓"新学"派的思想界中，占着绝对优势的是改良主义的思潮。在孙中山周围，也有着不少的改良主义者常常给他以影响，其中最重要的是何启（他是孙中山求学的雅丽氏医学校的创办人和教师）和郑观应（他是孙中山的同乡，

---

[1] 孙文：《革命原起》。

[2] 孙文：《革命原起》。

[3] 陈少白：《兴中会革命史要》。

[4] 孙文：《革命原起》。

当孙中山在雅丽氏医学校求学时就曾同他通信讨论过改革时政的意见，郑观应所著的《盛世危言》中也收录过孙中山当时发表在报纸上的文章）。孙中山同他们往来，自然会受到一些影响。因此，他一方面竭力鼓吹革命，也开始准备着手从事革命工作（这是基本的方面），但另一方面，思想上还有一些摇摆，还想尝试一下通过清朝政府实行自上而下的改革，这条道路是不是还有可能行得通。正是在这种矛盾的心情下，发生了孙中山上书李鸿章的事情。

孙中山的上书李鸿章，不是一个突然的偶发举动，而是经过很长时间的酝酿的。这个上书的腹稿，早在他肄业雅丽氏医学校时就已拟就。1890年，他在上郑藻如书中，已经提出了同以后上李鸿章书基本一致的思想。1894年，他在上书李鸿章前，又抛开医生和药房的业务，回到翠亨村闭门十余天写成。写成后，和同乡陆皓东一起到上海，找郑观应托他想方法介绍自己去见李鸿章。在郑观应处孙中山又遇到了一个著名的改良主义者王韬，王韬替他将文章加以修改，并且写信将他介绍给李鸿章的幕友罗丰禄、徐秋畦等，想通过他们去见李鸿章。"孙先生快乐极了，就到天津去见老夫子。"[1]

孙中山在这次上书里，向李鸿章提出了一个在中国解除封建主义对民间工商业发展的束缚、全面实现国家工业化和农业机械化、根本改革教育制度和选拔人才制度的理想蓝图。用他自己的话来说，也就是要做到"人能尽其才，地能尽其利，物能尽其用，货能畅其流"。这个主张，在当时的历史条件下，是有进步意义的理想。但在半殖民地半封建社会里，企图依靠封建统治者自上而下地来实现这些主张，自然是根本不能实现的幻想。可是，孙中山在当时确确实实还是多少地存有这种幻想的。他在上李鸿章书中要求李鸿章"玉成其志"，"陶冶而收用之"。孙中山当时最亲密的朋友陈少白曾提到

---

[1] 陈少白：《兴中会革命史要》。

孙中山在这以前说过"将来有机会的时候,预备怎样造反",但他也只是将造反放在"将来",并且是"有机会的时候",说明他当时还没有从事革命行动的直接打算。而接着,陈少白对孙中山上书李鸿章时的心情作了十分明白的描述:"孙先生所以要上李鸿章书,就因为李鸿章在当时算为识时务之大员,如果能够听他的话,办起来,也未尝不可挽救当时的中国。"[1]陈锡祺先生在《同盟会成立前的孙中山》一书中,过分地强调了他在以前说到过的"造反"两字,忽略了他所讲的是"将来有机会的时候",更忽略了或者是回避了我们后面所引的一段话,这样就使陈锡祺先生在叙述这个带关键性的问题时,论点上就产生了模糊。

李鸿章对孙中山的上书态度极为冷淡。那时,中日战争正在进行,李鸿章在芦台督师,得到他的上书,只是随便地说了一句:"打仗完了以后再见吧!"孙中山"听了这句话,知道没有办法,闷闷不乐的回到上海……所有希望完全成为泡影。所以到了这个时候,孙先生的志向益发坚决,在檀香山就积极筹备兴中会,找人入会,一定要反抗满洲政府"[2]。

这次上书的失败,对孙中山是一件极为重要的好事。李鸿章在这里当了一个出色的反面教员,给孙中山上了一课,使孙中山通过自己亲身的实践,破除了过去在实行自上而下的改革方面存在的一些幻想,认清了改良主义的道路是走不通的,更加坚定了革命的意志。从此,孙中山就头也不回地作为中国民主革命派的鲜明的旗帜,立即开始了他的革命活动。

一个人思想的发展,往往是要经过曲折迂回的道路的。本文一开始所举到的那两种看法,或者是将孙中山说成是上书李鸿章后,

---

[1] 陈少白:《兴中会革命史要》。
[2] 陈少白:《兴中会革命史要》。

方才由改良主义者转变为革命主义者，或者是将孙中山说成是在幼年就立志革命，根本没有受过什么改良主义的影响，都是将他思想发展中的某一方面绝对化了，将他思想发展的复杂过程简单化了。结果都不能有助于我们对问题的真正理解。

（二）关于兴中会的成立

孙中山上书李鸿章失败后，在郑观应的帮助下，重新出国到达檀香山。他这次去檀香山的目的是很明确的，是为了"拟向旧日亲友集资回国，实行反清复汉之义举"[1]。

1894年11月，在孙中山的积极推动下，中国资产阶级民主革命派的第一个团体——兴中会成立了。最初入会的会员有二十余人，以后陆续入会的又有九十余人。檀香山兴中会的章程是由孙中山起草的，这篇章程充满了强烈的爱国主义情绪，大声疾呼地指出当前严重的民族危机说："方今强邻环列，虎视鹰瞵，久垂涎于中华五金之富，物产之饶。蚕食鲸吞，已效尤于接踵；瓜分豆剖，实堪虑于目前。有心人不禁大声疾呼，亟拯斯民于水火，切扶大厦之将倾。"据说，入会的秘密誓词中，提出了"驱除鞑虏，恢复中华，创立合众政府"的革命目标。这是中国历史上第一个资产阶级性质的革命纲领。

同时，我们对檀香山兴中会内部状况的复杂性一定要有足够的估计。

这一批最早的兴中会会员，大多是上层的华侨资产阶级。根据冯自由《革命逸史》记载的材料，这一批早期的兴中会会员共一百二十六人，其中华侨资产阶级有八十人（内商人七十四人，农

---

[1] 冯自由：《华侨革命开国史》。

场主四人，畜牧场主一人，银行家一人）。[1]檀香山兴中会的正副主席是永和泰商号司理刘祥和卑涉银行华人经理何宽。这些会员大多不是坚定的革命者。当孙中山在筹备成立兴中会时，"闻总理（孙中山）有作乱谋反言论，咸谓足以破家灭族，虽亲戚故旧，亦多掩耳惊走"[2]。孙中山为了取得他们在金钱上的接济，对他们作了不少妥协和让步。在檀香山兴中会章程上，在大声疾呼地指出当前严重的民族危机后，当分析造成这种局势的原因时却写得十分温和，只是将问题归之于"庸奴误国"，"皆由内外隔绝，上下之情罔通，国体抑损而不知，子民受制而无告"。[3]这自然是华侨上层资产阶级所能接受得了的。同时，章程中也没有提出革命的主张，"以免会员有所戒惧，盖其时华侨尚多不脱故乡庐墓思想，惴惴于满清所派公使领事之借词构陷也"[4]。檀香山兴中会革命经费的募捐也极不顺利，月余仅得美金一千三百八十八元，以后，还是靠邓荫南倾家相助，孙眉也出售一部分牛牲相助，方得美金六千余元。此外孙中山在檀香山组织华侨兵操队，使会员接受军事训练，以便回国参加起义，报名的也只有二十余人。在孙中山离开檀香山后，檀香山兴中会的活动就立刻完全瓦解。冯自由就这样记载过：檀香山兴中会"于总理归国后，即不能有所接济。总理于乙未秋败挫后，是冬重渡檀岛，计划再举，居檀多月，诸同志皆无以应之，故总理乃有美洲之游"[5]。后来梁启超到檀香山进行活动，檀香山原兴中会"会员投身保皇会籍颇不乏人，正埠及小埠均设保皇会所，而兴中会之名则久已不复挂人齿颊矣"[6]。这些都更加证明，檀香山兴中会虽然是中国

---

[1] 冯自由：《革命逸史》第3集，《兴中会初期孙总理之友好及同志》。

[2] 冯自由：《华侨革命开国史》。

[3] 冯自由：《革命逸史》第4集，《兴中会组织史》。

[4] 冯自由：《华侨革命开国史》。

[5] 冯自由：《华侨革命开国史》。

[6] 冯自由：《华侨革命开国史》。

资产阶级民主革命派最早成立的团体，但是在这里并没有真正形成中国资产阶级民主革命派的战斗核心。

正是在这种情况下，国内的局势因清政府在中日战争中遭遇惨败而有了迅速的发展，"清廷之腐败尽露，人心愤激"[1]。于是孙中山立刻从檀香山赶回香港，准备利用这个大好时机，在广州发动武装起义。檀香山兴中会会员随同孙中山回港准备参加起义的有邓荫南、宋居仁、李杞、侯艾泉、陈南、夏百子诸人。这里要注意到，根据冯自由《兴中会会员人名事迹考》所载各会员职业来查对，这些人除了邓荫南一人以外，都是工人。这个事实说明，早在中国资产阶级民主革命初期，中国工人阶级还没有作为独立的政治力量走上历史舞台时，工人阶级中的优秀分子就已经作为革命斗争中十分坚决和英勇的部分表现出来了。

由于前面所说，檀香山兴中会并没有能成为中国资产阶级民主革命派真正的战斗核心，孙中山在到香港后，首先着手的就是组织这样一个真正的战斗核心、真正的革命指挥部，同自己的旧友陈少白、陆皓东、郑士良等和香港辅仁文社的杨衢云、谢缵泰一起，重新组织兴中会总会。

这个新的战斗核心，基本上是由具有初步资产阶级思想和民族主义意识的知识分子和具有中国传统的种族主义思想的会党分子（其中以三合会为多，但也有少数未隶会籍的）的联盟。

属于前者的，除孙中山、陈少白外，有陆皓东、杨衢云等。杨衢云"生于香港，幼读西书，长入工厂……少时曾习拳勇，见国人之受外人欺者辄抱不平，不惜攘臂为之力争，盖具有种族主义思想者"[2]。陆皓东向在上海电报局充译员，他在自述自己参加革命的动

---

[1] 孙文：《革命原起》。
[2] 冯自由：《革命逸史》初集，《杨衢云事略》。

机时说：" 与同乡孙文同愤异族政府之腐败专制，官吏之贪污庸懦，外人之阴谋窥伺，凭吊中原，荆榛满目，每一念及，真不知涕泪何从也。"[1]

属于后者的，有郑士良、邓荫南、谢缵泰、黄咏商等。

郑士良："少有大志，尝从乡中父老练习拳技，颇与邻近绿林豪侠及洪门会党相往还，渐具反清复汉思想……后入博济医院习医，与孙总理、杨襄甫、廖德山等同砚，因总理与之志同道合，引为知己。未几，总理转学香港，郑亦辍学归惠州，开设同生药房于淡水墟，专从事联络三合会党，为举事之准备。"[2]据陈少白《兴中会革命史要》记载，郑本人即三合会员。

邓荫南：檀香山富商，孙中山在檀香山创设兴中会时，邓率先加入，自称"大可回国参加反清复汉，盖邓与其兄灿均三合会员。乃兄为檀埠致公堂执事，兄弟同笃信民族主义也"[3]。

谢缵泰："其父曰生为澳洲著名侨商，隶三合会籍，时以满虏吞灭华夏之历史训迪其子缵泰、缵业二人。故缵泰幼承家训，恒以承先继志为务。"[4]

黄咏商："好读易，研究湛深。尝言物极必反，汉族已有否极泰来之象，清祚复亡在即，我人顺天应人，此正其时云。"[5]

这里，我们可以注意到，兴中会从它的香港总部成立起就同会党有着密切的联系。在这两种人中，起着领导作用的是具有初步资产阶级思想与民族思想的资产阶级知识分子，但是有着实力的是会党分子，两者在思想上有着区别，但在反清革命这一点上统一了起

---

[1] 邹鲁：《中国国民党史稿》，《乙未广州之役》。
[2] 冯自由：《革命逸史》初集，《郑士良事略》。
[3] 冯自由：《革命逸史》初集，《邓荫南事略》。
[4] 冯自由：《革命逸史》第2集，《老兴中会员谢缵泰》。
[5] 冯自由：《革命逸史》初集，《黄咏商略历》。

来，这种组织情况在一个新的革命团体初起时是常见的现象。

香港兴中会总会成立后，把檀香山兴中会所订章程修改为10条。这次修改中最重要的就是对清朝政府的残暴腐败正面地作了猛烈的抨击，指出当时国内"政治不修，纲维败坏，朝廷则鬻爵卖官，公行贿赂，官府则剥民刮地，暴过虎狼，盗贼横行，饥馑交集，哀鸿遍野，民不聊生，呜呼惨哉"。把原来檀香山章程中一些温和的词句（如"皆由内外隔绝，上下之情罔通，国体抑损而不知，子民受创而无告"）删去了，并且要求广大人民团结起来，参加救国行动。章程中写道："无论中外各国人士，倘有益世，肯为中国尽力，皆得收入会中。"[1]这种思想以后逐步发展，使同盟会能成为各种社会力量反对清政府的共同联盟。

兴中总会一成立，立刻筹备在广州的武装起义。经过半年的联络，取得一部分会党、军队、民团、绿林的支持，决定九月重阳在广州发难。这次起义的计划实际上是一次准备不充分的军事冒险计划。而且，由于内部步调不一致，丧失了时机，又有叛徒告密，泄露了计划，起义在未发动前就为清政府侦悉破坏了。但是尽管如此，1895年的广州起义在中国近代史上仍然有着重大的意义。它是中国人民企图用革命的手段来实现资产阶级民主共和国理想的第一次。同时，"革命的中心任务和最高形式是武装夺取政权，是战争解决问题"。"在中国，主要的斗争形式是战争，而主要的组织形式是军队。""中国的问题离开武装就不能解决。"[2]孙中山从他的革命开始时起，就直接地采取了武装斗争的形式。在这以后，到清朝覆亡，他一直没有放弃这个主要斗争形式，在万分困难的条件下，一次一次地发动着武装斗争。孙中山这一点是做得完全对的。广州起义失

---

[1] 孙文：《香港兴中会宣言》。
[2] 《战争和战略问题》，《毛泽东选集》第2卷，第506、508、509页。

败后，这个事件腾传国内，外国报纸也开始宣传"中国革命党孙逸仙"，从此孙中山和兴中会的革命活动就开始为国人所注意，孙中山也开始在人们的心目中成为"革命党"的代表者和旗帜。

董必武同志在孙中山先生逝世30周年纪念大会的讲话中说："孙中山在1894年的中日战争前后，开始他的革命活动。当时，以孙中山为首的革命派在中国民族遭遇到严重危机的时期发动了革命斗争。这个革命的直接目标是推翻那已经成为外国帝国主义走狗的清朝的腐朽统治。这个革命运动，第一次向中国人民提出了民主共和国的理想。"[1]董必武同志这一段讲话，充分地说明了兴中会成立和1895年广州起义的历史意义，现在引在这里，作为这一篇文章的结束语。

---

[1]《新华半月刊》，1955年4号。

三、武昌起义告诉了我们什么？*

以武昌起义为起点的辛亥革命是一个伟大的胜利，因为它推翻了统治中国两千多年的封建帝制，促进了民主精神的普遍高涨，在中国人民解放斗争的历史上立下了伟大的功勋。同时，它又是一个严重的失败，因为这一次革命并没有完成反帝反封建的革命任务，中国仍然在帝国主义和封建主义的压迫之下。

研究这个时期的历史，可以给我们留下很多有益的经验教训。

（一）

武昌起义和辛亥革命，是中国人民反对帝国主义、反对清朝政府所长期郁积的愤怒和仇恨的大爆发。

从1840年鸦片战争以来，中华民族遭遇到空前严重的民族危机。世界上所有的帝国主义国家都剥削、压迫和宰割着中国。1895年中日战争中国失败、1900年战争的失败和八国联军的占领北京，使许多具有爱国心的中国人感到非常耻辱和痛心。20世纪初年，帝国主义侵略势力进一步深入中国内地，到处建筑铁路、开掘矿藏、设立租界、经营航业。不少过去很少有外国人到过的地方，现在也高悬起帝国主义侵略者的旗帜，出现了耀武扬威的"洋人"，任意地破坏和侵夺中国的主权，压迫中国人民。这种惊心怵目的情景，更

---

* 原载《解放日报》1961年10月10日。

使许多人感到极为悲愤。宋教仁在1904年写了一首长歌,其中有这样几句:"嗟神州之久沦兮,尽天荆与地棘;展支那图以大索兮,无一寸完全干净汉族自由之土地;披发长啸而四顾兮,怅怅乎如何逝。"[1]这一类诗句确实表达出当时许多人共同的心情。不仅如此,在甲午战争失败以后,帝国主义瓜分中国的严重威胁,始终像一个可怕的阴影一样,隐藏在许多爱国者的心头。沙俄的拒绝自东北撤兵、英国的武装侵略西藏、日俄战争在东北境内的进行、法国的废囚越南国王、日本的正式并吞朝鲜以及英日法俄诸国间的陆续签订协约,都曾被他们看作帝国主义国家准备瓜分中国的征兆。连改良派的报纸《中外日报》在1907年的论说中,也发出了这样的惊呼:"前数年论时务谋政策者,不曰转弱为强,即曰易危为安。今则无暇为此门面语,直当曰,救死而已矣,救亡而已矣。"[2]这种危急的形势,使一切爱国者都感到无法安居,时时感到必须起来进行挽救民族危亡的斗争。

腐朽的清朝政府,在这种危迫的局势面前,不但不能保卫国家的利益,相反却完全投降了帝国主义,依靠帝国主义的支持和帮助来压迫中国人民。这个事实,更激起爱国人民极大的愤怒。许多人认为:中国所以会处于如此危急的境地,主要就因为有着这样一个卖国、腐败的清朝政府,只有把这个政府推倒了,中国才能臻于独立和富强。与此同时,为了支付巨额赔款和加紧扩军,清朝政府在经济上也正在加重对人民的榨取。清政府的岁入,从1903年的一万万两,到1911年就激增到三万万两。中农降为贫农,贫农降为雇农,成为清末农村中的普遍现象。城市中的失业人口也大大增加。清朝政府同人民大众之间原来已经十分尖锐的矛盾更加激化了。汉

---

[1] 宋教仁:《宋渔父遗著》卷一,第2—3页。
[2]《中外日报》丁未年六月十九日《论列强瓜分中国之势已成》。

族人民中传统的种族主义思想,这时也起了很大的作用。"非我族类,其心必异"之类的话,到处被引用着。所有这一切,逐渐汇合成一个共同的观念:必须起来打倒清朝的统治。

革命,已经成为广大人民普遍的要求,已经成为一种不可阻遏的力量。

(二)

当时,中国无产阶级还很弱小,还没有形成为独立的政治力量。走在这个运动前头的,是代表着新兴资产阶级利益的资产阶级、小资产阶级知识分子。

资产阶级、小资产阶级知识分子,在近代中国的社会中是一种新的社会力量。帝国主义在侵略中国的过程中,需要买办和熟悉西方习惯的奴才,不得不允许中国这一类国家开办新式学校和派遣留学生,造成一批新式的大小知识分子。中国资本主义的发展,也增加了这种需要。20世纪初年,这种新式知识分子的人数急遽地增加了。到辛亥革命前夜,全国已有两万上下的留学生和两百万上下的新式学校学生。[1]对于这些人,帝国主义和清朝政府只能控制其中的一部分。大多数走向了它们的反面,成为反对帝国主义和清朝政府的一支重要力量。

这些资产阶级、小资产阶级知识分子,同旧式的封建士大夫不同,他们已经有了一些新的知识,富于政治感觉,对帝国主义的压迫有着比较敏锐的感受,有比较强烈的爱国感情。李达同志回忆他自己在1905年读书时的情景说:"十五岁的时候,我考入一所享受公费待遇的中学,并开始接触一些新的知识,逐渐知道一些国家大

---

[1] 陈翊村:《最近三十年中国教育史》,第167页。

事。如从看地图中,知道过去常常谈论的'洋鬼子'国家就是英、美、德、法、意、日、俄、奥等国,它们都是侵略中国的;中国的贫穷落后是由于政治的黑暗,清廷的媚外。开始有了一点国家观念,知道爱国了。"[1]像这样一类的认识,过去旧式的封建士大夫,是很少有的。同时,从社会地位来说,他们中的大多数人也处于很贫困窘迫的情况下,许多人的家庭正在破产没落,自己也遭受着失业和找不到出路的威胁。这些人大多是有些个人抱负的。现实生活中的一切,都容易激起他们的愤慨和不满,容易引起他们反抗的情绪。当时正在大量传入的资产阶级哲学思想和社会政治学说,华盛顿、拿破仑、马志尼、加里波的、俾斯麦、加富尔等人的具体榜样,更使他们产生一种对自己力量的信心,鼓舞着他们前进。这样,中国社会内部就出现了一批新的叛逆力量。他们积极地投身到人民群众反帝爱国的革命运动中去,在运动中起了先锋的作用。

  武汉地区的知识分子,情况也正是这样,并且还有着自己的一些重要特点:第一,武汉是中国中部的重要经济中心和文化中心。当时的湖广总督张之洞又在这里兴办实业,提倡新式教育。武汉三镇"烟突十丈,矗立云霄,规模之宏,气象之伟,令人耳目一新"。当时留日学生中两湖青年一度将占一半。武昌学校也比别省发达,外省学生如黄兴、宋教仁等都曾在武昌求过学,不少家庭经济破产的青年知识分子到武汉后,还投身报社,操笔墨为生。当时,很少地区像武汉那样,集中了这么多的新式知识分子。人数的众多,不仅增强了他们的力量,而且也大大增强了他们的信心和勇气,推动他们投入革命行动:"武汉间革命风气,原自学界和新闻界开始。"第二,当时清朝政府为了增强自己的统治力量,正在编练新军。湖北的新军是南方各省新军中最精锐的一支。新军和旧式军队不同,

---

[1] 李达:《沿着革命的道路前进》,《中国青年》1961年第13、14期。

需要招募读书识字的青年。"这时科举已停,一般知识分子不能不另谋出路。家庭环境好的出国留学(日本最多),其次就地投考学校,没有钱的就投入新军当兵。""这批失业知识分子起初还是想从这个途径出洋留学(清吏张之洞曾在军队中挑选了几个知识分子,送往日本学习陆军),或升入本省的陆军学校,后来因接触革命思潮,便感觉到握有武器可成为发难的基础。还有些同志,先抱有革命思想,再投入军队,做宣传联络工作。"[1]这样,就使武汉的革命知识分子同军队建立了密切的联系。投军的知识分子大多社会地位较低,这又成为他们能在军队中接近群众、长期从事较艰苦的革命宣传和组织工作的重要原因。第三,武汉地处通衢,海外留学生中的革命宣传很容易传入。内地各省青年出洋留学和革命党人由海外归国,往往也要经过这里,带来许多革命的消息和种子。在武汉的学堂和军营中,到处秘密流传着从日本寄来或本地翻印的《革命军》《警世钟》《猛回头》《民报》《黄帝魂》以至《扬州十日记》《嘉定屠城记略》等革命书刊。"自庚子以还,形形色色,奔凑咸来,外而东西留学生,内而军学两界,其倾向革命之热情,如雨后春笋,暴发于满山之间。"[2]这些,都是武汉能成为辛亥革命首义地区的重要条件。

(三)

在整个辛亥革命的准备和发动时期,武汉革命党人的活动,最值得注意的、最有价值的是两点:第一,进行了长期艰苦的革命宣传和组织工作,掌握军队,积蓄力量,准备革命;第二,在革命条件成熟时,坚决地发动武装起义,夺取政权。

---

[1] 范鸿勋:《日知会》,《辛亥首义回忆录》第1辑,第77、2—3页。
[2] 张难先:《湖北革命知之录》,第18页。

要组织一次胜利的革命起义，必须在事前认真地积蓄力量，准备革命，并且要掌握武装。为了做到这一点，需要进行长期艰苦的革命宣传和组织工作。

武汉的革命党人在20世纪初开始了他们的革命活动。最初只是少数有着革命思想的先进分子参加，接着就出现了一些革命的小团体，如武库、科学补习所、群学社、日知会等。革命组织虽然屡遭破坏，但革命志士仍前仆后继、奋进不已。以后，又先后成立军队同盟会等二十多个秘密组织，到武昌起义前夜，逐渐会合成为两个主要的秘密革命团体，一个是文学社，一个是共进会。

他们在自己的活动中，有一个重要的优点：比较注意总结工作中的经验教训，因而推动着他们的工作逐步走向深入。1900年的自立军事件，是一次勤王运动。不少有着革命思想的知识分子受到欺骗参加了这次事件的准备工作。但是，就在这样的事件中，他们受到了一次准备武装斗争的实习机会。有些人从这个事件得出了这样的三条教训："即一、不能专靠会党作主力；二、组织要严密，决不能取便一时，以容纳异党；三、绝对从士兵学生痛下功夫，而不与文武官吏为缘。"[1] 从科学补习所到日知会再到文学社、共进会的过程中，也可以看到他们这种善于吸取经验教训、不断进步的轨迹。在科学补习所时期，虽然一部分革命党人已在士兵中进行工作，但他们更多地注意依靠短期运动的办法，使会党为他们效力。科学补习所准备响应华兴会长沙起义，主要依靠的还是鄂西的会党而不是新军。在这个时期，无论革命的宣传工作或组织工作，都还做得很不深入。日知会时期，革命的宣传工作方面有所进步，但一般还是较多地采用集会讲演等方式进行集中的宣传和鼓动，分散深入的宣传工作做得比较少，宣传的对象也侧重于军官和学生，而这些人在

---

[1] 张难先：《湖北革命知之录》，第21页。

政治上往往容易动摇，再加上日知会的一般会员并没有系统的组织，因此，当革命形势不利时，许多会员常常销声匿迹，不敢有所作为。到文学社、共进会时期，革命党人就把自己的主要精力投入下级士兵中去进行工作，同时也不放弃会党和学生中的工作。他们在实践中不断摸索进步，是表现得十分明显的。

　　文学社和共进会在新军中进行了不少工作，并且在革命实践中表现出不少的创造性。在宣传工作方面，他们不仅利用讲演、散布革命书刊等办法传播革命思想，并且还同士兵们个别接近，利用各种时机由浅入深地逐步进行革命的宣传。文学社社员万鸿阶回忆，当他投入军队后，文学社的同志就告诉他："如果有同营的人问你：'学生为什么来当兵？'你就回答说：'执干戈以卫社稷，是我们青年应尽的责任。'并可举朝鲜、印度亡国的惨痛来和中国的现状作对比，这就是我们第一步的宣传工作。"到第二年，又告诉他："你以后对同营的人，要换一个方式宣传。就是说：'清朝政府腐朽到了顶点，专于媚外，压迫人民，我们要使国富民强，非要先打倒清朝不可。'不过像这种话只能乘机向个别兵士鼓动。如有志同道合的，就把他拉拢来，经过一二同志审查后，再叫他填志愿书。"[1]像这样比较深入而长期的宣传工作，在过去中国的革命历史中是很少见的。1909年以后，他们又开始运用报纸作为宣传工具，群治学社时有《商务报》，文学社有《大江报》，揭发军队中的"不公平事件"，鼓吹革命，把公开的革命鼓动同秘密的革命宣传工作结合起来，取得了较好的效果。在革命的组织工作方面，他们一开始往往用桃园结义、换兰谱、拉拢帮会等方式联络士兵，然后，逐渐灌输革命思想，个别吸收入会。士兵成分多系贫苦农民、小手工业者、城市失业贫民，这种方式对他们是很适合的。入会时，手续是比较严格的，需

---

[1] 万鸿阶：《辛亥革命酝酿时期的回忆》，《辛亥首义回忆录》第1辑，第7、8页。

要填志愿书,有两个同志介绍,个别进行,严格保密,并嘱对家族、父、母、妻、子不得泄露一言。入会后,组织也比较严密,建立了标、营、队代表制,分级接受上级代表的命令,工作进行非常秘密。在他们的宣传工作和组织工作中,其中有些是运用了中国过去秘密结社的一些传统形式,但许多却是新的创造。这些在今天看来,似乎不足为奇,但在当时的历史条件下能够出现,确实充分显示了他们的创造性。新军士兵大多是贫苦的农家子弟,极易接受革命宣传。由于革命党人进行了这样深入的工作,一个一个地夺取了阵地,到武昌起义前夜,文学社和共进会的会员就达到五千多人,占当时湖北新军总数的三分之一以上,加上革命的同情者,支持革命者在新军中已取得了优势的地位。军队中坚决与革命为敌的,不过一千多人。统治阶级用来镇压人民的武装力量,终于转变成人民革命的武装力量。列宁曾经指出过:"没有一个大革命是不'瓦解'军队的,而且不这样也不行。"[1]革命党人在新军中长期进行的工作,正是不自觉地符合了这一客观真理,也正因为如此,所以能够取得武昌起义的成功。群众是有着革命的要求的,但必须通过深入的思想教育,才能使这种潜在的要求转化为自觉的革命行动。如果没有革命党人这样艰苦长期的工作,如果不是采取了这些好的做法,就不可能有武汉军队革命化这样重大的结果。那么,即令革命的客观形势已经趋于成熟,也会因为没有足以发难并在发难后能够坚持下去的主观力量而坐失良机。武汉革命党人在这方面的工作立下了伟大的功勋。他们的历史经验,是值得我们重视和研究的。

做好革命的准备工作是重要的,但毕竟还只是准备,更重要的,是要在革命时机成熟时,坚决地发动武装起义,来夺取政权,取得实际的革命果实。

---

[1] 列宁:《无产阶级革命和叛徒考茨基》。

武昌起义前夜的国内形势，曾经使有些人感到迷惘。从表面上看：清朝政府似乎还是很强大的，它有帝国主义的支持，有专制统治的政治经验，各省督抚也都重兵在握，权势赫赫；而革命力量似乎还是很弱小的，特别是广州3月29日起义失败后，不少革命党人都灰心失望，连黄兴这样的人也认为"同盟会无事可为矣"[1]，香港统筹部还发了一个宣言给武汉以及各地革命党人，大意说："这次广州失败，元气大伤，我们要培养元气，等待五年之后才得大举，同志要干的只可采取个人行动云云。"[2]但事实上，整个局势正如暴风雨前夕的沉寂，人民群众对清政府的愤怒已经是不可遏制了，反叛的火种在全国各地都酝酿着，农民的反捐税斗争到处勃发，广州起义的壮烈事迹更有力地鼓舞了各地的革命党人。两湖地区，清末连年水灾，饥民遍地，人民痛恨清朝的程度，比其他地方更甚。到武昌起义前夜，保路斗争又在各地蓬勃展开。人们当时把外国人握着我们的铁路矿山，看得如握着我们的生命一样。因此，这场斗争是一场反帝爱国斗争，并且表现得十分激烈，成为武昌起义的直接导火线。当时，武汉爱国人士纷纷集会抗议，四处讲演，有的人当场割肉写血书："路亡流血，流血争路，路存国存，存路救国。"[3]武汉人民推派到北京请愿的代表在邮传部门口绝食抗议。接着，四川人民的保路斗争发展成武装起义，数路围攻成都。湖北新军一部分抽调入川镇压，武汉三镇一夕数惊，这种"山雨欲来风满楼"的情景，象征着革命的暴风雨即将来临。

武汉的革命党人自然还不能科学地分析当时的形势。但是，他们也朦胧地感觉到人民痛恨清朝政府的程度正在加深。武汉革命力量的日趋壮大，新军士兵的迅速革命化，使他们对发动起义树立起

---

[1] 谭人凤：《石叟牌词叙录》，《近代史资料》1956年第3期。

[2] 邹永成：《邹永成回忆录》，《近代史资料》1956年第3期。

[3] 蔡寄鸥：《鄂州血史》，第52页。

很大的信心。许多革命党人抱着万死不辞的坚定意志:"原不计生死利害,但尽心力而行之,虽肝胆涂地,亦甘之如饴也。"[1]这弥补了他们对客观形势进行分析的能力的某些不足,从而在革命条件成熟时能够不失时机地发动起义。

1911年夏季,文学社、共进会两大革命团体经过协商,决定合作。《大江报》发表了文章指出,"大乱者救中国之药石也",以鼓励民气。在兵营和学堂中,许多士兵和学生纷纷剪除发辫,表示义无反顾的革命决心。两湖总师范、文普通、方言等学堂以及各兵营中,差不多剪了三分之一。[2] 10月9日,预定的起义总司令蒋翊武发布了起义命令。但当夜,领导机关被破获,计划没有执行。第二天,各标、营革命士兵群众不顾一切地基本上按原计划起义。革命力量最雄厚的工程营首先发难,高举义旗。各军士兵纷纷响应,两天内占领了武汉三镇,成立了中华民国湖北军政府。人民群众热烈参军,支持革命,声势大震。武汉革命党人和革命士兵以他们革命的首倡精神,揭开了辛亥革命的第一幕。武昌起义成了一个信号。接着,各省纷纷响应。其中最先响应的湖南、陕西、云南等省也都有革命党人在士兵群众中进行长期艰苦的工作,积蓄了力量,当武昌起义消息传到后坚决起义,他们的功绩也都是不可磨灭的。这样,终于推翻了清朝政府,结束了两千余年的封建帝制,建立了中华民国。

(四)

但是,资产阶级、小资产阶级革命党人所能做的,也就到此为止了。他们同人民群众一起取得了武昌起义和各省独立的胜利,但

---

[1] 熊秉坤:《辛亥首义工程营发难概述》,《辛亥首义回忆录》第1辑,第46页。
[2] 蔡寄鸥:《鄂州血史》,第77页。

并不能巩固这个胜利,更不能扩大这个胜利,把革命进行到底。我们甚至还可以看到这样的事实:革命首义之区的武汉,到中华民国正式成立时,已不能再成为革命的中心所在了。

革命的根本问题是政权问题。仅仅有革命的军队和起义的胜利是不够的,必须要有革命的政权,否则革命即使胜利了也是不牢固的。这一真理,武昌起义给我们以生动的说明。革命党人和起义士兵将清朝政府在湖北的政权摧垮了。清朝的主要大吏从湖广总督瑞澂开始非死即逃。但是,革命党人并没有紧接着建立起一个新的革命政权来;相反,却把已经到手的政权重新送给旧的封建势力。起义第二天,湖北军政府成立,推选了清朝的协统黎元洪为都督,前咨议局局长、立宪党人汤化龙被任为政务部部长。不仅如此,革命党人还通过集众誓师等形式竭力为黎元洪提高威信,把权力逐步集中到他的手里。最后,终于使革命的真正果实丧失干净。

由于政权重新落入封建势力的手中,革命党人对军队的控制权也逐步丧失了。原来,革命党人不仅在起义前已经控制了军队中的多数,并且在起义过程中又对军队进行了初步的重新改建,新军中原有中上级军官大都逃避一空,军官都由革命士兵升任。为了节省军费,军官不分阶级大小,一律月支伙食费二十元,士兵每月支十元,军官对士兵的照顾也很周到。[1]军队中初步发扬了民主主义的精神,这在过去的旧军队中是从来也没有的。但是,当清军南下进攻时,大批革命党人和革命士兵在抵抗时奋勇当前,牺牲得很多,军政府大量招募的新军团人数众多,觉悟水准较过去有所降低,黎元洪又利用政权在握,大量起用旧军官,排挤文学社社员和共进会会员。这样,当南北和议告成时,湖北军队已扩充到十镇,其中仍然控制在革命党人之手的只有二、七、八等数镇。最后,连这几镇

---

[1] 李春萱:《辛亥首义纪事本末》,《辛亥首义回忆录》第2辑,第172、173页。

也被黎元洪陆续夺取过去或消灭了。

为什么在困难条件下取得革命胜利的湖北革命党人，在革命胜利后却不能把革命的果实巩固下来，并且失败得这样惨呢？从革命党人的主观方面来考察，存在着这样几个严重的弱点。

首先，领导革命的资产阶级革命党人在政治上太软弱了，提不出一个彻底反帝反封建的革命纲领。他们虽然反对帝国主义侵略，但又害怕革命会因帝国主义干涉而遭受失败。在这种矛盾心理的支配下，他们不敢正面地提出反对帝国主义的口号，甚至天真地认为，只要把卖国、腐败的清政府打倒了，即使不正面地反对帝国主义，也可使帝国主义无能为害。共进会总理刘公在起义前就这样说："如果现在提出打倒帝国主义的口号，恐怕革命党人内外都无立足之地了。所以我们姑且含垢忍辱，这个工作为时尚早，只有等待第二步去办了。"[1] 武昌起义后三天，湖北军政府向当地各国领事致照会，也自称"并无丝毫排外之性质掺杂其间也"。至于对汉族的封建势力，当时一般的革命党人根本还没有认识到他们是革命的敌人。这些革命党人多数出身于中小地主家庭，过去曾受过封建主义教育，这种情况更使他们与汉族的封建势力难以分清界限。因此，起义前他们在军队中进行的宣传鼓动的主要内容，除揭示当前严重的民族危机外，就只是一个简单的"反满"革命的口号罢了。资产阶级革命党人政治上的软弱性、妥协性、不彻底性，在起义前已经表露出来了。

清朝政府的被推翻，民国的宣告成立，使他们在政治上的这种严重弱点及其所造成的恶果更明显地暴露出来：许多革命党人认为大功告成，对革命的继续前进失去了方向。有的人以"功成身退"自居，退回书斋或出国留学，脱离了革命的实际政治活动。有的人醉心于资产阶级的民主政治，把从事合法的政治活动看得高于一切。

---

[1] 杨玉如：《辛亥革命先著记》，第39页。

还有的人起来争夺个人的权力名位，甚至和反动势力同流合污。革命阵营内，普遍出现了革命精神的废弛和组织上的混乱，给了内外敌人以可乘之机。由于失去了鲜明的革命目标，许多人对谁是革命的敌人、谁是革命的朋友也就更加无法分辨清楚。他们认为：只要是汉人，只要能承认民国，就都是一家人了。在他们看来，"旧日官僚、政客、进士、举人都富有经验学问，而自觉能力薄弱，资望不够，盲目赞同。参加咨议局会议桌上之官僚政客，其声价反比多年革命老同志为高"[1]。就是在军队中，由于参加起义队伍的人越来越多，原来有组织的文学社和共进会的会员只占很小一部分，在封建的军阀主义的旧体制被打破后，一种小资产阶级的极端民主化的倾向滋长发展起来，"秩序渐见凌乱"。资产阶级革命党人无法正确处理这种矛盾，也不相信自己的力量，又转而向黎元洪这个旧体制的代表求助，想利用他的力量来维持军队的秩序。他们认为"中国人心理重视偶像，军人尤其重视军阶地位，倘不以一有名望的人出来号召，则不易成功"[2]，因而竭力扶持和提高黎元洪的个人威信。用这种方法建立的秩序，就不再是革命的新秩序，只是逐步回复到封建主义的旧秩序。黎元洪既然成了军队秩序的最高维系者，自然也就会进一步成为军队的实际控制者。资产阶级革命党人在仍然相当强大的旧势力面前，不仅毫无戒备，相反还向他们顶礼膜拜、低头求助。其结果，自然只是便于旧势力将全部权力重新从革命党人的手中夺取过去。客观形势要求当时的革命党人高举起彻底反对帝国主义、彻底反对封建主义的革命旗帜，同人民群众一起，将这个不可避免的斗争顽强地进行到底。革命党人没有能力把历史已经提出的这个任务坚决地承担起来，这样也就决定了这个革命不可能取得

---

[1] 温楚珩：《辛亥革命实践记》，《辛亥首义回忆录》第1辑，第61页。
[2] 杨玉如：《辛亥革命先著记》，第72页。

真正的胜利。

其次，领导革命的资产阶级革命党人，也不能正确地处理同群众的关系，不能坚决地、充分地依靠并发动最广大的群众把革命进行到底。在武昌起义前，他们虽然在士兵群众和学生群众中进行了不少工作，同会党也建立了联系，这是他们能够取得武昌起义成功的重要原因。但是，他们所依靠的还只是原来比较有组织的一部分群众。为了彻底战胜还相当强大的帝国主义和封建主义势力，单单依靠这一部分群众的力量是不够的，必须进一步把最广大的人民群众组织起来和武装起来，把革命诉之广大群众的自觉行动，这是保证革命胜利的基础。对资产阶级革命党人来说，这个问题也是他们所不能解决的。这里不仅有认识问题，因为这对当时的革命党人来说是完全陌生的，并且还有阶级的根源。轻视群众、不相信群众的创造能力、怕群众"破坏得太多"、想充当保姆的角色，这正是资产阶级革命家的重要特色。在武昌起义后，许多地方的工农群众自发地起来，参加军队，支援前线，组织游击队，破坏敌人的后方；武昌人民帮助革命军扑灭火灾，维持秩序；汉口工人和居民拆毁铁道，使清军火车出轨；汉阳收复后，兵工厂全部工人迅速复工，日夜不停地赶造军火，支援前线。这大量的事实，几乎落在资产阶级革命党人的视野之外，导致有的群众武装因孤立无援而失败了，有的群众武装受到湖北军政府的干涉而解散，甚至连原来已经组织起来的一部分士兵群众、会党群众等也因失去领导日益趋于涣散。清军的进攻和武汉局势的危急，不但没有使当时的革命党人更坚决地发动并武装群众，把斗争引向更深广的方向发展，相反却使革命党人更亟亟地进一步向旧势力让步妥协，中止革命发展的进程。当时，群众虽然有了一定的觉悟，但觉悟的程度还是不够高，在缺乏有力领导的情况下，群众的力量还不可能充分地显示出来。其结果，自然引起整个局势的逆转。

第三，在起义成功后，武汉革命党人的革命组织也处于瓦解、废弛的状态中。从这时起，我们只能够看到原来的革命党个人的活动，他们彼此间保持着的实际上只是一种历史的联系，而没有严密的组织活动，没有统一的意志和行动。起义准备时期，在军队中行之有效的标、营、队代表制不再存在，革命的宣传工作和组织工作也几乎放弃了，也就不可能保证军队继续成为真正的革命军队。同时，面对着起义后如此复杂的形势，面对着仍然相当强大而又富有政治经验的旧势力，需要有一个团结的、坚强有力的领导核心，但这种领导核心当时也失去了。革命党人中许多人以创造时势的英雄自命，各不相下。在蒋翊武、刘公、孙武、居正等人中，起义前就推不出一个众所公认的领袖。这种相持不下的局面，正是以后黎元洪得以出任都督的一个重要条件。但在起义胜利前，由于大敌当前和共同受压迫的地位，他们还能在一定程度上团结起来，共同战斗。而到起义胜利后，他们间原来就存在的裂痕就迅速地向前发展了。特别在黎元洪出任都督后，更进一步挑拨和扩大党人内部的矛盾，用共进会来打击文学社，用孙武来逐走蒋翊武、刺杀张廷辅（文学社社员、第二镇统制），又利用共进会内部的黄申乡来逐走孙武，结果是革命党人自相残杀，两败俱伤，封建旧势力反倒坐收了渔翁之利。在当时的形势下，为了保证革命的彻底胜利，不仅要有一个正确的革命纲领，要充分地发动和依靠群众，并且要有一个能够正确地执行这个革命纲领、领导群众前进的组织严密的革命政党。以资产阶级、小资产阶级知识分子为骨干所组成的政党，显然是不可能成为这样的革命领导力量的。这也是革命失败的一个重要原因。

　　正是因为有这些原因，终于在很短时间内，武昌起义所取得的革命成果被断送掉了。

　　武昌起义在中国近代史上写下了极为辉煌的一页，但它又以悲剧而告终。它之所以能写下这样辉煌的一页，是因为当时的革命党人在深重的民族危机面前，能够代表人民的意志，进行长期艰苦的革命准备工作，在条件成熟时，同群众一起用武装斗争的形式，起来和帝国主义、封建主义的旧势力进行勇敢的斗争。这是帝国主义、殖民主义对殖民地半殖民地国家恣意地进行侵略、掠夺所引起的必然的反响。同时，这次起义之所以以悲剧而告终，是因为这些资产阶级、小资产阶级革命党人，在政治上十分软弱，不能提出一个彻底反帝反封建的革命纲领，不能坚决地充分地依靠并发动群众，不能在起义胜利后进一步巩固加强领导革命的核心组织，改组军队，并把政权牢牢地掌握在自己手中，将革命进行到底。而这些问题，是资产阶级、小资产阶级知识分子所不能解决的，只有革命无产阶级在马克思列宁主义政党的领导下，才能正确地加以解决。

四、"军国民教育会"史实考辨*

1903年5月在日本东京成立的军国民教育会,是辛亥革命准备时期出现的一个重要组织。对这个组织,许多近代史的著作常常把它看作拒俄运动后一部分激进分子的秘密组织。这种看法,大致都沿袭自冯自由所著的《革命逸史》初集和《中国革命运动二十六年组织史》。

查冯自由《中国革命运动二十六年组织史》第67、68页《东京军国民教育会》条载:"拒俄义勇队被日当局解散后,队中一部激烈会员叶澜、秦毓鎏、程家柽、董鸿祎等乃另组织军国民教育会,确定'养成尚武精神,实行民族主义'为宗旨。最初署名意见书者,为秦毓鎏、萨端、周宏业、贝铺礼、叶澜、张肇桐、华鸿、陈秉忠、董鸿祎、翁浩、陈定保、胡景伊、程家柽、王家驹、郑宪成十五人。成立后,决定进行方法三种,一曰鼓吹,二曰起义,三曰暗杀。黄轸(后改名兴)、陈天华二人即被推举回湘之运动员也。"《革命逸史》初集第162—166页《东京军国民教育会》条也有类似的记载,并指明它成立时"性质属于秘密团体","与义勇队性质不同之点,后者属于拒俄御侮,而前者则属于革命排满,此其宗旨悬殊者也",在文内还附有秦毓鎏等《发起军国民教育会意见书》原文。

其实,这个记载并不符合事实。军国民教育会并不是少数激进分子的秘密组织,而是由义勇队改名而成的,义勇队的队员全部转

---

* 原载1962年11月21日《光明日报》。

为军国民教育会的会员，它的活动是公开的。

我们只要翻一翻当时在东京出版的《江苏》《浙江潮》等刊物就可以看得很清楚。《浙江潮》第四期《留学界纪事》《拒俄事件》条记载："军队（按：即义勇队，正式名称为学生军）成立仅五日，神田警察即来干涉"，"是晚开谈话会于会馆，先由王君嘉镠报告与神田警察长问答情形。次钮君永建云：俄国闻午后号外又加紧急，但现在办事，内外皆困，只得照昨晚议论，解散形式，不解散精神，改作军事讲习会，请众公决。盖昨晚因日本外务部以义勇队事，招汪监督往，言此事于国际上有碍，故蓝君天蔚、钮君永建、蒯君寿枢、叶君澜、谢君晓石等曾于此研究过也。是以今晚之会，多主张改变面目，而精神断不能解散云"。次日，在会馆开大会。"汤君槱、胡君文澜等相继演说，皆主张稍改形式，至于精神仍一毫不改。于是，公举钮君永建、汤君槱为特派员，往北洋以探消息，而军队则改名军国民教育会。"该刊第五期《留学界纪事》《记军国民教育会》条，又载5月11日，军国民教育会会员会议于锦辉馆，通过会则，规定宗旨为"养成尚武精神，实行爱国主义"，公开宣布设会所于德国留学生会馆内。13日，集会于会馆欢送钮、汤归国。17日，又通过自治公约。《江苏》杂志也有类似记载。这些都是当时当地报刊的公开记载，是没有什么可以怀疑的余地的。就是冯自由，在《中华民国开国前革命史》上编第164页中也曾写道："癸卯四月，留日学生为反抗俄人侵占东三省事，组织军国民教育会于东京。以清政府懦弱无能，甘心卖国，乃派钮永建、汤槱二人回国，谒直督袁世凯，请愿出师拒俄，留学生愿为前驱。"这个说法就比较接近事实了。

但是，为了最终地解开疑团，还要进一步回答两个问题：第一，《革命逸史》初集中明明白白附载着的秦毓鎏等《发起军国民教育会意见书》究竟是怎么一回事？第二，他所记载军国民教育会的秘密活动以及派黄兴、陈天华、龚宝铨等回国运动等事有没有实际的根据？

也就是说，要研究一下，这个记载上的错误是怎样产生的？

这两个问题是可以得到回答的。

我们只要仔细地读一下秦毓鎏等的那份意见书，就可以看出：它根本不是什么《发起军国民教育会意见书》，只是主张明确军国民教育会宗旨的意见书。它一开始就叙述了拒俄义勇队发起的经过，指出"此吾军国民教育会之所以起，凡吾同人当无不知也"。接着，又说过去"欲达目的，不可不用手段，故先时章程中措词含浑，未将民族二字大书特书以揭明宗旨者，职是之故"。"然宗旨不明，其害不可胜言，吾会成立后，国中响应者甚多，故吾会之举动大为国人所注意，若误以手段为宗旨，互相仿效，势将率吾四百兆同胞为效力异族之奴隶，此大有害于中国前途者也。""因是之故，某等拟于今日开会，定本会之宗旨，曰养成尚武精神，实行民族主义。宗旨既定之后，皆当坚守此旨，以维持本会于无穷；鼓吹此旨，以唤醒国人之迷梦。"意见书最后的署名也是"军国民教育会会员"秦毓鎏等，而不是"军国民教育会发起人"秦毓鎏等。

至于当时有没有一个秘密组织，对华兴会、光复会的成立起了巨大的推动作用呢？是有的。但不是军国民教育会，而是它的一部分会员所组织的暗杀团。冯自由《革命逸史》第二集《新湖南作者杨笃生》条中载："癸卯甲辰间，俄兵进占满洲，笃生愤清廷外交之失败及瓜分之祸迫，与留东同学组织拒俄义勇队，将赴敌，以日政府之压制，不果。旋复与同志改组义勇队为军国民教育会，更于会中密组一暗杀团，黄克强、周来苏、苏鹏等咸预其事，专主张暗杀，研究爆发物十余种。"[1] 又，《革命逸史》第五集《光复会》条载：拒俄义勇队成立后，"以日政府不许别国人在其国有军事行动，乃改义勇队名目为军国民教育会。旋闻清廷逮捕学生请愿代表；务会员

---

[1] 冯自由：《革命逸史》第2集，第125、126页。

以满虏甘心卖国,非从事根本改革,决难自保,于是纷纷归国,企图军事进行。其中有一部分组织暗杀团,欲先狙击二三重要满大臣,以为军事进行之声援。所订规章,极为严密,浙江留学生之为团员者数人,龚宝铨其一也。宝铨既返国,遂在沪召集同志组织机关部,时中国教育会会长蔡元培方从青岛归上海,既知其事,乃求入其会,愿与合作,团员非常欢迎,于是更将规章详加修订,定名曰光复会,又曰复古会"[1]。

现在,问题就可以看清楚了。这里有三件事:第一件,1903年5月,拒俄义勇队改组为军国民教育会,会则规定宗旨为"养成尚武精神,实行爱国主义",这是一个公开团体。第二件,该会成立后,秦毓鎏等嫌宗旨不明,主张改书宗旨为"养成尚武精神,实行民族主义"。第三件,会中一部分激烈的分子又秘密组织一个暗杀团,这是一个秘密组织了,以后发起华兴会的黄兴、推动光复会成立的龚宝铨等正是这个暗杀团的成员。把这不同的三件事混淆在一起,就将事情的真相搞乱了。冯自由1903年春夏间,正好有事返国,不在东京,所记本诸传闻,因而有错。《革命逸史》一书实际上又是汇纂各种资料而成,所以各篇章间有自相矛盾之处。这都不是奇怪的事情。

---

[1] 冯自由:《革命逸史》第5集,第61、62页。

五、《清议报》的两重性[*]

戊戌变法失败后，康有为、梁启超流亡日本。他们到日本后，立即着手重建资产阶级改良派的宣传阵地，创办了《清议报》。

《清议报》是旬刊，每月三册。第一册出版于1898年12月13日。最后一册出版于1901年11月11日。前后历时三年，共出一百册。

《清议报》的基本主张是什么？刊载在第一册卷首的《叙例》，把它的宗旨归纳为四条："一、维持支那之清议，激发国民之正气；二、增长支那人之学识；三、交通支那日本两国之声气，联其情谊；四、发明东亚学术以保存亚粹。"[1]第十一册的《本报改定章程告白》中，把这几点宗旨作了更集中、更明确的概括："本报宗旨专以主持清议、开发民智为主义。"[2]它所说的"主持清议"，就是指猛烈抨击西太后、荣禄主持下的黑暗朝政，鼓吹"尊皇"，力主归政光绪皇帝。这是《清议报》的主要政治主张。它所说的"开发民智"，就是指介绍并鼓吹西方资产阶级社会政治文化道德思想。这是它在思想领域内进行的启蒙工作。《清议报》上所说的千言万语，大抵都离不开它所标榜的"主持清议、开发民智"这八个字。这确是贯穿于《清议报》全部宣传内容中的基本特色。

《清议报》出版后，很快就风行海内外。短期内，"销售已至三千余份"，发售与代售点有三十八处，成为继《时务报》之后，在

---

[*] 原载《辛亥革命时期期刊介绍》第1辑。
[1]《横滨清议报叙例》，《清议报》第1册，1898年12月23日。
[2]《本报改定章程告白》，《清议报》第11册，1899年4月10日。

广大知识界中影响最大的刊物。

《清议报》存在的时间虽然只有三年,它在各个时期的情况也有所不同。大略地说,可以分为三个时期。现分述如下。

（一）

1898年9月下旬,戊戌变法失败。9月、10月间,康有为、梁启超在日本政府保护下,由宫崎寅藏、平山周分别护送,先后流亡到日本。

横滨,是日本最重要的港口。它地处东京的门户,也是旅日华侨最集中的地方。据《清议报》第一册和第十七册的记载,当时旅日华侨总数约五千二百人,而横滨一地就达三千二百五十二人,占总数的百分之六十以上。在康有为、梁启超来到日本以前,以孙中山为首的兴中会在横滨华侨中原有一定的影响。1895年广州起义失败后,孙中山亡命日本,曾在横滨建立兴中会分会,以当地华侨商人冯镜如为会长,有会员三十余人。1897年秋,康有为、梁启超的势力开始伸入这里。那时,横滨华侨正筹办教育华侨子弟的学校。康有为的学生徐勤受聘主持校务,担任总教习,改校名为大同学校。"自大同学校成立之后,兴中会势力渐衰退,会员中能宗旨一贯历久不变者,寥寥十数人而已。"[1]康有为又以"帝师"自居,扬言携有光绪皇帝给他的"衣带密诏"。华侨商人趋之若鹜。这年12月23日,梁启超在旅日华商的赞助下,创办了《清议报》。它的出版地点就在横滨。它名义上的发行兼编辑人,就是原兴中会横滨分会会长冯镜如。

为什么康有为、梁启超一到国外,着手抓的头一件大事就是办

---

[1] 冯自由:《华侨革命开国史》,第41页。

报?他们是有一个通盘考虑的。《清议报》第一册上译载了一篇日本《东亚时论》上的《兴清论》,多少透露了他们的这种想法。文章说:"顷者清国新政之士,前后辈出,欲试经纶于一代,而事终败矣。然皆当代杰出之人也。其力量识行,足为世所推重。惟根本未立,急于图功,进锐退速,以致一败不可收拾,诚可悲矣。"那么,需要先立的"根本"是什么呢?文章说:"欲行天下之权者,必先拥天下之兵;欲拥天下之兵者,必先握天下之财;欲握天下之财者,必先收天下之心。天下之心,天下之财,与天下之兵,行其权之大本也。"文章认为,在这次变法中三者都不具备,"而持其一孤权强行之,虽智不足运其智,虽勇不足用其勇。况于身实无其权,仅赖帝力以伸其志者乎?宜乎其一败涂地也"[1]。他们初步总结了变法失败的教训,把办报看作"先收天下之心"的要着。

《清议报》创刊时,距政变发生还不久。因此,它的最初几期,着重于有关这场刚发生不久的政变的论辩。它所发表的论说有《论戊戌八月之变乃废立而非训政》《论皇上舍位忘身而变法》《政变原因答客问》等,并且长篇连载梁启超所著的《戊戌政变记》。

他们大声疾呼,呼吁"兴师讨贼"。梁启超在第一册发表的论说中写道:"吾以为海内臣子,如有念君父之仇者,则宜于今日而兴讨贼之师也。海外各国,如有恤友邦之难者,则宜于今日而为问罪之举也。使今日而不讨贼,不问罪,则虽他日皇上被弑,吾知其亦必无问罪讨贼之人也。"[2]康有为在同册上发表了诗四首。其中最后一首写道:"南宫惭奉诏,北阙入无军。抗议谁曾上?勤王竟不闻。更无敬业卒,空讨武曌文。痛哭秦庭去,谁为救圣君?"[3]同样强烈地暗示:一定要兴"勤王"之师,来救出"圣主",把这说成是中国的

---

[1]《兴清论》,《清议报》第1册,1898年12月23日。

[2] 任公:《论戊戌八月之变乃废立而非训政》,《清议报》第1册,1898年12月23日。

[3] 更生:《戊戌八月国变纪事四首》,《清议报》第1册,1898年12月23日。

出路所在。

当时，孙中山正在日本。康有为、梁启超到达日本后，孙中山以为双方都旨在救国、旨在改革，就去同他们商谈合作，却被康有为断然拒绝。当孙中山的助手陈少白见到康有为时，康只是说："今上圣明，必有复辟之一日。余受恩深重，无论如何不能忘记。惟有鞠躬尽瘁，力谋起兵勤王，脱其禁锢瀛台之厄。其他非余所知，只知冬裘夏葛而已。"[1]

而在《清议报》上，他们一开始就猛烈地反对革命，攻击革命。梁启超首先充当了反对革命的主将。他写道："革命者，最险之着，而亦最下之策也。"他标举的主要理由，就是所谓中国国民程度不够。这也是他以后在《新民丛报》同《民报》论战时所使用的主要论据。梁启超这样写道："今我国民智未开，明自由之真理者甚少。若倡革命，则必不能如美国之成就，而其糜烂将有甚于法兰西、西班牙者。且二十二行省之大，四百余州之多，四百兆民之众，家揭竿而户窃号，互攻互争互杀，将为百十国而未有定也，而何能为变法之言。即不尔，而群雄乘势剖而食之，事未成而国已裂矣。"[2]

改良同革命的对立，在《清议报》一开始时就鲜明地表现出来了。

到了1899年，康有为、梁启超在海外初步立住了脚跟，就公开打起"保皇"的旗号。这年3月，康有为离开日本。4月，到达加拿大。7月20日，就和旅加侨商李福基等在加拿大的域多利宣布创立保皇会。8月4日（阴历六月二十八日），在域多利中华会馆举行为光绪皇帝"祝圣寿"的活动。据说，当时"龙旗摇扬，观者如云"。康有为还声泪俱下地写下了"海外初瞻寿域开""小臣泣拜倒蒿莱"这样的诗句。[3]接着，横滨、新加坡、檀香山等地也先后设立了保皇分会。

---

[1] 冯自由：《革命逸史》初集，第 73 页。

[2] 任公：《论变法必自平满汉之界始》，《清议报》第 2 册，1899 年 1 月 2 日。

[3] 《梁任公先生年谱长编初稿》第 2 册，第 155 页。

保皇会的政治目标很明确：就是要拥光绪皇帝复政。保皇会的条规共二十八条。它的要点是：一、保皇会系奉光绪皇帝密诏成立，以尊皇、变法、救中国、救黄种人为宗旨。二、凡是中国同胞，遵奉光绪皇帝诏旨，有忠君爱国救种之心，皆为保皇会同志。三、各埠设值理人，宣讲保皇会之主义，值理人由各地会中议员为之。四、各埠公举同志中之忠义殷实者数人为董事，掌理会中捐款、通信等事。五、会中捐款作宣传、通信、办报之用，并集资创办银行、竞业会社以保护工商业。[1]以后，康有为在《上皇帝书》中也追溯道："臣奉循衣带，仰天痛心，蹈日本而哭庭，走英伦而号救，洒泪以宣圣德，雪涕以厉国民。奔走经年，往还重溟，旅民共沐圣人之德，海外咸知新政之由，戴若昊天，爱如父母。臣乃开会合群，期以勤王筹救，名为保救大清光绪皇帝会。薄海旅民，闻风踊跃，奔走来归，入会者数百万人，开会者凡数十埠。会所奉万岁圣牌，会众悬皇上圣像。圣寿则结彩燃灯而恭祝，旬日则召众议事而齐来。人人识尊君亲上之心，家家讲忠君爱国之义，互相激劝，竞厉同仇，远电力争，日求归政。"[2]说得也很清楚：保皇会的全名是"保救大清光绪皇帝会"，它的目的是"期以勤王筹救"，以求"归政"。

这个时期《清议报》的政治主张，同样也集中到这一点，就是"尊皇"二字。梁启超在《尊皇论》中直截了当地写道："今日议保全中国，惟有一策，曰尊皇而已。"[3]

他们把光绪皇帝描写成千古以来未有的圣人，把中国的安危存亡说成都有赖于光绪皇帝一人身上。梁启超这样写道："西国之所以能立民政者，以民智既开、民力既厚也。"要是还处在"孩提之时"，那就只能"借父母之保护"。今天中国正处在"孩提"时期，靠谁来"保

---

[1] 张玉法：《清季的立宪团体》，第232页。
[2] 《南海先生上皇帝书》，《清议报》第67册，1900年12月22日。
[3] 哀时客：《尊皇论》，《清议报》第9册，1899年3月22日。

护"？就要靠光绪皇帝这个"圣人"。"今日之变，为数千年所未有。皇上之圣，亦为数千年之所未有。天生圣人，以拯诸夏，凡我同胞，获此慈父。"这就自然应该"各竭乃力，急君父之难"。"中国将赖之，四万万同胞将赖之。"[1]

《清议报》第十七、十八册还连载了一篇通信，报道康有为在加拿大发表的演说。康有为在演说中极力颂扬光绪皇帝，说："皇上力欲变法救中国而无权"，"皇上仁慈，爱民如赤子"，"皇上之英明敏断，自古少有"，"绝无权位之心，但以救民从众为念，此真尧舜之主也；若有全权行之，三月而成规模，三年而有成效，十年而中国大强矣"。说到最后，康有为"乃起立大呼曰：我今谨问各乡里兄弟大众，愿齐心发愤，救中国否？愿者拍手。堂下千数百人，皆应声起立，举手拍掌。西人数十，亦应声起立，举手拍掌。又大声问曰：惟我皇上圣明，乃能救中国。今既幽囚，大家愿齐心发愤，救我皇上否？愿者拍手。堂下千数百人，皆应声伸手拍掌。乃曰：我兄弟如此齐心，人之所欲，天必从之，皇上必可保存，而中国可望救矣，愿共发愤。千人欢呼，乃散"[2]。《清议报》的这篇长篇报道，把他们当时鼓动保皇的那种狂热情景淋漓尽致地描写出来了。

从这点出发，他们自然就把西太后准备废立皇上这件事，看作中国当前时局的关键。欧榘甲一提到"废立"，就丧魂失魄地写道："一废皇上，则全国士民皆失所恃。失所恃则听其鱼肉刀俎，牛马庖厨，无不如意矣。故废皇上者，所以断绝我四万万同胞义士之生机也。""皇上一日而在也，我四万万同胞犹获一日之安全。皇上而不讳也，则我四万万同胞，直不如草木之无知矣。"并且一再暗示：既然局势如此急迫，就应该不顾一切地兴勤王之师，

---

[1] 哀时客：《尊皇论》，《清议报》第9册，1899年3月22日。
[2] 《康南海在鸟喊士晚士叮演说》，《清议报》第17、18册，1899年6月8日、18日。

"声大义于天下，举雄师而北指，戮叛君忘国之贼臣，以救君国之难"[1]。

尽管他们这样痛恨西太后，猛烈抨击她所发动的政变和酝酿的废立，可是又认为，要是西太后肯大发慈悲，改弦更张，归政光绪，那不但可以立刻停止对她的攻击，相反还要为她高唱颂歌。欧榘甲在文章中把他们这种心情表达得淋漓尽致。他说："西后为荣禄、刚毅所误，矫行训政，得罪社稷，诚无辞矣。然苟能悔罪自新，恐惧退位，躬奉大宝，还之皇上，则前之所为不过日月之食、风云之变耳。早暵一雨而土膏润，霖雨一晴而万物苏，何足损其毫末哉！诚如是，西后之令名将与天壤无穷，天下将戴德扬休之不暇，谁复咎其往者乎？"[2]

总之，尊皇高于一切，尊皇先于一切。这便是《清议报》全部政治宣传的主要属意所在。

在鼓吹"尊皇"的另一面，他们继续猛烈地反对革命，抵制革命。欧榘甲写道："若异军特起，而倡革命之说，则名义不足以动中外，而吾民尚未成独立之性质，亦觉难从。其有益与否，尚在不可知之数。否则蹈李立亭、牛进修、余蛮子之覆辙耳。"[3]梁启超更危言耸听地恫吓道：在当前民族危机极端严重的局势下，要是发生革命，不但不足以救亡，相反还会引起内乱，直接导致帝国主义的干涉和瓜分，使中国沦于灭亡。他说："今日倡民政于中国，徒取乱耳。""而外国借戡乱为名，因以掠地，是促瓜分之局也，是欲保全之而反以灭裂之也。"[4]

但是，历史的现象是复杂的。尽管他们宣传的主旨在鼓吹"尊

---

[1] 无涯生：《论救中国当以救皇上为本》，《清议报》第20册，1899年7月8日。
[2] 无涯生：《明义篇》，《清议报》第14册，1899年5月10日。
[3] 无涯生：《论救中国当以救皇上为本》，《清议报》第20册，1899年7月8日。
[4] 哀时客：《尊皇论》，《清议报》第9册，1899年3月22日。

皇",抵制革命,但在某些方面仍然起着积极的作用,客观上为民主革命思想的传播创造了一定的条件。这种积极方面的影响,主要表现在以下三点。

第一,《清议报》大声疾呼,宣传救亡,并且帮助读者了解世界大势和帝国主义列强的对华政策,比过去更深刻地指出了当前中华民族面对的严重局势。

它从创刊之日起,就开辟专栏,刊载《外国近事及外议》,介绍世界万国大事,译载各国报刊上有关中国问题的各种评论。第十一册起,又将这个专栏分为《万国近事》和《外论汇译》两栏,增加了这方面的篇幅。不久,又将《万国近事》改为《猛省录》,将《外论汇译》改为《闻戒录》,点明他们开辟这些专栏的目的所在。

它还发表了大量这方面的论说,提出"务使吾国民知我国在世界上之位置,知东西列强待我国之政策,鉴观既往,熟察现在,以图将来"的主张。由于这时他们避居海外,能够接触到大量西书西报,对"我国在世界上之位置"和"东西列强待我国之政策"这两方面的了解和宣传,确实比戊戌变法时又前进了一步。

关于"我国在世界上之位置":他们指出,随着世界资本主义近代工业的发展和寻求市场的需要,中国已变为帝国主义列强争夺的焦点。梁启超写道:"自前世纪以来,学术日兴,机器日出,资本日加,工业日盛。而欧洲全境遂有生产过度之患,其所产物不能不觅销售之地。"他分析了当时的世界已被帝国主义列强瓜分殆尽,"今者虽撒哈拉大沙漠中一粒之沙,亦有主权者矣"。"而彼其生产过度之景况殆不可终日,于是欧人益大窘。"怎么办呢?他们"皇皇四顾,茫茫大地,不得不瞵其鹰目,涎其虎口,以暗吸明噬我四千年文明神国二万里膏腴天府之支那"。"移戈东向,万马齐力,以集于我支那。"[1]梁启超在这里指明了帝国主义的对华侵略,不是一时的政策,也不只是某一具体事件所引起的反应,而是有着深刻的经济背景的,是有着必然性的。这就自然可以得出结论:必须从根本上考虑怎样才能抵抗帝国主义的侵略,求得祖国的独立富强。此对提高中国人民的民族觉醒是有积极意义的。

关于"东西列强待我国之政策":他们着重指出,列强对待中国,有的主张"瓜分",有的标榜"保全",手段虽有不同,侵略实质却是一样的,都不该对它们抱有幻想。麦孟华写道:"外人之处我中国也","其处分之策,不曰瓜分,则曰保护,一若中国不复自能图存者然"。[2]他指出:现在有些人认为中国时局危急,但因国势积弱,如果不依靠外力就难以图存,所以听到"瓜分"的说法就惶惧忧虑,而听到"保全"的说法就喜形于色,希望可以得到外力来相助。他说:"呜呼!天下安有借外力而可以立国者哉!""其所谓保全之策,则亦取我要港,得我铁路,扩张势力。""然则所谓保全者,固犹是侵略之政策。特彼出以急激之手段者,此则出以和柔之手段而已。"[3]这种分析也是比较中肯的。

梁启超在《清议报》上还连续刊载了《爱国论》一文,比较系统地宣传了"爱国"的观念。他一开始说:现在西方人谈到中国时,常认为"彼其人无爱国之性质",所以"其势散涣",无论何国都可以任意地掠夺它的土地,奴役它的人民。其实,中国人并不是没有爱国性质的,"其不知爱国者,由不自知其为国也"。怎么会"不自知其为国"?原因是"中国自古一统",数千年来总是"谓之为天下,而不谓之为国。既无国矣,何爱之可云"。他认为:"今夫国也者,以平等而成;爱也者,以对待而起。"欧洲诸国所以爱国心独盛,因

---

[1] 哀时客:《论近世国民竞争之大势及中国之前途》,《清议报》第30册,1899年10月15日。

[2] 佩弦生:《论中国之存亡决定于今日》,《清议报》第38册,1900年3月11日。

[3] 佩弦生:《论中国救亡当自增内力》,《清议报》第41册,1900年4月10日。

为它们自来"诸国并立","互比较而不肯相下,互争竞而各求自存。故其爱国之性随处发现,不教而自能,不约而自同"。现在,中国对外败绩,甲午一役更是"创巨痛深","于是慷慨忧国之士渐起,谋保国之策者所在多有"。原因也就在:"昔者不自知其为国,今见败于他国,乃始自知其为国也。"梁启超大声疾呼,指出:国家的存亡兴衰,正决定于国民这种爱国心的强弱。他说:"国之存亡,种种兴衰,虽曰天命,岂非人事哉?彼东西之国何以浡然日兴?我支那何以萧然日危?彼其国民,以国为己之国,以国事为己事,以国权为己权,以国耻为己耻,以国荣为己荣;我之国民,以国为君相之国,其事其权其荣其耻皆视为度外之事。呜呼!不有民,何有国?不有国,何有民?民与国,一而二、二而一者也。"[1]在《清议报》另一篇文章中,梁启超进一步申论了国家、家庭和个人的关系,论述了发扬爱国心的必要。他说:"天下未有国不能保而家尚能存者也。盖国者,合无数家室而成,乃众人民之公产。故东西贤圣统名之曰国家,言国、家不能离而为二也。国亡即家亡,国存即家存,国兴即家兴,国衰即家衰。人人有公同保守公产之责,人人有公同保守公产之权。其有败坏吾公产、觊觎吾公产、侵夺吾公产者,合众议谋以抵御之,整顿之,又思所以扩充之。夫是之谓有爱国心,不如是则谓之无爱国心。"[2]

当我们考察中国近代民族觉醒的过程时,对《清议报》的宣传在这方面起过的作用,是不能忽视的。

第二,它进一步宣传了"民权"的思想。

这方面,最值得注意的是,他们突出地提出了"国民"这个概念。梁启超写道:"中国人不知有国民也。数千年来通行之语只有以国家

---

[1] 哀时客:《爱国论》,《清议报》第6册,1899年2月20日。
[2] 《俄公使论瓜分中国之易》,《清议报》第27册,1899年9月15日。

二字并称者，未闻有以国民二字并称者。"他说："国民者，以国为人民公产之称也。国者，积民而成。舍民之外，则无有国。以一国之民治一国之事，定一国之法，谋一国之利，捍一国之患。其民不可得而侮，其国不可得而亡。是之谓国民。"[1]

他们处处把"国民"这个概念同"奴隶"这个概念对立起来，作了鲜明的对比。梁启超说："我国蚩蚩四亿之众，数千年受治于民贼政体之下。如盲鱼生长黑壑，出诸海而犹不能视；妇人缠足十载，解其缚而犹不能行。故见自封，少见多怪。曾不知天地间有所谓民权二字。有语之曰：尔固有尔所自有之权，则且瞿然若惊，蹙然不安，掩耳而却走。是直吾向者所谓有奴隶性、奴隶行者。又不惟自居奴隶而已，见他人之不奴隶者反从而非笑之。呜呼！以如此之民而与欧西人种并立于生存竞争优胜劣败之世界，宁有幸耶，宁有幸耶？"他尖锐地指出：这种奴隶性不是人们原有的，完全是后世独夫暴君一手造成的："民之自居奴隶呜呼起乎？则自后世暴君民贼私天下为一己之产业，因奴隶其民。民畏其威，不敢不自屈于奴隶。积之既久，而遂忘其本来也。"[2]

他们把伸张民权同爱国密切联系在一起，指为必不可缓之事。说："国者何？积民而成也。国政者何？民自治其事也。爱国者何？民自爱其身也。故民权兴则国权立，民权灭则国权亡。为君相者，而务压民之权，是之谓自弃其国。为民者，而不务各伸其权，是之谓自弃其身。故言爱国必自兴民权始。"[3]

这样把"国民"和"奴隶"对立起来，对当时的思想界起了很大的影响。我们只要翻翻邹容的《革命军》和《国民报》《国民日报》等20世纪初宣传资产阶级革命民主思想的刊物，一直到新文化运动

---

[1] 哀时客：《论近世国民竞争之大势及中国之前途》，《清议报》第30册，1899年10月15日。

[2] 哀时客：《爱国论》，《清议报》第7册、第22册，1899年3月2日、7月28日。

[3] 哀时客：《爱国论》，《清议报》第22册，1899年7月28日。

初期的《新青年》，处处可以看到：他们都是以"国民"自许，要求提高"国民"的自觉性，批判形形色色的"奴隶"思想。《清议报》的这种影响就可以清楚地看出来。

第三，《清议报》在这个时期还积极鼓吹破除种种传统思想的束缚，激励人们奋发前进的信念。

梁启超在《国民十大元气论》中，要求国民首先要发扬独立不羁的精神。他说："独立者何？不借他力之扶助，而屹然自立于世界者也。"他写道："人有三等：一曰困缚于旧风气之中者；二曰跳出于旧风气之外者；三曰跳出旧风气而后能造新风气者。夫世界之所以长不灭而日进化者，赖有造新风气之人而已。"他满怀激情地写道："孤军陷重围，人人处于必死，怯者犹能决一斗，而此必死之志，决斗之气，正乃最后之成功也。独立云者，日日以孤军冲突于重围之中者也。故能与旧风气战而终胜之。"[1]

他在《呵旁观者文》中，猛烈地抨击了形形色色的"旁观者"。他说："天下最可厌可憎可鄙之人，莫过于旁观者。"他认为：这种旁观者在中国到处都是，流派包括浑沌派、为我派、呜呼派、笑骂派、暴弃派、待时派等。这些人的共同点，就是"无血性"，"放弃责任"。要是人人如此，那就将无人类，无世界。"故旁观者，人类之蟊贼，世界之仇敌也。"梁启超认为应当把希望寄托在青年人身上，只有他们才是"一国将来之主人"，要求青年人养成那种独立不羁的风格，对国家和民族切实地负起责任来。[2]

他在脍炙人口的《少年中国说》这篇文章中，十分生动形象地把青年同老年作了一系列的对比："老年人常思既往，少年人常思将来。惟思既往也，故生留恋心；惟思将来也，故生希望心。惟留恋

---

[1] 哀时客：《国民十大元气论》，《清议报》第33册，1899年12月23日。
[2] 任公：《呵旁观者文》，《清议报》第36册，1900年2月20日。

也，故保守；惟希望也，故进取。惟保守也，故永旧；惟进取也，故日新。惟思既往也，事事皆其所已经者，故惟知照例；惟思将来也，事事皆其所未经者，故敢破格。"他认为，中国要独立富强，责任全得靠青年担当起来，并热情洋溢地写道："今日之责任不在他人，而全在我少年。少年智则国智，少年富则国富，少年强则国强，少年独立则国独立，少年自由则国自由，少年进步则国进步，少年胜于欧洲则国胜于欧洲，少年雄于地球则国雄于地球。红日初升，其道大光；河出伏流，一泻汪洋；潜龙腾渊，鳞爪飞扬；乳虎啸谷，百兽震惶；鹰隼试翼，风尘吸张；奇花初胎，矞矞皇皇；干将发硎，有作其芒；天戴其苍，地履其黄；纵有千古，横有八荒；前途似海，来日方长。美哉我少年中国，与天不老。壮哉我中国少年，与国无疆！"[1]这些恣肆汪洋、富有感情色彩的文字，具有强烈的感染力量，深深地打动了广大爱国青年的心，产生了巨大的影响。直到五四运动时期，当时人数最多、分布最广、历史最久的社团就叫少年中国学会。《少年中国说》影响的深远从这里还可以看到。

自然，就是在《清议报》初期所起的那些积极影响中，我们也要看到它的消极方面。

他们虽然大声疾呼地指出当前民族危机的严重局势，但又认为帝国主义的扩张侵略，"其原动力乃起于国民之争自存。以天演家物竞天择、优胜劣败之公例推之，盖有欲已而不能已焉"[2]。这样，抵制之法，就不必反对帝国主义，只能怪自己不争气，只要努力自强就行了："夫同是圆颅方趾冠带之族，而何以受侮若是，则岂非由国之不强之所致耶？孟子曰：人必自侮，然后人侮之。吾宁能怨人哉？但求诸己而已。"[3]因此，最后就不能不落到"文明之竞争"这

---

[1] 任公：《少年中国说》，《清议报》第35册，1900年2月10日。
[2] 哀时客：《论近世国民竞争之大势及中国之前途》，《清议报》第30册，1899年10月15日。
[3] 哀时客：《爱国论》，《清议报》第6册、第22册，1899年2月20日、7月28日。

个改良主义的政治主张上来。

他们虽然也宣传了"民权"的思想,但接着立刻声明:"夫民权与民主二者,其训诂绝异。""所恶于专制之国者,为其徒恃压力,愚缚黔首,尽夺民权而不务民事也。皇上舍身救民,专事民事,许民上书,不侵民权,是以百姓爱恋,戴若慈父。""若人权尽复,民智大开,则人知爱国,下令流水,国权乃一张而不可仆,主权亦一隆而不可替。"[1]"然则保国尊皇之政策,岂有急于兴民权者哉!"[2]结果,兴"民权"仍只是"尊皇"的手段,至少同"尊皇"并行不悖,最后还是回到君主立宪的改良主义政治主张上来。

总之,《清议报》初期的这些宣传,就其主观意图来说,自然不是为了有助于革命,而是为尊皇的政治目的服务的。但是,由于当时广大群众有着强烈的反帝爱国要求和民主要求,许多人在接受《清议报》的宣传影响时,却着重从它所包含的那些积极因素中吸取了营养。特别是,许多人在随后的政治实践中,对清政府的幻想逐渐破灭,看到尊皇这条路是走不通的,于是没有停留在《清议报》为他们划定的框子中,而是跨越它,又向前大踏步走去。《清议报》的宣传是要抵制革命,但它在客观上却为资产阶级革命民主思想的传播做了某些创造条件的工作,在当时不少爱国知识分子的思想发展进程中起了某些阶梯的作用。这是他们始料之所不及的。

(二)

1900年1月24日(阴历十二月二十四日),西太后诏立端郡王载漪的儿子溥儁为大阿哥,准备废除光绪的帝位,以溥儁嗣

---

[1] 哀时客:《爱国论》,《清议报》第6册、第22册,1899年2月20日、7月28日。
[2] 先忧子:《说权》,《清议报》第44册,1900年5月9日。

立。消息传出，内外震动。第二天，上海电报局总办经元善联络寓沪绅商士民叶瀚、张通典、戈忠、章炳麟、唐才常、经亨颐等一千二百三十一人致电总署，要求"奏请皇上力疾临御，勿存退位之思，上以慰皇太后之忧勤，下以弭中外之反侧"。天津、杭州、武昌等地士民，纷纷申禀该管督抚求代转奏谏阻。旧金山、新加坡、檀香山、菲律宾各埠华侨也致电总署，新加坡华侨并致电英、日、美三国驻华公使，"恳其代劝西后，保全上位"。一时形成轩然大波。

在康有为、梁启超看来，这简直是晴天霹雳。他们惊呼："圣主之危，甚于累卵，吾辈之责，急于火星。"[1]在他们心目中，这个问题已成为压倒其他一切问题的首要问题。

在《清议报》上，他们连续发表了《论建嗣即为废立》《论中国之存亡决定于今日》《书十二月二十四日伪上谕后》等论说，并在《中国近事》专栏中陆续刊载《伪政府立嗣纪闻汇记》《嗣统汇闻》《汇纪立嗣事及京内外近日情形与外人议论》等报道。

他们认为，时局已处在千钧一发的危急关头。《清议报》第三十六册上录有上海《同文沪报》的《总论支那立嗣事》，内称："支那自前岁政变以来，废立之谣，月凡数至，通国人心皇皇，不知所措。延至去岁，风声稍平，渐觉安靖。通国之人，咸私相庆幸，以为可以无事矣。迨去腊二十四日，忽有为穆宗毅皇帝立嗣之谕。废立之谣，顿复蜂起。光绪帝位，岌岌可虑。诚不啻青天无云，陡起霹雳。"[2]该报同册的《伪政府立嗣纪闻汇记》更是激烈地写道："自此伪谕下后，京师内外震动，人心汹汹，如赤子之失其慈父。盖以我皇上为四万万人变法而被幽被废。皇上一废，则四万万人为奴为隶之惨，行将见矣。"[3]

---

[1]　梁启超：《与叔子书》，《梁任公先生年谱长编初稿》第2册，第180页。

[2]　《总论支那立嗣事》，《清议报》第36册，1900年2月20日。

[3]　《伪政府立嗣纪闻汇记》，《清议报》第36册，1900年2月20日。

他们要求人们在这样的危急局势下，迅速仿效日本明治初年"勤王讨幕"的榜样，一致奋起，"发愤而勤王讨贼"。梁启超在《书十二月二十四日伪上谕后》中反复写道："呜呼！读十二月二十四日伪上谕而不发竖眦裂者，岂得复为人哉，岂得复为人哉！"他大声疾呼："君父之仇，不与共戴天。今者皇上之命悬于逆贼之手。万一有变，则吾四万万同胞当思皇上之及于难，皆因救我辈而来。虽流尽我东南十数省之血，以拼彼逆后贼臣之命，亦决不辞。吾知朱虚、敬业必不绝于天壤也。"[1] 他在这里特别举出讨伐吕后的朱虚侯刘章和讨伐武后的徐敬业，自然是要人们学习他们的榜样，起兵讨伐西太后，迎光绪皇帝复政。麦孟华也写道："今日中国危而未亡、颠而未坠者，尚以皇上安全之故耳。脱一旦猝有不测，则内之草泽沸腾，外之列强惊集，瓜分之局立成，鱼烂之惨立见。茫茫大陆，更不知托命于何方者也。"他又说："欲保国民之生命，必借皇上之安全。欲保皇上之生命，必赖国民之权力。既同为中国之民，即共有尊王之义。此我国民所当如夫差之念越仇，豫让之报襄子，合四万万人而共标为主义者也。"[2]

正在此时，震撼世界的义和团运动爆发了。它从山东兴起后，立即以急风暴雨之势向直隶迅猛发展。帝国主义列强联合起来，组成八国联军，向中国发动武装进攻。接着，又占领北京。西太后、光绪皇帝等逃往西安。《清议报》在这个时期连续发表了《论义和团事中国与列强之关系》《续论义和团事》《论非皇上复政则国乱不能平定》《论今日疆臣之责任》《论义民与乱民之异》《论今日中国存亡其责专在于国民》等一系列文章。

他们最初还只是表示担心义和团的反抗会引起列强的干涉，导

---

[1] 任公：《书十二月二十四日伪上谕后》，《清议报》第39册，1900年3月21日。
[2] 先忧子：《国民公义》，《清议报》第46册，1900年5月28日。

致对中国的瓜分。麦孟华写道:"夫外人之眈眈于中国也,磨牙张爪,环伺其旁,虽无暇隙,犹且无端而要求,无端而恫喝,无端而割地。今乃横挑其衅,故激其怒,显授以间,是患其要求之少而招之来,虑其割地之缓而道之速也。"[1]

不久,他们就破口大骂,对义和团运动进行恶毒的污蔑和辱骂。他们不仅斥义和团为"野蛮",为"暴徒",为"有野心",为"乱民之尤",甚至断然宣称义和团是"国民之公敌"。麦孟华写道:"团匪之乱,固非独国家之害,实我四万万人切肤之灾者也。夫彼之毁人租界,杀人人民,戕人公使,诚快彼排外之野心矣。然使外人日骂我为野蛮,日辱我为犷种,我四万万人遂无颜复对外人。且外人之损失既深,他日之赔偿必重。若有偿款,仍绞我国民之膏血也。若有割地,仍荡我国民之室家也。祸乱日深,驯至不国,是直奴隶我国民之大众也。周民既受彼之公害,彼实即为国民之公敌。"[2]

他们甚至公然提出要"平团匪",以取媚于洋人。麦孟华写道:"故忠国宜平团匪。至于睦邻,先严保护。"一定要做到:"急之如己国之事,亲之如己国之人,为之警卫以安其意,为之讨匪以雪其仇。是固文明之国所宜然,抑我义民之责任也。"[3]尽管平时他们对帝国主义的侵略也常表示愤慨和不满,但是,当下层劳动群众拿起武器进行反抗时,他们的态度立刻变了:宁可屈从于帝国主义的压力,选择向帝国主义献媚乞怜的道路,冀望得到帝国主义的保护,而不敢采取坚决斗争的态度。在帝国主义和农民大众这两者之间,他们害怕农民大众远远超过了害怕帝国主义。

八国联军进攻中国和占领北京,更被他们看作兴师勤王的绝好机会,从而将举兵勤王提到更迫切的议事日程上来了。麦孟华在《清

---

[1] 先忧子:《论义和团事中国与列强之关系》,《清议报》第43册,1900年4月29日。
[2] 伤心人:《论义民与乱民之异》,《清议报》第52册,1900年7月26日。
[3] 伤心人:《论义民与乱民之异》,《清议报》第52册,1900年7月26日。

议报》上连续发表文章，提倡这个主张。他说："今日之大势可睹矣。欲中外之相安，莫如匪乱之速平。欲匪乱之速平，莫如请我皇上之亲政。盖皇上之亲政，固必能靖乱党而睦邻国，安人心而绝乱萌，而其效有可立睹者也。"他又认为，光绪皇帝要复政，如果仍在北京是办不通的，只有移驻南方、建立新政府，才有可能。他说："皇上欲出，倘仍北京，则西后掣肘于上，贼臣逼胁于下，虽有复位之虚名，必无行政之实效。惟移驻南方，立新政府，则发政施令，皇上既得总大权，平乱睦邻，我国可即得安治。此惟各国所利图，抑我国民所感祷者也。"[1]

这样，他们就公开要求南方疆臣起兵勤王，一面把义和团镇压下去，一面迎光绪到南方复政，鼓吹"今日疆臣之责任，以剿团匪而救皇上为第一义"。麦孟华写道："诸疆臣作天子之股肱，为天下所属望。若其手提劲旅，奋起勤王，联合南方，方轨并进，扫荡乱徒，剪除凶党，以至顺而讨至逆，夫孰得而御之？一举手而皇上安全，国家奠定，而舍此不为，犹复徘徊观望。是父母见劫于贼人，兵刃将加其颈，而为子者犹安坐顾虑，曰吾将有待。则安用此子为也。"[2]

在南方疆臣中，他们特别属意于当时手握精兵、坐镇长江中游的湖广总督张之洞，希望他能以两湖为根据地，起兵勤王。梁启超在《清议报》上特地公开发表一篇《上鄂督张制军书》，写道："今日中国之命脉系于皇上，而皇上之生命悬于北廷诸逆之手。诸逆与皇上不两立也久矣。""若能率三楚子弟，堂堂正正，清君侧之恶，奉太后颐养耄年，辅皇上复行新政，策之上者也。如此则阁下之威名当辉于五洲，亘于万古。"[3]

---

[1] 伤心人：《论非皇上复政则国乱不能平定》，《清议报》第49册，1900年6月27日。
[2] 伤心人：《论今日疆臣之责任》，《清议报》第51册，1900年7月17日。
[3] 任公：《上鄂督张制军书》，《清议报》第43册，1900年4月20日。

他们甚至腼颜乞求正在向中国发动武装进攻的帝国主义强盗以武力干涉，迎光绪复政。《清议报》上发表了康有为对某国大员的谈话，说："今欲使团事而西人咸能安全而得大利，亦甚易，惟有各国联合救皇上复位而已。"[1]麦孟华更竭力劝说道："我国民惟求之各国，合各国之兵力，以迎我皇上复位而已。夫戊戌之变，各国人士非不惜我新政之中途而忽废也，非不痛我皇上之圣明而见幽也。然以为此我之内政，故各国顾视，莫肯过而干预其事。今则害及其身矣，岂复能晏然坐视？夫各国之遣兵派舰，纷然不绝于途者，固将以保其使署、人民、商务也。若能救我皇上复政，则不费一兵，不出一饷，而各国之使署、人民、商务必能保全。各国私计，岂无大利？"[2]

这年6月22日，横滨侨商一千余人在中华会馆举行集会。许多人发表演说，"大略谓今日中国至于危急，皆由团匪之与外人为难。而团匪之纵横，实由权奸之党庇。而权奸之得志，总由皇上之失权。故欲平团匪，靖内乱，以安外人，则非皇上复行亲政不可"。他们说，"今各国兵舰云集"，"我中国正当请其扶我皇上复位，以平内乱而善外交"，并要求日本政府"提倡公义，协商各国，复我皇上，以保东亚太平之局"云云。[3]会后发起签名，于第二天致电日本总理大臣山县有朋，称："恳求贵国政府，拯救敝国皇帝，恢复新政。"并希望日本政府持定方针，"联合各国承认"。签名的有一千多人，捐款的有一百多人。同时，又发电联络神户、长崎等地华侨商人共同电求日本政府。6月27日，《清议报》破例特发传单一纸，登载横滨、神户、长崎华商谭柏生、冯镜如、冯紫珊等上日本政府书。这个冯镜如，便是《清议报》的发行兼编辑人。信一开始，就令人

---

[1]《新党首领最后外交策》，《清议报》第51册，1900年7月17日。
[2] 伤心人：《论非皇上复政则国乱不能平定》，《清议报》第49册，1900年6月27日。
[3]《记横滨华商会议事》，《清议报》第50册，1900年7月7日。

作呕地向日本政府献媚乞怜,说:"商人等托依仁宇,久受贵国之骈幪,而敝国之匪徒肆害,反贻贵国之忧虑。此商人等所以北望故国,且愧且愤,痛恨而不得自已也。"他们宣称:义和团这些"匪徒"所以能"荼毒我之生民,扰害及于邻国",原因就在于"我皇上之不能亲政"。因此提出:"今日之事,我皇帝一日不亲政,则奸臣一日不去位;奸臣一日不去位,则匪害一日不荡平。故平匪之计,莫急于扶我皇帝复政。""伏乞贵国协商各国,联合重兵,迎我皇帝迁都南方,复行新政。去守旧之奸邪,任忠良之贤臣,命将出师,扫除匪党,修睦于邻国,扩万国之通商。则不特敝国之安全皆出贵国之所赐,而贵国之义声亦将轰震于地球。"[1]

梁启超也在《清议报》上发表了《论今日各国待中国之善法》一文,以感激涕零的心情写道:"顷阅各西报,知英美日等国有欲协力扶助皇帝登位变法之事。此诚仗义扶危、大公无我而又合于时势者也。今日处置中国之法,莫善于此。我辈同志日日所奔走图谋,皆为此事。今得局外之朋公道之国起而代办之,此我辈所极深感谢者也。吾愿此文明公道之国,坚持此义,百折不回。然后徐议其条理,讲善后之法,则中国之大乱必立解矣。"他还向各国进言:一旦光绪皇帝复政,推行新政,一定会借用外国人,大开门户,平定内部的"乱民",这对列国都是大有利的。他说:"皇上复位,欲行新政,势不能不借用外国人,得各国之贤才以相赞助,必能百废具举,国政修明,大开门户,推广商务,其利一也;主权有属,不至各国相争,扰乱世界太平之局,其利二也;王室安宁,乱民不作,商务不至损失,其利三也。故为中国计,为万国计,皆莫如此法之为妙也。"[2]

过去曾经激烈地宣传过爱国救亡的《清议报》,在八国联军向中

---

[1]《日本横滨神户长崎华商上大日本政府书》,《清议报》第49册附录,1900年6月27日。
[2] 任公:《论今日各国待中国之善法》,《清议报》第53册,1900年8月5日。

国发动武装进攻、民族危机极端严重的紧急关头，为了使光绪皇帝得以复政，竟不惜向帝国主义列强摇尾乞怜，甚至哀求它们用武力进行干涉，这实在是对自己的一个莫大讽刺。

所有这一切，集中起来，就是当时所说的："剿匪勤王其急也。"[1]这便是《清议报》在这个时期的主要口号。

为了抵制义和团运动和资产阶级革命派的革命活动，为了实现他们的勤王目的，他们更迫不及待地要在中国的南方（主要是长江流域和华南地区）采取武力行动。梁启超这年 6 月 17 日与港澳同人书中写道："今晨西报言已有四省同时开张，不知系我店否？中山党亦声言为彼党所为，东中信亦确言其有购货之事，颇觉解人难索，然姑听之而已。但今当义和得志、贼党扰乱之时，真乃千载一时，稍纵即逝，不识我辈能有以应之否？"[2]唐才常等的自立军事件就是在这个背景下展开的。

据《梁任公先生年谱长编初稿》记载："这次勤王运动是保皇会时期一件最大的事件。先生（指梁启超）和南海（指康有为）在这件事上用力最大，所以事败后所受的打击也非常之大。当时的运动几乎全党动员，规模很大。那时候南海先生驻新加坡主持一切，先生在檀香山负责筹款，并计划联络各事。当时总局在澳门有何穗田、王镜如、欧榘甲、韩文举等负责，日本方面有叶湘南、麦孟华、罗普、麦仲华、黄为之等负责，而实际运动方面则有唐才常、狄葆贤主持于沪汉，梁炳光、张学璟活动于两粤，此外，徐勤奔走于南洋，梁启田运动于美洲。若是没有 7 月 27 日（即阳历八月二十一日）的败露，这次运动的前途，真是不可限量呢！"[3]自然，即使没有 7 月 27 日的败露，这次勤王运动的前途也不是"不可限量"的，但这种

---

[1] 伤心人：《论今日疆臣之责任》，《清议报》第 51 册，1900 年 7 月 17 日。
[2] 梁启超：《与港澳同人书》，《梁任公先生年谱长编初稿》第 2 册，第 223 页。
[3] 《梁任公先生年谱长编初稿》第 2 册，第 177 页。

说法确实反映出他们将这次运动放在何等重要的位置上。梁启超本人在一封信中也写道:"中国存亡机关,决于今年;若失此机,后更无望也。"[1]这同样也充分反映出他们当时所抱的急切期望。

而所有这一切,中心都是为了"勤王"。梁启超致康有为的信中对这一点说得十分坦率:"我辈所以如此千辛万苦者,为救皇上也。"[2]

但是,事态的发展却同他们的愿望完全相违。最初,在八国联军的进攻下,清政府存亡未卜,湖广总督张之洞暂时采取观望态度。不久,和议将成,局势逐渐明朗。他就翻过脸来,对自立军进行镇压。8月21日夜,张之洞得到英国当局支持,包围设在汉口英租界的自立军机关,唐才常等被捕。第二天,唐等十一人被杀。9月4日,《清议报》上发表了《自立军布告檄文》。檄文中称:这次举事的目的,是"讨贼勤王","以清君侧而谢万国"。"宗旨"中最重要的是两条:"一、保全中国自立之权。二、请皇上复辟。"[3]接着,又发表《义士唐才常传》,记唐才常被捕后,在营务处自书亲供:"湖北丁酉拔贡唐才常谋保皇上复权,机事不密,请死而已。"[4]

自立军事件,给许多不满现状而政治上又十分幼稚的人,上了很有益的一课。不少人从清政府对自立军的残酷镇压中,进一步丢弃了对清政府的幻想,觉得只有用激烈的革命手段推翻这个政府,才能实现救国和改革社会的目的。还有不少人,经过这次事件,进一步认清了保皇派的面目,发现自己是上了当了,同它断绝关系。当自立会"讨贼勤王"的布告在大通张贴时,"吴禄贞见此布告,愤慨赴日本复学。毕永年闻此情形,痛哭走普陀出家。章太炎于数月

---

[1] 梁启超:《致君力二兄书》,《梁任公先生年谱长编初稿》第2册,第195页。
[2] 梁启超:《致南海夫子大人书》,《梁任公先生年谱长编初稿》第2册,第201页。
[3] 《自立军布告檄文》,《清议报》第56册,1900年9月4日。
[4] 后死者:《义士唐才常传》,《清议报》第58册,1900年9月24日。

前,即悉唐名义不正,宣布脱离关系"[1]。秦力山在事败后,"买舟至新加坡,访康有为、邱菽园计划再举,因而尽知汉局之骽,罪在康之拥资自肥,以致失事,遂对康宣布绝交,愤然再渡日本。时湘鄂志士陈犹龙、朱菱溪诸人于事败后多亡命东京,群向梁启超算账。梁不胜其扰,竟移寓横滨避之。力山乃与戢元丞、沈翔云、雷奋、杨荫杭、王宠惠等创刊《国民报》月刊,高唱民族主义,风行一时"[2]。"保皇会自此信用渐失,不复再谈起兵勤王事,未几易名帝国宪政会。"[3]

保皇会内部的一片混乱,在《清议报》这个阶段的宣传上也表现得十分清楚。这时,他们情绪十分沮丧,宣传的调子十分低沉,发表的文章大抵只是这么几类。一是痛骂镇压自立军事件的张之洞,先后发表了《张之洞论》《张之洞诛捕新党论》《书湖北大狱》《逆贼张之洞罪案》等论说和《张之洞逆贼定案议》《张之洞逆贼致英相沙侯电正谬》《驳后党逆贼张之洞于荫霖诬捏伪示》等来稿杂文,痛斥张之洞是"佞人""逆党""贼臣",是"奸人之尤,无耻之极,巧诈之甚",宣称"合而言之,张之洞乃皇上之贼,中国之贼,四万万人之贼而已"[4]。二是在《来稿杂文》《诗文辞随录》等栏中发表了一批悼念唐才常等人的诗文,如《祭唐烈士佛尘等及六君子文》《吊汉口诸侠士》《书愤》《夜梦唐侠等告余曰阻中国文明进步媚逆贼仇帝党者张之洞也吾必杀之以复此仇醒而口占》《汉变烈士事略》等。三因当时和议开始,又发表了《论保证和平必当皇上亲政》《各国今日之目的》等论说,要求由帝国主义列强提出请光绪皇帝回跸亲政,使西太后撤帘移宫,说:"皇上亲政,则主权一而和议可以速成;皇上

---

[1] 张难先:《湖北革命知之录》,第21页。
[2] 冯自由:《革命逸史》初集,第131页。
[3] 冯自由:《中华民国开国前革命史》,第79页。
[4] 满腔热血人:《张之洞逆贼定案议》,《清议报》第59册,1900年10月4日。

亲政，则外交固而狡邻无所生心；皇上亲政，则内变息而人心可以复静；皇上亲政，则新政行而民庶必不排外，民教可以相安。""一举而四善备，列强之义举诚未有过于此者也。"[1]颠来倒去，弹的无非是几句老调，说的无非是几句空话，一时再也提不出什么新的重要的政治主张来了。

（三）

1901年，历史进入20世纪。

这年4月，梁启超在远游檀香山、澳大利亚一年半后，回到日本，重主《清议报》笔政。梁启超是十分熟悉群众心理，懂得宣传策略的。他的重主笔政，又给《清议报》带来了新的面貌。

6月7日，梁启超在《清议报》上发表了《立宪法议》。这是一篇十分值得重视的纲领性文章。他在文章中把世界上的政体分为三种：君主专制政体、君主立宪政体、民主立宪政体。他认为：民主立宪政体，施政的方针变动太多，选举总统时竞争太烈，对国家不利；君主专制政体，君民之间尖锐对立，人民极苦，而君主和大臣亦极危；只有"君主立宪者，政体之最良者也"。他认为：立宪政体可以称为有限权的政体。一旦有了宪法，君主、官吏、人民这三个方面就各有其权，而权各有限。这样就能做到各得其所。他说："宪法者何物也？立万世不易之宪典，而一国之人无论为君主为官吏为人民皆共守之也，为国家一切法度之根源。此后无论出何令更何法，百变而不许离其宗者也。"

既然君主立宪政体这样好，中国是不是可以立刻实行这种政体呢？梁启超说：还不行。根据中国目前的条件，特别是根据国民现

---

[1]《论保证和平必当皇上亲政》，《清议报》第64册，1900年11月22日。

有的程度来看，还没有资格实行君主立宪，只能先从事预备立宪："立宪政体者，必民智稍开而后能行之。日本维新在明治初元，而宪法实施在二十年后，此其证也。中国最速亦须十年或十五年，始可以语于此。"

那么，怎样来从事预备立宪呢？梁启超提出一整套具体主张：第一，"首请皇上涣降明诏，普告臣民，定中国为君主立宪之帝国，万世不替"。第二，派遣重臣游历欧洲各国和美国、日本，考察各国宪法。第三，考察人员归国后，在宫中开设立法局，起草宪法。第四，由立法局译出各国宪法及解释宪法的名著，颁布天下，使国民都有所了解。第五，宪法草成后，先行颁布，容许全国士民自由发表意见，经过五年或十年，然后修改定稿。宪法确定后，非经全国人民投票，不得擅行更改。第六，"自下诏定政体之日始，以二十年为实行宪法之期"。[1]

这篇文章最重要的一点是：它头一次提出了"预备立宪"这个主张（以后清政府推行预备立宪的具体程序大体也是按照他这个设计去做的）。此后，康有为、梁启超一派政治活动的主要口号，也就由"尊皇""剿匪勤王"转为争取实现"预备立宪"，并以此作为同资产阶级革命派相对立的主要纲领。

为了预备立宪，在梁启超看来，最重要的一个准备就是提高国民的素质，特别是要使国民养成良好的"德性"。

他认为，这个问题在今天之所以格外重要，是由于目前正处在一个过渡时代。6月26日，他在《清议报》上发表了《过渡时代论》一文。文章劈头写道："今日之中国，过渡时代之中国也。"他认为：这是千古以来未有的一大变局。过渡时代，可以给国民带来巨大的希望，也可以带来严重的灾难，所争间不容发。这就提出了一

---

[1] 爱国者：《立宪法议》，《清议报》第81册，1901年6月7日。

个选择道路的问题。他说,现在中国社会的各个方面,有如驾一扁舟,已离海岸,放乎中流,处在俗话所说"两头不到岸"这样一个青黄不接的时刻:"语其大者,则人民既愤独夫民贼愚民专制之政,而未能组织新政体以代之,是政治上之过渡时代也;士子既鄙考据词章庸恶陋劣之学,而未能开辟新学界以代之,是学问上之过渡时代也;社会既厌三纲压抑虚文缛节之俗,而未能研究新道德以代之,是理想风俗上之过渡时代也。"[1]怎样才能在这种局势下把握正确的前进方向,成为过渡时代的英雄?梁启超认为,重要的是要养成不可缺的"德性"。

应当养成怎样的"德性"?他在《十种德性相反相成义》中进一步作了比较详细的阐述。他说:以他自己读书思索的所得,有十种德性,形质上相反,而精神上相成,是任何人必须具有,缺一不可的。那就是:独立与合群,自由与制裁,自信与虚心,利己与爱他,破坏与成立。"知有合群之独立,则独立而不轧轹;知有制裁之自由,则自由而不乱紊;知有虚心之自信,则自信而不骄盈;知有爱他之利己,则利己而不偏私;知有成立之破坏,则破坏而不危险。所以治身之道在是,所以救国之道亦在是。"[2]

他还进一步提出了"民族主义"的口号,响亮地喊出:"民族主义者,世界最光明正大公平之主义也。不使他族侵我之自由,我亦毋侵他族之自由。"他认为:欧洲各国当18世纪、19世纪之交,是处在民族主义飞跃发展的时代,而今天则已处于民族主义与民族帝国主义相嬗的时代:"民族主义发达之既极,其所以求增进本族之幸福者无有厌足,内力既充,而不得不思伸之于外。"而中国今日却还处于民族主义尚未发达的时代,这自然就不可能同欧洲各国相匹敌。

---

[1] 任公:《过渡时代论》,《清议报》第83册,1901年6月26日。
[2] 任公:《十种德性相反相成义》,《清议报》第84册,1901年7月6日。

每个国民都应该认清这个形势，急起直追，"知他人以帝国主义手段之可畏，而速养成我所固有之民族主义以抵制之，斯今日我国民所当汲汲者也"[1]！

此外，梁启超还在《清议报》上重辟了《政治学案》一栏，先后刊载了《霍布士学案》《斯片挪莎学案》《卢梭学案》等，比较系统地介绍了他们的哲学、政治、社会学说。他在《卢梭学案》中写道："案卢氏此论，可谓精义入神，盛水不漏。今虽未有行之者，然将来必偏于大地，无可疑也。我中国数千年生息于专制政体之下，虽然，民间自治之风最盛焉。诚能博采文明各国地方之制，省省府府，州州县县，乡乡市市，各为团体，因其地宜以立法律，从其民欲以施政令，则成就一卢梭心目中所想望之国家，其路为最近，而其事为最易焉。果尔，则吾中国之政体，行将为万国师矣！"[2]

梁启超在这些文章中，用浅近的文字、酣畅的笔调，多方面地介绍并鼓吹西方资产阶级的各种学说，包括独立与合群、自由与制裁、自信与虚心、利己与爱他、破坏与成立等资产阶级社会道德观念。对当时的广大知识青年来说，这些文章确曾帮助他们打开了眼界，接触到许多前所未闻的新事物，起过一定的启蒙作用，产生了相当广泛的影响。

可是，梁启超从事这些鼓吹和宣传，归根到底，仍然是为改良派的政治主张服务的。

他肯定卢梭的学说"能增个人强立之气，以助人群之进步"，但又认为它的流弊会"陷于无政府党，以坏国家之秩序"。[3]他主张还是要从地方自治做起，才最容易着手。

---

[1] 任公：《国家思想变迁异同论》，《清议报》第95册，1901年10月22日。
[2] 《卢梭学案》，《清议报》第100册，1901年12月21日。
[3] 任公：《国家思想变迁异同论》，《清议报》第95册，1901年10月22日。

他在谈"独立与合群"的问题时说:"今世之言独立者,或曰拒列强之干涉而独立,或曰脱满洲之羁轭而独立。吾以为不患中国不为独立之国,特患中国今无独立之民。故今日欲言独立,当先言个人之独立,乃能言全体之独立;先言道德上之独立,乃能言形势上之独立。"[1]本来,许多爱国青年正在苦心焦虑地追求"拒列强之干涉而独立",有些人更已开始意识到必须"脱满洲之羁轭而独立",梁启超却给他们当头泼来一盆冷水,说:否!这一切都不是当务之急,最重要的还是在先求得个人的道德上的独立,这才是根本之图。这又把他的改良派面目清楚地表现出来了。

在谈"破坏与成立"的问题时,梁启超一开始也慷慨激昂地谈了不少"破坏"的必要性,仿佛他也在赞成革命,但笔锋一转,立刻又说:"世有深仁博爱之君子,惧破坏之剧且烈也,于是窃窃然欲补苴而幸免之。吾非不惧破坏,顾吾尤惧夫今日不破坏,而他日之破坏终不可免,且愈剧而愈烈也。故与其听彼自然之破坏而终不可救,无宁加以人为之破坏而尚可有为。""故今日而言破坏,当以不忍人之心,行不得已之事。"[2]这就说得更清楚了:他所说的"加以人为之破坏",其实只是打着"破坏"招牌的改良,是"不得已之事",目的正在于用来抵制和避免"愈剧而愈烈"的真正破坏。

总之,说来说去,梁启超的真正目的,还是要引导当时对清朝政府日益不满的广大爱国青年,不去从事激烈的革命行动,只去做温和的改良,并且把主要的注意力转到自身"德性"的养成上来。而他所说的"十种德性相反相成",就是口头上不反对"独立""自由""破坏"等等,同时又用"合群""制裁""成立"等命题去限制并取消它们。这是问题的实质所在。梁启超稍后《新民说》中那些

---

[1] 任公:《十种德性相反相成义》,《清议报》第82册,1901年6月16日。
[2] 任公:《十种德性相反相成义》,《清议报》第84册,1901年7月6日。

基本论点，这时都已初步提出来了。

1901年12月21日，《清议报》出到第一百册时，出了一个特大号，篇幅比平时增加五倍多。梁启超在这一期上发表了《本馆第一百册祝辞并论报馆之责任及本馆之经历》。他在这篇祝辞中强调地突出宣传了报馆的作用，说："西谚云：报馆者，国家之耳目也、喉舌也，人群之镜也，文坛之王也，将来之灯也，现在之粮也。伟哉，报馆之势力！重哉，报馆之责任！欧美各国之大报馆，其一言一论，动为全世界人之所注视、所耸听。何以故？彼政府采其议以为政策焉，彼国民奉其言以为精神焉。故往往有今日为大宰相、大统领，而明日为主笔者；亦往往有今日为主笔，而明日为大宰相、大统领者。"梁启超在这里坦然自白了他的政治抱负：他希望《清议报》能做到的是"彼政府采其议以为政策焉，彼国民奉其言以为精神焉"；而他隐然自许的，则是"明日"的"大宰相、大统领"。对《清议报》这一百册的基本特色，他也作了一番概括，说："《清议报》之特色有数端。一曰倡民权。始终抱定此义，为独一无二之宗旨。虽说种种方法，开种种门径，百变而不离其宗。海可枯，石可烂，此义不普及于我国，吾党弗措也。二曰衍哲理。读东西诸硕学之书，务衍其学说以输入于中国。虽不敢自谓有所得，而得寸则贡寸焉，得尺则贡尺焉。《华严经》云：'未能自度而先度人，是为菩萨发心。'以是为尽国民责任于万一而已。三曰明朝局。戊戌之政变，己亥之立嗣，庚子之纵团，其中阴谋毒手病国殃民，本报发微阐幽得其真相，指斥权奸一无假借。四曰厉国耻。务使吾国民知我国在世界上之位置，知东西列强待我国之政策。鉴观既往，熟察现在，以图将来。内其国而外诸邦。一以天演学物竞天择优胜劣败之公例，疾呼而棒喝之，以冀同胞之一悟。此四者，实惟我《清议报》之脉络之神髓。一言以蔽之，曰广民智振民气而已。"梁启超自然是在尽力地夸大《清议报》所起过的积极作用，但这几点特色在《清议报》上确实也都多少存在过。梁启超最后写道:"重为祝曰:《清议报》万岁!"[1]可是,恰恰就在这一册出版后的第二天,报馆失火。《清议报》就此宣告停刊。

(四)

对《清议报》的评价,是一个比较复杂的问题。纵观《清议报》的前后,它始终有着鲜明的两重性。

它的根本政治主张是"尊皇",实行君主立宪,保护"国家之秩序",抵制革命。在戊戌变法失败后,随着革命思潮的逐步高涨,革命逐步成为时代的主流,这些政治主张就日益成为反动的了。例如,康、梁提出由清朝政府实行"预备立宪"的口号;他们鼓吹当"先言道德上之独立,乃能言形势上之独立";他们对义和团运动恶毒污蔑和攻击;特别是,在八国联军武装进攻中国的严重局势下,他们竟乞求帝国主义列强武力镇压义和团,迎光绪复政:这些都充分表现了《清议报》的这种反动性。

但是,另一方面又要看到他们宣传"我国在世界上之位置"和"东西列强待我国之政策",鼓吹爱国救亡;他们对西太后、荣禄主持下的黑暗朝政猛烈抨击;他们提倡"民族主义""国民"等观念;他们介绍西方资产阶级哲学、政治、社会、伦理学说:这些在当时的思想界确实起过相当广泛的启蒙作用。

这种看来矛盾的现象,其实是很可以理解的。这是因为:

第一,他们所代表的是刚由、正由或将由地主阶级转化而来,并同封建势力有着千丝万缕联系的上层资产阶级的利益。这个阶层中许多人同时还保持着大量的封建地产和一定的封建权势,是地主、

---

[1] 任公:《本馆第一百册祝辞并论报馆之责任及本馆之经历》,《清议报》第100册,1901年12月21日。

资产阶级一身而二任的。(在这个意义上,也可以把他们称为地主资产阶级。)他们本身就有两重性:既是资产阶级的上层,又有浓重的封建性。他们害怕从根本上推倒整个封建统治秩序,仇视下层劳动群众,顽固地反对革命。这是《清议报》宣传中反动性一面的来由。但是,在亡国灭种的威胁面前,他们又同帝国主义存在相当的矛盾。他们的"尊皇"要求,同当时实际控制清朝政府朝政的西太后、荣禄之间也存在尖锐的利益冲突。所以,在《清议报》上又会出现那些揭露当前严重民族危机和抨击清朝政府黑暗腐败的文字。这在客观上对帮助许多人认识当前局势和清政府的反动面目,起过一定的积极作用。至于他们从上层资产阶级的利益出发,提出的微弱的"民权"主张和改革要求,介绍的西方资产阶级社会政治学说,自然更有积极意义。

第二,当时广大群众的反帝爱国热情日益高涨,对清政府的不满日益加深,民主主义的觉悟日益提高。改良派为了争取群众,也不能不在宣传中注意迎合这种要求。同时,他们逃亡海外,不少人在日本学习日文,可以大量阅读当时日本翻译和出版的各种新学书报,思想上也引起一定的变化。梁启超曾生动地自述过:"既旅日本数月,肆业日本之文,读日本之书。畴昔所未见之籍,纷触于目。畴昔所未穷之理,腾跃于脑。如幽室见日,枯腹得酒,沾沾自喜。"这使他们在继续宣传万国大势和介绍西方社会政治学说时,增添了不少新的内容。而这些恰恰是当时国内许多知识分子很难接触到的。同时还要看到:中国社会的发展是很不平衡的。资产阶级革命民主思潮在有些地区虽已日趋高涨,但另一些地区特别是内地一些比较闭塞的地区,人们的头脑还被封建传统思想牢牢地禁锢着,几乎没有接触过多少西方资产阶级社会政治学说。《清议报》的宣传,在这些地区就起了更显著的积极作用。

第三,在这个时期,资产阶级革命派的力量还很小,并且忙于革命的实际组织活动，没有建立起有力的理论宣传阵地。1899年兴中会派陈少白在香港出版的《中国日报》"因操笔政者短于欧美新思想，颇不为学者所重视"[1]。此外的宣传品只有《扬州十日记》《嘉定屠城纪略》和选录黄宗羲《明夷待访录》内《原君》《原臣》单行本等数种。而《清议报》却大量地、多方面地介绍西方资产阶级社会政治学说。这也使《清议报》的某些积极影响，在这个时期表现得更为明显。

对这些，我们自然都应该根据当时的客观历史条件，给予实事求是的评价。

---

[1] 冯自由:《革命逸史》初集，第17页。

六、从辛亥革命到五四运动[*]

历史上常常有一些重大的转折关头。这时，社会内部各种矛盾和冲突异常尖锐，局势瞬息万变。胜利和失败，失望和追求，苦闷和奋起，以快得令人目眩的速度交替出现，留下了发人深思的丰富的历史遗产。

从辛亥革命到五四运动，便是这样的历史时刻。

近代以来，外国侵略和封建统治给中国带来的灾难实在是太深重了。五四运动前，中国人民用了将近一个世纪的时间，前仆后继，英勇反抗，都没有成功。太平天国革命失败了。义和团运动失败了。辛亥革命一度迸射出耀眼的火花，最后留下的仍然是一片令人难熬的黑暗。

"路漫漫其修远兮，吾将上下而求索。"现实环境迫使人活不下去。于是，怀疑产生了，增长了，发展了。以《新青年》为代表的初期新文化运动，高举起"民主"和"科学"的大旗，向长期统治中国的封建传统势力发动了猛烈的攻击，使人们在思想上得到一次大的解放。许多人重新观察着，思考着，探索着，寻求新的救国真理。在这个旅程的尽头，人们终于找到了马克思列宁主义。从此，中国的革命就有了正确的方向。

---

[*] 原载《辛亥革命史丛刊》第1辑，中华书局1980年版。

（一）

1911年的辛亥革命，是在资产阶级民主主义旗帜下进行的。它是中国人民长期以来对帝国主义及其走狗清朝政府郁积着的愤怒和仇恨的大爆发。这次革命发展得极其迅猛。武昌楚望台的枪声一响，革命的烽火很快燃遍全国，形成燎原之势。统治中国二百六十多年的清朝政府在熊熊烈火中迅速地倒塌下去，"中华民国"在一片欣喜若狂的欢呼声中诞生。

新生的共和国，在许多人眼前矗立起一幅虚构的壮丽前景。他们早就梦想着：一旦"以一个新的、开明的、进步的政府来代替旧政府"，"一旦我们革新中国的伟大目标得以完成，不但在我们的美丽的国家将会出现新纪元的曙光，整个人类也将得以共享更为光明的前景"。[1] 他们深信：过去，中国进步的主要障碍就是那个腐败、卖国、拒绝一切改革的清朝政府；现在，这个障碍既已从前进的道路上扫除掉，一切根本改革当然将次第推行，诸如民主政治的实施、工业交通的建设、国家的富强等，都指日可待。人们沉醉在兴高采烈的狂欢中。

可是，透过表面上那派热烈景象，冷静地观察一下，不难看到：它背后却存在着严重的危机。革命才刚开始取得胜利，革命营垒内部便已呈现出一派分崩离析的混乱景象。

领导这次革命的中国资产阶级，是十分软弱的。他们有革命的要求，但并没有彻底反对帝国主义和封建主义的决心和勇气。不少人头脑中只有"排满"二字，以为"清室退位，即天下事大定"[2]。他们对胜利的迅速到来，没有足够的思想准备。黄兴在武昌起义前

---

[1] 孙文：《中国问题的真解决》，见《孙中山选集》上卷，第63页。
[2] 胡汉民：《胡汉民自传》，《革命文献》第3辑，第61页。

不到半年还认为"同盟会无事可为矣,以后再不问党事,惟当尽个人天职,报死者于地下耳"[1]。武昌起义的成功和民国的迅速成立,对他们说来,实在是喜出望外。廉价的胜利,冲昏了资产阶级革命党人的头脑。新得的权益,更使不少人感到心满意足。为了尽快享尝到手的果实,许多人急于结束这场革命。内部的争权夺利开始了。连军队中也出现了难以收拾的"纷无纪律"的状况。

原来在革命中充当冲击主力的下层群众,这时早被资产阶级革命党人抛弃了。资产阶级革命党人本来是由于下层群众也积极参加而获得推翻清朝政府的巨大力量的。抛弃了下层群众,自然也就失去了同帝国主义、封建主义继续相抗衡的力量。于是,在他们取得政权后,处处遇到的仿佛都是难以克服的困难。黄兴在一封信中甚至说:"和议若不成,自度不能下动员令,惟有割腹以谢天下!"[2]

革命的精神废弛了,妥协的声浪压倒一切,成为南方政府不和谐的合奏中的基调。而当帝国主义直接出面干预、开始所谓南北议和后,他们就争先恐后地主张对帝国主义和袁世凯妥协。有的说:"我们此时没有真实的力量,所以对北方政府以及对于各国外交,不得不容忍迁就。"[3]有的说:只要"改总统制为内阁制,则总统政治上之权力至微,虽有野心者亦不得不就范,无须以各省监制之"[4]。章太炎甚至主张"无故无新,唯善是与"[5],公然与旧官僚、立宪派合流。革命派在组织上和思想上都陷入一片混乱。

上层资产阶级,同帝国主义、封建势力一向有着密切的联系。他们过去主张立宪,敌视革命,生怕革命会触怒帝国主义,会倾覆

---

[1] 谭人凤:《石叟牌词叙录》,《近代史资料》1956年第3期。
[2] 胡汉民:《胡汉民自传》,《革命文献》第3辑,第61页。
[3] 张国淦:《孙中山与袁世凯的斗争》,《近代史资料》1955年第4期。
[4] 胡汉民:《胡汉民自传》,《革命文献》第3辑,第64页。
[5] 章炳麟:《致袁项城商榷官制电二》,《太炎最近文录》,第72页。

整个封建秩序，担心"秩序一破，不可回复"[1]。只是在革命的风暴迅速卷遍全国、清朝覆亡的命运已经无可挽回的情况下，他们才被迫承认共和。张謇说道：如果在这种情况下还想保持君主制度，结果将"不能解纷而徒以延祸"[2]。这话说得十分明白：他们承认共和的目的，并不是真正要实行共和制度，恰恰相反，只是要借此来结束革命，阻止革命的深入发展。因此，当帝国主义支持袁世凯出山，清朝政府将大权交给袁世凯时，他们就暗中同袁世凯勾结，穿针引线，以清朝退位、建立民国为条件，从内部施加压力，逼迫南京临时政府将政权交给袁世凯。

孙中山是比较坚定的资产阶级民主主义者。尽管他对帝国主义也存在着幻想，对袁世凯代表的大地主大买办的本质同样认识不清，并且因脱离下层群众而缺乏足够的力量；但在当时革命形势的鼓舞下，他曾要求继续把革命推向前进，反对向袁世凯妥协。可是，这种微弱的呼声很快便为巨大的妥协声浪所淹没。孙中山在以后回顾道："不图革命初成，党人即起异议，谓予所主张者理想太高，不适中国之用，众口铄金，一时风靡，同志之士亦悉惑焉。是以予为民国总统时之主张，反不若为革命领袖时之有效而见之施行矣。"[3]这确是当时的实际情况。

这样，软弱的资产阶级革命党人终于将政权移交给大地主大买办阶级的政治代表袁世凯。轰轰烈烈的一场大革命，虽然赶走了皇帝，挂起了一块"中华民国"的招牌，但年代久远的、压在人民头上的封建军阀官僚政治机构，除换个名称以外，几乎没有任何变动。半殖民地半封建社会的经济基础，更没有受到丝毫的触动。

革命，以实际上的失败告终。

---

[1]《暴动与外国干涉》，《新民丛报》第4年第10号。
[2] 张謇：《辛亥九月致内阁电》，《张季子九录·政闻录》。
[3] 孙文：《建国方略》，见《孙中山选集》上卷，第104页。

（二）

可是，资产阶级民主共和国的迷梦并没有随着革命的失败立刻在人民心目中破产。

历史的现象常常充满着矛盾：辛亥革命的失败是在表面上的一片胜利中到来的。袁世凯在取得政权后，还需要争取一些时间来整顿自己的力量，稳定被革命强烈震撼过的旧秩序。因此，他在表面上仍然口口声声要"矢忠共和"，表示要尊重议会的"神圣权利"。这就更使许多资产阶级革命党人沉浸在胜利的狂欢中。

他们继续做着"议会政治"的美梦，认为只要通过选举，取得议会中的多数，就可以按照"法律"的手续，实现他们的全部政治打算。这方面的主要代表宋教仁极力鼓吹："必使国会占多数之政党组织完全政党内阁"[1]，从而实行责任内阁制，以保证他们各项政策的次第施行。他天真地认为：这样做后，"不五年间，当有可观。十年以后，则国基奠定，富强可期。东亚天地，永保和平，世界全体亦受利不浅矣"[2]。因此，他把全部注意力用在扩大政党基础和进行国会竞选上。宋教仁原来在同盟会内并不居于最高地位，这时却青云直上，一跃而成为国民党的代理理事长，总揽了党的大权。他的政治主张在党内也确能风靡一时，取得了压倒一切的优势地位。造成这种现象的根本原因，是当时革命党人信奉和追求的还是资产阶级共和国的理想，除了这种欧美式的代议制度外，他们确实也提不出其他更好的政治方案来。同时，还可以注意到有两个直接起作用的因素：一个是，同盟会会员中很大一部分原是留日的学生，其中最多的又是法政学生，他们学习了一脑子"资产阶级民主政治"的

---

[1] 宋教仁：《代草国民党之大政见》，《宋渔父》前编，《政见》，第5页。

[2] 宋教仁：《中央行政与地方行政分划之大政见》，《宋渔父》前编，《政见》，第21页。

洋教条，迷信这就是可以包治百病的"万灵良药"；另一个，更重要的是，许多同盟会的活动分子这时已当上了议员，他们享受着袁世凯赏与的每年五千元的高额薪金[1]，一面在议会中高谈阔论，一面沉湎于纸醉金迷的生活中，春风得意，踌躇满志。宋教仁"议会政治"的主张也反映着这一批人的利益和要求，得到他们的全力支持。这就是这种主张能够在同盟会内取得支配地位的秘密所在。在宋教仁的策划和主持下，同盟会和四个小党合并改组为国民党，吸收了大量旧官僚旧政客入党。这不只是同盟会和几个小党合并的问题，而是政党性质的改变——放弃了革命，由革命党变为一般议会中的在野党了。它是资产阶级革命派在政治上逐步堕落的产物。

正在这时，资产阶级革命党人的经济地位和实际兴趣也在起着变化。他们中许多人汲汲地利用既得的社会地位，从事私人投资实业的活动。黄兴、宋教仁等人投资于银行、矿业、汽船、纺织等事业。各省的资产阶级革命党人也纷纷效尤。例如在云南，蔡锷、罗佩金、李根源、谢汝翼等都参加了东川矿业有限公司的投资活动。这种狂热的投资场面，并不仅仅限于这些资产阶级的政治活动家，而是当时整个资产阶级社会的缩影。辛亥革命胜利后，资产阶级渴望得到一个"宁静"的政治环境，来保障他们既得的政治权益，保障他们自由地从事实业的发展。为了达到这一点，他们不惜作出一切让步来求得妥协。黄兴在当时曾一度宣称的"欲专力实业，休养民力"[2]，正是最好不过地道出了他们的心声。

资产阶级的政治家们为了获得并保持这种"统一"的、"宁静"的发展实业的环境，生怕引起革命的"不安宁状态"；同时，他们也很怕自己在本阶级（即资产阶级）眼目中成为"不安宁状态"的罪

---

[1] 顾敦鍒：《中国议会史》，第188页。
[2] 《黄克强先生荣哀录》，第4页。

人。于是，他们就积极地支持袁世凯这个独裁头子，尽力鼓吹"南北统一"和"新旧调和"。同盟会重要分子魏宸组（原南京临时政府外交次长）在北京宣称："国事如何紧急，中央应急宜统一"，"各党派不宜争持意见，国且不保，政见何有，政策何有"？[1]另一个重要分子景耀月（原南京临时政府教育次长）说："总以国家为前提，不以意见为竞争，方可以救国。"[2]当时，国家政权已落在袁世凯手中。他们左一声"国家"，右一声"统一"。这种"统一"，只能是统一于袁世凯之手。这种"以国家为前提"，只能是以袁世凯的意旨为前提。

不仅如此。为了表示"和平建设"的诚意，他们还说服内部，解散大批革命军队。黄兴在袁世凯严令南方裁兵时，"当即通令南方各省革命军严加裁汰"。这种态度，在他自请卸除南京留守职务的通告中说得十分清楚："起义光复之人断无拥兵自卫之举。嗣因北方言论猜忌环生，不审内容，每多臆测，以为南方存此机关，势同树敌"，"兴睹此情形，殊非国福，窃恐内讧叠起，外祸丛生"，"不如将留守机关早日取消，可使南北嫌隙尽泯，庶几行政统一，民国基础自趋巩固"。[3]他们希冀用放下武器来换得袁世凯的谅解和信任。而结果适得其反，换来的只是鼓励并便利了袁世凯进一步扑灭南方残留的革命力量。

他们这种迷梦，到1913年正式国会召开的前夜，可说是达到了顶峰。那时候，国会选举的结果业已揭晓："众议院中国民党议员占半数以上，参议院中则占十分之七。"[4]议会中的多数，果然被国民党夺得了。一切似乎都将如愿以偿。宋教仁兴高采烈地说："国会初

---

[1] 黄远庸：《政界内形记》，《远生遗著》卷1，第8—9页。
[2] 黄远庸：《北京黄花岗纪念会》，《远生遗著》卷1，第16页。
[3] 黄兴：《致中央及各省通告解职》，《黄留守书牍》下卷，第18页。
[4] 邹鲁：《少年的回顾》，第52页。

开，第一件事则为宪法。宪法者，共和政体之保障也。"[1]在他们看来，资产阶级共和国仿佛已是近在眼前的、可以闻到香味的果子，只要一伸手便可以摘到了。

但是，历史无情地讽刺和嘲弄了他们。沉重的打击，恰恰在国民党人沉醉于欢乐的顶峰时突然到来。袁世凯的刀磨好了。于是，像晴天霹雳一样，发生了宋教仁被刺事件。

原来毫无思想准备的国民党人在突然到来的袭击下立刻陷于极度的混乱之中。孙中山在血淋淋的事实面前，抛弃了一度产生过的对袁世凯的幻想，匆匆地中断了对日本的访问，赶回上海，召开军事会议，力主讨袁。但是另一些资产阶级革命家如黄兴等却竭力反对，主张"稍缓用兵"，"不如以法律解决之为愈。证据确凿，俟国民大会发表后，可组织特别法庭缺席裁判，何患效力不生"。[2]蔡元培、汪精卫等也奔走南北，竭力谋求在妥协的基础上和平解决。至于各省都督和国会议员，由于对既得利益的恋栈，响应孙中山主张的更是寥若晨星。从辛亥革命到这时，时间刚过去一年。但是，金钱和地位对许多资产阶级革命党人来说，是最有力的腐蚀剂。他们失去了原先的革命意志，为了力求保持自己都督、议员、官员的位置，不惜作出一切妥协。孙中山的战斗号召，不仅不能召唤他们参加到战斗的行列中来，反而换来了一片"孙大炮"的讥刺声。

阶级，此刻也暂时抛弃了自己的政党。软弱的中国资产阶级在辛亥革命后曾经有过天真的幻想，以为这是他们发展实业的大好机会。他们生怕对袁世凯的反抗会破坏他们发展实业的这个大好机会，因而对孙中山的起义普遍抱着反对的态度。当时，有人在报纸上透

---

[1] 宋教仁：《国民党欢迎会演说辞》，《宋渔父》后编，演说辞，第2页。
[2] 谭人凤：《石叟牌词叙录》，《近代史资料》1956年第4期。

露过他们的这种心情:"商界何以反对南方兵事?盖兵事一起,商人之损失无限。此不独中国之商人然也,即外国商人亦甚望贸易之国处于平静之地位,安居乐业,勿复惊扰。且商业凋零,则人民均受其影响,故彼等之反对亦有不得已之苦衷也。"[1]软弱的中国资产阶级不能产生自己的"狄克推多",就把希望转向大地主大买办阶级的政治代表袁世凯,祈求在他的庇护下,得以平静地发展自己经营的实业。这种希望最后注定是要落空的。

广大下层群众,在辛亥革命后早已被资产阶级革命党人一脚踢开了。即使在国民党员担任都督的南方各省,下层群众同样也不曾得到多少实际利益,有的只是残酷的镇压和日益增长的苛捐杂税。因此,在他们看来,国民党与袁世凯之间的冲突,只是一群官僚政客与另一群官僚政客之间的争权夺利,跟他们并不相干,自然不可能再有多少热情起来给国民党以有力的支持。

一年多前曾经鼓动起全国规模的革命大风暴的资产阶级革命党人,曾几何时,已处于分崩离析和完全孤立的境地。环顾四周,找不到多少支持和援救的力量。

于是,在袁世凯的诸路进军和对南方军人的暗中收买下,南方各省一度进行的独立和抵抗很快就烟消云散。这个失败,严格地讲,并没有经过大规模的战争,而是在国民党内部自行瓦解中崩溃下去的。江苏、安徽、江西、广东的失败首先都由于内部的叛变,广东第二师师长苏慎初、混成旅旅长张我权武力逐走了都督陈炯明,安徽第一师师长胡万泰也强行胁迫都督柏文蔚下台。湖南和福建原来态度就并不坚决,一直抱着首鼠两端的观望心理,等到前述几省失败后,就自己取消了独立。湖南都督谭延闿在取消独立的通电中,厚颜无耻地说:"湖南宣布独立,水到渠成,延闿不任其咎;湖南取

---

[1]《癸丑战事汇录》时评,第15页。

消独立,瓜熟蒂落,延阁不居其功。"[1]国民党的议员们,不敢再妄想凭着"议会中的多数"来约束袁世凯的行动了,只是一心恋栈自己的地位。他们竭力向袁世凯献媚,甚至由国民党代理理事长吴景濂出面,宣布削除黄兴等党籍,表示自己和这个事件无关。[2]但是,南方军事行动一结束,袁世凯对他们就不用再讲什么客气了,回过头来,立刻解散国民党,收缴国民党议员证书,解散国会。资产阶级的议会政治,在半殖民地半封建的中国,就这样昙花一现,烟消云散。

这一次起事的失败是必然的。资产阶级革命党人在短短一年多的时间内腐烂得这样快,怎么还能指望由他们来领导革命前进呢?他们幻想在中国实行资产阶级民主共和国,但等待着他们的只是失败。这以后,孙中山继续为这个理想而奋斗。可是,这条路越来越窄了。他为了推翻清朝政府而迁就过袁世凯,后来为了反对北洋军阀而利用过西南军阀,往后又为了抵制西南军阀而培植过陈炯明,最后陈炯明又叛变了。一连串的失败证明:中国的资产阶级已经根本没有能力来领导中国革命。许多人不能不得出一个结论:"这样看来,从前的一套革命老办法非改变不可,我们要从头做起。"[3]

实践是检验真理的唯一标准。资产阶级民主共和国的理想,还在无产阶级对它从理论上进行批判以前,已经由实践对它进行了有力的批判。中国人民付出了痛苦的代价,才从连续不断的失败中取得教训,逐步认识到资产阶级的政治道路在半殖民地半封建的中国是行不通的。

---

[1]《邹永成回忆录》,《近代史资料》1956年第3期。
[2] 谢彬:《增补订正民国政党史》,第56页。
[3] 吴玉章:《回忆五四前后我的思想转变》,《吴玉章回忆录》,第109、110页。

（三）

辛亥革命，作为一次全国规模的政治运动，虽然失败了，可是烈士的鲜血并不是白流的。这次革命给中国人民政治生活带来的巨大影响，是怎么也消除不了的。就在表面上令人难忍的暂时沉寂背后，它所引起的一系列深刻的连锁反应，却在继续向前推进。

首先，辛亥革命促成了民主精神在中国的空前高涨。这次革命，不仅推翻了清朝政府的统治，并且一举结束了支配中国几千年的君主专制制度。历来被看作"天的儿子""神的替身"的皇帝，居然被打倒了。"天地君亲师"的神圣牌位，被毫不容情地扫进了历史的垃圾堆。孙中山在制定《临时约法》时，坚持写上："中华民国之主权属于国民全体。"这一切，不能不在人们的思想上激起巨大而深刻的变化。这种影响只要读一读陈独秀在1918年所写的《偶像破坏论》，就可以强烈地感受到。陈独秀在这篇文章里写道："君主也是一种偶像，他本身并没有什么神圣出奇的作用，全靠众人迷信他，尊崇他，才能够号令全国，称做元首。一旦亡了国，像此时清朝皇帝溥仪、俄罗斯皇帝尼古拉斯二世，比寻常人还要可怜。这等亡国的君主，好像一座泥塑木雕的偶像抛在粪缸里，看他到底有什么神奇出众的地方呢！但是这等偶像，未经破坏以前，却很有些作怪。请看中外史书，这等偶像害人的事还算少么！"[1]既然君主这尊从来被看得神圣不可侵犯的偶像，一旦被看穿后，可以打倒，那么人们合乎逻辑地会联想到：其他种种迷信和偶像，不是同样也可以破坏，也可以打倒吗？这是一个巨大的思想解放。辛亥革命的这个历史功绩，应该受到足够的评价。亲身经历过这次革命的林伯渠同志，有过一段十分中肯的议论。他说："对于许多未经过帝王之治的青年，辛亥

---

[1] 陈独秀：《偶像破坏论》，《新青年》5卷2号。

革命的政治意义是常被过低估计的,这并不足怪,因为他们没看到推翻几千年因袭下来的专制政体是多么不易的一件事。"[1]

其次,人们对这次革命曾抱有如此热切的期待,并且付出了如此巨大的代价,最后却仍然以失败告终,并且失败得这么快、这么惨。日本强迫中国接受"二十一条",袁世凯称帝,张勋复辟,这些活剧一幕接着一幕上演。中国的现状没有得到一点改善,国家的处境反而一天天坏下去。"充塞社会之空气",依然"无往而非陈腐朽败焉"。[2]这一切,迫使许多爱国者的心情无法平静下来,不能不严肃地重新思考国家社会的许多根本问题,寻求新的出路。林伯渠同志在回顾自己当时的思想历程时,这样写道:"辛亥革命前觉得只要把帝制推翻便可以天下太平。革命以后,经过多少挫折,自己所追求的民主还是那么遥远,于是慢慢从痛苦的经验中,发现此路不通,终于走上了共产主义的道路。这不仅是一个人的经验,在革命队伍里是不缺少这样的人的。"[3]

就这样,辛亥革命的胜利和失败,从正反两个方面,为五四运动的兴起,为马克思主义在中国的传播,准备了不可缺少的条件。正是在这个意义上,我们可以说:没有1911年的辛亥革命,就不会有1919年的五四运动。

(四)

辛亥革命失败后的头几年,那是一个青黄不接、令人特别难熬的日子。革命正处在退潮中。旧的道路已经走不通了,需要寻求新的出路,可是,新的出路是什么?一时又没有立刻找到答案。

---

[1] 林伯渠:《荏苒三十年》,延安《解放日报》1941年10月10日。
[2] 陈独秀:《敬告青年》,《青年杂志》1卷1号。
[3] 林伯渠:《荏苒三十年》,延安《解放日报》1941年10月10日。

在那些日子里，很多人陷于消沉、悲观以至绝望的境地。有的人对现状充满了愤慨，牢骚满腹，使酒骂座，结果却仍然一筹莫展。有的人退入书斋，终日在故纸堆里爬梳，聊以排遣自己的烦闷。有的人竟削发为僧，遁迹山林。"人们的痛苦和失望，真是达于极点，因此有的便走上了自杀的道路。"[1]

可是，现实生活不容许人们长期消沉下去。革命虽然失败了，原先导致革命发生的那些矛盾却连一个也没有消除，相反倒更加激化了。历史不可能长期地踏步不前。半殖民地半封建中国的社会条件更不容许它这样。

由于中国的无产阶级一时还不够成熟，暂时填补资产阶级革命党人留下的空缺、站在当时历史潮流前列的，只能是一批小资产阶级中的急进民主派。

这些小资产阶级急进民主派的政治思想，并没有越出资产阶级的范围，但是他们的社会地位比较低，对现实的不满更加强烈，并且不像资产阶级有那么多实际利益得失的顾虑，从而有可能在某些方面特别是在意识形态领域内，将反对封建主义的斗争推进到比较彻底的地步。

这场斗争的帷幕，是由1915年9月陈独秀主办的《青年杂志》（后改名《新青年》）首先揭开的。它以总结辛亥革命失败的教训为出发点，响亮地提出了"民主"和"科学"的口号，向在中国根深蒂固的封建势力发动了猛烈的进攻。

"民主"和"科学"的提出，不是偶然的。它的对立物，就是专制和愚昧。这正是中国几千年封建野蛮统治遗留的恶果。

在辛亥革命的准备时期，资产阶级革命党人虽然从西方搬来一整套资产阶级的社会政治学说，提出了民主革命的纲领，但是，他

---

[1] 吴玉章：《从甲午战争前后到辛亥革命前后的回忆》，《辛亥革命》，第160页。

们当时把重点放在推翻清朝政府、建立共和国体这个目标上，对封建主义的意识形态，特别是以孔子为代表的纲常礼教，并没有进行有力的批判和扫荡。1905年中国同盟会成立后，在革命宣传中更加突出了"反满"这个口号。章太炎等在《民报》上发表的许多文章，竭力推崇所谓"国粹"，以为只要提倡"国粹"，人们"爱国爱种之心，必定风发泉涌不可遏抑"。[1]这就更模糊了人们同封建主义传统意识的界限。这确是辛亥革命中一个薄弱环节。

既然问题在客观上并没有得到解决，专制和愚昧在现实生活中仍然是突出的现象，它们自然要一次又一次地被重新提出来。辛亥革命失败后，许多人痛切地认为，共和之所以有名无实，原因就在于大多数国民的思想仍然被专制和愚昧牢牢地束缚着，缺乏民主和科学的觉悟，而这一切又同封建主义的纲常名教那一套的影响太大太深有关，从而感到大力破除封建主义旧思想、旧文化、旧礼教的必要。他们在总结辛亥革命失败的教训时，往往把问题的症结归结到这里。

同时，民国以来，北洋军阀为了巩固他们的反动统治，又竭力提倡尊孔读经，掀起一股尊孔复古的倒退逆流。袁世凯当国时，通令全国要"尊崇孔圣"。他的忠实爪牙、安徽都督倪嗣冲在呈文中坦率地说出了袁世凯的心里话。他说："十岁至十五岁时尝欲未盛，灵性初开，教之善则善，习于恶则恶，听自由平等之演说印入脑筋，故虽杀身破家，趋之若鹜；闻事亲敬长之正论深入心理，亦必守死善道，甘之如饴"，"果能改良以读经为本，以余力习有用之科学，即戡乱之上策，治病之良方也"。[2]与此相呼应，一群封建余孽也发起组织孔教会、孔道会，发刊《孔教会杂志》，呈请以孔教为国教。袁世凯死后，康有为又电请政府"拜孔尊教"。北洋政府的宪法草案

---

[1] 章炳麟：《演说录》，《民报》第6期。
[2]《生活日报》1914年5月17日。

竟公然揭载："国民教育以孔子之道为修身大本。"社会上下充塞着一派尊孔读经的恶浊空气。这也更激起了人们的愤慨，将批判的矛头集中地指向以孔子为代表的封建礼教。

初期的新文化运动经历了一个发展过程。粗略地说，大体有三个阶段：

第一阶段，在《青年杂志》发刊的头半年，宣传还比较平和，着重在两个方面。一方面，宣扬个人独立自主的人格和权利，声称"等一人也，各有自主之权，绝无奴隶他人之权利，亦绝无以奴自处之义务"，"解放云者，脱离夫奴隶之羁绊，以完其自主自由之人格之谓也"[1]，从而反对封建礼教鼓吹的"忠孝节义"这些"奴隶之道德"。另一方面，宣称"奋斗乃人生之职"，"世界一战场，人生一恶斗，一息尚存，决无逃遁苟安之余地"[2]，鼓舞人们进取奋斗，反对消极悲观和苟且自了的思想。

第二阶段，从1916年2月发表易白沙的《孔子平议》起，《新青年》等刊物上接连刊载了一系列更富有战斗性的论文（如李大钊的《孔子与宪法》，陈独秀的《驳康有为致总统总理书》《宪法与孔教》《孔子之道与现代生活》等），集中火力，对以孔子为代表的封建礼教特别是三纲五常等学说，发动了猛烈的抨击。

第三阶段，1917年，从喊出"文学革命"的口号、提倡白话文开始，《新青年》批判的面更广了："破坏孔教，破坏礼法，破坏国粹，破坏贞节，破坏旧伦理（忠、孝、节），破坏旧艺术（中国戏），破坏旧宗教（鬼神），破坏旧文学，破坏旧政治（特权人治）。"[3]钱玄同甚至主张："欲废孔学，不可不先废汉文。"[4]

---

[1] 陈独秀：《敬告青年》，《青年杂志》1卷1号。
[2] 陈独秀：《抵抗力》，《青年杂志》1卷3号。
[3] 陈独秀：《〈新青年〉罪案之答辩书》，《新青年》6卷1号。
[4] 钱玄同：《中国今后之文字问题》，《新青年》4卷4号。

这一次对封建主义旧思想、旧文化、旧礼教的批判，其尖锐彻底的程度、所向无前的声势，是中国历史上前所未有的。陈独秀鲜明地指出："三纲之根本义，阶级制度是也。所谓名教，所谓礼教，皆以拥护此别尊卑、明贵贱之制度者也。"[1]"其主张尊孔，势必立君，主张立君，势必复辟，理之自然，无可怪者。"[2]"吾人果欲于政治上采用共和立宪制，复欲于伦理上保守纲常阶级制，以收新旧调和之效，自家冲撞，此绝对不可能之事。"[3]吴虞更加直截了当地写道：儒家提倡的那种"尊卑贵贱不平等之义"，"其流毒诚不减于洪水猛兽"，并且指名痛斥孔子"盗丘之遗祸及万世"。[4]这在当时的确是石破天惊之论。更值得注意的是，鲁迅在《新青年》上发表的《狂人日记》。这里有他那段用血泪写下的名言："我翻开历史一查，这历史没有年代，歪歪斜斜的每页上都写着'仁义道德'几个字。我横竖睡不着，仔细看了半夜，才从字缝里看出字来，满本都写着两个字是'吃人'。"[5]它不仅是新文化运动中真正以白话文从事文学创作的第一篇，就其对旧社会、旧文化鞭挞的精辟深刻来说，在当时也是无与伦比的。

这次对封建主义旧文化的大讨伐，声势浩大，威力猛烈，所到之处，势如破竹，帮助了许多人从原来麻木不仁的沉睡状态下惊醒过来。于是，过去被当作神物一样、从来不敢怀疑的问题，现在敢于大胆怀疑了。过去连想也不敢想的事情，现在也敢于去设想了。这就起了巨大的思想解放作用。它清扫了地基，为人们接受马克思列宁主义作了重要的准备。

---

[1] 陈独秀：《吾人最后之觉悟》，《青年杂志》1卷6号。
[2] 陈独秀：《复辟与尊孔》，《新青年》3卷6号。
[3] 陈独秀：《吾人最后之觉悟》，《青年杂志》1卷6号。
[4] 吴虞：《家族制度为专制主义之根据论》，《新青年》2卷6号。
[5] 鲁迅：《狂人日记》，《新青年》4卷5号。

《新青年》还特别重视唤起"多数国民之自觉",力求改变过去那种"皆政府党与在野党之所主张抗争,而国民若观对岸之火"的状况,要求"使吾国党派运动进而为国民运动"。[1]在《新青年》的有力推动和影响下,各地拥护新文化运动的刊物像雨后春笋般纷纷出版。妇女解放、婚姻自由、家庭革命等口号的提出,更使这个运动触及的社会面远比辛亥革命时更为广泛,汇成一股不可抗拒的思想洪流。

　　这些,都正是辛亥革命所缺少或不足的。以《新青年》为代表的初期新文化运动对中国近代历史发展的重大贡献,是永远不可磨灭的。

　　但是,也要看到:当时站在运动前列的,毕竟还是一些小资产阶级的急进民主派。这个运动,初期仍然是在资产阶级民主主义的旗帜下进行的。也可以说,它是辛亥革命在思想领域内的继续和深入。陈独秀在《新青年》上曾明白声言:"愚固迷信共和,以为政治之极则。政治之有共和,学术之有科学,乃近代文明之二大鸿宝也。"[2]他之所以猛烈地抨击旧思想、旧文化、旧礼教,正是因为在他看来,只有这样做才能巩固共和制度。他说:"我们中国多数国民口里虽然是不反对共和,脑子里实在装满了帝制时代的旧思想。欧美社会国家的文明制度,连影儿也没有。""如今要巩固共和,非先将脑子里所有反对共和的旧思想——洗刷干净不可。"[3]因而,尽管这些急进民主派在反对封建主义的专制和愚昧上是勇敢的,但这本身并没有给中国人民指明新的出路。

　　他们用来反对封建旧文化、旧礼教的思想武器,主要也是资产阶级的以个人为中心的"独立人格"和"平等人权"的学说。他们把个人的权利看得高于一切,甚至公然鼓吹利己主义,写道:"社会

---

[1] 陈独秀:《一九一六年》,《青年杂志》1卷5号。
[2] 陈独秀:《时局杂感》,《新青年》3卷4号。
[3] 陈独秀:《旧思想与国体问题》,《新青年》3卷3号。

集多数小己而成者也。小己为社会之一员,社会为小己所群集。故不谋一己之利益,即无由致社会之发达。""国家为达小己之蕲响而设"。"为利小己而创造国家,则有之矣。为利国家而创造小己,未之闻也。"[1]他们激烈地反对封建礼教提倡的奴隶道德,着眼点也在于它妨碍了个人的独立和自由。陈独秀写道:"人间百行,皆以自我为中心,此而丧失,他何足言?奴隶道德者,即丧失此中心,一切操行,悉非义由己起,附属他人以为功过者也。自负为1916年之男女青年,其各奋斗以脱离此附属品之地位,以恢复独立自主之人格!"[2]自然,在无产阶级还不够成熟的历史条件下,这些小资产阶级急进民主派不可能有别的思想武器,只能以这种"独立人格"和"平等人权"的学说来反对封建的传统意识,反对专制和愚昧,他们在这个历史的转折期中仍然起过巨大的进步作用。但是,他们的着眼点终究还是个人的利益,而不是人民的整体利益;他们所追求的也只是个人的解放,而不是全体劳动人民的解放。因而,从根本上说,仍然不可能给灾难深重的中国人民指明真正的出路。

他们对西方资本主义世界也常常不是采取分析的态度,而是什么都不加批判地拜倒。《新青年》上有的文章写道:"既在20世纪建立民国,便该把法国美国做榜样。""适用现在世界的一切科学、哲学、文学、政治、道德,就是西洋人发明的。我们该虚心去学他,才是正办。"[3]第一次世界大战的结束与巴黎和会的准备召开,更使他们中的大多数人欣喜若狂,把这看作"公理战胜强权"的象征。他们十分起劲于抽象地大谈什么"正义""和平""人道"。在《新潮》上,有的文章写道:"政治的'德莫克拉西'者,以法国巴黎为中心","经济的'德莫克拉西'者,当以英国本邦最具有此特色","精神的

---

[1] 高一涵:《共和国家与青年之自觉》,《青年杂志》1卷2号。
[2] 陈独秀:《一九一六年》,《青年杂志》1卷5号。
[3] 钱玄同:《随感录》,《新青年》5卷3号。

'德莫克拉西'者,今日当以美国现任大总统威尔逊氏所高唱之人道主义为代表"。[1]陈独秀为《每周评论》所写的《发刊词》中甚至把威尔逊捧为"现在世界上的第一个好人"。他还鼓吹:东洋各国可以在巴黎和会上联合提出一个"人类平等一概不得歧视"的意见,说是"此案倘能通过,他种欧美各国对亚洲人不平等的待遇和各种不平等的条约,便自然从根消灭了"。[2]

这是一个过渡。

站在当时潮流前列的急进民主派所代表的小资产阶级,本身就是一个过渡的阶级。它的阶级地位是不稳定的:一部分可能向资产阶级转化,另一部分则可能向无产阶级转化。新文化运动发展演进的历史事实,正是这样。

(五)

在1918年5月的《新青年》上,李大钊写下了这样一段话:"中国人今日的现象,全是矛盾的现象,举国人都在矛盾现象中讨生活,当然觉得不安,当然觉得不快。既然不安不快,当然要打破这种矛盾的生活,另外创造一种新生活,以寄顿吾人的身心,安慰吾人的性灵。"[3]

这种"新生活"是什么?人们正在探索和追求。就在这个时刻,两个具有决定性意义的变化引人注目地发生了。那便是俄国十月革命的爆发和中国工人阶级力量的成熟。

列宁领导的俄国十月社会主义革命,开辟了人类历史的新纪元。它给予中国人民以特别深刻的印象。本来,社会主义在许多人看来,

---

[1] 《德莫克拉西之四面谈》,《新潮》1卷5号。
[2] 陈独秀:《欧战后东洋民族之觉悟及要求》,《每周评论》第2号。
[3] 李大钊:《新的!旧的!》,《新青年》4卷5号。

只是一种书本上的学说。《新青年》上，直到1917年初还这样写过："社会主义，理想甚高，学派亦甚复杂，惟是说之兴，中国似可缓于欧洲，因产业未兴、兼并未行也。"[1]十月革命却使社会主义成为活生生的现实，从而给正在苦闷和探索中的中国先进分子树立了一个光辉的榜样。尽管许多人最初还是从旧的资产阶级民族民主革命的观点去理解它，只把它看作平民的胜利、自由平等的胜利、人道主义的胜利、和平的胜利。当二月革命发生时，陈独秀曾写道："俄罗斯之革命，非徒革俄国皇室之命，乃以革世界君主主义、侵略主义之命也"，"而为民主主义、人道主义之空气所充满也。吾料世界民主国将群起而助之"。[2]但是，不少先进分子很快就认识到了：列宁领导下的十月革命是和历史上任何一次革命都不相同的不平常的革命，是一场崭新的以劳工阶级为主体的社会革命。

李大钊在1918年10月发表的《庶民的胜利》《布尔什维主义的胜利》两文是中国人民接受十月革命道路的最早反映。他在文中指出：第一次世界大战的结果，"是社会主义的胜利，是布尔什维主义的胜利，是赤旗的胜利，是世界劳工阶级的胜利，是20世纪新潮流的胜利"[3]，并且庄严地宣布："试看将来的环球，必是赤旗的世界！"[4]这种响亮的声音，表明中国人民的新的觉悟，开始把希望转向社会主义。中国第一批具有初步共产主义思想的知识分子出现了，新文化运动中新的因素产生了，马克思主义在中国的传播开始了。

与此同时，中国工人阶级的力量也正在日趋壮大。第一次世界大战期间，由于资本主义列强忙于战争，中国的民族工业得到了一个迅速发展的大好机会。纺织、面粉、缫丝、造纸、印刷、火柴和

---

[1]《通信》，《新青年》2卷5号。
[2] 陈独秀：《俄罗斯革命与我国民之觉悟》，《新青年》3卷2号。
[3] 李大钊：《庶民的胜利》，《新青年》5卷5号。
[4] 李大钊：《布尔什维主义的胜利》，《新青年》5卷5号。

运输业都有巨大的进展。中国产业工人的人数迅速增长到两百多万人。随着工人阶级力量的壮大和工人所受压迫的加深，工人阶级的斗争也加强了，并且出现了不少政治性的罢工。1915年，"二十一条"的消息传出，上海的搬运工人和日本企业中的职工就宣布罢工。1916年，法人在天津企图强租老西开地区，法租界工人又掀起了大规模的罢工。《新青年》上报道说："灿烂繁华之法国租界，以我民一怒之故，几化鬼市废墟。"[1]十月革命后，"世界革命潮流的消息当时在中国报纸上真是日不绝书的，中国工人的文化程度虽然落后，虽然百分之九十是不识字不能直接看报，然而街谈巷议，工人们是听着的。中国工人经济生活那样极人世间少有的痛苦，迎受世界革命潮流，不用说是很自然的；特别是俄国十月无产阶级大革命的胜利，更使得中国工人受到深刻的影响和强烈的鼓励。就在这种情形之下，中国职工运动开始它的黎明期了"[2]。

一些先进的革命知识分子也从这些新的事实中逐渐认识到：不能只着眼于个人这样或那样的要求，不能只是追求个人的解放；只有社会主义民主，才是同最大多数的工农群众的根本利益一致的民主；只有广大劳动人民都得到解放，才是人类的真正的最后解放。李大钊在五四前所写的《劳动教育问题》《青年与农村》《唐山煤厂的工人生活》《现代青年活动的方向》等论文，就是中国先进分子这种新的觉悟的表现。

（六）

正是在这样的历史条件下，五四运动爆发了。

---

[1] 国内大事记，《老西开事件》，《新青年》2卷4号。
[2] 邓中夏：《中国职工运动简史》，北京：人民出版社1953年版，第10页。

1919年5月4日,这是一个伟大的转折点。这以前和这以后,是一个根本的历史性的转变。五四运动,直接的导因是为了反对帝国主义的巴黎和会,反对北洋政府的卖国政策,捍卫民族的生存。可是,这只是一个"引子"。运动的发展已远远超过了这个范围。巴黎和会作出的使中国听任日本帝国主义宰割的决定,充分暴露了帝国主义以暴凌弱的凶恶面目,再一次从反面教育了中国人民。这一课上得实在好!李大钊同志1919年5月在《每周评论》上尖锐地指出:"这回欧战完了,我们可曾做梦,说什么人道、平和得到了胜利,以后的世界或者不是强盗世界了,或者有点人的世界的彩色了,谁知道这些名辞,都是强盗政府的假招牌。我们且看巴黎和会所议决的事,那一件有一丝一毫的人道、正义、平和、文明的样子!那一件不是拿着弱小民族的自由、权利,作几个大强盗国的牺牲。"[1]在《国民》《星期评论》等刊物上也都可以看到有着类似内容的文章。小资产阶级急进民主派原来那么起劲地欢呼过的"公理战胜强权",像肥皂泡一样彻底破灭了。他们原来津津乐道的那些"人权""正义""公理"等抽象的空话,同样也经不起现实生活的检验,证明它们根本不能解决中国面对的严峻的实际问题。对帝国主义幻想的破灭,不仅使人们更加感到民族危机的深重,而且也带来对资产阶级民主幻想的破灭。再一次痛苦的失望,驱使更多人从资产阶级民主主义的狭隘圈子里解放出来,寻求新的理想。

这时,十月革命的影响和工人运动的兴起,自然对人们产生了空前巨大的吸引力量。北京的《晨报》和上海的《国民日报》上都连续刊载《劳农政府治下的俄国》的长文。陈独秀也从小资产阶级急进民主派开始转变到宣传社会主义的方面来。他在1919年4月20日发表的《二十世纪俄罗斯的革命》这篇文章中写道:"十八世纪法

---

[1] 李大钊:《秘密外交与强盗世界》,《每周评论》第22号。

兰西的政治革命，二十世纪俄罗斯的社会革命，当时的人都对着他们极口痛骂，但是后来的历史家，都要把他们当作人类社会变动和进化的大关键。"[1]

"空泛的民主主义的噩梦"惊醒了。这对推动中国人民的进一步觉醒，起了十分重大的作用。1920年，瞿秋白在一篇文章中，对五四运动中这个历史性的转变，曾作过如此的描述："当时爱国运动的意义，绝不能望文生义的去解释他。中国民族几十年受剥削，到今日才感受殖民地化的况味。帝国主义压迫的切骨的痛苦，触醒了空泛的民主主义的噩梦。学生运动的引子，山东问题，本来就包括在这里，工业先进国的现代问题是资本主义，在殖民地上就是帝国主义，所以学生运动倏然一变而倾向于社会主义，就是这个问题。"[2]这段描述是符合当时的历史实际的。

紧接着发生的"六三事件"标志着中国的无产阶级作为一支独立的政治力量登上历史舞台，跃进成为运动的主力。

以五四运动为起点，马克思列宁主义开始在中国以波澜壮阔的规模广泛传播，成为气势磅礴的思想主流。这才是同一切愚昧和空谈截然对立的科学的世界观。同时，五四运动又加速了革命知识分子与广大劳动人民相结合的步伐。吴玉章在回忆中写道："从前我们搞革命虽然也看到过一些群众运动的场面，但是从来没有见到过这种席卷全国的雄壮浩大的声势。在群众运动的冲激震荡下，整个中国从沉睡中复苏了，开始焕发出青春的活力，一切反动腐朽的恶势力，都显得那样猥琐渺小，摇摇欲坠。以往搞革命的人，眼睛总是看着上层的军官、政客、议员，以为这些人掌握着权力，千方百计运动这些人来赞助革命。如今在五四群众运动的对比下，上层的社会力量显得何等的

---

[1] 陈独秀：《二十世纪俄罗斯的革命》，《每周评论》第18号。
[2] 瞿秋白：《饿乡纪程》，《瞿秋白文集》卷1。

微不足道。在人民群众中所蕴藏的力量一旦得到解放，那才真正是惊天动地、无坚不摧的。""处在十月革命和五四运动的伟大时代，我的思想上不能不发生非常激烈的变化。当时我的感觉是：革命有希望，中国不会亡，要改变过去革命的办法。虽然这时候我对中国革命还不可能立即得出一个系统的完整的新见解，但是通过十月革命和五四运动的教育，必须依靠下层人民，必须走俄国人的道路，这种思想在我头脑中日益强烈、日益明确了。"[1]

毛泽东、周恩来等老一辈无产阶级革命家，正是在五四运动中接受了马克思列宁主义这个科学的世界观，积极投入到中国人民的解放事业中去，谋求中国最广大人民群众的根本利益，在实际斗争中逐步成长为中国无产阶级革命的杰出领导人。

伟大的五四运动为中国共产党的成立从思想上和干部上作了准备。

列宁在1920年曾经生动地描述过十月革命前俄国人寻找革命真理的经过。他写道："在上一世纪四十年代至九十年代这大约半个世纪期间，俄国进步的思想界，处在空前野蛮和反动的沙皇制度的压迫之下，曾如饥如渴地寻求正确的革命理论，孜孜不倦地、密切地注视着欧美在这方面的每一种'最新成就'。俄国在半个世纪期间真正经历了闻所未闻的痛苦和牺牲，以空前未有的革命的英雄气概、难以置信的毅力和舍身忘我的精神，从事寻求、学习和实验，它经过失望，经过检验，参照欧洲经验，终于找到了马克思主义这个唯一正确的革命理论。"[2]

从辛亥革命到五四运动，相隔只有短短的七年多。可是，中国的先进分子在这短短的时间里，已经历了一段失望、怀疑、寻求和

---

[1] 吴玉章：《回忆五四前后我的思想转变》，《吴玉章回忆录》，第111、112页。
[2] 列宁：《共产主义运动中的"左派"幼稚病》，《列宁选集》第4卷，第182页。

学习的漫长旅程。十月革命一声炮响,给我们送来了马克思列宁主义。中国人民怀着极大的热情欢迎它、接受它。这不仅因为十月革命胜利的实践证实了这是唯一正确的道路,也因为中国先进分子在自身长期的摸索、实践中深切地体会到了这一点。

只有社会主义能够救中国。只有把马克思列宁主义的普遍真理同中国革命的具体实践相结合,才能指引中国取得胜利。这便是历史所作的结论。

七、辛亥革命的历史评价[*]

在中国近代历史上强烈地激动过一代人心的辛亥革命，离现在已经整整七十年了。随着岁月的消逝，当年种种早已成为历史的陈迹。可是，对这场革命的功过得失，在国内以至国外一直还有着不同的议论。这篇文章，不准备全面地探讨辛亥革命的历史评价，只想就其中两个比较重要的问题谈谈自己的想法。

（一）辛亥革命的历史地位

林伯渠同志在四十年前曾经很有感慨地说："对于许多未经过帝王之治的青年，辛亥革命的政治意义是常被过低估计的，这并不足怪，因为他们没看到推翻几千年因袭下来的专制政体是多么不易的一件事。"[1]林老亲身参加过辛亥革命。他这段语重心长的话，说得何等中肯！

辛亥革命的历史功绩可以举出很多条。其中突出的一条，就是推翻了统治中国几千年的君主专制制度。这在当时确实是一件了不得的大事。我们不能把从君主专制到建立共和国，只看作无足轻重的政体形式上的变化，甚至只看作换汤不换药的招牌的更换。

中国在君主专制政体统治下经历过几千年的漫长岁月。这是一

---

[*] 原载《人民日报》1981年4月13日。

[1] 林伯渠：《荏苒三十年》。

个沉重得可怕的因袭重担！多少年来，至高无上的君权一直是封建主义的集中象征。人们从幼年起，头脑中就不断被灌输"三纲五常"这一套封建伦理观念，把它看成万古不变的天经地义。"国不可一日无君。"君主成了代表天意、站在封建等级制度顶巅的最高代表。每个人在这种制度面前，必须诚惶诚恐地遵守"名分"，不容许有丝毫逾越。这就是所谓"父子君臣，天下之定理，无所逃于天地之间"[1]。谁要是敢有一点怀疑，轻则叫作"离经叛道""非圣无法"，重则成了"乱臣贼子，人人得而诛之"。《红楼梦》里的王熙凤有一句名言："舍得一身剐，敢把皇帝拉下马。"可见在那个时候，谁要是想"把皇帝拉下马"，那就得有"舍得一身剐"的大无畏气概，一般人是连想都不敢想的。

到了近代，民族矛盾、阶级矛盾的急遽激化，使中国社会处于剧烈的动荡和变化中。人民群众的反抗斗争前仆后继。但是，直到以孙中山为代表的资产阶级革命派登上历史舞台，还没有一个人提出过推翻君主专制制度的主张来。轰轰烈烈的太平天国革命是中国旧式农民革命的最高峰。洪秀全做了天王，其实还是皇帝。义和团运动的口号更只是"扶清灭洋"。资产阶级改良派鼓吹爱国救亡，介绍了不少西方资产阶级的社会学说、政治制度到中国来，起了巨大的启蒙作用。可是，他们把忠君和爱国看作一回事。康有为那些声泪俱下、处处不忘"列祖列宗及我皇上深仁厚泽涵濡煦育数百年之恩"的话，是最能打动当时一般士大夫的心的。而那时世界上的主要资本主义国家，除法、美两国外，英国、日本、德国、意大利、奥匈帝国、沙俄等无一不保留着君主制度。所以，康有为提出以俄国彼得大帝和日本明治天皇的改革作为中国学习的榜样，在许多人看来是很有理由的。

---

[1]《河南程氏遗书》卷5。

以孙中山为首的资产阶级革命派正是在这样的历史条件下，破天荒地在中国历史上第一次提出了推翻君主专制制度、建立民主共和国的主张。孙中山在几次演讲中旗帜鲜明地指出："中国数千年来，都是君主专制政体，这种政体，不是平等自由的国民所堪受的。"[1]"且世界立宪，亦必以流血得之，方能称为真立宪。同一流血，何不为直截了当之共和，而为此不完不备之立宪乎？"[2]1905年8月成立的中国同盟会明确地把"创立民国"作为自己的奋斗目标之一。它在第二年冬颁布的《革命方略》更是响亮地宣告："今者由平民革命以建国民政府。""敢有帝制自为者，天下共击之！"这在当时确实是石破天惊之论！比一比，从"乱臣贼子，人人得而诛之"到"敢有帝制自为者，天下共击之"，这是何等巨大的根本性的变化！

他们坚韧不拔地通过报刊鼓吹、秘密宣传，使这种观念越来越深入人心。到辛亥革命爆发时，推倒君主专制制度，建立民主共和国，已成为大势所趋、人心所向。任何反动势力都已无法把它再扭转过来了。

辛亥革命果真把"皇帝拉下马"了，把统治中国几千年的君主专制制度推倒了。这一下，真是"把天捅了个大窟窿"。它带来的直接后果，至少有两条。

第一，使中国反动统治者在政治上乱了阵脚。中国封建社会本来有个头，那就是皇帝。他是大权独揽的绝对权威，是反动统治秩序赖以保持稳定的重心所在。辛亥革命突然把这个头砍掉了，整个反动统治就乱了套了。这以后，从袁世凯到蒋介石，像走马灯似的一个接着一个登场，却始终建立不起一个统一的稳定的统治秩序来。

---

[1] 孙中山：《三民主义与中国前途》。
[2] 孙中山：《中国民主革命之重要》。

不用说人民革命的浪潮一浪接着一浪，就是反动阵营内部也无法再保持统一。这自然有很多原因，而辛亥革命在这里所起的巨大作用是无法抹杀的，它为中国人民革命的胜利开辟了道路。

第二，使中国人民在思想上得到了一次大解放。皇帝，该算是至高无上、神圣不可侵犯的了。如今都可以被打倒，那么还有什么陈腐的东西不可以怀疑、不可以打破？陈独秀在五四运动前夜写的一篇《偶像破坏论》说道："君主也是一种偶像，他本身并没有什么神圣出奇的作用；全靠众人迷信他，尊崇他，才能够号令全国，称做元首，一旦亡了国，像此时清朝皇帝溥仪、俄罗斯皇帝尼古拉斯二世，比寻常人还要可怜。这等亡国的君主，好像一座泥塑木雕的偶像抛在粪缸里，看他到底有什么神奇出众的地方呢！但是这等偶像，未经破坏以前，却很有些作怪。请看中外史书，这等偶像害人的事还算少么！"思想的闸门一经打开，这股思想解放的洪流就奔腾向前、不可阻挡了。尽管辛亥革命后，一时看来政治形势还十分险恶，但人们又大胆地寻求新的救中国的出路了，再加上俄国十月革命炮声一响和中国工人阶级力量的发展，不久便迎来了五四运动，开始了中国历史的新纪元。从这个意义上可以说：没有辛亥革命，就没有五四运动。

中国封建势力的统治，实在是太根深蒂固了！推翻它，消灭它，决不是一两次革命运动的冲击所能完成的。辛亥革命诚然没有能从根本上解决这个问题（这一点，始终应该有一个清醒的估计），但它在当时的历史条件下，把统治中国几千年的君主专制制度一举推倒了，为此后的革命打开了通道。这种不朽的业绩，难道不值得我们今天给予热情的歌颂吗？

而过去长时期中，辛亥革命的历史地位确如林伯渠当年所说的那样，常常被过低估计了。这里，除了认识上的原因外，还有时代的原因。辛亥革命虽然推翻了皇帝，但并没有从根本上推翻帝国主义和封建主义的统治,"革命尚未成功"。这是事实。因此,在中国共产党领导的民主革命阶段,许多同志着重强调的常常是辛亥革命并没有从根本上解决问题这一点,来鼓舞人们在无产阶级领导下继续奋发向前,去夺取胜利。人们在现实生活中更强烈地感受到的也是这一点。这在当时是对的。可是这一来,对辛亥革命在历史上的巨大功绩,就常常来不及作出足够的估计,甚至有意无意地忽视或贬低了。到了林彪、"四人帮"横行时期,极左思潮泛滥,肯定辛亥革命的历史功绩,仿佛就成了替资产阶级涂脂抹粉的莫大罪过。在这种情况下,自然更谈不上对辛亥革命作出公正的评价。

现在该是时候了!辛亥革命离我们已经有七十年了。帝国主义封建主义在中国的统治,也已被中国人民在共产党领导下推倒了。我们完全应该也可以按照历史的本来面目,对辛亥革命的历史地位作出更加实事求是的评价来!

(二)关于立宪派的评价

同辛亥革命的历史评价有着直接联系,而在近年来被国内外学者谈论得很多的另一个问题,是关于立宪派的评价问题。

一些同志提出了这样一种看法:立宪派和革命派既然都代表资产阶级,因而在本质上或目标上是相同的,只是采取的方法有所不同。或者说:在辛亥革命准备时期,立宪派功大于过,它的积极作用大于消极作用。国外有些学者甚至认为:辛亥革命的胜利,立宪派起着主导作用,它所起的作用大于革命派所起的作用。

这就涉及一个根本性的问题:在当时的历史条件下,革命派坚持以革命的手段、以武装起义的手段来推翻清朝政府,有没有必要?这是不是多此一举,或者是可有可无的?我想,无论如何不应该得出后面那样一种结论来。

讨论历史上的重大是非问题，决不能离开客观形势的全局、矛盾的焦点和当时把历史推向前进的关键所在等前提，而孤立地就一个一个具体问题来考察。

当我们把目光重新投向 20 世纪初年时，那时的中国正处在极端深重的民族危机中。山河破碎，国势危亟，中华民族的生死存亡已处在千钧一发的危急关头。亡国灭种的威胁，像一个可怕的阴影，时刻笼罩在每个爱国者的心头。而当时统治着中国的清朝政府，不仅是封建势力的顽固堡垒，并且已变成"洋人的朝廷"，煌煌上谕中公然宣称要"量中华之物力，结与国之欢心"，对人民的爱国行动却一味严厉地镇压。这个反动政府的卖国和腐败，已经表演得淋漓尽致。人们实在忍无可忍，再也无法对它有任何希望了。

对这样一个反动政府究竟抱什么态度？是不惜抛头颅洒热血去推翻它，还是维护它，只乞求它作一些局部的改革？这是一个摆在每个爱国者面前、谁也回避不了的尖锐的问题。

为了回答这个问题，许多爱国者当年曾熬过多少不眠之夜，经历了多么痛苦的思想斗争，才毅然决然作出自己的抉择的。黄兴在 1902 年和许多留学生一起到日本留学，寻求救国的真理。当时，在留学生的房间里，对革命还是立宪的问题展开了激烈的争辩。黄兴在辩论中气极了，把手里的茶壶也摔了，表示他已经坚决地选择了革命的道路。再读一读黄花岗七十二烈士中林觉民的绝命书。他在信中对妻子说："吾至爱汝，即此爱汝一念，使吾勇于就死也。""吾辈处今日之中国，国中无地无时不可以死。""今日吾与汝幸双健。天下人之不当死而死与不愿离而离者，不可数计，钟情如我辈者，能忍之乎？此吾所以敢率性就死不顾汝也。"这种热爱祖国的赤子之心，这样高尚的革命情操，几十年后依然能那样强烈地扣动着每个读者的心弦！

革命派认定：在这个政府的统治下，任何根本性的改革都是不可能实现的。不推翻这个卖国政府，中国是一点希望也没有了。这是现实迫使他们得出的结论。而立宪派却喋喋不休地要人们去向这个反动政府磕头请愿，希望它作一点局部的改革，并且一再站出来拦阻人们走向革命，威胁说：革命就会造成内乱，造成瓜分，是万万干不得的。梁启超甚至说："今者我党与政府死战，犹是第二义，与革党死战，乃是第一义。"[1] 他们在当时激起无数爱国者那样强烈的愤慨和反对，是毫不奇怪的。不对他们进行坚决的无情的批判，就谈不上有以后革命的胜利。

这场辩论从20世纪初年开始，到1906年的《民报》和《新民丛报》的论战达到了高潮。辩论的结果，革命派取得了决定性的胜利。到这年年底以后，双方的重点都转入实际行动：革命派到南方发动武装起义，而立宪派先后组织预备立宪公会、政闻社，以后发展到请愿立宪运动。这事实上仍然是那场辩论在实践中的继续。

这当然不是什么局部性的枝节问题，或只是什么方法之争，而是鲜明对立着的两条道路。事实证明：革命派的方向是对的，立宪派的方向错了。

我想，这样说并不是"老生常谈"，而是不能不说的前提。否则，辛亥革命中先烈们所流的鲜血就成了多余的。这不仅将使先烈们难以瞑目于地下，而且是非不明，连后生者也会在心中感到严重的不安。

还需要指出：立宪派代表的是上层资产阶级，并且是刚由或正由地主阶级转化而来的那部分上层资产阶级。他们往往本身就拥有大量封建地产，并同封建官府有着密切的血缘关系，是地主和资产阶级一身而二任的。因此，他们两重性中的消极方面，不仅是一般资产阶级的软弱性，而且有浓重的封建性。这又决定了他们的政治

---

[1] 丁文江、赵丰田：《梁任公先生年谱长编初稿》第4册。

态度,在革命大风浪面前,常常竭力地反对革命,竭力地维护封建主义的许多东西。这是他们反动的一面,而且是有着深刻的根源的。

那么,是不是要对立宪派全盘否定呢?不是。应该承认,过去近代史的研究中对戊戌变法后的立宪派,常常采取一笔抹杀的态度。对他们在思想启蒙、参加爱国运动等方面的积极贡献,没有给予应有的肯定。对立宪派中的复杂情况,也缺乏具体的分析。这是应该纠正的。

立宪派代表的既然是上层资产阶级,他们还是资产阶级的一翼,并且同帝国主义和封建势力仍有这样那样的矛盾。因此,在他们的两重性中,既有消极的以至反动的方面,又有积极的方面。这种两重性是贯串于辛亥革命时期的全过程的。例如,在宣传工作中,他们宣传过爱国,揭露过清朝政府的腐败政治,鼓吹过国民的责任,还介绍过不少西方资产阶级的社会、政治、伦理学说,这些都是应该肯定的。在行动上,他们参与或发动的一些爱国运动,对提高群众的觉醒程度也是有积极作用的。就是立宪运动,也不能说客观上一点积极作用也没有。特别是,当时革命派着重进行的是革命必要性的宣传和武装起义的实际活动,对其他方面的宣传教育常常顾不上,有所放松。同时,革命派在内地不能公开活动,而立宪派一般是可以公开活动的。在封建势力比较强固而革命派的力量还没有达到的地方,立宪派在启蒙方面所起的积极作用就更多一些。这些,我们都应该公平地给予肯定的评价,不能抱着骂倒一切的态度。

立宪派内部的情况也是相当复杂的,需要作具体分析。海外的康有为、梁启超与国内的立宪派是有区别的。就是国内的立宪派,成分也很复杂,至少有三种情况。第一,是同铁路投资直接有关的那部分资产阶级。特别是川汉路、粤汉路沿线那几省,不少人在铁路方面的投资比在工厂的投资要大得多。后来,清朝宣布把铁路收归国有,这同他们的经济利益发生了尖锐的冲突,不能不起来拼命。

这部分立宪派表现得最激烈,积极贡献也比较多。第二,主要是投资工业、农场等,受封建官府的保护也比较多,张謇就是代表。他们特别害怕"秩序一破,不可回复"。尽管在有些问题上对清朝政府有强烈的不满,但总的态度还是千方百计加以维护。直至看到清朝必倒,旧秩序已无法维护,才改变态度。第三,还有些经济落后的地区,实在没有多少资本主义,虽然也叫立宪派,其实与封建士绅没有多大差别,这些人有多少积极贡献就很难说了。至于以个人来说,革命派中有后来变得很坏的,立宪派中也有后来变得很好的,这是另一个问题,这里不需要多说。此外,在不同时期内立宪派的情况也有不同,特别是1910年冬第三次请愿失败后,他们本身又有分化,正如有的同志指出过的:有的转向革命了;有的虽还不赞成革命,但对清政府绝望了;有的还在维护,直到大势所迫才改变态度;有的始终坚持反动。这些,都应该如实地恰当地给予估计。

历史的现象总是复杂的。列宁曾经指出:"在具体的历史情况下,一切事情都有它个别的情况。如果从事实的全部总和、从事实的联系去掌握事实,那末,事实不仅是'胜于雄辩的东西',而且是证据确凿的东西。如果不是从全部总和、不是从联系中去掌握事实,而是片断的和随便挑出来的,那末事实就只能是一种儿戏,或者甚至连儿戏也不如。"[1]历史研究工作者一定要从事实的总和去掌握事实,把一切恰如其分地放在应有的位置上,否则就会各持一端,各执一词,不利于问题的解决,甚至把问题引到不正确的路上去。

---

[1] 列宁:《统计学和社会学》,《列宁全集》第23卷,人民出版社1958年版,第279页。

八、试论孙中山晚年的道路[*]

孙中山是一个有着强烈自信的人。当经过深思熟虑,选定了自己的目标以后,他总是以最大的决心和献身的精神,不屈不挠地为实现这个目标而奋斗。一时的挫败,周围的流言,都难以动摇和改变他的决心。孙中山又是一个谦虚的人。他尊重事实,有着在实践中不断探索的精神,并不把自己的想法看作不可变更的。如果客观事实一而再地证明他原有的想法确实错了,经过痛苦的反省,他能断然作出使周围的人感到吃惊的新的选择,尽管他内心也许仍存留着某些矛盾的地方。

又自信,又谦虚,这两个看起来相互冲突的不同侧面,浑然一体地统一着,构成了孙中山性格的复杂性。他的主张和决心不是不可改变的,但又不是轻易可以改变的。新的代替旧的需要有一个过程,两者有时很不和谐地同时并存着。孙中山一生中有许多使人感到费解的矛盾而曲折的经历,其原因常在这里。简单的公式,在这种复杂现象面前是很难作出恰当的解释的。

孙中山晚年的思想变化,也可以作如是观。

(一)孙中山为什么要护法

民国成立后的很长时间内,孙中山一直在为维护民主共和国的

---

[*] 原载《历史研究》1982年第1期。

制度而奋斗。从1915年到1922年将近八个年头里,他以顽强的毅力,先后投入护国运动和护法运动。护国,就是要维护他常说的"共和国体"。护法,就是要维护被他看作"国体之保障"的《临时约法》。

在孙中山这时的心目中,"共和国体"是他"唯一之生命"。1918年3月28日,他给头山满、犬养毅的信中说:"文奔走革命二十余年,迄于辛亥,始得有成。以二十余年来惨淡经营,所得者新建立之共和国体耳。为国体之保障者为约法,而约法之命脉则在国会。""共和国体若危,文视为唯一之生命,必尽其所能以拥护之。""何也?为图中国之长治久安,实舍巩固国体外,无他道耳。"[1]

其实,孙中山对他竭力维护的这部约法是很不满意的。他甚至说过:"在南京所订民国约法,内中只有'中华民国主权属于国民全体'一条是兄弟主张的,其余都不是兄弟的意思,兄弟不负这个责任。"[2]这并不是过甚其词。只要拿他在1906年起草的《革命方略》同1912年的《临时约法》比较一下,就可以看到两者间的明显不同。《革命方略》中规定:在各地起义后,第一件事是建立军政府,经过"军法之治""约法之治",再到"宪法之治"。也就是说:首先要把"专制余毒涤除净尽",并"注意国民建设能力之养成",然后才能进入"宪政时期"。孙中山以后说:不经过这个过程,即便挂起民国的招牌,"第一民治不能实现,第二为假民治之名行专制之实,第三则并民治之名而去之也,此所谓事有必至、理有固然者"。他感叹地说:"不幸辛亥革命之役,忽视《革命方略》置而不议,格而不行,于是根本错误,枝节横生,民国遂无所恃以为进行,此真可为太息痛恨者也。"他也不满意《临时约法》中没有规定具体的民权,认为

---

[1] 孙中山:《复头山满犬养毅函》,《孙中山全集》第4卷,北京:中华书局1985年版,第421、422页。
[2] 孙中山:《在广东省教育会的演说》,《孙中山全集》第5卷,第497页。

没有经过地方自治训练而举行的国会选举，只能为土豪劣绅求官之捷径，"无怪国事操纵于武人及官僚之手"[1]。

孙中山对这部《临时约法》既如此不满，为什么还要这样维护它呢？这需要注意到孙中山思想的一个重要特点：十分讲究实际。他对胡汉民说过："解决社会问题，要用事实做基础，不能专用学理的推理做方法。"[2]在现实生活中，他必须面对一个事实，那就是：这部《临时约法》是民国元年经临时参议院正式通过的民国根本大法。南北议和时，孙中山曾坚持要袁世凯宣誓遵守约法，矢忠不二，把它作为服从民国的证据，才接受了和议的结果。这就使《临时约法》成了"南北统一之条件，而民国所由构成"，并得到举国上下所公认。以后，孙中山在多年斗争中一直以维护约法为号召。护国运动中，他说过："今独立诸省通电，皆已揭橥民国约法以为前提，而海内有志后援、研求国是者，亦皆以约法为衡量。文殊庆幸此尊重约法之表示，足证义军之举，为出于保卫民国之诚。"[3]护法运动中，他同样宣告："共和国之根本在法律，而法律之命脉在国会。中华民国《临时约法》为民国最高之法律，在宪法未施行以前，其效力与宪法等。凡为民国之人，皆当遵守，无敢或违者也。"[4]

既然《临时约法》早被孙中山说成是共和国体的根本，是人人必须遵守的准则，并已在国内得到普遍的承认，那么在他看来，要巩固共和国体就只能从维护《临时约法》着手，没有别的路可走。用他的话说："故拥护约法，即所以拥护民国，使国人对于民国无有异志也。余为民国前途计，一方面甚望有更进步更适宜之宪法以代《临时约法》，一方面则务拥护《临时约法》之尊严，俾国本不因

---

[1] 孙中山：《中国革命史》，《足本中山全书》第4册，《革命》，第7、8页。

[2] 胡汉民：《胡汉民自传》，《革命文献》第3辑。

[3] 孙中山：《讨袁宣言》，《孙中山全集》第3卷，北京：中华书局1984年版，第284页。

[4] 孙中山：《通告驻华各国公使书》，《孙中山全集》第4卷，第448页。

摇撼。"

护法,是孙中山经过深思熟虑后所拿定的主意。这个决心不会轻易改变的。尽管环境那么险恶,他自己在多年中对这个决心一直充满着自信,"奋然以一身荷护法之大任而不少挠"[1]。

(二) 第一次护法失败后的反思

可是,第一次护法运动的结局,给孙中山的打击也许太残酷了。因为这个打击不是来自别处,恰恰来自孙中山费尽千辛万苦才在广东恢复起来的那个"国会非常会议"。

本来,桂系军阀陆荣廷等所以容忍孙中山到广东召集国会非常会议,建立军政府,出任大元帅,只是想让这件事成为一块招牌,"利用护法之名,可以宣告两广自主,可以专擅军民财政,可以自由开赌及贩卖鸦片"[2]。两广的实际权力依然牢牢地控制在他们手中。正如有人所说:"军政府有'政府'而无'军',军阀有'军'而无'政府'。"[3]陆荣廷所派的广东代理督军莫荣新甚至说:"孙某之政府,空头之政府也,彼无兵无饷,吾辈但取不理之态度,彼至不能支持之时,自然解散而去。"[4]这种局面当然难以长期并存下去。

为了结束这种局面,桂系军阀等曾想建立一个由他们控制的护法各省联合会议来代替孙中山的军政府。但这样做有两个问题不好解决:"其一,国会非常会议既产出军政府,将不能复有一对峙之机关由之产生;其二,联合会议若不由国会非常会议通过,自行成立,将

---

[1] 孙中山:《中国革命史》,《足本中山全书》第4册,《革命》,第10、11页。
[2] 邵元冲:《总理护法实录》,《革命文献》第7辑,第17页。
[3] 李剑农:《最近三十年中国政治史》,第434页。
[4] 邵元冲:《总理护法实录》,《革命文献》第7辑,第19页。

贻北人以口实。"[1]他们又想压迫孙中山自行取消大元帅职务，改组军政府，孙中山却"置之不理"[2]。于是，他们就采取釜底抽薪的做法，拉拢一部分议员在国会非常会议上提出一个《中华民国军政府组织大纲修正案》，改行七总裁合议制，从法律上根本取消孙中山所担任的大元帅职务。出席会议者六十余人，赞成者四十余人。

这个意外的打击对孙中山实在太突然了。第二天，他约请全体国会议员到军政府谈话，忍气吞声地说："军政府视国会如父君。国会之所决议，军府无不服从。"接着，他就倾诉自己难以抑制的愤懑："顾如昨日所提议之改组军政府，为军政府本身的存亡问题，而国会事先绝未征求军政府意见，径行提议而付审查，揆之事理，宁得为平？且以法律而论，约法规定为元首制，今乃欲行多头制。又军政府组织大纲明明规定：本大纲于约法效力完全恢复、国会完全行使职权时废止，无修改之名义，今日何以自解？"他断然说："今日余个人对于改组一事，根本反对。即于改组后有欲以余为总裁者，亦决不就之，惟有洁身引退也。"[3]在军阀横行的局面下，要跟他们谈什么"法治"，岂不是与虎谋皮？孙中山这次谈话丝毫没有取得效果。1918年5月4日，国会非常会议照样通过了这个修正案。

孙中山既然宣告"视国会如父君"，那么，这个虽由桂系军阀暗中策划却经国会非常会议正式通过的修正案，他又有什么办法拒绝呢？这颗苦果只能由他自己吞下。同一天，他向国会非常会议辞去大元帅职务，并发出《辞大元帅职通电》，沉痛地说："顾吾国之大患，莫大于武人之争雄，南与北如一丘之貉。虽号称护法之省，亦莫肯俯首于法律及民意之下。"[4]不铲除这些军阀势力，什么"法律

---

[1] 莫汝非：《程璧光殉国记》，《革命文献》第49辑，第392页。

[2] 刘德泽：《中华革命党外记》，《革命文献》第49辑，第135页。

[3] 孙中山：《对全体国会议员的谈话》，《孙中山全集》第4卷，第442页。

[4] 孙中山：《辞大元帅职通电》，《孙中山全集》第4卷，第471页。

及民意"都只能是一句空话。这是孙中山从这次残酷打击中悟到的重要教训,也是他以后思想变化的重要起点。

纵观孙中山一生,可以反复地看到这样的现象:当他的革命事业遭受一次重大的失败后,他的思想往往有一次重大的进步。失败使他震动,使他失望,但却不能使他灰心。他常常处在长期的沉思中,力图寻找出他的设想未能实现的根本原因所在,并利用失败后稍为空闲的时间,从事新的探索。

孙中山1918年6月25日从广东回到上海后,就闭门著书,很少过问外事。这书是《孙文学说》,提出了"行易知难"的主张。但什么才是可以挽救中国革命的真知?孙中山仍感到惘然。怎样对待当前的时局?他也提不出好的主意来。这使他感到极大的苦闷。他说:"对于时局尚想不出办法,故绝无主张,总由同志多数意见是瞻耳。"[1]到第二年5月间他批许崇智函时还说:"此后吾人之生存成功,皆靠冒险,能之则生,不能则死。"[2]把希望寄托在孤注一掷的"冒险"上,想从中创造出奇迹来,这反映了孙中山内心的烦躁和苦闷。

这时列宁所领导的俄国十月社会主义革命已经发生。孙中山对这个革命表示了真诚的同情。他一到上海,就给列宁和苏维埃政府发去贺电:"中国革命党对贵国革命党所进行的艰苦斗争,表示十分钦佩,并愿中俄两党团结,共同奋斗。"可是,由于道路悬隔,传闻纷纭,他对俄国的实际情况还少有真切的了解,他注意力的焦点一时也没有转到这方面来,所以在他的言论和行动中,还很难看出这件事已立刻对他产生巨大的影响。

这以后不久,五四爱国运动的风暴突然以磅礴的气势席卷全国,

---

[1] 孙中山:《批凌钺来函》,《孙中山全集》第4卷,第508页。
[2] 孙中山:《批许崇智函》,《孙中山全集》第5卷,第54页。

给了苦闷中的孙中山以极大的兴奋。

我们看到的孙中山对五四运动的最早反应,是五四后的第八天,他嘱人代答陈汉明的信中所说:"此次外交急迫,此政府媚外丧权,甘心卖国,凡我国民,同深愤慨。幸北京各学校诸君奋起于先,沪上复得诸君共为后盾,大声疾呼,足挽垂死之人心而使之觉醒。中山先生同属国民一分子,对诸君爱国热忱,极表同情,当尽能力之所及以为诸君后盾。日来亦屡以此意提撕同人,一致进行。尚望诸君乘此时机,坚持不懈,再接再厉,唤醒国魂。民族存亡,在此一举,幸诸君勉力图之。"[1]他不仅充分肯定这个运动的意义是"民族存亡,在此一举",并且开始表示:不再是只靠他一个人,也要靠爱国学生"诸君"一起来"唤醒国魂"。这是他思想上一个值得注意的变动。

我们看到的孙中山本人对五四运动所作的第一次评论,在他6月18日复蔡冰若的信中。他说:"试观此数月来全国学生之奋起,何莫非新思想鼓荡陶镕之功?故文以为灌输学识,表示吾党根本之主张于全国,使国民有普遍之觉悟,异日时机既熟,一致奋起,除旧布新,此即吾党主义之大成功也。"[2]他从"此数月来全国学生之奋起"中,看到了"使国民有普遍之觉悟"的现实可能性,相信"异日时机既熟,一致奋起",就可以取得"吾党主义之大成功"。这就大大鼓起了他继续前进的信心和勇气。

为什么五四运动会带给孙中山那么大的影响?根本原因是它同孙中山思想发展的内在逻辑正相合拍,又给了他新的启示。

第一,五四运动是中国历史上规模空前的群众性的爱国运动。它充分显示出在国民中蕴藏着何等巨大的力量。

---

[1] 孙中山:《复陈汉明函》,《孙中山全集》第5卷,第54页。
[2] 孙中山:《复蔡冰若函》,《孙中山全集》第5卷,第66页。

以前，孙中山对旧中国军阀政客的横行早已愤慨到了极点。但是，足以推倒这些旧势力的力量在哪里？他一直没有找到。第一次护法时，他曾把希望寄托在口头上赞成护法的西南军阀身上，最后的结果却是令人痛心的"南与北如一丘之貉"。回上海后，他开始感到应该把希望直接寄托在国民身上。他在1919年4月1日写道："今日欲维持民国，须于地方上开通民智，振起民气，使知民国乃以人民为主人，使各地之人皆知尽主人之义务，则国事乃有可为也。予现时一切时事皆不问，只从事于著书，以开民智。"[1]但在很长时间内，在孙中山眼中，国民仍只是处在消极状态中，有待他著书去唤醒。至于能不能很快唤醒，对他依然是一个未知数。因此，他仍陷于难以摆脱的苦闷中。

五四运动的爆发，使孙中山眼前的世界顿时改观。原来仿佛沉睡着的国民的力量，一下子奇迹般地从地平线下涌现出来，成为谁也无法小看的力量。它迫使北洋政府不得不拒绝在巴黎和约上签字，并罢免了亲日派曹汝霖、陆宗舆、章宗祥三人的职务。多年来仿佛可望而不可即的期待，一旦成为现实，这怎能不使孙中山感到惊喜交集呢？6月间，群众运动的重心转到上海。6月16日，全国学生联合会在上海成立。"是日，孙中山先生被邀请未到，改于次日在环球学生会讲演。"[2]讲演会后，听讲的陕西学生代表屈武到他的私宅去拜见他。孙中山很高兴地同屈武谈了一小时左右，他说："中国的希望，就寄托在你们这般青年人的身上。"[3]8月7日，他在一封信中写道："迩者世界潮流群趋向于民治，今日时事维艰，然最后之成败，自以民意之向背为断。吾人苟能务其远大，悬的以趋，黾勉不

---

[1] 孙中山：《批赵泰纪函》，《孙中山全集》第5卷，第40页。
[2] 许德珩：《五四运动六十周年》，《五四运动回忆录》（续），第60页。
[3] 屈武：《激流中的浪花》，《五四运动回忆录》下册，第865页。

懈，总不患无水到渠成之日耳。"[1]

一种新的希望朦胧地在孙中山眼前升起。他的精神状态变得乐观而开朗得多了。

第二，五四爱国运动是以反对巴黎和约为起点的。它强烈地抗议日本帝国主义企图攫夺我国山东权益的强盗行径，表现出一种前所未有的反对帝国主义的彻底的不妥协精神。这自然又给有着强烈爱国心的孙中山以巨大的鼓舞。

第一次护法运动失败时，孙中山已开始看到反动的军阀势力是中国极大的祸害。这就是他所说的"吾国之大患，莫大于武人之争雄"。在孙中山对中国问题的认识上，这是前进了一大步。但对站在军阀势力背后的更大祸害——帝国主义，他仍看得不那么清楚。他辞去大元帅职务离开广东后，去了日本，还想从日本得到援助。结果，希望又落了空。用他的话说："现日本当局仍决心助段（祺瑞），遽欲其改变方针，事恐大难。""一切计划，未能实行。"[2]这种失望固然使孙中山感到痛苦，可是，他还只是失望而已，并没有对日本帝国主义的侵略政策进行正面的抨击。五四运动后不久，他思想上发生了巨大变化。这次运动中全国人民对日本帝国主义表现出那么大的愤慨，强烈地感染着孙中山，使他对日本帝国主义的态度变得强硬起来。6月24日，日本《朝日新闻》记者问他："中国人何以恨日本之深？"孙中山先告诉他："予向为主张中日亲善之最力者。"接着就猛烈抨击日本的侵略政策："乃不图日本武人，逞其帝国主义之野心，忘其维新志士之怀抱，以中国为最少抵抗力之方向，而向之以发展其侵略政策焉。此中国与日本之立国方针，根本上不能相容者也。"他严正地告诉那个日本记者："日本政府军阀以其所为，

---

[1] 孙中山：《复刘湘函》，《孙中山全集》第5卷，第92页。
[2] 孙中山：《致陈炯明函》，《孙中山全集》第4卷，第486页。

求其所欲,而犹望中国人之不生反动,举国一致,以采远交近攻之策,与尔偕亡者,何可得也?"[1]这是孙中山第一次公开地、尖锐地并从立国方针上抨击日本帝国主义,反映他对中国问题的认识又前进了一步。

这两个变化虽还处在萌发的阶段,但对孙中山思想以后的发展有着不可忽视的深刻影响。

当然,一个人的思想变化不会那么简单。像孙中山这样一个有着确定的政治观念和强烈自信的人,树立一个新的观念更不是容易的事情。对前面所说的两个变化,哪一方面都不能作出过高的估计。对日本侵华政策的抨击,自然反映他思想上的一个重大进步;而对其他帝国主义国家,特别是英国和美国,他仍抱有很大的幻想,期望得到它们的援助。显然,这种认识还停留在感性的阶段,不能说他在反对帝国主义这个根本问题上已有了全面而深刻的认识。对国民力量的认识,又是他的一个重大进步。但他所看到的主要是学生的力量,真正构成国民主体的工人和农民仍没有进入他的视野。而学生运动在7月以后又逐渐走向低潮。在孙中山眼中,国民并没有形成一支很有组织的、可以持久作战的力量,难以直接成为他的依靠。因此,下一步该怎么办,孙中山仍在犹豫和徘徊。

1919年10月10日,孙中山将中华革命党改组为中国国民党。八天后,他在上海寰球中国学生会上作了题为《救国之急务》的讲演,说出一段十分值得注意的话:"吾人欲救吾国,所可采者惟有两途:其一,则为维持原状,即恢复合法国会,以维持真正永久之和平也;其二,则重新开始革命事业,以求根本改革也。""救国的方法,就是这两条。诸君要把这两条认定清楚,看哪一条可以做得到,

---

[1] 孙中山:《答日本朝日新闻记者问》,《孙中山全集》第5卷,第71、72、74页。

就要积极去做。"[1]

怎样看待孙中山的这段话呢？需要同时看到它的两个方面。一方面，他提出了"重新开始革命事业，以求根本改革"的问题，并且具体解释道："根本解决的办法，怎样去做呢？南北新旧国会，一概不要它，同时把那些腐败官僚、跋扈武人、作恶政客，完完全全扫干净它，免致它再出来捣乱，出来作恶，从新创造一个国民所有的新国家，比现在的共和国家还好得多。"这说明孙中山在思想上正在孕育着一个重大的变动，在考虑"重新开始革命"的问题了，但这个想法还没有成熟，也没有下最后的决心，一时仍无从下手。另一方面，他又把"维持原状"作为一种并列的方案提出来，这还是护法运动以来的老办法。对这种办法，他虽已怀疑，但并没有认定它是走不通的。结果，"看哪一条可以做得到，就要积极去做"这种模棱两可的说法，实行起来必然仍旧是仿佛易于做到的"维持原状"。

心里开始憧憬着要走一条新路，脚步却不自觉地仍沿着一向熟悉的那条老路走下去。这便是孙中山此刻的矛盾心理。从这里，我们也可以找到理解孙中山为什么接着又会投入第二次护法运动的一把钥匙。

（三）第二次护法中的矛盾心理和新的思考

内心的矛盾尽管还没有来得及解决，客观形势的发展却又催迫他必须采取新的行动了。

1920年春天，国内的政治局势出现了新的动荡和变化：在北方，直皖两系军阀已在酝酿大战；在南方，滇桂两系军阀因争夺在粤滇军的领导权，矛盾也越来越尖锐。桂系军阀在广东的统治已出现动

---

[1] 孙中山：《在上海寰球中国学生会的演说》，《孙中山全集》第5卷，第139、148页。

摇的迹象。孙中山离粤返沪时，在南方还留下一支他认为唯一可以依赖的武装力量，那就是陈炯明率领的援闽粤军。它是以广东省省长朱庆澜拨交的二十营军队为基础发展起来的。最初，"兵额不过五千，枪支仅三千余杆"[1]。开到闽南后，已逐步发展到两个军，不下二万人，控制了以漳州为中心的闽南十余个县。[2]孙中山在离粤北返时，曾去军中见陈炯明，"即以准备回粤戡乱时相勖勉"[3]。以后，一直对它抱有很大的期望。

桂系军阀在广东统治的动摇和援闽粤军的发展壮大，使孙中山又兴奋起来。他觉得护法似乎出现了转机。孙中山不是说过"看哪一条可以做得到，就要积极去做"吗？现在这条路仿佛又"可以做得到"了，他自然"就要积极去做"了。1919年12月，他写道："今日救国急务，宜先平桂贼，统一西南，乃有可为。"[4]这以后，他的精力和注意点越来越多地转移到联络各方、策划回粤讨伐桂系军阀这方面来。

当时陈炯明在闽南却"溺于安乐，颇思苟且"。孙中山"一再电促回粤，陈氏皆不置复"[5]。奉孙中山之命三度去漳州促陈炯明出师的朱执信，在给孙中山的信中甚至愤愤地说："竞存（陈炯明）处力量费尽，疲玩如故。此际感情已伤，留亦无益。"[6]到1920年7月，直皖战争爆发。陆荣廷密电广东督军莫荣新："直系如得胜利，时局庶有转机。我辈夙已联直，尤应乘时利用。"他命令莫荣新向福建进军，并准备"讨伐"陈炯明部。[7]而皖系的福建督军李厚基却表示

---

[1]《闽南粤军军实调查记》，《革命文献》第51辑，第214页。
[2] 罗翼群：《记孙中山南下护法后十年间粤局之演变》，《广东文史资料》第25辑，第120、121页。
[3] 程启檠：《总理护法实录初稿》，《革命文献》第51辑，第229页。
[4] 孙中山：《批葛庞函》，《孙中山全集》第5卷，第178页。
[5] 李睡仙等：《陈炯明叛国史》，《革命文献》第51辑，第211页。
[6] 吴相湘：《陈炯明造反出身》，《传记文学》第30卷第2期，第29页。
[7] 李培生主编：《桂系据粤之由来及其经过》，《革命文献》第51辑，第76页。

愿接济军饷，求得陈炯明部撤出闽南，反攻广东。于是，陈炯明不能不下决心举兵回粤。8月12日，援闽粤军在漳州公园誓师出发。它打起"粤人治粤，桂军回桂"的旗号，宣称"粤军今日系为乡为国而战"[1]，士气比较旺盛。尽管粤军在兵力上仍处于劣势，但"驻粤的桂军因为两三年来在粤搜刮，囊中装得太满，所以无丝毫抵抗力"[2]。10月26日，莫荣新退出广州。粤中各地先后为粤军所占领。

广东局势的急转直下，使孙中山无法再作更多的考虑，在11月25日又启程南下，重新在广东建立政府。

这次南下是不是再打出"护法"的旗号？孙中山的内心是犹豫的。他在南下前的一封信中，诉说了他在第一次护法运动中吃尽的苦头，但一向在护法旗号下的粤军取得的胜利又给他点燃起一线希望，所以他接下去说："幸粤中尚能勉收余烬，再茁生机，然所存者仅矣。今后倘各鉴前车，同心一致，尚不难收桑榆之效。"他鼓起勇气，要再试一试"护法"这条路是不是还能走通，可是他的信心已不像上次那样足了。他已在考虑："若犹是不能达到目的，则惟有进而为革命耳。"[3]

1921年1月1日，孙中山在广州军政府发表演说。他说："此次军府回粤，其责任固在继续护法，但余观察现在大势，护法断断不能解决根本问题。吾人从今日起，不可不拿定方针，开一新纪元，巩固中华民国基础，削平变乱。方针维何？即建设正式政府是也。"[4]

这是一篇充满着矛盾和混乱的讲话：一会儿说，"此次军府回粤，其责任固在继续护法"；一会儿又说，"护法断断不能解决根本

---

[1] 李培生主编：《桂系据粤之由来及其经过》，《革命文献》第51辑，第15页。

[2] 李剑农：《最近三十年中国政治史》，第460页。

[3] 孙中山：《复凌钺函》，《孙中山全集》第5卷，第397页。

[4] 孙中山：《在广州军政府的演说》，《孙中山全集》第5卷，第450、451页。

问题"。如果断章取义地加以引用,完全可以从中得出完全相反的两种结论来。语言上的矛盾和混乱,正反映了孙中山思想上的矛盾和混乱,但既然整个运动还打着"护法"的旗号,一切自然仍只能在这个旗号下进行。

军政府成立后,孙中山立刻又投入异常忙碌的实际工作:第一件事,重新召集国会非常会议,通过《中华民国政府组织大纲》,选出孙中山为非常大总统,"建设正式政府"。第二件事,命令粤军等攻入广西,经过三个来月的战斗,实现了两广的统一。第三件事,乘胜出师北伐。孙中山自己也到桂林成立北伐大本营。北伐军进入湖南。第四件事,处理同陈炯明之间日益激化的矛盾。1922年4月间,北伐军移师广东,大本营迁往韶关。孙中山下令免去陈炯明的广东省省长、粤军总司令、内务部长等职务。5月初,北伐军分三路向江西进攻。

尽管实际工作的日程几乎排得满满的,但第二次护法和第一次毕竟已经不同了。是不是应该继续打着"护法"的旗号?这个疑问在孙中山思想深处并没有消除。表面上,一切仍照着原来设计的轨道按部就班地走着;深入一层看,就会发现对中国问题的新认识正在他思想中继续滋长和发展。这正是思想过渡期的重要特征。

第一个变化:对帝国主义的新认识。

五四运动后,孙中山对日本帝国主义侵略中国的野心已有比较清楚的认识。1919年12月,他对马伯援说:"吾人对日本无多大希望,只求其不行劫可也。"[1] 离上海南下前,他在国民党本部演讲时甚至说:"我们革命失败,全是日本捣鬼。"[2] 而对英、美两国,他仍抱有很大的期待。

---

[1] 马伯援:《我所知道的国民军与国民党合作史》,第9页。
[2] 孙中山:《在上海中国国民党本部会议的演说》,《孙中山全集》第5卷,第394页。

这种认识在事实面前逐渐发生了变化。这同当时国内政治局势的变动有很大关系。在第一次护法运动时期以及这以后的很长时间内，控制北京政府的是以段祺瑞为首的皖系军阀，背后支持北京政府的是日本。直皖战争以后，特别是第一次奉直战争以后，以曹锟、吴佩孚为首的直系军阀控制了北京政府，成为孙中山在国内的主要敌人，而站在直系军阀背后的却是英国和美国。在南方，日益露骨地反对孙中山的新军阀陈炯明，也得到英美两国的支持。这不能不激起孙中山越来越大的愤慨。

当孙中山就任非常大总统时，港英当局阻挠群众集会庆祝孙中山就职和捐款支持新政府。广州政府外交部向英国驻粤领事提出了抗议。1921年8月5日，孙中山致书咸马里夫人说："我们打算进军北方，以逐走所有的大督军与亲日派。当然，和往常一样，英国政府正在我们前进的道路上设置种种障碍，以致使我们的一切重大成就化为泡影。"[1]当孙中山同陈炯明的矛盾日益尖锐时，他甚至同少共国际代表达林说："我最好的朋友陈炯明背叛了，他被吴佩孚收买了，被香港的英国人收买了。"[2]

孙中山既不是亲日派，也不是亲英美派。他所深切地关怀的只是祖国和人民的命运。在事实面前，他的认识在不断发展着。在这时，他还没有达到这样的认识，要拯救中国，首先必须推翻帝国主义在中国的统治，但我们可以感觉到，他离这一步已不远了。

第二个变化：对工人运动的新认识。

过去，孙中山的追随者中也有不少工人，但他对中国的工人运动却没有表现出多少热情。这一方面固然由于独立的工人运动还没有很大地发展起来；另一方面也因为孙中山总认为中国的实业还不

---

[1] 孙中山：《致咸马里夫人函》，《孙中山全集》第5卷，第583页。
[2] 达林：《中国回忆录》，北京：中国社会科学出版社1981年版，第111页。

发达，在国内应该强调劳资双方的合作。他对工人的不幸生活表示同情，在到广州后颁布的《内政方针》中包括了"保护劳动""谋进工人生计""提倡工会"等主张[1]，但他基本的想法，仍希望通过实行民生主义来避免社会革命，而不是鼓励社会革命。

给他很大冲击的是1922年1月至3月的香港海员大罢工。先后参加这个罢工的海员达到二万三千多人，这在中国工人运动史上是空前的。邓中夏将它称为"中国第一次罢工高潮"的"第一怒涛"。为什么这次罢工会受到孙中山的特殊关注呢？第一，"孙中山奔走革命流亡海外时，曾以乡谊关系与海洋轮船上之粤籍海员发生不少关系，以救国为号召，鼓吹海员组织团体，有所谓联义社、群益社等等组织"。"孙中山在南方几次军事行动，得到此等团体为孙中山秘密购买和运输军械。"[2]当1921年3月中国海员工会联合总会在香港成立时，得到了孙中山的支持，连它的会名也是孙中山所起的。第二，这次大罢工最初虽由增加工资、改善待遇等经济要求所引起，但很快就把斗争的矛头集中指向外国帝国主义，带有浓厚的民族主义色彩。这自然格外容易引起孙中山的同情。

因此，香港海员大罢工掀起后，孙中山虽在桂林准备北伐，但仍积极给以支持，并要廖仲恺在广州筹款支援。共产国际代表马林在1922年7月给共产国际执委会的报告中也写道："在今年正月海员罢工期间，国民党与工人之间的联系是多么紧密，这一点对我来说是十分清楚的。整个罢工都由这个政治组织的领袖们所领导，罢工工人参加了党的民族主义的示威游行，全部财政资助都来自国民党。"[3]接着，这年5月1日，许多共产党员参加的第一次全国劳动大会在广州召开，并举行了有广州工人数万人参加的大游行。出席

---

[1] 孙中山：《内政方针》，《孙中山全集》第5卷，第433页。
[2] 邓中夏：《中国职工运动简史》，第10页。
[3] 马林：《给共产国际执委会的报告》，《马林在中国的有关资料》，第16页。

这次大会的达林说:"孙中山掌权的南方,和军阀、外国帝国主义掌握的北方之间,有天壤之别。南方的气氛完全不同。工会、共产党、社会主义青年团的活动都是完全合法的。"[1]这些反过来又对孙中山的思想产生了影响。当马林同孙中山相见时,"与孙讨论了群众运动和在工人阶级中进行宣传的必要性等等"[2]。可见这个问题在孙中山思想上逐渐占有重要的位置。

第三个变化:对列宁领导下的苏俄的新认识。

前面说到,十月革命发生后,孙中山立刻表示了深切的同情,但对它的了解还很少。1920年,两个事实改变了这种情况。一是这年初外国干涉军队从西伯利亚撤退,远东共和国在赤塔成立。这就改变了苏俄同中国原来那种隔绝的状态,使孙中山有可能对苏俄的真实情况逐渐有更多的了解。二是这年的11月28日,也就是孙中山从上海到达广州的那一天,中国收到苏俄的第二次对华宣言。宣言中说:"俄罗斯苏维埃联邦共和国政府宣布,以前俄国政府历次同中国订立的一切条约全部无效,放弃以前夺取中国的一切领土和中国境内的俄国租界,并将沙皇政府和俄国资产阶级从中国夺得的一切,都无偿地永久归还中国。"[3]这对极端憎恨外国帝国主义把不平等条约强加给中国的孙中山,自然有巨大的吸引力,使他对苏俄产生更多的亲近感。

孙中山很早就注意到西方的社会主义运动。他在1903年已经说过:"所询社会主义,乃弟所极思不能须臾忘者。"[4]他在醉心学习西方的同时,敏锐地察觉到资本主义社会的阴暗面,憎恶那种一个阶级剥夺另一个阶级而造成的贫富悬殊的现象,力图加以避免。1920

---

[1] 达林:《中国回忆录》,第82页。

[2] 伊罗生:《与斯内夫特谈话记录》,《马林在中国的有关资料》,第24页。

[3] 《俄罗斯苏维埃联邦社会主义共和国政府对中国政府的宣言》,《五四运动文选》,第367页。

[4] 孙中山:《复某友人函》,《孙中山全集》第1卷,第228页。

年秋天,共产国际代表维经斯基到上海时,接受陈独秀的建议,会见了正要去广东的孙中山。孙中山已"对这样一个问题深感兴趣:怎样才能把刚刚从广州反革命桂系军阀手中解放出来的中国南方的斗争与远方俄国的斗争结合起来"[1]。他从上海到达广州那天,发表演说时又说:"俄国革命后,实行社会主义,遂酿成一种良好风气,而此种风气传到欧洲,欧洲各国竟莫能抗。"[2]

1921年10月4日,共产国际代表马林参加中国共产党第一次全国代表大会后在上海会见孙中山的代表张继。国民党邀请马林访问孙中山。12月23日,马林到达桂林。他在中国共产党人张太雷的陪同下,同孙中山进行了三次长谈,向孙中山详细介绍了俄国从战时共产主义到新经济政策的转变。这是更能为孙中山所接受的。孙中山在会谈后告诉廖仲恺和汪精卫说:"今闻马林言,始悉苏俄行共产主义后,以深感困难,乃改行新经济政策。此种新经济政策,其精神与余所主张之民生主义不谋而合。"马林会见后的印象是:"国民党的领袖多数都倾向于社会主义。""他们毕竟对俄国革命、对苏维埃俄国抱有很大的同情。"[3] 1922年4月,少共国际代表达林到达广州,又在中国共产党人瞿秋白、张太雷的陪同下,同孙中山有过五六次的接触。"孙中山对红军的人数、其组织和政治教育很感兴趣。然后,孙中山询问了列宁的健康情况",并且明确地"说明他打算与苏俄建立联系"。[4]

但孙中山还存在一个明显的顾虑:苏俄离他的广东根据地毕竟太远,而华南和长江流域却是英国帝国主义的势力范围。他对马林表示:"待北伐胜利结束,立即提议与苏俄公开建立联盟。他的看法

---

[1] 维经斯基:《我与孙中山的两次会见》,《维经斯基在中国的有关资料》,第109、110页。
[2] 孙中山:《在广东省署宴会的演说》,《孙中山全集》第5卷,第430页。
[3] 马林:《访问中国南方的革命家》,《马林在中国的有关资料》(增订本),第214、215页。
[4] 达林:《中国回忆录》,第103页。

是中俄携手将完成亚洲的解放。但如果建立一个不适时的中俄联盟,只会立即招致列强的干涉。"[1]对达林,他也表示如果北伐军占领汉口,"那时我将正式承认苏俄",并且解释道:"你认为国民党所有党员都赞同苏俄?没有的事,甚至在我的政府和议会里都有苏俄的敌人。"况且,"请你不要忘记了,香港就在旁边,如果我现在承认苏俄,英国人将采取行动反对我"。[2]

这三方面的事实表明:就在第二次护法运动期间,孙中山对"护法"已不再有过去那样的热情。同马林会谈后十来天,他在桂林发表的一次演讲中说:"法、美共和国皆旧式的,今日惟俄国为新式的。吾人今日当造成一最新式的共和国。"[3]他的思想深处正孕育着重大的变动,酝酿着作出新的抉择,并在不久后导致了联俄、联共、扶助农工三大政策的形成,导致了第一次国共合作的实现。这种思想变化并不是突然到来的,并不是在陈炯明叛变事件发生后才开始产生的,而是经过了长期的反复的探索、比较和思考的结果。陈炯明叛变的事件只是促使他最终下定决心罢了。

(四)第二次护法失败后的新选择

当然,这决不是说陈炯明叛变事件在孙中山思想演变的进程中是一件无足轻重的事情。本来在孙中山眼中,陈炯明似乎与桂系军阀是根本不同的。陈炯明在1909年加入同盟会,曾多年追随孙中山从事革命活动。[4]第一次护法前夕,他又向孙中山表示:"革命唯有

---

[1] 马林:《给共产国际执委会的报告》,《马林在中国的有关资料》(增订本),第18页。
[2] 达林:《中国回忆录》,第113页。
[3] 孙中山:《在桂林广东同乡会欢迎会的演说》,《孙中山全集》第6卷,第56页。
[4] 吴相湘:《陈炯明造反出身》,《传记文学》第32卷第2期,第26页。

服从中山先生领导,才是正确的道路。"[1]他所统率的那支援闽粤军,是孙中山苦心孤诣地一手扶植起来的。粤军回师逐走桂系军阀后,孙中山曾在一封信里写道:"竞存(陈炯明)此番回粤,实举全身气力,以为党为国。吾人亦不惜全力以为竞兄之助,同德同心,岂复寻常可拟?我望竞兄为民国元年前之克强(黄兴),为民国二年后之英士(陈其美),我即以当时信托克强、英士者信托之。"[2]把陈炯明比作黄兴、陈其美,可见他当时对陈信任之深,期望之切。

万万没有想到,陈炯明一旦羽毛丰满,竟掉头反噬,围攻总统府,几置孙中山于死地。第二次护法运动也随之失败。这对孙中山的打击,自然比第一次护法运动的失败更大。他痛心地说:"文率同志为民国而奋斗垂三十年,中间出死入生,失败之数不可偻指,顾失败之惨酷未有甚于此役者。盖历次失败虽原因不一,而其究竟则为失败于敌人。此役则敌人已为我屈,所代敌人而兴者,乃为十余年卵翼之陈炯明,且其阴毒凶狠,凡敌人所不忍为者,皆为之而无恤。"[3]这样强烈的刺激,在他心理上掀起的巨大波澜是不难想见的。孙中山在这次南下护法时不是说过吗?"若犹是不能达到目的,则惟有进而为革命耳!"现在,旧的路子已走进死胡同,他不能不下决心作出新的选择了!

还有一个事实也很重要:就在这以前不久,直系军阀打败奉系军阀后也打出"恢复法统"的旗号,赞成恢复旧国会。6月1日,旧国会议员"凑足了法定人数"[4],在天津开会,发表宣言,即日行使职权,要求取消南北两政府,另组"合法"政府。第二天,徐世昌被迫辞去北京政府大总统职务,曹锟、吴佩孚立刻领衔联合十省区

---

[1] 罗翼群:《记孙中山南下护法后十年间粤局之演变》,《广东文史资料》第25辑,第105页。
[2] 孙中山:《致蒋中正函》,《孙中山全集》第5卷,第379页。
[3] 孙中山:《致海外同志书》,《孙中山全集》第6卷,第555页。
[4] 李剑农:《最近三十年中国政治史》,第504页。

督军省长,电请黎元洪复职。同直系军阀勾结的陈炯明发动叛乱时,在这方面也做了不少文章。6月9日,陈部潮汕镇守使洪兆麟首先通电称:"适乘北方恢复国会及推举黄陂(黎元洪)复任之动议,举国风从,如响斯应,足见人心厌乱,已非人力所能挽回。现徐已下野,南方总统亦无存在之必要,否则有此赘瘤,实足为南北统一之障碍。"16日,陈部粤军指挥叶举等六十余人在炮轰总统府的同时,发出要求孙中山下野的通电:"粤军回粤,重组护法政府,宣布对徐。孙中山先生又有'徐氏退位,当同时下野'之宣言。今幸天心厌乱,旧国会已自行召集,徐氏复引咎退位。南北用兵累年,所志无非护法。今目的已达,自无用兵之必要。""为此合吁请孙中山先生实践与徐同退之宣言,敛屣尊荣,翩然下野。"[1]这一着确实狠毒。它像釜底抽薪那样,使孙中山的"护法"主张,从根本上失去了"合法"的依据。

这个时刻终于来到了!经历了那样漫长而曲折的尝试,付出了如此巨大的代价,孙中山思想上原有的矛盾终于获得解决:"维持原状"的路是走不通的,"惟有进而为革命耳"。陈炯明叛变后,孙中山困居永丰舰的五十多天又给了他一个充分思考的机会。新的选择终于作出。他请陈友仁转告留在广州的达林:"在这些日子里,我对中国革命的命运想了很多,我对从前所信仰的一切几乎都失望了。而现在我深信,中国革命的唯一实际的真诚的朋友是苏俄。""我决定赴上海继续斗争。倘若失败,我则去苏俄。"[2]他在8月14日到达上海。"中山抵沪后,态度极冷静,愿结束护法主张。"[3]态度的冷静,说明他的决心已经下定,不再有什么游移了。

几乎就在这个时候,成立刚一年的中国共产党对待孙中山和国

---

[1] 沈云龙:《有关陈炯明叛孙的资料》,《传记文学》第32卷第4期,第78页。
[2] 达林:《中国回忆录》,第126页。
[3] 李大钊:《致胡适》,《李大钊文集》下,第955页。

民党的态度也发生了重大的转变。中国共产党刚成立时,对国共合作的态度并不积极。1921年中国共产党的第一个决议中"对现有政党的态度"一节曾规定:"只维护无产阶级的利益,不同其他党派建立任何关系。"[1]这说明初生的中国共产党对中国国情的认识还何等幼稚! 1922年初,马林在会见孙中山后,提议中国共产党党员和社会主义青年团团员加入中国国民党。4月6日,陈独秀写信给维经斯基表示反对。理由包括:"共产党与国民党革命之宗旨及所据之基础不同","国民党未曾发表党纲,在广东以外之各省人民视之,仍是一争权夺利之政党,共产党倘加入该党,则在社会上信仰全失",等等。[2]他对孙中山和国民党的认识也不全符合实际。

这年6月15日,即陈炯明叛变前一天,中国共产党中央执行委员会第一次发表它对时局的主张,对中国革命有了新的认识:"依中国政治经济的现状,依历史进化的过程,无产阶级在目前最切要的工作,还应该联络民主派共同对封建式的军阀革命,以达到军阀覆灭,能够建设民主政治为止。"对国民党也开始作出新的评价:"中国现存的各政党,只有国民党比较是革命的民主派,比较是真的民主派。"并主张:"邀请国民党等革命民主派及革命的社会主义各团体,开一个联席会议,在上列原则的基础上,共同建立一个民主主义的联合战线,向封建式的军阀继续战争。"[3]7月16日至23日,中国共产党召开第二次全国代表大会,第一次制定了明确的反帝反封建的民主革命纲领,并正式通过《关于"民主的联合战线"的决议案》。这次大会的宣言,比第一次时局主张更突出了反对国际帝国主义宰割中国的问题。它明确地写道:"各种事实证明,加给中国人民(无论是资产阶级、工人或农人)最大的痛苦的是资本帝国主义和军阀

---

[1]《中国共产党第一次代表大会档案资料》(增订本),第10页。

[2] 陈独秀:《致吴廷康的信》,《二大和三大》,第36页。

[3]《中共中央第一次对于时局的主张》,《中共中央文件选集》第1册,第19、25、26页。

官僚的封建势力,因此反对那两种势力的民主主义的革命运动是极有意义的:即因民主主义革命成功,便可得到独立和比较的自由。"这种对中国国情的认识比孙中山当时又要明确而彻底得多。宣言断定:"只有无产阶级的革命势力和民主主义的革命势力合同动作,才能使真正民主主义革命格外迅速成功。"[1]7月18日,共产国际执委会同意马林提出的国共合作等意见。8月12日,回莫斯科向共产国际汇报工作的马林同苏俄特使越飞一起到达北京。8月下旬,根据马林的提议,中共中央在杭州西湖举行特别会议,作出了中共党员以个人身份加入中国国民党的重大决定。这一连串事实,几乎都在孙中山困居永丰舰的6月中至8月这两个多月时间内发生。

孙中山和中国共产党,从不同的角度,经历了不同的探索过程,终于殊途同归地得出了基本相同的结论:面对着帝国主义列强和封建军阀势力这样的对手,为了拯救中国,国共两党应该携起手来并肩奋斗。这样,实现第一次国共合作的大门便打开了。

8月25日,中国共产党人李大钊陪同马林在上海再次会见孙中山。这同孙中山从广州回到上海相隔只有十天。孙中山告诉马林:他现在极其需要同苏俄建立亲密的联系。马林劝告孙中山:不要用单纯的军事方法去夺回广州,要以上海为基地,开展宣传工作。李大钊又同孙中山多次会见,"讨论振兴国民党以振兴中国之问题",两人"畅谈不倦,几乎忘食"[2]。孙中山十分兴奋,亲自主盟,介绍李大钊加入中国国民党。李大钊告诉他,自己是共产党员。孙中山回答:"这不打紧,你尽管一面作第三国际党员,一面加入本党帮助我。"[3]宋庆龄后来回忆道:"孙中山特别钦佩和尊敬李大钊,我们总是欢迎他到我们家来。""孙中山在见到这样的客人后常常说,他认

---

[1]《中国共产党第二次全国代表大会宣言》,《中共中央文件选集》第1册,第76、77页。

[2] 李大钊:《狱中自述》,《李大钊文集》下,第890页。

[3] 汪精卫:《中国国民党第二次全国代表大会政治报告》,《政治周报》第5期。

为这些人是他的真正的革命同志。他知道,在斗争中他能依靠他们的明确的思想和无畏的勇气。"[1]

因为条件业已成熟,各种问题也都已作过反复的充分的思考,孙中山这次到上海,不再像第一次护法运动失败时那样陷入长期的沉思。他的心情很开朗,很快就下定了改组国民党的决心。台湾的国民党史家也这样写道:孙中山这次到上海后,"审察当时国际之局势,本党革命失败之症结,国内青年思想之变动,与民众对于政治改革之要求,8月间苏俄代表越飞亦派员(注:指马林)来沪晋谒,商讨中俄新关系,遂下改组本党之决心"[2]。

孙中山这时完全恢复了他原来的那种自信,大刀阔斧地推进国民党的改组工作。一切都在紧锣密鼓中进行,局势的发展几乎是急转直下。9月4日,孙中山召集在上海的胡汉民、汪精卫、廖仲恺、张继、于右任、谭延闿、程潜、陈独秀等五十三人讨论国民党改组问题。参加讨论的人员成分是相当复杂的。但由于孙中山在党内有着巨大的威望,他的决心既已下定,会上似乎没有发生什么争执。国民党总务部部长居正也这样叙述:大家"交换意见,一致赞同"[3]。6日,孙中山指定包括陈独秀在内的九人为国民党改进起草委员。委员会经过一个半月的会议,起草出中国国民党党纲和总章。11月15日,孙中山召集第二次会议,对党纲和总章进行审议,经修改后通过,并推定胡汉民、汪精卫为中国国民党宣言起草员。参加这次会议的,除原有五十三人外,又增加了林祖涵(伯渠)等六人。12月16日,孙中山召集第三次会议,参加者又增加了陈少白、李烈钧等六人,对宣言进行讨论和修改。

经过这样反复而郑重的研究,孙中山决定在1923年1月1日发

---

[1] 宋庆龄:《孙中山和他同中国共产党的合作》,1962年11月12日《人民日报》。
[2] 《中国国民党十三年改组史料》,《革命文献》第8辑,第31页。
[3] 居正:《本党改进大凡》,《革命文献》第8辑,第32页。

表《中国国民党宣言》，1月2日召集中国国民党改进大会，公布《中国国民党党纲》和《中国国民党总章》，开始揭开中国国民党历史上的新的一页。

（五）国民党一大前后达到的高峰

本来，孙中山准备全力投入国民党的改组工作。他在1月2日国民党改进大会的演讲中说：过去"大家都不注意党事，只看重政、军两种进行，所以就大遭失败。现在要从党务进行，就是要恢复以前革命党的精神，发挥十几年前吾党先烈的精神。这样做来，成功一定可靠"。他又说："党的进行，当以宣传为重。宣传的结果，便是要招致许多好人来和本党做事。宣传的效力，大抵比军队还大。""俄国五六年来，革命成功，也就是宣传得力。他的力量不但及于国内，并且推及国外。"[1] 11月，他把赴福建的廖仲恺召回上海，同各省支部、干部接洽改组事宜。国民党的改组工作正在着手展开。

但历史的发展常常不以个人的主观意志为转移。1月14日，拥护孙中山、讨伐陈炯明的滇桂联军在出师后只有半个月，就胜利地收复广州。各方面期望孙中山重返广东。因此，《孙文越飞宣言》发表后只有二十天，他便在2月15日离沪返粤。一回到广东，无数实际工作立刻又摊在孙中山面前：重设陆海军大元帅府，同北江的桂军沈鸿英部和东江的陈炯明残部作战，处理广东内部以及同港英当局之间种种棘手的矛盾。为了打退陈炯明残部的反扑，孙中山曾长期地亲自在东江前线指挥作战，这在他一生历史中是仅有的一次。他在8月间写信给胡汉民等说："文在外专注意于军事，无暇分神于其他。"孙中山当时这样想：只有首先把广东革命根据地巩固下来，

---

[1] 孙中山：《在上海中国国民党改进大会上的演说》，《孙中山全集》第7卷，第6、7页。

国民革命才能有一个可靠的出发点。这是无可厚非的。

当然，就是在异常繁忙的戎马生活中，孙中山一刻也没有忘记改组国民党的工作。这年 6 月，中国共产党也在广州召开第三次全国代表大会，决定"共产党员应加入国民党"，全力促进国民党的改组工作。10 月 6 日苏联代表鲍罗廷到达广州，随即被孙中山聘为中国国民党训练组织员。"鲍罗廷在孙中山的国民党内在决定最重大问题时是有发言权的，他出席所有最重要的会议，准备那些主要的政治文件。孙中山在一些群众性的集会上把鲍罗廷介绍给自己的拥护者时，总是尽力使鲍罗廷在听众心目中享有最大的威望。"[1]他到后，国民党改组工作的步伐大大加快了。10 月 19 日，孙中山委任廖仲恺、汪精卫、李大钊等五人为国民党改组委员。24 日，又委任廖仲恺等九人为国民党临时中央执行委员，其中包括共产党员谭平山，负责筹备改组工作。12 月 9 日，孙中山在广州大本营对国民党党员发表演说，指出："吾党此次改组，乃以苏俄为模范，企图根本的革命成功，改用党员协同军队来奋斗。""此次本党改组，想以后用党义战胜，用党员奋斗。"[2]

"护法"的旗帜，这时已被孙中山抛开。他的这种态度，越到后来就越加明朗。有一次陆海军大本营召开政务特别会议时，有人提到"应继续护法事业"，孙中山便愤然说："现在护法可算终了。护法名义已不宜援用。因数年来吾人护法之结果，曹吴毁法之徒反假护法之名恢复国会。北京国会恢复之后，议员丑态，贻笑中外，实违反全国民意。今日不当拥护猪仔国会。"[3]他这次重设大元帅府，没有再做非常大总统，表面上看，仿佛又回到第一次护法时的做法，其实那是两回事：第一次护法时他这样做，是为了把总统的位子留

---

[1] 切列潘诺夫：《中国国民革命军的北伐》，第 32、33 页。

[2] 孙中山：《党义战胜与党员奋斗》，《孙中山选集》，第 549 页。

[3] 1924 年 1 月 7 日《广州民国日报》。

给依《临时约法》产生的"合法"总统黎元洪；这次却为了抛开"护法"那面旗子，不再召集什么国会非常会议，而要集中力量先从事革命的军事行动来解决问题。他说："今次本总理再回广州，不是再拿护法问题来做工夫。现在的政府为革命政府，为军事时期的政府，对于发展很有希望。"[1]在这方面，他再也没有什么犹豫了。

到1924年1月，正式改组国民党的时机已经成熟。20日至30日，在孙中山亲自主持下，中国国民党第一次全国代表大会召开了。这次大会通过的宣言，对民族主义、民权主义、民生主义重新作了解释，把它发展成为新三民主义。大会实际上确定了联俄、联共、扶助农工三大革命政策，实现了第一次国共合作。孙中山对大会的宣言作了说明。他说："此次我们通过宣言，就是从新担负革命的责任，就是计划彻底的革命。终要把军阀来推倒，把受压迫的人民完全来解放，这是关于对内的责任。至对外的责任，定要反抗帝国侵略主义，将世界受帝国主义所压迫的人民来联络一致，共同动作，互相扶助，将全世界受压迫的人民都来解放。我们有此宣言，决不能又蹈从前的覆辙，做到中间又来妥协。以后应当把妥协调和的手段一概打消，并且要知道，妥协是我们做彻底革命的大错。"[2]

在大会进行过程中，孙中山把反对帝国主义的问题放在十分突出的地位。宣言审查委员会曾将宣言"对外政策"项下的收回租界、收回海关、取消领事裁判权、废除不平等条约等具体内容删去。孙中山得知后十分生气，坚持要恢复这些条文，说："本党此次改组，如果我们还不能把反帝国主义的纲领提出来，中国革命至少还要迟二十年才能成功，可叹！"他为此在大会上专门作了发言，诚恳而坚决地指出："现在因应帝国主义来谋革命的成功的时代已经成为过

---

[1]《中国国民党全国代表大会会议录》第2号，《广东文史资料》第42辑，第14页。
[2] 孙中山：《对于国民党宣言旨趣之说明》，《孙中山选集》，第600页。

去了，现在是拿出鲜明反帝国主义的革命纲领来唤起民众为中国的自由独立而奋斗的时代了。不如此是一个无目的无意义的革命，将永久不会成功。"[1]这个主张被通过后，孙中山又郑重地说："假如不通过这点，那么大会就毫无意义。"[2]

国民党一大前后，孙中山革命思想的发展达到了它的高峰。这是毫无疑问的，是值得大书特书的。因为这方面已有不少研究论文，这篇文章中就不多作论述了。想补充的只有一点，就是国民党一大后，同新的历史条件下更丰富的革命实践相适应，孙中山的革命思想也正在继续发展。主要表现在两个问题上：

第一，反对帝国主义的态度越来越坚决。国民党一大宣言中已经指出："民族解放之斗争，对于多数之民众，其目标皆不外反帝国主义而已。"一大前后，英、美、法等六国为了"关余"问题竟派军舰到广州示威。以后，英国更公然支持以汇丰银行买办陈廉伯为首的商团叛乱，反对孙中山的革命政府。这些使孙中山对帝国主义侵略中国的面目看得更加明白。因此，在《为商团事件对外宣言》中，他旗帜鲜明地写道："今将开始一时期，为努力推翻帝国主义之干涉中国，扫除完成革命之历史的工作之最大障碍。"[3]

第二，对工人、农民的力量有了越来越清楚而实际的认识。要推翻帝国主义和封建军阀在中国的统治，离开工人、农民的巨大力量是办不到的。在国民党一大宣言中，我们已可看到这样明确的语言："国民革命之运动，必恃全国农夫、工人之参加，然后可以决胜，盖无可疑者。"国民党一大后，在国共合作的共同推动下，广东革命根据地的工农运动蓬蓬勃勃地发展起来。这种热气腾腾的群众斗争高涨的生动场面，是孙中山过去所没有见到过的。这个客观事实不

---

[1] 黄季陆：《划时代的民国十三年》，《中国国民党第一次全国代表大会史料专辑》，第212、214页。
[2] 邹鲁：《创办广东大学与读校三民主义》，《中国国民党第一次全国代表大会史料专辑》，第257页。
[3] 孙中山：《为商团事件对外宣言》，《孙中山选集》，第941页。

能不在他头脑中产生相应的反响。他在广州市工人代表会上发表演说:"工人既是有了团体,要废除中外不平等的条约,便可以做全国人的指导,作国民的先锋,在最前的阵线上去奋斗。"[1]当广东省第一次农民大会开幕时,他看到许多赤脚破衫的农民到广州开会,高兴地说:"这是革命成功的起点。"[2]当国民党中央农民部创办的农民运动讲习所举行第一届毕业礼时,他发表演说:"农民是我们中国人民之中的最大多数,如果农民不参加革命,就是我们革命没有基础。国民党这次改组,要加入农民运动,就是要用农民来做基础。"他在这个讲演中提出了"耕者有其田"的口号,说:"我们现在革命,要仿效俄国这种公平办法,也要耕者有其田,才算是彻底的革命;如果耕者没有田地,每年还是要纳田租,那还是不彻底的革命。"[3]

可见无论对革命的对象还是革命的动力,孙中山晚年的认识都还在发展,而这些同他的革命实践又都是联系在一起的。

不幸的是,孙中山在这以后不久就过早地去世了。他在遗嘱中说:"余致力国民革命凡四十年,其目的在求中国之自由平等。积四十年之经验,深知欲达到此目的,必须唤起民众及联合世界上以平等待我之民族,共同奋斗。"这是他一生奋斗中总结出来的根本的经验教训。

近代以来,中国的民族灾难实在太深重了。为着把祖国从苦难中拯救出来,无数志士仁人苦心焦虑地提出过各种各样的救国方案,进行了前仆后继的英勇搏斗。但是,要透过错综复杂的矛盾认清中国的国情,找到一条符合中国实际情况的救国道路,真是谈何容易。孙中山正是生活在这样一块国土上。为了振兴中华,他一生一直处在不停的探索中。一次又一次的失败,从来没有使他灰心过、退却

---

[1] 孙中山:《在广州市工人代表会的演说》,《孙中山选集》,第911页。

[2] 宋庆龄:《为抗议违反孙中山的革命原则和政策的声明》,《宋庆龄选集》,第21页。

[3] 孙中山:《在农民运动讲习所第一届毕业礼的演说》,《孙中山选集》,第935、937页。

过。一种又一种的救国方案，他都在实践中一一作过比较。孙中山是个有着顽强意志而又善于思索的人。一切重大的选择，只有他自己方能作出决断，任何人都无法强加于他。可以改变他原有想法的唯有事实，而这往往需要时间和过程。在孙中山生命旅程的最后阶段，他对中国革命的对象、方法和动力都有了新的认识，终于达到他一生思想的最高点。在近代中国那样的历史条件下，一个伟大的爱国主义和革命民主主义战士，最后能那样重视工农群众的力量，重视同共产党的合作，并同它结成联盟，决不是偶然的。孙中山一生经历的艰难的探索和最终的选择，对现代的中国人，仍然是一笔十分珍贵的精神遗产。

九、同盟会与光复会关系考实*

——兼论同盟会在组织上的特点

人们往往容易按照自己的经验去理解他所没有经历过的事情。这在历史研究中常常造成失误。因为看来十分类似的东西,在不同的历史条件下可以有很不相同的内容和特点。

在辛亥革命时期同盟会和光复会的相互关系问题上,就有这种情况。有些同志尽管有时也笼统地提到这些组织是相当松散的,但对它们的实际情况缺少具体的考察。于是,容易或多或少地以自己多年来习见的无产阶级政党那种比较严密的组织形式,去想象辛亥革命时期那些革命团体的组织状况,在论述时不自觉地离开历史的本来面目。再加上章太炎、陶成章等在重建光复会时,为了与同盟会相抗衡,有意夸大了光复会的某些历史情况,就更把事实给搞乱了。

(一)

为了把问题说清楚,不能不把话讲得远一些。先来考察一下同盟会、光复会这些资产阶级革命团体在组织上的特点。

同盟会确实是一个相当松散的政治团体。

参加同盟会,从组织手续上说,最重要的就是在承认它的宗旨后填写一份入会的盟书。谁只要这样做了,就算是同盟会的会员了。邓文辉曾经叙述他1907年参加同盟会的经过:"我们到了东京安置

---

* 原载《纪念辛亥革命七十周年学术讨论会论文集》(上),中华书局1983年版。

行李。当天晚上我与彭素民、张惟圣等数人,即由黄小山带领前去民报社拜访孙文。进门在楼下遇见宋教仁、吴寿天二人,述明来意。宋领导我们登楼到孙文先生卧室门口,脱履入室,与孙先生握手问好,并告以同愿参加同盟会献身革命之意。先生极表欢迎,即在房内窗口填写愿书,举行入会仪式。"[1]

对填写盟书这件事,同盟会是看得很重要的。它的仪式也很隆重。主誓约人要"当天发誓",承认"驱除鞑虏,恢复中华,创立民国,平均地权"这个宗旨,表示"如或渝此,任众处罚"。有的地方还要歃血为誓,示无反悔。李宗仁生动地描写他1910年在广西陆军小学参加同盟会时的情景说:"记得我们在该处入会,用钢针在指头上戳血作誓。我只把针向手指上一戳,血便出来了,并不觉得痛。而胆小的同学,不敢遽戳,把针在指头上挑来挑去,挑来挑去,挑得痛极了,仍然没有血出来,颇令人发笑。这也是一件趣事。"[2]盟书最初必须由本人亲笔填写,以后因为入会人越来越多,有些地方才改为让入会人在预先印好的盟书上签名。

宣誓时,要有主誓人和介绍人。最初,主誓人的资格限制得比较严格:要由本部或分会指定,才有接受会员的权力。"凡(本部)三部职员及分会长,当然为主盟人。其余经本部认定或分会认定者,亦得为主盟人。"[3]但后来就放宽了,因"当时本部委托各地主盟人无多。除在东京加盟者遵守定章外,内地同志方急于推行,而以地域时机种种关系,常由资望较高之同志主盟"。"在本部虽未委托伊等为主盟人","而事实上固未尝不承认也。其余海外各属亦多由初抵该处之同志主盟"。[4]

---

[1] 邓文翚:《共进会的原起及其若干制度》,《近代史资料》1956年第3期,第9页。
[2] 李宗仁:《李宗仁回忆录》,第52页。
[3] 田桐:《同盟会成立记》,《革命文献》第2辑,第4页。
[4] 李勒:《致张溥泉先生函》,《革命文献》第65辑,第173页。

盟书的保存，也被看作一件大事。同盟会第一次开会时，"会众签署盟书后，总理遂领导各人同举右手向天宣誓如礼。誓毕，总理谓：'在干事会未成立前，众人盟书暂由我保管。我之盟书则请诸君举一人保管。'众推黄兴任之"[1]。本部成立后，入会者的盟书即由本部保管。海外各地（如新加坡等），会员亦"以其盟书交庶务干事，由庶务干事转交会长收存，以时寄达本部"[2]。至于内地，则"以邮寄不便，且绝对秘密，故多暗中焚毁，并少报告。本部只就近机关主持者明其大概而已"[3]。

对填写盟书一事看得如此郑重，这显然是受着传统的秘密会党的影响。

而在填写盟书入会以后，就很少再受组织的约束。如果不是担任同盟会的职员，或者自己积极参与同盟会的活动，一般就没有固定的组织生活，也不受什么组织纪律的限制。所谓同盟会的会员，其实只是指他们历史上曾履行手续，参加过同盟会，而不是指他们以后一直还和同盟会的组织保持着联系。

留学生中，虽然成立各省分会，但分会本身缺乏经常的活动。分会长的任务，只是"专司本省留学界之入会主盟事务"[4]。胡汉民1906年所写的《星洲同志分帮原因及办法》描述同盟会新加坡分会的实际情况说："会员已满数百人，不能开会员大会。""既不能开会员大会，则有如下之弊端：（甲）会员不相聚集，往往虽属同志，亦不识面，且不知为何人。（乙）分会有事欲告会员，无从通消息。（丙）会员情谊不亲。"[5]至于内地，同盟会处于秘密状态，组织状

---

[1] 冯自由：《记中国同盟会》，《革命文献》第2辑，第8页。
[2] 《中国同盟会新加坡分会章程》，《革命文献》第2辑，第103页。
[3] 李勒：《致张溥泉先生函》，《革命文献》第65辑，第173页。
[4] 冯自由：《记中国同盟会》，《革命文献》第2辑，第10页。
[5] 胡汉民：《星洲同志分帮原因及办法》，《革命文献》第2辑，第105页。

况更为散漫。1910年倪映典等在广东新军中发展同盟会会员，号称达到全军人数的三分之一。但临到发动起义时，军队内部完全是一盘散沙，根本弄不清谁是同盟会会员，也看不到同盟会组织有什么活动。

各个同盟会会员，在实际的政治活动中通常只是本着自己的认识和彼此间的历史关系，共谋进行某一活动，或是各行其是，自由行动。甚至连同盟会本部一些重要人物的政治行动和进退出处，也往往由本人随心所欲去做，或出于朋友情商，并不受组织的多少约束。读读宋教仁的日记，对这一点会留下深刻的印象。民报社初成立时，张继（溥泉）为编辑人兼发行人；宋教仁为庶务干事，负责报社的经理工作。宋教仁日记1906年1月12日条载："时余久有心辞退《民报》事以求学。绍先乃劝余进早稻田大学，余亦是之。"21日条："邀宋海南俱来。时余既定计出民报社，而无人继之，乃与海南商，欲海南继为民报庶务干事，海南尚未即应允也。"27日条："宋海南来。余与谈民报社事，彼已允当干事，但不来住社内云。遂定议焉。"2月7日条："至民报社，值张溥泉不在，写一信责其太不理事。"27日条："已初至民报社，晤张溥泉。时溥泉愿往爪哇去。余遂邀溥泉同至邱心荣寓。溥泉与邱心荣乃直接言定焉。"3月1日条："七时至民报社，与张溥泉饯行。偕何小柳、前田氏同至凤乐园晚餐，九时散。溥泉明日起行，约明日上十时同摄影焉。"3日条："七时朱凤梧来，邀余同至民报社坐谈良久，商张溥泉去后之善后事。十时回。"就连同盟会本部职员的就任和辞去，也常类于儿戏。宋教仁日记1906年4月17日条："下午朱凤梧来，言□□会（按：即同盟会）亟需余为经理干事，余辞不肯。彼再三言之，并言昨日开会已经报告。余言现尚有二职，何能兼任？彼言二职均可辞退，惟此必须担任；且此亦甚闲散，断无烦多之事也。余思既可以二易一，则就此亦无妨，遂允之。"1907年1月4日条："九时至民报社坐良久，黄庆午言明日往□□去,将有起义之举。此间庶务干事欲交余代理,并属余可迁至伊处居之云云。余思余现在养病,既不能作他事;庆午此去,关系甚重,若不应之,殊为非是;且此职现亦无多事,亦可任也,遂应之。下午四时回。夜八时至孙逸仙寓,庆午亦在。逸仙与余言代理庶务事,余问其一切事务如何,逸仙不多言。及余坐良久,遂辞去,至民报社宿焉。"[1]本部在组织上散漫如此,其他地方组织的状况自然更可想见。

参加了同盟会的人也可以随意加入其他组织。这在当时是一件很普通的事情,就像一个人可以既参加这个社团,又参加别的社团一样。秋瑾即是一个例子。陶成章写道:"秋瑾者,素热心于办事。凡开会时彼如有可到会之资格者,无不到;凡革命党秘密会之有可入者,亦无不入。始与某某等十人,在横滨相结为三合会。至同盟会成立,即又入同盟会(浙人之入同盟会者,秋瑾为第二人云)。比返绍兴,复由徐锡麟之介绍,乃又入光复会。"[2]柳亚子又是一个例子。他在1906年到上海,"后来想进健行公学读书,却被高天梅拉去教国文。就在这个时候,加入了中国同盟会。同时,复以蔡子民先生的介绍,加入了光复会,算是双料的革命党了"[3]。有趣的是:蔡元培这时已是同盟会会员了,接着又担任同盟会上海分会会长,可是他却继续在那里把一个同盟会会员发展为光复会会员。

这些同盟会会员在参加其他组织时,并不需要经过同盟会组织的批准。他们在这些组织中的活动,也不代表同盟会,甚至和同盟会的组织没有多少关系。武昌起义时,湖北的两大革命团体是文学社和共进会。查一查有关人员的经历,可以发现:文学社的领袖蒋

---

[1] 宋教仁:《我之历史》第3卷,第2、4、5、6、9、15、16、17、27页;第6卷,第1、2页。

[2] 陶成章:《浙案纪略》,《辛亥革命》资料丛刊第3册,第17、18页。

[3] 柳亚子:《虎丘雅集前后的南社》,《越风》第8期,第3页。

翊武、刘复基是同盟会会员[1]；而共进会的重要领袖孙武、刘公、张振武等也是同盟会会员[2]。但他们回到湖北后，无论在文学社中，或是在共进会中，都不是以同盟会会员的身份从事活动的。这两个组织虽然都在湖北新军中从事革命活动，最初却互不相谋，甚至还存在相当深的隔阂。以后两者的联合，也并不出于同盟会组织的策划。

同盟会组织上的这种严重弱点，到武昌起义后就更加突出地表现出来了。

那时，各省纷纷独立，革命风暴迅速席卷全国。在革命高潮中，原来赞成革命、同情革命以至反对革命的各色人等，大批地涌进革命队伍，都自称为革命党。同盟会的组织在一片茫茫人海中已经基本瓦解。一部分同盟会会员与旧势力合流，沆瀣一气，而对自己原来的同志却尽力倾轧排挤。就是坚持革命的同志，彼此间保持的也多是个人与个人的历史关系，并不是组织上的联系。居正描写当时的情况说："中国同盟会，辛亥革命初期不立名目，但各主事人心目中，有个认识：是同盟会中人，则放心任以要职；不是同盟会人，则须慎之又审。"当留居东京的同盟会庶务刘揆一、会计何天炯"匆匆归国"后，那个原来就时断时续、若有若无的同盟会本部也不存在了。居正继续写道："南京政府成立，孙武等不得志于南京政府，胥动浮言。本部又无组织，人事纷乘，变相百出。"在这种情况下，一部分会员"认为同盟会一溃，则革命起家之事业，百无一成，反留臭名于千载。于是赁定房屋（南京成贤街），推定职员，着手筹备。选拔各省代表（原在东京任省支部长及本部干事、各地主盟者为合格）以三月初三日，于南京三牌楼第一舞台开全体大会，制定会纲，选

---

[1] 章裕昆：《文学社武昌首义纪实》，北京：生活·读书·新知三联书店1952年版，第11、75页。
[2] 张难先：《湖北革命知之录》，第190、192、194页。

定职员"[1]。这个民国初期的同盟会本部,实际上已是在经过一度无形解体后重新建立起来的了。

我们再来看光复会。

光复会的入会手续在前期也比较严格。"会员入会时,须选一极秘密的地方举行入会仪式;要刺血而对天起誓,表示革命之决心。"据参加光复会较早的陈魏回忆:"记得我入会时曾对天发誓,说过这样四句话:'光复汉族,还我河山,以身许国,功成身退。'""会员彼此都不相识,只有在共同参加多次会议和秘密工作之后,才互相知道是会员。"[2]鲁迅也是早期参加光复会的留日学生。当时,他的弟弟周作人跟他一起在日本留学。但参加光复会这件事,鲁迅却从来没有向周作人提起过,确实是严守秘密的。

光复会成立后,它的重要领袖徐锡麟、陶成章、秋瑾等积极奔走革命活动。但除秋瑾外,其他人对发展光复会组织都并不重视。光复会的组织似乎也缺乏经常的活动。在他们积极从事的那些革命活动中,重要的骨干分子有的是光复会会员,有的并不是。例如被称为"光复会在浙江的联络点"[3]的嘉兴温台处会馆,它的主持人敖嘉熊和魏兰尽管同陶成章等关系十分密切,但当时都不是光复会会员。反过来说,秋瑾在浙江积极展开革命活动时,光复会会员蒋尊簋正担任浙江新军第二标标统,却同这些活动并没有发生什么干系。这种看来十分反常的现象,其实并不反常。因为光复会这个组织和同盟会一样,本来就十分松散,缺乏作为一个组织的经常活动,会员入会后也不受到组织的严格约束。

把同盟会和光复会组织上的这种特点弄清楚了,就可以进一步考察它们的相互关系了。

---

[1] 居正:《居觉生先生全集》,第549、550页。
[2] 陈魏:《光复会前期的活动片断》,《辛亥革命回忆录》第4集,第127页。
[3] 沈瓞民:《记光复会二三事》,《辛亥革命回忆录》第4集,第135页。

（二）

长期以来，有一种流行的说法，认为中国同盟会的成立是由兴中会、华兴会和光复会联合而成的。这种说法追溯起来，在冯自由等人的著作中早已有了。以后，以讹传讹，几成定论。可是，并不符合历史事实。

光复会和同盟会有相同的地方，也有不同的地方。这种不同，主要表现在两个方面：第一，同盟会成立时，宣布它的宗旨是"驱除鞑虏，恢复中华，创立民国，平均地权"。接着，孙中山又在《民报》发刊词中提出了民族、民权、民生三大主义，也就是三民主义。光复会的宗旨却侧重在反满。前面说过，它的誓词是"光复汉族，还我河山，以身许国，功成身退"这四句话。而它的会名称作"光复"也反映了这一点。章太炎曾对"光复"这两个字作过多次解释。1903年5月，他写道："同族相代，谓之革命；异族攘窃，谓之灭亡；改制同族，谓之革命；驱逐异族，谓之光复。今中国既灭亡于逆胡，所当谋者光复也，非革命云尔。"[1]同年7月6日，他又写道："吾之序《革命军》，以为革命、光复，名实大异。从俗言之，则曰革命；从吾辈之主观言之，则曰光复。"[2]可见，他们虽然也同意革命，但主观上的着眼点还侧重在"光复"，也就是所谓"驱逐异族"。这和同盟会的宗旨并不相悖，但要狭窄一些。第二，同盟会是一个全国性的革命政党，它的会员几乎包括了全国各省的人。光复会却有浓厚的地域性。它的会员大抵都是浙江人，而且多数又是绍兴府人，如蔡元培、陶成章、徐锡麟、秋瑾、鲁迅等都是。这比起同盟会来，也要狭窄一些。

---

[1] 章太炎：《革命军序》，《章太炎政论选集》，北京：中华书局1977年版，第192页。
[2] 章太炎：《狱中答新闻报》，《章太炎政论选集》，第233页。

但是，这些不同不是相互排斥的，因而并不能单用它们来解释为什么光复会没有像华兴会那样，在同盟会成立后它的成员几乎都加入了同盟会，作为一个组织已不再存在。

造成这种状况的重要原因是：同盟会成立时，光复会和华兴会的具体处境不同。那时，华兴会因策划长沙起义失败，组织遭受破坏，它的主要成员黄兴、宋教仁、刘揆一、陈天华等都逃亡日本。1905年7月，孙中山从欧洲回到日本发起成立同盟会时，首先联络的对象就是他们。7月29日，黄兴和宋、刘、陈等共同商议是否参加同盟会的问题。会上意见并不一致，"遂以个人自由一言了结而罢"[1]。但次日同盟会召开第一次会议时，黄兴、宋教仁、陈天华都当场填写誓书，参加了同盟会；以后，刘揆一等也参加了。原华兴会会员虽然也有很少数不参加同盟会的，如章士钊，但已无关大局。这以后，华兴会的组织也不再存在。冯自由说："黄等对总理备致倾慕，并愿率领华兴会全体会员与总理合组新革命团体，总理深表赞同。"[2]这个说法，大体上是符合事实的。

光复会的情况就不同了。它原来的活动范围主要在国内的浙江、安徽、上海等地。华兴会起义计划败露时，它虽受到一些影响，但组织并没有遭到破坏，主要成员仍留居国内，未曾逃亡海外。当同盟会在东京成立时，光复会会员参加者极少。它的重要领袖蔡元培、徐锡麟、陶成章等都没有与闻其事。同盟会第一次会议出席者有七十多人。遍查与会者名单，光复会会员只找到蒋尊簋一人，而蒋同光复会的关系实在又是很疏远的。从这些情况来看，自然很难说同盟会的成立是由兴中会、华兴会、光复会三个组织联合而成的。

还有一种流行的说法，也是冯自由最先提出来的。他说：光复

---

[1] 宋教仁：《我之历史》第2卷，第28页。
[2] 冯自由：《记中国同盟会》，《革命文献》第2辑，第7页。

会会长蔡元培"于同盟会成立之初，已由本部指定为上海分部创办员，因是光复会员泰半入同盟会籍"[1]。查对一下历史事实，说得也不对。蔡元培确实参加了同盟会，但时间已在1905年的10月27日（乙巳年九月二十九日），是由曾任爱国学社军事教员的同盟会会员何海樵由日本到上海后秘密介绍他参加的。[2]接着，他担任了同盟会上海分会的会长。但由他主盟加入同盟会的共十一人（李衡、倪时渡、邓恢宇、梁鏊、陈家鼎、谢寅杰、唐支厦、林贞干、张天宋、唐公哲、王邦吉，前两人是安徽人，后九人是湖南人）[3]，其中没有发现一个是光复会的会员。蔡元培虽然是光复会的会长，但他"闻望素隆，而短于策略，又好学，不耐人事烦扰，故经营数月，会务无大进展"[4]。这时，徐锡麟等在绍兴创办大通学堂，"及既成立，而浙江革命之大本营遂由温台处会馆而移于大通学校，即光复会本部之事权亦已由上海而移于绍兴焉"[5]。蔡元培的参加同盟会，对光复会并没有发生太大的影响。

实际情况是：同盟会成立之初，主要在东京留学生、海外其他各地以及华南几省积极开展革命斗争；"然是时浙江内地多不知有同盟会事，仍其旧名为光复会"[6]，继续在浙江、安徽等地从事活动。国内的革命力量这时还很小，可以活动的余地实在太大了。两个组织尽可以平行地各自开展工作，相互并不排斥，一时也没有发生谁服从谁的问题。

在光复会方面，这时的灵魂是徐锡麟和陶成章两人。最初，陶成章、龚宝铨同金华、衢州、严州（治今建德市）、处州（治今丽水

---

[1] 冯自由：《光复会》，《革命逸史》第5集，第61页。
[2] 高平叔：《蔡元培年谱》，第20页。
[3] 《中国同盟会成立初期（乙巳、丙午两年）之会员名册》，《革命文献》第2辑，第19、42页。
[4] 冯自由：《光复会》，《革命逸史》第5集，第61页。
[5] 冯自由：《光复会》，《革命逸史》第5集，第61页。
[6] 陶成章：《浙案纪略》，《辛亥革命》资料丛刊第3册，第17页。

市)等地会党有联络,而徐锡麟则同绍兴府属的嵊县(治今嵊州市)王金发等所率会党有联络。蔡元培《自编年谱》说:"此两派各不相谋,而陶、徐两君均与我相识。我就约二君到爱国女学,商联络的方法。浙东两派的革命党由此合作,后来遂成立光复会。"[1]开始时,陶成章在光复会的实际活动中居于最重要的地位。"但他度量欠广,对待会友不能像徐烈士那样亲如手足,因而威望亦不及徐烈士。"于是,光复会的重心就逐渐转移到徐锡麟身上,"他当时奔走于绍兴府属和邻近的其他府属各县,积极进行联系党会的工作,很少离绍他往。因此,上海和其他各处的革命党人,都来绍兴同他联系。于是绍兴便成为会友集中之地了"[2]。

当时,作为光复会活动中心的是绍兴大通学堂。这所学堂是1905年9月23日由徐锡麟开办的。不久,陶成章、龚宝铨等因嘉兴温台处会馆不能维持,也来到绍兴,并奔走金华、处州两府,"遍招各处会党头目,入绍兴大通学校练习兵操。授与名片以为记号,给与川资以资其行"。据陶成章说:"凡本学堂卒业者,即受本学校办事人之节制,本学校学生,咸为光复会会友。于是大通学校为草泽英雄聚会之渊薮矣。"[3]

可是,徐锡麟也好,陶成章也好,共同的特点是:过于相信个人的力量,看重个人的活动,而轻视组织的作用。用陶成章自己的话来说:"盖浙人素多个人性质,少团体性质;其行事也,喜独不喜群,既不问人,亦愿人之不彼问。"[4]他这段话其实说得并不准确。"喜独不喜群",自然不是浙人独有的性质,而是当时许多资产阶级革命党人不同程度地存在的共同性质。而它在徐锡麟和陶成章身上,

---

[1] 蔡元培:《自编年谱》稿本,汤志钧同志抄示。
[2] 陈魏:《光复会前期的活动片断》,《辛亥革命回忆录》第4集,第127、128页。
[3] 陶成章:《浙案纪略》,《辛亥革命》资料丛刊第3册,第27、28页。
[4] 陶成章:《浙案纪略》,《辛亥革命》资料丛刊第3册,第17页。

表现得尤为突出。

就在大通学堂创办前后，他们心中已另有一套个人的行动计划："捐官去日本学陆军，以便回国后可以做官，掌握兵权，实行革命。"[1] 陶成章出发招集浙东各地会党头目入大通学堂时，"因为有捐官习陆军事在心，急欲还绍兴"[2]，只联络了绍兴、金华、处州三府，对衢州、严州、温州、台州（治今临海市）四府的会党都没有来得及联系。不久，在许仲清的资助下，徐锡麟捐得道员，陶成章捐得知府，龚宝铨捐得同知，便抛开大通学堂，把发展光复会组织的事放在一边，在这年冬天前往日本。

到日本后，一切进行却不顺利。由于受到清方官员的怀疑，他们"求入联队，以体格不合见屏。图入振武学校及陆军经理学校，皆不成"[3]。

这时，徐锡麟和陶成章两人之间又发生了严重的意见冲突。冲突集中在两个问题上。第一，徐锡麟因不能入陆军学校，准备暂入警察学校，并谋求陆军学校、军事机关等差使；陶成章却认为非直接统率军队不可，否则，就实行集体暗杀活动，以扰乱北京。双方长时间争执不下。第二，对大通学堂今后如何处置，两人看法也相对立。陶成章对大通学堂并不那么感兴趣，认为：要兴革命军，不能靠学校为大本营；学校不过是造就人才，现在人才已足用，不如归乡创办团练。他并且主张：大通学堂在第一期6月毕业后，应该"乘时闲歇，以免日后之败露"[4]。徐锡麟又不同意，并且派竺绍康等继续召集徒党，来大通学堂再开体操班，这时已到了1906年的四五月间。

---

[1] 陈魏：《光复会前期的活动片断》，《辛亥革命回忆录》第4集，第129页。

[2] 陶成章：《浙案纪略》，《辛亥革命》资料丛刊第3册，第27页。

[3] 魏兰：《陶焕卿先生行述》油印稿。

[4] 陶成章：《浙案纪略》，《辛亥革命》资料丛刊第3册，第29页。

不久，陶成章因病住院。徐锡麟就在陶成章住院期间，自行回国，奔走上海、湖北、浙江、北京、东北等地，并依靠他的表伯、前湖南巡抚俞廉三的关系，以道员分发安徽，在这年年底担任陆军小学堂会办。第二年，又改任安徽巡警学堂会办，兼安徽巡警处会办，力谋在安徽起事。陶、徐之间本已有了严重的裂痕，这时，陶成章更认为徐锡麟这些活动是出于个人虚荣心的驱策，拒绝同他继续合作。[1]两人就正式分手了。1907年1月4日，陶成章在东京加入同盟会。这以后很长一段时间内，他实际上已脱离了光复会的活动。

徐锡麟到安徽后，行事依然"喜独不喜群"，主要想凭借他个人取得的警察会办的身份，准备发动突然事变，夺取安徽。安徽巡警学堂学生、追随徐参加这次发难的凌孔彰，在回忆录中记述了徐锡麟这段时间内从事的秘密革命活动，却一个字也没有提到光复会的组织这时有什么活动。[2]徐锡麟在安徽巡警学堂的另一个学生朱蕴山在回忆中，虽曾说到他和宋玉琳、杨允中等进入该校兵士班学习后，"所有该班学员都由徐锡麟老师介绍加入光复会"，但他们对这次起义的具体计划看来事前并无所知，只是到临起义时，"从远处看，徐师突然从靴筒中抽出手枪，直射恩铭，弹中要害，同时高呼：革命军今日起义了！"。[3]因此，起义时的情况是相当混乱的。

这里趁便说到：过去不少人曾把吴樾、熊成基说成安徽的光复会会员，其实是以讹传讹，缺乏根据的。关于吴樾，陶成章曾说："吴樾者，芜湖安徽公学学生，亦光复会之会员也。"[4]但据吴樾的同学好友马鸿亮所写的《吴樾烈士传略》和吴樾刺五大臣后倪嗣冲上

---

[1] 张玉法：《清末的革命团体》，第513、514页。

[2] 凌孔彰：《徐锡麟安庆起义纪实》，《辛亥革命回忆录》第4集，第392—398页。

[3] 朱蕴山：《我的老师徐锡麟》，《中国建设》1981年第8期，第34、35页。

[4] 陶成章：《浙案纪略》，《辛亥革命》资料丛刊第3册，第17页。

袁世凯的密禀说：吴樾虽是安徽桐城人，但1901年春即"以家贫亲老，北游燕冀"。第二年5月考入保定高等学堂肄业，直到刺五大臣前。而芜湖安徽公学是1904年从湖南长沙迁来的[1]，吴樾根本没有在那里求过学。他曾同赵声等秘密组织少年中国强学会，1902年秋又与杨毓麟、马鸿亮等刺血组织过秘密革命团体，却没有参加过光复会。关于熊成基，章太炎曾说："徐锡麟之杀恩铭，熊成基之袭安庆，皆光复会旧部人也。"[2]可是，遍查同熊成基直接有关的人员记载：熊是岳王会的成员，没有参加光复会。他的参加革命活动是受了岳王会南京分部长柏文蔚的影响。柏、熊两人是安徽武备学堂同学。柏在同学中散布革命宣传品，"而熊成基读《扬州十日记》时，乃至流泪不止，余因之与订交焉"[3]。熊所领导的安庆起义中，也是由岳王会的人"推熊成基为总司令"，"在这期间，安庆方面并无其他组织，其主力全为岳王会的人"。[4]前面所举这两种说法，虽出自光复会重要领袖章太炎、陶成章之口，仿佛是毋庸置疑，但一查对，却没有事实可作佐证，其实并不可靠。

尽管徐锡麟刺杀恩铭，有如一声霹雳，震动了全国，可算是一场有声有色的活剧，但舞台上几乎只是徐锡麟一人所演的独角戏，至多再加上陈伯平、马宗汉这两个不太重要的配角。随同徐锡麟进攻军械所的少数巡警学堂学生，还没有来得及弄清这是怎么一回事，只能算是一批被动听命的"龙套"。陶成章也这样说："诸生惊愕，不知所为。"[5]至于光复会的组织在这次安庆事件中起了什么作用，看来是难以说清楚的。

---

[1]《辛亥革命前安徽文教界的革命活动》，《辛亥革命回忆录》第4集，第377页。
[2] 章太炎：《致临时大总统书》，《章太炎政论选集》，第557页。
[3] 柏文蔚：《五十年经历》，《近代史资料》1979年第3期，第7页。
[4] 常恒芳：《记安庆岳王会》，《辛亥革命回忆录》第4集，第441页。
[5] 陶成章：《浙案纪略》，《辛亥革命》资料丛刊第3册，第39页。

总之，陶成章和徐锡麟这两个光复会的领袖人物，陶是态度消极，实际上已脱离光复会的活动；徐虽在积极准备起义，却把光复会的组织撂在一边。这时，给光复会的组织注入了一股新的生命力量的，倒是秋瑾。

秋瑾是1905年底，因留日学生集体反对日本文部省颁布的《清国留日学生取缔规则》而归国的。她在革命活动中是比较看重组织的力量的。陶成章在说到浙江人行事"喜独不喜群"以后，紧接着又说："惟秋瑾反是，喜群不喜独，且遍为张扬其事。故自秋瑾返绍兴后，而革命之风气乃大露。"[1]她第一次返绍兴，是在归国后第二年的新春。这次，她只在明道女学代了几天体育课。3月间，又经褚辅成介绍，应湖州南浔浔溪女学聘为教习。这年暑假，再到上海，并创办《中国女报》。"1906年冬天，秋瑾来到杭州，在新军界中发展光复会会员。"[2]据周亚卫回忆：她所发展的光复会会员，在浙江督练公所有夏超、许耀、虞霆；在武备学堂有吕公望、黄凤之、张敢忱；在新军第二标有朱瑞、周凤岐、叶颂清、俞炜；在弁目学堂有徐光国、吴斌、周亚卫等。以后，辛亥革命时参加浙江独立的新军军官中的光复会会员，大抵就是秋瑾这批发展入会的。这时，绍兴的大通学堂内部涣散，风潮迭起。1907年2月，秋瑾应学堂诸办事人的邀请，以董事的名义，再往绍兴主持校事。"自从徐锡麟留日以后，堂内继任的余静夫、曹钦熙等不了解会党的秘密，致引起风潮。"[3]秋瑾主持校事后，又派人与金华、平阳、义乌、武义一带的会党取得联系。她还秘密编制光复军制，并铸成金指约，上面分刻文字，颁给有关人员，积极准备发动武装起义。

但从组织上讲，秋瑾是有着双重身份的：既是光复会会员，又

---

[1] 陶成章：《浙案纪略》，《辛亥革命》资料丛刊第3册，第17页。
[2] 周亚卫：《光复会见闻杂忆》，《辛亥革命回忆录》第1集，第626页。
[3] 徐双韵：《记秋瑾》，《辛亥革命回忆录》第4集，第214页。

是同盟会会员，并且是同盟会的浙江主盟人。所以她在发展别人参加革命组织时，有时要人加入光复会，有时又要人加入同盟会。褚辅成回忆道："先是，光绪三十一年同盟会成立于日本东京，秋瑾奉党魁命回国为革命运动，先至嘉兴，征得党员不少。冬季到杭垣，寓过军桥荣庆堂客栈，运动弁目学堂学生周亚卫、吴斌、徐忍茹等多人，加入光复会。次年秋瑾由褚辅成介绍，进南浔女学堂执教鞭，女教员徐自华等多受其感召而加入同盟会；不久即辞职赴杭绍各地征求党员，从者甚多。"[1]徐自华的妹妹、浔溪女学学生徐双韵回忆说："我们受到秋瑾至诚的感化，就先后秘密加入了同盟会与光复会，经常进行革命活动了。"[2]大通学堂学生朱赞卿在回忆中更明确地说：他和同学俞奋、张佐是经大通学堂国文教员姚勇忱介绍参加同盟会的，目标是"驱除鞑虏，恢复中华，创立民国，平均地权"。并说：姚勇忱告诉他们，"绍兴方面是黄校长（大通学堂校长黄怡）主盟，浙江方面是秋董事（秋瑾）主盟"[3]。因此，秋瑾在绍兴大通学堂领导的革命活动，就很难分清究竟是光复会的革命活动，还是同盟会的革命活动了。

由于入会主要只是照式填写一张誓约，以后并没有固定的组织形式，也没有纪律的约束，有的人还不止参加一个组织，所以，究竟什么人参加了什么组织，确实也常不易弄清。拿朱瑞来说，前引周亚卫的回忆中，言之凿凿地说他是光复会会员，并说他在浙江新军的光复会会员中起了较大的领导作用；可是，沈瓞民的回忆中却认为他不是光复会会员，并且还郑重其事地说明："浙江光复军的朱瑞，是同盟会会员，而后人记载，说他是光复会会员；一同革命，

---

[1] 褚辅成：《浙江辛亥革命纪实》，《辛亥革命》资料丛刊第7册，第151页。
[2] 徐双韵：《记秋瑾》，《辛亥革命回忆录》第4集，第211页。
[3] 朱赞卿：《大通师范学堂》，《辛亥革命回忆录》第4集，第147页。

外界自难分清耳。"[1]其实，朱瑞自己倒有一个明确的说法："瑞当早年，偕诸志士，奔走国事，曾入光复、同盟两会。"[2]原来他是两个组织都参加的。可是，由于前述原因，何尝只是"外界自难分清"，就连参加了同一组织的人实在也很难一一分清。如果同盟会和光复会有着比较严密的组织形式，那么这种现象就将成为很难理解的了。

秋瑾的被杀害，给了光复会致命的打击。这一下，光复会顿时失去了维系整个组织的中心。周亚卫说："光复会的领导人是陶成章、徐锡麟、秋瑾三人。丁未起义失败，徐、秋牺牲了。陶成章和杭州新军界同志接触的机会较少。杭州方面的领导人，丁未之后也有变化：朱瑞离浙江到安徽去了，周凤岐进陆军大学去了，叶颂清遭受地方同乡的打击，也暂时离了军职。因此，有几年，杭州光复会的活动比较少。"[3]所谓"有几年，杭州光复会的活动比较少"，其实还是一种含糊其辞的说法。吕公望在回忆中讲得明白："由于徐锡麟、秋瑾等革命的失败而身死，浙江的光复会也就无形解体。"[4]要不是有1910年陶成章等重建光复会的事情发生，光复会的组织几乎就这样无声无息地自行消失了。

（三）

1910年章太炎、陶成章的重建光复会，严格说来，并不是恢复原有的光复会组织，而是另立山头，只是为了便于号召，才继续沿用光复会那块旧招牌罢了。

这次重建的原动力来自陶成章。

---

[1] 沈瓞民：《记光复会二三事》，《辛亥革命回忆录》第4集，第138页。

[2] 朱瑞：《通告脱离党籍》，《辛亥革命浙江史料选辑》，第565—566页。

[3] 周亚卫：《光复会见闻杂忆》，《辛亥革命回忆录》第1集，第630页。

[4] 吕公望：《辛亥革命浙江光复纪实》，《近代史资料》1950年第1期，第109页。

前面已经说过，陶成章自捐官去日本谋学陆军后，因同徐锡麟发生冲突，实际上已脱离了光复会的活动。1906年夏，他在日本"联络闽皖各同志，自称五省大都督，分浙东、浙西、江南、江北、江左、江右、皖南、皖北、上闽、下闽为十军"，颇有点虚张声势，其实并没有集结多少力量。徐锡麟、秋瑾在皖浙的发难活动，陶成章都没有与闻其事。但事后徐锡麟的弟弟徐伟在供词中牵连陶成章，"端方通电饬拿先生（指陶成章）等，由是革命党之名大著"[1]。

参加同盟会后，最初他对同盟会的活动是很热心的。1908年4月至7月，还在日本主编了《民报》第20期至22期。"《民报》之所以发挥民族主义，期于激动感情为事者，盖自陶氏编辑时始。"[2]当时，孙中山、黄兴等远在南方，从事武装起义。同盟会本部仍在东京，和民报社几为一体。这时，陶和同盟会的关系还是好的。

陶成章的为人，艰苦卓绝是其优点，赋性褊狭是其弱点。不久，他和孙中山之间又发生了严重的冲突。造成冲突的直接原因，是《民报》的经费问题。当时，《民报》的经费确实遇到了困难，孙中山却正集中力量在两广、云南边境地区多次发动起义，一时无力接济。1908年9月，陶成章改名唐继高，亲赴南洋向孙中山索款。这时，孙中山的处境正十分狼狈。郑螺生记述道："河口镇南关一役，同志被安南政府驱逐出境者达六七百人，全数安放新嘉坡。各同志遂发起筹捐义费恤亡费善后费，日以筹款从事。正在困难中，忽东京章太炎派陶成章来星洲，向总理要求拨款三千元为《民报》印刷费，并求增加股款及维持费。总理四处张罗，无法筹措。乃出其手表等物，嘱往变款，以救燃眉之急。彼竟生误会，与总理争持不休。厥后又请总理给以介函至各机关筹款。总理许之。陶得函后亲至各埠，

---

[1] 魏兰：《陶焕卿先生行述》油印稿。

[2] 曼华（汤增璧）：《同盟会时代民报始末记》，《辛亥革命》资料丛刊第2册，第443页。

而应之者只允为从缓筹集,未即交现。"[1]这样,陶成章对孙中山就日益不满,产生重新打出光复会旗号以与同盟会相抗衡的念头。

陶成章这种打算,在两件事情上明显地表现出来:第一件是,1908年冬,同盟会缅甸分会筹付给陶成章带往爪哇(今属印尼)款一千元以上。陶在所开凭单上书:"今有收到×××义士赞助江浙皖赣闽五省革命军费并布置决行团一切费用金××元正。代表陶成章押,浙江同盟会分会印。"而在筹饷章程中写道:"本光复会,由来已久。乙巳夏,由总会长蔡、湖南分会长黄,从舆论众望,请孙中山先生为会长,开会日本东京,改名同盟会,而以本会附属之。但该时浙江内地,势力异常扩张,章程发布已久,更改为难,故内地暂从旧名。然重要事务员,均任同盟会职事,故又名浙江同盟会分会。本会前日一切办事一切费用,均由内地同志担任。近因事务扩张,费用不敷,故商之总会,遣人至海外,以求海外同志人等赞助焉。""本会办事所在地,虽以浙江为根基,而于江浙皖赣闽诸省,皆有所布置。即于去岁徐烈士事可见一斑,故即以江浙皖赣闽五省为本会办事区域。"[2]只要稍具历史知识的人一看,就会清楚:陶成章在这里所说的同盟会和光复会的历史,几乎都是信口开河,与事实距离甚远。特别是对光复会地位和作用的叙述,任意地夸大了。他为什么要这样做?显然只是为了重新打起光复会旗号作舆论准备。第二件是,他在缅甸仰光的《光华日报》上连续发表了记述徐锡麟、秋瑾和他自己从事革命活动事迹的《浙案纪略》。这也是出于同一目的。魏兰说:《浙案纪略》在报上连续发表后,"以故南洋群岛无人不知先生"[3]。

有了这些资本,陶成章就在1909年初到南洋各地活动。这一

---

[1] 郑螺生:《华侨革命之前因后果》,见《南洋霹雳华侨革命史迹》卷首。

[2] 《凭单》,见徐市隐《缅甸中国同盟会开国革命史》。

[3] 魏兰:《陶焕卿先生行述》油印稿。

带，同盟会原有相当影响。"新加坡同盟会成立后，同盟会本部于丙午、丁未两年（1906年、1907年）迭派谢良牧、李柱中、李天邻、陈方度、曾连庆、梁墨庵诸人赴荷属各埠组织分会，因避荷官干涉，多称书报社或某某学堂，以掩饰耳目。"[1]

陶成章到那里后，捏造许多事实，恶毒地攻击孙中山。有人写信告诉汪精卫说："有陶成章者到文岛各埠散布流言，谓孙中山将各处同志筹捐之款，拨为己有；河口之役所费不过千余元，由河口就地筹饷万余元，汉民反攫去三千元；并谓精卫以此大不满意，将与孙先生分离。文岛同志闻其言，多怀不平。"[2] 这时，李燮和（柱中）正主持文岛、槟港的同盟会会务。他对孙中山素有不满，就同陶成章一唱一和，联合起来攻击孙中山。魏兰说："时李燮和等在网甲为学堂教员，亦屡忿孙文之以诈术待人，遂联络江浙湘楚闽广蜀七省在南洋办事人，罗列孙文罪状十二条，善后办法九条，并将孙文往来信札，交先生（指陶成章）手，托其带至日本东京同盟会总会，不欲戴孙文为会长。"[3] 当时，孙中山的处境更困难了。他全力以赴地发动的钦廉（今广西钦州、合浦）、河口（今属云南）等多次起义都失败了，自己又遭受新加坡当局驱逐，凡与国内接近的地区至此都无法居住，只得远走欧美，从事革命宣传和筹饷活动。陶成章等宣布的"孙文罪状"十二条，如"借革命以骗财"等，确属污蔑不实之词。这种举动，实在是不顾大局的分裂行动。

陶成章、李燮和等的这些要求，遭到了那时已回到日本、主持同盟会本部工作的黄兴的拒绝。黄兴并和谭人凤、刘揆一联名致函南洋同志"详细解释，以促南洋诸人之反省"。而"在东京与陶表同

---

[1] 冯自由：《华侨革命开国史》，第93页。
[2] 汪精卫：《致蓝瑞元、黄癸凤书》，《革命之倡导与发展》，中国同盟会一，第591页。
[3] 魏兰：《陶焕卿先生行述》油印稿。

情者，不过江浙少数人与章太炎而已"[1]。

这一来，陶成章就恼羞成怒，公开和同盟会翻脸，下决心另立门户了。以前，陶对孙中山的攻击还是在同盟会内部进行的，他们的"善后办法九条"也是向同盟会本部提出的，要求在革除孙中山总理职务后改组同盟会。这个目的没有达到。再加上汪精卫等续刊《民报》时又将章太炎、陶成章索性排斥在外。魏兰记载道："由是章太炎作《伪〈民报〉检举状》，痛斥孙文借革命为新骗术。当其时，陈威涛客爪哇魏兰处，将孙文罪状用药水印刷百余纸，邮寄中外各报登之。孙文大怒，命各机关报攻击先生（指陶成章）与章太炎、陈威涛，不遗余力。先生因作布告同志书一册，直言孙文种种之非，并略述自己生平所经历，此己酉年事也。"[2]这就把分裂公开摊明到社会上去了。与此同时，在组织上陶成章也决心另立山头。这年秋间，他在致李燮和的两封信中写道："弟意各处局面，可以收拾者则收拾之，不则弃之可也，何妨另开局面乎？前次之事，终算一场大悔〔晦〕气罢了。""总会亦已一败途〔涂〕地，无可整顿矣。弟乃邀集旧时同志最可靠者商酌数次，已议定草章，寄奉三张。"[3]他所说的"另开局面""已议定草章"云云，指的就是重新打起光复会旗号这件事。章太炎在他的自定年谱1909年条中也说："焕卿（陶成章）自南洋归。余方讲学，焕卿亦言：'逸仙难与图事，吾辈主张光复，本在江上，事亦在同盟会先，曷分设光复会？'余诺之。同盟会人亦有附者。"[4]

1910年2月，光复会总部在东京成立，章太炎任会长，陶成章任副会长，章梓为庶务员，沈家康为书记员。由于它所依靠的实际

---

[1] 黄兴：《为陶成章诬谤事致国父函》，《黄克强先生全集》，第116页。

[2] 魏兰：《陶焕卿先生行述》油印本。

[3] 《陶成章信札》，第22、25页。

[4] 章炳麟：《太炎先生自定年谱》，《近代史资料》1957年第1期，第122页。

力量还在南洋,因此,特地"于南洋设立一行总部,代东京总部行事,以便就近处置一切事宜"[1]。这个行总部,由李燮和、魏兰、沈钧业为执行员。

重建的光复会的成员,和原来的光复会有很大不同。其中,虽然有一部分光复会的旧人,如陶成章、龚宝铨,也有一些过去没有参加光复会但同它关系密切的,如魏兰,但更多的是南洋一带的原同盟会员,他们本来和光复会素无瓜葛,只是由于对孙中山不满,而参加到这个反孙的行动中来。他们中的核心人物李柱中(燮和)就是这样:他是湖南安化人,原来是华兴会会员(一说他在从湖南到上海时一度加入过光复会),以后加入了同盟会。陈方度、柳扬谷(聘农)等也是这样:由原来的华兴会会员再参加同盟会的。另一个在新加坡参加光复会的许雪秋,是广东人,原来同兴中会关系密切,后来参加同盟会,因为对孙中山不满,也参加了光复会。而国内许多原来的光复会会员,都并没有同这个重建的光复会发生关系。连原光复会的会长蔡元培,也没有同这个组织发生任何关系。

显然,它并不是原来那个光复会的恢复和继续,而是同盟会中分裂出来的一种新的政治集合。

这个政治集合的共同基础,是出于各种不同原因而对孙中山有不满,很多是意气之争,但它也有比较深刻的根源。在同盟会内部,对"反满"的看法是一致的,但其他问题上的分歧就比较多。章太炎、陶成章两人虽都是同盟会重要成员,并且先后主持过《民报》的编辑工作,可是同孙中山的政治主张并不完全一致。他们两人受中国传统思想的影响都比较深,在"反满"问题上表现得特别激烈,但对共和国制度并不十分热心。他们对农民的土地问题比较关心,主张平分土地。他们又都看重教育问题,对群众性的武装斗争却不很重视。思想

---

[1]《陶成章信札》,第50页。

上的种种不一致,最后自然也容易导致组织上的分裂。

可是,他们和同盟会的分裂又是仓促从事的,政治上的准备并不充分。因此,在分裂后也没有独立提出什么比较完整的政纲来,甚至还表现得相当混乱。陶成章在一封信中说:"至于革命一节,弟意非先扰乱北京不可。"[1]怎样来"扰乱北京"呢?据魏兰记叙:"先生素主中央革命,与女士孙晓云密谋,欲在北京开设妓院,以美人诱满清贵族,席间下毒,以为一网打尽之计。"[2]这真是荒唐到了极点!重建光复会后不久,陶成章又在给魏兰的信中说:"弟本意会必设立,不汲汲扩张,以教育为进取,察学生之有志者联络之,如是而已。又一面经营商业云。"如果必须采取一些激烈手段的话,照他说来:"其策无他,先集数千金,或万金之款,办暗杀事宜,以振动华侨始可。""如不用暗〔杀〕,转用地方起兵,丧民费财祸莫大焉。一有不慎,必引外国人干涉,后事益难着手矣。""若东放一把火,西散一盘沙,实属有害而无益。"[3]他这样公开反对在各地举行武装起义,只看重教育和暗杀,比起同盟会的政治主张来,反而是倒退了。

但是,在反对满族贵族统治的清朝政府这个根本问题上,重建后的光复会和同盟会仍然是一致的。它们之间属于革命队伍内部的矛盾,并没有根本利害上的冲突。到黄兴、赵声策划在广州发动起义时,陶成章就多次表示:"克强得伯先,事或可就。"[4]1910年11月,他给沈钧业的信中又说:"孙文以后不必攻击,弟意亦然。"[5]这以后,同盟会和光复会的关系显然有所改善。

---

[1]《陶成章信札》,第23页。

[2] 魏兰:《陶焕卿先生行述》油印稿。

[3]《陶成章信札》,第53、54页。

[4] 章炳麟:《太炎先生自定年谱》,《近代史资料》1957年第1期,第122页。

[5]《陶成章信札》,第58页。

广州3月29日起义前后，在武装起义的着着进行中，光复会和同盟会又携手合作了。"庚戌（1910年）冬，黄克强至南洋筹募广州起义军资，力劝李柱中、陈方度等捐除意见，合力筹款。陈、李等从之，且愿赴粤参加义举。"[1]孙中山在槟榔屿（今属马来西亚）召开准备起义的会议时，李燮和也参加了。"会后，李燮和回岛召集各埠同志报告会议内容，大家非常高兴，就照此次会议的方法，向荷属侨胞筹饷，公推黄甲元和温庆武二同志负专责。"[2]第二年春，光复会在南洋的会员李燮和、陈方度、王文庆、胡国梁、柳聘农等先后赶到香港，向黄兴为首的统筹部报到，并在统筹部的统一指挥下，不分畛域，一起活动。他们中大多数人直接参加了广州的武装起义，根本没有区别什么同盟会会员和光复会会员，也没有在起义活动中保留不同的组织系统。陈方度、柳聘农、胡国梁三人就是同黄兴的儿子黄一欧一起，由黄兴派遣，从香港到广州，考入巡警教练所为学员，准备从内部充当响应的。[3]就是陶成章，这时也应招遄赴香港。魏兰写道："广州之役，李燮和、王文庆电招先生归香港。事后，先生偕燮和、文庆赴沪，晤女士尹锐志、尹维峻姊妹于秘密机关，会商再举。"可就在这时，他和陈其美又发生了冲突。据魏兰说："六月初一日，在嵩山路沈宅开会，陈其美出手枪欲击先生。过数日，先生又与陶文波等再往南洋，组织光复分会。"[4]这个裂痕，又种下了1912年陈其美派人暗杀陶成章的祸根。

　　1911年10月武装起义后，各省响应，宣告独立。光复会会员也纷纷参加这些起义活动：在上海，有李燮和等；在江苏，有章梓等；在浙江，有吕公望等。其中，有后期的光复会会员，也有前期

---

[1] 冯自由：《华侨革命开国史》第95页。
[2] 胡国梁：《辛亥广州起义别纪》，《辛亥革命》资料丛刊第4册，第264页。
[3] 黄一欧：《黄花岗起义亲历记》，《湖南文史资料选辑》第10辑，第5—9页。
[4] 魏兰：《陶焕卿先生行述》油印稿。

的光复会会员，但似乎看不到有光复会组织的活动。这里需要提到：吕公望后来在《辛亥革命浙江光复纪实》中说：1910年时，朱瑞、吕公望、童保暄等在浙江又重整光复会，并推吕主持；浙江独立前夕，吕因出差，将光复会戳记交童保暄，号令一切。[1]但这个说法不能得到其他材料的证实，并同有关人员的记载还有抵牾，这里只能暂时存而不论。

11月18日，光复会会长章太炎回国，抵达上海，住在李燮和主持的吴淞军政分府。但看来他这时并没有从事光复会的活动。他在《民立报》上还刊登回国启事，宣称："仆此来担任调人之职，为联合之谋，因淞军司令官李君素有旧交，故暂驻军中数日，初非别有规划。"[2]第二天，武昌军政府临时代表胡瑛、何海鸣等发起筹备中华民国联合会，章太炎和伍廷芳等就列名赞成。不久，他又公然揭出了"革命军起，革命党消"的口号。这时，陶成章也遄返上海，在上海江西路又挂起光复会的招牌。"特召集旧部之光复义勇军急速进剿，并电饬浙属温台处三府添练义勇三营，以为后援。一面电告外洋各机关，速汇巨款。又设立沪地机关，名曰：光复义勇军练兵筹饷沪局。"[3]章太炎对陶成章这样做并不赞成。他在《太炎先生自定年谱》中记载道："余告之曰：'江南军事已罢，招募为无名。丈夫当有远志，不宜与人争权于蜗角间。武昌方亟，君当就蛰仙（汤寿潜）乞千余人上援，大义所在，蛰仙不能却也。如此既以避逼，且可有功。恋之不去，必危其身。'焕卿不从。"[4]1912年1月3日，章太炎和旧官僚程德全、立宪派张謇等一起，正式成立中华民国联合会，章任会长，程任副会长。14日，陈其美、蒋介石指使凶手刺

---

[1] 吕公望：《辛亥革命浙江光复纪实》，《近代史资料》1959年第1期。
[2] 汤志钧：《章太炎年谱长编》上册，第362页。
[3] 《民立报》1911年11月28日，第5页。
[4] 《辛亥革命在上海资料选辑》，第751页。

杀陶成章于上海广慈医院。这以后，光复会只是以总会的名义在《时报》上发表过几个通电，支持袁世凯定都北京，反对孙中山提出的建都南京的主张，不久就烟消云散，成为历史上的名词了。

（四）

考察一下同盟会和光复会之间关系的整个过程，可以强烈地感到：这两个组织确实都十分松散。一般会员，经人介绍填写了盟书，就算加入了组织。以后，并没有固定的组织生活，也没有严格的纪律约束。各人尽可本着自己的认识，各行其是。有时聚集在一起，有时又散开了。而当武装起义进入高潮时，两个会的会员可以奔集到一起，不分彼此，也不各立系统，在临时建立的机构的统一指挥下齐心合力去干。有些人可以同时参加几个组织。就连他们中一些重要领袖，也可以既参加这个组织，又参加那个组织，甚至同时使用两个组织的名义，不认为这有什么问题。这种状况，在光复会比同盟会表现得更为突出。这就把问题搞得扑朔迷离，有时仿佛使人难以捉摸，难以解释。其实，历史的本来面目就是如此。

为什么同盟会和光复会在组织上会表现得如此松散？根本的原因在于：它们的成员主要是一批资产阶级、小资产阶级知识分子。

20世纪初年，随着国内废科举、兴学校和大批知识青年出国留学，资产阶级、小资产阶级知识分子这个新的社会阶层以空前的规模迅速扩大。同盟会成立的1905年，留日学生的人数已达到8000余人。国内新式学堂学生的人数更是急剧增加。据1909年的统计，全国有中学460所，中学生40468人；小学堂51678所，小学生1532746人；其他如高等学校、实业学校、师范学校等还没有包括在内。[1]这已是一支相当可观的庞大队伍。

这些资产阶级、小资产阶级知识分子，在当时看来是一些"新派"的人，有着许多和旧式士大夫不同的特点：他们有着比较多的世界知识，对当时严重的民族危机有着更深切的体会，爱国思想更为强烈。他们或多或少地接受了一些资产阶级的政治学说和文化思想，开始形成一种新的理想、新的衡量是非的尺度。他们作为一种新兴的社会力量，对前途满怀信心，对自己有着一种强烈的责任感。秋瑾在一首诗中写道："画工须画云中龙，为人须为人中雄。豪杰羞伍草木腐，怀抱岂与常人同？""危局如斯敢惜身？愿将生命作牺牲。可怜大好神明胄，忍把江山付别人？"[2]她坚定地提出："拼将十万头颅血，须把乾坤力挽回。"[3]

这是一支生气勃勃的有着很大革命性的新兴社会力量，成为当时革命组织中一支巨大的冲击力量。中国资产阶级革命派的重要活动分子，绝大部分是从他们中间产生出来的。正是在他们的奔走呼号、积极推动下，终于在20世纪初年的中国政治舞台上演出了辛亥革命这样一场威武雄壮的活剧。

但是，这些资产阶级、小资产阶级知识分子也存在许多严重的弱点。除了政治上的软弱、思想上的空虚和动摇等等以外，有两点是很值得注意的：

第一，他们往往尚空谈，而短于行动。"言语上的巨人，行动上的侏儒"，本来是一般知识分子易犯的通病，它在20世纪初的中国资产阶级、小资产阶级知识分子身上表现得尤为突出。邓文翚曾描写1907年留日学生的状况说："此时在东京的留学生将逾二万人，加入同盟会者亦不下二三千人，留学生中已成了一种革命风气。人

---

[1] 陈翊林：《最近三十年中国教育史》，第97、112页。
[2] 秋瑾：《赠蒋鹿珊先生言志且为他日成功之鸿爪也》，《秋瑾集》，第77、78页。
[3] 秋瑾：《黄海舟中日人索句并见日俄战争地图》，《秋瑾集》，第77页。

人谈革命，人人不革命，空谈无补者到处皆是，实际去干者百无一二。"[1]就是在参加同盟会的人中间，不少人对革命也只是停留在高谈阔论中。酒酣耳热之际，谈得投机，填写盟书以表示赞成革命，是可以做到的；再要他在一定组织的约束和监督下，从事长期的艰苦的工作，就很难办到了。这就决定了这些革命团体，很难有严密的组织和严格的纪律。

第二，他们往往只重个人的力量，轻视集体的行动和群众的作用。就连被陶成章称为"喜群不喜独"的秋瑾，其实也不能摆脱这种个人英雄主义思想。在她所作的诗歌中，就常可看到这类的词句："我欲只手援祖国"[2]，"救时应仗出群才"[3]。而20世纪初，许多资产阶级、小资产阶级知识分子受资产阶级自由平等观念的影响又很深。许多人自命不凡，不可一世，谁也不买谁的账，谁也不肯服从谁。秦力山的《说革命》一文中，讲到当时革命政党难以成立的原因之一，说："党员误解自由、平等、独立诸理论，而遽欲行之于事实也。""吾辈但人人欲为首领，此固因其首领之非实行家而心有以薄之，虽不能专责党员，然内讧必生，团体终散，势所必然也。"[4]他的看法，是有一定见地的。

显然，同盟会、光复会这些资产阶级革命团体在组织上如此松散，是由它的阶级性质和成员组成状况直接决定的。

同时，同盟会作为资产阶级革命派的全国性组织，它的成分是相当复杂的。章太炎、陶成章这些人，代表的就是其中一部分出生于内地、带有较浓厚的农民小生产者倾向的知识分子。他们受传统思想影响比较深，对农民的土地问题比较关心，而个人思想作风比

---

[1] 邓文翚：《共进会的原起及其若干制度》，《近代史资料》1956年第3期，第9页。
[2] 秋瑾：《宝刀歌》，《秋瑾集》，第80页。
[3] 秋瑾：《黄海舟中日人索句并见日俄战争地图》，《秋瑾集》，第77页。
[4] 巩黄：《说革命》，《革命之倡导与发展》，中国同盟会六，第15页。

较偏激和狭隘，容易不顾大局而流于意气之争。这些，也是同盟会和后期光复会发生分裂的重要根源。

那么，为什么同在辛亥革命时期、同属资产阶级革命团体而在湖北新军中活动的文学社、共进会等，却能建立起比较严密的组织来呢？

这里，需要注意到文学社、共进会这些组织的两个特点。第一，这些组织（特别是文学社）的成员，大多是一批社会地位比较低下、经济状况比较贫穷的知识分子组成的。"这时科举已停，一般知识分子不能不另谋出路。家庭环境好的出国留学（日本最多），其次就地投考学校，没有钱的就投入新军当兵。"[1]这部分知识分子比较能够吃苦，埋头苦干，比较能接受组织纪律的约束。第二，他们的主要活动是在军队中，成员大多是新军中的士兵和下级军官。军队是有着严密的组织和严格的纪律的。长期的军事生活，以及军队的环境，自然对在它中间从事活动的革命团体也会带来显著的影响。此外，文学社、共进会组织的大发展是在1911年春天以后，这时，全国范围内革命高涨的形势已经出现，武装起义的时机已见成熟，人心振奋，纷纷要求行动。为了在敌人包围的环境中秘密准备起义，也要求有更加严密的组织。不仅文学社、共进会如此，就是同盟会的一些地方组织，这时也建立了比以前严格的组织生活和组织系统。这是客观形势发展带来的结果。

但即便是文学社、共进会，作为资产阶级革命团体，它们在组织上的那些根本弱点同样是无法克服的。再加上认识上的错误和经验的不足，它们这种比较严密的组织并不能长期坚持下去。胡绳同志有过一段很中肯的分析："在当时的革命派的心目中，文学社、共进会以至同盟会这些革命组织的作用只是为发动起义；在起义胜利

---

[1]《座谈辛亥首义》，《辛亥首义回忆录》第1辑，第2、3页。

后，它们就失去了存在的理由。从武昌起义后的第一天起，事实上不存在任何革命的政党。"[1]当以黎元洪为中心的湖北各种反动势力重新集结起来，积极展开夺权活动时，湖北革命党人内部却已分崩离析，不再存在共同的组织形式。这就决定了武昌起义后湖北的革命果实最后必然要完全落到反动势力手中。

湖北如此，全国的情况更是如此。清朝政府推翻了，民国的招牌挂起来了，在许多资产阶级革命党人看来，革命的目标就已完全实现，革命的组织也不再需要了。同盟会内部同样已是土崩瓦解。亲身经历了这场事变的吴玉章同志沉痛地回忆道："同盟会自广州起义失败以后，即已趋于涣散，而至武昌起义以后，几乎陷于瓦解状态。章太炎说'革命军起，革命党消'，这两句话虽是极端错误的，但用来形容当时的情况，倒很合乎事实。"[2]临时政府时期，孙中山虽然名义上还是革命党人公认的领袖，但已是一筹莫展，他的话也很少有人听了。难怪章太炎可以轻蔑地嘲笑他说："政府号令，不出百里，孙公日骑马上清凉山耳。"[3]

辛亥革命的终于失败，革命果实的终于落入大买办大地主阶级的政治代表袁世凯手中，自然有很多原因。同盟会等资产阶级革命政党组织上的严重涣散，无法形成一个强有力的革命领导中心，应该说也是它失败的原因之一。而这正是资产阶级革命政党的阶级性质所决定的。

---

[1] 胡绳：《从鸦片战争到五四运动》，第825页。
[2] 吴玉章：《辛亥革命》，第145页。
[3] 章炳麟：《太炎先生自定年谱》，《近代史资料》1957年第1期，第125页。

十、同盟会领导的武装起义 *

中国资产阶级革命派一形成，并没有经历一段比较长时间的革命宣传和组织工作的准备阶段，就很快转入武装起义的实际行动。这是它的一个突出的特点。

这个特点是近代中国的特定历史条件所决定的：那时候，中国的民族危机和社会危机实在太深重了，国家和民族濒临灭亡的边缘，使革命者对变革现状抱有一种异乎寻常的紧迫感，只得不顾一切地起来拼命；在清朝的封建专制统治下，国内政治生活中几乎毫无民主可言，什么革命宣传和组织工作都难以取得合法进行的权利；而中国人民的武装反抗斗争长期以来一直此伏彼起，绵延不绝，这种热气腾腾的革命传统也给后起的革命者带来深刻的影响。

这个特点，在兴中会和华兴会成立时都曾明显地表现出来。1905年8月20日，中国同盟会成立后，同样立刻将准备武装起义提到最重要的议事日程上来。它的主要领导人孙中山、黄兴，宁可把革命组织的发展、宣传阵地的建立等重要事情委托给胡汉民、宋教仁、张继等人去做，自己却在同年10月、11月间先后南下，投入武装起义的筹划和奔走。

在同盟会存在的整个过程中，他们直接发动的武装起义几乎没有停止过。主要的有：萍浏醴起义、潮州黄冈起义、惠州七女湖起义、钦廉防城起义、镇南关起义、钦廉上思起义、河口起义、广州新军起义、

---

* 原载《历史研究》1984年第1期，题为《同盟会领导的武装起义二题》。

广州"三二九"起义等。除萍浏醴起义外,其余各次都是在孙中山、黄兴亲自领导下进行的。

对这一连串的武装起义,同盟会的领导人是经过苦心筹划的,并且在进行过程中不断在总结经验教训,探索怎样才能取得胜利。其中最费斟酌的是两个问题:起义发动的地点和起义依靠的力量。现分述于后。

(一)起义发动的地点

如何选择并确定武装起义的发动地点?这是一直盘旋在同盟会领导人头脑中的十分重要的问题。

孙中山早在1897年至1898年流亡日本期间,就曾同宫崎寅藏等反复商讨过这个问题。他认为:客观形势发展得很快,革命的时机已趋成熟。全中国有如一座"枯木之山",只要置"一星之火",就"不必虑其不焚也"。怎样来选择引火点?他提出了三条原则:第一,要能迅速地集合起一支革命的力量;第二,要便于运送军械和人员;第三,发动后要能很快地得到进取。他说:"盖起点之地,不拘形势,总求急于聚人,利于接济,快于进取而矣。"这三点又不是并列的,"盖万端仍以聚人为第一着"。宫崎问他:四川行不行?他说:四川不近海口,难以接济军火。宫崎又问:江苏海州行不行?他说:海州其他两条都很好,"惟聚人则弟于此毫无把握"。因此,在他看来,广东仍是具备这三个条件的最理想的发难点。[1]

这时还在兴中会时期。据薛君度统计,兴中会会员中有姓名可查的二百八十六人,广东籍共二百七十一人,占百分之九十四点

---

[1] 孙中山:《与宫崎寅藏等笔谈》,《孙中山全集》第1卷,第183、184页。

七五。[1]因此，以广东为发难点在兴中会会员中不会引起多大的争论。同盟会成立后，情况有了很大的变化。它已是一个全国性的革命团体。参加同盟会筹备会的成员中，湖南、湖北籍的人数都超过了广东籍。在那个时代，人们同自己出生的省区一般都保持着最密切的联系。这样，发动起义的地点问题又被重新提出来，需要作通盘的考虑。

孙中山同黄兴首次见面，就争论了这个问题。宫崎寅藏在回忆中说："孙和黄第一次在凤乐园见面，就进行了激烈的争论。由于我不懂他们的话，不知道吵的是什么问题。后来问人才知道：黄主张从长江一带开始干，孙则主张从广东开始干。"[2]最后，他们商定：还是以两广作为发难的地点，并准备先取广西作为前进的基地。

为什么作这样的考虑呢？它有几个根据。第一，广西从1902年起发生了声势浩大的以游勇为主力的群众性武装起义，范围遍及全省，时间延续三四年之久。这时起义虽刚被镇压下去，但不少起义队伍，包括南宁地区的起义首领王和顺等，退入了越南境内。他们有着强烈的反清情绪，拥有一定武力，经常向两广边界地区清军袭击，并同当地会党有着密切的联系。在国内其他地区，还没有这样一支现成的能同他们相比的冲击力量。第二，那时郭人漳任桂林巡防营统领，蔡锷为随营学堂总办，两人都表示同情革命。谭人凤、邹永成等也在随营学堂。"有这样多的革命党人云集在桂林，当时革命的空气非常紧张，自郭人漳以下无不高谈革命。"[3]黄兴同郭、蔡两人都素有交谊。此外，留日学生中的激进分子钮永建、秦毓鎏也正在广西龙州军界任职。在同盟会看来，一旦武装起义发动后，在清政权营垒内部的响应力量也数广西最为雄厚。第三，两广地处边

---

[1] 薛君度：《黄兴与中国革命》，第51页。

[2] 《宫崎滔天谈孙中山》，《广东文史资料》第25辑，第316页。

[3] 《邹永成回忆录》，《近代史资料》1956年第3期，第84页。

疆，毗邻的越南有不少华侨同情革命。从越南向两广运送武器和人员也比较方便。

正是从这种考虑出发，孙中山在1905年10月间南下，先后到越南西贡和新加坡建立了同盟会分会，从事筹饷活动，并在西贡发展了王和顺加入同盟会。黄兴在同年11月初潜入桂林郭人漳军营中，发展郭人漳和赵声等加入同盟会，直接策划军事行动。孙中山、黄兴两人都差不多在一年后才回到日本。

这以后不久，湖南、江西边境的萍浏醴起义突然爆发了。直接策划并发动这次起义的蔡绍南、魏宗铨两人原来都不是同盟会会员。直至起义前夜，他们到上海，才经人介绍加入了同盟会，并准备启程赴日，和同盟会本部建立联系。[1]正在这时，洪江会首领龚春台急信催他们回去，于是中途折回。这时当地局势已一触即发。尽管蔡、魏都"以军械不足，主稍缓，以待外援"，起义还是在1906年12月自发地爆发了。所以，当起义消息传到日本时，同盟会本部事前却一无所知。这次起义失败后，清方又在长江流域大肆搜捕，禹之谟、宁调元等在湖南被捕，刘静庵、胡瑛等在湖北被捕，杨卓林、孙毓筠等在江苏被捕。同盟会在长江中下游的潜在力量遭到沉重的打击，一时处于难以迅速恢复的低潮状态。这就更加促使孙中山、黄兴把他们的注意力全部倾注到华南地区去了。

1907年5月到9月的钦、廉、潮、惠四府的起义，在同盟会原有一个统一的计划。这年初，许雪秋准备在潮州先行发动，电告孙中山。"旋得中山先生复电，谓起事时期须与惠州、钦廉约同，以便牵制清军，万勿孟浪从事，致伤元气。"[2]而在这几处中间，重点是钦廉地区的起义，由孙中山坐镇河内机关，亲自部署，黄兴更身入

---

[1]《邹永成回忆录》，《近代史资料》1956年第3期，第88页。
[2]《丁未潮州黄冈二役别记》，《革命之倡导与发展》，中国同盟会三，第77页。

钦廉内地，直接从事发动；潮、惠两府的起义则是策应之师，只由孙中山派胡汉民到香港和冯自由一起指挥。此外，关仁甫还曾被派到广西边境，联络镇南关守军起义，但没有成功。

为什么三路起义中的重点放在钦廉地区？这是因为：第一，钦廉地处粤桂边区（当时属广东，1965年改归广西）。从这里发动，目标是向广西南宁推进。这本是他们预定的方针。第二，中越边境大多是崇山峻岭，而钦廉地区却毗连边境东端交通便捷的通道。"防城所属东兴埠，为中国、安南交界之边境，越桥即为安南之芒街"[1]，便于运送军械和人员。第三，已由黄兴秘密介绍加入同盟会的郭人漳、赵声两人所部，这年4月恰奉两广总督之命移驻钦廉地区。第四，钦廉一带这时正发生大规模的群众性的抗捐斗争。刘思裕领导的抗糖捐斗争，参加人数达到数千，并和同盟会建立了联系。有了这样几个条件，从孙中山、黄兴看来，选择这里发难是比较有把握的。

但客观事态的发展有时并不同人们的预期相符。由于内部联络不周，刘思裕领导的斗争却被郭人漳部镇压下去；潮州黄冈的会党因偶然的原因而提前起义，很快被击散；邓子瑜在七女湖发动后，才知黄冈起义已失败，无法坚持下去；钦廉防城之役也因郭人漳临事怯懦动摇，按兵不动，使原定目标没有得到实现。原以为盘算得很好的整个部署，最后却演化成零零落落、此起彼伏的多次分散的起义活动，并没有取得多少成果，实在可发一叹！

这年12月到第二年5月，同盟会在粤、桂、滇边境又先后发动了镇南关起义、钦廉上思起义和河口起义。这三次起义，可以说是钦、廉、潮、惠起义的直接继续。它的战略意图，它所依靠的力量，都是承袭前次而来。孙中山、黄兴都没有因前次的失败而灰心，改

---

[1] 邓慕韩：《书丁未防城革命军事》，《建国月刊》第3卷第3期，第68页。

变或放弃原有的战略打算；那次积聚起来或经过联络的武装力量，大体上还保存着，并没有消耗完。这就使他们决心在经过一番休整后，再作一次尝试。

为什么选择这三处作为再次起义的突破口？当时，同盟会的指挥机关和补给基地都设在越南。中越边境全长一千三百多公里，崇山峻岭，路径丛杂，只有从河内有铁路分别通往云南河口和广西镇南关（今友谊关），从海防有轮船可通往钦廉地区对岸的芒街。这三个交通最为便捷的边境要地，自然成为革命党人再次发难的冲击目标。[1]

在这三处中，最初重点仍在钦廉地区。这是因为：驻防钦廉的郭人漳部是一支有着较强战斗力的部队，郭人漳在前次起义中虽然态度暧昧，但还没有和同盟会撕破面皮，仿佛仍可利用；而那次起义中使用的主要武力梁少廷、梁瑞阳部会党退入十万大山后，仍在坚持斗争。从同盟会看来，这里起义的条件比其他两处要优越。因此，镇南关起义只是它的前奏，河口起义原来则是它的配合性行动。

镇南关起义很快就失败了。钦廉防城起义时，郭人漳因看到革命军力量薄弱、清方又恢复了他的道员衔，就公开和同盟会翻脸，向起义军作战。二梁所率的会党队伍又存在内部不和、纪律不良等弱点。尽管黄兴亲自前往指挥，这次起义也没能坚持多久。河口起义却因有当地驻军多起投诚，最初发展得比较快，不仅迅速占领河口，并开始向滇南重镇蒙自推进。于是，同盟会的领导重点就转移到这方面来，连黄兴也转入河口军中。但这次起义最后仍然失败了。

这样，同盟会在华南领导的武装起义仿佛已走到山穷水尽的地

---

[1] 广西博物馆沈奕巨：《试论同盟会在西南边境的武装起义》，提交孙中山与辛亥革命学术讨论会论文。

步。但是出人意料的是，另一个机会似乎又来到了：从1907年起，原来沉寂已久的广州地区的革命活动逐步复苏，特别是赵声、倪映典、朱执信、姚雨平等在清朝军队内部的秘密工作取得了显著的进展。1910年初，广东"新军内总有一半系革党"[1]，这里的起义条件逐渐成熟。1月29日，黄兴特地从日本赶到香港，准备前来主持这次起义。

广州新军起义失败后，同盟会由于原来抱的希望很大，这时几乎沉浸在一片悲观失望之中。但孙中山并不灰心。同年11月，他到槟榔屿（今属马来西亚）同黄兴、赵声、胡汉民等举行会议，商议卷土重来的行动计划。这次起义的地点选择在哪里？黄兴同赵声多次商议后，主张仍在广州。主要着眼点是：广州新军中还有相当多的革命力量保存下来。他在给孙中山的信中说："弟与伯先意，以为广东必可由省城下手，且必能由军队下手。此次新军之败，解散者虽有一标及炮（二营）、工、辎四营之多，然二标及三标之一营皆未变动。现虽有议移高州之说，恐一时尚不能实行。而巡防队兵卒之表同情于此次反正者甚众。""故图广东之事，不必于边远，而可于省会。边远虽起易败（以我不能交通而彼得交通故），省会一得必成。事大相悬，不可不择（此次新军之败，乃在例外）。""省城一得，兵众械足，无事不可为。"[2]这个主张得到了孙中山的同意。他在一封信中说："大多数领导人皆主张一开始即攻取广州，而极不愿意采取其他行动。我亦认为此城自始即为我们进攻的主要目标，而且先攻此城比之后来攻取将远为容易。"[3]其他地区的响应问题，他们也注意到了。黄兴在前引信中说："联络他省之军队及会党，此最宜注意者。"他在这封信里提到了东北、浙江、湖北、湖南、云南等地。对湖北新军，他更为重视，并致函当时正在武汉的居正："现钦廉虽失

---

[1]《庚戌广州新军之役供状》，《革命之倡导与发展》，中国同盟会三，第525页。

[2] 黄兴：《复孙中山书》，《黄兴集》，第17、18页。

[3] 孙中山：《致咸马里函》，《孙中山全集》第1卷，第481页。

败,而广州大有可为,不久发动,望兄在武汉主持,结合新军,速起响应。"[1]1911年广州"三二九"起义就是在这种部署下爆发的。

从这个简单的回顾中可以看到,同盟会对起义地点的选择一直是煞费苦心的。这种选择对不对?历来有着不同的看法。一种相当普遍的意见认为,同盟会应当把发动起义的重点放在长江流域,而不该放在华南。由于1911年武昌首义取得了成功,这种看法似乎有了更有力的佐证。其实,事情是有一个发展变化的过程的。

在同盟会成立后的最初几年间,在华南发动武装起义的客观条件确实要比长江流域好得多。同盟会当时把武装起义的重点放在粤、桂、滇边境,应该说是正确的。那时候,革命党人在湖北新军中的活动规模和当地新军革命化的程度远远不能同以后武昌起义前夕相比。华兴会准备的起义失败后,当地哥老会首领马福益被捕杀,会党力量比较分散。这个地区接连遭受清方的打击又比较严重。而华南地区却有着前面所说的那些有利条件。黄兴对两湖地区的情况决不是不熟悉的。当时他也全力以赴地投入了华南地区的武装行动,正是慎重地比较了其间的利弊得失后作出的结论。当然,这不是说同盟会在这方面没有缺点。它的主要缺点是:在确定华南为重点后,对其他地区照顾不够。特别是在萍浏醴起义失败后,江苏、湖北、湖南的机关遭到很大的破坏。在一段时间内,这些地区的革命活动发展滞缓,处于缺乏领导的自流状态。这一点,同盟会本部是有责任的。1907年8月共进会的建立,就是因为一部分从长江流域各省来到东京并同这一地区会党素有密切关系的同盟会会员,对孙中山"组织南路同盟为大本营,而于本部从不过问,殊不谓然"[2]。成立共进会的是非,这里暂且不论。他们的这种不满,确实是有一定理由的。

---

[1] 黄兴:《致居正书》,《黄兴集》,第34页。
[2] 谭人凤:《石叟牌词叙录》,《近代史资料》1956年第3期,第39页。

甚至在 1910 年初发动广州新军起义时，还很难说同盟会这个决策是错误的。因为当时广东新军革命化的程度比湖北要高得多。何况起义的发动已如箭在弦上，欲罢不能了。

到 1911 年初，情况已经有了变化，但同盟会并没有立刻相应地调整它的部署。几年来一直习惯于把注意力集中在华南，妨碍了同盟会清醒地对全局作出准确的判断和灵活的反应。尽管同盟会对起义地点也作了反复的斟酌，但至少有两个估计是不恰当的。一是对在广州起义的有利条件估计得高了。广东新军第二标中的革命力量虽然保存了下来，但势力已很孤单，并已遭到清政府的很大疑忌，时刻被严密监视，难以大有作为。巡防营中一部分力量的响应，又很不可靠。以后事变的发展都证明了这一点。二是对湖北新军起义的巨大潜力估计不足，因而只把它看作一支"响应"之师，并没有给予更大的重视，也没有及时采取有力的措施积极加强领导。这对此后黎元洪得以顺利窃夺武昌首义的果实有直接的影响。当然，也要看到另外的一面：湖北新军中最重要的革命团体文学社在 1911 年 1 月方才成立。"3 月 29 日广东之败耗达来武汉，同志等更愤求速进。"[1] 这以后，文学社和共进会才实行联合。它们在湖北新军中的大发展也是 1911 年春天以后的事情。可见，广州"三二九"起义产生的巨大影响对半年后发生的武昌起义有着直接的推动作用，前者为后者创造了重要的条件。这些都需要历史地看待，联系起来考察，不能过分地扬此抑彼。

（二）起义依靠的力量

同盟会发动武装起义的主要依靠力量是会党和新军。当然还有

---

[1] 黄元吉：《湖北革命密〔秘〕密时组织暨辛亥起义真像〔相〕战争实地之经过记》（抄件）。

其他力量，如钦廉防城起义时参加抗捐斗争的群众、河口起义时的变兵、广州"三二九"起义时参加"选锋"的留日学生等。但主要的是前面那两种，这是没有问题的。

在对待会党和新军的态度上，同盟会领导人前后也有一个演变的过程：从更多地依靠会党逐渐转到更多地依靠新军。大体说来，这个转折点是在1908年的夏秋之交。

我们先追溯一下：在兴中会时期，孙中山领导的武装起义（包括广州起义和惠州起义）几乎都全靠会党。这是当时的历史条件所决定的。孙中山曾经写道："内地之人，其闻革命排满之言而不以为怪者，只有会党中人耳。"[1]直到同盟会成立前夜，孙中山还在欧洲对朱和中等说过："秀才不能造反，军队不能革命。"[2]

1906年12月发生的萍浏醴起义也以会党为主体。尽管蔡绍南、魏宗铨两人起了不小的作用，但起义仍带有很大的自发性。会党起义的优点和弱点，在这次起义中表现得更加充分。这次起义的高峰是龚春台率领两万多洪江会会众前去攻打浏阳。那年夏秋之间，湘赣交界地区发生旱灾。10月间粮食已经短缺，米价上涨，人心颇为浮动。龚春台就利用这种灾情鼓动会众，说是打下浏阳县城后，没收富户钱粮，大家就有饭吃。所以，在队伍中有不少挑着箩筐的穷苦人民一起行进，以为一切都将很顺利。多数会众对这次起义的意义并没有多少认识。同时，洪江会领袖们在秘密发展会众时虽然表现得十分能干，对作战却缺乏必要的训练，也没有组织起一个有效率的指挥机构来。这支庞大的队伍在几天的行进中，不能按时进餐，有些还得不到房屋休息，行动又缺乏计划，受尽饥饿、寒冷、疲惫的折磨，人心逐渐涣散。浏阳清军在击退姜守旦部洪福会的进攻后，

---

[1] 孙中山：《建国方略》，《孙中山选集》上卷，第172页。
[2] 朱和中：《欧洲同盟会纪实》，《辛亥革命回忆录》第6集，第5页。

就转移到城南，散至近旁竹山上，用步枪迎击洪江会众。洪江会众使用的大体上还是刀矛等旧式武器，军心又不稳。在清军的步枪射击下，坚持不久，队伍就出现混乱，逐渐失去控制而大批逃散。"自辰至午，连死并逃，已去十之九八。"[1]龚春台也只得离队逃亡。事前有联系的其他几支会党队伍，有的打起了"中华大帝国"的旗号，有的根本没有行动起来，先后都遭到清军的镇压。这场轰轰烈烈的大起义就失败了。这个事件清楚地表明：会党确实是一支重要的革命冲击力量，但单靠它是不能取得革命的胜利的。

同盟会领导人的认识，这时要高明一点。黄兴在萍浏醴起义前夕就说过："革命军发难，以军队与会党同时并举为上策，否则亦必会党发难，军队急为响应之，以会党缺乏饷械，且少军队训练，难于持久故也。"[2]这种认识比以往是一个进步。从钦、廉、潮、惠起义一直到河口起义，同盟会领导人都是力图由会党发难，以军队响应的。

这些起义为什么仍然不能取得成功？很重要的原因是他们对会党或军队都没有在下层群众中进行过深入的政治动员和组织工作。对会党，他们主要是两条办法：一是联络一部分会党的上层分子，得到他们的效力，从而号召其他会众参加行动；二是供给饷械，作为运动他们的资本。单凭这两条，自然很靠不住。发动是可以发动起来的，但到饷械不继，而清方又以优势兵力扑来时，很容易就溃散了。至于对清方的军队，同盟会开始注意打进去从事策反，这是对的。但他们运动的对象当时局限于少数军官，在士兵中并没有散播多少革命影响。而一些军官如郭人漳等，出于他们的社会地位，常常容易怯懦动摇，反复无常。看看局势不那么有利，就借词推托，甚至翻脸相向，使原来设想得很如意的计划整个流产。

---

[1]《邹永成回忆录》，《近代史资料》1956年第3期，第91页。
[2] 刘揆一：《黄兴传记》，《辛亥革命》资料丛刊第4册，第285页。

我们可以选择河口起义作为实例来考察一下。这次起义初期的态势确实不错，但矛盾很快就暴露出来了。第一，起义初期的迅速发展，主要是靠清方变兵的相继归附。"此军队实未受革党主义之陶镕。其变而来归，虽受党人运动，但只因其乏饷与内部之不安而煽动之。其军官向来腐败，尤难立变其素质而使之勇猛进行。"[1]起义的每一步进展，其实都是靠不断接济款项和粮食换来的。一旦接济难以为继，整个局面可以立即发生逆转。第二，即便是参加了同盟会的黄明堂、王和顺等统率的会党、游勇，相当大程度上也是靠同盟会本部答应不断接济金钱和粮食才运动过来的。以往几次起义常因军火缺乏而失败，河口起义所得械弹不少，按理说该没有多大问题了。但只要金钱和粮食供应不上，随时都会发生不听号令的现象。指挥这次起义的胡汉民被弄得焦头烂额。他在给孙中山的报告中叫苦不迭："此回滇师已不能急大进步，以粮款不足为第一原因。""是以占领河口五六日，而后以出大队。队出三日，又以粮缺而复返。蛮耗各处，始亦覆言降，而闻我粮糈之缺，乃复设计相抗，此其因也。"内部矛盾如此严重，而胡汉民以一介书生远处河内，更觉束手无策。后来，黄兴从钦廉转入河口军中，很快也陷于窘境。不仅变兵不听号令，就连黄明堂等也不听他的调度。胡汉民在上述报告中说："克兄（指黄兴）之上河口也迟，黄八（指黄明堂）既据有械药而不听调度，克兄乃为客矣。"[2]在这样狼狈的处境下，黄兴还力图振作，亲率一军前往袭取蒙自。但"未及一里，各兵群向天开枪一排，齐声呼疲倦不已。克强再三抚慰无效。更行半里，则兵士多鸟兽散，不得已折回河口"[3]。

河口起义失败后，在同盟会总结这几次起义失败的教训时，会

---

[1]《胡汉民自传》，《革命文献》第3辑，第24页。

[2] 胡汉民：《报告河口之役上总理书》，《革命之倡导与发展》，中国同盟会三，第401页。

[3] 冯自由：《革命逸史》第5集，第161页。

党的问题被突出地提出来了。胡汉民的持论最为偏激。他认为，会党是乌合之众，不足为恃，而且其首领又很难驾驭，主张今后"当注全力于正式军队"。孙中山的认识比较全面一些，虽然同意加强正式军队的工作，但认为不能把会党完全撇开。他说："会党性质我固知之，其战斗自不如正式军队；然军队中人辄患持重，故不能不以会党发难。诸役虽无成，然影响已不细。今后军队必能继起。吾人对于革命之一切失败，皆一切成功之种子也。"[1]

会党问题在这次总结中被如此突出地提出来，不是偶然的。

本来，中国近代的会党主要由游民组成。他们较多地集中在城镇和水陆码头所在。由于离乡背井，身处异地，各方面都缺乏保障，所以无论政治上或经济上都需要结成一种互助性的团体，以便在遭遇困难时能有所依靠。用他们流行的话说："在家靠父母，出门靠朋友。"这便是会党产生的主要社会根源。

这种团体有许多优点：第一，会众一般处在社会底层，遭到社会轻视，往往又缺乏固定的职业，生活很不安定，因而对社会现实有着强烈的不满，富有反抗性。第二，它是一支有组织的力量，成员间又讲究"江湖义气"。只要取得它的首领的支持，很容易一呼而集。第三，由于会众大多原来是破产农民，同农村有着联系。比起那些不脱离土地的农民来，他们闯过江湖，见过比较多的世面。平时他们不大为老实的农民所看得起，但当农民被压迫得无法生存下去，不能不起来拼命时，常常会推他们出来领头。因此，在反清的武装起义中，会党常常可以起巨大的冲击作用，是一支不可缺少的力量。在19世纪末20世纪初，会党的这种作用表现得尤为突出。

但是，会党的弱点实在也是很严重的：第一，一般缺乏真正的革命觉悟，难以从事持久的斗争。初起时，固然容易一呼而集，甚至

---

[1]《胡汉民自传》，《革命文献》第3辑，第29页。

造成轰轰烈烈的浩大声势。在清方张皇失措的情况下，也可以取得局部的一时的优势。但时间稍长，内部各种矛盾就大量暴露出来。一受挫折，更容易一哄而散。第二，缺乏严格的纪律。名义上即便接受革命党人的领导，行动上仍然各行其是，不肯服从统一的调度，"难以军法约束"。各部之间往往发生不睦，以致自相火并。在准备武装起义时，通常也很难保守机密。第三，成分复杂，三教九流都有。会党首领不少是当地的地主、把头。成员中，平时开设赌台、为非作歹、招摇撞骗的都有。有些人甚至打家劫舍，杀人越货，和当地群众发生对立。这些弱点，在这几次起义中都暴露得很明显。而对会党来说，这也是很难完全克服的。

河口起义失败后不到半年，熊成基领导的安庆新军起义爆发了。熊成基不是同盟会会员，而是岳王会会员。这次起义失败得也很快，但它却发出了一个重要的信号：新军革命的开始。

安庆新军起义震动了全国。它使人们打开了眼界，看到原来反动政府用来镇压革命的力量，经过革命宣传和组织工作后，可以转化为革命派用来反对反动政府的力量。这是认识上的一个重大飞跃。新加坡《星洲晨报》的一篇文章中说："夫军人者，彼专制君主之平日所恃为心腹，而借以压抑平民，保全皇位者也。乃大势所趋，虽恃为心腹者，毕竟亦不可恃如是。至是而一般之以专制治其民者，遂不得不声嗄气喘，手足无措矣。"[1]该报另一篇文章又指出，运动军队还可以减少输送军械的困难："大抵凡革命党人之所抱以为恨者，即为军械之输送。盖自近年来革命风潮日增剧烈，而清政府之防范党人，其计亦渐而愈工。""党人知之，乃一改其方针，而趋向于军界之一方面。起事时既不虞军火之缺乏，而于平日复可稍免官

---

[1] 太仓：《粤吏所谓预防军界革命者技止此耶》，《革命之倡导与发展》，中国同盟会三，第536页。

场之嫌疑，使一朝反戈相向，洵可谓事半而功倍。"[1]

比较一下，就会看到，安庆新军起义之前和之后，革命党人所领导的武装斗争发生了一个重要的变化，虽然仍继续注意运动会党力量，但重点显然已转到新军方面。这是一个进步。当然，这个转变在此时能够实现是同客观历史条件的逐渐成熟直接有关的。20世纪初，清政府积极编练新军。1903年，清政府设立练兵处，各省设督练公所。1905年，统一新军编制，计划全国共编练新军三十六镇。新军的高级军官不少由归国的日本士官学校毕业生充当，中下级军官很多是各省陆军学堂毕业生，他们中一部分人在学校中先后秘密参加了同盟会。对新军士兵的文化程度要求较高，不少失业知识分子得以投入军营。这些都便于同盟会在新军中开展革命活动，使新军逐步革命化。

同盟会领导的第一次新军起义是1910年2月的广州新军起义。广东新军始建于1903年，后组成一个混成协。1907年春天，赵声到了广东，先后担任陆军小学监督、新军第二标标统等。他是同盟会中杰出的军事人才，在广东新军中也有很高的威望。赵声被迫赴港后，经他安排到军中担任排长的倪映典继续负责新军中的革命工作。

倪映典有一个突出的优点：注意直接在士兵中进行革命的宣传鼓动。"那时各标营每天晚饭后，高级官长已驾马车回城里家中去了。驻营的目兵，只剩下队、排的官长率领到营外去散步。'讲古仔'最为目兵们欢迎。倪映典便借这个机会来宣传革命。"[2]"讲古仔"就是讲故事。他讲的故事，从岳飞、韩世忠，到扬州十日、嘉定三屠，再到洪秀全都有。每星期讲一两次，听的人越来越多，收到了巨大的反清宣传效果。与此同时，就在新军中秘密发展同盟会会员。到

---

[1]《粤垣之兵变与党人运动军界之进步》，《革命之倡导与发展》，中国同盟会三，第547页。

[2] 莫昌藩、钟德贻、罗宗棠：《一九一〇年广东新军革命纪实》，《近代史资料》1955年第4期，第86页。

1909年冬,"士兵加盟入同盟会者三千余人"。同盟会南方支部对这次起义抱有很大希望,也作了比较周密的准备。胡汉民说:"时广东全省军队万余,惟新军有训练,器械精良,得新军则他军无难制驭。余与伯先(即赵声)、克强(即黄兴)尚虞其不足,复使姚雨平、张醁村等运动巡防营之在省会附近者;又使执信、毅生联络番禺、南海、顺德之民军为响应。"[1]

但倪映典在新军中的工作也有一个严重的弱点:没有形成一个比较健全的指挥机构,更没有建立起比较严密的标、营、队、排各级组织。2月间,他到香港向南方支部报告工作。新军中的同盟会会员群龙无首,成了一盘散沙,没有人能控制整个局势。正是在这种情况下,意外地发生了新军同警察冲突的事件,风潮在自发的状态下迅速扩大,使清方抢先处于严密戒备中。新军第二标的枪机被先行收缴,无法发动。参加起义的第一标等七营两千多人,只有子弹七千颗,以致在战斗中很快就弹尽援绝,无法坚持下去。原已参加同盟会的巡防营管带李景廉又临阵背叛,诱杀倪映典,使起义军突然失去统帅,进一步陷于混乱和溃散。

有了安庆新军起义,又有了广州新军起义,影响就更大了。姚雨平说:"在新军起义前,一般人认为,在科学昌明的时代,船坚炮利,非有充足的武力,不足以谈革命;革命党人只凭赤手空拳,充其量只凭民军、会党、绿林的一点力量,是无能为力的。新军起义后,观感为之一新,大大增强了革命的信心,加速了革命形势的发展。"[2]

广州"三二九"起义,原来也准备以新军(主要是广州新军起义失败后保存下来的第二标)为主力。黄兴在起义失败后所写

---

[1]《胡汉民自传》,《革命文献》第3辑,第32页。

[2] 姚雨平:《追忆庚戌新军起义和辛亥三月二十九日之役》,《辛亥革命回忆录》第3集,第290页。

的报告中说:"发动计策,原以军界为主要。从前运动在新军。此次调度处之设,则兼及巡防营、警察。但警察无战斗力,巡防营自正月举办清乡,驻省不常,故仍倚新军为主。新军有枪无弹,所有仅备操时数响之用。则必先有死士数百发难于城内,破坏满清在省之重要行政机关,占领其军械,开城门以延新军入,然后可为完全占领省会之计。"[1] 由于种种原因,这个计划又没有得到实现。清方因事前得到情报,先从事严密的戒备,并将新军枪械全部缴去。同盟会负责同新军联络的姚雨平又根本没有把决定起义的时刻通知新军中的革命党人。最后成了只有一百多人的"选锋"在城内进行绝望的孤军奋斗,而原来倚为主力的新军根本没有能参加这次起义行动。

广州"三二九"起义是失败了,烈士的鲜血却没有白流。这以后只隔了五个多月,像一声春雷一样,爆发了武昌起义,从而开始了席卷全国的大起义。武昌首义,仍然是以新军为主体的。湖北的革命党人(主要是文学社和共进会)不仅直接在士兵中进行了更加深入细致的革命宣传鼓动工作,并且建立了比较健全的指挥机构和比较严密的标、营、队、排各级组织。因此,尽管在起义前夕指挥机构突然遭到清方破坏,起义领导人有的被杀,有的逃散,但标、营、队、排的各级组织仍能大体上按照原定计划行动起来,取得了起义的成功。显然,他们不仅总结了湖北地区革命工作的历年经验,并且在事实上吸取了同盟会以往在各地发动武装起义失败的教训。加上客观历史条件这时在全国范围内逐步成熟了,这次全国大起义取得了胜利。

辛亥革命终于以武装起义的手段,推翻了清朝政府,结束了统治中国两千多年的君主专制政体,建立了民主共和国,为中国人民

---

[1] 黄兴:《与胡汉民致谭德栋等书》,《黄兴集》,第 45 页。

立下了不朽的功勋。无数先烈为着实现这个目标，进行了前仆后继的斗争。他们的崇高革命精神是永远值得我们怀念的。而他们在长期斗争中所留下的珍贵的精神遗产，也是值得我们认真研究和总结的。

十一、从兴中会到同盟会*

在辛亥革命准备时期,出现过许多革命团体,其中影响最大、最足以代表整个革命运动的,是孙中山创建并领导的兴中会和同盟会。可以这样说:其他众多的革命团体,不管它们自觉或不自觉,都是在兴中会和同盟会的影响下从事自己的活动的。

(一)

为什么兴中会和同盟会有着这样巨大的影响呢?我们先从兴中会说起。

一个政治团体要在全国范围内形成广泛的影响,对人们产生强大的吸引力量,最根本的条件,是要能顺应时代的潮流,在当时人们最关切的问题上,旗帜鲜明地提出可以引导人们前进的正确主张来。

兴中会是1894年11月在檀香山成立的。这时正值甲午战争期间。这次战争大大地加深了近代中国的民族危机。亡国灭种的严重威胁,从此就像一个可怕的阴影,沉重地笼罩在每个爱国者的心头。谁能为解决这个人们苦思焦虑的问题提供正确的答案,谁就能得到人们的信仰和拥护。

兴中会为什么要取名"兴中"?为的就是振兴中华。孙中山起草的《檀香山兴中会成立宣言》中明确地写道:"是会之设,专为振

---

* 原载《文史知识》1984年第9期。

兴中华、维持国体起见。""振兴中华"这个激动着亿万中华儿女的口号，就是在这里第一次呼喊出来的。

怎样才能救中国？兴中会的一个重大历史贡献，是把救国同革命直接联结在一起。爱国必须革命，这便是它的主张。

但是，一个新的政治派别的形成，实在不是一件容易的事情，往往需要有一个过程。檀香山的那批最早的兴中会会员大多是比较富有的华侨资产阶级。他们在一百二十六个会员中占了八十人。这些人有爱国心，但害怕听到"作乱谋反"的言论，"咸谓足以破家灭族"，又"多不脱故乡庐墓思想，惴惴于满清所派公使领事之借词构陷"。[1]孙中山不能不向他们作出妥协。有人说檀香山兴中会有一个秘密誓词："驱除鞑虏，恢复中华，创立合众政府。"这自然是一个革命性的纲领，可是在檀香山参加兴中会的人所写的回忆文章中，却没有人提到过这件事。而公开发表的《檀香山兴中会宣言》虽然大声疾呼地指出当前的严重民族危机，而对造成这种局势的原因却写得十分温和，把它归之于"庸奴误国"，仿佛皇上还是圣明的，一切只是由于"内外隔绝，上下之情罔通，国体抑损而不知，子民受制而无告"。这是当时一般华侨资产阶级所能接受得了的。我们至少可以说：在檀香山，还没有真正形成一个中国资产阶级革命民主派的战斗核心。

一个多月后，孙中山从檀香山到了香港。这里有着一批受过近代教育的、有着比较激进的革命民主思想的知识分子，如杨衢云、陈少白、郑士良等。1895年2月，孙中山和他们一起在香港成立了兴中会总会。香港兴中会的章程比起檀香山来，作了原则性的修改，对清朝政府的残暴腐败，进行了正面的猛烈的抨击。他们不仅旗帜鲜明地提出革命的主张，并且立刻奋不顾身地准备这年10月间在广

---

[1] 冯自由：《华侨革命开国史》。

州发动反对清朝政府的武装起义。

这次起义并没有成功,被清方在事前就发觉和破坏了。而从当时国内的整个情况来看,中国的知识分子一般还是旧式的士大夫,受着几千年来封建传统思想的束缚。他们中的爱国者,一时还宁可投入康有为所领导的比较温和的维新变法运动,难以接受孙中山和兴中会所从事的革命活动。

可是,客观形势在继续发展着。1898年,康有为领导的维新变法运动失败了,证明这条路是走不通的,想依靠那个腐败的清朝政府来进行根本性的改革是不可能的。1900年,八国联军发动了新的侵华战争,武装占领了华北和东北的广大地区。第二年,签订了使中国丧失大量主权的《辛丑条约》。中华民族的处境更加悲惨、更加恶化了。

到了这个时候,人们就回过头来,感觉到孙中山和兴中会早先提出的革命主张是正确的。这一来,孙中山在所有向往革命的人心目中,便成为一面光辉夺目的旗帜。以湖北来说,"鄂人因庚子汉口之大流血,如梦初醒。嗣经壬癸(指1902年、1903年)海内外笔舌之战,结果,革命说为全国公认之救国途径。于是热烈之志士时时有一中山先生印相,盘旋牢结于脑海,几欲破浪走海外从之。不能得,则如醉如痴,甚至发狂。此实当日普遍情形"[1]。1904年在国内江、浙、两湖、安徽等地区先后成立的华兴会、光复会、科学补习所、岳王会等革命团体,无疑都在不同程度上受到了孙中山和兴中会革命活动的影响和鼓舞。

(二)

革命形势的发展,迫切需要把各地分散的革命力量联合起来,

---

[1] 张难先:《湖北革命知之录》。

建立一个全国性的统一的革命组织,使大家的目标和行动进一步一致起来,把革命运动更加有力地推向前进。于是,兴中会这个组织的某些弱点就明显地暴露出来。

第一,兴中会尽管以它的革命实际行动在全国产生了巨大的政治影响,但在革命思想的宣传方面却是十分薄弱的,并没有建立起强有力的理论宣传阵地。1899年兴中会在香港出版的《中国日报》,"因操笔政者短于欧美新思想,颇不为学者所重视"[1]。

第二,兴中会有很大的地域性。它的成员绝大多数是广东人。据冯自由《兴中会会员人名事迹考》一文所列,兴中会会员二百八十六人中,广东人为二百七十一人,占百分之九十五。一些两湖籍的留学生甚至把它看作广东人的团体。他们自然是不乐于参加这样一个"广东人的团体"的。

第三,兴中会的社会基础比较窄。除了孙中山、杨衢云、陈少白等少数人外,青年知识分子(包括留学生)参加的很少。20世纪初,留日学生和国内新式学堂学生人数迅猛增加,他们中许多人已急速地倾向革命。这在当时是一支举足轻重的力量。可是,孙中山的思想一时还被他最初从事革命活动时的狭隘经验束缚住,活动的重点一直只放在联络会党和向华侨筹饷方面,对学生在政治上不那么信任。1903年拒俄运动后,"各省旅日同志至横滨总理(指孙中山)寓所访问者,踵趾相接,而总理亦未与商谈组党问题"[2]。兴中会的组织在留日学生中一直没有得到多大发展。甚至到1905年初,孙中山在比利时同旅欧留学生谈话时还认为:"秀才不能造反,军队不能革命。"[3]因此,兴中会的成员一直以华侨(特别是华侨商人)为主,约占百分之六十,其次便是国内的会党分子。可是,有如前

---

[1] 冯自由:《革命逸史》初集。

[2] 冯自由:《革命逸史》初集。

[3] 朱和中:《欧洲同盟会纪实》。

面所说，华侨商人虽有爱国心，但不少人胆小怕事，支持革命主要限于经济上的资助；国内的会党分子又多是在发动起义时临时吸收参加的，政治认识比较模糊。这种状况也大大限制了兴中会的作用。

第四，兴中会的组织十分松散。甚至可以说，除了广州起义和惠州起义前后有过临时性的指挥部外，平时几乎不存在固定的领导机构和经常的组织活动。它的会员绝大多数是成立檀香山兴中会、准备广州起义和惠州起义前后这三个时期加入的。事情一过，原来建立的组织就徒存名义，对广大会员几乎没有什么联系和约束。因此，孙中山在这个时期常常只是个人的活动，或只有少数几个亲信在他身旁，而看不到兴中会进行了多少有组织的活动。

正因为如此，兴中会虽然起了先驱的作用，但不足以担当成为全国性统一革命组织的重任。注意到这些情况，便不难理解：为什么孙中山在1905年不是采取吸收其他成员以扩大兴中会的做法，而必须另起炉灶，由原来兴中会、华兴会的骨干分子和当时留日学生中众多革命分子一起，成立一个新的革命组织——中国同盟会。应当说，这是一个正确的选择。

（三）

1905年8月20日，中国同盟会在日本东京正式成立。这是中国近代史上的一件大事。从此，中国的资产阶级革命派就以新的阵容和新的姿态登上中国历史舞台，孙中山所领导的中国资产阶级民主革命开始步入一个新的阶段。

中国同盟会具有哪些新的历史特色呢？

第一，它在中国人民面前提出了一个比较完备的资产阶级民族民主革命纲领。同盟会的誓词中明确地规定了它的奋斗目标："驱除鞑虏，恢复中华，创立民国，平均地权。"其核心是推翻清朝政府，建立民主共和国。这十六个字,随着同盟会誓词在全国的暗中流行,很快就成为广大革命分子公认的共同理想。同年11月,孙中山在《民报发刊词》中又进一步提出了"民族""民权""民生"三大主张。中国近代是一个半殖民地半封建社会。这种社会性质规定了中国近代革命的基本任务是要实现民族独立、政治上的民主制度和经济上的民主制度。原先,许多人对必须用革命的手段来推翻清朝政府这一点是比较一致的,但对革命后应该建立一个怎样的国家,却有着很不相同的理解,有些人甚至没有认真地思索过。孙中山在当时的历史条件下,鲜明地提出"民族""民权""民生"这三大主张,并使它广泛地为革命分子所共同承认。这在中国近代思想的发展进程中是一个重大的进步。

第二,它使当时的革命派有了一个全国性的革命组织。尽管它本身以后还有分化,在国内也还有其他革命小团体出现,但它们有的仍和同盟会协同作战,有的也是在同盟会影响下开展活动的。1911年武昌起义后,各省相继响应。尽管内部情况相当复杂,但并没有出现秦末、隋末、元末那种群雄割据和相互火并的局面,而能在南方很快建立起一个统一的临时政府来。从这里,也可以看到同盟会这个全国性革命组织的成立所产生的深远影响。

第三,同盟会在组织成分上也有很大变化:主要生活在国内的人士所占的比重大大增加了,青年学生的人数也大大增加了。前一点,使它同国内社会的联系加强了;后一点,又增强了它的革命民主派的色彩。1905年7月20日参加同盟会筹备会的至少来自十个省。这年年底前参加同盟会的四百五十二人中,通常所称的本部十八省除甘肃外都有人参加,尤以湖南、广东、湖北三省为多。[1]其中绝大多数是各省的留日学生。这些留学生一般具有强烈的爱国心,接

---

[1]《中国同盟会成立初期(乙巳、丙午两年)之会员名册》。

受过近代科学知识的教育，富于政治敏感，无论在革命的宣传或组织工作中，都能起着一般华侨商人和会党分子所不能起的作用。他们中速成师范学生最多，归国后分别回到全国各省开设的新式学堂任教，又把革命的种子进一步撒遍全国。

第四，同盟会成立后，很快就建立起强有力的宣传阵地——《民报》。革命，单靠少数先进分子的觉悟和决心是远远不够的，必须使更多的人认清这样做是必要的，扫除他们心中对清朝政府还存在的种种幻想。《民报》不仅系统地宣传了革命的三民主义的主张，并且同改良派的喉舌——《新民丛报》展开了一场针锋相对、有声有色的大论战。这场大论战，把当时更多的爱国者心中隐隐存在的一系列根本问题——要不要革命？要不要推翻清朝政府？要不要以一种新的政体代替现有的君主专制政体？等等——尖锐地挑开了。通过激烈的反复的争辩，革命派的主张取得了上风。"《民报》既刊行一年，革命思想充满学界，且输灌于内地。"[1]同盟会还在各地先后创办了一批革命报刊，在革命的宣传鼓动方面也起了重要的作用。

第五，同盟会一成立，就把发动武装起义提到最重要的议事日程上来。1906年底，在湖南、江西边境爆发了震动全国的萍浏醴起义。这以后，在短短四年多时间内，同盟会先后领导了潮州黄冈起义、惠州七女湖起义、钦廉防城起义、镇南关起义、钦廉上思起义、河口起义、广东新军起义和广州"三二九"起义，此外还有光复会、岳王会等先后领导的皖浙起义。这一系列前仆后继的英勇斗争，在全国范围内产生了巨大的影响。"革命党"三字，从此深深地印刻在人们的脑海中。黄花岗七十二烈士的可歌可泣的事迹，更是极大地振奋了人心，激励了散处各地的革命者的斗争勇气，从而为全国性革命高潮的到来准备了重要的精神条件。

---

[1]《胡汉民自传》。

第六，同盟会在国内各省和海外相继建立了分会，大批地发展同盟会会员。到1906年底，长江以南的十一个省中，除贵州外都已建立了同盟会的分会。几年后，它的组织就遍及全国，参加同盟会的人数当以万计。他们大多以各地的新式学堂（包括军事学堂）为据点，把当地原有的革命小团体吸收进来，并在新军和会党中积极开展工作。尽管同盟会的组织仍然相当松散，但它的本部和重要分会毕竟已有了经常活动，并建立了自己的宣传阵地和武装起义指挥机构。到武昌起义时，我们可以看到各省大多已集结起一批革命力量，能在一定条件下采取主动的行动。这对武昌起义后各省的相继响应有着直接的作用。

可以这样说：中国同盟会的成立，确实为中国资产阶级革命派领导的革命运动开创了一个新的局面，使它以前所未有的规模在广阔的范围内迅速展开。没有它，我们是很难想象全国的革命高潮能在1911年到来并取得如此重大胜利的。

自然，同盟会仍有它的严重弱点，主要是没有彻底反对帝国主义和封建势力的决心和勇气，没有真正发动并依靠下层劳动群众，也没有建立起一个严密而富有战斗力的革命组织来，从而导致了革命在以后的失败。这些弱点，是中国资产阶级革命党本身难以克服的，只有到中国无产阶级的革命政党登上历史舞台后才能加以解决。

十二、护国运动中的几种政治力量 *

历史发展的进程，始终充满着不同社会力量和意志的冲突。各种力量之间的相互制约和相互作用，有时便造成这种局面：在各种力量中谁都难以完满地实现自己的意愿，"最后出现的结果就是谁都没有希望过的事物"。恩格斯把这种历史现象，称作"无数个力的平行四边形"融成的"一个总的合力"作用的结果。[1]

1915年反对袁世凯称帝的护国运动发起时，中国正处于一个青黄不接的过渡阶段。护国运动前，中国政治舞台上最活跃的力量有三种：以袁世凯为首的北洋军阀、以孙中山为首的革命党人和以梁启超为首的进步党人。在这个特定的历史阶段，中国的反动统治营垒已开始全线动摇，而领导着革命的资产阶级却太软弱，无产阶级又没有成熟，中国社会一时还没有一种力量强大到可以完全左右局势。在这种条件下，前面所说的那种"合力"作用的特征便表现得格外突出。

（一）

历史的现象总是比它的本质要复杂得多。人们透过这些复杂的现象认清事物的本质，往往需要经历一个过程。

---

* 原载《历史研究》1986年第2期。

[1] 恩格斯：《致约·布洛赫》，《马克思恩格斯选集》第4卷，北京：人民出版社1972年版，第478页。

清朝末代皇帝退位后，袁世凯接替孙中山担任临时大总统，标志着辛亥革命的果实落到了大买办大地主的政治代表手中，这是中国近代历史发展中一次严重的挫折。在我们今天看来，这是一目了然的事。可是当时的多数人却没有这种认识：包括多数革命党人在内，一时都沉浸在共和胜利的欢乐中；对很快就要到来的反动逆转，在精神上几乎没有多少准备。

这种近乎天真的错觉的产生，有认识上的原因，也有社会心理上的原因。认识上的原因是：人们长期以来一直认为中国进步的主要障碍就是清朝腐败的卖国政府的统治，如今，这个主要障碍既经扫除，民国既已成立，接着，民主政治的实施、工业交通的建设、国家的富强等自然可以逐步实现。社会心理上的原因是：在经历了一次革命大风暴的洗礼以后，人们普遍希望能有一个统一稳定的局面来从事建设。

在这种情况下，许多人把袁世凯看作可以治理初生的民国的理想人选。"非袁莫属"的呼声，在舆论中占有上风。著名记者黄远庸的一段话很有代表性。他说："夫国家危殆之秋，非明定专责不足救亡，钳制与妒嫉实为祸根，此记者所承认也。又袁总统之势力魄力经验，中国今日无可比偶，维持危亡惟斯人任之，亦记者所承认也。"他进一步举出袁世凯的五条"长处"："袁总统之为人，意志镇静，能御变故，其长一也；经验丰富，周悉情伪，其长二也；见识闳远，有容纳之量，其长三也；强干奋发，勤于治事，其长四也；拔擢才能，常有破格之举，能尽其死力，其长五也。"他也不讳言袁世凯有两大毛病："一由智识之不能与新社会相接；一由公心太少，而自扶持势力之意太多。"但他仍对袁抱着希望："若令其左右能尽职而忠规，议院能守法以监督，言论界能秉公劝告，则向能利用潮流以立功名、不愿逆斗潮流以取戾咎之袁总统，未必不能进化。"[1]

就连孙中山在一段时间内也有过类似的看法。他在1912年8月到北京同袁世凯会谈后，喜气洋洋地回到上海，10月6日在国民党的欢迎会上发表演说："余在京与袁总统时相晤谈，讨论国家大政策，亦颇入于精微。故余信袁之为人，很有肩膀，其头脑亦甚清楚，见天下事均能明澈，而思想亦很新。不过，作事手腕稍涉于旧，盖办事本不能全采新法。""欲治民国，非具新思想、旧经练、旧手段者不可，而袁总统适足当之。故余之荐项城，并不谬误。"[2]

由于国内到处弥漫着这种调和妥协的气氛，所以在袁世凯派人刺杀宋教仁后，孙中山等少数人虽然猛醒过来，认识到"彼奸人非恒情所测，且必有破坏共和之心，而后动于恶"[3]，奋起讨袁，但多数人仍然缺乏这种热情，对讨袁抱着怀疑甚至反对的态度。许多革命党人认为这个问题可以用法律手段来解决，不必再起干戈。民族工商业者对辛亥革命曾给以广泛的同情和支持，这时的反应却十分冷淡。有人在报上评论说："商界何以反对南方兵事？盖兵事一起，商人之损失无限。此不独中国商人然也，即外国商人亦甚望贸易之国处于平静之地位，安居乐业，勿复惊忧。且商业凋零，则人民均受其影响，故彼等之反对亦有不得已之苦衷也。"[4]

社会心理的趋向，这是一种无形的却又在一定时期内具有决定意义的力量。孙中山尽管振臂高呼，四周却应者寥寥。国民党在南方拥有的实力比护国运动初起时的西南各省要大得多，内部却分崩离析，在袁世凯的政治收买和军事压力下自行瓦解。孙中山发动的"二次革命"，还谈不上轰轰烈烈便烟消云散了。上海资产阶级的领

---

[1] 黄远庸：《少年中国之自白》，《远生遗著》卷1，第11、14页。
[2] 《在上海国民党欢迎会的演说》，《孙中山全集》第2卷，第484、485页。
[3] 《复北京学生书》，《孙中山全集》第3卷，第175页。
[4] 《癸丑战事汇录》时评，第15页。

袖李平书不久后作过一个中肯的分析:"当时肇造方新,人皆思治",袁世凯之所以能取胜,"岂尽由于武力耶"?[1]"肇造方新,人皆思治",确实一语道破了导致"二次革命"失败的症结所在。

"二次革命"的迅速失败,又使袁世凯产生一种错觉,使他过高估计自己的力量。他得意洋洋地说:"意外之乱,果或猝起","政府自信无论何时均有完全对付之能力"。[2]以为从此"天下莫予毒",可以无所顾忌地为所欲为了。于是,一面派遣北洋军大举南下,接管原先国民党在南方控制的各省,并向边远地区伸展自己的势力;一面就逐渐把他的效忠共和的誓言抛置一边,着着准备恢复帝制。在一切方面,都变本加厉地倒行逆施。

拿对外来说:袁世凯一上台就宣布"凡从前缔结之条约,均当切实遵守"[3]。接着,就大肆举借外债。第一次世界大战爆发后,为了换取日本对他称帝的支持,更在1915年5月9日除保留最后一部分外,接受了日本提出的"二十一条"。这件事在中国人民中引起了强烈的震动。上海市民在张园召开国民大会,致电袁世凯:"国家存亡,在此一举。十八日开会张园,至者三万人,皆愿毁家捐躯,以纾国难。恳中止谈判,宣示条件,筹备武事。"[4]袁政府接受"二十一条"的消息传出后,汉口全镇罢市,"一般铺户陆续闭门,几如大祸即将临。一时风起潮涌,人声鼎沸"[5]。"抵制日货""反对亡国的二十一条"的爱国运动在全国热烈展开,大大促进了中华民族的觉醒。

拿对内来说:经济上,在袁世凯政府的统治下,加捐加税,滥

---

[1]《致陆征祥等劝袁退位书》,《再造共和新文牍》,第65页。

[2] 白蕉:《袁世凯与中华民国》,第298页。

[3]《莅参议院宣言》,《袁大总统书牍汇编》卷首,《文辞》,第1页。

[4]《中日交涉之国民大会》,《护国运动资料选编》上册,第22页。

[5]《汉口全镇闭市之风潮》,《护国运动资料选编》上册,第24页。

发通货，造成物价高涨，工业生产停滞，人民生活日趋贫困。"民国以来，人民负担之重，较满清末造有过之无不及，即如贵州之贫，而一切负担均不能免。"[1]资产阶级也好，其他各社会阶层也好，对袁世凯统治的不满日益增长。政治上，袁世凯更撕毁《临时约法》，悍然解散国会，取消人民言论、出版、集会、结社等自由，暗探特务缇骑四出，任意捕杀革命党人和其他无辜人民。"计一年中所杀之人约在二万二千有余。孤儿寡妇泣血吞声。清平世界忽变一惨无天日之黑暗地狱。"[2]在文化教育方面，他也全力宣扬封建道德，鼓吹"整饬纪纲"，在全国范围内掀起一股"尊孔读经"的逆流。

这一切，正如孙中山所说："彼战胜而骄，益无忌惮。二年以来，莫非倒行逆施。国人憔悴于虐政之下，至不可言状。欧洲战争，不遑东顾，乃乘间僭帝而求助于日本。此次交涉，实由彼请之。"[3]

于是，人民群众中对袁世凯的不满情绪日益发展起来。章士钊主办的《甲寅》杂志上发出了"政府欤？盗府欤？"的呼声。连原来态度温和的商民也越来越感到失望。李平书对袁世凯四年来的统治作了这样的评价："今则专权违法，尚诈逞威，信实俱漓，廉耻尽丧，风俗之坏，贤者疢心，而又横征妄杀，崇酷奖贪，天怒人怨，灾害并至，重以外交失败，国耻痛心。在职四年，成绩若此。积薪厝火，由来渐矣。"[4]《字林西报》刊载某西人南京通信中说："商人厌于满清失德，当辛亥之变，力助革党，其结果遂推翻朝廷。及癸丑之役，商民望治心殷，援助袁氏，故不数月而事变全定。总言之，则商界者乃忍耐爱治之民也。然以商民忍耐力之富，今犹不克忍而

---

[1]《征兵抚恤会开公民大会纪实》，《护国运动资料选编》下册，第414页。
[2] 1914年5月19日《生活日报》。
[3]《复北京学生书》，《孙中山全集》第3卷，第175页。
[4]《致陆征祥等劝袁退位书》，《再造共和新文牍》，第65页。

诋排袁世凯之压制者随地而然，则袁之不得民心，从可想矣。"[1]

但历史发展的进程，比人们所想象的要更复杂、更曲折些。不满尽管到处存在，但最初却只以一种潜在的形态表现出来。各种不满往往是从不同的角度出发的，彼此也未必能取得一致，难以统一起来。更多的人最初还在观望。如果没有一种可以把它们集中起来的东西，这种广泛的不满仍然无法汇聚成一股集中的爆发性的力量。正如当时天津的《大公报》一篇评论中所说："方今中国虽乱机四伏，然苟无物以激之，则其乱亦不能爆发。"[2]

这种激之使变的契机终于到来了，那是袁世凯自己亲手造成的。他的称帝，就成了爆发点。

恢复帝制，实在是一件冒天下之大不韪的事。民国的现状虽令人失望，但经过辛亥革命的洗礼，民主共和国的观念终究已深入人心。人们不再把自己看作"圣明天子"治下的"子民"，开始意识到自己是国家的主人。一般人认为："国体者，重器也，一成而不可轻变者也。""况一经共和之后，帝号久被丑诋，民人观念不同，尊严已褻，功德难著，强为规复，其势已逆。"[3]有些人更指出："且既一度共和，凡君主时之道德，所谓君主大义，已扫荡无余，忽有一人君临其上，庸奴全国，又非有国人心悦诚服之功德，虽一时势力所凭，莫敢谁何，然天下大乱之机，即伏于此。"[4]就是一些比较落后的人，也觉得鼎革之后"民国"已成为正统，谁又要想颠覆它，就等于把自己置于叛逆的地位。

因此，恢复帝制的风声刚一传出，立刻在社会的各个角落激起强烈的反响，群起反对。思想敏感的青年学生表现得尤为激烈。《醒

---

[1]《护国军纪事》第3期，《外论》，第516页。
[2]《国体问题发生后之各方面舆论》，南华居士编《国体问题》首卷，上册，第52页。
[3]《留美学生联合会上袁世凯等书》，《护国运动资料选编》上册，第37、38页。
[4]《共和维持会宣言》，《护国运动资料选编》上册，第66页。

华报》的报道说："此辈学子，大都醉心民权。虽现时之共和亦不过徒有其名，然犹得聊引以自慰。今忽见此告朔饩羊亦将废弃，不免表现一种不安之状。""昨有某君，欧洲留学生也，忽向记者发极大之议论，由国家组织之原理，谈至本国现时之状况及将来之危险，极力主张保持共和。"[1]《顺天时报》也报道：武汉学生"国家之观念亦富，对于此次变更国体，则纯持反对态度，意谓中国现状，外患纷乘，内忧未熄，不宜再有变更，以摇动国基。且以革命先烈牺牲无数金钱性命所争得之民主国，曾不数年仍复为君主，匪特无以对先烈，无以对满清，无以对友邦，无以对全国人民，并且无以对大总统之初心。果使君主复活，则中国纵不亡于大总统之身，亦必亡于大总统之子孙。孙杨诸人之肉其足食乎"[2]？

这样，人们原来长期蓄于胸中、隐忍未发的愤怒一下子奔泻了出来。清末请愿国会运动的重要领袖、这时隶籍进步党的孙洪伊的一封信，反映了不少原来处在中间状态的人的这种思想变动。他说：袁世凯"就职以来，专横暴肆，蹂躏法律，紊乱财政，压抑人民，割丧土地。吾人方隐忍以顾大局，彼益猖披而行诡谋，觊觎非常，盗窃神器。夫国家新建，仅仅四年，丧乱频仍，喘息不暇，遽言更革，已非所以重民生而培国脉也；况改朝窃号，奸宄所为而危险之事乎？夺四万万人之国家，而私诸一家一姓，革命之祸，后必仍多。况断卖国家而博取皇帝乎？实之既亡，名将焉取？彼诚刘豫、石敬瑭、张邦昌之不若，而尧舜禹汤文武周公孔子所不容者也"[3]。这些话是有一定代表性的。原来抱着"隐忍以顾大局"态度的人，也觉得无法继续忍受下去了。

至于曾经以流血奋斗手造共和的辛亥革命时期的革命党人，情

---

[1]《筹安会与上海社会》，南华居士编《国体问题》首卷，上册，第64页。
[2]《国体问题变更声中之武汉》，南华居士编《国体问题》首卷，上册，第103页。
[3]《进步党领袖孙洪伊泣告北方同乡父老书》，《再造共和新文牍》，第48、49页。

绪自然更为激昂。这在云南的中下级军官中表现得十分突出。"筹安会酝酿成立消息传到云南，滇军团营长等对于袁氏帝制自为，群情愤慨。"[1]"其时，距辛亥年重九日云南起义仅过三载，云南省陆军军官大多曾经参加重九起义，大家强烈反对袁氏称帝阴谋。"那时昆明驻军的主力是杨蓁的步七团和邓泰中的步一团，而杨、邓两人都参加过辛亥革命时的中国同盟会，反对袁世凯称帝最为激烈。七八月间，他们约了十多个军官密议。杨蓁在发言中说："袁世凯身为总统，背叛民国，复辟帝制，卖国媚外为儿皇帝。我们都是民国军人，誓与国家共存亡，决不与袁共天地。必须联络滇军全体官兵讨伐袁逆。""今天到会诸君所掌握兵力，在省会昆明驻军中已经占绝对优势。只要团结一致，如唐（继尧）不听谏言，我们就要以共和国民应尽之天职，率滇人起义讨袁。"会后，他们分头在滇军中进行联络。"顷之，滇军中反袁思潮波涛汹涌，官兵反袁情绪激昂，如火燎原。"[2]蔡锷给梁启超的信中也说过："滇中级军官健者如邓泰中、杨蓁、董鸿勋、黄永社等，自筹安会发生后，愤慨异常，屡进言于蒉督，并探询主张，以定进止。"[3]云南起义，首先就是由这些辛亥革命时期受过革命民主主义思想熏陶、参加过推翻清朝政府建立民国的云南新军军官准备起来的。

事情的发展完全出乎袁世凯的预料。他复辟帝制的活动刚一出台，反对他称帝的云南起义立刻爆发，并且成为人心之所向，许多省纷纷响应。原来仿佛隐藏在地平线下的看不见的力量顿时涌现出来，形成全国性的强有力的反袁浪潮。袁世凯忽然发现自己凄凄惶惶，已处在"孤家寡人"的地位。

---

[1] 邹若衡：《云南护国战役亲历记》，《云南文史资料选辑》第10辑，第143页。
[2] 杨如轩：《我知道的云南护国起义经过》，《云南文史资料选辑》第10辑，第47—50页。
[3]《致梁启超函》，《蔡松坡集》，第879页。

"人心一去，万牛莫挽。"[1]"二次革命"时的历史没有重演。袁世凯尽管绞尽脑汁，用尽全部力量，仍然无法将起义的烈火扑灭下去。相反，反袁浪潮却越来越高涨，终于彻底埋葬了袁世凯的称帝迷梦。这是民元以来全部历史进程所准备下的必然结局。

（二）

在风起云涌的反对袁世凯称帝的护国运动中，孙中山和他所领导的中华革命党处在何种地位呢？

看起来，孙中山有几个条件是别人无法同他相抗衡的。第一，他是首创共和的革命领袖，可以说是中国共和制度的象征。护国运动便是在维护以孙中山为首的革命党人倡导的共和制度的旗帜下发动起来的。第二，在国内，最早揭起反袁旗帜的也是孙中山。"二次革命"失败后，他亡命日本，在东京重组中华革命党。1915年起，又在国内各地组织中华革命军，先后委任邓铿、蔡济民等为广东、广西、贵州、四川、湖北、浙江、江苏、湖南、江西、河南、山东等省的中华革命军司令长官，派许崇智等到菲律宾等地筹措讨袁军费，准备发难。第三，袁世凯准备称帝的消息传出后，他立刻公开声讨，号召反袁。筹安会成立后一个月，他命中华革命党党务部长居正发出第十六号通告，指出："时事急矣！能速革命，而后有国。否则事机一去，噬脐不及，千钧一发，时不我与，惟我海内外诸同胞速图之。"[2]同月，他在致南洋同志的信中旗帜鲜明地写道："嗟夫！以先烈无量之头颅、无量之热血所获得之共和两字空名，行将归于消灭。是可忍，孰不可忍？深恐国体变更，国运亦随之而斩矣。

---

[1] 唐绍仪：《忠告袁世凯退位电》，《护国运动资料选编》下册，第639页。
[2] 通告原件，见《国父年谱》（增订本）上册，第605页。

此正吾人振作奋发、急起直追、起兵除奸、舍身救国之秋也。"[1] 10月，他命陈其美赴上海，居正赴山东，朱执信赴广东，石青阳赴四川，于右任赴陕西，夏之麒赴江西，运动起兵讨袁。11月10日，中华革命党人王晓峰等击毙袁世凯的亲信、上海镇守使郑汝成。12月5日，陈其美又在上海策动肇和兵舰起义。

按理说，既然有着这些条件，在反袁的护国运动中，孙中山似乎应该能起领导全局的作用，至少也应该像辛亥革命时那样，当他一回国，就被独立各省推举为共同的领袖。可是，事情又出人意料。在护国运动中，他不但谈不上控制全局，而且仿佛被排挤在运动的主流以外。而当独立各省成立军务院时，抚军中除包括唐继尧、陆荣廷、蔡锷等实力人物外，还包括岑春煊、梁启超这些资以号召的头面人物，独独没有孙中山的一席之地。当护国运动结束时，他的力量和影响也没有得到多大的发展。

这种看起来颇为反常的现象是怎么造成的呢？这就需要分析一下当时政治力量的构成和对比。

前面已经说到，当时反对袁世凯称帝运动的社会基础是相当广泛的。惟其广泛，自然地就带来另一个问题：它的组成是复杂的，其中既有许多原来处于中间状态的人，甚至还包括不少原来站在反动方面的人。这些人在时代潮流的推动下，转到反对袁世凯称帝、拥护共和的方面来，这是一个进步，也是一个值得重视的历史变动。他们的人数相当多。而另一方面，原来团聚在孙中山周围的虽有一批忠实于他的革命志士，人数却很少。在"二次革命"失败时，孙中山在南方各省的力量受到很大的摧残。逃亡日本的党人中，"谈及将来事业，意见纷歧，或缄口不谈革命，或期革命以十年，种种灰心，互相诟谇，二十年来之革命精神与革命团体，几于一蹶不

---

[1]《致南洋同志函》，《孙中山全集》第3卷，第194页。

振"[1]。以后在各地密谋发动讨袁时,又有不少志士遭到袁的捕杀。因此,当时能由孙中山直接掌握并指挥的革命力量又是相当少的。

这是一个显然的矛盾:反袁的力量是广泛的,许多人可以接受孙中山的召唤,而孙中山自己所能掌握的力量却很小。面对这种状况,应该怎么办?对他说来,应该是把可靠的力量强固地团结起来,把反对袁世凯称帝、重建共和的大旗牢牢地掌握在自己手里,登高而呼,并通过各种途径,用不同层次的方法,尽可能将广泛的各种各样的社会力量争取到自己周围,就有可能开创出一个比较有利的局面来。

可惜,孙中山并没有这样做。他从"二次革命"的失败中总结了一条教训,认为主要的问题是国民党成员太复杂了,很多人不听他的话,行动难以统一,以致造成涣散和瓦解。他说:"自第二次革命失败后,弟鉴于党事之不统一,负责之无人,至以全盛之民党,据有数省之财力兵力,而内溃逃亡,敌不攻而自破,惩前毖后,故有中华革命党之改组,立誓约,订新章,一切皆有鉴于前车,而以统一事权,服从命令为主要。"[2]他想搞一个纯而又纯的革命小团体,成员都要盖手印,宣誓服从于他,否则宁可摈弃在外。他说:"此次重组革命党,首以服从革命为唯一之要件。凡入党各员,必自问甘愿服从文一人,毫无疑虑而后可。若口是心非、神离貌合之辈,则宁从割爱,断不勉强,务以多得一党员,即多得一员之用,无取浮滥,以免良莠不齐,此吾等今次立党所以与前此不同者。"[3]他满以为只要这样做,就可以形成一个意志集中、行动统一、富有战斗力的革命团体,引导革命走向胜利。

孙中山总结的教训并不是完全没有道理的。但他把这一点强调

---

[1]《中华革命党成立通告》,《孙中山全集》第3卷,第112页。
[2]《复杨汉孙函》,《孙中山全集》第3卷,第184页。
[3]《致陈新政及南洋同志书》,《孙中山全集》第3卷,第92页。

得过分了，把它绝对化起来，更不懂得处在革命低潮时和来潮时应有的策略转换，这就严重束缚了自己的手脚。当时能接受他的入党条件的人是不多的，而其余各种力量却被实际上排除在他的视野之外。这一来，自然地把他自己的活动天地限制在一个十分狭小的圈子里了。

其实，护国运动初起时，西南各省的实力派唐继尧、陆荣廷等在他们羽毛未丰的最初阶段，都曾同孙中山和中华革命党人联络，想借重他这面大旗以资号召。

唐继尧在云南筹划起义时，派李宗黄到上海致函孙中山，内称："枭雄窃柄，大盗移国，会设筹安，欲行帝制，举国靡靡，谁敢抗颜。继尧自入同盟会以来，受我公革命之训导，义不苟同，秣马厉兵，待机报国。""窃盼我公登高一呼，俾群山之皆应，执言仗义，重九鼎以何殊。一切机宜，祈予随时指示，得有遵循。总期早除袁氏之大憝，复我民族之自由，马首是瞻，共成义举，骥尾窃附，伫听佳音！"[1]

陆荣廷在云南起义前，也同中华革命党人先有联络。1915年冬，钮永建和林虎秘密到达广西南宁，劝陆准备独立。陆荣廷派亲信马济对他们表示："海外同志要广西负担起云南方面所提出的条件，老帅愿以人格担保，绝对做到，但时间上还要等待一下。"[2]广西决定独立时，陆荣廷在会上又说到这件事："林虎和钮永建两人去冬由海外来到南宁时，对策动云南举义讨袁，要我们广西响应做条件，当时我已答应，并作了保证。现在云南已举义讨袁，如果我们广西不起来响应，那就是不讲信义，出卖朋友。同时，推倒清廷，建立民国，不知牺牲了多少人的性命。现在袁世凯背叛民国，自称皇帝，

---

[1]《致孙中山书》，《护国文献》上，第420页。
[2] 林虎：《广西讨袁的经过》，《辛亥革命在广西》下集，第52页。

难道还不应该打倒吗？"[1]钮永建和林虎是早在1913年10月和11月分别于东京加入中华革命党的。[2]陆荣廷向他们作出承诺这件事，远在梁启超同广西取得联系之前。

这两个事实说明：如果孙中山当时要同西南护国各省建立密切的关系，是有可能做到的。但孙中山对经营西南似乎相当冷淡。唐继尧给孙中山去信后，孙中山除表示"绝对全力支持云南首义护国军的壮举"[3]外，并没有同他们进一步联系。在这以前，中华革命党曾派吕志伊回云南活动，但回昆明当夜就被逮捕，后"身体之自由虽复，而行动尚未尽能自由也"[4]。他没同唐继尧有多少联系，主要是在中下级军官中活动，并且发展了李文汉、田钟谷等一批团、营长参加中华革命党。这自然会遭到唐继尧的疑忌，不久就借对外联络的名义将吕志伊支出云南。中华革命党并没有在云南真正取得支配的地位。至于广西，以后就更少看到中华革命党人同它发生多少关系了。

不仅如此，原属同盟会和国民党的许多人，由于不愿履行中华革命党的入党手续，也被排除在孙中山的活动范围之外。其中，孙中山和黄兴在这时的分歧，已有许多论著述及，这里不再多说。还有不少在西南各省有较大影响的军人，在护国运动中虽表现得相当活跃，如李根源、熊克武、方声涛等，但同孙中山和中华革命党都没有发生关系，他们彼此间也缺乏统一的计划和密切的联系。结果，或者各行其是，或者跟随别人走了，没有能在护国运动内部形成一股独立的能左右局势的政治力量。

尽管护国运动在全国范围内汹涌展开，越来越多的人卷入到这

---

[1] 陈树勋：《广西宣布独立概略》，《护国讨袁亲历记》，第231、232页。
[2] 《国父年谱》（增订本）上册，第542、543页。
[3] 李宗黄：《云南首义身历记》，《传记文学》第14卷第3期。
[4] 天民（吕志伊）：《云南举义实录》，《护国运动资料选编》上册，第104页。

个行列中来，孙中山仍然固守在自己原来那个比较狭小的圈子里，独力苦斗，没有很好地同别人携手合作。孙中山领导下的中华革命军和独立各省的护国军几乎是各干各的。人家搞得热热闹闹，他却仿佛分离在外，没有能在整个运动中取得应有的领导地位。

自然，应该充分肯定孙中山和中华革命党在反对袁世凯称帝的运动中是积极地采取行动的。他们在各地特别是沿海各省策划并进行了英勇的武装斗争。其中最重要的是三个地区：一个是朱执信、邓铿等在广东的斗争；一个是陈其美等在上海一带的斗争；一个是居正等在山东的斗争。朱执信、邓铿等在广东，主要是利用旧日的关系发动各地民军起义。在惠州地区举义的就有十七个支队。他们造成了不小的声势，但每股的人数都不多，力量比较分散，所以并没有收到巨大的效果。当统治广东的龙济光在护国军进逼的威胁下宣布假独立后，他们的活动便很困难了。上海一带的军事行动，在中华革命党的计划中占有重要的地位。孙中山的重要助手、中华革命党总务部长陈其美在这里坐镇指挥。但袁世凯对上海这个战略重地一直抓得很紧，派有重兵驻守。中华革命党人虽然前仆后继地进行斗争，仍然没有得手。1916年5月18日，陈其美被袁世凯派人刺死，这个地区的斗争就陷于半停滞状态。此外，蔡济民在湖北联络南湖马队于2月18日举义，被敌王占元部击溃。[1]第二天，杨王鹏等在湖南率同志数十人扑攻湖南将军署，也告失败，杨王鹏死难。[2]只有居正等指挥的中华革命军东北军在山东取得了一些进展。他们发难时人数近一万人。起义后，连克潍县（今潍坊市）等十几个县城，三次围攻济南，造成较大的声势。孙中山从日本归国后，曾准备亲自到山东军中指挥，足见对它重视的程度。但它在反袁运动的全局

---

[1]《武昌马队之举义》，《护国军纪事》卷2，第178页。

[2]《湖南将军署之大攻击》，《护国军纪事》卷3，第180页。

中所起的作用，终究是有限的。

孙中山后来多少已意识到这个严重弱点，从事实的痛苦教训中逐渐得到一些新的认识。他的态度前后有一个变化。他自日本归国一个多月后，在1916年5月20日给黄兴的一封信很值得注意。他在信中说："已往将来，中国问题实为新旧之争。""孰胜孰败，则视彼此之团结如何。""已往之历史，已足教训吾人于将来。是以弟熟思审虑，但求贯彻吾人之主义，而宁牺牲一切之办法，求最大之团结力，以当彼官僚一派。"他归纳出八个大字："大敌当前，不宜立异。"并且强调："此亦为前途一线之曙光。"他对黄兴恳切地说："弟信兄爱我助我，无殊曩日。此事成否，关系全局。如上云云，望兄以全力图之。"[1]

但护国运动这时已近尾声。在孙中山写这封信以后只有半个月，袁世凯在全国声讨中焦灼死去。第二天，黎元洪就任大总统。孙中山只得电令朱执信"罢兵"，令居正"宜按兵勿动，候商黎大总统解决"。是不是孙中山真的以为袁世凯一死就什么问题都解决了？并不是。他看到"现在帝制余孽潜伏北方者尚不少"，并且点了张勋、倪嗣冲两个人的名，指出："隐忧未息，则国人犹未得高卧也。"[2]他也提到过新政府成立后还有一个是否"假共和"的问题。这些他都是考虑到的。那么，为什么还要下令"罢兵"？他有两个难处：第一，在反袁斗争中，他一直以维护约法为号召。他说："今独立诸省通电，皆已揭橥民国约法以为前提，而海内有志后援、研求国是者，亦皆以约法为衡量，文殊庆幸此尊重约法之表示，足证义军之举，为出于保卫民国之诚。"[3]黎元洪继任总统是以约法为依据的，孙中山很难加以反对，否则就会把自己置于他历来痛斥的违反约法的地

---

[1]《致黄兴函》，《孙中山全集》第3卷，第289、290页。

[2]《复郭标函》，《孙中山全集》第3卷，第357页。

[3]《讨袁宣言》，《孙中山全集》第3卷，第284页。

位。第二,袁世凯一死,内外情势和人们心理已有很大变化。这也是他不能不考虑的。他在一次演讲中说:"国民实际已希望平和,政府已标赞成共和,消灭帝制之帜以为政,则吾人自不能不收束。盖真假之辨,端待将来之证据,现在不能悬揣以决之。人已公布赞成恢复共和制,强谓之伪,不可也,必先与以试验之期间。""借其曰假,亦必俟确有证据,如袁之帝制自为,尔时自然召全国之反对也。"[1]

在护国运动的进程中,孙中山确实陷入一个难以克服的矛盾中:国民党时期,人员庞杂,滥到无法收拾的地步;中华革命党时期,力图改弦更张,精选人员,却又被囿于狭小的圈子中。怎样才能做到既有严密的富于战斗力的核心,又能团结千千万万人共同奋斗,这个问题在孙中山一时还无法解决。他和中华革命党在护国运动中的特殊处境,正是这个矛盾的产物。

(三)

现在需要说到梁启超和进步党了。

以梁启超为首的进步党人,代表中国社会内部这样一种力量:他们要求以渐进的方式进行一定程度的资本主义性质的改革,但又力图维护旧有的社会秩序,害怕并反对激烈的变革。这常使他们处于一种矛盾的尴尬地位。

在清末,他们的主体是立宪派,要求开设国会,参加收回利权运动,表现得十分活跃,但一直反对革命。辛亥革命爆发后,由于种种原因,国内的一些立宪派人士如张謇、汤寿潜、汤化龙、谭延闿等先后转到革命方面来,对孤立清朝政府、促成革命胜利起了有

---

[1]《在沪欢迎从军华侨大会上的演说》,《孙中山全集》第3卷,第371页。

益的作用。

　　这里需要说到：一些论著对辛亥革命过程中不少省政府落到立宪派人手中似乎强调得太过分了。立宪派人士在社会上确实有相当大的影响，但他们有一个很大的弱点：手里一直没有控制武力。而在旧中国的历史条件下，谁有武力，谁才能掌握实际的权力。辛亥革命起来后，梁启超曾准备运动吴禄贞、张绍曾等的部队组织"立宪军"，没有成功。国内虽有几个立宪派人士充当过都督，实际上也没有掌握住这些省的军政大权。汤寿潜当了两个月的浙江都督，用马叙伦的话来说，"汤老固然正式做了都督，但是没有实权"[1]，结果一走了之，政权落到同盟会会员蒋尊簋手中。蒲殿俊更可怜，只当了十来天四川都督，便在一场兵变中落荒而逃，都督由参加过同盟会的尹昌衡继任。谭延闿在焦达峰被杀后当了湖南都督，但他不久却加入了国民党，并任命了不少革命党人，同立宪派没有再保持密切的关系。至于云南都督蔡锷虽然同梁启超有着较密切的私人关系，但他没有参加过立宪派的政治活动，很难说他是立宪派人士。

　　如果说革命党人在民国初年还掌握着江西、安徽、广东、湖南、福建等省的政权，那么，很难说立宪派人在当时能同样拥有哪几个省的地盘。他们只能徒托空言，并无实力地位作为后盾。这是他们的一个重要特点。它对我们了解和分析进步党人在民国初年以至护国运动中的种种政治表现，有着不可忽视的关系。许多问题都要同这一点联系起来才能得到解释。

　　现在把话说回来。前面讲过，立宪派人一直是以维护旧有社会秩序、求得某些渐进的改革为己任的。辛亥革命后，旧的社会秩序和意识形态受到猛烈冲击，这使他们感到忧心如焚。1912年2月，梁启超还留居日本没有归国，就由共和建设讨论会不具名地印发了

---

[1]《我在辛亥这一年》，《辛亥革命回忆录》第1集，第175页。

他所著的《中国立国大方针商榷书》。在这本纲领性的小册子中，他写道："大抵今日大患在国民距心力太盛而向心力失其权衡。非惟政治上为然也，即道德习俗莫不皆然。无以节之，必至社会性全然澌灭，何以为国？今之语救国者，必曰回复秩序。"[1]"必至社会性全然澌灭"，这是何等可怕的情景啊！而要"回复秩序"，自然必须有能够维护这个"秩序"的力量。他在这本小册子中进一步提出：目前当务之急，必须有一个"强有力的政府"来实行"保育政策"，来同他们恐惧着的"放任""废弛"相对立。

这个"强有力的政府"在哪里？他的希望当然不可能寄托在被他视为破坏力量的革命党人身上，而他们自己又缺乏实力，于是，他的目光不能不转向十四年前同他们有着宿怨的袁世凯那里。在共和建设讨论会成立的同时，梁启超就秘密致书袁世凯："旧革命派自今以往，当分为二。其纯属感情用事者，殆始终不能与我公合并。他日政府稍行整齐严肃之政，则诋议纷起。""政府所以对待彼辈者，不可威压之，威压之则反激，而其焰必大张。又不可阿顺之，阿顺之则长骄，而其焰亦大张。惟有利用健全之大党，使为公正之党争，彼自归于劣败，不足为梗也。健全之大党，则必求之旧立宪党与旧革命党中之有政治思想者。"[2]他公然效毛遂之自荐，这自然正中袁世凯的下怀。袁世凯立刻复信："所策皆至确不易。中心藏之，何日忘之。"[3]

当然，并不是说他们同袁世凯之间不存在矛盾。但正如黄远庸所说，这时支配着他们的仍是一种"出于倚赖"的心理："虽明知斯人之与平民政治，终将扞格不容，虽无帝制之复兴，决无开明之建

---

[1]《中国立国大方针商榷书》，第 21 页。
[2]《致袁项城书》，《梁任公先生年谱长编初稿》第 6 册，第 621、622 页。
[3] 袁世凯：《致任公先生书》，《梁任公先生年谱长编初稿》第 6 册，第 624 页。

设，但事既无可如何，则不能不力为维持。"[1]

因此，在民初政治舞台的大三角关系中，梁启超和原立宪派人大体上都站在支持袁世凯政府这一边，而以原革命党人为主要对手。1912年冬，梁启超从日本归国。第二年年初参加共和党。4月，发表《共和党之地位与其态度》一文，公然宣称"革命之后，暴民政府最易发生"，"苟秩序一破，不可收拾"，表示要采取"维持政府"的态度。5月，共和党同民主党、统一党合并为进步党，梁启超是它的实际灵魂。国民党人发动"二次革命"反对袁世凯时，袁世凯请同进步党有着密切关系的熊希龄组阁，梁启超出任司法总长。

但是，独裁者对权力实在太吝啬了。尽管梁启超和进步党人在一段时间内确实帮了袁世凯的大忙，袁世凯却只是为了对付国民党而暂时利用他们。国会的被解散，对国民党固然是一个巨大的打击，进步党也失去一个重要的活动地盘。到国民党的军事反抗被镇压下去后，进步党对袁世凯也成了多余的赘物。不久，熊内阁被迫辞职，进步党被一脚踢开，被称为"徐相国"的徐世昌出而组阁，一切大权进一步集中到袁世凯一人手中。

袁世凯帝制运动展开后，激起了全国人民的极大愤慨。梁启超最初仍上书袁世凯，痛陈利害，苦口婆心地向他劝说："我大总统何苦以千金之躯，为众矢之的，舍磐石之安，就虎尾之危，灰葵藿之心，长崔苻之志。""是用椎心泣血，进此最后忠言。"[2]何如言者谆谆，听者藐藐。袁世凯对梁启超的"忠言"置之不理，帝制运动仍然着着进行。

这样，梁启超和进步党人同袁世凯之间的矛盾不能不急遽发展起来。这里有两方面的问题。第一，梁启超等代表的毕竟是一种同

---

[1] 黄远庸：《社会心理变迁中之袁总统》，《远生遗著》卷1，第2页。
[2] 梁启超：《上总统书》，《饮冰室合集》文集之34，第31页。

袁世凯不同的社会力量。他们有一定的爱国心和民主思想。他们希望看到温和的渐进的改革，而不是历史的大倒退。因此，袁世凯的称帝活动同样激起他们的不满。这在进步党的下层表现得更为激烈。1915年12月11日，进步党党员安致远等一百三十七人致电进步党各省支分部说："吾党四年以来，拥护袁氏，断送国家，应速忏悔，声罪致讨，以补前过。"[1]第二，他们也预感到帝制一旦重演，袁世凯的统治一定难再维持，不如争取主动，打起反对帝制的旗帜。梁启超在致籍亮侪等的信中说得很清楚："当此普天同愤之时，我若不自树立，恐将有煽而用之、假以张义声者，我为牛后，何以自存？"最后这八个字的含义，实在是使人一目了然的。梁启超发表《异哉所谓国体问题》并参加反对帝制的运动，就是这两方面的原因交错作用的结果。

自然，由于梁启超有着很高的社会声望，又一直是以温和派著称的，他的投入反袁运动，对壮大运动的声势，吸引更广泛的社会阶层同情这个运动，起了有益的作用。他又长于文辞，笔端恒带感情。他在筹安会成立后没有几天，能不顾袁世凯的威吓，毅然发表《异哉所谓国体问题》这篇文章，在社会上也产生了巨大的反响。这些都是应该给以积极评价的。

在护国运动中，梁启超表现得十分活跃，担任了军务院抚军和政务委员长。唐继尧也好，陆荣廷也好，岑春煊也好，在重要的政治问题上常要征求并听取他的意见。唐继尧甚至写信给他，说在袁世凯推倒后，当以黎元洪为总统，而"以先生为总理"[2]。护国军的许多重要文告更是多出于他的手笔。从表面上看，梁启超真可算是踌躇满志，仿佛已成为护国运动的灵魂，进步党也仿佛在护国运动

---

[1]《护国运动资料选编》下册，第758页。
[2]《会泽首义文牍》下卷，书牍，第13页。

中居于领导地位。梁启超在一段时间内，确也雄心勃勃，很想在南方形成一个以进步党为中心的政治势力，认为"此役结果，最低限度亦须造成南北均势"，想使整个政局能按着他的意图发展。

但只要深入一层来看，不难发现：梁启超的致命弱点仍在他手里并没有实力。他在护国运动中所以能处于如此煊赫的地位，从某种意义上说，不是由于他的强，倒是由于他的弱。对唐继尧、陆荣廷这些人说来，当他们羽毛稍稍丰满以后，是不会乐意让孙中山居于这类地位的，因为这有可能使领导权逐渐转移到孙中山手中，而且他们军队中的不少人也可能受孙中山的巨大影响。而对梁启超，他们就很少有这种顾忌。他们可以利用梁启超的声望、社会关系、政治经验以至他的文笔，而不必害怕他。梁启超在护国运动中的地位看起来尽管煊赫，其实却谈不上能支配全局，没有唐、陆等实力派的点头，他连一件大事也办不成，说穿了，仍只是一个高级"幕僚"而已。至于进步党本部在护国运动中，似乎连有组织的活动也难以看到。

梁启超多少意识到自己的这种实际处境。他的内心是苦闷的。护国运动开始时，他希望通过蔡锷来掌握住云南，进而控制西南大局。但蔡锷的想法和他并不完全相同。他一到云南就表示："我来非占位置，乃欲对国家民族效力耳。"[1]自己率军入川讨袁，而把云南都督的位置留给了唐继尧。当桂、粤议组织政府时，他又致电唐继尧等："所称统一机关云云，实无设置之必要。至弟个人私愿，俟大局略定，决拟退休。"[2]以后，梁启超又把希望寄托在蔡锷出任四川都督上，还力谋让进步党人戴戡出任湖南都督。蔡锷喉症日重，梁启超仍电嘱他："病稍能支，川督切勿固辞，中央绝望，救国借手惟

[1] 刘云峰：《护国军纪要》，《云南文史资料选辑》第10辑，第89页。
[2] 《致唐继尧等电》，《蔡松坡集》，第1084页。

在地方耳。"[1]可是，蔡锷病势恶化，不得不出国就医。梁启超还要他宜保戴戡为四川省省长，暂署督军，"蜀不可放弃也"。他在给周善培的电报中说得更清楚："失蜀而他无得，遂将全败。"[2]尽管他一再坚持，仍然没有受到理睬。陆荣廷对他虽礼遇甚厚，但他在广西素无根基，实际上难以插足。在其他各省，情况也相仿佛。

这样，梁启超就深深感到悲哀了。到唐继尧、陆荣廷等脚跟完全站稳，不再需要他时，就把他冷在一边。袁世凯死后不久，梁启超在6月29日给刘显世的电报中，讲了一句分量很重也很伤心的话："任与何方提携，皆被利用而无善果。"[3]这种情况下，他自然只得另谋出路。不久，他就借自己在护国军军务院中的地位，首先倡议解散军务院，实行南北"统一"，并通电请由段祺瑞组织新阁，说是"维持危局，非彼莫属"，借以见好于段祺瑞。以后，他就一步一步地向段祺瑞靠拢。但这已是护国运动以后的事，这里就不多说了。

缺乏实力的改良派，遇事总想依傍于人，在旧中国这块国土上，终究是难以在政治舞台上扮演一个有声有色的重要角色的。这确是他们先天带来的难以摆脱的悲哀所在。

护国运动最后出现的结果，确实是"谁都没有希望过的事物"。它自然不是袁世凯原来所期望的，也不是孙中山或梁启超原来所期望的。袁世凯只做了八十三天皇帝就被推翻了。中华民国的招牌重新挂起。统一在表面上又得到实现，而实际的权力却更分散了：在北方，是皖系军阀和直系军阀的对峙；在南方，是滇系军阀和桂系军阀的形成。他们的共同特征，都是倚仗手里的枪杆子，分割地盘，建立自己的统治。中国的土地上，又开始连年的军阀混战。许多有志之士都感到灰心：一个军阀竟化为无数军阀，中国的前景仿佛变

---

[1] 梁启超：《致蔡锷电》，《护国运动资料选编》下册，第709页。

[2] 梁启超：《复周善培电》，《护国运动资料选编》下册，第732页。

[3] 梁启超：《致刘显世电》，《护国运动资料选编》下册，第712页。

得更黑暗了，看不到明显的出路。

可是，历史的进程也不是按着南北军阀所希望的那样去发展。果实只是暂时落到他们手中，而他们同样不具备在中国建立稳定统治的必要条件。他们的武力统治，他们之间的殊死争夺，其实只是两幕有声有色的戏剧之间的一段短促的过场。

过渡期是令人难熬的，但它毕竟又预示着新的一幕快要到来。从整个历史长河来考察，护国运动已对推动历史前进做出了积极的贡献。在这以前不久的辛亥革命，摧毁了统治中国几千年的君主专制制度，建立了民主共和国，是20世纪以来中国的第一次腾飞。但是，在封建主义有着根深蒂固势力和影响的中国，要把这次革命的成果巩固下来，实在不是一件容易的事情。民国成立只过了三年多，就发生了袁世凯的重新称帝。护国运动粉碎了他的这种迷梦，制止了一次历史的倒退。人们更觉醒了。一个军阀化为无数军阀，固然是坏事，但反动统治集团内部裂缝的扩大和表面化，对革命又是有利的。此后，他们在中国更难保持一个统一的稳定的统治秩序，这就为中国革命运动的发展进一步开辟了道路。而这个运动中暴露出来的种种弱点，又激发人们去进一步反思和探索。护国运动结束后不到三年，在新的历史条件下，便爆发了伟大的五四运动。

可以这样说：在从辛亥革命到五四运动的历史进程中，护国运动是一个不可缺少的历史阶梯。它的历史功绩已深深镌刻在中国人民的近代史册上。

十三、孙中山的世界眼光*

（一）

在20世纪初众多的中国历史人物中，孙中山是最有世界眼光的一个。如果同他的前辈相比，孙中山是真能以世界的眼光来看待中国问题的，而其他人大体上只是以中国的眼光来看待世界。

这里说的"世界眼光"，不仅指孙中山对世界的情势、各国的实际情况和当代西方各种社会思潮，有着比他的前辈深刻得多的了解；更重要的是，他在观察和思考问题时，总是把世界作为一个全局来看待，总是把世界潮流的趋向作为判断是非的标准。

在孙中山看来，民族独立、民主政治和工业化这些中国面临的最迫切的问题，并不是可以这样做也可以那样做的一种任意的选择，而是世界潮流所决定的。同样，革命也不是中国独有的现象，而是世界潮流的趋向。他提醒人们：吾人眼光，不可不放远大一点，当看至数十年数百年以后，及于全世界各国方可。这使他有着一种常人少有的宏伟气魄和宽广视野。

民族主义在孙中山学说中占有突出的地位。这自然反映了中华民族近代以来备受帝国主义奴役的痛苦、要求民族独立的强烈愿望，也同中国在几千年中根深蒂固地形成的传统民族心理有关。而孙中山考虑这个问题时，又着重地把它同世界潮流联系起来。他说："中

---

* 1986年在澳大利亚悉尼举行的孙中山国际学术讨论会上的报告，原载《江海学刊》1986年第5期。

华民族者,世界最古之民族,世界最大之民族,亦世界最文明而最大同化力之民族也。"然此庞然一大民族则有之,而民族主义则向所未有也。"什么是民族主义?他认为,这是一种民族的正义的精神,这种精神的发达是从19世纪欧洲的德、意统一运动开始的。他说:"夫民族主义之起源甚远,而发达于19世纪,盛行于20世纪。日尔曼之脱拿破仑羁绊,希利尼(希腊)之离土耳其而独立,以大利(意大利)之排奥地利以统一,皆民族主义为之也。"他注意到欧战后"民族自决"的普遍趋向:"今回欧洲大战,芬兰离俄而独立,波兰乘机而光复,捷克士拉夫(今捷克、斯洛伐克)叛奥而建国,查哥士拉夫(南斯拉夫)离奥而合邦于塞维尔亚(塞尔维亚),亦民族主义之结果也。"[1]在他看来,民族的觉醒和自决,这是一种不可抗拒的世界潮流;以世界上最古、最大、最富于同化力的中华民族,"加以世界之新主义",定能发扬光大,在不久的将来赶上并超越欧美,这是"理有当然,势所必至"的事情。

对民主政治,他也是用这种眼光来看待的。孙中山认为,专制政治只能在民众还无知的野蛮社会中存在,然而世界的进化由野蛮而达文明,人类心性的进化由无知而至有知,随着近代民智日开,民权终将取代专制。他谈到自己在清末领导的革命运动,尽管备历艰难,最后仍推倒了专制政体,创立了民国。"厥故何也?良以20世纪之潮流,民治主义之潮流也。潮流弥漫于全国,吾人起而顺应时势,以推翻彼专制魔王、人民公敌,自易如反掌。譬诸水到渠成,瓜熟蒂落,事有必至,理有固然;非文有特殊异能,乃由人心趋向之所致,亦即主义最后之获胜也。"[2]

工业化,在他看来是人类文明进步的必然结果,决不因你喜欢

---

[1]《三民主义》,《孙中山全集》第5卷,第186、191页。
[2]《美利滨分部党所落成并开恳亲大会训词》,《孙中山全集》第6卷,第52页。

不喜欢或愿意不愿意而有所改变。当时中国有一部分人看到伴随着近代文明而来的资本主义种种弊端,希望能回到"天然之农业时代状态"。孙中山断言:这是不可能的。他说:"进化程序,既由农业时代进而为工业时代,步步前进,永不后退。""此后世界只有日趋向前,断不能废除现世之文明进步,而复返于原始状态也。"[1]

这一切既是世界潮流的趋向,是不是就能自然地到来?孙中山认为:不会。为了扫除旧势力造成的阻碍,使它实现,必须经过革命。这也是世界各国的历史所证明了的。孙中山热情洋溢地说道:"上下五千年,纵横九万里,革命是没有不成功的。'汤武革命,顺乎天而应乎人',汤武成功了。法兰西革命,法兰西成功了。美利坚革命,美利坚成功了。俄罗斯最近的革命,俄罗斯又成功了。德国是著名的军阀国,现在德国的革命,又成功了。再看中国,十年以来革命是成功还是失败呢?清室是要扑灭革命党的,(在)辛亥年失败了。袁世凯是反对革命的,民国四年,袁世凯又失败了。这是甚么缘故?世界潮流无可遏抑,革命是顺应世界潮流的行为,所向无敌。"[2]

人们常常赞叹孙中山在他一生的革命经历中表现的那种百折不挠、再接再厉的顽强精神,赞叹他在遇到无数次挫折和失败时总是那样充满着信心,充满着乐观主义精神,从来没有消极过,从来没有灰心和退却过。现在要进一步问:为什么他能做到这样?单从他的爱国热忱和革命意志来解释是远远不够的。因为,和辛亥革命时期众多的爱国者、革命者相比,孙中山这种精神表现得格外突出。如果进一步从他的内心世界深处来探寻产生这种力量的奥秘,不能不看到:孙中山总是从世界历史潮流这样一个高度来观察一切的。

---

[1]《复林修梅函》,《孙中山全集》第5卷,第98页。
[2]《在广州欢宴海陆军警军官的演说》,《孙中山全集》第5卷,第525页。

他有一种经过深思熟虑后产生的强烈的历史使命感，深信自己从事的一切都是"顺乎天理，应乎人情，适乎世界之潮流，合乎人群之需要"，因而是"断无不成"的。[1]

孙中山有一句名言："世界潮流，浩浩荡荡，顺之则昌，逆之则亡。"

他还形象地作过一个譬喻："世界潮流的趋势好比长江、黄河的流水一样，水流的方向或者有许多曲折，向北流或向南流的，但是流到最后一定是向东的，无论是怎么样都阻止不住的。"[2]

正因为他的眼光看得很远，对自己的事业有着必胜的信念，所以暂时的挫败，他人的流言，本身的安危，在他看来都算不了什么。

这便是孙中山一生中表现出来的那种革命乐观主义的深厚基础，这便是他那顽强斗志的内在的力量源泉。这在他同时代的思想家和政治家中是不多见的。

长时期内，孙中山是向西方学习的。他对世界潮流的观察，他的民族独立、民主政治和工业化的理想，最初都是从西方学来的。这在当时是进步的，是符合历史前进要求的。但就在那时，由于孙中山对世界情势有着比较深刻的了解，他也不赞成把西方国家的现成模式搬用过来，更不是那种把西方看成一切都好的"全盘西化"论者，而有着两个显著的特色。

第一，重视对本国国情的认识。

孙中山认为，每个国家都有着特殊的国情，必须按照自己的国情办事。这又不等于故步自封和盲目排外，而是要取其精华，迎头赶上。他在1897年就说过："必须使我们的国家对欧洲文明采取开放态度。我不是说，我们要全盘照搬过来。"[3]

---

[1]《建国方略之一·孙文学说》，《孙中山全集》第6卷，第228页。
[2]《民权主义·第一讲》，《孙中山选集》，第706页。
[3]《与〈伦敦蒙难记〉俄译者等的谈话》，《孙中山全集》第1卷，第86页。

孙中山在民国成立前已周游过世界好多圈。每到一个国家，总是细心地考察它的社会政治制度和实际情况，搜集并阅读各种最新著作，拿来同中国的实际相对照，选择并吸取其中有益的养料。在众多的学说主张中，他抓住了民族独立、民主政治和工业化这几个要点，这正是中国这个半殖民地半封建国家最迫切需要解决的问题。

在这以后，他不断地研究中国的国情，在实践中总结经验教训，探索如何在中国这块土地上实现民族独立、民主政治和工业化的理想，探索真正的救国救民真理，这又推动着他的思想不断进步。

1923年1月1日的《中国国民党宣言》中有一段话："本党总理孙先生文，内审中国之情势，外审世界之潮流，兼收众长，益以新创。"[1]它把"内审中国之情势"放在第一位来讲，确实反映了孙中山思想的特色。

第二，对西方国家的社会制度采取分析的态度：既吸取世界文明中的积极成果，又注意扬弃它的消极方面。

在孙中山所处的时代，这是很不容易做到的。19世纪和20世纪相交时，不少的爱国者刚从长期闭关自守的状态中冲破出来，一旦看到过去从未见过的西方近代文明，常常就拜倒在它的面前，以为只要把西方的一切学过来，中国便可以过好日子了。连邹容1903年在他的名著《革命军》中也这样写道："夫卢梭等学说，诸大哲之微言大义，为起死回生之灵药、返魄还魂之宝方。""我祖国今日病矣，死矣，岂不欲食灵药投宝方而生乎？苟其欲之，则吾请执卢梭诸大哲之宝幡以招展于我神州土。"[2]孙中山比他们高明。他不仅看到西方文明的进步方面，也清醒地看到了它的阴暗面。西方记者桑德在1905年写过一篇报道，说孙中山表示"要采用欧洲的生产方式，使

---

[1]《中国国民党宣言》，《民国日报》1923年1月1日。
[2] 邹容：《革命军》，《邹容文集》，第40页。

用机器，但要避免其种种弊端",并评论道："他们吸收我们文明的精华，而决不成为它的糟粕的牺牲品。"[1]

孙中山特别愤慨西方社会中的贫富悬殊和社会不平等，指出："贫富不济，豪强侵夺，自古有之，然不若欧美今日之甚也。"他说：欧美在政治革命以后，"经济进步，机器发明，而生产之力为之大增"，但随之而来的是"富者愈富，贫者愈贫，则贫富之阶级日分，而民生之问题起矣"。他把自己倡导的民生主义看作"即社会主义也"，并且认为："中国近代进步虽迟，似有不幸。然若能取鉴于欧美之工业革命、经济发达所生出种种流弊而预为设法以杜绝之，则后来居上，亦未始非一大幸也。顾思患预防之法如何？即防止少数人之垄断土地、资本二者而已。"[2]

这是孙中山向西方学习时两个不能忽视的特点。它对推动孙中山不断进步，以至在晚年能把他的三民主义发展成为新三民主义，起着重要的作用。

（二）

由于孙中山把世界看作一个整体，看作全局，所以他从不孤立地考虑中国的问题，总是把眼光时时扩及整个世界。

孙中山这样做是对的。到了近代，随着社会生产力的巨大发展，随着世界市场的形成，各个民族和国家原来那种自给自足的封闭状态早已打破，世界已被连成一气。一国的问题再也无法同世界分开。闭着眼睛不承认这一点是不行的。

那么，这个世界应该是什么样子？国与国之间应该建立怎样的

---

[1]［美］伯纳尔著，丘权政、符致兴译：《一九〇七年以前中国的社会主义思潮》，第53页。
[2]《三民主义》，《孙中山全集》第5卷，第193页。

关系？对此，孙中山不能不苦苦地思索着。在他看来，国际关系应该有两条标准：一条是民族自主，一条是和平相处。合起来说，便是平等和协作。

孙中山殷切地期望着中华民族能对形成这种合理的国际秩序发挥积极作用。他写道："我国民族，平和之民族也。吾人初不以黩武善战，策我同胞；然处竞争剧烈之时代，不知求自卫之道，则不适于生存。且吾观近代战争之起，恒以弱国为问题。倘以平和之民族，善于自卫，则斯世初无弱肉强食之说；而自国之问题不待他人之解决，因以促进世界人类之平和，我民族之责任不綦大哉？"[1]

在这个问题上，孙中山的思想有一个演变的过程。

长时期来，最使他感到痛苦的是：中国在列强的侵略下已走到灭亡的边缘。把祖国从深重的灾难中挽救出来，这是他全部革命活动的出发点。但他最初认为，中国所以会沦于这等地步，根本原因在于清朝政府太腐败了，所以他把自己的全部力量集中在推翻这个腐败政府上。孙中山对几个外国朋友说："目前中国的制度以及现今的政府绝不可能有什么改善，也决不会搞什么改革，只能加以推翻，无法进行改良。期望当今的中国政府能在时代要求影响下自我革新，并接触欧洲文化，这等于希望农场的一头猪会对农业全神贯注并善于耕作，那怕这头猪在农场里喂养得很好又能接近它的文明的主人。"[2]

他天真地以为，只要把这个政府推翻了，中国便可自然地走上独立富强的道路，和外国建立起平等和协作的新关系。他力图规劝各国的政治家接受这种认识，而给中国革命以援助。因为在他看来，这不仅是道义问题，也符合于各国的利益。1904年8月，他向美国

---

[1]《精武本纪序》，《孙中山全集》第5卷，第150页。

[2]《与〈伦敦蒙难记〉俄译者等的谈话》，《孙中山全集》第1卷，第86页。

人民发出呼吁："如果中国人能够自主，他们即会证明是世界上最爱好和平的民族。再就经济的观点来看，中国的觉醒以及开明的政府之建立，不但对中国人，而且对全世界都有好处。全国即可开放对外贸易，铁路即可修建，天然资源即可开发，人民即可日渐富裕，他们的生活水准即可逐步提高，对外国货物的需求即可增多，而国际商务即可较现在增加百倍。"孙中山满怀喜悦地预言："一旦我们革新中国的伟大目标得以完成，不但在我们的美丽的国家将会出现新纪元的曙光，整个人类也将得以共享更为光明的前景。"[1]

遗憾的是，孙中山热情的期待换来的却是冰冷的回答。孙中山领导的革命没有获得各国政府的援助。相反，它们宁可支持那个卖国的腐朽的清朝政府，来巩固它们在中国的支配地位。

1911年武昌起义爆发后，各省纷纷响应。孙中山在美国得知这个消息后，立即转赴欧洲，谋求得到各国外交和财政上的支持。这时，他认为推翻清朝政府已不成问题了，开始考虑新中国成立后的建设问题，并且明确提出了对外开放的主张。他在欧洲发表演说，宣布："新政府之政策在令中国大富。""共和成立之后，当将中国内地全行开放。"[2]

回国时，他对胡汉民、廖仲恺说：从中国目前情况来看，要建设必须举借外债。这样做，是不是会重蹈清朝卖国政府的覆辙呢？孙中山指出，需要掌握几个区别："满清借债之弊窦：第一则丧失主权，第二浪用无度，第三必须抵押。若新政府借外债，则一不失主权，二不用抵押，三利息甚轻。"其中最重要的一条，是这种借款要以"不失主权"为前提。他认为：借款以从事建设，将来可以拿建设所得利益来偿还借款，这是划得来的。以铁路为例，"借债

---

[1]《中国问题的真解决》，《孙中山全集》第1卷，第253—254、255页。

[2]《在欧洲的演说》，《孙中山全集》第1卷，第560页。

筑路之便宜，以借债则可以分段而筑，易于告成，计六年之内自可以本利清还，路为我有矣。若以我之资本，则十数年后可筑成，吃亏必大"[1]。

民国成立后，他一度更认为："今专制业已推翻，破坏之局已终，建设之局伊始。"[2]这种建设不仅可以巩固民国的基础，并且有利于世界的和平与进步。

为了从事大规模的建设，他主张实行"开放政策"[3]。"一变向来闭关自守主义，而为门户开放主义。"[4]

孙中山认为，中国的经济建设面对着资金、技术、管理三方面的严重困难，需要在这些方面借助外力："一、我无资本，利用外资；二、我无人才，利用外国人才；三、我无良好方法，利用外人方法。"[5]他计划以十年为期，建设二十万里铁路，"但二十万里之铁路，须款六十万万，以中国独力为之，非百年不可。列强进步之速，一日千里，岂能待我百年"？为了尽快赶上去，他设计了三种可供选择的方案："一、借资兴办；二、华洋合股；三、定以限期，批与外人承筑，期满无价收回。"三者之中，"以批办为最相宜。因此时中国资本、人才、方法三事皆缺，若批办则可收三事之利"。

孙中山认为：爱国不等于排外，相反倒是需要学习外国的长处，迎头赶上。"以前事事不能进步，均由排外自大之故。今欲急求发达，则不得不持开放主义。利用外资，利用外人，皆急求发达我国家之故，不得不然者。"[6]

直到第一次世界大战结束后，他写了《实业计划》一书。动机

---

[1]《与胡汉民廖仲恺的谈话》，《孙中山全集》第1卷，第568、569页。
[2]《在北京同盟会欢迎会的演说》，《孙中山全集》第2卷，第406页。
[3]《在安徽都督府欢迎会的演说》，《孙中山全集》第2卷，第532页。
[4]《在北京迎宾馆答礼会的演说》，《孙中山全集》第2卷，第449页。
[5]《在北京招待报界同人时的演说和谈话》，《孙中山全集》第2卷，第460页。
[6]《在济南各团体欢迎会的演说》，《孙中山全集》第2卷，第480、481页。

也是因为看到西方国家战后有大量工业设备闲置无用，急于向外寻求投资出路，认为这是一个大好时机，可以乘此引进外国的资金和技术，以促进中国的经济建设。因此，这本书最初是用英文写成并发表的，原名是 *The International Development of China*，中译名为《国际共同发展中国实业计划书》，希望能引起外国财团的重视，积极向中国投资。

孙中山的这些主张，不仅充满着善良的愿望，并且确实包含着不少合理的因素，有些还是深刻的创见。可惜，言者谆谆，听者藐藐。无论是民国初年也好，还是欧战以后也好，尽管孙中山恳切陈词，却没有看到西方列强真在不损害中国主权的前提下向中国大量投资。美好的愿望始终没有转化为活生生的现实。

这是为什么？原因很简单。当时的中国已沦为帝国主义控制下的半殖民地半封建国家，列强可以在中国为所欲为地肆行掠夺，对促进中国民族经济的发展不感兴趣。蔡和森在1922年有一段批评，说得很有道理："自动的借外资以开发中国实业，乃为国际帝国主义者所不愿闻，因为他们所要的主要以他们本身的利益为标准，而使中国的经济生活永久隶属于他们的资本主义利益之下，故决不会容许中国自成为大工业生产国，以谋经济上、政治上之自由发展与完全独立。所以中山先生之机械借款说，英、美、法、日的资本家是不欢迎的。"[1]

在孙中山期待着给中国以援助的国家中，日本原来占着优先的地位。为什么这样？藤井昇三曾分析了三条原因：第一，地理上的接近；第二，日本一部分政治家和民间人士等支援中国革命的动向和孙中山对他们的亲近感；第三，孙中山在一段时间内基于黄白人

---

[1] 蔡和森：《统一、借债与国民党》，《向导》第1期。

种斗争观的"亚洲主义"思想。[1]可是，最早使孙中山感到希望破灭的，恰恰正是日本。这主要是日本军国主义加紧侵略中国的一系列赤裸裸事实教育的结果，其中包括"二十一条"、《中日秘密军事协约》，特别是巴黎和会上的山东问题。同时，孙中山显然也受到五四运动的影响。在五四运动发生的下一个月，也就是1919年6月24日，日本《朝日新闻》记者问他："中国人何以恨日本之深？"孙中山在回答时先说明"予向为主张中日亲善之最力者"，接着就沉痛地指出："乃不图日本武人逞其帝国主义之野心，忘其维新志士之怀抱，以中国为最少抵抗力之方向，而向之以发展其侵略政策焉，此中国与日本之立国方针，根本上不能相容者也。"[2]这年12月，他同刚从日本归来的马伯援谈话，更断然地说："吾人对日本无多大希望，只求其不行劫可也。"[3]

但他对英美，特别是对美国，仍抱有较大的希望。这同他仍热切地期望着能得到外国援助来从事中国建设有关。1920年4月，他在美国《独立周报》上用英文发表文章说："我的建议是：美国的资本家们与中国人联合，共同开发中国的实业。美国人提供机器，负担外国专家们的开支；中国人提供原料和人力。合作的基础建立于平等互惠的原则上。"同年10月5日，他给宫崎寅藏的信中又说："英美对我方针，近来大表好意。白人外患，可以无忧。此后吾党之患，仍在日本之军阀政策。"可是，孙中山的热望又落空了。他两次到广东建立革命政府，英、美政府不但没有给他任何援助，相反，美国为了关余问题竟派军舰到广州示威，英国更公然支持汇丰银行买办陈廉伯为首的商团叛乱，反对革命政府。

---

[1]［日］藤井昇三：《孙中山的对日态度》，《纪念辛亥革命七十周年学术讨论会集》下册，第2526页。

[2]《答日本朝日新闻记者问》，《孙中山全集》第5卷，第72页。

[3]马伯援：《我知道的国民军与国民党合作》，第9页。

事实的冷酷教训和国共合作的有力推动，使孙中山经过反复比较后终于在认识上实现了一次飞跃。1924年1月，《中国国民党第一次全国代表大会宣言》写道："辛亥以后，满洲之宰制政策已为国民运动所摧毁，而列强之帝国主义则包围如故，瓜分之说变为共管，易言之，武力之掠夺变为经济的压迫而已，其结果足使中国民族失其独立与自由则一也。""故民族解放之斗争，对于多数之民众，其目标皆不外反帝国主义而已。"在《为商团事件对外宣言》中，孙中山更是旗帜鲜明地写道：以前为推翻满清，"今将开始一时期，为努力推翻帝国主义之干涉中国，扫除完成革命之历史的工作之最大障碍"。

孙中山在晚年为什么要联俄？这是由于他对列宁领导下的俄国革命的深切同情。他说："俄国革命党不仅把世界最大权威之帝国主义推翻，且进而解决世界经济政治诸问题。这种革命，真是彻底的成功，皆因其方法良好之故。"[1]同时，也是由于他认为在当时的世界上只有苏俄才真正是"以平等待我之民族"，才能给中国以真诚的援助。

但就在这种情况下，孙中山仍然没有忘记日、英、美等国的人民。他把那些国家的政府所实行的侵略政策，同人民可能给予中国的友好和支持区别开来。就是对这些政府，他也不是绝对持排斥的态度。如果它们能够对中国政府采取友好的态度，并且是事实上的而不是口头上的，孙中山仍准备向它们伸出友谊之手，尽管在孙中山的一生中始终没有获得这种真正的友谊。

孙中山的这种态度，清楚地反映在他所作的《大亚洲主义》的演说中。这是他去世前三个多月在神户向日本国民所作的一次讲演，也是常受到人们误解的一次讲演。其实，孙中山所说的"大亚洲主

---

[1]《中国之现状及国民党改组问题》，《孙中山选集》，第580页。

义"同日本某些军国主义者所说的根本是两码事。他在这个讲演的最后说得很明白:"我们讲大亚洲主义,研究到结果,究竟要解决什么问题呢?就是要为亚洲受痛苦的民族,要怎么样才可以抵抗欧洲强盛民族的问题。简而言之,就是要为被压迫的民族来打不平的问题。"他把这种民族之间的不平称作"霸道",而把"主持公道,不赞成用少数压迫多数"称作"王道",并且向日本国民提出一个尖锐的问题:"从今以后对于世界文化的前途,究竟是做西方霸道的鹰犬,或是做东方王道的干城?就在你们日本国民去详审慎择。"[1]尽管这篇讲演中有些用语可能不那么科学,不那么确切;但他的基本立意,应该说是积极的,而不是消极的。

(三)

孙中山的思想来不及再得到发展他便去世了。否则,他还会前进的。

看起来,孙中山的前后主张很有冲突。细细寻绎起来,又有他一贯的地方。

孙中山是个有着世界眼光的人。他总是密切注视着世界潮流的趋向。他主张中国对外开放,有选择地吸取西方近代文明中对中国有益的养料,在建设过程中争取外国在资金、技术和管理等方面的帮助,并建立平等和协作的国际秩序。这些主张是很有见地的。

但是,要实现它需要有一个前提,那就是中国必须首先从半殖民地半封建国家的悲惨境遇中摆脱出来,把民族的命运牢牢掌握在自己手中,成为一个独立的主权国家。只有在这种条件下,才谈得上真正以平等的地位实现国际协作。没有这个前提,不管你抱有多

---

[1]《足本中山全书》第3册,第149、150页。

么真诚的愿望，进行多么恳切的劝说，愿望只能是愿望，事实上仍会落空。这便是孙中山晚年所得到的一条重要教训。

孙中山离开我们已经六十多年了。在这半个多世纪里，中国的状况已发生根本的变化。中国人民在中国共产党的领导下，已经实现了民族独立，建立了人民共和国，正在向社会主义现代化的宏伟目标阔步前进。

在这种新的历史条件下，回头来看，我们会惊奇地发现：在孙中山这个伟大先行者的思想宝库中竟包含着那么多富有价值的创见。许多在他生前难以实现的理想，今天在新的历史条件下倒有可能一一实现。

孙中山把世界看作一个整体，总是从世界全局的眼光来看待中国的问题。我们今天也把中国的事情看作当代人类进步事业的一部分，把中国的革命和建设同全人类的进步密切联系起来。

孙中山主张学习西方的长处，同时力求避免它的种种弊端。我们今天也认为：一个国家要发达起来，就决不能拒绝接受世界文明中的一切积极成果，应该大胆地吸收世界上一切先进的东西来丰富自己；同时，又要有清醒的头脑，坚持分析的方法，细心地识别并抵制那些腐朽思想的侵蚀。

孙中山热望中国的建设能在资金、技术和管理等方面得到国外的帮助，而这一切必须以不损害主权为前提。我们同样清醒地看到：中国是在不发达的基础上开始自己的建设事业的，我们的经济水平和科学技术水平还是落后的。在社会主义现代化建设的过程中，我们应当在自力更生的基础上和平等互惠的条件下，不断扩大同世界各国的经济、贸易、技术交流与合作。

孙中山期待着出现一个平等和协作的国际秩序。我们也希望有一个长期的和平环境，能够看到更多国家之间的友好合作，并且深信中国的社会主义现代化建设必将有利于世界和平，有利于各国经济的共同繁荣,有利于人类的进步事业。

当然,同孙中山当年的设想相比,今天这一切都已大大发展了,并有了新的内容。但是,先驱者的历史功绩毕竟是不容遗忘的。而在我们继续前进的旅程中,孙中山这位一代伟人所留下的丰富精神遗产,仍将给我们不断提供有益的思想养料。

十四、救亡唤起启蒙*

——对戊戌维新运动的一点思考

九十年前在中国大地上兴起的戊戌维新运动,是中国近代思想发展路程中的一座丰碑。它有两个鲜明的特征:既是伟大的爱国救亡运动,又是伟大的民主启蒙运动。这次运动在提高民族觉醒和民主意识方面产生的那种震撼人心的力量,是中国人以前从来没有见到过的。不管运动发动者们自己怎么想,它为辛亥革命、五四运动以至日后中国历史的发展开辟了道路,做了必不可少的准备。

救亡已成为中华民族行进的主旋律

从戊戌维新运动上溯到鸦片战争,相距五十八年,中国在半殖民地半封建社会的道路上已经蹒跚地行进了半个多世纪。但是人们对周围已经发生的变化,并不像我们今天这样看得清楚。在太平天国革命被镇压后的很长时间内,人们还在津津乐道什么"同治中兴",期待通过举办洋务使中国走上"自强"和"求富"的道路,一场外国侵略战争结束了,人们总是重新过起他们久已习惯的太平日子来。少数有远见的先进分子如郑观应,痛感需要向沉睡的人们发出"危言",但不得不先表白一下他们所处的仍是"盛世",以免招来更多的攻击,因而把自己的著作称为《盛世危言》。人们的麻木已达到何等可悲的程度!

---

* 原载《人民日报》,1988 年 12 月 5 日。

1894年至1895年的中日甲午战争，把这一切突然结束了。

可是，事情到这一步还没有结束。甲午战败后隔了两年，以德国强占胶州湾为起点，西方列强纷纷在中国划分势力范围。再隔两年多，又发生了八国联军的对华战争。世界上所有的帝国主义国家联合起来，共同进攻一个半殖民地国家，这在世界历史上还没有过先例。

亡国灭种的现实威胁，像一个令人战栗的阴影，笼罩在每个爱国者的心头，"盛世"的幻梦最终地化为泡影，麻木不仁的状态再也无法保持下去了。

戊戌维新运动的进程同民族危机的激化几乎是同步发展的。梁启超当时写道："吾国四千余年大梦之唤醒，实自甲午战败割台湾偿二百兆以后始也。我皇上赫然发愤，排群议，冒疑难，以实行变法自强之策，实自失胶州、旅顺、大连湾、威海卫以后始也。"（《戊戌政变记》）用今天的话来说：维新运动作为一次具有相当规模的政治运动的兴起，是甲午战败的强烈刺激下的产物；而戊戌变法高潮的到来，是列强在华划分势力范围、民族危机急剧激化的产物。

中国面对的问题已经不再是什么强或弱，而是更加严峻的存或亡了。1895年5月，严复发表了轰动一时的《救亡决论》。1898年4月，康有为在保国会发表演说："二月以来，失地失权之事，已二十见，来日方长，何以卒岁？缅甸、安南、印度、波兰，吾将为其续矣。""救亡之法无他，只有发愤而已。"各地报纸、学会、学堂等宣传列强准备瓜分中国的危急局势，在全国引起强烈的反响。

"救亡"，这个深藏在千千万万人心中的口号，就这样响亮地喊了出来。从这时起，直到半个世纪后的抗日战争胜利结束，这个口号贯穿始终，认识不断深化，成为中华民族行进时的主旋律。

人们一旦发觉自己已处在生死存亡的边缘，往日那种盲目自信再也无法原封不动地保持下去了。它像一次突然袭来的风暴，虽不能把旧事物连根拔起，至少也使它的根基发生严重的动摇。人们不能不对自己民族的过去和传统信条引起深刻的反思，尽力以新的眼光去审视外部世界，力图从中汲取足以挽救民族危亡的力量源泉。这便成为中国近代民主启蒙运动的真正起点。

中国近代民主启蒙运动的真正起点

　　传统是一种巨大的惰力。在农业文明基础上建立起来的中国传统文化，由于自身达到的成熟程度，由于社会生产力发展的迟缓，成为牢牢束缚人们头脑的保守力量。它自然包含不少合理的有价值的因素，但就总体来说已不能同新时代的需要相适应了。

　　甲午战争以前，尽管中国社会正在发生深刻的变化，士大夫的心态却同半个多世纪前没有多大区别。人们习惯于用祖祖辈辈沿袭下来的陈旧观念来看待周围的事物，很少敢于甚至很少想到用另一种眼光来重新观察这一切。他们有时也慷慨激昂地议论时政，但一接触到那些被他们视为安身立命之本的根本问题时，就同前人没有多大两样。梁启超曾回忆自己早年的情况："不知天地间于训诂词章之外，更有所谓学也。"（《三十自述》）孔孟之道规定的君君臣臣父父子子那一套封建纲常，一直被看作神圣不可侵犯的最高原则。谁敢离开它一步，就会被视为"名教罪人，士林败类"。这种罪名几乎是什么人都担当不起的。

　　中国思想界这种状况的全面崩溃要到五四运动的时候，但崩溃过程是从戊戌维新运动时开始的。事实总是比抽象的学理更有说服力。在甲午战后的严酷现实面前，人们不能不沉思：为什么中国人会受外国的欺凌，会落到今天这等地步。正是这种强烈的危机感，给了民主启蒙运动以巨大的吸引力。

　　在戊戌维新运动中进行民主启蒙宣传最有力的思想家是严复。

他早年曾留学英国，对西方资产阶级民主主义文化（也就是当时所称的西学）有相当深入的了解。但在那时，他即便想说，也不会有多少人听他的话。甲午战败那年，他受到强烈的刺激，"觉一时胸中有物，格格欲吐"（《与梁启超书》，于是在天津《直报》上发表一系列文章（前面说到的《救亡决论》就是其中的一篇），在社会上产生巨大的影响。他在文章中写道："时局到了今天，我宁可背负起发狂的罪名，决不能吞吞吐吐，甚至无耻作伪。""今日请明目张胆为诸公一言道破可乎？四千年文物，九万里中原，所以至于斯极者，其教化学术非也。不徒嬴政、李斯千秋祸首，若充类至义言之，则六经五子亦皆责有难辞。"（《救亡决论》）他尖锐地指出中学和西学之间的根本对立："中国最重三纲，而西人首明平等；中国亲亲，而西人尚贤；中国以孝治天下，而西人以公治天下；中国尊主，而西人隆民；中国贵一道而同风，而西人喜党居而州处；中国多忌讳，而西人众讥评。其于财用也，中国重节流，而西人重开源；中国追淳朴，而西人求欢虞。其接物也，中国美谦屈，而西人务发舒；中国尚节文，而西人乐简易。其于为学也，中国夸多识，而西人尊新知。其于祸灾也，中国委天数，而西人恃人力。"（《论世变之亟》）像这样把中学和西学多角度地进行强烈对比，肯定后者，否定前者，这在中国思想界还不曾有过，严复可说是第一人。他的结论是："不容不以西学为要图。此理不明，丧心而已。救亡之道在此，自强之谋亦在此。"并且嘲讽历来被视为至理名言的"天不变，地不变，道亦不变"不过是"似是实非之言"（《救亡决论》）。这里虽不免有激切之词，在当时却不能不是石破天惊之论。

为了救亡，他们十分重视要发挥国民自身的力量，并且把它看作治国的根本。用严复的说法，就是要做到"鼓民力""开民智""新民德"（《原强》）。在另一篇文章里，他尖锐地抨击封建专制主义，认为君臣之伦"不足以为道之原"，并且批评韩愈的《原道》是"知有一人，而不知有亿兆"(《辟韩》)。梁启超在湖南时务学堂写给学生的批语中说："自秦以后君权日尊，而臣之自视，以为我实君之奴隶。""至于今日，士气所以委靡不振，国势所以衰，罔不由是。此实千古最大关键矣。"谭嗣同在《仁学》中更发出了"冲决君主之网罗""冲决伦常之网罗"的呼喊。这些自然都有民主的启蒙意义。由于民主同救亡的要求紧紧联结在一起，同当时许多人日夜焦虑、寝食不安的问题联结在一起，给人们一种新的答案，燃起新的希望，就能深深地打动人心，被很多人所接受。

他们告诉大家：世界万物都在不停息的变动和进化中。生活在这个大时代的人，必须下定决心实行变革。严复翻译的《天演论》，梁启超的《变法通议》，在这方面产生的影响是最重大的。

值得注意的是，他们在进行启蒙教育时特别强调群体的意义。康有为强调"以群为体，以变为用。斯二义立，虽治千万年之天下可矣"。梁启超反对那种"人人皆知有己而不知有天下"的"独术"，而盛赞泰西"群术之善"。严复更强调"群治"的重要性。他在《天演论》按语中写道："天演之事，将使能群者存，不群者灭；善群者存，不善群者灭。"这并不奇怪。个体和群体本来是事物的两个侧面，相互依存又相互制约，难以截然分开。应当着重强调哪一侧面，这要看具体社会条件和当时需要着重解决的问题来确定。一般地，对一个面临生死存亡关头的民族来说，民族的群体利益往往把个体间相一致的共同利益联结在一起，被摆到领先的地位。对中国来说，长期占支配地位的封建主义生产方式一向以分散的个体的小生产为基础。这种社会条件带来的"一盘散沙"似的涣散状态，也是造成中国在世界列强面前显得那样脆弱和缺乏竞争力量的重要祸根。近代中国人吃这方面的亏，实在吃够了。如果整个民族间没有一股强大的凝聚力量，要战胜它所面对的强大对手，在世界列强面前站立起来是不可能的。一个民族如果没有这点精神，各个成员如果只顾自己、只顾眼前，这个民族将是可悲的、没有前途的。维新派的思想家们在反对封建专制主义的同时，提倡国民间"合群"的重要性，可说有一定的合理性，也在一定程度上反映了近代中国的实际国情。

自然，戊戌维新运动的思想家们的议论和主张远不是那样完满，存在着软弱性、空想性和不成熟性等种种弱点，这在一种新思潮兴起的最初阶段是常见的现象。而在中国当时的历史条件下，他们所能依靠的新的社会基础实在太薄弱，遭受暂时挫败是难以避免的。但是他们的奔走呼号，终于把原来根深蒂固的封建正统观念的网罗撕开了一个巨大的裂口。人们明显地看到：经历了戊戌维新运动潮流的冲刷，中国思想界已从原来一潭死水似的状态中摆脱出来，变化的节奏异常地快速起来了。思想的闸门一经打开，奔腾的洪流就谁也阻挡不住了。戊戌维新运动的这个历史功绩是我们无法忘却的。

救亡和启蒙都不能离开民众的力量

在灾难深重的旧中国，救亡和启蒙一直是两个突出的课题。这两个课题经常交织在一起。它们之间的关系是怎样的？从根本上说，是救亡唤起启蒙，还是救亡压倒启蒙？我想是前者而不是后者。

这是近代中国的国情所决定的。长时期内，中国的民族灾难实在太深重了。在那些悲惨的岁月里，中华民族不仅处处受人歧视、受人践踏、受人奴役，并且濒临灭亡的边缘。生存问题已成为整个民族面对的最突出的问题。个人的种种已失去起码的保障。"中华民族到了最危险的时候，每个人被迫着发出最后的吼声。"人们热血沸腾。救亡所以成为最突出的课题，对曾在那个痛苦的年代里生活过的人来说，几乎是不言而喻的。

救亡依靠什么？离开民众的力量，离开万众一心的共同奋起，就没有什么真正的救亡可言。一次救亡运动的高潮，总是能有力地唤起或促进一次伟大启蒙运动的到来。戊戌维新运动、辛亥革命、五四运动、一二·九运动等无不如此。这是中国近代历史中一种带规律性的现象。

这里,中国同许多西方国家走过的道路不尽相同。在西方,通常是随着资本主义的兴起,随着近代工业的发展,独立的自由城市和人数众多的中产阶级在社会生活中已相当程度地能左右局势,却没有同自己实力相当的社会地位和权利,仍处在封建主义的严重束缚下。一旦这样的力量在社会内部成熟了,民主启蒙的要求必将被提到异常突出的地位。这种客观趋势是任何力量也无法阻挡的,更不用说被别的什么所压倒了。

拿19世纪末年的中国比较一下,我们看到的却是一幅不同的情景。中国是一个农民占压倒多数的落后大国。资本主义的力量十分微弱,并且往往还带有浓重的封建性。维新派思想家们大抵都刚刚从旧式封建士大夫转化而来,身上留着浓重的旧日印记。维新运动没有西欧那种近代的自由城市,也没有一个在社会生活中居于举足轻重地位的中产阶级作为它的后盾,这是它的先天性的弱点。救亡不是启蒙的对立物。如果没有救亡这种燃眉之急的强烈推动,中国的民主启蒙运动要在全国范围内达到如此广泛的程度,可能还要经过漫长得多的路程。

思想的发展和物质的发展一样,有着自己的客观规律性,并不由先行者的主观愿望或意志所左右。文化固然可以有超前性,但也存在一定限度,特别是涉及千百万人的思想大变动,绝不是任何人可以随心所欲地安排的。不成熟的思想往往是不成熟的社会条件的反映。戊戌维新时期的志士们为了国家和民族的利益,把个人的利害安危置之度外,奔走呼号,大声呐喊,加速了历史前进的步伐。他们的精神是值得后人景仰的。这次运动起了它在当时历史条件下所能起的作用,在近代中国人民觉醒的曲折历程中构成一个重要的阶梯。戊戌维新运动的长处和短处、成功的地方和不成功的地方，都不是偶然的，这可以从中国当时的客观历史环境中得到合理的解释。

历史不可能重演，但往往可以给人以启发。今天，中国人民为了振兴中华，为了使中华民族不在新世纪中被开除地球球籍，同样怀着深沉的危机感和紧迫感。这种危机感和紧迫感，驱策着我们奋发向前，要求人们勇敢地起来呼唤，在思想观念上不断更新，要求人们万众一心地凝聚成一个同呼吸、共命运的团结力量，迎接深刻的社会变革，奔向社会主义现代化的远大目标。此时此刻，回顾以往在中国这块国土上发生过的历史过程，看看我们先人走过的道路，或许在某些方面我们也能发现一些有用的思考材料。

十五、中国近代的革命和改革[*]

（一）

人类社会始终处在前后相续的不停息的变革中：新事物不断地取代旧事物。这种变革是任何力量也阻挡不了的。它可以有两种形式：一种是在现存社会秩序下的渐进的改革，一种是在短期内根本改变原有社会秩序的暴力的革命。什么时候应当着重地采取哪一种变革形式，不能单从抽象的原理出发来作判断，需要取决于当时当地的具体历史条件。一般说来，前者是它的经常形式，后者是它的补充形式。

当一种新的社会制度形成后，通常都需要经历相当漫长的比较稳定的发展时期。在这个时期内，这种前进大体上是通过科学技术和社会生产的发展、经济体制和政治体制的逐步改革、社会意识形态和生活习尚的不断演进来实现的。如果客观条件没有达到成熟的程度，整个社会制度的再一次根本变革是不可能实现的。只有当社会经济文化的渐进的变革积累到相当程度，已同它们不相适应的旧的社会秩序却不能改变，已成为社会继续发展的严重障碍而且难以继续维持下去时，那种能够迅速根本改变原有社会秩序的革命才会到来。它们常常以急风暴雨的姿态，猛烈地摧毁旧有的社会结构和政治体制，在人们心中树立起一种新的思想观念和生活方式，使社

---

[*] 在第十七届国际历史科学大会上的报告，1990年8月于西班牙马德里。

会面貌发生巨大的变化。而新的社会秩序通过革命手段建立起来后，又为渐进的改革开辟了广阔的道路。

18世纪末的美国独立战争和法国大革命，都曾出现过这样的局面：千百万群众行动起来，以对旧有社会秩序毫不妥协的姿态采取了革命性的行动，从而为这些国家以后的近代化进程（包括工业化和西方式民主政治的建设）扫清了道路。这是人类历史上的空前壮举。它们成功的消息传遍整个世界，大大鼓舞了各国为争取进步事业而斗争的人士，也深刻地影响过中国的革命。美国独立战争和法国大革命对推动人类历史前进的巨大的作用，是举世公认的。反过来，缺少这种对旧社会秩序不妥协的革命性扫荡的普鲁士、意大利和日本，顽强地残留下来的旧事物在它们日后近代化进程中常常或隐或现地起着消极的作用。它们后来都一度走上军国主义和法西斯主义的道路，很难说同这种状况毫无关系。

（二）

中国的近代化走过的是一条格外艰难的道路。两千多年来，中国一直处在以农业文明为特征的自给自足的封建自然经济状态中。中国古代的灿烂文明、统一的大帝国以及它在周围世界中所处的地位，使中国人长期以来养成一种盲目的以"天朝大国"自居的社会心态，似乎这种社会秩序永远不会发生根本的变化。在这样一个古老而又人口众多的国家里，近代化的中心目标就是要把以小农社会为主体的落后国家转变成现代的进步的文明国家。这是中国人在一百多年前根本没有想到过的全新的课题。中国近代的进步政治运动，不管是温和的改革，或是暴力的革命，都是为了实现这个目的。

中国近代历史的篇章是由1840年的鸦片战争揭开的。中国人可以说是在完全缺乏精神准备的状态下，不自觉地被卷进一个和过去不同的历史时期的。外国炮舰轰开中国的大门，逼迫清朝政府签订丧权辱国的《南京条约》，使中国人突然醒悟到自己的国家已经大大落后了，并且看到在中国以外还存在一个如此陌生的外部世界，它们的政治制度、经济制度、文化观念都比封建的古老的中国要先进得多，有许多值得中国人学习的地方。但是，它们到东方来，并不是以平等的态度对待中国人的，而是要把中国变成它们的半殖民地或殖民地，把中国人看作劣等民族，恣意地进行屠杀、压迫和掠夺。这不能不强烈地刺激着一切有爱国心的中国人，要求改变现状，使中国成为一个独立的富强的国家，自立于世界民族之林。

一般说来，人们最初总是希望能在现有社会秩序下进行温和的改革。这样做，不仅牺牲少，而且也容易为更多人所接受。孙中山、毛泽东在他们政治活动的初期莫不如此。

孙中山在1894年创立他领导的第一个团体兴中会前不久，曾从广东到天津去向清政府的实际当权人物李鸿章上书，要求他进行改革，做到"人能尽其才，地能尽其力，物能尽其用，货能畅其流"，认为："此四事者，富强之大经，治国之大本。"孙中山为什么要这样做？据他当时的好朋友陈少白说，因为他认为"李鸿章在当时算为识时务之大员，如果能够听他的话，办起来，也未尝不可挽救当时的中国"（《兴中会革命史要》）。用孙中山自己的话说，是"冀九重之或一垂听，政府之或一奋起也"（《伦敦被难记》）。

毛泽东在五四运动那一年（1919年），在《湘江评论》上大声疾呼地鼓吹改革，但他当时所主张的实行方法仍然是温和的。他写道："用强权打倒强权，结果仍然得到强权。不但自相矛盾，并且毫无效力。""所以我们的见解：在学术方面，主张彻底研究，不受一切传统和迷信的束缚，要寻着什么是真理；在对人的方面，主张群众联合，向强权者为持续的'忠告运动'，实行'呼声革命'——面包的呼声，自由的呼声，平等的呼声，——'无血革命'，不主张起大扰乱,行那没效果的'炸弹革命''有血革命'。"(《湘江评论创刊宣言》)他还曾提倡工读主义,想在湖南长沙的岳麓山办一个新村,学生一面读书一面劳作,视学校如家庭,从而结成一个公共团体。他认为,可以先从这样的小范围内做起来,一步步地扩大,最终达到改造社会的目的。

这些主张都是相当温和的。但是,中国的具体历史条件迫使他们走上另一条道路。中国的旧势力很强大,并且顽固地拒绝一切根本变革。整个国际形势,特别是中华民族濒临被灭亡的悲惨命运,又逼使人们无法长期等待下去。这才驱使他们最后不能不选择拿起武器进行暴力革命的道路。

孙中山正是在上书李鸿章失败后,"所有希望完全成为泡影。所以到了这时候,孙先生的志向益发坚决,在檀香山就积极筹备兴中会,找人入会,一定要反抗满洲政府"(陈少白:《兴中会革命史要》)。孙中山自己这样说:"吾党于是抚然长叹,知和平之法无可复施。然望治之心愈坚,要求之念愈切,积渐而知和平之手段不得不稍易以强迫。""因此人民怨望之心愈推愈远,愈积愈深,多有慷慨自矢,徐图所以倾复而变更之者。"(《伦敦被难记》)

毛泽东也是经过实践中的反复探索和对各种学说进行比较推求后,才在1920年明确表示赞成蔡和森所主张的走俄国十月革命式的道路,认为"用平和的手段,谋全体的幸福"的意见"在真理上是赞成的,但在事实上认为做不到"。对有的外国学者所主张的"宜用教育的方法使有产阶级觉悟,可不至要妨碍自由,兴起战争,革命流血",也认为:"理论上说得通,事实上做不到。"他当时的结论是:"我看俄国式的革命,是无可如何的山穷水尽诸路皆不通了的一个变计。并不是有更好的方法弃而不采,单要采这个恐怖的方法。"(《给萧旭东、蔡林彬并在法诸会友》)

可见,孙中山也好,毛泽东也好,他们的投身革命,并不是出于他们的本性对革命有什么特别的喜爱,而是由于中国当时的民族矛盾和社会矛盾实在太尖锐了,中华民族已处在生死存亡的关头,舍此没有其他出路,这才迫使他们作出这样的选择。

尽管革命变革要付出巨大的代价,但它在一个短时间内对阻碍社会发展的旧事物所起的扫荡作用,是平时多少年也无法比拟的,并且要彻底得多,从而为以后社会经济的迅速发展开辟了广阔的道路。1949年中华人民共和国成立时,同抗战前产量最高的年份相比,农业产值降低了两成以上,其中粮食产量降低百分之二十二点一,棉花产量降低百分之四十八;工业产值降低了一半,其中重工业生产大约降低百分之七十,轻工业生产降低百分之三十。可是,新中国成立后,仅仅用了三年时间,就治愈了战争的创伤,把国民经济恢复到旧中国历史的最高水平。在它的同时和稍后,对中国的社会结构进行了根本的改造。从1953年至1978年,按可比价格计算,中国的国民生产总值每年平均增长百分之六点一;从1979年至1988年,每年增长百分之九点六,这在世界上也是不多见的。

即便处在大革命的形势下,革命和改革的关系仍然是微妙的。它们既有相互对立的一面,而在某种意义上又相互补充。在旧中国,只要是在实现现代化和社会进步这个目标下,许多"政治改良""实业救国""教育救国"等主张,尽管不能从根本上解决改造中国的问题,仍然在某些方面起过有益的作用。在这些方面做过一些切实工作的人,如严复、梁启超、张謇、蔡元培、范旭东、卢作孚、荣宗敬兄弟等,仍然是值得我们纪念的。

(三)

暴力革命并不是在任何时候,都能够从根本上改造旧有的社会秩序,都能够取得成功,甚至未必都能在历史上发挥积极的作用。

暴力仅仅是一种手段。只有当旧的社会制度已经衰竭到没有力量调节自身内部的矛盾、没有发展余地的时候，只有当新的社会制度已经孕育到呼之欲出时，一句话，只有当社会大变革的内在条件已经足够成熟的时候，暴力才能成为新社会诞生的助生婆。没有这种客观条件，任何人都无法随心所欲地单凭自己的意旨，使用暴力来实现他所主观设想的目标。

在中国近代的历史条件下，由于帝国主义的野蛮侵略和本国封建势力的黑暗统治，由于这种情况下形成的半殖民地半封建的社会结构已将中华民族引向灭亡的边缘，暴力革命是不可避免的，但仍然不能依靠暴力来解决一切问题。可以这样说：暴力革命是一种不得已的选择，决不能无休止地长期继续下去。

人们要正确地认识这一点，不是容易的事情。一次社会大革命总是在追求完美社会的强烈要求的推动下进行的。这种追求有时在感情上达到狂热的地步。革命的胜利更给了人们巨大的鼓舞，也造成一种错觉，仿佛原先的办法可以用来解决一切问题，仿佛一切都能以革命时期同样的速度在短期内得到实现。他们往往忽略了急风暴雨式的革命时期同和平建设时期两者之间的巨大区别。当客观历史已经从前一阶段转入后一阶段时，人们的心态和思维方式常常在许多方面仍停留在前一阶段，习惯于用前一阶段用熟了的办法去处理后一阶段面对的新问题。这实际上多少是一种盲目的不够自觉的状态，容易在革命胜利后出现一种急于求成的情绪。50年代后中国在建设中"以阶级斗争为纲"和要求"大跃进"等失误，都同这种历史背景有关。

推倒一座旧的建筑有时能在短期内完成，可是在这块废墟上建设一座新的大厦却必须持久地循序渐进。事物的发展有它的客观规律。尽管新社会制度内部肯定仍存在种种缺陷，在新的历史条件下还会滋生一些新的不良现象，这就使坚持不懈地进行改革成为必不可少的。而这种改革也需要随着主客观条件的逐步成熟而有步骤地进行。在有些事情上,操之过急,企图一步到位,往往事与愿违,只能造成混乱,导致"欲速则不达"。在中国这样一个经济文化落后、人口众多的大国尤其如此。当然,在建设中仍需有破坏,但毕竟是不同了。"天下大乱,达到天下大治",并不是在什么情况下都能奏效的,甚至会适得其反。

(四)

当今人类生活的时代,正处在历史上从来没有过的剧烈而广泛的变革的时代。科学技术的发展和社会进步的步伐都以前所未有的规模和速度进行着。当然,这个过程中仍然存在着各种不同社会力量、不同社会制度之间的矛盾和冲突。

中国是从一个落后的半殖民地半封建国家起步的,至今还是一个发展中的国家。建设一个社会主义现代化国家是十分艰巨的任务。我们需要在国际上有一个和平的环境,在国内有一个安定的局面,从事长期的建设。因此,稳定是我们压倒一切的需要。在这种情况下,我们对外坚持在五项原则的基础上和不同社会制度的国家和平共处,坚持实行对外开放,努力学习国外对我们有益的科学技术、管理经验以及其他先进的文化成果。其中,科学技术的发展也许是一个特别重要的革命力量。

世界范围内的任何变动都会影响着正实行改革开放并向社会主义现代化目标前进的中国。中国需要和平,需要发展,十分珍惜几十年来同世界各国发展经济文化交流的成果以及同各国人民的友谊。中国人民决不会干涉别国的内政,同时也不会听任别国侵犯自己的神圣权利。受过一百多年来自国外的侵略、压迫和干涉的中国人民,在这个问题上是十分敏感的。我们将坚定不移地根据自己的实际国情，走自己的路，毫不动摇地把经济体制和政治体制的改革不断推向前进，使中国的社会主义制度在自身基础上不断发展和完善。而有着十一亿人口的中国社会变革的继续推进，也必将对世界的和平和人类进步事业起着积极的影响。

十六、民初同盟会人的几种社会政治方案[*]

1911年的辛亥革命,像猛烈倾泻的急风暴雨,骤然改变了中国原有的社会政治格局。几千年来作为整个社会秩序重心的君主专制制度,一夜之间轰然倒地。民主共和制度破天荒第一次在这个古老的国度里建立起来。

这一切突然变化使人感到头晕目眩,对眼前出现的种种复杂现象难以立刻作出正确的判断,对它们行将带来的无数新问题既没有足够的精神准备,更缺乏应付的经验。大多数革命党人一时都沉浸在兴高采烈之中。他们虽然对腐朽而卖国的清朝政府充满仇恨,渴望把它早日打倒,但由于自身的力量太弱,没有料想到这一天竟会那么快地到来。

胜利给了人们巨大的鼓舞,也造成一种错觉,似乎随后的政治和经济建设也将在短期内同样顺利地实现。尽管清朝推翻后,政权很快又落到旧社会势力代表袁世凯的手里,但矛盾暂时还处于潜在状态,甚至示人以假象。袁世凯接任临时大总统时,信誓旦旦地宣告:"民国建设造端,百凡待治。世凯深愿竭其能力,发扬共和之精神,涤荡专制之瑕秽,谨守宪法,依国民之愿望,蕲达国家于安全强固之域。"[1]连一时以激进派著称的何海鸣在几个月后也回顾道:"记者当日亦颇惑于共和二字,以为共和之国,国即政府,政府即国

---

[*] 原载《历史研究》1991年第1期。

[1]《莅临时大总统任誓辞》,《袁大总统书牍汇编》卷首,第1页。

民,绝无相冲突之虞。""政府者国民之政府,决不至为袁氏所把握,于是亦坐视众人赞同之。"[1]

这种普遍的乐观和幻想,使人们倾向于强调维持现状,认为需要思考的只是在民主共和制度的新格局下如何建设这个国家,对旧社会势力的斗争已不那么重要,甚至因害怕引起破裂而处处趋向妥协。

在一般国民中,妥协的心理更为普遍。胡汉民曾沉痛地说:"当武昌倡义以后,举国响应不为不快。各地不但党人领导着运动,连国民也跟着运动,大家都觉得满清非推翻不可了;就此群策群力,一鼓作气,把他很快的推翻掉。"但经过破坏以后,临到建设,国民心理就显出三个大弱点来:"第一个心理上的弱点是苟且。大家以为大乱过去了,应该赶紧休养生息,不必再闹了。革命党员毕竟是含有暴烈性的朋友,现在用不着他们了,'同他们疏远些',另外接近稳健派的人物吧。""第二个心理上的弱点是侥幸。以为过去已有的牺牲,或者已经够了,够达所求的目的,不必再多奋斗了。大家总想以廉价来买得贵物,实际上有无把握是不管的,只望其侥幸而中罢了。""第三个心理上的弱点是依赖。凡事让人去办好了,自己一概不管。从上面两个弱点中,他们认为满意的办法,是'维持现状';认为满意的人才,是'非袁莫属'。"[2]这种普遍的社会心态,反过来又影响到一般革命党人的思想。

还需要提到许多革命党人社会地位所起的变化,对他们的思想主张也有着不可忽视的作用。革命成功前,他们一般都处在社会的中下层,有些还在海外做亡命客。民国成立,他们中一部分人顿时成为"民国伟人""革命巨子",不少人做了国会议员、地方长官,

---

[1] 海鸣:《治内篇》,《民权报》1912年10月8—10日。
[2] 《怎样纪念国庆》,《革命理论与革命工作》,第1381—1383页。

纷纷跻身上层社会之列，周围又不乏捧场者，远非当年的"穷措大"可比。这更使他们中不少人容易醉心于"维持现状"。革命的共同目标已逐渐淡化，各人似乎已可各奔前程，更加自由地追逐自身的利益，改善自身的地位。原来就相当涣散的革命团体，进一步失去凝聚力，变得更加涣散，甚至出现明显的分化。

民国初年，同盟会内对未来的发展作出种种设计，提出种种不同的社会政治方案，朝着不尽相同的方向去使力，可以说是在这样一个大背景下出现的，是这种特定环境的产物。在这些社会政治方案中，最突出的是两种倾向：一种强调兴办实业，可以说以孙中山为代表；一种强调政党政治，可以说以宋教仁为代表。两者间有许多息息相通的地方，并不是根本对立的，但着重点显然有所不同。

（一）孙中山的"振兴实业"主张

孙中山是富有远大眼光的政治家。无论什么时候，他总是能够冷静地从统筹全局的观点出发，提纲挈领地提出主张。他对祖国前途命运的巨大责任感和忠诚是始终不渝的。但是，1895年广州起义失败后，他被迫在海外度过了长达十六年的流亡生活，对中国的复杂国情和社会现状难免有些隔膜。因而，他当时提出的问题和实施方案，更多的是从怎样建设一个近代国家的原理出发，不全切合中国的实情，这是不足为怪的。

他在宣布解除临时大总统职务的当天，在南京同盟会会员饯别会发表了经过深思熟虑的讲演，阐述对今后建设国家的基本设想。他在讲演中说："今日满清退位、中华民国成立，民族、民权两主义俱达到，唯有民生主义尚未着手，今后吾人所当致力的即在此事。"

过去，孙中山长期把民族主义说成就是"驱除鞑虏，恢复中华"，把民权主义说成就是"创立民国",这两条看起来是"俱达到"了。那么,他此时特别注重并认为"今后吾人所当致力"的"民生主义"又是什么呢?在这方面,他的看法比先前提出的"平均地权"已有了明显的充实和发展。用他的话说:"一面图国家富强,一面当防资本家垄断之流弊。"也就是说:在于振兴实业和促进社会平等。

在他心目中,这是同一事物中相互联系的两个侧面。他认为,中国当务之急是振兴实业。"能开发其生产力则富,不能开发其生产力则贫。从前为清政府所制,欲开发而不能。今日共和告成,措施自由,产业勃兴,盖可预卜。"但在振兴实业时,他认为一定要注意一个根本方向问题:防止资本家垄断的流弊。"此防弊之政策,无外社会主义。本会政纲中,所以采用国家社会主义政策,亦即此事。"他断言:"国家一切大实业,如铁道、电气、水道等事务皆归国有,不使一私人独享其利。"[1]

这些话绝不是孙中山一时的即兴之言。十多天后,他在上海所作的演讲大旨略同。他说:"中国乃极贫之国,非振兴实业不能救贫。仆抱三民主义以民生为归宿,即是注重实业。""至于民生主义,非以社会主义行之,不能完全。"他的结论是:"仆之宗旨在提倡实业,实行民生主义,而以社会主义为归宿,俾全国之人,无一贫者,同享安乐之幸福,则仆之素志也。"[2]类似的话,还可以举出许多。

为了在落后的中国发展近代工业,孙中山越来越把他的眼光集中到建设近代交通运输事业,特别是修筑四通八达的铁路上来,把它看作振兴实业所必须具备的重要前提。1912年6月22日,《民立报》记者问他:"关于政界近情之意见何若?"他回答说:"此时不

---

[1] 孙中山:《在南京同盟会会员饯别会的演说》,《孙中山全集》第2卷,北京:中华书局1982年版,第318—324页。

[2] 孙中山:《在上海中华实业联合会欢迎会的演说》,《孙中山全集》第2卷,第339、340页。

欲发表。现拟专办铁路事业，欲以十年期其大成。"[1]三天后，他又对《民立报》记者说："苟无铁道，转运无术，而工商皆废，复何实业之可图？故交通为实业之母，铁道又为交通之母。国家之贫富，可以铁道之多寡定之。地方之苦乐，可以铁道之远近计之。"[2]

他一再宣传要在十年内建设二十万里铁路。他北上会见袁世凯，最重要的目的也是为了取得袁对他从事铁路建设的支持。9月2日，他在北京报界欢迎会上说："鄙人之意见，以现在政治之事，有袁大总统及一般国务员担任，鄙人从此即不厕身政界，专求在社会上作成一种事业。""鄙人所计划者非他，即建筑铁道问题是也。"他强调说："今日修筑铁路，实为目前唯一之急务。民国之生死存亡，系于此举。"[3]9月9日，袁世凯正式任命他为全国铁路总办。

孙中山的愿望是良好的。发展实业，对贫穷落后的中国确实太需要了。把兴建铁路看作发展实业的先行条件，要努力防止能支配国家经济命脉的大企业落在私人垄断资本手里，这些也都是很有远见的看法。可是，他期望"不厕身政界，专求在社会上作成一种事业"，在那时中国的国情下，当国家政权仍掌握在旧势力手中时，结果只能事与愿违。他在十年内建设二十万里铁路的宏伟设想最后竟完全化为泡影，不是就清楚地说明了这一点吗？

为什么孙中山这时几乎倾注全力在振兴实业方面，特别是对兴筑铁路表现出如此巨大的热情，而对其他政治行动却不热心，甚至表示要"从此即不厕身政界"？这自然不是因为他不懂政治的重要性，也不是因为他竟幼稚到对国内政治上存在的种种问题全然无视。这里，既有认识上的原因，也有实际生活中多种因素的影响。

孙中山这种想法不是突然产生的。多年的海外生活，目睹欧美

---

[1]《孙中山先生一席话》，《民立报》1912年6月23日。

[2]《孙中山先生谈话》，《民立报》1912年6月26日。

[3] 孙中山：《在北京报界欢迎会的演说》，《孙中山全集》第2卷，第431、433页。

各国近代工业的发达,对他产生极大的吸引力,使他确信:要国家富强,非振兴实业不可。1911年底,当他还在欧洲准备回国时,就给军政府致电:"但求早巩国基。满清时代权势利禄之争,吾人必久厌薄。此后社会当以工商实业为竞点,为新中国开一新局面。至于政权,皆以服务视之为要领。"[1]

南京临时政府那三个月中,孙中山的处境和心情都很复杂。清室终于退位,民主共和制度终于在全国范围内建立起来,这自然使他异常兴奋。但三个月内经历的种种艰难困苦的内部倾轧,特别是很多革命党人对他的政治主张常采取冷淡以至反对的态度,又使他十分痛楚。胡汉民曾描写道:"回忆起那时党员对于国事的情形来,真觉可叹可笑;议和则惟恐其不成,既成便以为天下大定;对于总理的意志是多方阻挠,对于袁世凯的举动反而百般原谅。""大家都以为总理的理想太高,万做不到。'理想太高'四字,还是当时党员对于总理的批评。至于一般谈论总理的人竟喊总理为'孙大炮',以为他只会说大话而已。"[2]章太炎甚至嘲笑说:"政府号令,不出百里,孙公日骑马上清凉山耳。"[3]

因此,南京临时政府结束后,孙中山对自己建立起来的那个党深感失望,对三个月来置身政治旋涡中心而又难以有多大作为的日子很有些厌倦,有点想暂时摆脱一下政治,做些实际而有益的工作。胡汉民对他当时的心境也有一段生动的描写:"当总理在南京解职以后,天天去游山,南京附近的山水游涉殆尽,我也曾经同着游玩。有一次我乘间叩问总理,说:'先生对于国家,是否从此毋庸负责,还是等将来再重行负责?'总理说:'我不居那不能实行主义而徒拥虚名的职位。况且国家目前,暂时无重大的事情,非我不可的,我

---

[1]《致民国军政府电》,《孙中山全集》第1卷,第547页。
[2]《怎样纪念国庆》,《革命理论与革命工作》,第1379—1380页。
[3]《太炎先生自定年谱》,《近代史资料》1957年第1期,第125页。

也不要居政治首领的地位。总统不过是一个公仆,倘于公家无我来服务的必要,我就不做这个公仆。但是国家如有大事,非我做首领不可时,人家虽不给我做,我也是要争了做的。'总理这番话,实在可以祛除许多人对他出处问题的疑惑。"[1]

这年8月22日,他在北上准备同袁世凯会见的途中给宋教仁写了一封信,对他的想法说得很明白:"民国大局,此时无论何人执政,皆不能大有设施。盖内力日竭,外患日逼,断非一时所能解决。若只从政治方面下药,必至日弄日纷,每况愈下而已。必先从根本下手,发展物力,使民生充裕,国势不摇,而政治乃能活动。弟刻欲舍政事,而专心致志于铁路之建筑,于十年之中,筑二十万里之线,纵横于五大部之间。"[2]

这封信很值得注意,它是了解孙中山这个时期思想和行动的一把钥匙。孙中山自然知道政治的重要性,但他这时认为:现实的政治状况有如一团乱麻,一时谁都难以措手足。如果从这里着手,只会越弄越乱。倒不如暂时把政治问题放一放,先集中力量发展实业,等到"民生充裕,国势不摇"了,回过头来再解决政治问题也许好办得多。他认为这才是"从根本下手"的办法。还需要注意到:这封信是写给宋教仁的,并且就在同盟会正式改组为国民党前三天写的,里面说"若只从政治方面下药,必至日弄日纷,每况愈下而已",无疑是针对宋教仁当时的设想而发的。从这里可以看出两人见解上的差异。

当孙中山北上同袁世凯相见后,富有旧社会政治经验的袁世凯作了相当精彩的表演。他竭力迎合孙中山当时的心理,对他主张的种种建设计划都表示支持,甚至连他提到"耕者有其田"也表示赞

---

[1]《怎样才能继承总理的志业》,《革命理论与革命工作》,第1248、1249页。
[2] 孙中山:《致宋教仁函》,《孙中山全集》第2卷,第404页。

同,态度又似乎十分诚恳。对人容易过于宽厚的孙中山,不曾有过同袁世凯这类人打交道的经验。这次会见使他更加感到放心,增强了对袁世凯的幻想。他从北京回到上海,在上海国民党欢迎会发表演说时说:"余在京与袁总统时相晤谈,讨论国家大政策,亦颇入于精微。故余信袁之为人,很有肩膀,其头脑亦甚清楚,见天下事均能明彻,而思想亦很新。不过,作事手腕稍涉于旧,盖办事本不能全采新法。"他强调:"余注全力于铁路政策,以谋发达民生。黄克强抵京后,主张政党内阁,调和各派意见,袁总统均甚赞成。"因此他要求:"嗣后国民党同志,当以全力赞助政府及袁总统。袁总统既赞成吾党党纲及主义,则吾党愈当出全力赞助之也。建设前途,于此望之矣。"[1]孙中山所以会对袁世凯寄以如此巨大的幻想,同他此刻"欲舍政事,而专心致志于铁路之建筑"是不无关系的。

当然,这不等于说孙中山是反对宋教仁等尽力鼓吹的"政党政治"的。同盟会和几个小政党合并成国民党,事先得到过孙中山的赞同。他在北京国民党欢迎会上演讲说:"民国初建,应办之事甚多,如欲其积极进行,不能不有赖政党。政党者,所以巩固国家,即所以代表人民心理,能使国家巩固,社会安宁,始能达政党之用意。"[2]1913年初国民党在大选中获得胜利,也曾使他感到十分兴奋。但是,他的主要注意力始终不在这方面。他说:"目前,我对我们中国的社会革新,比党务与政治问题更有兴趣。政治革命的任务已经完成,现在我正集中我的思想与精力于从事社会、实业与商务几个方面重建我们的国家。"[3]他在十多年后还说过:"后来国民党成立,本部设在北京,推我任理事长,我决意辞却。当时不独不愿意参加

---

[1] 孙中山:《在上海国民党欢迎会的演说》,《孙中山全集》第2卷,第484、485页。

[2] 孙中山:《在北京国民党欢迎会的演说》,《孙中山全集》第2卷,第468、469页。

[3] 孙中山:《中华民国》,《研究中山先生的史料与史学》,台北:台湾民国史料研究中心1985年版,第327页。

政党,而且对于一切政治问题亦想暂时不过问。但一般旧同志以为我不出而担任理事长,吾党就要解体,一定要我出来担任。我当时亦不便峻却,只得答应用我名义,而于党事则一切不问,纯然放任而已。"[1]这显然和宋教仁等的主张不同。

(二)宋教仁的"政党内阁"主张

同孙中山相比,宋教仁虽然也有较长的革命历史,并以政治家自诩,其实却更多的是个书生。他在1904年流亡日本后,先入弘文学院,后入早稻田大学攻读法政。他对欧美国家的政治、法律、财政等制度相当熟悉,翻译过《英国制度要览》《各国警察制度》《俄国制度要览》《奥地利匈牙利制度要览》《美国制度概要》《奥匈国财政制度》《德国官制》《普鲁士王国官制》《日本地方渔政法规要览》等书籍,而对国内的实际革命活动却参加得比较少(留日六年间只去过一次东北,建立辽东支部,不久就回日本了)。"当是时,先生专心研究政法、经济诸学科,为将来建设时代之需。"[2]因此,他的书本知识要比其他人多,实际经验却少一些。这是宋教仁区别于同盟会其他重要领导人的特点。

武昌起义后,"先生以破坏既始,建设必须随之,亟为建设新国家之谋"[3]。他特别注重西方国家的民主的组织形式和议事程序,以为只要把这一套搬到中国来,就是抓住了事情的根本,中国的面貌就会发生大变化。他到武汉后所做的第一件事情,便是起草鄂省临时约法。南京临时政府时期,他担任法制院院长,起草了不少法规

---

[1] 孙中山:《在广州大本营对国民党员的演说》,《孙中山全集》第8卷,北京:中华书局1986年版,第433页。

[2] 徐天复:《宋先生传略》,《湖北革命知之录》,第68、70页。

[3] 徐天复:《宋先生传略》,《湖北革命知之录》,第68、70页。

章则。这段时间内,他的贡献主要在这一方面。

蔡寄鸥曾扼要叙述宋教仁当时的见解:"宋教仁的主张最坚决的,就是责任内阁制。他认为要建设进步的国家,必须有健全的政府,有权而后尽其能,有能而后尽其责,是之谓'权责能'三位一体的责任内阁。这样的内阁,必须有强大的政党,又有人才,又在国会中取得大多数的议席,才可以建立起来,巩固起来。在南京临时政府成立时,他曾经提出这个主张,议会之中有好多不是同盟会的会员,都表示反对。孙中山也认为形格势禁,恐怕弄成僵局,所以宋的主张未能实现。"[1]

袁世凯继任临时大总统后,宋教仁担任唐绍仪内阁的农林总长,虽已是内阁阁员,但显然不足以施展他的政治抱负。7月初,唐内阁辞职,他也随同辞职。同月21日,同盟会本部召开1912年夏季大会,宋教仁被推接替汪精卫出任同盟会总务部主任干事,掌握了党务实权。他在这次大会上突出强调必须实行"政党内阁",并且说:"本党对于统一临时政府内阁,已决定,如不能达政党内阁,宁甘退让;如可改组政党内阁,虽他党出为总理,亦赞助之。"[2]

宋教仁的"政党内阁"主张是建立在"议会政治"基础上的,很有点学理的色彩。对西方国家那套政治和法律制度的模式,他不但熟悉,并且几乎全部接受下来。他深信:只要组成强大有力的政党,同其他政党竞争,通过选举赢得胜利,夺取议会中的多数席位,就可以按照法律程序,组成责任内阁,实现他们的全部政治主张。因此,他全力以赴地奔走的是在他看来最重要的两件大事:第一,组织一个实力强大的政党;第二,争取在国会选举中取得多数议席。

---

[1]《鄂州血史》,第208、209页。
[2]《同盟会本部一九一二年夏季大会演说辞》,《宋教仁集》下册,北京:中华书局1981年版,第409、410页。

他在担任同盟会总务部主任干事后，不顾蔡元培等的反对，立刻积极地同统一共和党、国民共进会、国民公党、共和实进会联络，合并成立国民党。8月25日，国民党正式举行成立大会，选出理事九人，宋教仁得票仅次于孙中山和黄兴。孙中山被推为国民党理事长，宋教仁担任代理理事长。由于孙中山几乎不问党事，宋教仁在党内实际上已处于总揽一切的地位。

宋教仁所以要那样积极地组成国民党，着眼点主要是为了在国会选举中多得议席。8月11日，他在五党合并的正式筹备会议上明确表示："政党以选举为要务。"[1]这一来，不仅使党的成分变得更加复杂，而且在某种程度上改变了党的性质，只满足于党在议会中的活动，大大降低了它的革命性。胡汉民对宋教仁这种做法一直很不满意，批评道："他以为我们那时不要再秘密地做革命工作，只要到国会中去做那政治活动者就是。他为扩充国会中的势力起见，要将当时五个政党合并为一个国民党，兄弟对于他这种主张很反对，因为这样一来，把本党的革命性销蚀大半了。""而宋先生那时不独忽略了这一个要点，而且想以选举运动、议会运动替代了革命运动，那如何行呢？""宋遁初先生的那种主张，同志只要钻进国会去做议员，不必在党里革命，不啻为本党民元以后因政客嚣张而失败的一部分写照。"[2]

国民党这个大党一成立，宋教仁马上把工作重点转到国会竞选活动上，力图通过选举在国会取得多数席位。他奔走湘、鄂、苏、沪等地，为国民党竞选。1913年2月1日，他在国民党鄂支部的欢迎大会上致辞说："世界上的民主国家，政治的权威是集中于国会的。在国会里头，占得大多数议席的党，才是有政治权威的党，所

---

[1] 吴相湘：《宋教仁：中国民主宪政的先驱》下册，台北：台湾传记文学出版社1969年版，第202页。
[2] 胡汉民：《从国民党党史上所得的教训》，《革命理论与革命工作》，第1234、1236页。

以我们此时要致力于选举运动。选举之竞争,是公开的、光明正大的,用不着避甚么嫌疑,讲甚么客气的。我们要在国会里头,获得过半数以上的议席。进而在朝,就可以组成一个党的责任内阁;退而在野,也可以严密的监督政府,使它有所惮而不敢妄为。应该为的,也使它有所惮而不敢不为。那么,我们的主义和政纲,就可以求其贯彻了。"[1]他在另一篇文章里充满自信地说:只要有"强有力之政党内阁主持于上,决定国是",又将中央行政与地方行政的分划有条理地加以确定,"不五年间,当有可观,十年以后,则国基确定,富强可期,东亚天地,永保和平,世界全体亦受利不浅矣"。[2]

重读宋教仁这些豪言壮语,真觉得实在是过于天真的书生之见。宋教仁对革命是忠贞的。他在辛亥年初赴广州参加"三二九"起义时对于右任说:"成则救四万万人,败则送我一个头颅,值得值得。"[3]他争取实现民主政治的愿望也是真诚的,但他对中国的实际国情太缺乏了解了。在想象中似乎相当完美的政治设计,一进入实际社会生活,换得的常不是设计者预期的效果,甚至适得其反。当他写下五年如何、十年如何那段兴奋的话时,谁能想到,离他的惨死只剩十天了。袁世凯所代表的旧社会势力不但没有被触动,而且还掌握着一切实际权力的时候,单靠搬用西方民主政治的某些组织形式和议事程序,以为就可以解决中国的问题,那不是太可笑了吗?名重一时的宋教仁,其实仍是一个不懂世事的书生,这真是可叹的悲剧!

处在旁观地位的著名记者黄远庸,当时就看得很明白:"其新者以法律为万能,但能全本抄录外国法科全书,吾国便不难立时变成黄金世界。其旧派则任有何种法律,然我曹自有我曹之窟穴,自

---

[1] 蔡寄鸥:《鄂州血史》,第225页。
[2] 宋教仁:《中央行政与地方行政分划之大政见》,《宋渔父》前编,《政见》,第21页。
[3] 《答某君书》,《于右任辛亥文集》,上海:复旦大学出版社1986年版,第239页。

有我曹之本领及伎俩,一切国法,弁髦视之。此二派水火之不相容。"[1]这是对"法律万能"论的辛辣嘲讽。事实的确是这样:"任有何种法律",对袁世凯说来,到时候都可以"弁髦视之",使它成为一张废纸。对中国社会实际状况有更多了解的黄远庸比宋教仁看得清楚:以为"但能全本抄录外国法科全书,吾国便不难立时变成黄金世界",这只能是虚幻的梦想。

那么,为什么宋教仁的主张当时能在党内风靡一时,取得压倒一切的优势地位?为什么原来在同盟会内并不居最高地位的宋教仁,这时却特别引人瞩目,一跃而成国民党代理理事长,总揽了党的大权?这同那时整个社会思潮和社会心态有关,也可以说是民初特定局势下的产物。我和胡绳武同志十多年前在一篇文章中还曾这样写过:"造成这种现象的根本原因,是当时革命党人信奉和追求的还是资产阶级共和国的理想,除了这种欧美式的代议制度外,他们确实也提不出其他更好的政治方案来。同时,还可以注意到有两个直接起作用的因素:一个是,同盟会会员中很大一部分原是留日的学生,其中最多的又是法政学生,他们学习了一脑子'资产阶级民主政治'的洋教条,迷信这就是可以包治百病的'万灵良药';另一个,更重要的是,许多同盟会的活动分子这时已当上了议员,他们享受着袁世凯赏与的每年五千元的高额薪金,一面在议会中高谈阔论,一面沉湎于纸醉金迷的生活中,春风得意,踌躇满志。宋教仁'议会政治'的主张也反映着这一批人的利益和要求,得到他们的全力支持。这就是这种主张能够在同盟会内取得支配地位的秘密所在。"[2]

宋教仁的惨死是一个巨大的悲剧,也给我们留下许多发人深思的东西。

---

[1]《远生遗著》,第6页。

[2] 金冲及、胡绳武:《从辛亥革命到五四运动》,《纪念五四运动六十周年学术讨论会论文选(一)》,北京:中国社会科学出版社1980年版,第402页。

当然，也需要说明：虽然宋教仁的主张把政党内阁和议会政治放在首要地位，但不等于说他不赞成发展实业，也不能说他在同盟会改组为国民党时便放弃了民生主义。他1913年1月8日在国民党湖南支部欢迎会上，首先强调的固然是："为今之计，须亟组织完善政府。欲政府完善，须有政党内阁。今国民党即处此地位，选举事若得势力，自然成一国民党政府。"但他在解释国民党政纲时也说道："夫民生主义，在欲使贫者亦富，如能行之，即国家社会政策，不使富者愈富，贫者愈贫，致有劳动家与资本家之冲突也。"[1]第二天，在湖南铁道协会欢迎会上，他虽然说"兄弟对于此道未尝学问，不敢多说"，但仍声明："兄弟亦曾与闻其事，并极力赞成。"[2]从这里可以看出，他同孙中山在如何建设民国的主要着眼点虽然显有不同，但并不是对立的。

（三）黄兴、蔡元培和戴天仇

除孙中山和宋教仁外，我们还可以考察一下同盟会内其他一些有代表性的人物如黄兴、蔡元培、戴天仇（季陶）等人的主张。

黄兴是同盟会内地位仅次于孙中山的重要领袖。他在领导同盟会的多次武装起义时，出生入死，艰苦卓绝；在平时，待人谦逊宽厚，遇事勇于负责，因而享有巨大的威望。但他有一个很大的弱点：投身革命后一直奔忙于组织武装起义的实际活动，在政治和理论方面较少独立而系统的主张。他自己曾坦率地说："鄙人奔走革命，十载于兹，艰险备尝，于政治未遑研究。"[3]胡汉民也这样评论他："克强先生平时于社会科学等不很留心。他认定破坏是革命党同

---

[1] 宋教仁：《国民党湘支部欢迎会演说辞》，《宋教仁集》下册，第446、447页。
[2] 宋教仁：《湘省铁道协会欢迎会演说辞》，《宋教仁集》下册，第447页。
[3] 《在湖南政界欢迎会上的演讲》，《黄兴集》，第295页。

志所长,建设是革命党同志所短,所以南京临时政府成立之后,他便主张找若干非同志来办建设。他所谓非同志而能建设的,乃在社会上有地位有声望的老官僚之类。因此,当时政府中,便很有几个这样的人。对于人才的选用,能够兼容并包,固是克强先生的长处,同时也正是他的短处。"[1]当孙中山北上会见袁世凯时,黄兴因袁非法捕杀张振武和方维延迟前往。但9月10日他在国民党天津支部欢迎会上又说:"改革以后,建设甚难。""兄弟对于现在进行,以化除党见、统一精神为第一要义。"[2]

对振兴实业和实行政党内阁两个方面,他都表赞同。

对振兴实业,他曾这样写道:"今者共和成立,欲苏民困,厚国力,舍实业莫由。然不速建铁道,则实业决难发展。盖实业犹人身血液,铁道则其脉络。脉络滞塞,血液不贯注,自然之理也。"[3]这些言论,同孙中山几无二致。在孙中山就任全国铁路总办后,他也就任汉粤川铁路督办。

对政党内阁,他谈得也很多。由于他强调"以化除党见、统一精神为第一要义",在北上同袁世凯会见后,他特别热心于奔走劝说包括袁世凯的亲信、国务总理赵秉钧在内的全体国务员加入国民党。10月4日,黄兴和陈其美联衔邀请全体国务员、国民党籍议员、国民党本部职员和各报记者一百多人举行叙别会。黄兴在会上演说:"本党惟一宗旨,愿在扶助政府。然使政府与政党不相联属,扶助之责容有未尽,曾与袁总统一再熟商,请全体国务员加入国民党。袁总统极端赞成,后又商诸国务员,亦均表同情。今于濒行之夕,约各界诸君宴叙,并以代表本党欢迎加入本党之国务员诸君。"[4]他甚

---

[1]《现在学陈英士先生什么》,《革命理论与革命工作》,第1350页。

[2]《在天津国民党支部欢迎会上的演说》,《黄兴集》,第255页。

[3]《铁道杂志序》,《黄兴集》,第252页。

[4]《在北京叙别会上的演讲》,《黄兴集》,第278页。

至"竟想把袁拉进国民党来"。这件事做得实在有点滑稽,以至连袁世凯也觉得好笑,对杨度说:"晳子,你看我像不像一个革命党?"赵秉钧倒算是加入了国民党,袁世凯乘此放出空气说:"新任赵总理是国民党人,又是黄兴亲口提出来的。你们瞧,国民党所提倡的政党内阁不是已经实现了吗?"[1]孙中山比黄兴先从北京回到上海。他说:"黄克强抵京后,主张政党内阁,调和各派意见。""余出京时,邀国务员加入国民党之议始起。今阅报,国务员已入加本党,是今日内阁,已为国民党内阁。"[2]看来,"邀国务员加入国民党之议"主要实出于黄兴的主动。

蔡元培在同盟会中的声望也很高。他在前清做过翰林,又曾留学德国。南京临时政府时期以至袁世凯任总统后的唐绍仪内阁时期,他都担任着教育总长,因此发表的言论以教育方面为多,对全局性的主张谈得不多。他在一段时间内特别强调的是:革命党人所作所为原是为国民谋利益,现在民国既已成立,当不应再存权力之争。他到北京就任唐内阁教育总长后,邀请共和党人范源濂出任次长,并且诚恳地对范说:"现在是国家教育创制的开始,要撇开个人的偏见、党派的立场,给教育一个统一的智慧的百年大计。""教育是应当立在政潮外边的。我请出一位异党的次长,在国民党(按:当为同盟会)里边并不是没有反对的意见,但是我为了公忠体国,使教育部有全国代表性,是不管这种反对意见的。""我之敢于向您提出这个请求,是相信您会看重国家的利益超过了党派的利益和个人的得失以上的。"[3]他随同唐内阁辞职而辞去教育总长职务时,所抱的仍是这种"以国家为前提"的态度。他说:"统一政府既成,甲、乙两派之主张,常致两歧。""以致两三月来,政府毫无大政策发表,

---

[1] 陶菊隐:《筹安会六君子传》,北京:中华书局1981年版,第72、74页。
[2] 《在上海国民党欢迎会的演说》,《孙中山全集》第2卷,第485页。
[3] 梁容若:《记范静生先生》,台北《传记文学》第1卷第6期。

朝令暮改，无非琐屑之端，不速挽救，于大局万分危险。""与其两派混合，致政治不能进行，不如任何一派主持国务，犹得实行其政见。""各方面有责谓不以国家为前提者，不知正以国家为前提，故如是也。"[1]

但蔡元培并不主张无原则的调和。他是个外柔内刚的人。他反对政党之间的权力之争，但对个人信奉的原则却历来持之甚坚，并不随人摇摆，也不轻易妥协，因此对将同盟会和其他党派合并成国民党很不赞成。这年7月21日，他在同盟会北京本部夏季大会上演说："我同志何故而须结集此团体乎？盖先有宗旨而后成团体，并非先有同盟会而后造出宗旨去装做的。所以同盟名目，万不能改，不能舍己从人，只抱定三大主义做去，务以达到民生主义为目的，虽招反对，亦所弗恤，是亦希望于我同志者。"[2]

还有一部分同盟会会员认为民国既已成立，厌恶党派之间的权力之争，要求重新出国学习，以备将来为建设民国服务。"有人提议继续出洋留学，完成以前未竟的学业，大家都很赞成。当时蔡元培在做教育部长，经过他的批准，大批革命党人获得了公费留学的资格，接着便纷纷放洋而去。其中有不少好心的人，以为民国既经成立，自己就应该学点真实的本事，将来好从事建国的工作。他们当时并不了解：辛亥革命虽然推翻了清朝反动政府，但继起的袁世凯仍然是帝国主义和封建势力的工具。他们更没有料到：民国成立以后，中国不但没有兴盛起来，相反，民族的危机和人民的灾难却更加深重了。"[3]这样的人为数也不少。甚至连汪精卫当时也标榜要"自力于学"，"思为社会有所尽力"。"自南北统一后，决志不入政界，一洗争权攘利之颓风，远引留学巴黎。近闻大总统授与勋二位，尤

---

[1]《在临时教育会议谈话会上的谈话》，《蔡元培全集》第2卷，北京：中华书局1984年版，第266页。
[2]《在同盟会北京本部夏季大会演说词》，《蔡元培全集》第2卷，第271页。
[3] 吴玉章：《从甲午战争到辛亥革命的回忆》，《吴玉章回忆录》，第95页。

力辞不受。"[1]

民初的同盟会人中还有一个特别惹人注目的人,那就是戴季陶,通常写文章用的名字叫"天仇"。他所以惹人注目,是由于他的言辞特别激烈。在《民权报》上经常可以看到他使用这一类语言:"国民公敌之袁世凯","以暴易暴,惨无人道","专制魔王之毒辣手段,至今更别开生面矣"。他甚至把要杀袁世凯、杀黎元洪等列为文章的题目。这在当时是颇为罕见的。

他对当时黑暗政治的抨击,对袁世凯专制独裁的揭露,确也常能一语中的,发人猛醒。例如他在一篇题为《失败之革命》的文章中说:"革命成功矣。革命者,革除中央政府之专制政治、顽固人物,而易以新政治、新人物也。今则中央政府之已革去者,不过大清帝国四字而已。革命之起,起于地方。革命之终,亦终于地方。中央政府既未经事实上之改造,更未受思想上之淘汰,而遂标榜革命成功,是失败耳,何成功之有!故此次之革命,非能革去恶政治也,所革去者仅满洲皇室之主权耳,专制腐败犹旧也。呜呼!"[2]这些尖锐泼辣的言论博得很多读者的好感是很自然的。

但抛开他那些激烈的词句,细看他提出的实际主张,又会发现:他的思想远不像粗看时那样激烈,其实还是比较温和的,并没有超出前面列举的其他同盟会人所提主张的范围。

在经济方面,他主张的还是振兴实业,他说:"吾国今日贫弱极矣。虽然,所以弱者,贫为大因。欲救弱先救贫,则须先发达产业。"[3]那么,国家应该实行怎样的实业政策呢?他说:"国家对于实业之政策不外四端:限制、提倡、保护、奖励,如是而已。应急举者则提倡之,既成之业则保护之,人民兴业之气弱则奖励之;外货

---

[1] 雷铁崖:《汪精卫高洁可风》,《雷铁崖集》,第410页。
[2] 《失败之革命》,《天仇文集·单刀直入集》,上海:上海民权报发行所1912年版,第1页。
[3] 《资力集合论》,《天仇文集·国家与社会》,第27页。

侵淫，豪富跋扈，则限制之。"他同孙中山一样，认为这才是当前中国的根本问题："国事之纷扰极矣，国力之疲弊极矣，夫今日各种政务，以现状论，实无一可言进取者，何也？言改革政治必先计财政之充足，而欲计财政之充足，则必图国民经济之发展，此根本问题之解决也，吾言之屡矣。"他又说："在今日而言，振兴实业，中国国民之资力不足也，合海外侨民之力而为之仍不足也，是不能不假外资，故开放主义在今日中国之经济状态，实唯一之方针。"[1]这些言论，也同孙中山相仿。

在政治方面，他所主张的同样是政党内阁。他说："若欲调和各党之政见而折中之，以定进行方案，则其政见必无系统，是使全国政治上失敏捷之效，而增紊乱纷扰之度者也。""故欲救中国危亡，定政府之内讧，以唯一之政策收健全之效果者，舍完全之政党内阁而外无他策。"[2]他自然期望由同盟会来组织这种政党内阁，说："同盟会者，轰轰烈烈之政党也。民国开国之重要机关也。虽然，破坏既终，建设在即，同盟会既成破坏之功，尤应负建设之责，此吾人今日所极希望者也。"[3]这些言论，又同蔡元培相仿，甚至同宋教仁也相近。

在思想文化方面，他要求自由和秩序的统一："共和国民，人人有自由，然秩序为自由之界限；共和国民，人人当守秩序，而自由又为秩序之精神。"[4]这同孙中山的历来看法也相吻合。他在《民权报》上虽然发表很多激烈的言论，但目的并不在鼓吹再次革命，而是要求政府改变专横独断的做法，谋社会之幸福，以免革命的再次发生。他说："世界之真理和平也，非残虐也。革命之事，不得

---

[1]《产业发展策》，《天仇文集·国家与社会》，第197、198页。

[2]《共和政治与政党内阁》，《天仇文集·国家与社会》，第114、117页。

[3]《赵秉钧与同盟会》，《天仇文集·单刀直入集》，第31页。

[4]《自由与秩序》，《天仇文集·国家与社会》，第138页。

已而为之耳。""吾甚希望世界之和平而人人享自由之福,吾更希望世界之政府及资本家,毋以掠夺为能,而招革命之祸。盖人民而出乎革命也,则政府也、资本家也、平民也,皆未有不受至惨痛苦者。"[1]

综合这些方面来看,戴季陶内心的实际社会政治方案,远不像他使用的言辞那样激烈,仍是和同盟会人中的主流思潮相合拍的。

(四)历史的教训

从前面所作的简单考察中不难看出:民国初年同盟会人的种种社会政治方案,尽管有的着重点放在发展实业上,有的着重点放在政党内阁上,有的言辞激烈,有的态度温和,而从根本上说,它们是相通的。

他们的共同认识是:中国的革命已经成功了,需要开始建设,包括政治和经济建设。于右任在《民立报》上说:"昔日未破坏时,先以破坏自任;今日未建设时,犹当先以建设自任。"[2]他们设想中的建设,事实上是以西方国家的模式为榜样,如振兴实业和政党内阁、议会政治。连已经看到西方国家某些社会弊端的孙中山先生,这时一再强调要实行的国家社会主义其实也是参考了德国等政府实行的一些社会政策而提出的。这并不奇怪,也无须苛责。因为在当时的世界上,西方国家的经济和政治制度是先进的,它们比中国古老的封建制度要先进得多。除此以外,并没有别的可供学习的实际榜样。

---

[1]《公论与人道》,《天仇文集·国际问题》,第1页。
[2]《答某君书》,《于右任辛亥文集》,第237页。

在革命和建设的关系上,如果革命真的成功了,重点自然需要转移到建设方面来。问题在于:革命是否真已成功,建设是否已可开始。同盟会内部对这个问题认识虽有差别,但大体上都持肯定的态度,没有多少异议。

就拿言辞最激烈的戴季陶来说,不仅实际主张仍是温和的,他还说过一段明确的话:"革命功成,破坏告终,建设之事,类能言之。而民国初建,政府之人则仍肆其压制手段,在野政客则仍肆其争权夺利之所为,欲不再肇第二次之动乱也得乎?故吾以为不欲奠安中国也则亦已矣,苟所谓政客者尚有仁心,而欲使此四百兆之炎黄子孙,不尽沦为饿殍,二万万里之土地不尽为外人之逐鹿之场,则应为此一般人民之衣食住问题计,而一稍注意也。人民之衣食住足矣,则工商竞争也、军事整理也、外交进步也、财政改革也,种种问题皆可由此而得一改革之希望。若徒于政治二字死力相持,民生问题置之不问,则国之亡也可坐而待,尚何权利势位之与有乎?"[1]他虽然看到民国成立后"政府之人则仍肆其压制手段,在野政客则仍肆其争权夺利之所为",但他并不希望看到"第二次之动乱",而且认为:"若徒于政治二字死力相持,民生问题置之不问,则国之亡也可坐而待。"

很有正义感的著名报人于右任也有一段颇有代表性的话。他解释《民立报》的态度为什么同光复前"迥然有异",说:"当弟在京时,每遇各党新闻记者,必进忠告。谓吾辈丁此时代,无论如何,断不能以国家根本利益供政略之牺牲。今日新闻记者之心气平一分,则国民幸福增一分。盖争小意见而昧大体,吾恐辛苦所得之言论自由,国之不存,将随光荣之历史以俱灭。因思既以励人,必先自励,此《民立》之态度所以与光复前迥然有异也。"正因为这样,他同意孙

---

[1] 《今日之国是》,《天仇文集·国家与社会》,第39、40页。

中山对袁世凯的态度,说:"中山之言曰:'袁氏可为善,勿逼他为恶。'至哉此言,吾实佩之。"他主张"先消灭南北恶感","尤冀同心协办,以救垂危之祖国"。[1]

事情确实相当复杂。同盟会人这些想法是天真的,但在当时也有合理的地方。第一,在中国推翻了几千年的君主专制制度,建立了民主共和国,这无论如何应该说是一场惊天动地的大变革。它给人们带来极大的兴奋,认为革命已经取得巨大的胜利,同时也就带来松一口气的感觉,以为从今以后破坏的事业已经告一段落,可以把全力转向建设。这是当时绝大多数人的愿望。第二,袁世凯接任临时大总统后,尽管已有许多令人愤慨不满的表现,包括戴季陶所说"仍肆其压制手段",但当他表面上仍表示效忠共和、各种矛盾没有充分暴露时,多数人仍对他寄以期望,并不想再次看到重大的社会动荡。这不是几个人的认识,而是当时相当普遍的社会心态。把这两个方面综合起来,就像于右任所说:"今者,国民盼休养生息之日切,人人厌乱。"[2]在这种情况下,如果革命党人就大叫大嚷要发动"二次革命",立刻推翻袁世凯的统治,且不说他们自身根本没有这种想法,即便他们要这样做,也只会脱离社会的多数,使自己陷于孤立的境地。

可是,革命所要求的应该包括整个社会结构和社会秩序的根本性变化。辛亥革命无疑是一场革命。它对中国政治体制以至社会意识形态带来的变化是巨大的,这是它的伟大的历史功绩。但这场革命是远不彻底的,中国的社会结构并没有因此发生多大变化,中国的旧社会势力几乎原封不动地保存了下来。这又决定了政治体制上的变化虽然搞得好像很热闹,其实不少只是徒具形式,中国的问题

---

[1]《答某君书》,《于右任辛亥文集》,第238、240页。
[2]《答某君书》,《于右任辛亥文集》,第243页。

并没有得到根本解决。

袁世凯是中国旧社会势力的总代表。他口头上虽然一再表示效忠共和，暗中策划的却是如何尽快恢复旧的社会秩序，区别只在于以他的统治代替清朝的统治。革命党人谈论的那些振兴实业、政党内阁、议会政治等等，同他所想的完全是南辕北辙。但袁世凯的社会政治经验远比那些年轻而天真的革命党人丰富得多。他看清一个事实：经过辛亥革命这场大风暴冲刷后，中国的旧社会秩序已被冲乱了，原来集结在清朝政府这个中心周围的旧社会势力已被一下打散了，把他们重新在自己周围集结起来需要一个过程；对革命派的全面反扑，也必须在军事上、政治上、财政上作好种种准备，这些都需要时间。袁世凯深深懂得：什么时候需要克制，甚至可以换出一副面容来同革命派周旋；什么时候可以突然翻脸，冷不防地断然下手。他也完全懂得：在他的准备过程中，对革命党人的所作所为，哪些是可以暂时容忍的，如让孙中山去提倡十年内建二十万里铁路，甚至让国民党一时在国会中取得多数席位；哪些是不能退让的，如政府南迁以及让国民党人担任陆军总长或直隶都督等；还有哪些是必须尽快削弱或铲除的，如利用财政等各种手段，逼迫南方裁军，逼迫黄兴辞去南京留守等。宋教仁看得比什么都重要的组织强大政党和夺取议会中多数席位这两件大事，袁世凯却并不在乎。一旦他准备好了，立刻就毫不留情地下手：派人暗杀宋教仁，下令罢免国民党在南方的三都督，并且公然以嘲弄和恫吓的口吻说："现在看透孙、黄，除捣乱外无本领。左又是捣乱，右又是捣乱。我受四万万人民付托之重，不能以四万万人之财产生命听人捣乱！自信政治军事经验、外交信用不下于人。若彼等能力能代我，我亦未尝不愿，然今日诚未敢多让。彼等若敢另行组织政府，我即敢举兵征伐之。"[1]接着，就派兵南下，用政治收买和武力讨伐相结合的办法，迅速扫平国民党人被迫发动的"二次革命"，控制了南方各省，并对各地的革命党人进行惨无人道的搜捕和屠杀。

到了这个时候，不要说孙中山十年内建筑二十万里铁路的美好设想顿时化作泡影。更可怜的是，经过那场热热闹闹的多党制的议会竞选，仿佛"国民党之势力磅礴于内外，远非彼三党（按：指共和党、民主党、统一党）所能颉颃，故其议员之当选，众议院占269名，参议院占623名，可谓极一时之盛矣"[2]；可是，这场"极一时之盛"的议会大选胜利，不但没有带来什么"政党内阁"理想的实现，而且就是这一个民国议会，只要袁世凯动用一点武力来胁迫，竟然投票选出袁世凯做正式大总统，随后又被袁世凯一脚踢开，宣布解散。多少头颅和鲜血换得的竟是这样的结果，实在太富有讽刺意味了。

留给革命党人的最大教训是什么呢？并不能要求他们在民国元年就高举起"二次革命"的旗帜，那是不切实际的苛求，在前面已经说过。问题在于：他们对中国的复杂国情了解得实在太肤浅，对那些盘根错节的旧社会势力的力量和手段估计得太不足。他们的心地是善良的，在取得一次重大胜利后过于兴高采烈，沉浸在种种美好的幻想中，把一切希望全寄托在他们提出的那些合法主张能顺利实现上，而没有同时作好另一种准备，就是应付旧社会势力可能用最阴狠凶残的手段突然反扑过来。结果，当这种可怕的局面突然出现时，旧势力已悄悄地作好相当充分的准备，革命势力却几乎一无准备：不仅惊慌失措，而且内部也陷入一片混乱和争吵之中。于是，最后的结局只能是那样地悲惨！

---

[1] 白蕉：《袁世凯与中华民国》，第49、50页。
[2] 谭人凤：《石叟牌词》，《谭人凤集》，第408页。

孙中山先生是很善于从实践中总结经验教训的。1919年10月8日，也就是五四运动后不久，他在上海青年会作了《改造中国之第一步》的讲演。他说：民国成立八年了，推倒了清朝政府，但关于建设种种还绝对没有着手，所以今天还要讨论改造中国的方法。改造的方法应该从何处着手呢？他举出当时流行的三种看法：一种认为"教育是立国的要素"，一种认为要从"兴办实业"做起，还有一种认为"地方自治为最重要之一事"。孙中山指出：这三种都不是第一步的办法。其中的第二种，其实就是他本人在民国初年的主张。他分析道："有人说，兴办实业，救多数人生计的困厄。奈官吏非特不能提倡奖励，且对于较大之公司或开矿事业等，必先得多数贿金，才许给照开办。""从这点看，从实业上改造起，也是没有希望的。"联系到民国初年他自己的亲身经历，我们不难体会到他讲这些话时内心的痛苦。他的结论是："以上三种，固是改造中国的要件，但还不能认为第一步的方法。第一步的方法是什么？在兄弟的意思，只有革命。""譬如我们要建筑一新屋，须先将旧的结构拆卸干净，并且锹地底，打起地基，才能建筑坚固的屋宇。""八年以来的中华民国，政治不良到这个地位，实因单破坏地面，没有掘起地底陈土的缘故。"这"地底陈土"是什么？他认为就是官僚、武人和政客。"要建筑灿烂庄严的民国，须先搬去这三种陈土，才能立起坚固的基础来。这便是改造中国的第一步。"[1]孙中山这时的认识，同民国初年相比，显然已经大不相同、大进一步了。

到1924年1月中国国民党第一次全国代表大会时，孙中山的思想更发展到新的高峰。这次大会通过的宣言，对民族主义、民权主义、民生主义作了新的解释。孙中山在大会通过宣言后专门作了说明："此次我们通过宣言，就是从新担负革命的责任，就是计划彻底

---

[1]《在上海青年会的演说》，《孙中山全集》第5卷，第124—126页。

的革命。终要把军阀来推倒,把受压的人民完全来解放,这是关于对内的责任。至对外的责任,有要反抗帝国侵略主义,将世界受帝国主义所压迫的人民来联络一致,共同动作,互相扶助,将全世界受压迫的人民都来解放。我们有此宣言,决不能又蹈从前之覆辙,做到中间又来妥协。以后应当把妥协调和的手段一概打消,并且要知道,妥协是我们做彻底革命的大错。所以今天通过宣言之后,必须大家努力前进,有始有终,来做彻底成功的革命!"[1]

孙中山先生根据他毕生奋斗的实践得出的教训是深刻的。他这些语重心长的嘱咐,是很值得后人深思的。

---

[1]《对于中国国民党宣言旨趣说明》,《孙中山全集》第9卷,北京:中华书局1986年版,第126页。

十七、武昌起义后各省独立的鸟瞰 *

1906年4月出版的《民报》第3号上发表了一篇题为《革命横议·发难篇第一》的文章。它所讨论的问题是，应该采取哪一种方式来推翻清朝政府。正面讨论这样尖锐的问题，在当时众多的革命刊物中亦属罕见。

这篇文章把发难的方式大体分为三种：第一种"扼吭"，就是一举倾覆对方的首都，以临天下；第二种"负隅"，就是先雄踞一方，再谋进战退守；第三种"蜂起"，就是分举响应，使对方的政权土崩瓦解。文章认为，今后革命军实行的将是第三种方式。理由是："人民之革命也，非以一革命团体与一政府角也。政府惟一，而革命团体以千百数。其颠覆政府之目的同，而同时并举，星罗棋布，蜂起蔓延，此仆彼兴，西崩东应，曾不须臾，而土崩瓦解之状已成。"

"曾不须臾，而土崩瓦解之状已成"这样的局面，其实在中国历史上并不多见，倒是在《革命横议》发表后五年的辛亥革命中果然出现了。武昌首义后短短一个多月内，便得到全国将近三分之二省份的响应。统治了中国两百多年的清朝政府，有如孙中山早就断言的那样，"可以比作一座即将倒塌的房屋，整个结构已从根本上彻底地腐朽了"[1]，受到革命浪潮冲击时几乎一触即溃，很快便倾塌下来。

本文想对武昌起义后各省响应的大体进程和导致这种局面出现

---

* 原载《近代史研究》1991年第6期。
[1] 孙中山：《中国问题的真解决》，《孙中山全集》第1卷，第254页。

的诸种因素,作一个鸟瞰式的考察。

(一)各省响应的大体进程

历史的发展是一种活的流体,一旦时机成熟,它便会不可遏制地向前猛进,而且往往会加速度地发展,不断呈现出原先所没有的新的色彩。

武昌起义发生后十二天,湖南、陕西两省首起响应。当月内宣布独立的还有江西、山西和云南。这五个省的独立集中地发生在九天以内。它表明:武昌起义不是一个局部性事件,而是遍及中国的全面危机的产物。整个政治局势顿时为之改观。

这五个省是在全国局势尚未明朗、革命成功并无把握的情况下独立地决定发动的,因而格外值得注意。它们的相继独立,看起来凌乱无绪,除两湖外各省在事先没有什么共同计划和联系,但它们都是同一历史条件下的产物,有着共同的特点。

第一,新军在这些省内都是起义的主要动力。他们以迅雷不及掩耳之势突然发动,迅速地控制局势,在起义成功中起着决定性的作用。

在这些省的新军中,革命党人力量最强大的是云南。当时,驻守在云南省会昆明的新军是步兵第三十七协,此外还有炮、马、机关枪、工程兵等兵种。第三十七协统领蔡锷和这个协属下六个营中的四个营的管带,炮标三个营的全部管带,机关枪营和工程营的管带,还有陆军讲武堂代理监督、陆军小学总办、参谋处总办等重要军官,都是革命党人。[1]这年年初,云南陆军讲武堂有一批毕业生

---

[1] 刘存厚:《云南光复阵中日记》,附录六,《云南辛亥革命史料》,昆明:云南人民出版社1981年版,第29页。

被派往新军担任下级军官。他们中有不少同盟会会员,如朱德等,又把革命宣传直接深入到士兵中去。新军中弥漫着要求发动起义的浓烈气氛。昆明没有任何足以同他们抗衡的军事力量。一旦举事,他们便能比较顺利地控制全局。另外几个省,也是由新军攻城取得胜利的。

其他社会力量在最早响应独立的这五个省中,都不能说是起义的主动力量。就以会党力量很大的湖南、陕西两省来说,起义主要动力也是新军而不是会党。湖南是新军第四十九标在 10 月 22 日清晨首先发难,会同新军其他部队,迅速开入并占领省会长沙。革命党人联络的浏阳会党在起义过程中没有起多大作用,只是在宣布湖南独立后才闻风大批涌入长沙。《民立报》当时报道:"先是鄂省新军首先倡举义旗。电传到湘,湘省陆军第二十一协一、二两标,炮、马、工程、辎重各队新军士兵即谋同时响应。"[1]湖南立宪派人士也说:"湘之反正,全在兵与下级军官之力。"[2]陕西西安起义的主动力量也是一些新军中充当中下级军官的同盟会会员,如钱鼎和张钫,后来又得到混成协参军官兼代第二标第一营管带的张凤翙的支持。西安起义就是以新军攻占军装局为起点的。陕西新军中旧式帮会的潜势力极大。"全协士兵中老行伍出身的,多数都参加帮会。"[3]但他们并不是起义的主动力量。顺便说到,同盟会陕西分会会长郭希仁,当时正担任陕西咨议局副议长,起义发动前却并未与闻。这类情形在其他省也有。

第二,起义的发展都异常顺利,几乎没有遇到什么有力的抵抗。很多省革命党人的准备并不充分,事先掌握的有组织的力量相当小。但在逼人的形势下,只要少数坚定的革命分子敢于挺身而出,登高

---

[1]《湖南革命之别报》,《民立报》1911 年 11 月 17 日。

[2] 子虚子:《湘事记·军事篇五》,《湖南反正追记》,第 75 页。

[3] 张钫:《风雨漫漫四十年》,第 4 页。

一呼，大群人便聚结到他们的旗帜下来。在清政府方面，却看不到有多少人起来抵抗，一般是听到起义的枪声便纷纷逃匿，作鸟兽散。即便组织起一些短促的抵抗，也人心动摇，难以持久，没有几个人还肯为倾覆中的清朝政府卖命。

湖南的情况是一个生动的例证。该省巡抚余诚格是一个全然无能的纨绔子弟。当起义新军攻入长沙时，湖南咨议局议长谭延闿正在巡抚衙门。据谭后来说："忽一仆至，称报告大人，新军攻城！余（诚格）云：'没有的事，再打听罢！'我等恐其要发命令，布置军事，即兴辞云：'今日中丞有事，改日再谈罢。'余抚亦起，又向我们解释云：'今日新军开往株州，他们误会了，所以说新军攻城。'我们刚欲下楼梯，又一仆至，云：'报告大人，新军进了城！'余抚又云：'没有的事，再打听罢。'我们刚下楼梯，又一仆至云：'报告大人，新军已到了贡院东街！'余抚云：'没有的事。'随又云：'要他们准备吧！'又向我说：'回去拜上老太太，请她老人家放心，没有甚么事，不要紧的。'我们乃与点头而别。"[1]新军到抚署时，抚署卫队立刻投诚。余诚格见势不妙，出来说："弟兄们，我们都是汉人。"并用白布亲书"大汉"两字，叫人悬挂在桅杆上，然后就进内堂去，从抚署后墙挖了一个洞逃走。这一切，简直如同儿戏。江西等省的情况也相仿佛。这既说明革命形势的成熟，也说明清朝的地方政府已经腐烂到何等地步！

第三，这些省在起义成功后，都站住了脚跟。陕西独立后，受到清军来自东、西两方面的重兵夹击。西安形势几度危急，但仍坚持了下来。

在10月份宣布独立的六个省中，湖北、湖南、江西三省连成一块，山西、陕西两省连成一块，云南在西南地区有着巨大影响。它

---

[1] 粟戡时：《湖南反正追记》，第16页。

们独立后,清政府已处在风雨飘摇之中。接着,革命浪潮就向华东和华南迅速扩展了。

革命的发展过程是没有静止状态的。当革命高潮到来时,局势往往几天就是一个样,不断出现新的因素。继武昌起义后,给予清政府第二次决定性打击的,是以上海为中心的东南各省在11月上旬相继独立。

东南地区,特别是江浙两省(当时上海包括在江苏省内),是中国社会经济最发达、社会财富最集中的地方,也是国际观瞻所系的重要焦点。在这些省的独立之中,新军仍然是极为重要的力量。"在辛亥革命时期,浙江省的革命中心力量在新军,这是人人皆知的。"[1]驻在浙江省会杭州的新军第四十四协共有两个标,中级军官中革命党人比较多,如第八十一标代标统朱瑞、第八十二标第二营管带顾乃斌等,他们有的是同盟会会员,有的是光复会会员,也有先后参加了这两个组织的。浙江的光复,主要是依靠新军的力量。福建新军暂编陆军第十镇是以左宗棠旧部湘军为基础改编而成的。第二十协统领许崇智是同盟会会员。这个镇的统制孙道仁在起义前夕也加入了同盟会。福建独立是新军起义、光复福州后实现的。

但这时国内的形势,同第一批五个省响应时已有明显不同。革命形势的迅猛发展,在短时间内把更多有着不同政治倾向和实际利益的人相继吸集到赞同民主共和国的旗帜下来。因而,东南地区的独立过程中出现了一些前此所没有的新的特点:

第一,上海是中国民族工商业最发达的地区。民族工商业者中有些人早已秘密地参加中国同盟会,如上海信成银行经理、上海银行公会创办人之一的沈缦云和上海粮食业巨商、大隆杂粮号店主叶惠钧在1909年和1911年春先后加入了同盟会。他们两人都是全国

---

[1] 葛敬恩:《辛亥革命在浙江》,《辛亥革命回忆录》第4集,北京:中华书局1963年版,第91页。

商团联合会副会长,曾介绍该会会长李平书和同盟会中部总会负责人陈其美相见。上海没有新军驻防,全国商团联合会手里却掌握有一支原来用于维持地方治安的武装力量,那就是商团。11月3日,陈其美率领主要由会党分子组成的敢死队和部分商团进攻全国主要兵工厂之一的江南制造局,没有成功。陈其美只身闯入制造局,企图说服守军放下武器,结果被扣。第二天凌晨,上海商团总司令李英石(李平书的族侄)率领商团一千余人,偕同敢死队和李燮和所部光复军的一部分再次进攻,攻克制造局,救出陈其美。这是上海光复中具有关键意义的一仗。民族工商业者在革命进程中直接发挥这样巨大的作用,在其他地方还不曾有过。这当然同上海民族工商业者自身力量的强大直接有关。

第二,江苏出现了由当地最高长官、江苏巡抚程德全出面宣布独立并出任都督这种新的动向。程德全这样做并不是出自他自己的主动,而是由上海革命党人先到江苏省会苏州向新军第二十三协策动。11月5日拂晓,新军入城,"一律臂缠白布,排队诣署谒德全,推为都督"[1]。程德全事实上已无法控制局势,只得表示同意。"苏州光复时,没有丝毫变动,仅用竹竿挑去了抚衙大堂屋上的几片檐瓦,以示革命必须破坏云。"[2]这是清朝的封疆大吏在武昌起义后第一个出面宣布独立并出任都督的,表明清朝统治集团的分崩离析已到了何等地步!

第三,国内立宪派的政治态度发生重要变化,从支持清朝政府转到支持民主共和国这边来。在这以前,两湖地区立宪派的重要人物汤化龙、谭延闿已公开支持共和。但国内立宪派的领袖人物、江苏咨议局议长张謇,尽管对清政府早已深感失望,最初仍希望清政

---

[1] 张国淦:《辛亥革命史料》,第228页。
[2] 钱伟卿:《谈程德全二三事》,《辛亥革命江苏地区史料》,第125页。

府能用"实行宪政"的办法，使革命风潮平息下去，还曾劝说两江总督张人骏出兵协助镇压武昌的起义。但客观形势的发展使他很快看清：革命浪潮已是任何力量也阻挡不住的了。如果坚持反对，势必导致对抗的加剧，危及整个原有社会秩序的维持。只有对革命表示赞成，才能使他们自己站住脚跟，在革命阵营中构成温和的一翼，继续发挥影响力，使社会秩序不致发生更大的动荡。因此，他的政治态度立刻改变，并发出告江苏父老书说："今上下相薄，势已决裂，介其间者，更无置喙之地，拊膺扼腕，莫可如何。""不揣庸劣，刻日与二三同志，星驰赴省。军旅之学未学，自有任其责者；至于保卫治安，维护秩序，鄙人不敢辞。"[1]张謇政治态度的变化，在国内立宪派人中产生了巨大的影响。他们纷纷表示支持革命。怎样看待国内立宪派人的这种变化？它的作用是有两重性的：首先，它对扩大革命阵营的力量和影响、进一步孤立清朝政府、加速革命发展的进程，有着积极的意义；可是，由于他们的着眼点重在使原有社会秩序不致发生更大的动荡，由于他们同各种旧社会势力之间有着千丝万缕的联系，又由于他们一向有着较高的社会地位和声望，所以当他们转到革命阵营方面来以后，就大大增加了使革命中途走向妥协的力量。

和东南各省相继独立的同时或稍后，起义浪潮又迅速席卷西南、华南各省，包括贵州、广西、广东、四川。

这时国内整个政治局势的发展已非武昌起义初起时所能相比。随着全国大多数省份先后独立的消息不断传来，声势夺人，人们要求推翻清王朝、建立民主共和国的情绪已越来越趋于激烈，对南方尚未宣布独立的省份形成越来越大的压力，清朝地方官吏已失去抵抗的意志，这是这些省能更顺利地取得成功的重要原因。其中，广

---

[1] 张謇：《拟赴省垣宣告江苏父老书》，《张謇存稿》，第19、20页。

州是华南的中心城市,成都是西南的中心城市,都是清朝统治势力比较强大的地方,是南方宣布独立最迟的两个省,但到了这个时候,清朝地方当局已无斗志,几乎是不战而屈。

在广东,"自鄂事发生后,粤垣官吏异常戒严,民间谣言尤多,无日不喧传党人将于某日举事"[1]。粤绅、在籍翰林、清乡总办江孔殷在省内各大团体集会时主张:"不如利用官府改良独立,当求完全,不可糜烂。"[2]广东水师提督李准手握重兵,在广东居于举足轻重的地位,是镇压广州新军起义和"三二九"起义的主要人物。在局势急遽演变面前,他感到:"民心思汉,大势所趋,非人力所能维持。"[3]加上个人的一些原因,他也派人到香港和同盟会南方支部取得联系,做好反正准备,并打电话给两广总督张鸣岐,请他"好自为计"。张鸣岐认识到大势已去,便逃往沙面英国租界,当晚转往香港。李准随即欢迎同盟会南方支部支部长胡汉民来广州,就任广东都督。这样的事情在其他地方还不曾有过,自然同国内整个形势已经发展到这个地步有关,在更早些时间是不会出现的。

四川同志军最初起义时,主要集中在成都周围的川西地区。武昌起义消息传来后,川北、川东、川南相继建立军政府,影响更大的是同盟会人张培爵等在一支起义新军开入重庆后宣布成立蜀军政府。这样,素有"赵屠户"之称的署理四川总督赵尔丰在成都完全陷于孤立。11月27日,赵尔丰发布《宣示四川自治文》说:"以四川全省事务暂交四川咨议局议长蒲殿俊,设法自治,先求救急定乱之方,徐图良善共和政治,尔丰部署军旅就绪,即行遵旨出关。"[4]显然,这只是在不得已情况下的缓兵之计。同天,大汉四川独立军

---

[1]《光复前之广州乱》,《民立报》1911年11月13日。
[2] 大汉热心人辑:《广东独立记》,《广东辛亥革命史料》,第126页。
[3] 李准:《光复广东始末记》,《辛亥革命》资料丛刊第7册,第245页。
[4]《赵尔丰宣示四川自治文》,《四川保路运动史料》,第509页。

政府在成都成立，蒲殿俊任都督。几天后，成都发生兵变。曾任陆军小学堂监督的同盟会会员尹昌衡率领一部分新军平定兵变，被推为都督，并在分化了赵尔丰的卫队后将赵捕杀。

四川独立后，长江流域及其以南各省已全部光复，仍处在清朝控制下的只有南京一座孤城。革命党人组织以新军为骨干的江浙联军进攻南京。经过十天激战，终于在12月2日攻克南京。南京光复在当时是震动全国的一件大事。"从此，宁汉长江流域连成一线，不但巩固了武汉的局势，而且加强了革命力量。因此，江浙联军光复南京一役，在辛亥革命史上来说，实具有重大的意义。"[1]这样，南北对峙的格局终于结束。在南京光复后不到一个月，临时政府便在这里成立了。

此外，山东曾一度独立，推山东巡抚孙宝琦为都督，但十一天后又取消独立；直隶、河南、甘肃等省虽没有独立，革命党人也在那里酝酿或组织起义；新疆伊犁的新军在第二年1月起义，成立了临时都督府。

这一切表明辛亥革命的成功在自己国土上有着广泛而深厚的根源，内部条件已完全成熟了。

（二）各省响应的几点剖析

革命只能是历史的产物，是它发生时的种种具体历史条件所造成的。看起来仿佛出人意料的事情，其实都受着特定条件下因果关系的支配，是可以理解的。

清朝政府的覆灭虽然是武昌起义后实现的，但它覆灭的命运自

---

[1] 徐森、谌秉直：《第九镇秣陵起义和江浙联军光复南京亲历记》，《辛亥革命回忆录》第4集，第246页。

甲午战争失败后便注定了,这以后的清朝政府不过是苟延残喘地再勉强维护十几年罢了。

甲午战争失败后,中华民族的生死存亡问题以空前尖锐的形式摆在每个爱国者的面前。人们越来越强烈地感到:敌无时不可以来,国无时不可以亡。在这样极端严重的民族危机面前,谁能够领导人民抵抗外来的侵略、把祖国从危难中拯救出来,谁就能够得到人民的信任和支持,否则就会被人民所唾弃。人们曾期望有一个能保卫国家和民族权益的政府,而清朝政府恰恰相反,成了"洋人的朝廷",宁肯对外大量出卖国家权益,来换取帝国主义列强对它的支持。在武昌起义后短时间席卷全国的革命风暴发展过程中,可以清楚地看到:表面上还是一个庞然大物的清朝政府,实际上在民众中已丧尽了信任,也失去了最后一点统治能力。

普遍社会心态的演变,通常是默默地并不显眼地进行着的,但它是不可逆转的。对清政府的愤懑情绪已遍及社会的各个角落。人们越来越相信革命党人历来的宣传是对的:中华民族一切不幸的根源就在这个卖国的、专制的、极端腐败的清朝政府身上,只要把它推倒,中国就会好起来。武昌起义发生前不到五个月,长沙关税务司伟克非给总税务司安格联的信中已写道:"中国的前途(按:应当读作清朝政府的前途)似乎非常黯淡。我看在不久的将来,一场革命是免不了的。现在已经公开鼓吹革命,并且获得普遍的同情,而政府并没有采取任何预防措施,却尽在瞎胡闹。"[1]武昌起义发生后半个多月,有人写信给正在美国留学的胡适说:"近来国事甚急,一日数惊,诚有风声鹤唳、草木皆兵之势。传闻安庆亦已失守,南京甚危。上海各报馆生意甚形兴旺。望平街一带人山人海,皆急于探求消息者。闻革党胜,则无不欣欣然以为喜;有谓官军胜者,则必

---

[1]《1911年5月16日伟克非致安格联第81号函》,《帝国主义与中国海关》第13编,第88页。

迁怒于此人。如前日望平街人丛中有一听者,闻革命大胜之言微叹一气,后面之人遽饱以老拳。事虽可笑,观此亦可见人心已大去矣,尚何为乎?"[1]这种普遍而强烈的情绪,是中国近代长期历史进程积累下来的结果。一场能够席卷全国的反抗运动,如果没有这种弥漫南北的对清政府的绝望情绪作背景,是不会到来的。

因此,在武昌起义后的绝大多数省份中,不管发起冲击的力量是大是小,都能导致统治机构的迅速解体,没有任何力量可以挽救它,甚至也没有多少力量再同情它。可是,新的足以替代它的力量却远没有成熟。青黄不接,可以说是这个历史时刻的特征。

推翻统治了中国几千年的专制皇朝自然是一件十分艰难的事情,但在已经失尽人心的清王朝末年那种特殊条件下却轻易地实现了。可是达到这个目的以后,铲除旧社会势力的支配地位、实行深刻的社会变革的任务却艰难得多。各省的独立,更多地表现为政权的更迭,这往往在几天内便完成了,但并没有立刻带来一场深刻的社会大变动,也难以一下就改变社会关系中的真正力量对比。旧政权崩溃后,一时出现了权力真空,却缺乏能够控制整个局势并推进社会变革的成熟的新社会力量去填补这个真空。一个革命政党在历史关键时刻所需要的革命远见、勇气、魄力和彻底性,辛亥革命的指导者们并不具备。革命的深度是十分有限的。这不能只去责怪某几个人,从某种意义上说,这是20世纪初年中国社会的结构和各种社会力量对比的状况所决定的。

各省的起义,一般说来都是从全省的中心城市——省会开始,随后出现"传檄而定"的局面,逐步推及省内各个地区的中心城市以及各个县城。即便有几个省首先宣告独立的在边缘地区,如四川的荣县、云南的腾冲等,但真正能左右全省大局的,仍然是省会的

---

[1] 《胡绍之等致胡适的信》(一),《辛亥革命史丛刊》第1辑,第216页。

独立（江西的九江也许可以算是例外了）。至于农村和城市，更处在极不平衡的状态。

出现这种状况并不偶然。当时在经济文化比较发达的城市（特别是各省的省会）中，集中着为数最多的接触过近代社会和文化知识、渴望改变现状的人群，包括教员、学生、记者、商人、工厂主、有文化的新军官兵等。这些城市大多地处交通要道，国内外各种信息的传播远较偏僻地区要迅速和便捷得多，往往一个从外地传来的消息就会使一大群人激动起来。城市中人口集中，人们交往频繁，容易形成较有组织的反抗力量。因此，这些城市十分自然地成为政治动荡的来源地。九江所以能在江西独立中起重要作用，不仅因为江西新军的主要部分当时正集中在这里，也同它的经济文化发达和交通便利有关。

还有一点也很重要：在中国社会中，城市千百年来一直是统治阶级发号施令的政治中心所在，省、府、县之间历来存在着层层依附的关系，形成一种网络式的联系。一旦省会宣告独立，各府、县很容易随着就出现"传檄而定"的局面。

广大农村那时仍处在相当封闭的落后的自然经济状态。人数众多的农民小生产者，虽然挣扎在生死线上，但存在着严重的弱点：目光比较狭窄，行动难以统一。20世纪初年也还缺乏一种解决他们凝聚起来并克服自身弱点的先进的新社会力量。因此，在各省独立过程中，有些农村地区虽在附近城市影响下出现过一些零星的自发性起义，但规模都不大，影响也有限。农村的土地问题在各省独立过程中几乎没有被提出来，更说不上获得解决了。

可是，中国的根本问题仍然在农村，农民在中国人口中占着绝大多数。中国几千年来封建统治势力的根基深深地扎在这里。没有一场农村中的社会大变动，单靠城市里一部分人掀起的政治风暴以及从省会开始的那种"传檄而定"的局面，看起来声势夺人，其实它们所带来的社会变革仍是比较表层的,并且经不起旧社会势力重新集合起来的反扑。这在当时的历史条件下是难以避免的,预决着辛亥革命只能取得有限的成果,不能解决中国社会的根本问题。

在各省独立中首先起来冲锋陷阵的先锋力量是新军。当时曾有人把辛亥革命称为士兵起义。除上海、广州、成都、南京等少数地方外,几乎都是新军一旦行动起来,便很快取得成功。

为什么新军在辛亥革命中能起这样的特殊作用呢? 这不仅因为他们掌握着新式武器,受过严格的军事训练,在清末大多数省份中是主要的军事力量,有可能一举摧毁清朝的统治机构,而且在当时有如一盘散沙的社会中,他们是组织得最好的力量,有着严格的建制和纪律,能够步调一致地采取有力的行动,这是当时其他任何社会力量无法做到的。

清朝训练新军的本来目的,是要用这样一支以西法训练的军队来维护并加强自己的统治地位。由于用西法训练,"招募新军士兵标准,要以能识字为原则,文理粗通者更好"[1]。这时"科举已停,一般知识分子不能不另谋出路。家庭环境好的出国留学(日本最多),其次就地投考学校,没有钱的就投入新军当兵。新军招收读书识字的人已汇成为一种风气"[2]。这样,新军士兵的成分和绿营、巡防营等旧军人不同,读书识字的人占很大比重。他们文化程度比较高,家庭比较贫穷,军队中的生活又很艰苦,受官长的压迫和虐待十分厉害,自然容易接受革命思想的影响。一些从新式军事学堂出来的下级军官,情况也大体如此。事情完全出乎清政府的意料,他们训练出来维护自己统治的力量,结果反过来成为自己的掘墓人。

但新军也有严重弱点:他们同社会的联系不密切,对地方的复

---

[1] 温楚珩:《辛亥革命实践记》,《辛亥首义回忆录》第1辑,第49页。
[2] 《座谈辛亥首义》,《辛亥首义回忆录》第1辑,第3页。

杂情况缺乏了解;他们中的革命骨干分子一般在社会上没有多少声望,更没有管理地方的经验,很难在这方面提出具体而切实的主张并得到各方面的支持。武昌首义刚取得胜利时便有这种情形:"以为旧日官僚、政客、进士、举人都富有经验学问,而自觉能力薄弱,资望不够,盲目赞同。参加咨议局会议桌上之官僚政客,其声价反比多年革命老同志为高。"[1]新军士兵和下级军官中的革命党人,在革命发动时能够勇往直前地扮演英雄的角色,但在推倒旧政权后,他们便不知道应该怎样应付面对的新情况和新问题,他们的身影便悄悄地消失在人群中。至于那些参加革命的中高级军官,有较高的社会地位、文化水平和社会经验,但不少人在取得政权后就逐渐同旧社会势力合流,以至向新军阀蜕化,如阎锡山、唐继尧等便是。因此,这些新军中的革命党人尽管最初能成为推倒旧政权的最重要的冲击力量,却不能成为推动革命走向深入、实行深刻社会改革的重要动力。

会党在各省独立中也扮演着重要角色,但这时的会党问题却深深地使革命党人感到困惑。会党的成员主要由游民组成。由于近代中国社会经济的迅速破产,城镇和乡村中到处充斥着这种无业游民。他们在社会中是一支很不安定的力量,而且有着明显的两重性。积极方面是:处于社会底层,生活不稳定,好勇斗狠,富有反抗性;有比较严密的组织,讲究江湖义气,经革命党人联络后容易一呼而起,形成巨大的冲击力量;同劳苦农民和城市贫民又有较广泛的联系。消极方面是:他们一般头脑比较简单,缺乏政治自觉和近代意识;内部山头林立,互不相下,行动难以一致;成分复杂,纪律不好,常有相当大的破坏性。

在各省独立过程中,不少会党分子卷入革命浪潮中来,壮大了

---

[1] 温楚珩:《辛亥革命实践记》,《辛亥首义回忆录》第1辑,第61页。

革命声势。一些巡防营和抚署卫队中会党分子的响应，为起义成功提供了重要方便。上海会党分子组成过进攻江南制造局的敢死队。四川袍哥在保路同志军起义中所起的作用更为突出。这些积极作用应该充分肯定。但仔细观察一下便会注意到：没有一个省能单靠会党的力量取得革命成功，甚至也没有一个省能主要依靠会党的力量取得革命成功。

当旧政权被推翻，特别是有些会党掌握一定权力后，他们觉得可以不再受什么约束，破坏性的消极方面便恶性发展起来：有些人仗势横行，为非作歹；有些人争权夺利，相互火并。这些都激起社会的强烈不满。新成立的各地军政府还缺乏足够的权威和力量，对他们的一些胡作非为几乎束手无策，无能为力。这自然是令人遗憾的，但实际生活就是这样。

拿陕西来说，由于当地社会经济比较落后，新军中旧式帮会的潜势力极大。这些士兵对清政府的不满也很强烈，却缺乏自觉的革命意识。陕西起义军中的革命党人是新军中的几个中下级军官，到陕西工作时间也很短，职务虽使他们能掌握一部分军队的指挥权发动起义，但同士兵的联系并不密切。起义后，军队原有的指挥系统既已瓦解，军中的哥老会头目便乘势各自运用洪门的组织关系，发号施令，各立山头。巡防营的下级军官和士兵中，哥老会众更占相当大的比重，大多随后也纳入哥老会势力之下。起义胜利后，这些哥老会头目们又自动扩充军队，任意委官招兵，自立系统，实力大大膨胀，大批军火也落到他们手里，使他们气焰万丈，成为谁都难以驾驭的力量。陕西起义时的领导人张凤翙当了大统领，但不能控制全部局势。"洪门几个舵把子识见浅陋，虽然参加了革命，并不明了革命的真正意义，往往打着革命旗号，抢劫玉帛，掳掠子女，争夺名位。陕西省的清朝政府虽被推翻,而人民的灾难愈深。"[1]"各县的哥老会,知道他们在省城的头目人起义以后都成了大人物,于是更加有恃无恐,遍设码头,派税勒捐,甚至招兵买马,另组军队。"[2]所以,陕西革命党人张奚若在回忆中说:"同盟会的人说,大家都认为革命失败了。"[3]

这种状况是革命党人在起义前完全没有预料到的。当然,对会党的状况不能一概而论,他们在以后仍有某些积极方面,但总体说来,革命胜利后他们的消极方面明显地上升了,成为使许多地方革命党人深感棘手的难题。

新军也好,会党也好,在起义发动时是重要的冲击者,但都不是独立的新的社会力量,难以提出建设新社会的有力主张。当革命浪潮的第一轮冲击波过去后,他们的弱点立刻明显地暴露出来,对如何维持并发展革命后的局面显得无能为力。

中国城市中的民族工商业者,经过甲午战争后几次兴办实业浪潮的推动,已有了某些发展,在上海、广州、武汉等重要工商业城市的社会生活中已起着越来越明显的作用。革命,实际上符合并代表着他们的利益。但总的说来,他们的力量仍是软弱的,商业资本的比重远远大于工业资本,同封建势力以至帝国主义势力之间又有着难以割断的联系。当各省光复时,他们一般在维持市面、从财力和物资上资助起义军、维持地方治安等方面,做了一些积极的工作。可是,他们更害怕社会陷入严重动荡,不希望整个社会秩序发生激烈的变动,因而随即又成为推动革命党人同旧社会势力实行妥协的重要力量。至于一些暂时混入革命阵营的旧士绅,在这方面的消极

---

[1] 张钫:《钱鼎、万炳南两副大统领之死》,《风雨漫漫四十年》,第57页。

[2] 朱叙五、党自新:《陕西辛亥革命回忆》,《陕西辛亥革命回忆录》,西安:陕西人民出版社1982年版,第47页。

[3] 张奚若:《辛亥革命回忆录》第1集,第14页。

作用更不消多说了。

中国的工人阶级虽然受苦最深,但还处在相当幼稚的阶段,缺乏自觉的社会政治意识,也没有被充分地动员和组织起来,一时还只能充当民族资产阶级和城市小资产阶级的追随者,不能发挥更多更大的作用。

城市中还有一批青年学生、新式学堂教员和报社记者等组成的新式知识分子群。1906年清政府废科举、兴学堂后,新式学堂迅速推向全国,并已发展到相当规模。1909年,全国中学已有460所,中学生有40468人;小学达51678所,小学生达到1522746人。[1] 高一涵回忆道:"自废科举、设学堂之后,他们进身的道路由科举转到学堂,在学堂中所学的课程则是西学重于中学,科学重于经学。""当时凡具有爱国思想的青年学生,民族大义耿耿在心,无论他们的政治理想如何,而对丧权辱国、腐朽无能的清廷统治则深恶痛绝,因而他们的思想都从四面八方汇合成为推翻清廷、恢复中华的革命主流。"[2]

这个知识分子群一般比较年轻,政治上比较敏感,力量也比较集中。大批留日学生中的同盟会会员归国后,许多人到新式学堂任教,把它们作为开展革命活动的重要基地。因此,"同盟会会员和留日学生任学堂监督(校长)、教习的甚多,而学生多系富有爱国思想、易于接受革命的青年,大有发展的前途的"[3]。各省独立前,奔走呼号地进行革命宣传鼓动和联络工作的活跃分子,不少是从他们中间产生出来的,对各省起义起了重要的作用。

但他们本身经济上、政治上、军事上都没有多少实力,光靠他

---

[1] 陈翊林:《最近三十年中国教育史》,第97、112页。

[2] 高一涵:《辛亥革命前后安徽青年学生思想转变的概况》,《辛亥革命回忆录》第4集,第431、432页。

[3] 熊克武:《辛亥前我参加的四川几次武装起义》,《辛亥革命回忆录》第3集,第5页。

们自己是难以采取有力行动的。有些人还比较脆弱，形势有利时兴高采烈，形势不利时便消沉下去。他们又缺乏足够的社会经验，并且没有强大的社会力量可资依靠，因此在各省独立实现后，往往便不知所措，难以推进深入的改革。

在各省独立过程中，当时革命党人的长处和短处都表现得相当明显。

近代中国的民族危机和社会矛盾实在太深重了，中华民族已处在生死存亡的紧急关头，无数爱国者怀着强烈的忧患意识，日夜焦虑不安地寻求拯救祖国的出路。客观社会矛盾的极端尖锐性和紧迫性，在相当程度上补偿了革命主观力量并不成熟的弱点。革命党人提出的奋斗目标，在当时的中国是深得人心的。为了把中华民族从濒临灭亡的边缘挽救出来，首先集中力量推倒那个卖国的专制的极端腐败的清朝政府是正确的，也是革命能在中国社会中得到最广泛同情和支持的原因所在。为这个目标而不怕牺牲地拼力奋斗的，不是很少几个人，而是有一大批人。他们原来几乎都是默默无闻的平凡的普通人，在关键时刻却能义无反顾地挺身而出，推动实现了一场席卷全国的轰轰烈烈的大革命。这是他们无可置疑的长处。

他们的弱点突出地表现在妥协性上。这种妥协性，同他们客观力量的薄弱有关，也同他们主观认识的幼稚有关。他们对帝国主义和封建势力都缺乏深刻的本质的认识，因而不能旗帜鲜明地提出彻底反对帝国主义和封建势力的政治纲领。他们同广大下层劳动群众的严重脱离，又使他们在异常强大的反动势力面前感到自身缺乏力量。一旦推翻清朝政府、建立民主共和国的愿望得到实现，他们便失去继续前进的明确目标，害怕引起帝国主义列强的干涉，又对旧社会势力存在许多幻想，十分容易妥协。胡绳在四十多年前作过一段中肯的分析："辛亥革命之所以向袁世凯妥协，就是害怕分裂，害怕外国干涉。因为害怕分裂，就只能承认袁世凯的'统一'。因为害怕干涉,就只好承认帝国主义列强给中国人民选定的统治者。"[1]这场轰轰烈烈的全国规模的革命运动,虽然取得了巨大的胜利,最后仍不能进行到底,而是半途而废。

不成熟的革命是不成熟的社会条件的反映。辛亥革命是在旧统治势力已走向解体、新社会力量一时又不足以替代它的历史时刻发生的。这种状况预决了历史将这样发展:革命以快得令人目眩的速度在全国取得胜利,但胜利从根本上说还是表层的,并且难以立刻巩固下来。历史还继续处在艰难的过渡阶段中。

---

[1] 胡绳:《中国非袁不可吗——辛亥革命所得的一个教训》,《胡绳文集》,重庆:重庆出版社1990年版,第963页。

十八、武昌首义二题 *

（一）文学社和共进会的关系

武昌首义的发动者是文学社和共进会。

这两个团体，从根本上说有许多共同点：它们都以推翻清朝政府、在中国建立民主共和制度作为自己的目标；都在湖北新军中进行比较深入的宣传和组织工作；都受到同盟会的深刻影响，共进会的领导成员原来几乎都是同盟会的会员，文学社的主要领导人蒋翊武、刘复基也曾参加过同盟会。[1] 它们的成员有一部分是交叉的，既是文学社社员，又是共进会会员，如蔡济民等便是。

但它们也有明显的不同特点：

第一，文学社在湖北新军中活动的历史很久。它的前身是军队同盟会、群治学社、振武学社，从 1908 年起便相继在新军中默默地坚持秘密的革命活动。它的活动重点始终在新军中。共进会本部是在日本东京成立的。1909 年，孙武回国开始在湖北活动。他们最初在学堂、会党和新军中都发展力量，重点是想依靠会党起义，后来从挫折中接受教训，把重点转移到新军方面，1911 年春天后在新军中发展得很快，实力已同文学社接近。

第二，文学社的领导成员大多是贫苦知识分子出身的新军士兵。

---

* 在纪念辛亥革命八十周年国际学术讨论会上的报告，1991 年 8 月于美国夏威夷。

[1] 章裕昆：《文学社武昌首义纪实》，第 10、11 页。

共进会的领导成员大多是归国的留日学生。这种不同的社会地位和经历,使他们之间难免存在一些隔阂,在酝酿合作时就明显地表现出来。共进会总理刘公曾问杨玉如:"文学社内容,我很茫然。看他们的简章,颇缺乏革命性,你的观察怎样?"杨玉如向他说明文学社同样"以推翻满清、建立民国为宗旨",同共进会是平行的而不是对立的,并说:"文学社纯是军人组织","不过军人脑筋简单,他们住在营伍内,只争取营内的忠实同志入社,不欢迎外间穿长衫的人,恐易破坏。这与共进会有海内外学生参加主持的不同。"[1]文学社社长蒋翊武也对人说过:"合作固好,但是他们出了洋的人是不好惹的,我们一定会上他们的当。"[2]

第三,这两个组织的成员虽然都几乎遍及湖北新军各部,但在军队中的主要据点各有侧重。从军队同盟会、群治学社、振武学社到文学社初期,都是以第四十一标为活动基地的(蒋翊武也投入第四十一标第三营左队当兵),接着发展到第四十二标,这两个标都属于陆军第二十一混成协。共进会把活动重点转向新军后,得到同盟会资助,由曾在第三十一标当过正目的邓玉麟在黄土坡开设同兴酒楼,作为联络新军的场所。黄土坡位于炮兵第八标和工程第八营驻地之间,"为军队出入必经之小街",新军士兵过饮时,"酒酣耳热之际,邓君微示其意,咸慷慨激昂","由此加盟者日多"。[3]因此,共进会的力量在工程第八营和炮兵第八标中最强,它们都属于陆军第八镇。

第四,文学社长期埋头在湖北新军内部工作,对外联系很少。"因为文学社鉴于日知会失败,由学界无赖分子贪赏告密所致,所以他们的组织专争取同伍之人,埋头苦干,意欲将新军中除满人与官

---

[1] 杨玉如:《辛亥革命先著记》,第37页。

[2] 陈孝芬:《辛亥武昌首义回忆》,《辛亥革命回忆录》第1集,第71页。

[3] 居正:《辛亥札记》,《辛亥革命在湖北史料选辑》,第114页。

长外,全体运动成熟,一举而拔赵易汉,所谓'抬营主义',是不欢喜与外界周旋的。"[1]尽管它受同盟会很大影响,却没有和同盟会本部发生什么联系。它的经费,沿袭群治学社、振武学社的传统,靠社员每月捐献本人薪饷的十分之一,自然不会宽裕。共进会本部在日本成立,它的领导成员原来大多是同盟会会员,所以和同盟会关系密切。1911年2月,黄兴策划广州"三二九"起义时,写信给共进会的居正:"望兄在武汉主持,结合新军,速起响应。"[2]同月,谭人凤奉黄兴之命到武汉,给了居正、孙武活动经费八百元。[3]刘公也资助了共进会活动经费五千元。在这方面,它比文学社的条件要有利些。

它们之间还有些其他不同,文学社重要人物很多是湖南人,如蒋翊武、刘复基、杨王鹏、章裕昆、何海鸣等,共进会的重要人物几乎都是湖北人。由于两湖关系密切,这种差别不算特别重要。

文学社和共进会之间存在的差别,有正面的效应,也有负面的效应。从积极方面说,正好起互补的作用;从消极方面说,又难免存在一些隔阂和摩擦,使湖北的革命力量难以完全精诚团结地统一行动。

在双方联合过程中,这种相互的不信任感就曾明显地表现出来。由于彼此的革命目标是相同的,武装起义的行动又迫在眉睫,在刘复基、邓玉麟等推动下,终于实现了联合。但由谁来担任总的领导人仍难确定。最后只能推蒋翊武为军事总指挥,专管军事;孙武为军政部长,专管军事行政;刘公为总理,专管民政。"关于全体重大事件,由三人集合大家共同商决处理",有人说:"这样划分,职权

---

[1] 杨玉如:《辛亥革命先著记》,第39页。
[2] 黄兴:《致居正书》,《黄兴集》,第34页。
[3] 谭人凤:《石叟牌词》,《谭人凤集》,第364页。

极不明确，究竟谁指挥谁，也未加以规定。不过当时只有这样划分，才能使三人的矛盾暂时得到统一，事实上三人从此形成了各不相下的恶劣局面。所以武昌首义成功以后，三人明争暗斗，矛盾逐渐发展，才被立宪党人钻了空子，为黎元洪造了机会。"[1]

武昌首义时，新军的分布状况是值得注意的：第二十一混成协属下的步兵第四十一标绝大部分驻在宜昌、沔阳一带，第四十二标分驻汉口、汉阳以迄黄河南岸，文学社基础最雄厚的部队几乎都不在武昌；第八镇属下步兵四个标虽大部分也不在武昌，但留在武昌的新军中，建制完整而战斗力最强的炮兵第八标和工程第八营正好是共进会力量最大的部队。因此，武昌首义后成立的湖北军政府中，共进会的力量远远超过文学社，便是在这种特定条件下的产物。

武昌起义爆发后，文学社和共进会这两个组织都无形消失，但原有的历史联系依然存在，引发了一系列的新的矛盾。汉口和汉阳新军中的革命力量原来几乎全是文学社的，还设有文学社阳夏支部。汉口光复后设立军政分府，以文学社重要人物詹大悲任主任。湖北军政府一些人"恐其权过重，功过高，有尾大不掉之虞。乃决意取消军政分府，改为支部长，专管政事，另委张景良为临时总指挥，来汉布置一切。惟大悲不悉内容，尚力请兼理军事，殊为可怜"[2]。这类事自然增加了双方间的不睦。汉阳兵工厂的军械，汉口军政"分府要多少就给多少，对于武昌军政府则不完全供应"[3]。以后，清军南下，先后攻陷汉口和汉阳，使文学社的力量又受到重大打击。原来驻守汉阳的宋锡全部，在清军进攻面前，突然作出率部退往湖南

---

[1] 李春萱：《辛亥首义纪事本末》，《辛亥首义回忆录》第2辑，第127页。

[2] 胡石庵：《湖北革命闻见记》，《辛亥革命在湖北史料选辑》，第42、43页。

[3] 卢智泉、温楚珩：《记詹大悲办大江报和汉口军政分府》，《辛亥革命回忆录》第2集，北京：中华书局1962年版，第51页。

的错误行动。这次撤退，是同原文学社副社长王宪章、阳夏支部部长胡玉珍商量过的，可能也反映了它们之间的这种矛盾。

以后，已担任湖北都督的黎元洪就利用原文学社和共进会之间的这种矛盾，施展纵横捭阖的手段，扩展自己的势力。他利用孙武逐走蒋翊武，刺杀原文学社在武昌掌握一定兵权的张廷辅，又利用原共进会内部的黄申芗逐走孙武，把湖北军政府的权力集中到他手里。

文学社和共进会在武昌首义中都立下巨大的历史功勋。两个组织中都有一些人在革命中表现得很好，也都有一些人有过这样那样的过失。但由于湖北军政府的实权最初掌握在孙武等原共进会核心人物手中，而孙武的毛病确实比较大，所以，以后湖北革命果实被黎元洪篡窃而去，他们的责任要更大一些。

对这个问题，原共进会会员陈孝芬有一段沉痛的话颇可以供参考。他说："共进会、文学社在1911年（辛亥）六年间合作成功以后，确是精诚团结的。但自宋锡全私自由汉阳撤走，已引起共进会的不满；不久文学社员张廷辅师长被暗杀，又使文学社的同志寒心。共进会手握兵权的师长蔡汉卿和其旅长杜邦俊，甘愿与黎元洪御用的师长王安澜、杜锡钧等朋比为奸，助纣作恶，日以寻故诛戮文学社同志为快，孙武从未加以制止，任其所行，以见媚于黎元洪保全其禄位，遂致仇恨日深，形成势不两立。文学社中坚分子幸存者不及十之一二，兔死狗烹，鸟尽弓藏，不图于武昌辛亥首义之役又复见之！至文学社有人说张廷辅的被刺，是黄申芗所为，并说孙武密嘱黄申芗如能把张廷辅杀掉，就以张之师长缺给黄，不料张虽去而黄竟落空，黄思杀人只落得一双血手，意极不平，乃有推倒孙武之举……以上是事实？是猜想？颇难断定。又有人说，辛亥以后，共进会同志变节的多，文学社则罕有，这也是事实。要知道文学社的同志在1913年（民国二年）以内，存在的为数甚微，共进会的同志则损失不大。照现在情况来讲，文学社现在只有八个人，共进会则有二十人内外也。"[1]

（二）黎元洪为什么被推为湖北都督

武昌首义取得成功后，却推出一个同革命素无关系的原新军第二十一混成协协统黎元洪来当湖北都督。这里既有偶然性，也有必然性。

偶然性表现在：起义前，革命党人曾派人到上海邀同盟会领导人黄兴、宋教仁、谭人凤来湖北领导起义，他们却迟迟其行，未能赶到。起义上一天，孙武因被炸药烧伤而送入医院，刘公为此避居不出，蒋翊武又因总机关突遭破获而避往外地，革命党人正处于群龙无首的状态。

但就在这以前半年，文学社和共进会开各标营队代表大会时已酝酿过推黎元洪为临时都督的事。当时说到的理由主要有两条。一条是："革命党人均系士兵或正副目，下级官不多，中级无人……不够号召天下，诚恐清廷加以叛兵或土匪罪名，各省不明真相，响应困难。"另一条是：文学社和共进会的几位领导人地位差不多，如果从中推举一人，难以使其他人心服，不如另推一人，"以免将来发生裂痕也"[2]。这次会虽不算正式作出决定，但说明以后推黎为都督确不是偶然的。

如果看看起义中的情况，事情就更清楚了。

武昌首义是由工程第八营总代表熊秉坤首先发动的。但在他们占领楚望台军械库后，新的问题却产生了：军营中秩序渐趋混乱，指挥难以统一，使熊秉坤极感困难。中国的军队本来靠封建式的森

---

[1] 陈孝芬：《辛亥武昌首义回忆》，《辛亥首义回忆录》第1辑，第74页。
[2] 张国淦：《辛亥革命史料》，第87页。

严的等级制来维系。这种旧的指挥体制一旦瓦解，又无法立刻建立起足以替代它的新的体制，于是，出身于小生产者的士兵中的无政府状态立刻泛滥起来。熊秉坤后来回忆说："盖军中生活，士兵以官长为依附。此时既无官长，士兵不免放纵，秩序渐见凌乱，较之发难时之指挥如意，已截然不同，盖士兵临时加入者居大多数也。士兵在防地上条陈大发议论。如清方窥破此中消息，派兵袭击，其危殆可胜言哉！"[1]熊在军中本是个正目，相当于班长。"中国久处专制压迫之下，社会封建思想固甚深厚，军队尤为典型。熊秉坤虽为一营总代表，而其地位与众无殊，其势指挥不能如意。"[2]发难时，一呼而起，可以造成巨大的声势。到要正式指挥作战时，别人就不那么愿意听从了。

正好这时，巡哨的士兵在楚望台西南城墙附近搜出工程第八营左队队官吴兆麟。队官相当于连长。士兵们立刻喜形于色，要推他为总指挥。熊秉坤找各队代表商议，多数人不赞成，但局势紧急而又别无良法。为了发挥全军的攻击精神，只得随从士兵意愿，举吴兆麟为革命军临时总指挥，熊秉坤处在参赞和监视的地位。吴兆麟早年参加过日知会的活动，同进步人士素有交往。他的参加起义军，不仅使军中一时有了重心，把秩序稳定了下来，并且以他的军事学识使起义军的指挥水平有了显著提高，这在当时是有好处的。但他毕竟是个旧军官，对旧势力的妥协性大。由他担任起义军总指挥，并逐步得到党人的信任，就为后来黎元洪得以逐步攫取湖北军政大权创造了重要条件。

等到武昌全城底定、湖北军政府准备成立、需要推举都督时，吴兆麟显然也不足以号召了。那时，革命党人在认识上是比较幼稚

---

[1] 熊秉坤：《辛亥首义工程营发难概述》，《辛亥首义回忆录》第1辑，第38页。
[2] 胡祖舜：《六十谈往》，《辛亥革命在湖北史料选辑》，第75页。

的，所要推翻的只是那个清朝政府，把它推倒了，只要表示赞成共和的汉人似乎都是一家人了。于是，在他们看来，"旧日官僚、政客、进士、举人都富有经验学问，而自觉能力薄弱，资望不够，盲目赞同。参加咨议局会议桌上之官僚政客，其声价反比多年革命老同志为高"[1]。由于建立的是军政府，他们认为："中国人心理重视偶像，军人尤其重视军阶地位，倘不以一有名望的人出来号召，则不易成功。"[2]正是利用革命党人心理上的这种弱点，黎元洪就容易地被推举为湖北都督了。

其他各种机构的人选，大多也是在会议上临时推定，"一以学识名望为选任之标准。盖当日用人行政，元洪尚少主张，亦无实权。在当日同志，但期事功之必成，初步名利之企图。大率重要职任多出于会议之选举或推选之，实具民主之雏形。惟须经都督与重要人员之推荐，或同志之介绍，尚无畛域之见。故当时不属于革命党籍，或自外志愿来投而居高位者，不一其人"[3]。这样做，好处是能多团结各方面的力量。问题是革命党人并没有能力保证自己在新政权中一直处于主导地位，更没有能力教育和改造那些原来属于旧营垒的人，以至避免那些心怀异志的旧势力混入新政权内，逐步窃取革命的果实。这是一个惨痛的教训。

---

[1] 温楚珩：《辛亥革命实践记》，《辛亥首义回忆录》第1辑，第61页。
[2] 杨玉如：《辛亥革命先著记》，第72页。
[3] 胡祖舜：《六十谈往》，《辛亥革命在湖北史料选辑》，第81页。

十九、甲午战争和中华民族的觉醒*

一个民族的新觉醒，通常需要两个条件。第一，这个民族面对着或者经过了一场以往没有遇到过的严重危机，甚至被逼到生死存亡的关头，过去那种盲目自大或麻木不仁的状态再也无法继续保持下去，一切志士仁人不能不奋起寻找国家和民族的新出路。没有这种深刻的大背景，整个民族的新觉醒是很难到来的。第二，这个民族对自己的未来没有丧失自信，深信目前的处境尽管那么艰难，只要奋起图存和勇于变革，这种状况是可以改变的，并且看到了新的出路。如果一个民族在深重的危机面前只有灰心沮丧以至陷于绝望，看不到前途和希望，那也谈不上出现整个民族的新觉醒。

甲午战争带给中国人的强烈刺激

甲午战争是中国近代历史进程中的一个巨大转折。它的结局，正是从以上这两个方面同时给了中国人空前未有的强刺激。

中国是一个几千年的文明古国，周围的地形又使它长期处于相对封闭的状态。这种历史和地理条件，加上缓慢发展的农业经济，使中国的社会结构和民族心态保持着近乎迟滞不前的巨大惰性。没有一次大震动，要改变它以至撼动它，都十分困难。

甲午战争以前，中国虽然已经丧失独立的地位，在半殖民化的

---

* 原载《文汇报》1994年9月25日。

道路上蹒跚行走了半个多世纪，但人们并不是很快就认识自己的这种处境，少数有远见的先进分子发出变革的呼声，但这种呼声仍很微弱，大多数民众的思想依然在中世纪旧观念的牢牢束缚下，思想上没有发生很大的变化。往往在一次战败的冲击过去后，人们的激动又会慢慢平静下来。英法联军火烧圆明园的悲剧刚过了没有多久，一些人又得意洋洋地高唱起什么"同治中兴"来，仿佛原来那一套只要稍加修补还可以行得通。提出"自强"和"求富"口号的洋务运动，在人们中产生了一种虚幻的安全感。除为数极少的先进分子外，广大知识界的认识和心态同半个多世纪前没有多大不同。历代相传的圣贤遗训是怀疑不得的，否则就会被加以"离经叛道""乱臣贼子"的吓人罪名，至少也会受到社会的冷遇。留学英国的先进思想家严复曾伤感地写道："当年误习旁行书，举世相视如髦蛮。"做过广东巡抚、驻英法公使的郭嵩焘，因为主张向西方学习，被"目为汉奸"。甲午战争前夜，郑观应觉得需要向人们大声疾呼地发出"危言"时，也不敢直截了当地指出中国已处在"衰世"，而要把他的书称作《盛世危言》，来减轻社会的压力和攻击。

甲午战争失败给中国带来的冲击太大了。它所造成的危机是空前的，而且是全面的。

从政治上说：甲午战争把中国旧秩序的根本缺陷再清楚不过地暴露在人们面前。以往中国是被一些西方大国所打败，这次却是被他们看作东方小国的日本所打败，而且败得那样惨，条约又订得那么苛刻，这是大多数人根本没有想到的，也很难再为它作什么辩解。"敌无日不可以来，国无日不可以亡"，已成为越来越多人的共识。就在《马关条约》签订的这一年，严复在天津《直报》上发表了一篇《救亡决论》，第一次响亮地喊出了"救亡"的口号。"救亡"成为所有爱国者心目中最紧迫、最关注的中心问题，一切都要重新考虑，这是中国近代历史进程中一个有着里程碑意义的巨大变化。

从经济上说：甲午战前，清政府的财政虽已日益窘迫，但经过各方搜罗后还能勉强保持收支平衡，大体上每年都在八千万两上下。《马关条约》规定中国向日本赔款白银二万万两，以后为了赎回辽东半岛又增加三千万两。这一下，清朝原已捉襟见肘的财政状况顿时陷入无法收拾的绝境。它带来两个结果：一个是大大加深清政府对帝国主义列强的依赖，大量举借外债。这便成为帝国主义列强借以在华争夺和划分势力范围的发端。另一个是使清朝政府加紧对国内人民的搜刮。加上接踵而来的庚子赔款，到宣统三年的预算，国家岁入已激增到三万万两。这自然不是生产发展的结果，而是对人民实行竭泽而渔的大掠夺。各级官吏还要层层中饱。人们越来越活不下去，到处充满着失望、不满和愤怒。国内的社会矛盾也急遽激化了。

从军事上说：甲午战前三十年间支撑清朝统治并可用来捍卫国家的主要武力，是李鸿章一手训练的淮军和北洋海军。甲午战争中，少数爱国将领和官兵进行了英勇的抗敌，但整个战争一败涂地，北洋海军全军覆没，淮军除聂士成等部外也丧失殆尽。战后，派袁世凯在小站练兵，但难以立见成效。这就使清朝的军事统治出现一个短期内无法填补的实力真空。义和团运动所以能在华北各地迅速兴起，清政府束手无策，进退两难，就是同这种特定的历史背景直接有关的。

从国际关系上说：这次战争，使中国的积弱和清政府的腐败无能暴露无遗。西方列强把中国看作一艘快要沉没的破船，都想抢先从这里捞取一把。英国使节查尔斯·贝雷斯福德勋爵写了一本书《中国的瓦解》，整个世界开始谈论中国的瓜分即将到来。甲午战争结束后两年，列强开始纷纷在中国划分势力范围。再过两年，又发生八国联军进攻中国的战争，占领中国的首都北京达一年之久，最后以清政府签订丧权辱国的《辛丑条约》而结束。这是20世纪带给中国人的第一份"见面礼",它对中国人的刺激无疑是很深很深的。

甲午战败使中华民族面对空前严重的全面危机,也使越来越多的中国人认定,抱残守缺绝不能挽救中国,只有进行根本的变革,才是唯一的出路。

这次战争中,中国被日本打败。在许多人看来,日本和中国同为黄色人种,19世纪中叶以来又一起受过西方列强的欺凌,如今却能迅速崛起,原因就在于它实行了维新变法。从当时的舆论来看,日本的"因变致强"给当时的中国人留下了特别深刻的印象。

甲午战前,中国没有一个到日本去留学的学生。战后只过了十年,在日本的留学生已达到八千多人。他们所以大群大群地到日本去,除了路程近、费用省以外,更重要的原因是想去实地看看,为什么同是东方国家,日本国力的发展却远远走在中国前面,要从这里为寻找中国的出路取得借鉴。当年留学日本的吴玉章写下了这样的诗句:"东亚风云大陆沉,浮槎东渡起雄心。为求富国强兵策,强忍抛妻别子情。"这些诗句,表达出当时众多留日学生的共同心情。这也是甲午战争失败给中国带来的巨大冲击的直接延伸。

中华民族新觉醒的特征

甲午战后的短时间内,中国人中间出现的思想变动,在规模和深度上都是以往几十年所难以比拟的。

第一,民族主义的崛起。民族是历史地形成的,但民族主义思潮是一种近代观念。从欧洲来说,它是在法国大革命和拿破仑时期迅速兴起,而在德国和意大利统一时期得到加强的。古代中国,由于它的特殊地理条件,同世界其他地区分隔开来,长期在较少外来入侵的情况下独立地发展,人们很容易形成一种错觉,把"中国"和"天下"等同起来。到了近代,随着主要来自海上的西方殖民者入侵，中华民族的共同遭遇和命运，使民族意识逐渐凸显出来。

民族主义思潮有着两重性：如果它以某一个民族的利益、意志和价值尺度强加到其他民族头上，对其他民族实行侵略和压迫，挑起不同民族的种族成见和仇杀，它是反动的或者有很大的破坏性；相反，如果它是激励被压迫民族奋起反抗外来侵略、爱国救亡，而不是去侵略和压迫别人，那么，它是正义的。中国近代民族主义思潮的主流，是属于后一种。

当甲午战争正在进行的时候，孙中山在夏威夷群岛成立兴中会，其章程中明确规定：以"振兴中华，挽救危局"为宗旨。"振兴中华"这个影响了几代中国人的口号就这样被提了出来。

在国内，维新派通过报纸和学会，尽力宣传他们所知道的万国大势。汪康年在《时务报》上鼓吹"中国为一人"的思想，强调整个中华民族有着休戚与共的共同利益和共同命运："今使一人之身，而右手为人所伤，左手仅自庆其无恙焉可乎？"这种共同利益和共同命运，正是近代中华民族自觉性不断提高的基础。

戊戌变法失败后，康有为、梁启超逃亡日本。梁启超在《清议报》上正面打出了"民族主义"的旗号，写道："民族主义者，世界最光明正大公平之主义也。不使他族侵我之自由，我亦毋侵他族之自由。"20世纪初，留日学生人数激增，创办了许多刊物。民族主义的宣传，在这些刊物的内容中占着突出的位置。《浙江潮》上发表余一的《民族主义论》，系统地论述民族主义是"欧族列强立国之本"，要求唤起人们的民族自觉心和对国家的责任心，"对外而有界，对内而有群"，同心协力，"求九死一生于腥风血雨之中"。

随着民族主义精神的高扬，随着人们对世界大势的认识更深刻了，随着"振兴中华"逐渐成为越来越多人的共同目标，中国人民的反帝爱国运动就有了更加深厚持久的基础。

第二，民主精神的高涨。民主精神，也是一种近代观念，它是封建专制制度的对立物。

甲午战败后的深重民族危机，使人们的思想发生了剧烈变化。许多人逐渐意识到：抵抗外国侵略不能单靠朝廷的力量，而要靠国民的共同奋起。救亡的迫切心情，增强了人们的民主观念。严复当时所写的《辟韩》便是一个例子。

当历史进入20世纪时，留日学生在东京创办《国民报》月刊。他们痛切地陈诉在"甲午大创而后"的严重民族危机面前，必须提高国民的自觉和责任感："今日已二十世纪矣。我同胞之国民，当知一国之兴亡，其责任专在于国民。"《国民报》第二期的社评《说国民》中，还从多方面把"国民"同"奴隶"的区别作了具体的比较。这种比较，我们以后在新文化运动初期的《新青年》上，同样常常可以看到。它们之间有着一脉相承的继承和发展的关系。不久，孙中山在东京创立中国同盟会，又把"创立民国"列为誓词的重要内容之一，在国内和海外华侨中广泛流传。人们已不再把自己看作朝廷的"子民"，相反，认为国民才是国家的主人。民主共和国的观念，逐渐为大多数人所接受。这是一个有着划时代意义的思想变动。

第三，革命观念的逐步深入人心。随着民族主义的崛起和民主精神的高涨，人们自然地要提出一个问题：应该怎样来实现这种理想？是采取激烈的革命的手段，还是采取温和的渐进的改良的手段？

本来，人类社会总是处在不停息的变革中，这是任何力量也阻挡不了的。但什么时候需要采取哪一种变革形式，是采取温和的渐进方式，还是用激进的革命手段，这需要由当时当地的具体历史条件来决定。一般说来，人们最初总是希望能在现有秩序下进行温和的改革。这样做，不但牺牲少，而且也容易被更多人所接受。孙中山也曾走过这样的一段路程。他在甲午战争刚爆发时还曾上书李鸿章要求改革。革命，可以说是一种不得已的选择。只是在温和改良的道路已无法走通时，孙中山才坚定不移地走上革命的道路。他在甲午战争失败当年策划发动广州起义虽然没有成功,但他的名字从此已在人们心目中成为"革命党"的象征。这对以后革命运动的发展,有着深远的影响。

民族主义的崛起,民主精神的高涨,革命观念的逐步深入人心,这些思想上的变动,当然是甲午战后中国现实社会生活的产物。但人的行动是由思想指导的,思想的大变动反过来又对社会的大变动起巨大的推进作用,并且影响了不止一代的中国人,引导人们一步一步地向前攀登。

如果从短近的眼光来看,甲午战争对中国似乎只是一场备受屈辱的悲剧;但以更长远的眼光来看,却又是一个新的起点。屈辱迫使人们重新思考,屈辱又催促人们猛醒,发愤图强,从而揭开中国近代历史上新的一页。

当然,并不是在任何时候和任何地方,屈辱都能带来这样的积极效果。甲午战后,百年间历史行进的事实,表明中华民族是一个蕴藏着多么巨大生命力的民族。我们中华民族在古代创造过灿烂的文明,但在近代确实大大落后了。当时国外一些有识之士把它比作一头"睡狮"。处在激烈的竞争时代却依然昏睡,自然是可悲的。但一旦猛醒,它仍不愧为一头雄狮,可以显示出使许多人意料不到的巨大潜力。中华民族是一个热爱和平的民族,它绝不能容忍别人对它的肆意侮辱和欺凌。一旦人们认识到"中华民族到了最危险的时候",便会用自己的血肉筑成新的长城,万众一心,奋起前进。这便是我们这个民族的精神。

中国在近代的落后,不是短时间内就能赶上的,这是需要由几代人做出不懈努力的接力跑。甲午战争已经过去一百年了。今天,我们正在接过前人交下的接力棒,在邓小平关于建设有中国特色社会主义理论的指引下,面向21世纪,满怀信心地继续为实现振兴中华的宏伟目标阔步前进。

二十、孙中山民生主义思想的阶段性 *

孙中山的思想学说有它的一贯性，又有它的阶段性。这种阶段性，不仅表现了他个人思想由浅入深、从不成熟逐步走向成熟的发展过程，也是他所生活的大时代不断嬗变的反映。孙中山不是那种关在书斋中的学者，他的思想学说是用来解决中国所面对的实际问题的。既然现实的中国和世界正在剧烈地变动着，那么，力求"适乎世界之潮流，合乎人群之需要"的孙中山的思想学说也不断地随着演进是十分自然的事情。

孙中山的民生主义思想便是这样。

这种思想的出发点，是他在追求实现民族独立、民主和国家富强的目标时，发现原来被他看作学习榜样的西方国家内部存在着难以消除的深刻的社会矛盾，力图使这种苦难在未来的中国能得到避免。他热烈地同情着劳动者的贫困境遇，常把自己的这种思想称作社会主义，但这种思想的来源很庞杂，包括深深受到美国学者亨利·乔治的影响，同科学的社会主义并不是一回事，这些是前后一贯的。

孙中山生活在一个两个世纪之交的大变动的年代。在他一生中最重要的后三十年间，两个剧烈变动着的重要因素一直支配着他的思想变化：一个是从世界范围看，当时西方国家正陷入深重的危机之中，社会革命运动不断汹涌高涨，直到出现俄国十月革命这样的

---

* 原载《孙中山与中国近代化》，人民出版社 1999 年 1 月版。

巨大社会变革；另一个是中国的社会、经济、政治状况这时正在迅猛地发展着，原来从没有遇到过的许多新问题提到他的面前。这两个因素，不能不驱使他的思想不断演进，从而呈现出明显的阶段性。

第一个阶段：民生主义的产生

孙中山的民生主义思想是在19世纪末年产生的。他自己作过一段大家都熟悉的追述："伦敦脱险后，则暂留欧洲，以实行考察其政治风俗，并结交其朝野贤豪。两年之中，所见所闻，殊多心得。始知徒致国家富强、民权发达如欧洲列强者，犹未能登斯民于极乐之乡也。是以欧洲志士，犹有社会革命之运动也。予欲为一劳永逸之计，乃采取民生主义，以与民族、民权问题同时解决。此三民主义之主张所由完成也。"[1]

孙中山这段追述是符合实际的。他用民族、民权、民生这三大主义来概括他的主张，最早出现在1905年的《民报发刊词》上。但这些思想的实际形成自然要更早。在1894年的《檀香山兴中会章程》中，他第一次喊出了"振兴中华"这个口号。他的全部革命活动都以挽救民族危亡、争取中国的独立和富强为出发点。对这一点，人们似乎没有什么争议。而他的民权主义思想在什么时候产生，便存在不同的看法。有的学者论证过：孙中山要到1903年起才具有明确的民主共和国思想。但近年来发现的一件日本档案已经清楚地作出回答。那是日本驻香港领事中川恒次郎在1895年春给日本政府的一个报告，里面写到孙中山曾向他表示：要"使两广独立为共和国"[2]。可见1895年广州起义以前，孙中山已决心为实现"民族"和"民权"

---

[1] 孙中山：《建国方略》，《孙中山全集》第6卷，第232页。
[2] [日]狭间直树著，何培忠译：《中川恒次郎报告孙中山革命活动的信》，《历史档案》1986年第3期。

的基本主张而奋斗。

中国近代社会迫切需要的,是进行近代的民族民主革命,这是毫无疑义的。为什么孙中山接着又要提出一个民生主义来作为它的补充?这是当时西方世界的社会矛盾正在日益激化这个残酷的事实给他思想上带来巨大震撼和冲击的结果。

广州起义失败后,流亡海外的孙中山在1896年6月来到美国。这是他第一次来到这个号称"新大陆"的国家。令他吃惊的是:那时美国的社会生产力有了突飞猛进的发展,但社会矛盾却异常尖锐,贫富悬殊的状况日益扩大,实行社会改革的呼声很高。亨利·乔治的《进步与贫困》在美国十分流行。这部著作写道:"现在这个世纪以生产财富能力的巨大增长为特征。""在这个奇异时代开始的时候,人们自会期望也确实期望过,种种能节省劳力的发明一定会减轻工作的劳累和改进劳动者的生活条件;期望生产财富能力的巨大增加一定会使贫困成为过去的事情。""事实是无数次的失望。""承认这个事实也许不使人高兴,但最终它变得十分明显:作为这个世纪的特征并仍在加速发展的巨大生产能力,并无根除贫困或减轻被迫做苦工那些人负担的趋势,它只不过加深了富人与穷人的鸿沟,并使求生的斗争更加剧烈罢了。"[1]这种巨大失望带来的痛苦不仅折磨着亨利·乔治,也折磨着那个时代的许多人。接着,亨利·乔治提出了从"单一地价税"入手的一整套自成体系,似乎不需要经过革命变革就能重新分配财富和实现社会公平的改革方案。这对不少人是很有吸引力的。在他的影响下,一个具有相当规模的社会运动已经形成。亨利·乔治曾被推举为纽约市长的候选人。据说,孙中山在美国的时候就读到了亨利·乔治的这部著作。[2]

---

[1] [美]亨利·乔治:《进步与贫困》,北京:商务印书馆1995年版,第11、13、15页。
[2] 夏良才:《论孙中山与亨利·乔治》,《近代史研究》1986年第6期。

亨利·乔治这本著作的书名就很能引起人们的兴趣。这点破了一种人人可以看见却未必都已清楚地意识到的奇特现象：一方面是巨大的物质进步，另一方面又集结着令人战栗的贫困。"进步"和"贫困"这两个看起来相互矛盾的事物却是共生的，并且伴随在一起发展着，形成强烈的反差。"贫困与进步的这种形影相随是我们时代的难解之谜"，这是人们难以回避的问题。

这个问题是19世纪后期美国现实生活的直接产物。小亨利·乔治在《进步与贫困》二十五周年纪念版本的序言中，生动地描绘了出身贫寒的亨利·乔治从经济比较落后的美国西部来到繁华的纽约后受到的强烈刺激："这个年轻记者常常沉默不语地在街头散步，散步时眼见巨大财富的种种表现使他不胜惊讶。就是在这个城市，不是他曾梦想到的任何地方，私人财产之大比得上寓言中蒙特·克林斯托的富豪。但是同是在这个城市，在王侯般豪华的住宅旁边，可以见到贫穷和堕落、匮乏和耻辱，这种情形使来自空旷西部的青年心中懊丧。为什么在这块财富能使人人富足并富足有余的土地上会存在如此不平等的情况呢？为什么堆积如山的财富会与如此严重和可耻的匮乏联结在一起？""这是事物发展联序的有意安排吗？不，他不信这一套。""在他找到如何纠正这种现象的办法之前，他决不休息。"[1]这是亨利·乔治写作这本书的最初动因。现在，同样的事实正触目惊心地展现在同样出身贫寒、从经济落后的中国来到繁华的纽约的孙中山的面前。这些尖锐而又全新的问题，同样使孙中山既感到"惊讶"，又感到"懊丧"，引起他的深思。在孙中山直接观察到西方社会的现实以前，这些问题在他脑里本来是并不存在的。

孙中山在美国的时间并不长，只有三个月，还包括横渡大陆的劳顿的旅途生活。新看到的事实给了他强烈的刺激，但毕竟还没有

---

[1] [美] 亨利·乔治：《进步与贫困》，第1、2页。

来得及形成系统的想法。9月底,他又远渡大西洋,来到英国的首都伦敦。他在这里停留了整整八个月。19世纪末年的西欧,在世界上依然保持着优势的地位,经济上是如此,政治上和军事上也都如此。维多利亚女王统治下的英国更处在首屈一指的地位。从这里观察西方社会,自然比其他地方格外真切。在伦敦孙中山看到了什么呢?他看到:伦敦是繁华的,但社会矛盾已异常尖锐。他到伦敦的第一天,就遇上了交通运输工人的罢工,这给他留下印象。在他被清朝使馆囚禁十三天释放后,大部分时光是在大英博物院里读书和写作,并同流亡在伦敦的一些外国社会活动家交往,其中包括好几个自称社会主义者的人在内。有这样集中的时间来了解西方社会的实际情况,广泛阅读西方社会科学书籍,在孙中山还是第一次,使他的思想有可能出现新的突破。可是,当他到达英国时,正值恩格斯去世后不久,欧洲的社会主义运动内部思想相当混乱。亨利·乔治到过英国五次,进行旅行演说,他的学说在英国也很流行,出现了各种各样的"土地改进同盟",这对孙中山也很有吸引力。孙中山的民生主义思想正是在这种特定的历史氛围中产生和形成的。

孙中山真诚地把他的民生主义看作就是社会主义。还在1903年,他给友人的信中写道:"所询社会主义,乃弟所极思不能须臾忘者。弟所主张在于平均地权,此为吾国今日可以切实施行之事。""欧美今日之不平均,他时必有大冲突,以趋剂于平均,可断言也。然则今日吾国言改革,何故不为贫富不均计,而留此一重罪业,以待他日更衍惨境乎?"[1]

1905年,中国同盟会在日本东京成立。尽管许多人并不理解,甚至提出反对意见,孙中山还是坚持把"平均地权"列入了中国同盟会的纲领之中。第二年,他和黄兴、章太炎等制定《中国同盟会

---

[1] 孙中山:《复某友人函》,《孙中山全集》第1卷,第228页。

革命方略》，对"平均地权"的含义作了阐释："文明之福祉，国民平等以享之。当改良社会经济组织，核定天下地价。其现有之地价，仍属原主所有；其革命后社会改良进步之增价，则归于国家，为国民所共享。肇造社会的国家，俾家给人足，四海之内无一夫不获其所。敢有垄断以制国民之生命者，与众弃之！"[1]

可以清楚地看出，孙中山热烈地同情社会主义，渴望能清除"贫富不均"的"罪业"，但他解决问题的办法，他所提倡的"平均地权"，大体上是接受了亨利·乔治的"单一地价税"（又称"单一地租税"）的主张。

亨利·乔治曾经用火辣辣的、富有煽动力的语言揭露出西方社会中贫富悬殊的病状，却开错了治病的药方。他认为，病因只能从财富分配的规律中找到，而社会创造的财富是在土地、劳力和资本三者之间分配的，一方多了，另两方就少了。"如果产量增加，劳动者所得未增，资本家所得未增，推论必然是地主得到全部增加量。事实与这个推论相符。""地租吞噬了全部增益，而贫困伴随着进步。"[2]在这里，"资本家所得未增"这个前提就同事实并不相符，亨利·乔治完全看不到资本所有者通过对剩余价值的占有来对劳动者实行的剥削，而用地租在财富分配中的膨胀来掩盖了其他一切，把它夸大到背离事实的地步。这种事实同推论并不相符的情况，刚从资本不发达的中国来到英美的孙中山是难以辨明的。

亨利·乔治正是以上述推论为根据，提出了"单一地价税"的主张，要求"取消除地价税外的全部税收"。他认为：土地价值不表示生产的报酬，它在任何情况下都不是占有土地者个人创造的，而是由社会发展创造的，因此社会可以把它全部拿过来。他解释道：

---

[1] 孙中山：《中国同盟会革命方略》，《孙中山全集》第1卷，第297页。
[2] [美]亨利·乔治：《进步与贫困》，第191—192页。

"向制造业征税，后果是抑制制造；向技术改良征税，后果是减少改良；向商业征税，后果是阻止交易；向资本征税，后果是赶跑资本。但以税收取走全部土地价值，惟一后果将是促进工业发展，向资本开放新的机会和增加财富生产。"[1]

难怪马克思要这样评论亨利·乔治的学说："他的基本信条是：如果把地租交给国家，那就一切都好了。""这不过是工业资本家仇视土地所有者的一种公开表现而已，因为在他们的眼里，土地所有者是整个资产阶级生产过程中一个无用的累赘。"[2]这个评论是中肯的。

土地问题，在近代中国同在欧美不一样。中国是一个农业人口占着绝对多数的国家。中国近代社会迫切需要解决的一个突出问题，是要消除农村中地主阶级的土地所有制，实行耕者有其田。孙中山早年是农家子弟，对这一点自然有着切身的感受。当19世纪、20世纪之交，他就多次同别人谈论过这个问题。梁启超讲起孙中山对他说过："今之耕者，率贡其所获之半于租主而未有已，农之所以困也。土地国有后，必能耕者而后授以田，直纳若干之租于国，而无复有一层地主从中朘削之，则农民可以大苏。"[3]章太炎也记下过孙中山的一篇议论："孙文曰：兼并不塞而言定赋，则其治末已。""夫贫富门绝者，革命之媒。""后王之法，不躬耕者，无得有露田、场圃、池沼。""夫不稼者不得有尺寸耕土。故贡彻不设，不劳收受而田自均。"[4]这里讲的"夫不稼者不得有尺寸耕土"，也就是耕者有其田的意思。

奇怪的是，孙中山关于农村土地问题的这些主张，当时都只在

---

[1]［美］亨利·乔治:《进步与贫困》，第341、348页。
[2]《马克思恩格斯书信选集》，北京：人民出版社1962年版，第381、382页。
[3] 饮冰:《杂答某报》，《新民丛报》第86期。
[4] 章炳麟:《訄书》，第119、120页。

口头上说说,后人只是从听到他这样说的人所作的转述中才知道,而没有见诸他自己的文字或公开发表的讲话中。他所公开宣传的"单一地价税"那套主张,重点是在城市的土地问题上。他在《民报》周年纪念大会的演说中谈土地问题时,说道:"社会问题,隐患在将来。"举了伦敦、香港、上海这些大城市中地价如何飞涨等作为实例来说明问题,却没有谈当前中国农村土地问题的极端严重性。这是什么原因呢?

看来,孙中山当时所思考的问题包含着两个层面:现实的和未来的。对中国的现实,他认为最重要的是要推翻那卖国的、专制的、极端腐败的清朝政府,创立一个主权属于全体国民的民主共和国。一旦这个目标得到实现,中国的其他病状不难逐步消除。对未来,孙中山把由工业发达而臻于富强的西方国家视为中国的榜样,对它们抱有殷切的期望。但他比同时代其他醉心学习西方的人高明的地方在于,他已发现西方社会并不是极乐世界,也存在种种悲惨的阴暗面,担心这种惨剧在未来的中国重演,力图加以避免。

在西方社会中,工商业集中的大城市居于举足轻重的地位。因此,城市问题更加受到孙中山的重视。那时在西方许多国家中,随着城市的日趋繁华,随着社会财富的急剧增长,一个惹人注目的现象便是城市土地价格的飞涨,一夜之间暴富的地产经营者比比皆是。这些不需花费劳动而坐获巨利者的暴富,同大量劳动者的贫困形成鲜明的对照,特别能引起人们的不平和愤慨。在中国的一些通商大都会,这些现象也已开始出现。孙中山后来在《民生主义》的讲演中也说到过:"近来欧美经济的潮流侵入中国,最先所受的影响就是土地。许多人把土地当作赌具,做投机事业,俗语说是炒地皮。原来有许多地皮毫不值钱,要到了十年、二十年之后才可以值高价钱的。但是因为有投机的人从中操纵,便把那块地价预先抬高。这种地价的昂贵，更是不平均。"[1]

美国唐德刚教授在一篇论文的补注中有一段很中肯的评论："孙中山先生的平均地权思想，最先显然是受亨利·乔治之影响。目的是对付都市经济急速发展中的'炒地皮'商人。中山目击在五口通商后，上海地价涨出万倍，而伦敦尤过之。笔者按：今日中国台北、中国香港、新加坡及北美洲大都市之华裔富商多半为地产商，据美国新闻界统计，今日华人富商拥资在美金一千万以上者，香港一地即达两千五百人之多，亦泰半为地产商。孙逸仙——青年华侨也，遍游海外，为救国筹款，往往贫无立锥，当身为同盟会总理之时，犹不得不在华侨餐馆打工，以图一饱，而接触之巨贾则洋钱乱滚，此怵目惊心之现象，使孙氏深服亨利·乔治之言，而有照价纳税，涨价归公，土地国有，'外国有种单税法，最为可采'，等等之言论。""民生主义"之精义亦见乎此。[2]

亨利·乔治的议论虽然肤浅、不全面，而且是夸张的，却有强烈的煽动性，能被不少人接受，同样也引起孙中山的共鸣。这同当时社会上流行的这种特殊心态有着密切的关系。年轻的、充满热情而缺乏足够理论准备的孙中山采取这种态度，是丝毫不足怪的。

亨利·乔治的学说，对年轻的孙中山的思想带来了先入为主的深远影响，但它毕竟是对未来的设想，人们更关注的终究是现实问题。参加同盟会的众多革命党人，主要是受到孙中山提出的推翻清朝政府、创立民主共和国的主张的吸引，奔集到他的旗下来，真正注意（更不用说了解）他的"平均地权"主张的人大概是很少很少的。

---

[1] 孙中山：《三民主义·民生主义》，《孙中山全集》第9卷，北京：中华书局1986年版，第387页。
[2] 《孙中山和他的时代》中册，北京：中华书局1989年版，第1367页。

第二个阶段:重点转到"国家社会主义政策"上来

1911年席卷全国的革命浪潮,推倒了清朝政府的统治,结束了支配中国几千年的君主专制制度。民主共和国在中国这块古老的土地上诞生了。胜利到来得这样快,是革命党人没有预料到的。孙中山当时也说道:"不料以极短之时期,而能建立如此之大事业。"[1]它给了人们巨大的鼓舞,也造成一种错觉,似乎随后的各项建设工作同样会顺利地得到实现。

在孙中山看来,一个全新的阶段已经到来,首要的问题已经解决,需要提出新的任务。他的注意力集中到民生主义这个问题上来。他在宣布解除临时大总统职务的同一天,向南京的同盟会会员作了一篇告别讲演:"今日满清退位、中华民国成立,民族、民权两主义俱达到,惟有民生主义尚未着手,今后吾人所当致力的即在此事。"[2]

今后"所当致力"的民生主义是什么呢?孙中山强调的重点已放在"采用国家社会主义政策"以发展生产上来。这篇告别讲演中,他作了这样的阐述:对一个国家来说,"能开发其生产力则富,不能开发其生产力则贫。从前为清政府所制,欲开发而不能。今日共和告成,措施自由,产业勃兴,盖可预卜。然不可不防一种流弊,则资本家将从此以出是也"。"如有一工厂,佣工数百人,人可生二百元之利,而工资所得不过五元,养家糊口,犹恐不足,以此不平,遂激为罢工之事,此生产增加所不可免之阶级。故一面图国家富强,一面当防资本家垄断之流弊。此防弊之政策,无外社会主义。本会政纲中,所以采用国家社会主义政策,亦即此事。"[3]

---

[1] 孙中山:《在南京参议院解职辞》,《孙中山全集》第2卷,第317页。
[2] 孙中山:《在南京同盟会会员饯别会的演说》,《孙中山全集》第2卷,第319页。
[3] 孙中山:《在南京同盟会会员饯别会的演说》,《孙中山全集》第2卷,第322、323页。

为什么孙中山对民生主义所强调的重点同以往有明显的差异？原因还是从客观性的变化中寻找。本来，民生主义在孙中山的学说体系中，提出的是未来所要注意的问题，只是一种大致的甚至有些模糊的设想；现在，成了摆在他面前需要立刻"着手"去"致力"的现实问题了。这两者之间，有不小的区别。面对着国家迫切需要大规模发展实业和世界范围内资本主义正进入垄断阶段这两个新情况，孙中山对民生主义内容的阐释随着也发生了变化。显然在他看来，民国成立后最迫切要做的事是发展实业以图国家富强，而要发展实业就无法回避资本和劳动之间的关系问题。西方各国资本家垄断的流弊和社会矛盾日趋激化这一事实，使时刻关心世界大势的孙中山越来越感到忧心忡忡。他不可能停留在接受亨利·乔治"资本家所得未增"这种不符合事实的结论上，而是希望中国在工业化刚刚起步的时候，就能预先设法防备"资本家垄断之流弊"，做到两全其美。因此，尽管他仍常谈到"平均地权"的问题，但重点已转向提倡"国家社会主义政策"上来，主要依靠国家的力量来发展实业。他说过："准国家社会主义，公有即为国有，国为民国，国有何异于民有！国家以所生之利，举便民之事，我民即共享其利。"[1]他想用这种办法，在"图国家富强"的同时，又可以"防资本家垄断之流弊"。这可以说是已开了后来提出"节制资本"的先河，给他的民生主义思想增添了新的内容。

当然，这并不是说孙中山已放弃或搁置他原来热衷的"平均地权"的主张。在实际活动中，他曾想在同盟会控制下的广东省试行"平均地权"的办法。由胡汉民、朱执信主持，经省议会议决，实行土地抽税法：先更换地契，确定契税抽值标准，然后照价纳税。但这种试验并没有取得什么实际效果。

---

[1] 孙中山：《在上海中国社会党的演说》，《孙中山全集》第2卷，第521页。

孙中山本人的活动重点已转移到发展实业，特别是修筑铁路上。他把修筑铁路看作民国立国的根本，是民国存亡的大问题。他说："今日修筑铁路，实为目前唯一之急务，民国之生死存亡，系于此举。"[1] "我国铁道应提倡归为公有，则公家于铁道一项，每年顿增六万万之收入。再以之兴办生产事业，利仍归公，则大公司大资本尽为公有之社会事业，可免为少数资本家所垄断专制矣。"[2] 这年9月，他在北京接受袁世凯的委任，担任全国铁路总督办，准备在十年内修成二十万里铁路，然后在一定期限内全部收归国有。从北京到太原时，他在山西同盟会欢迎会的讲演中说："今日所急则在民生一层，从前不暇讲此，今则不可再缓。因现在世界上机器发明，资本家可不劳而代千万人之力，以致全国财货尽归其手。""吾辈因不甘一种民族压制，故有民族革命。因不甘政治不平等，故有民权革命。今坐视资本家压制平民而不为之所，岂得谓之平等乎？"[3]

谈论民生主义时，孙中山对亨利·乔治仍推崇备至，继续盛赞他的"厘定地价之高下，为一定准则，地主本之纳税，而国家得随时对照其原价收买"的"平均地价"的主张。他对美国记者说过："贵国的单税论者亨利·乔治的学说，将成为我们改革纲领的基础。作为维持政府的惟一手段的土地税来说，是一项极为公正、合理和均平分配的税制，我们将据此拟定新的制度。几百年来为满清利益征收的苛捐杂税表明，中国的任何税制都是不公正的。征收合理的土地单一税，将为中国跻身于文明国家行列，在发展政治、经济过程中提供一切必需的资金。我们决心采纳亨利·乔治的全部学说，包括一切天然实利归民族政府所有。不允许私人通过控制人民生活与

---

[1] 孙中山：《在北京报界欢迎会的演说》，《孙中山全集》第2卷，第433页。
[2] 孙中山：《在上海中国社会党的演说》，《孙中山全集》第2卷，第521页。
[3] 孙中山：《在山西同盟会欢迎会的演说》，《孙中山全集》第2卷，第472、473页。

幸福所必需的物质和公用事业，来对人民进行征税和剥削。采取上述各项改革措施，将是确凿无疑的。经过改革以后，一个勤劳的、热爱和平和繁荣昌盛的民族，必将茁壮成长起来。"[1]

话虽这样讲，但只要把孙中山这时的实际主张和亨利·乔治的学说比较一下，便会发现孙中山并没有像他所说的那样"采纳亨利·乔治的全部学说"。他所引述的"不允许私人通过控制人民生活与幸福所必需的物质和公用事业，来对人民进行征税和剥削"，亦不是亨利·乔治的主张。武昌起义一周年时，孙中山为英文《大陆报》所写的纪念文章中说："余所以主张民生主义制度者，盖欲用一种制度，使国民对于国事发生直接之兴趣，愿全国人民皆享受其生产之结果。余更愿国家对于直接管辖之税源，得到其所产利益之全部。凡铁路、电车、电灯、瓦斯、自来水、运河、森林各业，均应收归国有。"他还在这篇文章中说：地价税"并不作单税征收"[2]。这些说法，已经大大超出亨利·乔治学说的范围，有些地方甚至同这种学说大相径庭。孙中山自己说过，他这时着力提倡："现今德国即用此等政策。"[3]这实际上是俾斯麦所推行的国家资本主义政策，而和亨利·乔治的学说有所不同。他在民生主义中所关注的，已不只是单一的"平均地权"，而是土地和资本两大问题了，虽然他自己还没有作出这样的明确概括。

随着他把资本问题越来越放在民生主义学说的重要地位上，他也开始越来越多地谈到马克思，甚至把他同亨利·乔治放在相提并论的地位。在给《大陆报》写了那篇文章后几天，孙中山应中国社会党的约请，连着三天作关于社会主义的长篇讲演。他谈到社会主义的各种流派后说："厥后有德国麦克司（即马克思——引者注）者

---

[1] 夏良才：《论孙中山与亨利·乔治》，《近代史研究》1986年第6期。
[2] 孙中山：《中国之铁路计划与民生主义》，《孙中山全集》第2卷，第493页。
[3] 孙中山：《在南京同盟会会员饯别会的演说》，《孙中山全集》第2卷，第328页。

出,苦心孤诣,研究资本问题,垂三十年之久,著为《资本论》一书,发阐真理,不遗余力,而无条理之学说,遂成为有统系之学理。研究社会主义者,咸知所本,不复专迎合一般粗浅激烈之言论矣。"他把马克思和亨利·乔治作了比较,说:"亨氏与麦氏二家之说,表面上似稍有不同之点,实则互相发明,当并存者也。""综二氏之学说,一则土地归为公有,一则资本归为公有。""有是亨氏之土地公有,麦氏之资本公有,其学说得社会主义之真髓。""故收回土地、公有资本之二说,为谋国是者所赞许,而劳动应得相当酬报之说,又为全世界学者所赞同也。"[1]

孙中山在这里说得很明白,他所讲的社会主义(他的民生主义),已不再只是接受了亨利·乔治的学说,也已受到马克思的影响。他认为:"土地公有"的思想来自亨利·乔治,"资本公有"的思想来自马克思,两者都得了"社会主义之真髓",是"互相发明,当并存者也"。尽管他对马克思的学说还没有准确的理解,但那种倾慕之情表现得很明显。

他在这篇讲演中说:"鄙人对于社会主义,实欢迎其利国福民之神圣,本社会之真理,集种种生产之物产,归为公有,而收其利。实行社会主义之日,即我民幼有所教,老有所养,分业操作,各得其所。我中华民国之国家,一变而为社会主义之国家矣。"[2]尽管他对社会主义也没有准确的理解,但那种倾慕之情就表达得更为淋漓尽致了。

孙中山追求祖国的独立、繁荣和富强,追求人类在民族、政治、经济等方面都享有平等的地位,希望能"平其不平",这是前后一贯的。但他的具体主张,往往根据各个时期面对的实际问题,博采众

---

[1] 孙中山:《在上海中国社会党的演说》,《孙中山全集》第2卷,第506、514、515、518、520页。
[2] 孙中山:《在上海中国社会党的演说》,《孙中山全集》第2卷,第523页。

说,把它们糅合在一起,因时因事而变化。这样做的时候,他的论证未必严密,有时甚至不在乎逻辑上是否有自相矛盾的地方,这种例子在他一生中是很多很多的。

第三个阶段:"平均地权"和"节制资本"

正当孙中山兴高采烈地为刚出世的共和国从事种种设计的时候,像晴天霹雳一样,发生了袁世凯派人刺杀宋教仁的事件。残酷的现实,一下子切断了孙中山原有的思路。它说明:中国社会中的旧势力是强大的,他们会不惜采取任何手段来阻挠社会的进步,如果不采取革命的手段把这些恶势力铲除掉,国家的建设是谈不上的。这以后的几年内,孙中山在极端艰难的环境中,义无反顾地先后发动"二次革命"、反对袁世凯称帝的斗争和两次护法运动。这些在愈挫愈奋中进行的顽强斗争,占去了他绝大部分的时间和精力。尽管他仍常谈到民生主义,从来没有把这面旗帜放下过,但在不短的一段时间内毕竟不可能把更多的注意力放在这方面了。

但无论国际还是国内的大环境,仍在不可阻挡地急剧变动着。在这个过程中相继发生的几件大事,使孙中山对中国社会问题的症结所在和解决办法逐步有了新的认识。

一件大事是1917年俄国十月革命取得成功,使他看到社会主义学说在这个联邦大国正变为现实,看到工人和农民是这场社会大变革的力量源泉。他在1919年留下的一篇手稿中写道:"夫世界古今何为而有革命,乃所以破除人类之不平等也。""民生主义者,即社会主义也。贫富不济,豪强侵夺,自古有之,然不若欧美今日之甚也。""此问题在欧美今日,愈演愈烈,循此而往,至发生社会之大革命不止也。俄国已发其端,德国又见告矣,英、美诸国将恐不免也。"[1]这件事对他的吸引也越来越大。第二年11月，第二次护法运动开始时，他刚回广东，就在讲演中说："此次俄国革命后，实行社会主义。俄国遂酿成一种良好风气，而此种风气传及欧洲，欧洲各国，竟莫能抵抗。"[2]他甚至认为俄国正在实行的就是民生主义。1921年3月，他说："俄国底劳农政府，或曰苏维埃政府，乃注重民生主义。"[3]同年6月，他说："中国宜以俄为鉴，早日于土地、资本二者加意经营，使革命频仍之痛苦消灭于无形。"[4]

另一件大事是在第一次世界大战期间和战后最初几年，中国的民族资本取得比较大的发展，国内的劳资关系问题也日益暴露，这是和民国刚成立时不同的。孙中山注意到这个状况。他说："所谓要实行民生主义，缘因于贫富不均。何以说贫富不均？古代虽有贫富阶级之分，然无如今日之甚。"[5]

1923年2月，在战胜陈炯明叛军后，孙中山重回广州，再次创建广东革命根据地。陈炯明和沈鸿英部的进攻相继被击退后，终于取得了一个比较稳定的环境，使他有可能进行国民党改组，正式实现国共合作，并对中国社会基本问题作进一步的再思考。

1924年1月，中国国民党在广州举行它历史上的第一次全国代表大会。孙中山在主持制定大会的宣言中，对三民主义重新作了解释。孙中山对这次大会和它通过的宣言作了很高的评价："我们这次在广州开会，是重新来研究国家的现状，重新来解释三民主义，重新来改组国民党的全体。"[6]"现在本党大会宣言已经表决，这是本党成立以来破天荒的举动。""我们表决宣言之后，大家必须依宣言而

---

[1] 孙中山：《三民主义》，《孙中山全集》第5卷，第185、191页。
[2] 孙中山：《在广东省署察会的演说》，《孙中山全集》第5卷，第430页。
[3] 孙中山：《在中国国民党本部特设驻粤办事处的演说》，《孙中山全集》第5卷，第475页。
[4] 孙中山：《在广东省第五次教育大会上的演说》，《孙中山全集》第5卷，第561页。
[5] 孙中山：《在中国国民党本部特设驻粤办事处的演说》，《孙中山全集》第5卷，第477页。
[6] 孙中山：《中国国民党第一次全国代表大会闭幕词》，《孙中山全集》第9卷，第179页。

进行，担负此项实行责任。"[1]

《中国国民党第一次全国代表大会宣言》（以下简称《宣言》）用明确的语言，对民生主义的内涵重新作了扼要的说明："国民党之民生主义，其最要之原则不外二者：一曰平均地权；二曰节制资本。"[2] 从中国同盟会中的"平均地权"，到中国国民党一大明确提出"平均地权""节制资本"两大原则，相隔二十年，是一个不容忽视的重大进展。

《宣言》接着就对民生主义这两大原则作了具体的解释："盖酿成经济组织之不平均者，莫大于土地权之为少数人所操纵。故当由国家规定土地法、土地使用法、土地征收法及地价税法。私人所有土地，由地主估价呈报政府，国家就价征税，并于必要时依报价收买之，此则平均地权之要旨也。凡本国人及外国人之企业，或有独占的性质，或规模过大为私人之力所不能办者，如银行、铁道、航路之属，由国家经营管理之，使私有资本制度不能操纵国民之生计，此则节制资本之要旨也。"[3]《宣言》在对民族主义、民权主义、民生主义分别作出重新解释后，断然指出："国民党之三民主义，其真释具如此。"[4] 显然，在孙中山看来，对民生主义的真释也应该是如此。

孙中山这时的民生主义思想，同前一阶段相比，有哪些新的发展呢？

"节制资本"的思想在前一阶段虽已见端倪，但孙中山到这时才把它同"平均地权"并列，作为民生主义的两大原则提出来。可见资本问题在他思想上已占着越来越重要的地位。这同中国社会生活实际状况的变化直接有关。在民国初年，中国资本主义企业的力量

---

[1] 孙中山：《对于中国国民党宣言旨趣之说明》，《孙中山全集》第9卷，第125页。
[2]《孙中山全集》第9卷，第120页。
[3]《孙中山全集》第9卷，第120页。
[4]《孙中山全集》第9卷，第122页。

还很微弱,孙中山在提倡开发生产力时,主要想依靠国家的力量来发展实业,只是担心"资本家将从此以出",所以提出"当防资本家垄断之流弊",把"采用国家社会主义政策"看作"防弊之政策"。到20年代初,中国的资本主义企业已取得不小的发展,成了不可忽视的现实社会力量。这样,当孙中山谈到资本问题时,不只是考虑如何"防弊",而要正面提出加以"节制"的问题了。还需要注意:《宣言》中所要"节制"的包括"本国人及外国人之企业"在内,而当时在中国的工矿企业中具有独占性质的主要是"外国人之企业",因此,这个原则又鲜明地包含着反对帝国主义的意义。

"平均地权"的原则在这时最重要的发展是:孙中山公开地提出了"耕者有其田"的主张,把解决农村的土地问题放在十分突出的地位。在国民党一大宣言中已有这样一段话:"中国以农立国,而全国各阶级所受痛苦,以农民为尤甚。国民党之主张,则以为农民之缺乏田地沦为佃户者,国家当给以土地,资其耕作,并为整顿水利,移殖荒徼,以均地力。"[1]这年8月17日,孙中山在《民生主义》第三讲中明白地提出要实行"耕者有其田"。他说:"中国的人口,农民是占大多数,至少有八九成,但是他们由很辛苦勤劳得来的粮食,被地主夺去大半,自己得到手的几乎不能够自养,这是很不公平的。""将来民生主义真是达到目的,农民问题真是完全解决,是要'耕者有其田',那才算是我们对于农民问题的最终结果。"[2]四天后,8月21日,他在广州农民运动讲习所第一届毕业礼的演说中再一次强调了"耕者有其田"的问题。从这里,还可以看出广东革命根据地农民运动的勃兴对他思想上产生的影响。他说:"国民党这次改组,要加入农民运动,就是要用农民来做基

---

[1]《孙中山全集》第9卷,第120页。
[2] 孙中山:《三民主义·民生主义》,《孙中山全集》第9卷,第399页。

础。""我们解决农民的痛苦,归结是要耕者有其田。这个意思,就是要农民得到自己劳苦的结果,要这种劳苦的结果不令别人夺去了。""现在俄国改良农业政治之后,便推翻一般大地主,把全国的田土都分到一般农民,让耕者有其田。耕者有了田,只对于国家纳税,另外便没有地主来收租钱,这是一种最公平的办法。我们现在革命,要仿效俄国这种公平办法,也要耕者有其田,才算是彻底的革命;如果耕者没有田地,每年还是要纳田租,那还是不彻底的革命。"[1]

除了在"平均地权"和"节制资本"这两大原则上的重要发展外,可以注意到:在前一阶段孙中山提倡"采用国家社会主义政策"时,主要是想靠现成的国家力量来实现他发展实业的理想。这时,在"国民革命"的大旗下,他已把实现这种理想的依靠力量更多地转到国民身上,尤其是占中国人口绝大多数的工人、农民身上,认为要依靠这个巨大的力量来战胜帝国主义和军阀势力,建设新的国家,实现他的理想。国民党一大宣言中讲道:"国民革命之运动,必恃全国农夫、工人之参加,然后可以决胜,盖无可疑者。""盖国民党现正从事于反抗帝国主义与军阀,反抗不利于农夫、工人之特殊阶级,以谋农夫、工人之解放。质言之,即为农夫、工人而奋斗,亦即农夫、工人为自身而奋斗也。"[2]

把这些综合起来考察,不难看到孙中山的民生主义思想在这个阶段和过去固然有一脉相承的地方,而又达到了一个新的高度。"平均地权"和"节制资本"这两个大原则,从某种意义上说,确实抓住了当时中国严重的社会经济问题的症结所在。毛泽东在《新民主主义论》中,对这一点也作了很高的评价。他说:"中国的经济,一定要

---

[1] 孙中山:《在广州农民运动讲习所第一届毕业礼的演说》,《孙中山全集》第10卷,北京:中华书局1986年版,第555、556、558页。

[2] 《孙中山全集》第9卷,第121页。

走'节制资本'和'平均地权'的路,决不能是'少数人所得而私',决不能让少数资本家少数地主'操纵国民生计',决不能建立欧美式的资本主义社会,也决不能还是旧的半封建社会。"[1]

国民党一大还没有结束,孙中山便在广州国立高等师范学校开始作《三民主义》的系列讲演。这个讲演前后延续了7个月,民生主义部分是从8月3日开始第一讲的。因为要对付商团叛乱和准备北伐,这部分只作了四讲,没有讲完。

要理解这部分讲演的内容,有一个不可忽视的历史背景:那时,国民党内有些人反对孙中山正在实行的国共合作,这涉及三民主义同社会主义、共产主义和马克思主义的关系。孙中山在讲演中对这个问题反复地作了说明。

粗看起来,孙中山对问题的说明似乎有些混乱,甚至有自相矛盾的地方,往往令人费解。例如,他有时说"民生主义就是社会主义,即是大同主义",有时又称共产主义是"民生主义的好朋友"。在"就是"和"好朋友"这两个提法之间,自然存在着区别。又如,他有时说"实业革命以后,研究社会问题的人不下千百家,其中研究最透彻和最有心得的,就是大家所知道的马克思","至于马克思所著的书和所发明的学说,可说是集几千年来人类思想的大成";有时又说"用马克思的办法来解决中国的社会问题是不可能的"。[2]前后的评价,似乎又有很大距离。这究竟是怎么一回事呢?

孙中山同其他思想家相比,有自己的特点:他能够提纲挈领地抓住中国近代社会生活中的基本问题,作出系统的说明,提出自己的学说和主张;他知识渊博,见多识广,具有宽阔远大的眼光,经常博采众说为我所用;他善于用生动、鲜明、富有鼓动力的语言,

---

[1]《毛泽东选集》第2卷,第678—679页。

[2] 这部分许多引文出自《孙中山全集》第9卷,第335—427页。

使他的思想容易被更多人接受，化为大众的行动；但他使用的概念有时并不严格，他进行的推理有时也未必严密。这些特点在许多地方常常表现出来。但前面所说的问题，不能只用这些特点来解释。

答案还得从孙中山自己的论述中寻找。其实，在这个讲演里，孙中山已对问题作出统一的说明。一段具有关键意义的话是："我今天来分别共产主义和民生主义，可以说共产主义是民生的理想，民生主义是共产的实行；所以两种主义没有什么分别，要分别的还是在方法。"[1]这段话很值得我们反复玩味。依照这个思路来观察，许多疑团就可以迎刃而解。

为什么说"共产主义是民生的理想"？在孙中山看来："因为机器的生产，故生出贫富极大的不平等。由于这种不平等，便发生民生主义。从前说民族主义是对外打不平的，民权主义是对内打不平的。民生主义是对谁去打不平呢？是对资本家打不平的。因为有了机器，生出了极大的资本家，国内无论什么事都被资本家垄断，富人无所不为，穷人找饭吃的方法都没有；故发明民生主义，为贫富的不平等，要把他们打到平等。"[2]他觉得，这和共产主义的理想没有根本的分别。在关于民生主义的讲演中，他说："国民党员既是赞成三民主义，便不应该反对共产主义。因为三民主义中的民生主义，大目的就是要众人能够共产。不过我们所主张的共产，是共将来，不是共现在。"[3]在这个意识上，他可以说民生主义和共产主义是好朋友，甚至可以说民生主义就是共产主义。

为什么他又要说"民生主义是共产的实行"？在他看来，"两种主义没有什么分别，要分别的还是在方法"。他这样解释："我们讲到民生主义，虽然是很崇拜马克思的学问，但是不能用马克思的办

---

[1]《孙中山全集》第9卷，第381页。

[2] 孙中山：《对驻广州湘军的演说》，《孙中山全集》第9卷，第503页。

[3]《孙中山全集》第9卷，第389—390页。

法到中国来实行。这个理由很容易明白,就是俄国实行马克思的办法,革命以后行到今日,对于经济问题还是要改用新经济政策。俄国之所以改用新经济政策,就是由于他们的社会经济程度还比不上英国、美国那样的发达,还是不够实行马克思的办法。""中国今是患贫,不是患不均。在不均的社会,当然可用马克思的办法,提倡阶级战争去打平他。但在中国实业尚未发达的时候,马克思的阶级战争、无产专政便用不着。所以我们今日师马克思之意则可,用马克思之法则不可。"[1]

孙中山当然和马克思不同。他对马克思主义看来也没有了解得很清楚。马克思主义什么时候认为在任何情况下都要以"快刀斩乱麻"的"阶级战争、无产专政"的办法来对付资本家呢?列宁实行的新经济政策并没有离开马克思主义,而孙中山对新经济政策的评价很高,甚至说:"俄国政府的现行政策——新经济政策,其主要点与应在中国实行的我的《建国方略》却是如出一辙。"[2]孙中山把马克思称为"社会病理家"。"病理家"并不是什么贬义词,一个人得了病就得找医生,问题只在于对中国社会的病状作出怎样的估计罢了。对这个问题,本文不打算展开来讨论。这里只是想说明:孙中山对马克思的学说从来没有采取过敌视的态度;相反,一直抱有好感,至少是把它和自己的主张看成殊途同归的,也就是说,途虽有殊,其归相同。

《三民主义》讲演中所作的论述,并不就是孙中山民生主义思想的"晚年定论"。他自己在讲演中说过,民生主义"这种学理现在是没有定论的"。他仍在苦苦地思索着,追寻着。令人惋惜的是:在这个讲演后两个多月,他就启程北上,随即过早地去世了。去世

---

[1]《孙中山全集》第9卷,第391—392页。
[2] 孙中山:《与日本广州新闻社记者的谈话》,《孙中山全集》第9卷,第671页。

时,他还不满五十九岁。不然,他的思想还会随时代的前进而继续前进的。

结　语

从孙中山提出民生主义思想到现在,整整一百年过去了。

一代又一代的中国先进分子,在这漫长的岁月里,为着民族的独立和人民的解放,为着祖国走向繁荣富强和人民得到共同富裕,从来没有停过步,一直顽强地思考着、奋斗着,并在实践中不断地进行探索。这个探索的过程,还在继续下去。

在他们探索的众多问题中,有一个问题始终占着引人注目的地位。那就是:在大大发展社会生产力的同时,怎样避免出现贫富悬殊的两极分化现象。如果不大大发展社会生产力,中国就不能摆脱贫穷落后的局面,也谈不上人民的共同富裕。在这方面,西方国家有许多值得我们学习的东西。但如果在发展社会生产力的过程中,不注意避免西方社会已经产生的种种弊端,采取适合实际情况的节制的措施,而听任贫富悬殊的两极分化现象蔓延,那么,对大多数人而言,"进步"带来的依然是"贫困",而没有什么共同富裕可言。这在许多人看来是一种两难的选择,但又必须兼顾。一代又一代的中国先进分子,都曾为此而苦思焦虑。

孙中山在投身革命后不久,对中国的社会前景,他心目中一直高悬着两个目标:一个是"借机器以兴实业",使中国走向繁荣富强,和世界列国并驾齐驱;另一个是实现社会公正,不至于造成贫富悬殊的局面。他所说"能开发其生产力则富,不能开发其生产力则贫"[1],是指前一个目标而言。他在《实业计划》中精心描绘的那

---

[1] 孙中山:《在南京同盟会会员饯别会的演说》,《孙中山全集》第2卷,第322页。

幅宏伟的蓝图，是为实现这个目标而设计的。他主张："一面是要图工商业的发达，一面是要图工人经济生活的安全幸福。"[1]他在《实业计划》结束处写道："盖欲使外国之资本主义以造成中国之社会主义，而调和此人类进化之两种经济时，使之互相为用，以促将来世界之文明也。"[2]这些，都说明他极力想把这两个目标统一起来。他在《〈民报〉发刊词》所说"还视欧美，彼此瞠乎后也"[3]，说明他想做到既学习西方又超越西方。20世纪初，孙中山就在思考着这些问题，真是难能可贵。对这个基本目标，他的思想是前后一贯的。

至于实现目标的具体途径，孙中山并不拘泥于定见，总是因时而进。这符合在实践中探索前进的认识过程。当19世纪末和20世纪初，世界和中国的大背景都处在激烈的变动中。孙中山密切注视着国际国内大变动中出现的种种新因素，相应地调整自己的具体主张：开始时，接受亨利·乔治的"单一地价税"学说，主张"平均地权"；民国初年，开始注意土地和资本两大问题，把马克思和亨利·乔治相提并论，把自己在这方面的着重点转到"国家社会主义政策"上来；国民党一大后，倡导"平均地权"和"节制资本"两大原则，把"平均地权"主要解释为"耕者有其田"，并称共产主义是民生主义的好朋友。从这样一个粗线条的轮廓式的勾勒中，可以大致看出他为实现自己的社会理想而苦苦追求的心路历程，也可以看出他的思想是随着时代前进而不断前进的。

鲁迅在《守常文集题记》中深情地说了这样几句话："一，是他的理论在现在看起来，当然未必精当的；二，是虽然如此，他的遗文将永在，因为这是先驱者的遗产，革命史上的丰碑。"[4]

---

[1] 孙中山：《与戴季陶的谈话》，《孙中山全集》第5卷，第69页。
[2] 孙中山：《建国方略之二：实业计划》，《孙中山选集》，第369页。
[3] 孙中山：《〈民报〉发刊词》，《孙中山全集》第1卷，第289页。
[4] 《鲁迅全集》第4卷，北京：人民文学出版社1957年版，第402页。

孙中山离开我们已经七十多年了。在这样长时间内，世界也好，中国也好，变化之大已非孙中山当年所能想象得到的。但是，前人的丰碑永远不可磨灭，先驱者在中国这块国土上作过的探索和尝试依然可以给我们留下有益的启示。

二十一、义和团运动百年祭*

义和团运动离现在已经整整一百年了。

在新的世纪之交到来的时候,回顾一百年前的上一个世纪之交,确实会引起沧海桑田的无穷感慨。那时候,中华民族正处在十分悲惨的境地,国家濒临灭亡的边缘。西方列强把种种不平等条约强加给中国。一些傲慢的外国人在中国的土地上享有种种特权,耀武扬威地为所欲为,并且受到封建官府的保护。中国人被人蔑视,被看作劣等民族,遭受冤屈也没有地方申诉。周围的状况一天天坏下去。老百姓中间弥漫着一股怨恨不平的强烈情绪,已到了一触即发的地步。

义和团运动正是在这样的大背景下发生的。它是西方列强对华侵略的产物,是一场有着广泛群众性的反帝爱国运动。自然,产生这样一场运动的原因绝不是单一的,还有众多因素在起作用,这些都应该被看到。但如果离开前面所说的那个大背景,离开它的深层次原因,只是从文化的冲突、宗教的冲突、清政府对外政策中存在的矛盾等来考察,很难把义和团为什么会在此刻动员起如此规模的力量、以疾风暴雨之势席卷整个华北这件事解释清楚。

为了把义和团运动镇压下去,八国联军向中国发动了武装进攻,并且占领了中国的首都北京。世界上所有帝国主义列强联合起来,向一个落后国家发动武装进攻,这在历史上还是第一次,不曾有过先例。

---

* 义和团运动100周年国际学术讨论会开幕词,原载《文汇报》2000年10月21日。

这件事反过来又教育了中国人民。九十年后，邓小平在会见泰国朋友时还说道："我是一个中国人，懂得外国侵略中国的历史。当我听到西方七国首脑会议决定要制裁中国，马上就联想到一九〇〇年八国联军侵略中国的历史。七国中除加拿大外，其他六国再加上沙俄和奥地利就是当年组织联军的八个国家。要懂得些中国历史，这是中国发展的一个精神动力。"[1]可见这件事对中国人刺激之深。

义和团运动虽然失败了，但它在中华民族争取独立和解放的历史进程中建立的功勋是不可磨灭的。它给全世界留下了很深的印象，使一些外国侵略者也开始觉得不能太小看中国人了。亲身经历过这场事变的孙中山，在《民权主义》的演讲中说道："像庚子年发生义和团，他们的始意是要排除欧美势力的。因为他们要排除欧美势力，所以和八国联军打仗。"他们"用大刀、肉体和联军相搏，虽然被联军打死了几万人，伤亡枕藉，还是前仆后继，其勇锐之气殊不可当，真是令人惊奇佩服。所以经过那次血战之后，外国人才知道中国还有民族思想，这种民族是不可消灭的"[2]。这段话是说得很中肯的。中国在那样险恶的局势下终于避免了遭受瓜分的噩运，不能不说同这种宁死不屈的民气有着直接的关系。

当然，事情是复杂的、充满矛盾的。大家都知道：义和团运动也有很严重的消极落后方面，如笼统排外、愚昧迷信、组织松散、成分复杂，以致被清政府所利用等。这些都是清清楚楚的事实，不必回避，更不能把它美化。我们不能因为它是爱国行动就不指出那些消极落后甚至愚昧荒唐的东西，正如不能因为它存在那些消极落后的方面便不敢肯定它是一场反帝爱国运动一样。

它的这些消极落后以至愚昧荒唐的东西是怎么来的？归根到底，

---

[1] 邓小平：《振兴中华》，《邓小平文选》第 3 卷，北京：人民出版社 1993 年版，第 357—358 页。
[2] 孙中山：《三民主义》，《孙中山选集》，第 758、759 页。

是因为当时中国经济文化还十分落后，缺乏先进社会力量的领导。群众性的特别是起自下层的反抗斗争处在自发的状态，很难不同时带有许多愚昧落后的因素。这是当时只能达到的水平。不成熟的社会必然会产生不成熟的运动。这在中国北方表现得尤其突出。我们总不能因为中国的经济文化落后便得出结论：在这样的历史条件下，即使受到忍无可忍的外来压迫，也不应该起来反抗，以免弄出那么多荒唐可笑的东西来。这种看法，恐怕不能说是一种"理性的思考"，也并不符合历史主义的原则。

我们很高兴地看到，近二十年来海内外对义和团运动的研究工作已取得长足的进步：整理出版了许多有关义和团运动的珍贵档案资料，翻译介绍了许多外文资料，继续进行有关的社会历史调查，对问题的探讨也从各种不同的角度大大深入了，使义和团的真实情况更清晰地呈现在我们面前。特别引人注目的是，在这方面比较多地运用社会学研究的方法，把重大历史事件放在当时社会结构、民间习俗、群众心态、地域特点、自然灾害等环境中来考察，深化了我们对许多问题的认识。

这一次讨论会，有那么多对义和团运动研究有素的中外学者来参加。我相信，经过大家几天的相互切磋、共同探讨，一定能够把这方面的研究工作又向前推进一步。我说的如有不当的地方，也请大家批评指正。

二十二、辛亥革命和中国近代民族主义[*]

民族主义作为一种重要的社会政治思潮,近年来已成为海内外学者讨论得颇为热闹的问题。对中国来说,这种思潮在20世纪初年,也就是辛亥革命准备时期开始形成,并且迅速在思想界占有突出的地位,产生深远的影响。这个过程,有如章太炎在1903年所说:"民族主义,自太古原人之世,其根性固已潜在,远至今日,乃始发达。"[1]

这种现象并不使人奇怪,因为中华民族在近代遭受的苦难实在太深重了。从1840年的鸦片战争起,中国便开始丧失独立的地位,备受西方列强的压迫和欺凌。他们发动一次又一次的侵略战争,把一个又一个不平等条约强加给中国。曾经创造过灿烂的古代文明的中华民族竟被傲慢的西方人视为劣等民族,几千年的文明古国濒临灭亡的边缘。19世纪末年的中日甲午战争后,这种沦落的步伐大大加快了。当历史跨进20世纪的门槛时,西方列强的八国联军正武装占领中国的首都北京,实行分区管制,在各区内不许悬挂中国的旗帜,而要强迫中国人悬挂他们的国旗。这种状况持续了一年之久,最后以清政府签订丧权辱国的《辛丑条约》才告一段落。西方的报刊上,更是纷纷议论着如何瓜分中国的问题。

亡国灭种的噩运,似乎随时都会降临到中国人头上。它像一个

---

[*] 原载《近代史研究》2001年第5期。
[1] 章太炎:《驳康有为论革命书》,《章太炎政论选集》,第194页。

可怕的阴影,沉重地笼罩在每个爱国者的心头。昔日的辉煌同今日的衰败之间形成的强烈反差,更使每个有爱国心的中国人觉得难以忍受。孙中山先生正是在这种大变局下,在《檀香山兴中会章程》中痛心地诉说:"堂堂华国,不齿于列邦,济济衣冠,被轻于异族。"他第一个响亮地喊出了"振兴中华"这个激动人心的口号,代表着当时中国人的共同愿望和心声。[1]中华民族的独立和生存,已成为摆在人们面前压倒一切的首要问题。民族主义思潮一出现,会有那么多人立刻奔集到这面旗帜下来,是十分自然的事情。

(一)中国近代民族主义是梁启超在20世纪初最早提出的,但他后来抛下了这面旗帜

"民族主义"这个名词和它的学理,并不为中国所固有,最初是从西方传来的。在西方近代历史上,民族主义思潮大体产生于18世纪末的法国大革命中,而盛行于19世纪中叶德国、意大利的统一运动时。对中国影响最大的,是后者而不是前者。它在传播和阐述的过程中,又发展出近代中国自己的显著特色。

这种思潮能够在近代中国如此迅速地传播,并为众多人所接受,当然同中国传统思想中某些因素有关,用章太炎上述引语来说,本来就有着某些"潜在"的"根性"。那就是从先秦以来常讲的"夷夏之辨",或者说"内诸夏而外夷狄"。但这种观念有两点值得注意:第一,所谓"夷夏之辨",更多的是从文化上着眼而不是从种族上着眼的。如果其他种族接受了"诸夏"的文化,久而久之,也就把它当"诸夏"看待,难分彼此。韩愈在《原道》中写道:"孔子之作《春秋》也,诸侯用夷礼则夷之,进于中国则中国之。"因此,"夷夏"

---

[1] 孙中山:《檀香山兴中会章程》,《孙中山全集》第1卷,第19页。

的地位并不固定,是可以互相转换的。第二,中国传统文化中一直有着"天下一家""协和万邦""和而不同"等根深蒂固的观念。通常只是在民族冲突特别激烈的那些年代中,"非我族类,其心必异"之类的观念才会突出地流传起来。平时,很少强烈地表现出民族之间的排他性。清朝入关之初顾炎武、黄宗羲、王船山等鼓吹的反满思想,到清朝统治逐步得到巩固后,在一般人心中也就明显地淡薄下来。这些同西方近代民族主义有相当大的不同。

使中国人接受西方近代民族主义思潮的直接理论桥梁,是当时极为流行的、以严复所译《天演论》为代表的社会进化论。《天演论》中宣扬的"物竞天择,适者生存"的思想,使已经意识到自己在世界竞争中处于劣势的中国人觉得不寒而栗,担心自己将因"优胜劣败"而被淘汰。出路在哪里?《天演论》开出的药方是"合群"。它写道:"人之有群,其始亦动于天机之自然乎!""夫如是之群,合以与其外争,或人或非人,将皆可以无畏,而有以自存。"[1]严复在《天演论》的按语中并没有提到民族,更没有提到民族主义。但既然万事万物只有合群"以与其外争"才能"有以自存",那么,中华民族是一个几千年来生活在同一区域内、有着长期经济文化交流而形成的自然群体,西方列强又是把中华民族作为一个整体来侵略和压迫的,一旦民族覆亡,大家都成了"亡国奴",个人的一切便都谈不上了。这样,人们自然会逐渐认识到:只有整个民族"合以与其外争"才能"有以自存"。这同民族主义思潮已只有一步之隔。

那时,中国人能直接阅读西文书籍的很少,而日本翻译西方书籍的风正盛。中国人学会阅读日文比西文要容易得多。所以,同近代中国人接受许多西方近代观念往往经由日本的介绍一样,中国人接受"民族"和"民族主义"这些观念也经由日本的介绍。

---

[1] 严复:《天演论》,《严复集》第 5 册,第 1344 页。

有趣的是，最早提到"民族主义"的中国人，并不是以孙中山为首的革命派，而是戊戌变法失败后流亡到日本的梁启超。他在《三十自述》中写道："戊戌九月至日本，十月与横滨商界诸同志谋设《清议报》。自此居日本东京者一年，稍能读东文，思想为之一变。"[1]在《东籍月旦》中介绍日本出版的世界史著作时他又写道："著最近世史者，往往专叙其民族争竞变迁、政策之烦扰错杂，已属应接不暇。"[2]这把他在这个问题上的认识来历说得很清楚。

梁启超明确地宣传"民族主义"的主张，是在他1901年为《清议报》第九十四、九十五册所写的《国家思想变迁异同论》中。他提出问题的着眼点，同样是要回答：在世界的激烈竞争中如何才能有效地抵抗帝国主义列强的侵略，求得中国的生存。

他这样描写一百年来世界大局嬗变的趋势："今日之欧美，则民族主义与民族帝国主义相嬗之时代也。""专就欧洲而论之，则民族主义全盛于十九世纪，而其萌达也在十八世纪之下半；民族帝国主义，全盛于二十世纪，而其萌达也在十九世纪之下半。今日之世界，实不外此两大主义活剧之舞台也。"[3]

他旗帜鲜明地写道："民族主义者，世界最光明正大公平之主义也，不使他族侵我之自由，我亦毋侵他族之自由。"他认为："民族主义发达之既极，其所以求增进本族之幸福者，无有厌足。内力既充，而不得不思伸之于外"，这就是"帝国主义之所以行也"。"今欧美列强皆挟其方刚之膂力以与我竞争，而吾国于所谓民族主义者，犹未胚胎焉。""知他人以帝国主义来侵之可畏，而速养成我所固有之民族主义以抵制之，斯今日我国民所当汲汲者也。"[4]

---

[1] 梁启超：《三十自述》，《饮冰室文集类编》上，癸卯（1903年）本，第5页。
[2] 梁启超：《东籍月旦》，《饮冰室文集类编》上，第775页。
[3] 梁启超：《国家思想变迁异同论》，《饮冰室文集类编》上，第424页。
[4] 梁启超：《国家思想变迁异同论》，《饮冰室文集类编》上，第426、428页。

1902年，他从西方民族主义学说中又接过来"民族的国家"的观念，写道："近四百年来民族主义日渐发生，日渐发达，遂至磅礴郁积，为近世史之中心点，顺兹者兴，逆兹者亡。""故能建造民族的国家声施烂然，苟反抗此大势者，虽有殊才异能，卒归败衄。"[1]

同一年，他还令人注目地提出了"中华民族"的名称："上古时代，我中华民族之有海权思想者厥惟齐。"对这个重要提法，他并没有做什么解释和发挥，只是一笔带过。但这篇文章一开始就写道："立于五洲中之最大洲，而为其洲中之最大国者谁乎？我中华也。人口居地球三分之一者谁乎？我中华也。四千余年之历史未尝一中断者谁乎？我中华也。"[2]看来，他是以"民族的国家"的观念为依据，把生息在中华大地上的各族人民总称为"中华民族"。

梁启超"条理明晰，笔锋常带情感"的文字，那时正风靡全国，受到人们普遍的仰慕。他发表的文章，对宣扬民族主义和提高中华民族的自觉自然起了不可忽视的作用。

但是，严复也好，梁启超也好，对民族主义中"宁粉骨碎身，以血染地，而必不肯生息于异种人压制之下"那类内容不能不有相当大的顾虑，因为它存在一种危险，可以导致要求推翻清政府的"排满"主张。这使他们感到恐惧不安。特别当革命派人士借鼓吹民族主义来主张"排满"时，他们的顾虑就更大了。

这就造成一种奇特的现象：最早宣传民族主义的立宪派人士，后来却越来越不愿意谈民族主义。他们的这种变化在严复1903年翻译甄克思的《社会通诠》时所写的按语中表述得很明白。他说："今日党派，虽有新旧之殊，至于民族主义，则不谋而皆合。今日言合

---

[1] 梁启超：《论民族竞争之大势》，《饮冰室文集类编》上，第517页。
[2] 梁启超：《论中国学术思想变迁之大势》，《饮冰室文集类编》下，第7、29页。

群,明日言排外,甚或言排满。至于言军国主义,期人人自立者,则几无人焉。盖民族主义,乃吾人种智之所固有者,而无待于外铄,特遇事而显耳。虽然,民族主义,将遂足以强吾种乎?愚有以决其必不能者矣。"[1]这段话看起来有些费解:前面刚说新旧两派对民族主义"不谋而皆合",说民族主义是"吾人种智之所固有"的,后面却很决绝地说"民族主义,将遂足以强吾种乎?愚有以决其必不能者矣"。这不是自相矛盾吗?但细细读他中间那几句话,就可以明白此中原委:严复本来期望谈民族主义可以激励人们"人人自立",也就是他在《原强》修订稿中所说:"今日要政,统于三端:一曰鼓民力,二曰开民智,三曰新民德。""此三者,自强之本也。"[2]出乎他之意料,谈民族主义而像他那样"期人人自立者,则几无人焉",却由主张"合群"而"排外",甚至鼓吹"排满"。这就使他在失望之余,要愤愤然地说一句:"民族主义,将遂足以强吾种乎?愚有以决其必不能者矣。"

梁启超在提出"民族主义"口号的第二年,开始在《新民丛报》上长篇连载他那脍炙人口的《新民说》时,最初仍强调民族主义的意义。他写道:"民族主义者何,各地同种族同言语同宗教同习俗之人,相视如同胞,务独立自治,组织完备之政府,以谋公益而御他族是也。""今日欲抵当列强之民族帝国主义,以挽浩劫而拯生灵,惟有我行我民族主义之一策。而欲实行民族主义于中国,舍新民末由。"[3]这倒是像严复所期望的那样从谈民族主义进而"期人人自立"了。但文章自进入具体论述如何新民的"大纲小目"时起,就只讲国家思想而不再讲民族主义。不久,他在《政治学大家伯伦知理之学说》中提出要区分"小民族主义"和"大民族主义"。他说:"吾

---

[1] [英]甄克思著,严复译:《社会通诠》,上海:商务印书馆1929年版,第143—144页。
[2] 严复:《原强》修订稿,《严复集》第1册,第27、32页。
[3] 梁启超:《新民说》,《饮冰室文集类编》上,第104—105页。

中国民族者，常于小民族主义之外，更提倡大民族主义。小民族主义者何？汉民族对于国内他族是也。大民族主义者何？合本部属之诸族对于国外之诸族也。"这个解释有它的合理性，就是要求中国境内的各民族联合起来共同反对外来民族的侵略，并且同他前面所说的"中华民族"的含义也相呼应。但怎么把大民族主义和小民族主义分辨清楚毕竟相当费事，特别当反对清朝政府的革命浪潮汹涌掀起后，他就索性不再提民族主义。看来，他的基本思路和内心的顾忌和严复是一样的。

民族主义思想是梁启超首先倡导的，这面旗帜后来却被以孙中山为代表的革命派越举越高，而同梁启超反而好像没有多大干系了。这种看来奇特的现象，只有放在20世纪初中国的复杂历史背景下考察，才能理解。

（二）民族主义思潮在留日学生中逐步高涨
为中国同盟会提出民族主义纲领作了思想准备

尽管梁启超对民族主义问题谈得越来越少了，但近代中国社会的诸多矛盾中，帝国主义侵略同中华民族的矛盾一直是最主要的矛盾，因而民族主义思潮一定会在中国民众中高涨起来，这是任何力量都遏制不住的。作为一种思潮，中国近代民族主义需要有一定学理的支持，特别是要能吸取西方近代民族主义理论中的某些思想资料，因此它在作为向国内输入西方学理桥梁的中国留日学生中首先广泛传播开来，是毫不令人奇怪的。

中国向日本派遣留学生，在甲午战争后才开始。那时，中国派驻日本的使馆在外交交涉中需用日本文字，就从国内招募少量使馆学生。"东京中国使署,特辟学堂,为教授翻译人材之用。"[1]这是日本有中国留学生的发端。1898年,湖北、江苏、浙江、直隶(今河北)等省开始派遣学生到日本学校学习,共六七十人。1900年,留日学生开始超过一百人。到1902年,东渡留日的学生人数有了大幅度的增加。据留日学生刊物《浙江潮》第三期刊载的《浙江同乡留学东京题名》和《壬寅卒业诸君题名》,单以留日浙籍学生来说,在1898年抵日的为十一人,1899年为七人,1900年只有三人,1901年有十二人,而到1902年陡增到八十六人(如以农历壬寅年计算则为九十一人)[2],可见这一年留日学生人数增加幅度之大。此后的不少著名革命活动家,如黄兴、邹容、陶成章、廖仲恺、何香凝、周树人、杨毓麟、李书城等,都是1902年到达日本留学的。1903年,留日学生不仅人数继续增加,更引人注目的是:各省留学生创办的宣传新思想的刊物纷纷出版,截至这年春天已有《游学译编》《湖北学生界》《浙江潮》《直说》《江苏》等。

这些新到日本的留学生中,大力宣传民族主义思想的要先提到湖南学生杨毓麟。他在1902年和1903年之交所写的《新湖南》这本小册子中,把自己学得的西方社会政治学说归结为两点:一个是民族建国主义,一个是个人权利主义。对民族建国主义,他这样解释:"民族建国主义何由起?起于罗马之末。凡种族不同、言语不同、习惯不同、宗教不同之民,皆必有特别之性质。有特别之性质,则必有特别之思想。""异者相离,同者相即,集合之力愈庞大而坚实,则与异种相冲突相抵抗之力亦愈牢固而强韧。非此,则异类之民族将利用吾乖散暌隔之势,以快其攫搏援噬之心,此民族主义所以寖昌寖炽也。"他分析当今世界的大局是"民族主义一变而为帝国主义",

---

[1] 刘禺生:《世载堂杂忆》,北京:中华书局1960年版,第151页。
[2] 《浙江潮》第3期,《附录》,1903年4月,第1—11页。

"彼族以东亚为二十世纪工商业竞争之中心点,欲反客而为主,目营而心醉之也久矣"。这些分析是同梁启超相近的。但他接着就猛烈抨击清朝政府,指出帝国主义列强现在正以清朝政府作为控制中国的工具。他写道,"然而其(注:指帝国主义列强)手段愈高,其方法愈巧,其议论愈精,其规画愈细,于是以扶植满洲政府,为兼弱攻昧之秘藏,以开放中国门户,为断腰绝脰之妙术,满洲政府为之伥,而列强为之虎,满洲政府为之罝,而列国为之罗"[1],并且竭力地歌颂和赞美流血破坏。这些又和梁启超不同,而有着明显的革命倾向。

那些留日学生创办的刊物中,宣传世界大势、鼓吹抵抗帝国主义侵略、争取民族独立的言论,几乎每期都有。由浙江留日学生在1903年2月17日创办的《浙江潮》第一期的《社说·国魂篇》中说:"吾今言陶铸国魂之法,所当豫备者有三事:其一曰察世界之大势,其二曰察今日世界之关系于中国奚若,其三曰察中国今日内部之大势。"他们认为当今世界大势正处在帝国主义的时代,而帝国主义是从民族主义发展而来的,他们也把它称为民族帝国主义。

《国魂篇》还从经济上作出进一步的分析,写道:"帝国主义者,民族主义为其父,而经济膨胀之风潮则其母也。"[2]这种认识,比梁启超又深入了一步。

既然今天的世界是处在各民族"生存竞争"的时代,既然西方列强的扩张是以民族主义为动力,而今天的中国已处在生死存亡的关头,怎样才能抵抗帝国主义的侵略?怎样才能把祖国从危亡中拯救出来?在留日学生这些刊物上,不少人提出的主张是要发扬民族主义,建立民族的国家。

《浙江潮》第一期和第二期,在《论说》栏中连载余一的《民族

---

[1] 湖南之湖南人:《新湖南》,王忍之、张柟编《辛亥革命前十年间时论选集》第1卷,北京:生活·读书·新知三联书店1960年版,第622—632页。

[2] 《浙江潮》第1期,《社说》,1903年2月,第12—13页。

主义论》。这是一篇系统地论述民族主义的文章。这样系统的论述在以前还没有过，可见民族主义问题已越来越受到留日学生的重视，甚至把它看作一个民族处在竞争世界中求得自存的根本所在。这篇论文一开始就描述：在19世纪和20世纪之交，有一个正在席卷世界的大怪物，那就是民族主义。"今日者，民族主义发达之时代也，而中国当其冲，故今日而再不以民族主义提倡于吾中国，则吾中国乃真亡矣。"

什么是民族主义？文章下了一个定义："合同种，异异种，以建一民族的国家，是曰民族主义。"它认为，这样才能"对外而有界，对内而有群"。这是当时许多人对民族主义的最根本的理解。

文章展开地论述道："凡立于一国之下，而与国家关系休戚者，则曰国民；立于一国之下，而与国无关系休戚者，则曰奴隶。有国之民存，无国之民亡；有国民之国存，无国民之国亡。""而凡可以为国民之资格者，则必其思想同，风俗同，语言文字同，患难同。其同也，根之于历史，胎之于风俗，因之于地理，必有一种特别的固结不可解之精神。盖必其族同也，夫然后其国可以立，可以固，不然则否。"文章特别举出德、意两国的历史来作为证明："德意志之未建联邦也，各邦无所统一，群侮纷来，岌岌乎危哉。然其一战而霸，名振天下者则何以为之也？曰民族主义。伊大利之未建新国也，过罗马之故都，则禾麦离离，有不伤心者乎，然而三杰出，一统成，至今伟然成一强国者，则何以为之也？曰民族主义。"[1]从这里也可以看出，中国近代民族主义在理论上所受的直接影响，更多地来自19世纪下半叶德、意两国统一时期的民族主义思潮。

余一的文章还认为，民族主义才是欧美列强立国之本，学习西方如果不抓住这个根本，就将是舍本逐末，一切都将落空。他写

---

[1] 余一：《民族主义论》，《浙江潮》第1期，《论说》，1903年2月，第1—4页。

道:"今日欧美之政治、教育、制度、军事,有所谓立宪政治者,有所谓国民教育者,有所谓自治制度者,有所谓国民皆兵者,苟行之于非民族的国家则一步不能行,一事不能举。浅见之徒掇拾其一二新说,以矜矜自得,而不知本源之所在,耗矣哀哉!"[1]

留学日本后归国的四川青年邹容,写出了风靡一时的著作《革命军》。这部著作在中国近代思想发展史上占着突出的地位。这不仅由于它以通俗晓畅、痛快淋漓的笔墨宣传革命思想,易于为人们所接受;更重要的,它是中国近代历史上第一部系统地、旗帜鲜明地宣传革命、宣传民主共和国的著作。它所产生的巨大影响,是同时期其他著作难以比拟的。

《革命军》中同样表现了强烈的民族思想。邹容响亮地喊出:"中国为中国人之中国。"他写道:"夫人之爱其种也,必其内有所结,而后外有所排。故始焉自结其家族,以排他家族;继焉自结其乡族,以排他乡族;继焉自结其部族,以排他部族;终焉自结其国族,以排他国族。此世界人种之公理,抑亦人种发生历史之一大原因也。"[2]这实际上是把中国传统的宗法思想同西方近代的民族主义思想杂糅而成的,而"必其内有所结,而后外有所排"的主张明显地受到西方民族主义理论的影响。他还把中国当前的民族问题,集中到"反满"这一点上来,从学理、历史、现状多方面进行论证,鼓动人们起来革命,推翻清朝政府。

从前面这个简单的叙述中可以看出,20世纪最初几年,也就是中国同盟会成立前夜,民族主义思潮已开始广泛传播,并且同革命要求逐渐结合起来。因此,当中国同盟会成立后,孙中山倡导民族主义,把它置于三民主义学说的第一项,很快为众多人所接受,并

---

[1] 余一:《民族主义论》(续),《浙江潮》第2期,《论说》,1903年3月,第16—17页。
[2] 《邹容文集》,第57、65页。

不是偶然的。它既是当时中华民族正面对极端深重民族危机这一客观现实所决定的,也由于在这以前民族主义思想的传播已有了相当广泛的酝酿和准备,人们对它已并不陌生。

(三)孙中山对中国近代民族主义的巨大贡献:突出地强调民族平等的观念

孙中山在1894年兴中会成立时提出"驱除鞑虏,恢复中华",这是他民族主义思想的最初表现。这个口号有它重大的缺陷:带有浓厚的大汉族主义色彩。但当时的清政府已成为帝国主义列强侵略中国的工具,正如湖南留日学生陈天华1903年夏在《猛回头》这本小册子中所说:"列位,你道现在的朝廷,仍是满洲的吗?多久是洋人的了!列位若还不信,请看近来朝廷所做的事,那一件不是奉洋人的号令?""朝廷固然是不可违拒,难道说这洋人的朝廷也不该违拒么?"[1]因此,这个口号有着合理的内核:它要求人们首先集中力量进行反清革命,推倒这个卖国政府在中国的统治。这在当时的中国,确是抓住了救亡的中心环节。不推倒这个政府,任何根本性的改革都无法实行,中华民族的独立富强是谈不上的。反满浪潮的高涨,从根本上说,其实只是中国近代民族觉醒和救亡运动高涨的一种具体表现形式。它的出发点是反抗帝国主义侵略,追求中华民族的独立和解放,这正是中国近代民族主义的最根本的内容,尽管它的表述形式还很不完备,很不科学。

中国同盟会成立后不久,孙中山在1905年10月写下《〈民报〉发刊词》,提出:"余维欧美之进化,凡以三大主义:曰民族,曰民权,曰民生。""是三大主义皆基本于民,递嬗变易,而欧美之人种

---

[1]《陈天华集》,第36页。

胥冶化焉。"[1]近代中国面对的最迫切需要解决的问题是民族独立、民主和民生幸福。孙中山这时提出"民族""民权""民生"这三大主张,正是从千头万绪的复杂社会现象中抓住了要点,提纲挈领地提出了近代中国需要解决的三个根本性问题,提出三者相互联系,不能缺少任何一个方面,并且主张用革命的手段来实现它们。尽管他提出了问题却没有完全找到解决问题的正确办法,但终究在中国人面前树立起一种新的目标,影响了不止一代的中国人。在这以前和同时的其他思想家也许在某些问题的认识深度上超过了孙中山,但从总体上说,没有一个人能够超越或替代他。称他开创了完全意义上的中国近代民族民主革命,正是从这个意义上来说的。

孙中山不仅提出了民族、民权、民生这三大主张,并且不断对它的含义进行探索,提出不少高于时人的见解。就拿民族主义来说,当时许多人把西方近代的民族主义学说介绍到中国来,往往不加分辨地同时带来了浓烈的狭隘民族主义色彩,把本民族的利益放在高于一切的地位,而对其他民族表现出很强的排他性,甚至不惜为了本民族的利益而损害以至牺牲其他民族的利益。这就容易使民族主义演化成一种消极的以至有很大破坏性的错误思潮。在德国、意大利和日本的近代民族主义思潮中,都可以看到存在这种明显的倾向。它们后来分别走上对外大规模侵略和扩张的道路,同这一点是直接有关的。

邹容的《革命军》是一部充满爱国激情的杰出著作,发挥过巨大的积极作用,但它的内容中也杂有不少狭隘民族主义的色彩。对国内,他写道:要"诛绝五百万有奇披毛戴角之满洲种,洗尽二百六十年残惨虐酷之大耻辱,使中国大陆成干净土"。对国外,他写道:"且夫我中国固具有囊括宇内,震耀全球,抚视外国,凌轹五

---

[1]《孙中山全集》第1卷,第288页。

洲之资格者也。"如果不是处在清朝统治之下,"吾恐印度也,波兰也,埃及也,土耳其也,亡之灭之者,不在英俄诸国,而在我中国,亦题中应有之目耳。今乃不出于此,而为地球上数重之奴隶,使不得等伦于印度红巾(上海用印度人为巡捕)、非洲黑奴。吁!可惨也!嘻!可悲也!夫亦大可丑也,夫亦大可耻也!"[1]。当本民族自身还处在外国压迫奴役下时,就已经想到:一旦解除了这种压迫奴役,就可以反过来压迫奴役其他民族,这正是西方近代民族主义学说中消极的以至反动的一面。当然,邹容那时是个18岁的年轻人,有些话可能只是一时的愤激之言,对他并不能苛求。

孙中山有着宽阔的世界视野,又十分重视中华民族传统文化中的优秀成分。他的民族主义思想有一个异常突出的优点,就是十分注重民族平等,既不容许其他民族压迫和奴役本民族,也不容许本民族去压迫和奴役其他民族,而是提倡各民族之间的相互尊重、相互合作。他的民族平等思想,越到后来越加明确而完整。

由于本文论述范围的限制,我们还是先来看一看孙中山在辛亥革命准备时期对这个问题的主张吧。

在国内,他主张推翻卖国的、专制的、极端腐败的清朝政府,但反对笼统地排斥满族人民。早在1906年秋冬间,他和黄兴、章太炎等制定《中国同盟会革命方略》,在对满族将士的布告中说:"我辈皆中国人也,今则一为中华国民军之将士,一为满洲政府之将士,论情谊则为兄弟,论地位则为仇雠,论心事则同是受满洲政府之压制,特一则奋激而起,一则隐忍未发,是我辈虽立于反对之地位,然情谊具在,心事又未尝不相合也!"[2]同年冬,他在东京《民报》创刊周年庆祝大会的演说中更明确地说:"民族主义,并非是

---

[1]《邹容文集》,第38、53页。

[2]《孙中山全集》第1卷,第311页。

遇着不同族的人便要排斥他，是不许那不同族的人来夺我民族的政权。""兄弟曾听见人说，民族革命是要尽灭满洲民族，这话大错。民族革命的原故，是不甘心满洲人灭我们的国，主我们的政，定要扑灭他的政府，光复我们民族的国家。这样看来，我们并不是恨满洲人，是恨害汉人的满洲人。假如我们实行革命的时候，那满洲人不来阻害我们，决无寻仇之理。"[1]

在国际上，他主张各民族平等相待，和睦相处，并且坚决支持各被压迫民族争取独立和自由的斗争。1904年8月，他用英文所写的向美国人民呼吁书《中国问题的真解决》中明确地宣告："中国人的本性就是一个勤劳的、和平的、守法的民族，而绝不是好侵略的种族，如果他们确曾进行过战争，那只是为了自卫。""如果中国人能够自主，他们即会证明是世界上最爱好和平的民族。再就经济的观点来看，中国的觉醒以及开明的政府之建立，不但对中国人，而且对全世界都有好处。"[2]他坚持"济弱扶倾"，主张把亚洲各国的问题放在一起研究。他对同在亚洲的菲律宾、越南、朝鲜、印度等国的民族独立运动都采取支持或同情的态度。

孙中山这种民族平等思想，不仅是他个人长期思考的结果，也充分体现了中华民族的意愿和要求。正如他所说：中国人的本性就是一个勤劳的、和平的、守法的民族。到近代，中国人饱受西方列强的欺凌和侮辱，十分自然地会对这种霸权行为充满憎恶；由于共同的遭遇和命运，对那些同样遭受欺凌和侮辱的民族自然充满同情。当然，这样说丝毫不意味着可以忽视孙中山的突出贡献。前面说到中华民族的本性和对待民族关系的态度，只是就总体而言，并不等于不存在各种杂音。孙中山以他的崇高威望和影响力，登高一呼，

---

[1]《孙中山全集》第1卷，第324—325页。
[2]《孙中山全集》第1卷，第253页。

旗帜鲜明地主张民族平等，就使中国近代民族主义的主流能够循着健康的方向发展，并且形成一种珍贵的传统。

当辛亥革命在全国范围内爆发时，人们会注意到一种奇特的现象：尽管辛亥革命最初是在反满的口号下发动起来的，尽管汉族在人数上以及其他许多方面对满族占有无可置疑的优势，但在各省举行武装起义并出现一定程度的混乱局面时，却没有发生世界上许多国家出现的那种狂热的大规模种族仇杀，更不用说什么种族清洗了。中国人对自己历史上这种现象也许已习以为常，并不觉得有什么值得惊讶的地方，但同世界上其他许多地方发生的事情比较一下，就会使人深深地慨叹：这是多么不易！

1912年1月1日，孙中山在南京就任中华民国第一任临时大总统，他在当天发表的宣言书中写道："国家之本，在于人民。合汉、满、蒙、回、藏诸地为一国，即合汉、满、蒙、回、藏诸族为一人。是曰民族之统一。"[1]这里已没有汉满对立的痕迹。不久，他又接受了"五族共和"的说法，把中国各族人民看作一个统一的整体。中华民族这个名称正是从这时起得到广泛的传播，越来越成为中国各族人民的共识。这是有着重大历史意义的。

以后，孙中山对民族主义问题一直在反复思考，多次加以阐述，形成比较完备的学说。当他晚年对中国国民党进行改组，实行第一次国共合作后，他在《中国国民党第一次全国代表大会宣言》中对三民主义重新作了解释。其中，对民族主义是这样说的："国民党之民族主义，有两方面之意义：一则中国民族自求解放；二则中国境内各民族一律平等。"他把这种解释称为对三民主义的"真释"。在"国民党之政纲"部分，他写道："一切不平等条约，如外人租借地、领事裁判权、外人管理关税权以及外人在中国境内行使一切政治的权

---

[1] 孙中山：《通造海陆军将士文》，《孙中山全集》第2卷，第2页。

力侵害中国主权者，皆当取消，重订双方平等、互尊主权之条约。"[1]他在临终遗嘱中又提到："必须唤起民众及联合世界上以平等待我之民族，共同奋斗。"[2]可见，他对民族主义的解释，一直特别看重"平等"二字。

（四）对辛亥革命时期中国近代民族主义主流的评价

民族问题是当今世界上的一个大问题。人类并不是只有一个民族，而是由为数众多的民族组成。这些民族，都是某个人群因为长期生活在同一个地域或同一个环境中，建立起密不可分的经济和文化联系，逐步形成共同的心理状态、风俗习惯以至语言文字，构成一个稳定的共同体。因为民族是在漫长的历史过程中自然形成的，它也必将在今后相当长时期内继续存在。也许在久远的未来，当国家的界线和社会制度的区别消失时，民族之间的差异仍然会在一段时间内存在。

什么是民族主义？大体说来，它是一种民族的自觉，从根本上说是一种集体意识。它的基本内容，主要有两点：一是本民族内部彼此的认同感，这种认同感是由共同的历史回忆、共同的现实利益和共同的未来命运构成的，从而形成一种特殊关系和凝聚力量；二是个人对本民族的义务感，这种义务感是基于认识到如果整个民族遭受压迫和奴役而没有前途，个人以至子孙后代也将没有什么前途可言，从而产生应该把整个民族利益放在第一位，个人利益服从于民族利益的价值取向和道德观念。

有一种看法，认为今天的世界正在走向一体化，各民族之间的

---

[1]《孙中山全集》第9卷，第118、122页。
[2] 孙中山：《国事遗嘱》，《孙中山全集》第11卷，北京：中华书局1986年版，第639页。

相互影响和共同利益越来越多，在这种情况下，民族主义便失去它曾有过的积极意义，而成为逆时代潮流而动的、具有很大破坏性的反动思潮。这种看法，至少是缺乏分析而不全面的。

随着经济全球化的发展，世界上各民族间的相互影响和相互依存越来越加强，世界越来越变得不可分割，这确是事实。但各民族之间仍会保持着各自的许多特性和差异，这些差异并没有消失，也不容易消失。更重要的是，世界上仍存在着强势民族和弱势民族的区别，当某个自命优越的强势民族把本民族的狭隘利益放在高于一切的地位，在"一体化"之类名义下，对其他民族恣意实行控制、压迫和掠夺时，彼此间的矛盾甚至会发展到十分尖锐的地步。这也是不能不看到的客观事实。过去是这样，现在仍是这样。

孙中山清楚地看到了这个问题。他在1924年所作的《三民主义》的讲演中十分中肯地指出："强盛的国家和有力量的民族已经雄占全球，无论什么国家和什么民族的利益，都被他们垄断。他们想永远维持这种垄断的地位，再不准弱小民族复兴，所以天天鼓吹世界主义，谓民族主义的范围太狭隘。其实他们主张的世界主义，就是变相的帝国主义与变相的侵略主义。"[1]

现在回过头再来谈谈对中国近代民族主义思潮主流的评价。

客观地说，民族主义是有两重性的，它可以有两种发展趋势，形成两种不同的民族主义：一种是把本民族的利益放在至高无上的地位，充满民族优越感，而对其他民族采取蔑视的态度，表现出强烈的排他性，甚至不惜损害和牺牲其他民族的利益来满足本民族的利益。这是狭隘民族主义或称民族沙文主义。它可以导致种族仇杀和对外侵略。19世纪德国、意大利以至日本的民族主义思潮中相当程度上包含着这种因素。今天有些地区的民族主义思潮中也包含着

---

[1]《孙中山全集》第9卷，第223—224页。

这种因素。不管它在历史上是不是曾起过某些积极作用,它确实有着严重的消极以至反动的作用。另一种是对自己的民族怀着深厚的感情,充满民族自尊和自信,注重发扬本民族的优良传统,不断增强民族凝聚力,万众一心地谋求本民族的独立解放并共同走向繁荣富强,而决不能忍受外族强加给本民族的欺凌和侮辱,也不受他们的挑拨和分化;同时,对其他民族采取平等的尊重的态度,和平相处,互惠互利,决不因本民族的利益而任意损害其他民族的利益。这种民族主义是积极的、进步的。

两者之间的根本区别在于:对待本民族和其他民族关系的态度是平等的,还是不平等的。辛亥革命时期中国近代民族主义的主流显然是前者,其杰出代表就是孙中山。孙中山和当时许多先进的中国人难能可贵的地方在于:当吸取西方近代民族主义学说的合理因素时,能抛弃它那些消极成分,加以改造,突出了民族平等的思想。这既同中国传统文化的影响有关,更重要的是因为中国近代的民族主义思潮是在反对帝国主义和殖民主义、争取民族独立和解放的斗争中产生的,对民族不平等现象怀着强烈的憎恨,而对同样遭受侵略和压迫的弱势民族抱着深切的同情。它那样强调民族平等,有着深刻的社会历史根源,决不是偶然的。如果再同 20 世纪初东方其他被压迫民族的独立运动比较一下,还可以看到,当时那些地区的民族独立运动往往侧重于行动而缺少理论指导,有些还带有浓厚的宗教色彩,应该说,以孙中山为代表的中国近代民族主义是置身于这股历史潮流最前列的。这是孙中山先生和辛亥革命时期其他先人留给我们的一笔珍贵的精神遗产。

二十三、清朝统治集团的最后十年[1]

怎样看待清朝统治集团的最后十年，本来不是难以判断的问题。因为清政府在1911年如此迅速地土崩瓦解、遭到国人抛弃这个事实，已比任何雄辩更清楚地作出了回答。

但近年来这个问题却又被讨论得很热闹。有一种看法认为：如果让清朝政府继续存在下去，稳步地、有秩序地进行改革，中国的现代化将会来得更快些，受到的损害也会更小些；革命只会对社会造成破坏，辛亥革命不仅不必要，而且带来军阀割据下的动荡和混乱，把事情搞糟了。这种看法最初来自海外，后来国内也有回响，不少人以为这很有些新意。

一百年前的那场争论

其实，这不是新问题。人们有时很健忘。早在20世纪初的辛亥革命前后，对这个问题就有过激烈的争论。争论的一方是以孙中山为代表的革命派，另一方是以康有为、梁启超为代表的立宪派。前面所说的基本论点当时就以稍有不同的形式提出来了。

当辛亥革命还处在准备阶段时，梁启超以《新民丛报》为主要阵地，发表一系列文章，认为革命不但将杀人流血，还会导致内乱和列强干涉，使中国灭亡，出路只有通过请愿立宪，期待清朝政府

---

[1] 原载《近代史研究》，2011年第6期。

自行改革，先实行开明专制，然后"由开明专制以移于立宪"，才是"拾级而升，又不致助长此冲突"。[1]革命派则指出：无数事实已证明，不能指望这个政府会进行任何根本改革，那样想无异"与虎谋皮"；只有下决心把它推翻，中国才有希望。《民报》上有篇文章写道："革命不免于杀人流血固矣，然不革命则杀人流血之祸可以免乎？革命之时，杀人流血于双方之争斗见之。若夫不革命之杀人流血，则一方鼓刀而屠，一方觳觫而就死耳。为国而死，则吝惜之；为野蛮异族政府所蹂躏而死，则忍受之，何死之不择也。"[2]孙中山讲得很干脆："世界立宪，亦必以流血得之，方能称为真立宪。同一流血，何不为直截了当之共和，而为不完不备之立宪乎？"[3]

这场争论的结果怎么样？当时留学日本的林伯渠后来回忆道："《民报》（同盟会之机关报，仅出24期）寿命虽短，但却迅速传播国内，取《新民丛报》的地位而代之。民主共和的思想，以排山倒海之势，终于压倒了君主立宪论。"[4]当时在内地求学的高一涵也回忆说："我在先总喜欢读梁启超主办的《新民丛报》和《中国魂》之类的刊物的，看到《民报》后，才认识到国家不强是'政府恶劣'，而不是'国民恶劣'，应该建立共和，不应该坚持专制，种族革命与政治革命必须同时进行，种族革命绝不会妨害政治革命。由此可见，《民报》对宣传革命思想，是有显著成绩的。"[5]这些说法很有代表性。

辛亥革命后这场争论又起来过。武昌起义后不久，身处海外的康有为接连发表《救亡论》《共和政体论》等文章，宣称："中国必

[1] 饮冰：《申论种族革命与政治革命之得失》，《新民丛报》第76号，1906年2月，第60页。
[2] 精卫：《驳革命可以生内乱说》，《民报》第9号，1906年11月15日，第46页。
[3] 孙中山：《在东京中国留学生欢迎大会上的演说》（1905年8月13日），《孙中山全集》第1卷，第283页。
[4] 林伯渠：《关于辛亥革命》，《林伯渠文集》，北京：华艺出版社1996年版，第280—281页。
[5] 高一涵：《辛亥革命前夕安徽青年学生思想转变的概说》，《辛亥革命回忆录》第4集，第434页。

不亡，而言革命则中国因之而亡"，"中国乎积四千年君主之俗，欲一旦全废之，甚非策也"。[1]第二年，他又发表《中华救国论》写道："嗟乎！号为共和，而实共争共乱；号为自由，而实自死自亡；号为爱国，而实卖国灭国。""夫中国之旧法，虽有专制之失，而立一统之制，其所得者亦甚多也，盖非前朝能为之，实中国数千年政俗所流传也，经累朝之因革损益，去弊除患，仅用得之。""其所缺者，物质文明，民权平等耳。虽未能盛治，然能保人民之生命财产，则先得立国之本原，而为今暴民政治所不及矣。"[2]总之，不要发生革命，保持君主政体，中国必不亡，那比实行共和政体的"暴民政治"要好得多。七年后，他参加张勋复辟活动，要把溥仪重新扶上帝位。但清室复辟太不得人心，结果只有十二天就失败了。这是实践的又一次检验。事实表明，中国的绝大多数人对这个曾经煊赫一时的清朝政府已不再有丝毫的眷恋之情。

这不能怪人们无情。最初，许多人确曾把希望寄托在清朝政府身上，期待它能进行真正的改革，救亡图存。如果可以做到，这自然是一条代价更小的道路。可是，事实是冷酷的：这个政府已经腐烂到极点。人们在经历了一次又一次的努力和失望后，再也无法对它抱任何期待了。而国家的一切权力又都集中在它的手里，不推翻它，中国是没有希望的。当时的爱国者为了对这个异常尖锐的问题作出抉择，经历过多少激烈的思想斗争！从孙中山、黄兴到其他革命派人物，最初何尝不曾想通过温和的改革来拯救中国。但是，这些善良的愿望都被无情的事实碰得粉碎，而迫在眉睫的危机又不容许人们从容地继续坐视下去。这才驱使他们下定狠心，义无反顾地走上革命的道路。

---

[1] 汤志钧编：《康有为政论集》下册，北京：中华书局1981年版，第658、691页。以后他把这些文章编了一个集子，书名是《不幸而言中，不听则国亡》，表示他早有先见之明。

[2] 汤志钧编：《康有为政论集》下册，第703、707页。

从这个简单的回顾中可以看出，前面所说那种看法的大意，一百年前的立宪派早就用来作为反对革命的论据了，只是不少人在事实教训下放弃了。一百年后的今天，有些人不过是在不同历史条件下以不同的形式旧话重提罢了。

清朝统治集团的状况

但问题既然又提出来了，不妨重新考察一下清朝统治集团最后十年的实际情况，看看它有没有可能稳步地有秩序地进行改革，实现中国的现代化。这里说的"最后十年"是约数，是指1901年《辛丑条约》签订到1911年辛亥革命爆发那十来年的历史。

清朝实行的是高度中央集权的体制。戊戌变法失败后，它的最高权力完全握在慈禧太后一人之手。她本来打算废掉光绪的帝位，由于内外阻力而没有实现，但事实上光绪早已形同木偶，在政治上不能起什么作用。时任翰林院侍读学士的恽毓鼎在《崇陵传信录》中写道："两宫之垂帘也，帝中坐，后蔽以纱幕，孝贞（引注：即慈安太后）、孝钦（引注：即慈禧太后）左右对面坐。孝贞既崩，孝钦独坐于后。至戊戌训政，则太后与上并坐，若二君焉。臣工奏对，上嘿不发言。有时太后肘上使言，不过一二语止矣。迁上于南海瀛台，三面皆水。隆冬冰坚结，传闻上常携小阉踏冰出，为门者所阻，于是有传匠凿冰之举。上尝至一太监屋，几有书，取视之，《三国演义》也，阅数行，掷去，长叹曰：'朕并不如汉献帝也。'"[1]慈禧太后是个只醉心个人权力的人，这时已年老多病，又经过甲午战争、八国联军进攻的打击，待辛丑订约后，更多考虑的是如何平稳地度过余生。胡思敬在《国闻备乘》中描述她："年且耄矣，屡更忧患，

---

[1] 史晓风整理：《恽毓鼎澄斋日记》（2），附录，杭州：浙江古籍出版社2004年版，第784页。

后事遥遥不可知，因推权政府不肯任劳怨。"[1]正当国难深重之际，最高统治者况且如此，又能指望整个政府有多大作为？

清朝最高统治者的主要辅佐机构是军机处（称为枢府），曾任直隶总督的陈夔龙写道："国朝官制，军机处为最要，始设置于雍正朝，历五世至咸丰。尔时，天子当阳，乾纲独断，任是差者，不过秉承意旨，撰拟诏谕，靖共夙夜，即为尽职。""厥后两宫垂帘，亲贤夹辅，一国三公，事权不无下移，各有声援，党祸遂因之而起。""枢府得其人则治，不得其人则乱。此中机括，间不容发。"[2]但大事依然只能由最高统治者独断，决不容许大权旁落。

1901年军机处成员进行了大换班，这对清朝统治集团的最后十年影响至大。1900年八国联军攻入北京前，军机大臣共七人，首席军机大臣是礼亲王世铎。礼亲王是"世袭罔替"的清初八王之一，世铎行辈高，但其人昏庸无能，易于驱使，故1884年甲申易枢时，慈禧为了罢斥恭亲王奕䜣，才拿他出来摆摆样子。1900年8月慈禧和光绪逃往西安时，他没有随行，不久就退出军机处。军机大臣刚毅、启秀、赵舒翘、载漪四人是八国联军要求惩办的对象，稍后，或死或免职。余下只有荣禄、王文韶两人，到西安后又补了鹿传霖和瞿鸿禨，都是荣禄保举的，而由荣禄任首席军机大臣。

荣禄在当时清朝大臣中是比较能干的，深得慈禧信任。"但荣禄自辛丑回銮之后，体弱多病，时常请假，后因久病，竟不能入值，屡次奏请开缺，而那拉氏（引注：即慈禧）不许。"[3]过了两年多，荣禄就病死了。慈禧特下懿旨，称他："翊赞纶扉，适在时事艰难之日，尽心经画，献纳周详，有为中外所不及知者。朝廷倚畀之殷，

---

[1] 胡思敬：《国闻备乘》，上海：上海书店出版社1997年版，第11页。
[2] 陈夔龙：《梦蕉亭杂记》第1卷，上海：上海书店出版社1983年版，第59—61页。
[3] 刘厚生：《张謇传记》，上海：龙门联合书局1958年版，第127页。

相须綦切。""追念前荣,曷胜怆恸。"[1]言辞之间对荣禄的政治评价甚高。

接替荣禄担任首席军机大臣的是庆亲王奕劻。奕劻的贪渎纳贿是出了名的。他接任后的第二年,御史蒋式瑆就上奏:"奕劻自任军机,门庭如市,细大不捐。其父子起居饮食,车马衣服,异常挥霍。"1906年其子载振为农工商部尚书,命往奉天、吉林查办事件。次年3月,诏改奉天、吉林、黑龙江为东三省,以徐世昌为总督,唐绍仪为奉天巡抚,朱家宝为吉林巡抚,段芝贵为黑龙江巡抚。因芝贵资浅(道员),忽膺不次之擢,舆论由是大哗。御史赵启霖具疏纠参,称载振至东三省查事,还过天津,芝贵以一万二千金购歌妓杨翠喜献之。这就是轰动一时的所谓"杨翠喜案"。1907年盛宣怀写给奕劻的一封信说:"恭值千岁寿旦,谨备日金币二万圆,属令陶道(引注:指陶湘)面呈,伏乞赏收。"奕劻回信说:"杨柳风前,忽好音之惠我。荷蒙厚赐,崇饰贱辰,百拜承嘉,五中增感。"[2]这两封现存盛宣怀档案中的原件信函,是奕劻贪渎的铁证。袁世凯手面更大。他刚升任直隶总督、北洋大臣不久,得知奕劻有入军机的消息,就派杨士琦送去十万两一张的银票,随后,"月有月规,节有节规,年有年规。遇有庆王及福晋的生日,唱戏请客,及一切赏用,甚至庆王的儿子成婚,格格出嫁,孙子弥月周岁,所需开支,都由世凯预先布置,不费王府一钱"[3]。从此,遇有重要事件和人事任免,奕劻便都同袁世凯商议。由于得到奕劻的全力支持,袁世凯的实力和对中枢决策的影响日益增强。深得袁信任的张国淦回忆说:"庆亲王奕劻自继荣禄而为军机领袖,直隶总督袁世凯深与结纳,为其谋主。

---

[1] 杜春和等编:《荣禄存札》,附录,济南:齐鲁书社1986年版,第421页。

[2] 《齐东野语》,1907年4月21日、24日,《辛亥革命前后——盛宣怀档案资料选辑之一》,第42、44页。

[3] 刘厚生:《张謇传记》,第128页。

于是北洋遥制朝政，其权力之伟更远过于李鸿章。"[1]盛宣怀在北京的密探也透露说："至于领袖（引注：指奕劻）者，本属无可无不可，一听命于北洋而已。"[2]陈夔龙对中枢这种状况感叹道："迨文忠（引注：指荣禄）病逝，继任非贤，争权纳贿，伐异党同，不及十年，大盗（引注：指袁世凯）窃国，阳借共和之名，暗窥神器。"[3]可见奕劻主枢实为清末政坛状况进一步恶化的关键。

但最初奕劻和袁世凯在权力控制上还有两个重要对手，内是瞿鸿机，外是岑春煊。瞿是荣禄死时在任的三位军机大臣之一，也是当时重要谕旨的主要拟稿人，还兼第一任外务部尚书。岑因庚子年慈禧等仓皇逃往西安时率马队一路护送，照料周到，深得慈禧信任，后由山西巡抚而任两广总督。近人徐一士在《一士谭荟》中写道："光绪末时，庆王奕劻长枢机，为朝臣领袖，袁世凯督畿辅，为疆吏领袖，并承后（引注：指慈禧）殊眷，势倾全国。而内则军机大臣瞿鸿机，外则两广总督岑春煊独深不直之，显树异帜。""后知春煊与奕劻水火，欲调解之，因问以到京后曾否往谒奕劻。对曰：'未尝。'后曰：'尔等同受倚任，为朝廷办事，宜和衷共济，何不往谒一谈？'曰：'彼处例索门包，臣无钱备此。纵有钱，亦不能作如此用也。'后乱以他语而罢。春煊屡为后言奕劻贪劣诸状，蕲早斧逐，以澄清政地。后虽不能从，意盖不能无动。"[4]这种说法大体反映出当时朝局的实情。

1906年11月6日，清廷在宣布改革官制的同时，对军机处进行了调整。军机大臣荣庆在这天的日记中写道："奉懿旨，庆邸、瞿相

---

[1] 张国淦：《北洋军阀的起源》，杜春和等编《北洋军阀史料选辑》上册，北京，中国社会科学出版社1981年版，第53、54页。

[2] 《齐东野语》，1906年9月2日，《辛亥革命前后——盛宣怀档案资料选辑之一》，第26页。

[3] 陈夔龙：《梦蕉亭杂记》第1卷，第61页。

[4] 徐一士：《一士谭荟》，荣孟源、章伯锋主编《近代稗海》第2辑，成都：四川人民出版社1985年版，第444、445页。

留军机,世相(引注:世续)、林中丞绍年入军机,鹿、徐、铁及庆开军机,专办部务。"[1]退出军机的四人,除鹿传霖年老体衰外,徐世昌、铁良、荣庆都与奕劻、袁世凯关系密切。补入军机的世续是没有多少作为的亲贵,林绍年却是瞿鸿禨推举的。这是一个不小的动作。

庆、袁与瞿、岑之间业已势同水火,政争势在必然。奕劻的贪渎和袁世凯的跋扈,几乎尽人皆知,慈禧也有所闻。据载,她曾与瞿鸿禨谈起朝事,有"庆王声名外间甚坏,汝在军机处,宜多负责任之语"[2]。瞿退朝后无意间同妻子谈及,结果辗转传言,为记者所知,在英国《泰晤士报》刊载。稍后慈禧宴请各国公使夫人时,英国公使夫人依据报上消息,问慈禧"是否有奕劻退出军机之事"。慈禧不悦,后以"暗通报馆,授意言官,阴结外援,分布党羽"的罪名将瞿鸿禨开缺回籍。为了对付岑春煊,袁世凯更使出卑劣的手段。对此,岑在《乐斋漫笔》中写道:"知东朝(引注:指慈禧)平生最恶康、梁师弟,(袁)乃阴使人求余小照,与康、梁所摄合印一帧,若共立相语然者,所立地则上海《时报》馆前也。既成,密呈于孝钦,指为暗通党人图乱之证。深宫不审其诈,既见摄影俨然,信之不疑,惊愕至于泪下,亟诺所以处置者。"[3]岑春煊后来也被免职。这两件事都发生在1907年夏秋之间两个多月的时间内,朝局出现很大逆转,被称为"丁未政潮"。

瞿鸿禨被罢职后,军机处缺少得力汉员,慈禧只得令鹿传霖解除吏部尚书职务,重入军机;同时,令醇王载沣在军机大臣上学习行走。鹿传霖年迈衰老,难膺繁巨,军机处已经没有主持得力的人。9月,慈禧太后乃命张之洞、袁世凯同入军机,而此前不久军机大

---

[1] 谢兴尧整理:《荣庆日记》,西安:西北大学出版社1986年版,第108页。

[2] 刘禺生:《世载堂杂忆》,第92页。

[3] 何平、李露点注:《岑春煊文集》,南宁:广西人民出版社1998年版,第511页。

臣林绍年被外放河南巡抚，枢垣再次调整。调张、袁入军机，其实也有疑忌袁世凯权力日增的隐衷。"袁在军机，所有一切政务都是禀承谕旨，没有单独发表的事件，只外交部重要政策可以主持。"[1]而把资深望重又年老力衰的张之洞同时内调，位列袁世凯之前，也有对袁加以牵制的意思。但张之洞远不足以牵制袁世凯。辜鸿铭在《张文襄幕府纪闻》中写道："丁未年，张文襄与袁项城由封疆外任同入军机，项城见驻京德国公使曰：'张中堂是讲学问的，我是不讲学问，我是讲办事的。'其幕僚将此语转述于余，以为项城得意之谈。"[2]

首席军机大臣历来都由满族亲贵担任。慈禧这时虽对奕劻已有不满，但环顾满朝亲贵，不是老弱昏庸，就是纨绔恶少，实在提不出可以替代的合适人选。据岑春煊回忆，他在丁未年初赴京时曾对慈禧直言："近年亲贵弄权，贿赂公行，以致中外效尤，纪纲扫地，皆由庆亲王奕劻贪庸误国，引用非人，若不力图刷新政治，重整纪纲，臣恐人心离散之日，虽欲勉强维持，亦将挽回无术矣。""太后言：懿亲中，多年少不更事。尚有何人，能胜此任，汝可保奏。余对：此乃皇太后、皇上特简之员，臣何敢妄保。"[3]慈禧说的多少也是实话。在她看来，首席军机大臣只能从"懿亲"中来考虑，其他人都不能让她放心，无奈这些"懿亲"大抵"少不更事"，要找一个"能胜此任"的竟无法办到。结果，只能仍由奕劻继续担任首席军机大臣。已在军机大臣上学习行走的醇亲王载沣（就是后来的监国摄政王）"少不更事"，实在难当大任。据载，动议筹备立宪中官制改革这件大事时，慈禧曾问及醇邸，"邸即碰头奏称：'奴才实在年幼无知，不敢妄陈。'慈圣即长叹曰：'如何汝亦可如此？汝即不知，

---

[1] 张国淦：《北洋述闻》，上海：上海书店出版社1998年版，第22、23页。
[2] 冯天瑜标点：《辜鸿铭文集》，长沙：岳麓书社1985年版，第23页。
[3] 何平、李露点注：《岑春煊文集》，第507、509页。

可问大众。'言外仿佛再如此无用,亲贵竟无人,所以长叹也。邸但惶恐碰首,所以后来即未预议"[1]。懿亲中奕劻贪渎,载沣难当重任,慈禧已别无选择,清朝的国运只得走向尽头。

第二年,也就是1908年,光绪和慈禧在两天内相继死去。光绪死在慈禧的前一天,此事后来成为疑案。进入21世纪,有关部门研究人员以先进精密仪器对光绪遗发和地宫环境进行检测和研究,发现光绪头发中的含砷量为正常状况的几千倍,属砒霜中毒死亡无疑。"总之,慈禧唯恐自己先死,光绪复出掌权,尽翻旧案,故临终前令亲信下手毒死光绪。从检测结果与史料记载来看,这应是事实的真相。"[2]

由于光绪并没有实际权力,他的死除了对康、梁等保皇派是个沉重打击外,对当时的政局没有产生多少直接的影响。慈禧的死,影响就大多了。"在西太后时代,能得到太后欢心就等于得到了远大前程。要想讨西太后的欢心,首先必须随时摸得着太后的心意,方能做到投其所好。"[3]在辛酉政变后的四十多年中,清朝政府至高无上的权力一直由慈禧一手独揽。她毕竟富有统治经验和权力,是比较能驾驭内部各派势力的人。她一死,清朝内部没有一个人能填补这个空白,能够拿大主意,代替她原有的作用。这就使本已日趋绝境的清朝政府全乱了套,更失去控制局势的能力。

慈禧和光绪死后,三岁的溥仪继皇帝位,年号宣统。光绪的皇后那拉氏(也是慈禧的侄女)被奉为隆裕太后。"隆裕初无他志,唯得时行乐而已。"[4]溥仪的父亲载沣(也是慈禧的外甥、光绪的弟弟)当了摄政王。光绪死的当天载沣在日记中写道:"面承(慈禧)懿旨:

---

[1]《齐东野语》,1906年11月22日,《辛亥革命前后——盛宣怀档案资料选辑之一》,第29页。
[2] 参见戴逸:《光绪之死》,《涓水集》,北京:北京出版社2009年版,第447页。
[3] 溥仪:《我的前半生》,第17页。
[4] 胡思敬:《国闻备乘》,第78页。

现在时势多艰,嗣皇帝尚在冲龄,正宜专心典学,着摄政王载沣为监国,所有军国政事,悉秉予之训示裁度施行。"第二天,慈禧自知病笃,才又说:"现予病势危笃,恐将不起,嗣后军国政事均由摄政王裁定,遇有重大事件有必须请皇太后懿旨者,由摄政王随时面请施行。"[1]

过了一个多月,清廷将袁世凯以"回籍养疴"为名,放归河南。罢斥袁世凯,不只是载沣要为他的哥哥光绪报仇,更重要的是清室贵族对汉族大臣权力日重感到恐惧。袁世凯离京时,"南皮(引注:即张之洞)来送行,太息曰'行将及我',亦自危其势之孤也。不一载而南皮亦薨于位矣,盖亲贵用事不可挽回也"[2]。尽管如此,袁世凯经营多年,旧部满布各处,他的潜势力依然存在。

这时,清室各少年亲贵争出揽权,统治集团不仅越来越自我孤立,内部更闹得乌烟瘴气。其中最重要的是两股势力。一股是载沣和他的兄弟要抓军权。溥仪说:"我父亲并非是个完全没有主意的人。他的主意便是为了维持皇族的统治,首先把兵权抓过来。这是他那次出使德国从德国皇室学到的一条:军队一定要放在皇室手里,皇族子弟要当军官。他做得更彻底,不但抓到皇室手里,而且还必须抓在自己家里。在我即位后不多天,他就派自己的兄弟载涛做专司训练禁卫军大臣,建立皇家军队。袁世凯开缺后,他代替皇帝为大元帅,统率全国军队,派兄弟载洵为筹办海军大臣,另一个兄弟载涛管军咨处(等于参谋总部的机构),后来我这两位叔叔就成了正式的海军部大臣和军咨府大臣。"[3]另一股势力是镇国公载泽。"隆裕妹为载泽妻(引注:也是慈禧的侄女),尝往来宫中通外廷消息,故载泽虽与载洵兄弟不合而气焰益张,恃内援也。"他出任度支部尚

---

[1] 溥仪:《我的前半生》,第17、21页。

[2] 张一麐:《古红梅阁笔记》,上海:上海书店出版社1998年版,第48页。

[3] 溥仪:《我的前半生》,第26页。

书，掌握了财政大权，事实上依靠的是盛宣怀。盛宣怀帮助李鸿章办洋务数十年，电报、轮船、矿利、银行等都由他掌握。袁世凯接任北洋大臣后，尽夺盛宣怀控制的电报局、铁路局、招商局等，盛只得卸差回里。载泽任度支部尚书后，"度支部办预算表，梁士诒与唐绍仪把持邮政，皆粤党也。泽公谋欲去之，莫能窥其底蕴。宣怀乘机进贿，遂起用为邮传部尚书"[1]。以后，盛宣怀推行铁路国有政策，也得到载泽的有力支持。此外，还有肃亲王善耆担任民政部尚书，控制了警察大权。

这些少年亲贵尽管出任要职，大权在握，却都是一群不谙世事的纨绔子弟，朝政越来越糟。恽毓鼎在《崇陵传信录》中写道："二十年前，嘉定徐侍郎致祥尝语毓鼎曰：'王室其遂微矣。'毓鼎请其故，侍郎曰：'吾立朝近四十年，识近属亲贵殆遍，异日御区宇握大权者，皆出其中，察其四识，无一足当军国之重者。吾是以知皇灵之不永也。'其言至是而信。"[2]

清朝统治集团确已呈现出日薄西山、气息奄奄的末日景象，难以挽救了。

至于满朝文武以至封疆大吏，除袁世凯、张之洞、岑春煊等少数人外，已看不到多少能有所作为的人。陈寅恪在《寒柳堂纪梦未定稿（补）》中感叹地写道："同光时代士大夫之清流，大抵为少年科举，不谙地方实际及国际形势，务为高论。由今观之，其不当不实之处颇多。""清流士大夫，虽较清廉，然殊无才实。浊流之士大夫略具才实，然甚贪污。其中固有例外，但以此原则衡清季数十年人事世变，虽不中亦不远也。"[3]恽毓鼎在日记中写道："今日时务，无论大官小官无一得行其志者，可胜浩叹。""奏疏所陈，半系纸上

---

[1] 胡思敬：《国闻备乘》，第16页。

[2] 史晓风整理：《恽毓鼎澄斋日记》（2），第791页。

[3] 陈寅恪：《寒柳堂集》，上海：三联书店2001年版，第219页。

文章，未见悉符实事。且一篇之中，枝叶过于精华，徒费目力，获益殊鲜。"[1]

对已经腐烂到如此程度，只在苟延残喘的清朝统治集团，还指望它能轰轰烈烈做出一番大事业，稳步地、有秩序地推进改革，使中国的现代化来得更好些，不说是痴人说梦，至少也是缘木求鱼。在这方面洋洋洒洒地去做许多文章，恐怕也只能是"纸上文章，未见悉符实事"，或者"务为高论。由今观之，其不当不实之处颇多"。

深重的民族危机和社会危机

历史从来是复杂而多面的。为了作出正确的判断，需要有整体性的眼光，恰当地分析它的各个侧面在全局中所占的地位，抓住主线，分清主次。不能脱离全局而孤立地抽取某些片断，加以放大，仿佛这就是事情的主体或全部，据以得出重大的历史结论。用这种研究方法，可以举出若干论据和事实，猛一看也振振有词，其实很难说是严肃的科学态度。

要评论清朝统治集团最后十年的所作所为，不能不先看看中华民族在这十年间面对的最突出、最紧迫、最令人焦灼万分的矛盾是什么，那就是极端深重的民族危机和社会危机。这不是通常的平静的时刻。祖国在危急中。中国会不会亡，成为压在人们心头最沉重的问题。再没有其他任何问题能够同它相比了。再看看清朝统治集团在这样严重的危机面前采取了怎样的态度，就不难得出恰当的结论。

中日甲午战争和抗击八国联军战争的失败，《马关条约》和《辛丑条约》的相继签订，使鸦片战争以来一直存在的严重民族危机陡然大幅度升级。西方列强在条约中从中国攫取骇人听闻的巨大权益，

---

[1] 史晓风整理：《恽毓鼎澄斋日记》（1），杭州：浙江古籍出版社2004年版，第88、164页。

使中国人蒙受刻骨铭心的耻辱。这些事实为大家所熟知,本文就不多说了。

事情并没有到此为止。当八国联军进攻中国时,野心勃勃的沙皇俄国还单独调集步兵、骑兵十七万七千人,分六路入侵中国东北,强行占领境内主要城市和主要交通线。《辛丑条约》签订后,他们仍不从东北撤兵。俄国的《新时报》甚至公然将中国东北称为"黄俄罗斯"。1902年,两国签订《交收东三省条约》,规定俄军在十八个月内分三期撤完。但到1903年,沙俄不仅不撤一兵,反而增派军队,并且向中国提出七项无理要求,其中包括:俄清两国之外,无开掘东三省矿山权;俄国得以其国之兵,保护东清铁路;东三省置于俄国监督之下,不许他国干预;俄国设商务衙门于奉天,派其国兵保护之;东三省练军归俄国将校训练。[1]这实际上是要把占领东北合法化。俄国的无理要求直接激发留日学生和国内民众掀起"拒俄运动"。湖南留日学生陈天华当年秋天在《警世钟》小册子中写道:"自从俄国复占了东三省之后,瓜分的话日甚一日,人人都说中国灭种的日子到了。"他进一步写道:"你但问俄国占东三省的事真不真,不要问瓜分的事真不真。俄国占东三省的事倘若不虚,这瓜分的事一定是实了。你看德国占领胶州海口,俄国、英国、法国,也就照德国的样儿,各占了一个海口。于今俄国占了东三省,请问中国有几块与东三省一样宽的地方,将来分的时候,恐怕还不够分哩!于今还来问真问假,真真不知事务了。""须知事到今日,断不能再讲预备救中国了,只有死死苦战,才能救得中国。"[2]这是多么痛切的语言!

由于日本和沙俄争夺东亚的霸权,两国在中国的东北爆发了战

---

[1]《俄国之要求条件》,《湖北学生界》第4期,《国闻》,1903年,第103页。

[2] 刘晴波、彭国兴编校:《陈天华集》,第77、78页;《中国近代史资料丛刊·辛亥革命》第2册,上海:上海人民出版社1957年版,第117页。

争。战争爆发后不久，时任外务部尚书的那桐奉旨看了由大内交出的1896年9月28日互换的《中俄密约》（由李鸿章赴俄，和沙俄外交大臣巴甫洛夫、财政大臣维特谈判后签订，由奕劻、翁同龢、张荫桓在北京和沙俄驻华公使喀西尼互换），内容是："一、为日本国如损东方和平之局，侵占俄土、中国、朝鲜，清俄联和各出水陆军援助；二、如开战，不得一国先议和局；三、俄海军可驶入中国海口；四、修吉黑铁路；五、铁路平时可运俄兵；六、此约以十五年为限。"[1]在沙俄强占旅大又武装占领东北以后，这个密约已经失效。清廷听取袁世凯的意见，宣布对日俄战争守局外中立。上谕说："现在日俄两国失和用兵，朝廷轸念彼此均属友邦，应按局外中立之例办理，着各省将军督抚通饬所属文武，并晓谕军民人等，一体钦遵，以笃邦交而维大局，毋得疏误。"[2]日俄两国在中国的土地上激战，东北人民遭受深重的苦难。恽毓鼎在日记中写道："自两国战后，居民田庐荡尽，无家可归，麇集于省城，朔风冻雪，荡析离居，言之可惨。"[3]清政府竟宣告局外中立。这不能不使国人感到痛心和蒙受奇耻大辱。

与此同时，英国军队从1903年冬天起武装进攻西藏，1904年8月占领拉萨，由于西藏人民的顽强抵抗，英军在一个多月后被迫撤出。陶湘给盛宣怀的密报中写道："西藏事统归英人，情形较日本之处高丽尤甚。有大臣已将约章寄到，大致谓'此约章系奉英皇训条办理，不能更改一字，在西藏无论巨细均英主持，无论何国均不得在藏设电杆、造铁路、开矿、驻兵'等语。中国竟无一字提及。末

---

[1] 北京市档案馆编：《那桐日记》上册，北京：新华出版社2006年版，第506、507页。

[2] 朱寿朋编：《光绪朝东华录》第5册，北京：中华书局1958年版，总5145页。

[3] 史晓风整理：《恽毓鼎澄斋日记》（1），第284页。

了却云：'此约交中国驻藏大臣翻译遵行'。政府亦无可如何。"[1]这又给中国人很大的刺激。

日本打败沙皇俄国后，排除了同它争夺朝鲜的对手，于1910年正式并吞朝鲜。中朝是唇齿相依的邻邦。朝鲜的亡国，给处在异常敏感状态下的中国人极大的震动，感到等待着自己的可能是同样的悲惨命运。英国《泰晤士报》记者莫理循在第二年1月的一封信里写道："每一个离别三载之后又回到这个国家的人，对公众对日情绪的变化都会有着触目惊心之感。这段期间里，自从朝鲜被并吞以后，人们对日本的感情发生了明显的变化。"[2]

西方列强的势力更进一步深入中国内地。这时，它们的一个重要特点是：把扩大投资放在比商品倾销和原料掠夺更重要的地位，特别是通过建筑铁路、开掘矿藏、经营航运等手段来控制中国的经济命脉。如果说，1901年以前，帝国主义列强虽然在中国划分了势力范围，攫取了各种投资的特权，但一时还来不及直接从事大规模的投资活动；那么，到1903年以后，它们就以空前的规模来实现这种投资的特权，来消化、巩固和扩大前一阶段获得的侵略成果了。其中，铁路投资无论规模之大、获利之丰，都是投资其他企业无法相比的，于是，各国便趋之若鹜。胡思敬写道："是时，西人习知铁道利益，倾资极力包揽，凡京津、津榆、淞沪、津张、沪宁数大支路悉归掌握。"[3]

铁路投资对列强的回报，确实十分优厚。莫理循在1904年给姬乐尔的信中写道："我们听说伦敦将于今年发行第一期债券，我们诚

---

[1]《陶湘致盛宣怀"录闻四纸"》，1904年9月4日至11月28日，《辛亥革命前后——盛宣怀档案资料选辑之一》，第11、12页。

[2]［澳］骆惠敏编：《清末民初政情内幕——〈泰晤士报〉驻北京记者袁世凯政治顾问乔·厄·莫理循书信集》（以下简称《莫理循书信集》）上卷，北京：知识出版社1986年版，第682页。

[3] 胡思敬：《国闻备乘》，第41页。

恳希望它能胜利完成。这条铁路的资产状况极好，抵押可靠，应该是世界上赢利最多的铁路之一。"不仅如此，铁路修筑权又带来沿线的开矿权和政治特权，它们的重要性毫不亚于前者，引起列强间的激烈争夺，而中国本身对此如何反应历来不在列强们顾及的范围之内。莫理循在1905年1月给日人龟井陆良的信中写道："我认为你应该用信件和电报警告贵国人民注意有关德国在山东活动的新闻。俄国如同德国把它的铁路伸入山东那样，把俄国的铁路伸入满洲以后，就坚持要清廷在任命总督或巡抚时，必须事先将人选姓名通告它。后来清廷任命了一位满族的盛京将军，俄国就因为事先没有同它商量，强迫清廷撤回任命。现在德国正迫使中国将其所拟任命的山东巡抚的人选通知它，这样就干涉了这个省的内政。鉴于德国实际上垄断了这个省的铁路和采矿这一事实，而这个省的地理位置对日本又有极大的价值，你理应尽你所能使贵国人民了解到制止德国在山东的活动何等必要，否则你们在那里将会碰到德国的留难，就像你们在满洲受到俄国的留难一样。"[1]这就把西方列强将自己所控制的铁路沿线地区视为自己领土的面目刻画得淋漓尽致了。

本来，兴修铁路对中国的近代化是很重要的，对推动社会进步也有重要作用，似乎应当受到中国人的欢迎。但由于兴修铁路是中国处于半殖民地的境遇下、国家的主权不能掌握在自己手里、列强的侵略野心无限膨胀并且经常背信弃义的情况下进行的，所以它便成为当时爱国者们格外忧心忡忡的焦点。我们可以看看20世纪的留日学生刊物中两段很有代表性的话。《江苏》写道："呜呼，铁路之于人国，犹筋脉之于人身也。是故一县失其权则一县死，一省失其权则一省死，况全国南北（粤汉铁道）、东西（蜀汉铁道）交通之大

---

[1]［澳］骆惠敏编：《莫理循书信集》上卷，第325、357页。

关键乎?"[1]《浙江潮》写道:"经济上之竞争,其祸乃更毒于政治上。何以故?譬之是犹人也,朝割其一手,夕割其一足,其人必痛,而其警醒也易,而其反抗之力大,而其人犹可以复生也。若举全身之精血而吸之,其犹茫然皇然莫知所由,未几乃病瘵以死矣,此言其术也。若夫于政治上,则未有经济之权既占,而政治上之权乃犹能以人者也。盖其资本所在之地,即其政治能力所到之地,征之于近代,历历有明征也。"[2]

这种认识,比起19世纪末年,显然要深刻痛切得多了。以后四川保路运动成为辛亥首义的导火线,并不是偶然的。

随着内地通商口岸的相继开辟,在短短几年内,许多以前还很少见到外国人的地方,这时也有外国轮船闯入,出现许多高视阔步、把中国人看作劣等民族的"洋人"。他们俨然以主子的姿态君临到中国的国土上来。而他们的势力每插到一个地方,都激起这些地方人民的愤怒和不满。

面对如此深重的民族危机,谁能够实行真正的改革,奋起救亡图存,谁就能得到民众的支持以至拥护,否则,就要被人们所唾弃。而当时的清朝统治集团处在怎样的状况下呢?

《辛丑条约》磋商过程中,慈禧最关注的是"惩办祸首"那一条,生怕列强要逼迫她归政光绪。传闻,"外人于北京所提条款,原有黜废太后,请皇帝亲政一条,持之甚力。李鸿章再三磋商,始允删去"[3]。列强对这一条放过后,她便放下心来。1901年2月4日,清廷在联军提出议和大纲并经奕劻、李鸿章草签后,下"自责之诏",说要"量中华之物力,结与国之欢心",并说:"今兹议约,不侵我

---

[1] 《南方之三大铁道》,《江苏》第7期,《论事》,1903年,第147页。

[2] 飞生:《俄罗斯之东亚新政策》,《浙江潮》第1期,《大势》,1903年,第1页。

[3] 王照:《方家园杂咏纪事》,荣孟源、章伯锋主编《近代稗海》第1辑,成都:四川人民出版社1985年版,第15、16页。

主权,不割我土地,念列邦之见谅,疾愚暴之无知。事后追思,惭愤交集。"[1]第二年1月,清朝政府从西安回到北京,从开封到正定这一段路坐了火车。进宫那天,"当西太后乘舆经过使馆人员站立的阳台时,她在轿中欠起身,以非常和蔼的态度向他们回礼"。当接待各国使节时,"召见从头到尾是在格外多礼、格外庄严和给予外国代表以前所未有的更大敬意的情形下进行的;这件事之所以特别值得注意,乃是因为这是西太后第一次在召见中公开露面",而不是在纱幕后面。接着,她在接待和问候外国使节夫人时,"表示出极大的同情,并且一边和她们说话,一边流泪"[2]。这些,看起来是戏剧性的枝节小事,却很有象征性,显示出清朝政府同帝国主义列强之间政治关系的新的变化。

这以后,清朝政府一再传谕保护外人权益,竭力镇压民众爱国运动,聘请外国人担任财政、军事等顾问,连地方大吏的任命也要看外人的脸色行事。胡思敬的《国闻备乘》中专列"外务部媚夷"一条,写道:"堂司官坐拥厚糈,专恃媚夷为固位计,狡者作佽,钝者作媒,其能知外部为中国朝廷所设者,盖无几人。安徽争铜官山矿,部臣告皖抚曰:'皖南北矿甚丰,此区区者何必与较?'"[3]

恽毓鼎在1906年的日记中写道:"我国外交诸公,平日畏洋人如虎,其敢声罪致讨、争国体而平民心乎?前途概可想见矣。呜呼!(书至此,泪涔涔而下矣。)"[4]1909年在上海出版的《民呼日报》写道:"自外部设立以后,吾国国权丧失于若辈之手者不知凡几。意旨所存,凡一般官吏无不以媚外为政策。"[5]留日学生千余人1911年2

---

[1] 国家档案局明清档案部编:《义和团档案史料》下册,北京:中华书局1959年版,第945、946页。
[2] [美]马士:《中华帝国对外关系史》第3卷,第388页。
[3] 胡思敬:《国闻备乘》,第40页。
[4] 史晓风整理:《恽毓鼎澄斋日记》(1),第299页。
[5] 《最近时局观(续)》,《民呼日报》1909年6月10日,第1页。

月在日本东京集会,决定组织国民会,发表声明说:"目前,政府官员大多愚昧昏庸,不堪言状。彼等既慑于列强之威,又对列强茫然无所知,显然直如惊呆之孤儿,为人推向陷我国家于深渊之境地尚无察觉。时代要求雄才大略者,然彼等却一味苟且偷安,放弃主权,只知屈从。"[1]

既然清朝政府将自己同帝国主义侵略者紧紧联结在一起,那么,毫不奇怪,民众自然也就将反对帝国主义同反对清朝政府紧紧联结在一起。这是完全符合逻辑的结论。

陈天华在《猛回头》中写道:"列位,你道现在的朝廷,仍是满洲的吗?多久是洋人的了!列位若还不信,请看近来朝廷所做的事,那一件不是奉洋人的号令?我们分明是拒洋人,他不说我们与洋人做对,反说与现在的朝廷做对,要把我们当做谋反叛逆的杀了。列位,我们尚不把这个道理想清,事事依这朝廷的,恐怕口虽说不甘做洋人的百姓,多久做了尚不知信。朝廷固然是不可违拒,难道说这洋人的朝廷也不该违拒么?"[2]这本小册子流传极广,"洋人的朝廷"这个说法也就深入人心,遭人痛恨和唾弃。

再说严重的社会危机。

到了晚清,中国的社会矛盾本已极端尖锐。甲午战败,赔款二亿三千万两白银,那时清廷的年财政收入长期在八千万两白银左右,这赔款相当于三年的全部财政收入,使整个财政经济状况陷于大破产的境地。《辛丑条约》又要赔款四亿五千万两白银,这就完全无法应付了。饮鸩止渴的办法只有两条:一条是大规模举借外债,这更大大加深了对外国列强的依赖和屈从;另一条是对民众加紧敲骨吸髓的盘剥,这就使国内本已异常尖锐的社会危机更大大激

---

[1] [澳]骆惠敏编:《莫理循书信集》上卷,第725页。
[2] 刘晴波、彭国兴编校:《陈天华集》,第36页。

化了。

前面讲到清朝的年财政收入一直在八千万两白银左右，到1911年猛增到三亿两白银。在中国这样的农业社会，财政收入如此大幅度的增加自然不是生产发展的结果，只能是对百姓盘剥的加紧。在财政极端拮据的情况下，增加的捐税还成为筹措新政费用的主要手段。贪官污吏乘机巧立名目、层层加码，老百姓就更活不下去了。《国闻备乘》中写道："无政事则财用不足，不节流而急急开源，适便于小人行私，上下皆受其害。予观近时筹款之法，灼然共见者盖有数端：一曰百货统捐，创自江西；一曰烟酒增税，一曰酌提州县盈余，一曰八省膏捐，皆创自北洋；一曰铜元余利，创自广东；一曰漕粮折价，一曰推广捐例，皆创自部臣；一曰房捐，一曰米捐，一曰亩捐，一曰投效，一曰彩票，一曰盐斤加价，一曰整顿契牙各税，皆东南各督抚私自筹画。取民之法愈巧，侵蚀之术愈工。三年之间，户部再火（引注：指户部衙门两次发生火灾），天意盖可知矣！"[1]

到1910年，清朝财政状况已支撑不住，出现全国性的财政金融大混乱。清政府除举借外债和横征暴敛外，又采取新的措施滥铸铜元和滥发纸币，用恶性通货膨胀的办法对民众进行无休止的掠夺。铸造铜元是1902年冬袁世凯在直隶开始实行的。由于它在铸造过程中可掺亚铅，币值不断下跌，出现一泻千里之势。下层劳动民众收入低微，持有的一般多是铜元。铜元价值暴跌，遭受灾难最大的还是他们。滥发纸币的结果，还造成政府财政信用破产，在城市中出现银号、钱庄大批倒闭的风潮，引起巨大恐慌。这些都是以往中国社会经济生活中从来不曾见到过的。

在这种情况下，下层民众中的自发反抗斗争愈演愈烈。其中最

---

[1] 胡思敬：《国闻备乘》，第44页。

突出的,一个是抗捐斗争,一个是抢米风潮,前者如山东莱阳抗捐斗争,后者如湖南长沙抢米风潮,都是震动全国的。

连看来温和的梁启超也在《国风报》上写道:"中国亡征万千,而其病已中于膏肓,且其祸已迫于眉睫者,则国民生计之困穷是已。盖就国家一方面论之,万事皆有可补救,而独至举国资本涸竭,驯至演成国家破产之惨剧,则无复可补救。""就个人一方面论之,万事皆可忍受,而独至饥寒迫于肌肤,死期在旦夕,则无复可忍受。所谓铤而走险,急何能择,虽有良善,未有不穷而思滥者也。呜呼,今日中国之现象当之矣。""愁惨之气,充满国中。呜呼,凡百险状,盖未有过此者。"[1]

1911年5月2日,长沙关税务司伟克非致总税务司安格联的一封信,对局势作了这样的概括:"毫无疑问,大多数老百姓是希望换个政府的。不能就说他们是革命党,但是他们对于推翻清朝的尝试是衷心赞成的。"四天后,他又写了封信说:"我看在不久的将来,一场革命是免不了的,现在已经公开鼓吹革命,并且获得普遍的同情,而政府并没有采取任何预防措施,却尽在瞎闹。"[2]

在严重的民族危机和社会危机中,人们对清政府的愤怒已达于极点,"一场革命是免不了的",这是当时中国社会生活中最突出的事实。奇怪的是,有些著作或文章对这些事实仿佛都置于视野之外,或看得无足轻重,而将笔墨尽花在清朝政府某些改革措施上(当然有些措施的积极作用也是可以如实加以肯定的),并且把它们极度放大,似乎如果不发生革命,对中国的现代化反倒更好些。那就离历史事实太远了。

---

[1] 沧江:《论中国国民生计之危机》,《国风报》第1年第11期,第5、6页。
[2] 《中国海关与辛亥革命》,《帝国主义与中国海关》第13辑,第87、88页。

清朝政府的预备立宪和其他

清朝统治集团的最后十年，面对覆亡的威胁，表示要进行改革，也做过一些事。最近被谈得很多、捧得很高的是它宣布预备立宪。

清朝政府在进入20世纪后表示要进行改革，是从1901年1月29日在西安下诏变法开始的。上谕中说："世有万古不易之常经，无一成不变之治法。穷通变久，见于《大易》，损益可知，著于《论语》。盖不易者三纲五常，昭然如日星之照世；而可变者令甲令乙，不妨如琴瑟之改弦。"[1]话虽说得笼统，但什么可变，什么不可变交代得很明白：具体的"令甲令乙"是可以变的，"三纲五常"的"常经"是"万古不易"的。

推行新政的统汇机关是1901年4月21日设立的督办政务处。清廷上谕中说明自下诏变法后，各处陆续条陈已复不少，"此举事体重大，条件繁多，奏牍纷繁，务在体察时势，抉择精当，分别可行不可行，并考察其行之力不力，非有统汇之区，不足以专责而挈纲领"[2]。派奕劻、李鸿章、荣禄、昆冈、王文韶、鹿传霖为督办政务大臣（一个月后又增加瞿鸿玑，以后成员多有变动），刘坤一、张之洞"着遥为参预"。新政措施多由督办政务处集议，然后奏请朝廷决定。大权仍在朝廷掌握之中。

"立宪"的口号是戊戌维新期间康有为、梁启超等提出来的。康有为代内阁学士阔普通武起草过《请定立宪开国会折》。政变发生后，康有为、梁启超逃亡海外，继续鼓吹君主立宪，被称为立宪派。但他们认为目前民智未开，只能从事预备，至少要十年到十五年，也许得二十年才能实行。

---

[1] 朱寿朋编：《光绪朝东华录》第4册，总4601页。

[2] 朱寿朋编：《光绪朝东华录》第4册，总4655页。

日俄战争发生，日胜俄败，国内许多人把它看成君主立宪政体战胜君主专制政体。革命浪潮高涨，更使清朝政府惶恐不安，力求寻找新的出路，"永绝乱萌"。1904年，驻法公使孙宝琦上书督办政务处，要求"乘机变法"，"以督办政务处为上议院，都察院为下议院"。1905年夏，湖南巡抚端方晋京陛见，慈禧问他："新政已皆举行，当无复有未办者。"对曰："尚未立宪。"孝钦素闻立宪为民主义，遽变色曰："立宪如何？"曰："立宪则皇上可世袭罔替。"孝钦哂曰："吾今乃闻天子亦有世袭罔替之目。"[1]端方固然是闹了大笑话，但慈禧没有发怒，因为端方的本意是说立宪可使清朝的统治长治久安，这一点打动了慈禧的心。这年7月，清朝发布上谕，简派载泽、戴鸿慈、徐世昌、端方、绍英"分赴东西洋各国考求一切政治，以期择善而从"。徐世昌日记9月17日记载："入直。召对后偕泽公五人请训。勖以'朝廷甚重此事，出去要认真考察，将来好采取用'。"[2]不料，临行时忽遭保定高等学堂学生吴樾行刺，出洋考察被迫暂缓启程。

同年12月，清廷在调整成员后，仍派载泽、端方等率员分两路出国考察。主要的一路由载泽率领，考察重点是英、日两国，都是实行君主立宪制的国家。他们在日本考察了近一个月，上奏说："大抵日本立国之方，公议共之臣民，政柄操之君上，民无不通之隐，君有独尊之权。"考察英国的结果是："一事之兴，必经众人之讨论，无虑耳目之不周。一事之行，并由君主之决成，无虑事权之不一。"[3]关注的焦点始终在"政柄操之君主""无虑事权之不一"这一点上，放开的只是可"经众人之讨论"，你们谈谈是可以的，但决

---

[1] 魏元旷：《坚冰志》，《中国近代史资料丛刊·戊戌变法》第4册，上海：上海人民出版社1957年版，第313页。

[2] 徐世昌：《韬养斋日记》（整理本）第11册，国家清史编纂委员会藏。

[3] 国家档案局明清档案部编：《清末筹备立宪档案史料》上册，第6、11页。

定权仍属君主一人。1906年7月间，他们先后归国，上折奏请清政府改行立宪政体。

但当时清朝统治集团内部的看法仍不一致，不少人仍心存疑虑，甚至公开持反对态度。于是，载泽又单独上密折，力请宣布立宪。他说："君主立宪大意在于尊崇国体，巩固君权，并无损之可言。"接着，他列举日本宪法中规定的君主统治大权十七条，"以此言之，国之内政外交、军备财政、赏罚黜陟，生杀予夺，以及操纵议会，君主皆有权以统治之。论其君权之完全之严密，而无有丝毫之下移，盖有过于中国者矣"。他还安慰慈禧，近日宣布立宪不过是表明宗旨，要为立宪作准备，可以"维系圣治人心"。"至于实行之期，原可宽立年限。"[1]

载泽是慈禧的侄女婿，素得慈禧信任。这个密折打动了慈禧的心。9月1日，清廷以奉太后懿旨的形式颁布上谕称："时处今日，惟有及时详晰甄核，仿行宪政，大权统于朝廷，庶政公诸舆论，以立国家万年有道之基。但目前规制未备，民智未开，若操切从事，徒饰空文，何以对国民而昭大信。故廓清积弊，明定责成，必从官制入手，亟应先将官职分别议定，次第更张。""俟数年后规模粗具，查看情形，参考各国成法，妥议立宪实行期限，再行宣布天下。视进退之迟速，定期限之远近。"[2]这里最重要的三点：一是"大权统于朝廷"，二是"必从官制入手"，三是"视进退之迟速，定期限之远近"。这些要点是与载泽的密奏相吻合的。

接着便设立编纂官制馆，以孙宝琦、杨士琦为提调，他们都是袁世凯的人。草拟的官制改革方案由提调汇呈另有盘算的袁世凯核定。其中最重要的内容是：内阁设总理大臣一人，左右副大臣二

---

[1] 载泽：《奏请宣布立宪密折》，《中国近代史资料丛刊·辛亥革命》第4册，第27—30页。
[2] 朱寿朋编：《光绪朝东华录》第5册，总5563、5564页。

人，各部尚书均为内阁政务大臣参知政事，作为行政总机关，而将军机处撤销。为什么袁世凯对"预备立宪"表现出如此大的热心？张謇的亲信刘厚生一针见血地指出："他想借改革官制的机会，把军机处裁撤，按照立宪国的责任内阁制由首相组织内阁。再拥护庆王做国务总理大臣，自己做副总理大臣。至于各部的大臣则由首相推荐，称为中央政府。等中央政府成立之后，再议改革各省官制。如此，则一切用人之权，都操在庆王之手。说穿了，就是在世凯之手。"[1]盛宣怀派在北京的密探陶湘也向他报告："至于领袖者（引注：指奕劻），本属无可无不可，一切听命于北洋（引注：指袁世凯）而已。"[2]

袁世凯这次做得过于操切和露骨了。方案传出后，朝论大哗，部院弹章蜂起，也引起慈禧的疑忌和不快。胡思敬在《大盗窃国记》中写道："官制草案上，诏孙家鼐、瞿鸿禨为总核。召见袁世凯，尽以参折示之。世凯言：'筑室道谋，安能成事？请严惩一二人以息众嚣。'孝钦大怒，曰：'汝兵柄在手，何不执言者而尽诛之？'世凯股栗，不敢对。次日即请训出京，尽辞兼差。知天威犹在，人口难防，蓄势待时，不敢遽发。"[3]

11月6日清廷颁布上谕，称奉太后懿旨："前经降旨宣示为立宪之预备，饬令先行厘订官制。"谕旨强调："军机处为行政总汇，雍正年间本有内阁分设，取其近接内廷，每日入值承旨，办事较为密速，相承至今，尚无流弊，自毋庸复改。内阁、军机处一切规制，着照旧行。"[4]同时，宣布将兵部改为陆军部，户部改为度支部，并

---

[1] 刘厚生：《张謇传记》，第135页。

[2] 《陶湘致盛宣怀函》，1903年7月，《辛亥革命前后——盛宣怀档案资料选辑之一》，第2页。

[3] 胡思敬：《退庐全集·大盗窃国记》，沈云龙主编：《近代中国史料丛刊》（444），台北：文海出版社1977年版，第1354—1355页。

[4] 国家档案局明清档案部编：《清末筹备立宪档案史料》上册，第471页。

新增设邮传部等。各部设尚书一人，不分满汉。除外务部外，军机大臣不得兼各部尚书。

作为预备立宪第一步的官制改革，实际上是一次权力再分配，是清朝统治集团内的一场不大不小的风波。权势膨胀过快的袁世凯受到不小的打击：不仅他那套以责任内阁代替军机处的方案完全落空，由于中央集权得到加强，他原有的权力也被大大削弱，如陆军部和度支部的设立夺去了他的不少兵权和财权，邮传部的设立更使他不得不放弃对铁路、航运、电报、邮政的控制。对此，陶湘给盛宣怀的密报写道："本初（引注：指袁世凯）向来大权独揽，所发莫不中的。今'立宪'二字，上既摇动，以为此种好机会，略一布置，即可成功。""到京后连召四次，有'若不及早图维，国事不堪设想'之语，退食后，且有'官可不做，法不可不改'。""本初此番入都，颇露跋扈痕迹，内廷颇有疑心。迨官改制揭晓，练兵及铁路、电政均设专部，而军机仍旧，大失所望。邮传部既设，即应将督办大臣归并，而本初不肯交出。善化（引注：指瞿鸿禨）嘱长沙（引注：指张百熙）赴天津亲见本初，并先到邸堂（引注：指奕劻）处请示。邸云：'慰廷本欲辞兼差，我说且至各设专部再议，渠不致不交；汝可告，既设专部，部中应有全权。'"密报又写道："财政、兵权只陈雨苍汉人（引注：指度支、陆军两部的尚书、侍郎中只有陈璧是汉人，任度支部侍郎），此中大有深意。陆军侍郎本拟士珍（引注：王士珍），及见明文，乃系荫昌。虽令王署，总使汉族无兵权耳。"[1]

总之，从预备立宪一开场就可以看到，一方面是力图以准备改革的姿态，来稳定已严重动荡不安的局面；另一方面，在改革大旗幕后充满着统治集团内部激烈的权力争夺战。

1908年8月27日，清朝政府终于颁布了一个《钦定宪法大纲》。

---

[1]《齐东野语》，1906年11月22日，《辛亥革命前后——盛宣怀档案资料选辑之一》，第28—31页。

其实，如同立宪只是"预备"一样，宪法也只是"大纲"，但是，近年来却被一些人渲染为"零八宪章"。那我们就来看看这个《钦定宪法大纲》的内容是什么。它的第一条是："大清皇帝统治大清帝国，万世一系，永永尊戴。"第二条是："皇上神圣尊严，不可侵犯。"接着，它便规定：一切颁行法律、召集开闭解散议院、设官制禄、统率陆海军、宣战媾和、订立条约、宣布戒严、司法等大权，全部掌握在君主一人手中。特别是用人、军事、外交等大权，"议院不得干预"，或"由君上亲裁，不付议院议决"。宪政编查馆、资政院在会奏时甚至坦言："宪法者，所以巩固君权，兼保护臣民者也。"[1]

显然，这个被有些人盛赞的《钦定宪法大纲》无非是企图把君主专制制度用法律形式确定下来罢了。《民报》上说得很痛快："其所以悬预备立宪之招牌者，不过欲假此名义增爱新觉罗氏万世一系、皇帝神圣不可侵犯、君权至尊无限之三大条于钦定宪法上，以巩固其万年无道之基而已。"[2]同时，它在朝廷内部也要加强集权，以免大权旁落。这必然使清朝统治集团内部原存的矛盾进一步激化起来。

慈禧和光绪不久死去，由摄政王载沣监国，国内局势更加动荡不定，清王朝大崩坏的征兆已经越来越明显地呈现出来。原来政治态度温和、还抱有孤臣孽子之心的国内立宪派确实忧心如焚。他们中不少人兼营工商业。清末新政中有一条"鼓励设厂"，作出一些奖励规定，曾使他们受到鼓舞。其实，清朝财政状况已到了罗掘一空的地步，只是想奖励民间工商业有所发展后可以狠狠从他们身上多榨点钱出来。《时报》一篇文章写道："自商部成立，当事诸公纷纷聚议，不曰开统捐，即曰加关税，不曰劝募绅富慨赠巨金，即曰招

---

[1] 国家档案局明清档案部编：《清末筹备立宪档案史料》上册，第56、58、59页。
[2] 羲皇正胤：《南洋华侨史略》，《民报》第26号，1910年2月1日，《史传》，第23页。

徕南洋富商责令报效。""自有商部而我商人乃转增无数剥肤吸髓之痛。天下名实不相符之事，乃至如此。"[1]

时任国史馆总纂的恽毓鼎在上奏中写道："朝廷举行新政已数年矣。朝订一章程，夕立一局所，'立宪'二字徒为私人耗蠹之资。闻度支部预算宣统三年财政，出入相抵。各省共亏七千余万两。历年追加之数，尚数倍于此。臣不知九年预备之案，将取资于何款？搜括及于毫末，挥霍等于泥沙。名目日增，民生日困。祸在眉睫，尽人皆知。若犹贪袭美名，厉行不已，恐功未见而国亦亡矣。"[2]这大概也可以说是"天下名实不相符之事，乃至如此"！

从1909年秋冬间起，国内立宪派焦急万分，先后发起三次请愿速开国会运动，要求缩短立宪"九年预备"的年限，力争取得部分参与政权的机会，并用于阻止革命的爆发。运动的规模和声势越来越大，几乎席卷全国，还得到一些督抚的支持。清朝政府最初在口头上还表示嘉勉，在第三次请愿后还宣布"着缩改于宣统五年实行开设议院"，斩钉截铁地说："应即作为确定年限，一经宣布万不能再议更张。""此后倘有无知愚氓借词煽惑，或希图破坏，或逾越范围，均足扰害治安，必即按法惩办，断不使于宪政前途稍有窒碍。"[3]当部分地区还想发动第四次请愿时，清朝政府便断然镇压，不仅将请愿代表押送回籍，还将为首者发配新疆，交地方官严加管束。

1911年5月8日，清廷谕设责任内阁，裁去原有的内阁、军机处及会议政务处。新设责任内阁以奕劻为总理大臣，那桐、徐世昌为内阁协理大臣。十三名国务大臣中，满族占九人，而皇族即有七人，被称为"皇族内阁"。这种倒行逆施更引起舆论大哗，许多原来维护它的人士也感到寒心，对清朝政府的立宪已没有多少人再抱希望了。

---

[1]《论商部与商业之关系》，《东方杂志》第2卷第2期，1905年3月1日。

[2] 史晓风整理：《恽毓鼎澄斋日记》（2），第504页。

[3] 国家档案局明清档案部编：《清末筹备立宪档案史料》下册，第646页。

看起来很奇怪。明明清朝政府已到了众叛亲离、极为孤立的境地，为什么又要把本来支持它的不多的力量一一推开？原因在于：专制者的心理同常人很不一样。越是当它感到孤立的时候，它对周围的人越不放心，要更加紧紧地把权力攥在极少数自己信得过的人手里，迫使立宪派和一些汉族高级官员也对它离心离德。这样就更加自我孤立，陷入无法解脱的怪圈中。许多反动势力穷途末路的时候，往往出现众叛亲离的大崩盘现象，这也是一个例子。

自然，并不是说清朝统治集团的最后十年对社会进步有积极意义的事情一点都没有做。当西方资本主义国家对落后国家进行侵略的时候，正如《共产党宣言》所说："它迫使一切民族——如果它们不想灭亡的话——采用资产阶级的生产方式；它迫使它们在自己那里推行所谓文明制度，即变成资产者。一句话，它按照自己的面貌为自己创造出一个世界。"[1]在列强的威迫下，同时出于维护自身根本利益的需要，清朝统治集团也进行了一些学习西方的改革，其中影响最大的是废科举、兴学堂。原来那套以八股文取士的科举制度，离近代的社会生活实在太远了。应该提倡实学的议论，早在洋务运动兴起时已经出现，有好几十年了。在清朝政府看来，进行这项改革似乎还不至于危及其根本利益。所以，1898年百日维新中宣布的绝大部分改革措施都被取消，京师大学堂却依旧保留下来。在清末各项新政中，兴办新式学堂取得了比较实在的结果，并且产生了相当深远的影响，推翻清朝政府的掘墓人中，不少就是留学生和从国内新式学堂中出来、接受了新思想的人，这却是清朝政府始料不及的。在筹备立宪过程中，各省相继设立了咨议局，它的成员主要是各地绅商，职责不过是提供一些备政府采纳的"舆论"而已，并没有任何实权，在清朝统治者看来，既可以装点门面，又无损于地方督抚的

---

[1]《共产党宣言》，《马克思恩格斯选集》第1卷，北京：人民出版社2012年版，第404页。

权力。但各省咨议局活动开展起来后，对打破官府的专制局面，活跃民主空气，也起了一些启蒙作用。此外，在兴办交通事业、改进司法制度等方面，清朝统治集团也都办过一些有积极意义的实事。

但由于整个清朝统治集团，包括各级官员，已经腐败到如此程度，大局已坏，对他们的改革成绩实在不能做过高的估计。恽毓鼎在1906年8月的一封信中写道："新政百出，罗掘俱穷，地方官实不易为。""今之号称能办新政者，大抵括民间膏血，搏自己功名。士民未享其利，先被其害。"第二年4月，他又在日记中写道："看《明季北略》一函，末造大局已坏，而当道诸臣贿赂公行，益泄沓不事事，燕雀处堂不知大厦之将倾……读竟为之泪下，盖无一字不触余怀也。"[1]从莫理循的往来书信中也可以看到不少在华外国人的评论。濮兰德在1910年元月的信中说："我对满洲人的任何可能的改革都持悲观态度，而且一直如此，况且目前尚无丝毫改革的迹象。"德来格在这年10月的信中说："政府的事并不很好，尽管喋喋不休地宣扬进步，比起慈禧太后时代来没有丝毫进步，也没有什么改革，这是我的许多官方朋友公认的事实。'人人为自己和亲属打算'是当今的风气。在北京，一切都像过去那样一团糟。"熙礼尔在同月的来信中说："这个国家在财政压力和公众迫切要求改革的压力下，正面临一场非常严重的危机。在每一项可以设想出来的计划上，把钱像流水一样挥霍，但是，税收却没有相应增加，不知道节约开支，各种弊端并未真正得到纠正。贪污、挪用公款、受贿、卖官鬻爵依然如故，白拿薪俸的闲职人员及候补道台的队伍有增无减，由于这些原因，政府在偿还外债时，当然倍觉困难。人们不会长期忍受下去。"[2]岑春煊在与慈禧独对时也曾大胆陈言："创行新政，先须

---

[1] 史晓风整理：《恽毓鼎澄斋日记》（1），第320、348页。

[2] ［澳］骆惠敏编：《莫理循书信集》上卷，第650、671、675页。

筹款，今日加税，明日加厘，小民苦于搜括，怨声载道，倘果真刷新政治，得财用于公家，百姓出钱，尚可原谅一二。现在不惟不能刷新，反较以前更加腐败。从前卖官鬻爵尚是小的。现在内而侍郎，外而督抚，皆可用钱买得，丑声四播，政以贿成。此臣所以说改良是假的。"[1]这样的事例可以说俯拾皆是，尽管今天有人把那时看成仿佛充满光明和希望的年代。当事人的切身感受，同一些后人的想象之间，竟可以有如此大的差距，究竟哪一个更符合客观实际呢？

革命实在是不可避免的。孙中山在1904年写道："满清政府可以比作一座即将倒塌的房屋，整个结构已从根本上彻底腐朽了，难道有人只要用几根小柱子斜撑住外墙就能够使那座房屋免于倾倒吗？"[2]孙中山的观察是深刻的，他的看法是中肯的。

清朝统治集团的覆灭

清朝统治集团的覆灭是不可避免的。

四川保路运动、武昌起义及各省响应、袁世凯重新出山，这些具体过程就不多说了，还是说说清朝统治集团当时的状况吧。

作为宣统皇帝的溥仪这样描写武昌起义前夕清朝集团的状况："以当时的亲贵内阁来说，就分成庆亲王奕劻等人的一伙和公爵载泽等人的一伙。给我父亲（引注：即监国摄政王载沣）出谋划策以及要权力地位的，主要是后面这一伙。无论是哪一伙，都有一群宗室觉罗、八旗世家、汉族大臣、南北谋士；这些人之间又都互有分歧，各有打算。比如载字辈的泽公，一心一意想把堂叔庆王的总揆夺过来，而醇王府的兄弟们首先所瞩目的，则是袁世凯等汉人的军权。

---

[1] 何平、李露点注：《岑春煊文集》，第508页。
[2] 孙中山：《支那问题真解》（1904年8月31日）附《中国问题的真解决——向美国人民的呼吁》，《孙中山全集》第1卷，第254页。

就是向英国学海军的兄弟和向德国学陆军的兄弟,所好也各有不同。摄政王处于各伙人勾心斗角之间,一会儿听这边的话,一会儿又信另一边的主意,一会儿对两边全说'好,好',过一会儿又全办不了。弄得各伙人都不满意他。"

溥仪又说:"如果摄政王支持了载泽,或者摄政王自己采取了和奕劻相对立的态度,奕劻只要称老辞职,躲在家里不出来,摄政王立刻就慌了手脚。所以在泽公和庆公间的争吵,失败的总是载泽。醇王府的人经常可以听见他和摄政王嚷:'老大哥这是为你打算,再不听我老大哥的,老庆就把大清断送啦!'摄政王总是半晌不出声,最后说了一句:'好,好,明儿跟老庆再说……'到第二天,还是老样子:奕劻照他自己的主意去办事,载泽又算白费一次力气。"[1] 这真是王朝末日的一派肃杀气象,哪里谈得上稳步地、有秩序地进行改革。要说让它这样继续下去就可以使中国更快更好地实现现代化,岂不是海外奇谈!

武昌起义是遍及中国的全面危机的产物。局势发展之快速,规模之广泛,声势之猛烈,是惊人的。短短一个多月内,便得到全国将近三分之二省份的响应,长江以南各省已全部宣告独立。它是民众长期郁积的对祖国前途焦虑和对清朝政府强烈不满的大爆发。独立各省的清朝督抚绝大多数没有抵抗便纷纷逃匿,有的还当了独立后的都督。清朝统治迅速陷于土崩瓦解之中。

早在武昌起义爆发前的十一天,总理大臣庆王便"因老辞职",载沣则一再慰留。10月12日,也就是起义后第三天,内阁协理大臣那桐在日记中写道:"早进西苑,午初散值。接到各处来电,知武昌新军变乱,踞城戕官,鄂督避往汉口,提督张彪被害(引注:此信不确)。当访菊人(引注:即徐世昌),电约盛宫保、朗贝勒、荫大

---

[1] 溥仪:《我的前半生》,第24、25页。

臣、寿、谭、邹、胡、曹各堂谈湖北事,酉正归。"[1]讨论如此大事,奕劻似仍不参加。当天,命陆军大臣荫昌统陆军两镇,海军提督萨镇冰统军舰,往援武汉。但北洋陆军历来"只知有袁宫保,不知有大清朝",荫昌哪里指挥得动? 14日,清廷只得宣布以袁世凯为湖广总督、岑春煊为四川总督,督办剿抚事宜。而此时的袁世凯又怎会为亲贵统治集团去做火中取栗的事? 于是,继续称病不出。有一种说法称,20日,"徐世昌奉奕劻之命,自北京微服到彰德晤袁世凯(袁要求开国会,组织责任内阁,宽容武昌事变人员,解除党禁,总揽兵权,宽于兵费)"[2]。其中最重要的是组织责任内阁和总揽兵权这两条。但徐世昌日记,当天和前后几天仍照例入值,所谓微服抵彰德一说应不确。值得注意的是,徐日记自17日起连续多日记有"夜来客""会客至晚,留客饭,又久谈""会客至晚,留客饭,又与客谈公事"等,但不提客的姓名,这在他的日记中是反常的。[3]袁世凯知道清廷不会痛快地接受这些条件。他的办法是:"暗中指使北洋军将领屯兵不进,不受荫昌的节制调遣,使清政府无可用之兵,最后不得不乖乖地钻进他的圈套来。"[4]

清朝统治集团已经丧尽民心,没有多少人还对它抱有希望。莫理循在10月7日的信中说:"我遇到的任何人,不论是中国人还是中国人的外籍同事,都私下告诉我他们希望革命成功。我的一个朋友同刚刚通过北京归国留学生考试的十二位毕业生聚餐,他们是从英国、美国、日本回来的留学生,大家为革命的成功祝酒。"他在27日的信中说:"我在这里所遇到的每一个人都赞同革命。甚至比较开明的低级

---

[1] 北京市档案馆编:《那桐日记》下册,第700页。
[2] 郭廷以:《近代中国史事日志》下册,北京:中华书局1987年版,第1410页。
[3] 徐世昌:《韬养斋日记》(整理本)第14册,国家清史编纂委员会藏,第769、770、771页。
[4] 陶菊隐:《北洋军阀统治时期史话》第1册,上海:三联书店1957年版,第77页。

满族官吏也反对他们的政府。"[1]清廷一筹莫展,不得不在11月1日解散皇族内阁,任命袁世凯为内阁总理大臣。袁世凯13日抵京后,在16日组成内阁。22日,袁世凯向载沣提出要求:停止每日入对;除由内阁国务大臣具奏外,其余各衙门应奏事件均暂停止;所有从前应请旨事件,均咨行内阁接办;凡无须必请上裁事件,均以阁令行之。那桐在第二天日记中记道:"今日起不逐日召见内阁总理大臣,实行阁制也。"[2]此前,内阁依然像军机处那样每日入值。可见袁内阁在性质上和奕劻任内阁总理大臣时显然不同,原有的制度改变了,行政权力已转移到他的手中,隆裕和监国摄政王都被架空。12月6日,徐世昌日记记道:"本日奉隆裕太后懿旨允监国摄政王自请退归藩邸,责成内阁总理大臣及国务大臣担任国事。"[3]溥仪在《我的前半生》中写道:"我的弟弟曾听母亲说过,辛亥那年父亲辞了摄政王位,从宫里一回来便对母亲说:'从今天起我可以回家抱孩子了。'母亲被他那副轻松神气气得痛哭了一场。"[4]这样一系列重大变更在如此短的时间内完成,表明清朝统治集团已瘫痪无力到何等程度,有如一座纸房子被风轻轻一吹就倒塌了。

对袁世凯来说,剩下的事就是逼清室退位,以此换取南方承认他为中华民国临时大总统。溥仪根据恭亲王溥伟的日记等写到,隆裕在皇族亲贵参加的御前会议上叹着气说:"我何尝要共和,都是奕劻跟袁世凯说的,革命党太厉害,咱没枪炮没军饷,打不了这个仗。"她又问载涛:"载涛你管陆军,你知道咱们的兵怎么样?"载涛碰着头说:"奴才练过兵,没打过仗,不知道。"隆裕不作声了,

---

[1] [澳]骆惠敏编:《莫理循书信集》上卷,第762、768页。

[2] 北京市档案馆编:《那桐日记》下册,第703页。

[3] 徐世昌:《韬养斋日记》(整理本)第14册,第773页。郭廷以《近代中国史事日志》在这一条下加了个注:"英使朱尔典助成之。"见郭廷以编著:《近代中国史事日志》下册,第1440页。

[4] 溥仪:《我的前半生》,第22、23页。

停了一会儿才说一句："你们先下去吧。"[1]一筹莫展的清廷，已完全被袁世凯玩弄于股掌中，只能听任摆布了。

原军机处章京（后改为承宣厅行走）许宝蘅的日记中有许多生动的记录。12月7日："项城（引注：指袁世凯）入对于养心殿，奉太后谕：'余一切不能深知，以后专任于尔。'"28日："本日，皇太后御养心殿，先召见庆王等，旋召见总理大臣及各国务大臣，皇太后谕：'顷见庆王等，他们都说没有主意，要问你们，我全交与你们办，我自然感激，即使办不好，我亦不怨你们。皇上现在年纪小，将来大了也必不怨你们，都是我的主意。'言至此，痛哭，诸大臣亦哭。"1912年1月2日："总理（引注：指袁世凯）入对，太后谕：'我现在已退让到极步，唐绍仪并不能办事。'总理对：'唐已有电来辞代表。'太后谕：'现在宫中搜罗得黄金八万两，你可领去用，时势危急若此，你不能只挤对我，奕劻等平时所得的钱也不少，应该拿出来用。'总理对：'奕劻出银十五万。'太后谕：'十五万何济事，你不必顾忌，尽可向他们要。'奏对一钟余方出。"2月2日："今日国务大臣又入对，商酌优礼皇室条件，闻太后甚为满意，亲贵亦认可。总理已电伍廷芳。"2月12日："三时到厅，知辞位之谕旨已下。二百六十八年之国祚遂尔旁移，一变中国有史以来未有之局。古语云：'得之多者，失之亦不难。'岂不信哉！"[2]许宝蘅当年记录的这些情节，十分生动，读起来令人有身临其境的感觉。

统治中国二百六十八年的清王朝覆灭了。这个统治集团已经腐烂得无药可救。当历史走到这一步时，它的覆灭是必然的，谁也挽救不了。

---

[1] 溥仪：《我的前半生》，第43、44页。
[2] 许恪儒整理：《许宝蘅日记》第1册，北京：中华书局2010年版，第382、386、393、394页。

二十四、辛亥革命的历史地位[*]

辛亥革命是20世纪中国发生的第一次历史性巨大变化。它在很多重要方面改变了中国,成为一个新的起点,替中国以后的进步打开了闸门。这场革命过后只有七年多,中国便发生了五四运动,又过两年多便产生了中国共产党,这当然不是偶然的。

巨变从何而来

有着几亿人口和几千年文明史的中国,要发生一场历史性巨大变化,当然不是一件容易的事情。

晚清以前,中国虽不能说停滞不前,但变化十分缓慢。这并不奇怪。农业社会生产的发展本来就是缓慢渐进的。中国的封建社会,从世界范围比较,发展到十分成熟的地步,很多方面已接近凝固。长期以"天朝大国"自居,更养成一种盲目自满的心理。"天不变,道亦不变",正是这种社会心态的反映。传统是无形的却常能支配人们思想和行动的沉重惰力。如果没有受到异常强烈的刺激,历史性的巨大变化是不会出现的。

但中国的外部世界这时已发生太大的变化。18世纪和19世纪之交,英国工业革命和法国大革命后的西方国家把中国远远地抛在后面。1840年的鸦片战争,破坏了国家的领土完整,使中国开始丧失

---

[*] 原载《人民日报》,2011年9月7日。

作为独立国家的完整主权，走上半殖民地半封建社会的道路。到 19 世纪和 20 世纪之交，局势越来越危急了。中日甲午战争的失败和丧权辱国的《马关条约》的签订，是巨大的转折。它们深深刺痛了中国人的心。亲身经历这场事变的革命前辈吴玉章回忆道："我还记得甲午战败的消息传到我家乡的时候，我和我的二哥（吴永锟）曾经痛哭不止。""这真是空前未有的亡国条约！它使全中国都为之震动。从前我国还只是被西方大国打败过，现在竟被东方的小国打败了。而且失败得那样惨，条约又订得那样苛，这是多么大的耻辱啊！"紧接着，西方列强纷纷在中国划分势力范围，八国联军又武装占领中国首都北京达一年之久。居民门口要分别悬挂占领军的国旗。这一连串冷酷的事实把一个异常尖锐的问题摆在中国人面前：中国是不是要灭亡了？它像可怕的噩梦那样，沉重地压在每个爱国者的心头。孙中山在 1894 年冬兴中会成立时的宣言中沉痛地写道："蚕食鲸吞，已效尤于接踵；瓜分豆剖，实堪虑于目前。有心人不禁大声疾呼，亟拯斯民于水火，切扶大厦之将倾。"像这样强烈地指出中国面对的严重民族危机，在以前还不曾有过。他响亮地提出"振兴中华"的口号。这个口号，深深地打动了几代中国人的心，他们前赴后继，为实现中华民族的伟大复兴而奋斗。

在如此深重的民族危机面前，当时统治中国的清朝政府抱着怎样的态度？同八国联军签订《辛丑条约》后，清朝政府变本加厉地对外屈服，向外国大举借债，竭力保护外国人在中国的特殊权益，严厉镇压民众的爱国行动。正如陈天华一语道破的那样："列位，你道现在的朝廷，仍是满洲的吗？多久是洋人的了！""难道说这洋人的朝廷也不该违拒么？"那时，国家的权力都控制在清朝政府手中，不把它推倒，一切根本变革都无从谈起。为什么辛亥革命把推翻清朝政府作为自己的直接目标？这并不奇怪。既然清朝政府已把自己同外国侵略者紧紧地拴在一起，成为外国侵略者统治中国的工具，民众也就自然地把反抗外国侵略者、振兴中华的要求同反对清朝统治者紧紧地联结在一起了。

不仅如此，清政府对民众经济上的榨取也大大加重。《马关条约》和《辛丑条约》规定的对外赔款共达白银六亿八千万两（还没有包括利息在内），而清政府每年的财政收入只有八千万两左右，国家财政已完全破产。而到宣统三年，财政收入猛增到三亿两，在当时农业社会的历史条件下，这自然不是生产发展的产物，只是对民众加紧敲骨吸髓的盘剥的结果。贪官污吏又乘此巧立名目，层层加码。原本已极端贫穷、挣扎在生死线上的老百姓更加活不下去了。

反动统治势力总是把权力看得比什么都重要，越当统治地位不稳、日益孤立的时候，更对周围一切人都不放心，要把权力紧紧地攥在自己手里。1908年8月，反动统治势力在"预备立宪"的旗号下，颁布一个《钦定宪法大纲》。这个被一些人起劲地鼓吹为"零八宪章"的《钦定宪法大纲》究竟是怎么一回事？谈一下很可以开人眼界。它一开始就规定："大清皇帝统治大清帝国，万世一系，永永尊戴。"一切颁行法律、召集开闭解散议院、设官制禄、统率海陆军、宣战媾和、订立条约、宣布戒严、司法等大权，全在君主一人手中。特别是用人、军事、外交等权，议院不得干预。宪政编查馆、资政院在会奏这个宪法大纲时明白地说："宪法者，所以巩固君权，兼保护臣民者也。"国内一部分人希望清朝能自己进行重大改革，实行立宪，而等来的却是宣统三年的"皇族内阁"，十三个大臣中满族人占八个，皇族又占了五个。连原来十分温和的立宪派发动的早开国会的请愿运动，也在清朝政府的高压下失败。人们真是无法再对它抱什么希望了。尽管现在还有人说：如果实行了君主立宪制，现在的中国会更幸福。如果睁眼看看事实，真觉得同这种论调进行认真的讨论实在是多余的。

孙中山在1904年就讲了："满清政府可以比作一座即将倒塌的

房屋，整个结构已从根本上彻底地腐朽了，难道有人只要用几根小柱子斜撑住外墙就能够使那座房屋免于倾倒吗？"

革命从来不会无缘无故地发生。要千百万人不惜抛头颅、洒热血、做出巨大自我牺牲来拼命，更不是哪个人或者少数人的鼓吹就会发生的。它有着深刻的社会原因。

到辛亥革命前夜，民众对清政府的不满和愤怒已发展到十分普遍的地步。1911 年 5 月，长沙税务司伟克非给总税务司安格联的信中写道："毫无疑问，大多数老百姓是希望换个政府的。不能说他们是革命党，但是他们对于推翻清朝的尝试是衷心赞成的。""我看在不久的将来，一场革命是免不了的。"他讲得不错：辛亥革命到这时是不可避免的。

它在哪些方面改变了中国？

辛亥革命为什么是 20 世纪中国第一次历史性巨大变化？它在哪些重要方面改变了中国？它在中国历史上处于什么地位？我想至少有以下几点。

第一，辛亥革命"开创了完全意义上的近代民族民主革命"，这是党的十五大提出而似乎被人们注意得不够的重要论断。它在中华民族几千年历史进程中提出了一个新的奋斗目标，这个意义非同小可。

在世界格局已经发生剧烈变动的新的历史条件下，中国的出路在哪里？这以前中国人做过多种尝试：由清朝统治者中一部分人推行的洋务运动，甲午战争的失败已经证明它的破产；希望由无权的光绪皇帝来实行的戊戌变法，虽然有着不可忽视的思想启蒙作用，在封建顽固势力的迅速反扑下也破灭了；下层民众自发的义和团运动，沉重地打击了外国侵略者，但同样没有能给中国指出新的出路。

孙中山不愧为20世纪的三个"站在时代前列的伟大人物"之一。面对近代中国千头万绪的社会矛盾，他提纲挈领地提出三个基本问题——民族独立、民主政治、民生幸福（也就是他所说的民族、民权、民生三大主义），并且要用革命的手段来实现。这些主张，在中国历史上还不曾有人提出过，深深地影响了不止一代的中国人。辛亥革命时期其他思想家和政治家，在某些问题上可能比他说得更深刻，但要作为一个时代的代表，没有人能同他相比。

当然，作为先行者，孙中山还存在严重的弱点：他提出了这些目标，却没有能真正找到实现这些目标的具体道路，对这些目标的理解和后人也不尽相同，更没有实现社会主义和共产主义的长远目标。但不管怎样，在中国人面前提出民族独立、民主政治、民生幸福三大奋斗目标，主张用革命的手段去实现它，并且成为人们相当广泛的共识，在历史上是迈出了很大的一步。一代又一代的中国人坚持为实现这些目标而不懈奋斗。正是在这个意义上，直到今天，绝大多数中国人依然把自己看作孙中山开创的事业的继承者。

第二，它推翻了统治中国几千年的君主专制制度，建立起共和政体。这是辛亥革命最大的历史功绩，是了不起的事情。

对这个历史性巨大变化的意义，人们往往缺乏足够的认识。最早的中国同盟会会员之一的林伯渠在1941年曾很有感慨地写道："对于许多未经过帝王之治的青年，辛亥革命的政治意义是常被过低估计的，这并不足怪，因为他们没有看到推翻几千年因袭下来的专制政体是多么不易的一件事。"

中国在君主专制制度统治下已经几千年了。它不仅依靠经济、政权、军事的支配和统治，而且形成一整套严密的意识形态牢牢地束缚着人们的头脑。人们从幼年时起，头脑里就被灌输着"三纲五常"那一套根深蒂固的封建伦理观念，把它看成万古不变的天经地义。"天地君亲师"的牌位到处供奉着。君主还用神秘的色彩装点起来,被称为"天子",仿佛代表天意站在封建等级制度的顶巅。古代中国是封建制度和封建伦理异常发达的国家,旧统治秩序经过长时期经营已编织成一个严密的网络。而皇帝便站在这个网络的顶端,独揽一切大权,成为整个旧统治秩序赖以稳定的重心。

封建社会末期,虽然出现一些对君主专制制度质疑的异端思想,但"国不可一日无君"的观念有着根深蒂固的影响,人们设想不出还可以用什么政治制度来代替它。到了近代,在辛亥革命以前,中国各种进步的社会政治运动不管如何激烈,都没有触动这个问题。太平天国的洪秀全做了天王,其实还是皇帝。戊戌维新运动,想依靠的是光绪这个"好皇帝"来推行变法。义和团运动,旗帜上写的还是"扶清灭洋"。中国同盟会纲领上的"创立民国"是一个前所未有的全新观念,最初有如石破天惊之论,从此深入人心。

还要注意到:那时,共和政体在世界范围内还为数很少,西方大国中实行了共和政体的只有美、法两国,亚洲连一个共和国也没有。处在这种状况下,孙中山在中国国盟会成立前夜的一次演讲中断然决然地指出:"世界立宪,亦必以流血得之,方能称为真立宪。同一流血,何不为直截了当之共和,而为此不完不备之立宪乎?"这是何等的气概!

辛亥革命不仅推翻了极端专制、腐败、媚外的清朝政府,扫除了中国历史前进的这个严重障碍,而且一举结束了统治中国几千年的君主专制制度,建立起共和政体。中国封建社会有个头,就是皇帝。一旦把这个头砍掉了,整个旧秩序就全乱了套。尽管以后从袁世凯到蒋介石一个又一个政权轮流登场,旧势力却再也建立不起一个统一的比较稳定的统治秩序来。这为旧社会的崩溃和革命的最终胜利创造了重要条件。

有一种说法,认为辛亥革命的结果带来的只是军阀割据和混战那种更加混乱的局面,并没有带来进步。这是一种肤浅的看法,没有把事件放在长时段的历史大背景下来考察。军阀的割据和混战，在一段时间内可以张牙舞爪、胡作非为，给人民带来极大的痛苦。但这样一种落后于时代、极端不得人心的赤裸裸的野蛮军事统治，注定是不能维持长久的。而且，它反映出中国旧社会势力的统治已经分崩离析，连表面上统一的和比较稳定的统治也难以维持，从而为以后中国人民革命的胜利提供了方便。有如产前的阵痛，这正是历史大转折前夜常出现的过渡现象。

第三，结束君主专制制度，在思想领域内也引起十分深刻的变化。它的主要表现有两点：民主精神高涨，思想得到很大解放。

先说前一点：民主意识的前提是民众对自己在国家中的地位有正确的认识。在君主专制制度下，只有皇帝是至高无上的，他的话便是"金口玉言"，国家大事只能由他作决断，称作"乾纲独断"。老百姓被称为"子民"，根本没有参与国家决策的权利。戊戌维新运动时的公车上书算得上是轰动一时的大事，但上书的只是一小批已有举人功名的士大夫，由于都察院拒绝代奏没有能送达朝廷，并且在上书中处处把"忠君"和"爱国"看成一回事。现在叫"民国"了，孙中山指出《临时约法》中要写上一条："中华民国主权属于国民全体。"他还把政府官员称作"人民之公仆"。尽管许多事在实际上依然如故，但是民众的心理有了巨大变化，觉得自己是国家的主人了，有权对国家的事情发表自己的意见。于是，社会舆论空前活跃，报纸刊物上对国事纷纷发表种种议论，各种政治团体和社会团体像雨后春笋般成立，推动并组织起许多群众性的活动。如果没有这种变化，如果没有形成这样的新的社会氛围和民众心态，七年多后五四运动的发生是很难想象的。

再讲后面那一点：思想的解放。辛亥革命使中国人在思想上得到一次大解放。皇帝在以前该算是至尊无上、神圣不可侵犯的了，如今都可以被打倒。那么，还有什么陈腐的过时的东西不可以怀疑、不可以打破？这是一种无形的力量，促使人们去想以前不敢想的问题，发表以前不敢说的主张。陈独秀在《新青年》上写了一篇《偶像破坏论》说："其实君主也是一种偶像，他本身并没有什么神奇出众的作用，全靠众人迷信他，尊崇他，才能够号令全国，称作元首，一旦亡了国，像此时清朝皇帝溥仪、俄罗斯皇帝尼古拉斯二世，比寻常人还要可怜。这等亡国的君主，好像一座泥塑木雕的偶像抛在粪缸里，看他到底有什么神奇出众的地方呢！"这里可以清楚地看到辛亥革命这场历史性巨变在人们头脑里激起的巨大反响。思想的闸门一经打开，思想解放的洪流就不可阻挡。人们便大胆地继续向前探索了。

历史的局限和启示

辛亥革命毕竟是20世纪中国发生的第一次历史性巨大变化，它跨出了一大步。但这一步仍是有限的，还没有能从根本上改变中国：中国的半殖民地半封建社会性质没有改变，中国人民的悲惨境遇也没有结束。

为什么辛亥革命这样全国规模的革命运动依然不能解决这些根本问题？这是当时中国新旧社会势力的力量对比所决定的，也是中国还不成熟的社会条件所决定的。

帝国主义和封建势力在中国的统治盘根错节，根深蒂固，推翻它，消灭它，绝不是一两次革命运动的冲击所能完成，而需要经过持久的多次冲击。更重要的，在中国不成熟的社会条件下，当时的革命党人确实也存在严重的弱点：

第一，那时的革命党人，充满着对祖国的热爱，有着革命的决心，却提不出一个彻底的明确的反帝反封建的革命纲领。他们中许多人并不认识帝国主义的真面目，甚至天真地认为他们既然以西方为学习榜样，一定能得到西方国家的援助，并且总害怕革命的猛烈发展会招致帝国主义列强的干涉，所以在革命起来后小心翼翼地避免触动列强在中国的既得利益。他们对封建主义也没有多少认识，大多数人把清朝政府看作唯一的敌人，不但看不到旧社会制度的基础是地主阶级土地所有制，而且把一切赞成或被迫同意推翻清朝统治者的汉族地主官僚看作自己人，不惜向他们做出重大让步。因此，清朝的统治一旦被推倒，建立了民国，许多人便以为革命已经成功，失去继续前进的方向和动力，妥协心理上升为主流，导致革命半途而废。

第二，辛亥革命在一定程度上依靠并发动了群众，不仅在会党和新军中做了许多工作，并且开展了有力的革命宣传，举行了多次武装起义，在社会上博得相当广泛的同情。这是武昌起义后能够很快得到多数省响应的重要原因。可是，依靠并发动群众的严重不足，尤其是没有深入到社会底层去，同占中国人口绝大多数的劳动人民相脱离，又是导致它不能把革命进行到底的重要原因。帝国主义列强和封建势力在中国的统治那样根深蒂固，要推倒他们，离开广大民众的充分发动是办不到的。当时的革命党人恰恰做不到这一点，特别是没有一场农村的大变动，不可能吸引广大农民对革命的积极参与。这样，他们在强大的帝国主义和封建势力面前只能深感自己缺乏实力而处于孤立无援的境地，从而走向妥协。

第三，领导这场革命的中国同盟会是一个松散的组织，成员复杂，当革命开始取得胜利时，革命阵营内部便呈现出一派分崩离析的混乱局面：内部意见分歧，不少人转眼间成为享有权势的新贵而心满意足，开始争权夺利。吴玉章回忆道："在南京临时政府中，不仅原来的官僚政客毫无生气，并且有些革命党人也在他们的影响下，开始蜕化，逐渐地丧失革命意志，而一味追求个人的官职和利禄去了。"没有一个坚强有力的革命政党作为团结群众的核心，就无法使革命进行到底。

一句话，缺乏一个能够提出明确的科学的革命纲领、能够发动并依靠全国最大多数民众、由有共同理想和严格纪律的先进分子组成的革命政党的领导。这是辛亥革命留下的发人深思的沉痛教训，而这又是当时中国不成熟的社会条件所决定的。

路总得一步一步走。跨出了第一步，就可能有第二步和第三步。中国共产党领导人中的年长者，如朱德、董必武、林伯渠、吴玉章等早年都参加过中国同盟会，投身辛亥革命，这在当时是最进步的思想和行动。比他们年轻一点的毛泽东在武昌起义爆发后也支持辛亥革命，曾投身湖南新军。他们正是在辛亥革命的洗礼中受到了深刻的教育，用新的眼光来看待中国的问题，提高了思想境界；又从它遭受的沉重挫折中接受教训，思考它的不足，开始新的探索。辛亥革命的成功和失败从正反两个方面教育了中国的先进分子。十年后成立的中国共产党，一开始就显示出中国以往任何政党不曾有过的全新特点：有着科学的理论——以马克思主义为指导来观察和分析中国的问题，提出明确的反帝反封建纲领；能够到社会底层去，坚决发动并依靠占中国人口绝大多数的劳动民众共同奋斗；组成一个有共同理想和严格纪律的先进分子组成的革命政党，成为凝聚群众的核心力量。四卷《毛泽东选集》的最后一篇文章中写道："中国产生了共产党，这是开天辟地的大事变。"有了共产党，中国的面目就为之一新，尽管在 90 年的前进旅程中还会遇到种种困难和曲折，但它始终坚持立党的根本，不断开拓前进，取得革命、建设、改革的光辉成就，在中华民族伟大复兴的道路上大步前进。

这就是历史：后人总是以前人已经达到的位置作为出发点，再继续前进，又大大超越前人。但前人的历史功绩不容遗忘，应当永远铭记，因为没有昨天，也就不会有今天和明天。

后　记

毛泽东在《如何研究中共党史》中写道："说到革命的准备，一九二一年开始的第一个阶段，实际上是由辛亥革命、五四运动准备的。""我们研究党史，只从一九二一年起还不能完全说明问题，恐怕要有前面这部分的材料说明共产党的前身。"他又说："我们写历史时常说辛亥革命是失败的，其实并不能说完全失败，辛亥革命有它的胜利，它打倒了直接依赖帝国主义的清朝皇帝。但后来失败了，没有巩固它的胜利，封建势力代替了革命，袁世凯代替了孙中山。"

习近平在纪念孙中山诞辰一百五十周年大会上说："孙中山先生是伟大的民族英雄、伟大的爱国主义者、中国民主革命的伟大先驱，一生以革命为己任，立志救国救民，为中华民族作出了彪炳史册的贡献。"对辛亥革命也作了很高的评价："1911年，在他领导和影响下，震惊世界的辛亥革命取得成功，推翻了清王朝统治，结束了统治中国几千年的君主专制制度。由于历史进程和社会条件的制约，辛亥革命虽然没有改变旧中国半殖民地半封建的社会性质，没有改变中国人民的悲惨命运，没有完成实现民族独立、人民解放的历史任务，但开创了完全意义上的近代民族民主革命，打开了中国进步闸门，传播了民主共和理念，极大推动了中华民族思想解放，以巨大的震撼力和影响力推动了中国社会变革。"

为什么说辛亥革命也是"共产党的前身"？看看历史事实：辛亥革命和中国共产党的成立相距不到十年，中国共产党的领导人中，年长的如林伯渠、董必武、吴玉章、朱德等都是孙中山领导的中国同盟会会员，年轻些的毛泽东、周恩来、刘少奇等都先曾受到辛亥革命的影响，打开了眼界，提高了救国和民主的认识，以后又看到辛亥革命中严重弱点，继续探索前进，最后成为共产党员和党的领导人。

历史就是这样一步一步前进的。

《辛亥革命的前前后后》已是第三次出版了。第一次是1991年辛亥革命八十周年时由中国文史出版社出版的，那是因为前辈学者、全国政协副主席兼文史资料委员会主任孙晓村老先生盼咐我写的，作为对辛亥革命八十周年的纪念。长者之命，不敢推辞，就匆匆忙忙地写了。第二次是2011年辛亥革命一百周年时，由人民出版社和上海辞书出版社出版的。上海辞书出版社还出版了另一种本子，把《辛亥革命的前前后后》作为第一部分，又收录十九篇研究辛亥革命的论文，书名是《辛亥革命研究》。这些本子现在都已不容易见到了。

现在是2021年，生活·读书·新知三联书店又把它增订再版了，除了纪念辛亥革命一百一十周年的意义外，还有一个原因：承三联书店把我一些著作和论文编成"金冲及文丛"，出了十来种书。孙中山和辛亥革命是我从事历史研究工作起步的"老本行"，我还和胡绳武教授合著过一部一百五十万字的四整本《辛亥革命史稿》，获得第一届郭沫若中国历史学奖。如果称为"文丛"而缺少有关辛亥革命的内容似乎是一种遗憾。蒙三联书店好意，又有了这第三次出版。

既然很多是三十多年前的旧作，今天再版似乎应该经过认真修改甚至重写。但是，上世纪80年代初我调到中共中央文献研究室，从事毛泽东、周恩来、刘少奇、朱德、陈云等传记的编写，离休后又主要从事中共党史的研究，工作内容起了重大变化，很少有力量再比较深入地从事原有的工作，对辛亥革命方面新发掘的历史资料和新研究成果接触很少。如果自称这次又经过修改和补充，而实际上并没有达到应有的要求，那就不如一仍其旧，只更换了几篇研究论文，不足之处只能希望读者多加批评和指正。

金冲及

2021 年 4 月